Albach/Kaluza/Kersten (Hrsg.)

Wertschöpfungsmanagement als Kernkompetenz

Wertschöpfungsmanagement als Kernkompetenz

Herausgegeben von
Horst Albach/Bernd Kaluza/Wolfgang Kersten

Mit Geleitworten von
Gerhard Schröder, Bundeskanzler ·
Dr. Otto Wiesheu, Bayerischer Staatsminister für Wirtschaft, Verkehr und Technologie

Mit Beiträgen von
Horst Albach · Stefan Behrens · Klaus Bellmann · Welf Broser · Manfred Broy · Claudia Brumberg · Rolf Bühner · Adolf G. Coenenberg · Günter Fandel · Stefan Foschiani · Axel Friedewald · Stefan Frings · Sören Frischke · Eduard Gaugler · Michael C. Hadamitzky · Dietger Hahn · Robert W. Hall · Thomas Harms · Ronald Heggmaier · Andreas Hinterhuber · Hans H. Hinterhuber · Anna Hüttemann · Bernd Kaluza · Lutz Kaufmann · Werner Kern · Wolfgang Kersten · Alexander Koch · Jens Bodo Koch · Hartmut Kreikebaum · Edward G. Krubasik · Dietfried Günter Liesegang · Uwe Loos · Jens Lopitzsch · Wolfgang Lück · Arno Müller · Christian Nedeß · Frank T. Piller · Ralf Reichwald · Gunther Reinhart · Hans-Horst Schröder · Helmut Schulte Herbrüggen · Dieter Specht · Udo Specht · Markus Stammen · Siegfried Suchanek · Thomas Träger · Florian von der Hagen · Lars von Thienen · Michael Wasner · Volker Weber · Marion Weissenberger-Eibl · Hans-Peter Wiendahl · Erich Zahn · Günther Zäpfel

Festschrift für Horst Wildemann

GABLER

Die Deutsche Bibliothek – CIP-Einheitsaufnahme
Ein Titeldatensatz für diese Publikation ist bei
Der Deutschen Bibliothek erhältlich

1. Auflage Januar 2002

Lektorat: Ralf Wettlaufer / Annegret Eckert

Der Gabler Verlag ist ein Unternehmen der Fachverlagsgruppe BertelsmannSpringer.
www.gabler.de

Umschlaggestaltung: Ulrike Weigel, www.CorporateDesignGroup.de
Druck und buchbinderische Verarbeitung: Hubert & Co., Göttingen
Gedruckt auf säurefreiem und chlorfrei gebleichtem Papier
Printed in Germany

ISBN 3-409-11927-2

Geleitwort

Horst Wildemann gehört zu den wenigen Personen, bei denen sich viel beachtete wissenschaftliche Leistungen und unternehmerischer Erfolg in einer Person vereinen. In den Beiträgen dieser Festschrift wird das vielfältige und vielschichtige Wirken von Horst Wildemann auf überzeugende Weise reflektiert. Die Autoren und die in der Festschrift behandelten Themen verheißen ein für viele Leser und Leserinnen überaus interessantes und instruktives Kompendium.

Gerhard Schröder
Bundeskanzler

Geleitwort

Herr Prof. Wildemann hat als ordentlicher Professor für Betriebswirtschaftslehre in Bayreuth, Passau und seit 1990 als Inhaber des Lehrstuhls für Betriebswirtschaftslehre mit Schwerpunkt Logistik an der Technischen Universität München zur Stärkung des Wissenschafts- und Wirtschaftsstandorts Bayern beigetragen.

Tcchnologisch-betriebswirtschaftliche Fragestellungen, wie Unternehmensplanung und Unternehmensstrategie, neue Managementsysteme sowie neue Organisationskonzepte (z.B. Just-in-time) stehen im Vordergrund seiner Forschungsarbeiten. Dabei richtet Prof. Wildemann sein besonderes Augenmerk auf die praxisbezogene Umsetzung der vielfach in gemeinsamen Forschungsprojekten mit Unternehmen erarbeiteten Lösungsvorschläge in die betriebliche Wirklichkeit. Um diese Ziele zu realisieren, kommt es entscheidend auf eine enge Zusammenarbeit zwischen Wissenschaft und Wirtschaft und den notwendigen Know-how Austausch an.

In den Management-Kolloquien, die Prof. Wildemann 1982 in Passau initiiert hat und seit 1993 in München jährlich fortsetzt, wirken Manager namhafter deutscher Großunternehmen und innovative Mittelständler mit. Auf diese Weise wird das positive Image des Wirtschaftsstandorts Bayern deutschlandweit verbreitet.

Ein deutliches Zeichen zur Sensibilisierung der bayerischen Wirtschaft für den Erfolgsfaktor Qualität hat Herr Prof. Wildemann in Zusammenarbeit mit dem bayerischen Wirtschaftsministerium durch Schaffung des Bayerischen Qualitätspreises gesetzt. Der seit 1993 jährlich verliehene Preis ist die erste Auszeichnung dieser Art in Deutschland. Herr Prof. Wildemann hat durch seine aktive Mitwirkung als Vorsitzender des Expertengremiums und durch die fachliche Betreuung zur hohen Anerkennung des Bayerischen Qualitätspreises beigetragen.

Für seine Leistung gebührt Herrn Prof. Wildemann großer Dank und Anerkennung.

Dr. Otto Wiesheu
Bayerischer Staatsminister für
Wirtschaft, Verkehr und Technologie

Vorwort

Wertschöpfungsmanagement als Kernkompetenz - dieser Gedanke zieht sich wie ein roter Faden durch das wissenschaftliche Werk von Horst Wildemann. Stets hat der Jubilar Veränderungen wertschöpfender Prozesse als Quelle von Wettbewerbsvorteilen verstanden und konsequent daran ausgerichtet. Galt sein Interesse zunächst Innovationen der Produktionsplanung und -steuerung durch Integration von KANBAN-Prinzipien einerseits sowie der strategieorientierten Planung von Investitionen in neue Produktionstechnologien andererseits, so weitete er seine Arbeitsgebiete kontinuierlich auf alle Abschnitte und Ressourcen der Wertschöpfungskette aus. Die Einbindung von Lieferanten im Rahmen einer produktionssynchronen Beschaffung, die Segmentierung der Fertigung in einer modularen Fabrik, flexible Arbeits- und Betriebszeiten, die Gestaltung auch von Forschung und Entwicklung nach Just-in-Time-Prinzipien, konsequentes Produktivitätsmanagement und ein durchgängiges Logistik-Prozeßmanagement wurden von Horst Wildemann erfolgreich zu einem ganzheitlichen Managementkonzept für die Wertschöpfungsprozesse in Unternehmen und Unternehmensnetzwerken verbunden.

Der umfassenden Sichtweise des Jubilars zum Thema Wertschöpfungsmanagement entspricht die inhaltliche Spannweite dieser Festschrift. Der Einführungsteil analysiert und diskutiert den Begriff „Kernkompetenzen“ und interpretiert den Begriff der „Wertschöpfung“. Kernkompetenzen werden als Bündel von Fähigkeiten eines Unternehmens verstanden, das nachhaltig zum Kundennutzen beiträgt und nur sehr schwer imitierbar ist. Gerade deshalb sind Kernkompetenzen zeitgebunden und müssen durch stete Veränderung und Weiterentwicklung der Wertschöpfungsprozesse immer wieder neu erworben werden. Prozeßorientiert ist auch das Wertschöpfungsverständnis in diesem Buch. Nicht die rechnerische „Wertschöpfung“, sondern die zur Wertschöpfung beitragenden Geschäftsprozesse im Unternehmen werden betrachtet. Dabei zielen alle weiteren Beiträge auf ein Wertschöpfungsverständnis im Sinne eines „modern manufacturing“ mit Erfolgsfaktoren wie Flexibilität, Geschwindigkeit, economics of scope und Konzentration auf Kernkompetenzen ab. Ganz selbstverständlich wird hier auch der Kunde in den Wertschöpfungsprozeß integriert. Neuere Ansätze der Unternehmensführung stellen auf den Unternehmenswert als zentrale Steuerungsgröße ab. Wertschöpfungsmanagement ist demnach nur dann erfolgreich, wenn durch die getroffenen Maßnahmen eine Steigerung des Unternehmenswertes erzielt wird. Der Zusammenhang von Maßnahmen und Wertsteigerung wird nicht nur im Einführungskapitel anhand eines konkreten Unternehmensbeispiels belegt, sondern wird in zahlreichen weiteren Beiträgen thematisiert.

Führende Unternehmen legen besonderen Wert auf die Gestaltung des Innovationsprozesses und machen daraus eine Kernkompetenz. Diese Frage wird im zweiten Teil dargestellt. Roadmapping hilft als Methode, die zukünftigen Technologieentwicklungen zu prognostizieren und den Zusammenhang zwischen Produkt- und Prozeßinnovationen zu visualisieren. Produktplattformen reduzieren Entwicklungskosten, -zeiten und -risiken für ganze Produktfamilien. Modulare Gestaltung hält die Plattformen offen für Innovationen von Einzelkomponenten und ermöglicht eine einfache Integration unterschiedlicher Entwicklungspartner in den Entwicklungsprozeß. Innovationen entstehen in einem auf seine Kernkompetenzen ausgerichteten Unternehmen nicht im Alleingang sondern in Entwicklungspartnerschaften. Zum Vorteil aller Beteiligten können hierzu auch Coopetition-Netzwerke gebildet werden. Letztlich hängt die Innovationsleistung aber immer von einer innovationsfreundlichen Kultur der beteiligten Unternehmen ab. Hier ist das Management eines Unternehmens aufgerufen, geeignete Rahmenbedingungen zu schaffen und über ausgewählte Kennzahlen den Innovationsprozeß zu steuern. Auch dies wird am konkreten Unternehmensbeispiel belegt.

Wie Produktionsstrukturen und -prozesse gestaltet werden können, ist Gegenstand des dritten Teils. Ausgangspunkt für die Gestaltung moderner Produktionssysteme waren Taylors Ideen von einem "Scientific Management". Im Gegensatz zu dem üblichen Bild eines harten Taylorismus war für Taylor eine partnerschaftliche Zusammenarbeit von Mitarbeitern und Führungskräften entscheidend. Gleichwohl resultiert aus der fortschreitenden Mechanisierung und Automatisierung der Produktionseinrichtungen, insbesondere in der aufkommenden Massenproduktion, ein zunehmender technologischer Determinismus der Arbeitsorganisation. Mittlerweile hat jedoch ein Paradigmenwechsel stattgefunden, nach dem die Fertigungsorganisation nicht mehr den Bedingungen der Fertigungstechnologie untergeordnet ist, sondern an den Herausforderungen der Absatzmärkte und einer mitarbeiterorientierten Arbeitsgestaltung auszurichten ist. Die Umsetzung dieses Paradigmenwechsels reicht von der Berücksichtigung des Nachhaltigkeitsprinzips in der strategischen Produktionsplanung über die ganzheitliche Planung von Fabrikstrukturen und Logistikkonzepten bis hin zur Lieferantenintegration durch Insourcing. Der Paradigmenwechsel schließt die der Produktion vor- und nachgelagerten Bereiche mit ein und führt so z.B. auch zu einer prozeßorientierten Reorganisation der Auftragsabwicklung. Der Gesamtbestand der Betriebsmittel und deren technologische Veränderungen können in einer aggregierten Produktionsfunktion modelliert werden.

Aus den Konkurrenzbeziehungen einzelner Unternehmen auf den Absatzmärkten ist längst eine Konkurrenz ganzer Wertschöpfungsketten und Wertschöpfungsnetzwerke geworden. Über Kosten- und Flexibilitätsvorteile, Reduzierung von Risiken, Erschließung neuer Märkte sowie vielfältige weitere Verbundeffekte ermöglichen Netzwerke die Steigerung von Unternehmenswerten bei den beteiligten Partnern. Der vierte Teil der Festschrift widmet sich dem Management vernetzter Wertschöpfungsketten. Planung und stufenweiser Aufbau branchenübergreifender Netzwerke werden am Beispiel von Agrochemie und Biotechnologie behandelt. Erfahrungen aus Japan zeigen, daß dabei dem Entwicklungsstand der Partner besondere Aufmerksamkeit zu widmen ist. Das strategische Management eines Supply Chain Network muß das Produkt- und Dienstleistungsprogramm ermitteln und strategische Vorgaben für einzelne Geschäftsprozesse liefern. Dies kann durch eine umfassende Modellierung der Supply Chain unterstützt werden. Ein vertiefendes Beispiel dazu gibt die Modellierung der strategischen Netzwerkplanung für Logistikdienstleister im Sammelgutverkehr. Der zur Gestaltung von Logistikketten herangezogene Methodenmix muß stets auch dem Aspekt der Internationalisierung Rechnung tragen.

Informationsverarbeitung und Electronic Business forcieren derzeit eine neue Reorganisationswelle in den Wertschöpfungsprozessen der Unternehmen. Die damit verbundenen Entwicklungen werden im fünften Teil behandelt. Die Informationsverarbeitung stellt eine "Enabling Technology" für die Prozeßoptimierung dar. Über das Internet können Produktionsdienstleistungen aus Kompetenznetzwerken einfach abgerufen werden. Elektronische Beschaffung und gemeinschaftliche Planung und Steuerung können zu einem "kollaborativen Logistikmanagement" verbunden werden, das vielfach auch mit einer Neuausrichtung von Produktionsstrukturen und -prozessen Hand in Hand gehen muß. Gleichzeitig verändern sich Rollen und Aufgaben der Mitarbeiter. Die erforderlichen Personalentwicklungsmaßnahmen werden in der gegenwärtig eher technologiedominierten e-Business-Diskussion häufig übersehen.

Soll die Neugestaltung der Wertschöpfungsprozesse zu einer Wertsteigerung des Unternehmens führen, so wirkt sich dies auch auf die Unternehmensführung und das Controlling aus. Innovative Ansätze für Unternehmensführung und Controlling sind Gegenstand des sechsten Teils. Die Konsequenzen der Einzelmaßnahmen sind gravierend und langfristig, so daß der Aufsichtsrat einzubinden ist, der bei entsprechendem Agieren selbst zu einer Kernkompetenz des Unternehmens werden kann. Die neuen Anforderungen an die Mitarbeiter schlagen sich in dem Bedarf nach kompetenzorientierten Entlohnungsmodellen nieder. Das Controlling bedarf einer erweiterten Perspektive und bedient sich dazu der Prozeßkostenrechnung und der Balanced Scorecard. Diese läßt sich auch für das Controlling von e-Business-Projekten anpassen. Wertsteigerung durch Wertschöpfungsmanagement setzt die Einbindung der Maßnahmen in ganzheitliche mitarbeiterorientierte Veränderungsprogramme voraus - einschließlich regelmäßiger Messung der Fortschritte und Erfolge. Das Scheitern zahlreicher Veränderungsprojekte in den letzten Jahren macht diesen Bedarf evident.

Autoren und Herausgeber widmen diese Festschrift Herrn Prof. Dr. rer. pol. Horst Wildemann zu seinem 60. Geburtstag im Januar 2002. Horst Wildemann hat in seiner Arbeit stets Theorie und Praxis miteinander verbunden und daraus vielfältige neue Ideen generiert. Seine Konzepte und Lösungsansätze sind in mehreren hundert wissenschaftlichen Beiträgen und Büchern niedergelegt und wurden in zahlreichen Unternehmen erprobt und erfolgreich umgesetzt. Damit hat Horst Wildemann die wissenschaftliche und praktische Diskussion über das Management von Wertschöpfungsprozessen entscheidend mitgeprägt. Nicht nur sein gleichermaßen durch theoretische Herleitung und empirische Beobachtung erworbenes Wissen sondern auch seine Herangehensweise an die Lösung betriebswirtschaftlicher Probleme in Wissenschaft und Industrie hat er Generationen von Studenten und Mitarbeitern mit großem Engagement vermittelt. Für die kommenden Jahre wünschen wir ihm alles Gute und freuen uns auf weitere Ergebnisse seiner unvermindert hohen Kreativität und Produktivität.

Wir danken allen Autoren herzlich für ihre Beiträge, in denen sie zahlreiche neue Gedanken vorgestellt und Konzeptbausteine für ein modernes Wertschöpfungsmanagement niedergelegt haben. Für die finanzielle Unterstützung, die die Drucklegung dieser Festschrift ermöglicht hat, gebührt unser Dank allen Sponsoren. Zu besonderem Dank verpflichtet sind wir auch Frau Dipl.-Ing. Dr. mont. Eva-Maria Kern, MAS, für ihr großes Engagement bei der Übernahme umfangreicher koordinierender Tätigkeiten, Herrn Dipl.-Ing. Frank Koppenhagen für die Korrektur der Druckvorlagen sowie den studentischen Mitarbeitern Herrn cand. ing. Jan-Peter Hinck und Herrn cand. ing. oec. Marc Winter für ihren unermüdlichen Einsatz bei der operativen Fertigstellung dieser Festschrift. Den Mitarbeitern des Gabler-Verlags, insbesondere Frau Annegret Eckert und Herrn Ralf Wettlaufer, danken wir für die gute Zusammenarbeit bei der Entstehung dieser Festschrift.

Horst Albach Bernd Kaluza Wolfgang Kersten

Inhaltsverzeichnis

TEIL V: WERTSCHÖPFUNG IM ELECTRONIC BUSINESS

TEIL VI: UNTERNEHMENSFÜHRUNG UND CONTROLLING

HORST WILDEMANN

Kernkompetenz Wertschöpfungsmanagement - Horst Wildemann zum 60. Geburtstag

Horst Albach, Bernd Kaluza, Wolfgang Kersten

1 Kernkompetenzen und Ressourcen als Elemente der Wettbewerbsstrategie

Erfolgreiche Unternehmen verfügen über Kernkompetenzen, die ihnen Zugänge zu unterschiedlichen Märkten eröffnen, wesentlich zum Kundennutzen beitragen und von der Konkurrenz nur schwer imitierbar sind (vgl. *Prahalad / Hamel* 1990). Mit dieser Aussage lösten Prahalad / Hamel zu Beginn der neunziger Jahre eine lebhafte Diskussion aus, die zu einer Neubewertung der Wertschöpfungsprozesse in der Unternehmensstrategie führte. In der Folge wurden in zahlreichen Unternehmen weltweit Wertschöpfungsprozesse auf den Prüfstand gestellt und eine Konzentration auf die erkannten Kernkompetenzen eingeleitet. In Verbindung mit anderen Entwicklungen, wie der zunehmenden Komplexität von Produkten und Dienstleistungen, der Globalisierung von Angebot und Nachfrage sowie den neuen Möglichkeiten der Informationstechnologie, führte dies zu einer steigenden Vernetzung von Unternehmen bis hin zu den heutigen Wertschöpfungsstrukturen.

Gleichwohl reicht die Diskussion um ressourcenorientierte Wettbewerbsstrategien und Kernkompetenzen weiter zurück. Auf den Zusammenhang von Fertigung und Wettbewerbsstrategie weist Skinner bereits 1969 hin und schlägt vor, ausgehend von der Wettbewerbsstrategie eines Unternehmens eine Fertigungsstrategie zu formulieren, in deren Rahmen zielkonforme technische Investitionskonzepte ausgearbeitet werden können (vgl. *Skinner* 1969, S. 138ff). Wheelwright / Hayes und Porter knüpfen bei diesen Überlegungen Skinners an und zeigen den Zusammenhang zwischen Fertigung und Wettbewerbsstrategie anhand von Erfolgsfaktoren wie Kosten, Qualität und Flexibilität (vgl. *Porter* 1983, S. 10, *Wheelwright / Hayes* 1985, S. 100) auf.

Zahlreiche weitere Wissenschaftler und Führungskräfte haben sich in den letzten Jahrzehnten mit Ressourcen und Kompetenzen als Element der Unternehmensstrategie kritisch auseinandergesetzt. Zu den herausragenden Vertretern zählt Horst Wildemann. Sein Ziel ist stets, die Ressourcen und Wertschöpfungsprozesse im Unternehmen so zu gestalten, daß sich damit konkrete Wettbewerbsvorteile erzielen lassen. Anläßlich des 60. Geburtstages von Horst Wildemann wollen wir in den folgenden Abschnitten am Beispiel der wissenschaftlichen Arbeiten des Jubilars die Umrisse eines strategieorientierten Wertschöpfungsmanagements aufzeigen. Dabei wird deutlich, daß nicht nur einzelne Fähigkeiten und Abschnitte des Wertschöpfungsprozesses zu Kernkompetenzen entwickelt werden können, sondern daß auch das Wertschöpfungsmanagement in seiner Gesamtheit eine umfassende Kernkompetenz darstellen kann.

2 Strategieorientiertes Wertschöpfungsmanagement

Ziel eines strategieorientierten Wertschöpfungsmanagements ist es, eine unternehmensindividuelle Produktionsfunktion zu erzeugen, die einen dauerhaften Wettbewerbsvorteil verspricht. Dabei sind es primär die Innovationen im Produktionsablauf, die diese Produktionsfunktion verändern (vgl. *Wildemann* 1987, S. 707f).

Innovationen in den Wertschöpfungsprozessen der Unternehmen sind in den zurückliegenden Jahrzehnten auf zahlreichen Gebieten erfolgt. Insbesondere technologische Entwicklungen haben in der Wertschöpfungskette immer wieder Innovationsprozesse im Sinne Schumpeters "schöpferischer Zerstörung" in Gang gesetzt. Schöpferische Zerstörung hat jedoch nicht nur die Produktionstechnologien von Grund auf verändert, sondern auch die dazugehörigen Organisationsstrukturen, Prozesse und Führungsansätze.

Horst Wildemann hat stets diese Aspekte in ihrem Gesamtzusammenhang betrachtet und die vielfältigen Einzelbausteine des Wertschöpfungsmanagements erfolgreich zu einem ganzheitlichen Managementkonzept verbunden. Grundprinzipien seiner Gestaltungsansätze sind

- ganzheitliche Betrachtung von Prozessen,
- Orientierung am externen und am internen Kunden,
- Lernen von den Besten,
- Reduktion von Komplexität,
- Vermeidung von Verschwendung,
- Beachtung des Faktors Zeit,
- Kontinuierliche Verbesserungsprozesse,
- bereichsübergreifende Nutzung des im Unternehmen vorhandenen Wissens sowie
- Schaffung von zusätzlichem Unternehmenswert.

Tragende Säulen seines Wertschöpfungsmanagements sind strategische Investitionsplanung und Einführungsstrategien für neue Produktionstechnologien, die modulare Fabrik im Zusammenspiel mit einem umfassend verstandenen Logistik-Prozeßmanagement sowie die schnell lernende Organisation.

2.1 Strategische Investitionsplanung und Einführungsstrategien für neue Produktionstechnologien

Auslöser der Diskussion über geeignete Planungsverfahren zur Beurteilung neuer Produktionstechnologien waren vor allem Innovationen in der Datenverarbeitung, die beispielsweise mit numerisch gesteuerten Maschinen, Flexiblen Fertigungssystemen und CAD-/CAM-Systemen gänzlich neue Möglichkeiten in Fertigung und Konstruktion eröffneten. Klassische Investitionsrechenverfahren führten jedoch in der Regel zu Aussagen zugunsten konventioneller Produktionsanlagen, da sie weder das Potential zur Unterstützung der Wettbewerbsstrategie noch die indirekten Wirkungen neuer Technologien berücksichtigten. Neue Verfahren zur Vorbereitung der Investitionsentscheidung waren also erforderlich.

Bereits in den siebziger Jahren zeigte Horst Wildemann, daß sich der wirtschaftliche Erfolg des Einsatzes von numerisch gesteuerten Fertigungssystemen nur durch die globale Einbeziehung aller Auswirkungen des Investitionsvorhabens auf die Gesamtproduktion quantifizieren läßt, und daß zusätzlich immaterielle Faktoren in das Entscheidungskalkül einzubeziehen sind (vgl. dazu *Wildemann* 1985, S. 220). An diese Überlegungen anknüpfend entwickelte er in den achtziger Jahren in Zusammenarbeit mit 25 namhaften Unternehmen das Konzept einer strategischen Investitionsplanung für neue Produktionstechnologien. Ausgehend von der Wettbewerbsstrategie eines Unternehmens engt die strategische Investitionsplanung den Entscheidungsraum der Investitionsalternativen stufenweise ein und nimmt eine umfassende Wirkungsanalyse aller direkten und indirekten Wirkungen der Investition vor. Ziel dieser Planungskonzeption ist es, das Produktionspotential nicht mehr als begrenzende Nebenbedingung der strategischen Planung zu verstehen, sondern so zu gestalten, „daß es alle quantitativen und qualitativen Kapazitätsanforderungen, die sich aus den heutigen und zukünftigen Produkten und Märkten des Unternehmens ergeben, optimal erfüllen kann“ (*Wildemann* 1987, S. 41). Dieser Anspruch darf natürlich nicht bei der Planung enden, sondern muß durch entsprechende Einführungsstrategien für neue Produktionstechnologien hinterlegt werden. Hierzu ist insbesondere festzulegen,

- ob ein früher oder später Einstieg in die neue Technologie erfolgen soll,
- ob die Systemveränderung kontinuierlich, stufenweise oder sprunghaft durchgeführt wird,
- wer die Systemerstellung übernimmt und
- wie die Integration in das betriebliche Umfeld vorgenommen wird (vgl. *Wildemann* 1986).

Für seine am Beispiel von CAD/CAM und flexiblen Fertigungssystemen vorgenommene und empirisch überprüfte Formulierung alternativer Einführungsstrategien für neue Produktionstechnologien wurde Horst Wildemann als „ZfB-Autor 1986“ ausgezeichnet.

2.2 Modulare Fabrik und Logistik - Prozeßmanagement

Flexibilität und Reaktionszeit sind in zahlreichen Märkten zu kritischen Erfolgsfaktoren geworden. Unternehmen verfolgen hybride Wettbewerbsstrategien wie die dynamische Produktdifferenzierung, mit der sich Flexibilitätserhöhung und Kostensenkung verbinden lassen. Voraussetzung ist eine entsprechend flexible und kostengünstige Gestaltung der Produktions- und Logistikprozesse (vgl. *Kaluza / Blecker* 1999).

Insbesondere in den achtziger Jahren wurde die wissenschaftliche und praktische Diskussion zu Fabrikstrukturen und Logistik stark durch die Auseinandersetzung mit japanischen Managementkonzepten geprägt. Die Umkehrung des Bringprinzips in ein Holprinzip durch die Einführung von KANBAN-Regelkreisen, die nachhaltige Reduzierung von Beständen durch die konsequente Gestaltung der gesamten logistischen Kette nach Just-in-Time-Prinzipien und die partnerschaftliche Integration von Lieferanten in den Wertschöpfungsprozeß waren die Schwerpunkte (vgl. *Wildemann* 2002a).

Wesentliches Merkmal der japanischen Konzepte war eine verstärkte Flußorientierung von Produktion und Logistik. Dabei hatte Erich Gutenberg schon 1951 auf die Vorteile einer flußorientierten Anordnung von Produktionsanlagen hingewiesen (vgl. *Gutenberg* 1951, S. 65). Aufgrund der Komplexität und Heterogenität heutiger Produktionsprogramme ist diese Forderung für einen Betrieb in seiner Gesamtheit allerdings kaum zu realisieren. Einen Lösungsansatz dazu bietet die Fertigungssegmentierung, die die Produktion in überschaubare produkt-/marktorientierte Einheiten gliedert. Den Fertigungssegmenten werden Auftragsabwicklungs-, Dispositions- und Qualitätssicherungsfunktionen zugeordnet, so daß sie weitgehend autonom agieren können. Hierdurch wird die Steuerungskomplexität der Produktion deutlich reduziert und die Reaktionsfähigkeit auf veränderte Anforderungen des Marktes wesentlich erhöht (vgl. *Wildemann* 1998).

Horst Wildemann hat die Fertigungssegmentierung mittlerweile zum Konzept der modularen Fabrik weiterentwickelt und mit den einzelnen Elementen der Beschaffungs-, Produktions-, Distributions- und Entsorgungslogistik zu einer managementorientierten Logistikkonzeption verbunden. Dabei betrachtet er die Logistik nicht als eine auf die Steuerung und Abwicklung von Materialflußaktivitäten beschränkte Dienstleistungsfunktion, sondern als „eine querschnittsorientierte Grundhaltung zur zeiteffizienten, kunden- und prozeßorientierten Koordination von Wertschöpfungsaktivitäten“ (*Wildemann* 2001a). Sein Logistikverständnis geht damit über den materialwirtschaftlichen Bereich deutlich hinaus und erstreckt sich auf sämtliche Unternehmenseinheiten und Hierarchiestufen. Ein gutes Beispiel dafür ist die erfolgreiche Übertragung des Just-in-Time-Konzepts auf Forschung, Entwicklung und Konstruktion. Horst Wildemann zeigt hier, wie die Anwendung der o.g. Gestaltungsprinzipien zu Zeiteinsparungen und Flexibilitätssteigerungen und damit auch zu Kostenreduzierungen und Qualitätsverbesserungen im Entwicklungsprozeß führt (vgl. *Wildemann* 1993).

2.3 Schnell lernende Organisation und Wissensmanagement

Entscheidend ist allerdings nicht nur das in der Wertschöpfungskette erreichte Niveau, sondern auch die Geschwindigkeit, mit der das Wertschöpfungssystem an neue Herausforderungen der Märkte angepaßt wird. Angesichts der permanenten Veränderung von Rahmenbedingungen für die Unternehmen ist die Lerngeschwindigkeit einer Organisation zum Schlüsselfaktor im Wettbewerb geworden. Kurzfristige Organisationsveränderungen führen jedoch nicht zu dauerhaftem Erfolg. Erforderlich ist statt dessen ein Denken in Quantensprüngen, das die Grundannahmen der Organisation immer wieder hinterfragt und den Wandel antizipiert (vgl. *Wildemann* 1995, S. 4). Die mit Hilfe von strategischer Investitionsplanung, modularer Fabrik und Logistik-Prozeßmanagement erarbeitete ganzheitliche Neuordnung der Wertschöpfungsprozesse von Unternehmen und Unternehmensnetzwerken bedarf deshalb einer schnell lernenden Organisation als Umsetzungs- und Weiterentwicklungskomponente.

Wesentliche Elemente einer schnell lernenden Organisation sind Organisationsstrukturen, die Freiräume schaffen, in denen Neues ausprobiert werden kann, ein Produktivitätsmanagement, das die Problemlösungskompetenz der Mitarbeiter nutzt sowie die Produktklinik als Lernort. Zur Unterstützung des Lerntransfers dienen Visualisierung und Auditierung sowie ein permanentes Controlling der Lerngeschwindigkeit (vgl. *Wildemann* 1995).

Den Anstoß für Produktivitätssteigerungen geben nicht selten Erkenntnisse aus Benchmarkingvergleichen mit anderen Unternehmen. Entscheidend ist jedoch, nicht nur branchenübergreifend von den Besten zu lernen, sondern durch Einbeziehen von Mitarbeitern den Lernprozeß auch von innen heraus anzustoßen und im Denken der Mitarbeiter zu verankern. Es gilt durch Organisation und Führung das Wissen der Mitarbeiter zusammenzubringen und für Verbesserungen nutzbar zu machen. Gleichzeitig sind Lernbarrieren zu überwinden (vgl. *Wildemann* 1997).

Neben der systematischen Durchführung bereichsübergreifender Optimierungsworkshops kommt deshalb der Produktklinik auf dem Weg zu einer lernenden Organisation eine herausragende Bedeutung zu. Die Produktklinik stellt einen institutionalisierten Lernort dar, der eine intensive Auseinandersetzung mit Wettbewerbsprodukten unterstützt und gleichzeitig das Wissen von Mitarbeitern aus Entwicklung, Produktion, Vertrieb, Einkauf, Logistik, Service und Controlling systematisch zusammenführt. Aus der gemeinsamen Analyse heraus werden die jeweils besten Detaillösungen zu optimierten Produktkonzepten zusammengesetzt. Damit ermöglicht die Produktklinik schnelle marktgerechte Innovation bei simultaner Produkt- und Prozeßoptimierung (vgl. *Wildemann* 1999).

Organisatorische Lernprozesse sind also alles andere als zufällig erkannte Verbesserungsmöglichkeiten, sondern Folge systematischen Führungshandelns. Dabei leitet die Führung den Lernprozeß nicht nur ein, sondern sorgt als Coach auch für den immer wieder notwendigen Ausgleich zwischen änderungsfördernden und zustandsbewahrenden Kräften. Stringenz und Sensibilität des Managements sind deshalb die entscheidenden Erfolgsfaktoren bei der Umsetzung einer schnell lernenden Organisation.

Hinzu kommt ein systematisches Management der Ressource Wissen im Unternehmen. Dieses stützt sich auf organisatorische Maßnahmen, wie Projekt- und Prozeßorganisation sowie formelle und informelle Wissensnetzwerke, auf innovative Schulungs- und Coachingkonzepte als humanressourcenorientierte Maßnahmen sowie auf den Einsatz von Informationstechnologie ab (vgl. *Wildemann* 2002b, S. 112ff). Allerdings wirken derzeit Zeitbedarf und Kosten in zahlreichen Unternehmen der Einführung von Wissensmanagement entgegen (vgl. *Wildemann* 2002b, S. 135f).

3 Aktuelle Herausforderungen für das Wertschöpfungsmanagement

Unternehmensnetzwerke, Electronic Business und das Management der Ressource Wissen stellen die aktuellen Herausforderungen für das Wertschöpfungsmanagement dar. Obwohl zu allen drei Themen bereits umfangreiche Literatur erschienen ist, dürfen sicherlich nicht alle Probleme als gelöst betrachtet werden. Während vielfältige technische Lösungen zum Supply Chain Management bereits verfügbar sind, fehlt häufig doch der Wille der Beteiligten, wirklich integrierte Geschäftsprozesse zu erreichen. Die Schlüsselfrage im Netzwerk und in der Supply Chain lautet deshalb heute: Wer darf welche Daten sehen? Solange die Antwort auf der Befürchtung des Mißbrauchs beruht - und die heutigen Rahmenbedingungen und Verhaltensweisen vieler Unternehmen legen diese Antwort nahe - werden allenfalls Teilprozesse elektronisch automatisiert, ohne ein wirklich durchgängiges Supply Chain Management zu erreichen. Ein echtes Harmoniemodell (vgl. dazu *Albach* 1997, S. 1271ff) für Unternehmensnetzwerke ist derzeit trotz des großen Potentials für die Wettbewerbsfähigkeit nicht in Sicht.

Electronic Business verändert die Wertschöpfungskette von Grund auf. Einkäufe bei Zulieferanten erfolgen über virtuelle Marktplätze, die Supply Chain wird über das Internet gesteuert, und der Service erfolgt per remote access. Die Kunden konfigurieren ihr gewünschtes Produkt im Internet, Bestellung und Zahlungsabwicklung erfolgen ebenfalls online. Auch wenn bislang nicht alle Erwartungen erfüllt wurden und besonders in mittelständischen Unternehmen der Durchdringungsgrad mit elektronischen Geschäftsprozessen noch verhältnismäßig gering ist, schreitet die Substitution oder Ergänzung konventioneller Geschäftsprozesse durch internetgestützte Geschäftsprozesse unaufhaltsam voran.

Die Konsequenzen für das Wertschöpfungsmanagement werden mittlerweile deutlich sichtbar. E-Technologien stellen eindeutig neue Anforderungen an das Wertschöpfungsmanagement und die Unternehmensführung. „An oberster Front stehen die Beherrschung von Wertschöpfungsketten, das Management von organisatorischem und interorganisatorischem Wissen sowie die Beurteilungskompetenz für zukünftige Geschäfte, Einsatzgebiete vorhandener Kompetenzen und Technologien" (*Wildemann* 2001b, S. 21). Durch die hohe Veränderungsgeschwindigkeit im Electronic Business ist es für ein Unternehmen entscheidend, schneller zu lernen als die Wettbewerber. Geschäftsprozesse umgehend an veränderte Wettbewerbssituationen anpassen, knappe Ressourcen effizient einsetzen und Reputation bei Kunden und Investoren aufbauen zu können, sind im Electronic Business besonders wichtige Fähigkeiten (vgl. *Wildemann* 2001b, S. 21f). Gelingt dies, so sind durch den Einsatz von E-Technologien Wertsteigerungen für das Unternehmen zu erzielen. Ansatzpunkte hierzu bieten beispielsweise die Einsparpotentiale durch Electronic Sourcing sowie die Gewinnung und Bindung von Kunden durch innovative internetgestützte Geschäftsprozesse und Customer Relationship Management.

Ebenfalls erst in Ansätzen gelöst sind die Probleme des Wissensmanagements. Obwohl durch Logistik-Prozeßmanagement sachgerechte Material- und Informationsflüsse geschaffen worden sind, bestehen bei der problemorientierten Zusammenführung von Wissen nach wie vor noch Defizite. Der Methodentransfer in die Praxis ist schwierig und die Unternehmen scheuen aufgrund fehlenden Problembewußtseins den Einführungsaufwand (vgl. *Wildemann* 2002b, S. 135). Letztlich fehlt allerdings bislang auch eine schlüssige Integration aller Methodenbausteine zum Wissensmanagement. Zudem werden wichtige personelle Rahmenbedingungen, wie Vertrauen und Anreizsysteme, weitgehend vernachlässigt (vgl. dazu *Kersten / Schröder* 2002). Ein ganzheitliches Wertschöpfungsmanagement muß diese Problematik nicht nur unternehmensintern, sondern auch unternehmensübergreifend lösen, um das gesamte in der Wertschöpfungskette vorhandene Wissen zum Nutzen des Kunden einsetzen zu können (vgl. *Wildemann* 2002b, S. 125).

4 Wertschöpfungsmanagement - eine Kernkompetenz?

Ein umfassend verstandenes Wertschöpfungsmanagement reicht von der Beherrschung neuester Produktionstechnologien und -prozesse über die Steuerung von Produktionsabläufen und das Management von Logistik und Auftragsabwicklung in der gesamten Supply Chain bis hin zur schnellen, marktgerechten Entwicklung von Produktinnovationen. All dies erfolgt heute nicht mehr im Alleingang, sondern in hochgradig vernetzten Strukturen. Wesentliche Erfolgsvoraussetzungen sind die Schaffung flexibler Arbeitsstrukturen, die das Potential der Mitarbeiter vollständig zur Entfaltung bringen, die Implementierung einer lernenden Organisation, das erfolgreiche Management von Wissen und die konsequente Nutzung moderner Informations- und Kommunikationstechnologien in den Geschäftsprozessen.

Unternehmen, deren Führungskräfte die Wertschöpfungsprozesse konsequent nach diesen Leitlinien gestalten und unablässig weiterentwickeln, machen nicht nur einzelne Abschnitte des Wertschöpfungsprozesses, sondern auch das Wertschöpfungsmanagement in seiner Gesamtheit zur Kernkompetenz. Ein derart gestaltetes Wertschöpfungssystem eröffnet Zugänge zu unterschiedlichen Märkten, trägt ganz wesentlich zum Kundennutzen bei und ist dabei äußerst schwer zu imitieren. Alle Wesensmerkmale von Kernkompetenzen sind also in besonderem Maße erfüllt - doch nur wenige Unternehmen können bislang von sich behaupten, diese umfassende Kernkompetenz bereits zu besitzen.

Überträgt man den Ansatz der Kernkompetenz von Unternehmen auf Personen, so kann Horst Wildemann in jedem Fall durch die Kernkompetenz Wertschöpfungsmanagement charakterisiert werden. In seiner wissenschaftlichen Arbeit hat er zahlreiche innovative Bausteine des Wertschöpfungsmanagements entwickelt und ausgestaltet. Unablässig hat er dabei nach neuen Erfolgsmustern und Querverbindungen gesucht und seine Konzepte am praktischen Beispiel in vielen Unternehmen erprobt und immer wieder weiterentwickelt.

Nicht nur die einzelnen Bausteine des Wertschöpfungsmanagements, sondern auch die technischen, organisatorischen und personellen Aspekte hat er stets in einer ganzheitlichen Betrachtungsperspektive miteinander verbunden. Horst Wildemann hat damit unser heutiges Verständnis des Wertschöpfungsmanagements in Wissenschaft und Praxis entscheidend mitgeprägt und zugleich eine Promotorenfunktion für die wettbewerbswirksame Gestaltung von Wertschöpfungsprozessen in den Unternehmen übernommen.

5 Literatur

Albach, H. (1997): Gutenberg und die Zukunft der Betriebswirtschaftslehre, in: ZfB, 67. Jg., H. 12, S. 1257-1283

Gutenberg, E. (1951): *Grundlagen der Betriebswirtschaftslehre*, Bd. 1: Die Produktion, Berlin, Heidelberg u.a. (inzwischen 24. Aufl. 1983)

Kaluza, B.; Blecker, Th. (1999): *Dynamische Produktdifferenzierungsstrategie und Produktionsnetzwerke*, in: Nagel, K.; Erben, R.; Piller, F. T. (Hrsg.): Produktionswirtschaft 2000. Perspektiven für die Fabrik der Zukunft, Wiesbaden, S. 261-280

Kersten, W.; Schröder, K. (2002): *Wissensmanagement im e-Commerce*, erscheint in: Keuper, F.: E- und M-Commerce - Ansätze, Konzepte und Geschäftsmodelle, München, Wien

Prahalad, C. K.; Hamel G. (1990): *The core competence of the corporation*; in: Harvard Business Review, 68. Jg., H. 3, S. 79-91

Porter, M. E. (1983): *Wettbewerbsstrategie*, Frankfurt/M.

Skinner, W. (1969): *Manufacturing - missing link in corporate strategy*, in: Harvard Business Review, 47. Jg., H. 3, S. 136-145

Wheelwright, S.; Hayes, R. (1985): *Competing through manufacturing*, in: Harvard Business Review, 63. Jg., H. 1, S. 99-109

Wildemann, H. (1985): *Investitionsentscheidungsprozeß für numerisch gesteuerte Fertigungssysteme*, 2. Aufl., München

Wildemann, H. (1986): *Einführungsstrategien für neue Technologien in der Produktion*, in: ZfB, 56. Jg., H. 4/5, S. 42-74

Wildemann, H. (1987): *Strategische Investitionsplanung: Methoden zur Bewertung neuer Technologien*, Wiesbaden

Wildemann, H. (1993): *Optimierung von Entwicklungszeiten: Just-In-Time in Forschung & Entwicklung und Konstruktion*, München

Wildemann, H. (1997): *Produktivitätsmanagement: Handbuch zur Einführung eines Produktivitätssteigerungsprogramms GENESIS*, 2. Aufl., München

Wildemann, H. (1998): *Die Modulare Fabrik: Kundennahe Produktion durch Fertigungssegmentierung*, 5. neubearbeitete Aufl., München

Wildemann, H. (1999): *Produktklinik: Wertgestaltung von Produkten und Prozessen - Methoden und Fallbeispiele*, München

Wildemann, H. (2001a): *Logistik-Prozeßmanagement*, 2. neubearbeitete Aufl., München

Wildemann, H. (2001b): *E-Technologien: Wertsteigerung durch E-Technologien in Unternehmen*, TCW-report Nr. 26, München

Wildemann, H. (2002a): *Das Just-In-Time Konzept: Produktion und Zulieferung auf Abruf*, 5. neubearbeitete Aufl., München

Wildemann, H. (2002b): *Service- und Wissensmanagement: Programme zur Leistungssteigerung von Unternehmen, Ergebnisse einer Delphi-Studie*, München

Teil I

Wertschöpfungsmanagement und Kernkompetenzen

Kernkompetenzen - ein Kapazitätsspezifikum

Werner Kern

Unter Kernkompetenz soll nicht die Kompetenz des Autors Kern verstanden werden, sich zu Kompetenzproblemen zu äußern, sondern ein komplexer Sachverhalt, der nachstehend als eine besondere Ausprägung qualitativer Kapazitäten interpretiert werden wird.

1 Sachverhaltsanalyse

1.1 Ein Abriß der üblichen Ausdeutungen

Mit dem Begriff «Kernkompetenzen», der seit etwa einem Jahrzehnt zunehmend Eingang in die ökonomischen Diskussionen zur Strategieforschung, in die einschlägige Literatur und in die Wirtschaftspresse fand, wird regelmäßig darauf reflektiert, daß sich eine Unternehmung bei ihren Leistungsangeboten, mit denen sie Erfolge erwirtschaften will, auf die ihr eigenen Stärken konzentrieren soll. Das bedeutet im Umkehrschluß aber auch, daß Produkte, die von anderen Wettbewerbern und Zulieferern sowie Weiterverarbeitern besser und kostengünstiger erstellt werden könnten, diesen wohl auch überlassen werden sollten. Schon das deutsche Sprichwort „Schuster bleib' bei deinen Leisten" meint das Konzentrieren auf die eigenen Stärken. Im Gegensatz zur einfachen Kompetenz, die sowohl die Zuständigkeit einer einzelnen Instanz innerhalb einer Organisation als auch bloß eine Befähigung zum Erfüllen diskreter Aufgaben kennzeichnet, wird mit Kernkompetenz (core competence) eine Einengung dieser Interpretation gemeint.

Ein näheres Befassen mit diesem Begriff, der von *Prahalad / Hamel* (1990) in die von *Porter* (1980) initiierte Strategiediskussion eingeführt wurde, zeigt allerdings, daß auch mit ihm unterschiedliche Sachverhalte gemeint werden können. Sie reichen von einer - schwachen - Ausdeutung als der Hauptaufgabe einer Unternehmung, als deren ureigenstem Geschäftsbereich, bis hin zu der gegenwärtig eher präferierten - starken - Interpretation. Mit ihr wird ergebnisorientiert (market based review) eine organisatorisch koordinierte Gesamtheit der besonderen Wettbewerbsstärken einer Unternehmung als einem Gesamtsystem erkannt (Meta-Aspekt). Im Vergleich zu den Wettbewerbern sollen diese Stärken einmalig sein, Spitzenleistungen widerspiegeln und sich nicht oder nur schwer nachahmen lassen.

Solche Markterfolge werden jedoch, und zwar zugleich, als Resultate ungewöhnlich hoher Fertigkeiten (skills), exzellenter Fähigkeiten (capabilities), besonderen Wissens (know how) und spezieller sachlicher Ressourcen (Betriebsausstattung) sowie immaterieller Vertragspositionen (assets) gedeutet (vgl. *Zahn* 1995, S. 357, u. 1996, Sp. 884 ff, sowie *Rühli* 1995, S. 92 ff; zu Spezifika vgl. u.a. *Corsten / Will* 1995, S. 12 ff, und *Hinterhuber* 1996, S. 11 f). Kernkompetenzen (Kernfähigkeiten) werden, diese Interpretation weiter führend, auch unmittelbar (so z.B. von *Macharzina* 1995, S. 58 ff, *Rasche* 1994, S. 35 ff u. 213 ff, *Rühli* 1995, S. 96 ff und *Steinle / Bruch / Nasner* 1997, S. 1 u. 5) mit Bezug auf die betrieblichen Ressourcen gedeutet (ressource based view). Dieses Verständnis, nach dem Kernkompetenzen die Gesamtheit besonderer fir-meneigener Potentiale sind, soll nachfolgend in einer besonderen Richtung spezifiziert werden. Sie orientiert sich phänomenologisch an der Deutung betrieblicher Kapazitäten als Befähigung von Potentialen zum Erbringen betrieblicher Leistungen.

1.2 Die produktionswirtschaftliche Relevanz

Kernkompetenzen werden folglich sowohl mit dem Output einer Unternehmung, d.h. mit deren Tätigkeits- und Leistungsergebnissen, in Verbindung gebracht, als eben auch an deren dafür benötigten Input, d.h. an ihren Produktionsfaktoren und den mit ihnen gebildeten Kombinationen. Diese Ressourcen müssen jedoch besondere Eigenschaften besitzen, wenn sie Kernkompetenzen begründen sollen. Damit erweisen sich diese im Umkehrschluß als eine besondere Kategorie von Kapazitäten. Im zweiten Fall mit dem Input als Focus konzentriert sich die Frage bereits unmittelbar auf die jeweils vorhandenen oder zu beschaffenden betrieblichen Potentiale, sowie auf die mit ihnen bewirkten Prozesse. Die Ansprache der Ressourcen als Kapazitäten wird hier direkt augenscheinlich. Auch bei dieser Sicht gilt für die einzelnen maßgebenden Faktoren, und zwar für die personellen, die materiellen und eventuell gar die immateriellen, und für deren Zusammenwirken, daß sie spezielle oder gar exquisite Fähigkeiten zum Erbringen der erwarteten besonderen Leistungen besitzen müssen. Als betriebliche Kapazität wird „das Leistungsvermögen einer wirtschaftlichen oder technischen Einheit - beliebiger Art, Größe und Struktur - in einem Zeitabschnitt“ verstanden (*Kern* 1962, S. 27).

Mit der Komponente «Art» wird, und zwar im Gegensatz zu der üblicherweise auf Outputmengen hin orientierten quantitativen Kapazität, die Eignung resp. qualitative Kapazität derjenigen Produktionseinheiten gemeint, mit denen die erwarteten Leistungen erstellt werden können (vgl. auch *Gutenberg* 1983, S. 77 ff). Für eine Ausdeutung qualitativer Kapazitäten reichen Exemplifizierungen nicht aus. Es bedarf vielmehr einer Charakterisierung ihrer verschiedenen Dimensionen, welche für sie typisch sind. Üblicherweise wurden dazu bislang nur die dimensionale Kapazität, die variationale Kapazität und die präzisionale Kapazität benannt. Im ersten Fall wären es die Auslegung von Faktoren oder Faktorkombinationen hinsichtlich ihrer Arbeitsbereiche (z.B. von Werkzeugmaschinen, Schiffsdocks, Schiffsbauhallen). Im zweiten Fall handelt es sich um die Vielfalt ihrer Verwendungsmöglichkeiten, und zwar in Verbindung mit dem Zeitbedarf für nötiges Umrüsten (z.B. bei Flexiblen Fertigungssystemen). Der dritte Fall stellt, insbesondere in der Feinwerk- und in der Nanotechnik, auf die erzielbaren Genauigkeiten von Abmaßen und das Einhalten vorgegebener Toleranzen ab.

Im Hinblick auf die Kernkompetenzen bedarf es nunmehr auch der Ansprache eines weiteren Qualitätskomplexes. Erbrachte Leistungen sollen nach Art und / oder Güte im Vergleich zur Konkurrenz das übliche Maß signifikant überschreiten. Dies erlaubt jedoch nicht nur eine einfache Ergänzung der Dimensionen qualitativer Kapazitäten, sondern verlangt zugleich eine - wesentliche - Beschränkung der Sicht auf einen engeren, auserwählten Teil eines Kapazitätsfundus, eben auf einen solchen mit den nötigen exzellenten Eigenschaften. Kernkompetenzen begründen deshalb ein Kapazitätsspezifikum. Der in der jüngeren Vergangenheit intensiv behandelte Aspekt der Qualität von Produkten und der Qualitätssicherung von Produktionsprozessen, so z.B. mit FMEA, QFD und TQM, verweist ja ebenfalls schon auf die Qualität der Potentiale.

Das Phänomen von Kernkompetenzen ist nicht neu. Schon im Mittelalter verfügten - gemäß der Erkenntnis des weisen Ben Akiba, daß alles schon einmal dagewesen sei - Rüstungs- und Waffenschmiede (z.B. Wieland der Schmied) oder einzelne Handwerker über exzellente Qualifikationen. Solche Leistungen wurden immer nachgefragt. Sie wurden allerdings auch oft reglementiert, indem den Handwerkern von ihren Zünften quantitative Produktionsbeschränkungen auferlegt wurden. Und heute sind hervorragende Produzenten in gleicher Weise gefragt, nicht zuletzt im Dienstleistungsbereich wie prominente Ärzte, Anwälte, Unternehmensberater und auch Professoren, tituliert als Fachleute, Experten, Spezialisten oder Kapazitäten, eventuell gar als Koryphäen. Im Vergleich zu ihren Fachkollegen zeichnen sich diese durch ihre besonders hochwertigen Leistungen aus. In der Industrie ist, wie schon früher bei Manufakturen (z.B. Meißener Porzellan) oder bei älteren Fabriken (z.B. Alfred Krupp), die Existenz von Kernkompetenz, zumindest die einer hinreichenden, einfachen Kompetenz, keineswegs neu. Immer prägten und prägen auch hier die besonderen Qualifikationen einzelner Produzenten (z.B. Mannesmann AG für nahtlose Rohre) deren Leistungsspektren, und die Weiterentwicklung solcher Qualifikationen ließ nicht selten neue Kernkompetenzen entstehen.

Das für Kernkompetenzen typische Merkmal der Exzellenz läßt sich im Gegensatz zu den drei klassischen qualitativen Kapazitätsdimensionen allerdings nicht absolut, sondern nur relativ (nominal) charakterisieren. Zunächst offenbart es sich aus Vergleichen mit den auf denselben Produktfeldern agierenden Konkurrenten. Hierfür käme bei innovativen Produkten und sogar bei gewissen Produktionsverfahren (so in der Chemischen und Pharmaindustrie) ein - zeitlich begrenzter - Patentschutz in Frage. Er erlaubt auf sachlich begrenzten Feldern das Entstehen zeitlich begrenzter Monopolsituationen. Rückschlüsse aus der Existenz von Monopolen, wie z.B. im Verkehrswesen und in der Energieversorgung, auf das Vorhandensein von Kernkompetenzen bei den Monopolisten führen jedoch fehl, denn der Wettbewerb kann ja auch anderweitig begrenzt werden.

Die ehemals vertretene Philosophie «Alle Leistungen aus einer Hand», die bei Umsatzanalysen oft erkennen ließ, daß mit etwa 80 % der Artikel nur 20 % des Umsatzes erzielt wurden, verliert an Bedeutung, sobald eine Unternehmung auf alle diejenigen Aktivitäten verzichtet, die andere Unternehmungen auf der gleichen Leistungsebene besser beherrschen. Gefördert wird eine solche Neuorientierung heute durch vielfältige Formen zwischenbetrieblicher Kooperationen (Allianzen). Mit ihnen lassen sich, und zwar unter Nutzung der modernen Informationstechniken sowie mit neuzeitlicher Logistik, gewünschte Arrondierungen von Leistungsangeboten auf dem Wege zwischenbetrieblicher Arbeitsteilungen, ggf. gar in weltweiten Netzwerken, oft einfacher, qualitativ besser und auch kostengünstiger, d.h. über Zukäufe, erzielen; die (Kern-)Kompetenzen der Partner werden dann genutzt.

Diese Relativierung gilt ebenso innerbetrieblich bei einem Vergleichen der eigenen leistungsstarken Produktionen mit den Produktionen auf den jeweils vor- sowie nachgeschalteten Produktionsstufen sowie für fast alle Hilfsbetriebe (z.B. Reparaturwerkstätten, Fuhrpark und Rechenzentren). Erweisen sich diese Bereiche als zu leistungsschwach, d.h. als nicht hinreichend kompetent, so stellt sich die Frage einer Produktbereinigung mittels Outsourcing (vgl. Abschnitt 3). Damit richtet sich der Blick allerdings wieder auf die Frage nach dem - als schwache Form von Kernkompetenzen - bereits erwähnten Hauptgeschäft, dem Produktfeld, einer Unternehmung.

2 Spezifika des Konzepts

2.1 Die wesentlichen Kompetenzfaktoren

Zum Erkennen derjenigen Ursachen, aus denen heraus Kernkompetenzen einer Unternehmung entstehen, bieten sich aufgrund der genannten Kausalwirkungen Potentialanalysen an. Mit einer solchen können und sollen die jeweils in Frage kommenden, exzellente Leistungen erbringenden Faktoren und Faktorkombinationen in personeller, technischer und organisatorischer (führungsseitiger), aber auch in standortspezifischer und finanzieller Hinsicht kenntlich gemacht und hinsichtlich ihrer Spezifika beurteilt werden (vgl. *Steinle / Bruch / Nasner* 1997, S. 12 ff). Der Standortaspekt wird z.B. beim Zugang zu besonderen Rohstoffen (u.a. Diamantenminen) bedeutsam. Solche Potentiale wirken sowohl betriebsintern auf die Gestaltung der Produktionen ein, als auch nach außen auf die Beschaffungs- und Absatzaktivitäten. In sämtlichen drei Richtungen stellt sich zunächst die Frage, ob ihr Focus - branchenbedingt - standardisierte Produkte sind, die in einheitlicher oder differenzierender Massen- und Sortenproduktion erstellt werden, oder ob es sich um mehr oder weniger individualisierte Sachgüter handelt, die vorwiegend in Serien- oder sogar Einzelproduktionen erstellt werden, oder um Güter vorwiegend immaterieller Art (Dienstleistungen). Bei ihnen allen können Kernkompetenzen zu vermerken sein. Für die erstgenannte Kategorie seien beispielhaft die Wehrtechnik der Rheinmetall DeTec AG (Leopard II) sowie die Marke Nivea der Beiersdorf AG genannt, für die zweite die Neubauten von Kreuzfahrtschiffen auf der Spezialwerft von Jos. L.

Meyer GmbH & Co. in Papenburg und für die dritte weithin bekannte Anwälte, Strafverteidiger und Herzchirurgen.

Das Spektrum an Qualitäten von Potentialen (Kapazitäten) reicht nach neueren Erkenntnissen über die bereits genannten drei - primär technisch geprägten - Attribute der Dimensionalität, Variationalität resp. Flexibilität und Präzisionalität weit hinaus. Unter dem so erweiterten Blickwinkel muß es ergänzt werden um die Mobilität von Produktionsfaktoren (Personal und Betriebsmittel) sowie deren Reagibilität (Reaktionsfähigkeit), und zwar im Hinblick auf die Kürze der Zeit, mit der sie die ihnen übertragenen Aufgaben zu erledigen vermögen. Dies ist ein Aspekt, dem unter dem Aspekt des Zeitwettbewerbs besondere Bedeutung zukommt (vgl. *Voigt* 1998, S. 136 ff). Ferner muß die Kooperativität genannt werden, d.h. die Teamfähigkeit des Personals wie auch die Kompatibilität wesentlicher Komponenten innerhalb technischer Systeme (vgl. Abschnitt 2.2.). Relevant ist weiterhin, und zwar als organisatorische Qualifikation, die Integrationsfähigkeit, d.h. die Fähigkeit, Produkt- und Verfahrensinnovationen sowohl betriebsintern einzuführen als auch betriebsextern bei den Zulieferern und Kunden durchzusetzen (vgl. *Hanssen / Kern* 1992 S. 3 ff). Eine weitere Qualitätsdimension ist die Rarität (Seltenheit) gewisser Potentiale, wie z.B. der zeitlich unbegrenzte Zugang zu Leitungs- und Schienennetzen, aber auch die Verfügung über tageszeitlich günstige Slots auf Flughäfen. Zu den qualitativen Kapazitäten zählen schließlich noch die Modernität, gemeint ist das komparative Alter von Potentialen, und zwar sowohl von Anlagen als auch von Personal. Letzteres ist insbesondere für Forschungstätigkeiten bedeutsam, da junge Forschungskräfte besonders kreativ sind. Mit diesem Aspekt klingt die Originalität von Angestellten und Freiberuflern an so z.B. von namhaften Architekten für die Konzeption von repräsentativen Bauten. Diese Liste von Merkmalen qualitativer Kapazitäten ist gewiß noch erweiterungsfähig, weil sich in hier nicht reflektierten Feldern, so z.B. in Softwarehäusern, noch branchenspezifische Besonderheiten, etwa die Kombinationsgabe von Programmierern, maßgebend sind. Und schließlich dürfen die finanziellen Möglichkeiten beim Beurteilen der Qualitäten von Potentialen nicht außer acht gelassen werden; sie manifestieren sich vor allem im Ausmaß ihrer Anschaffungswerte und in deren Finanzierung, in den von ihnen verursachten laufenden Kosten und in den ihnen zuzurechnenden Effizienzen (Kosten-Leistungs-Verhältnissen).

Die für Kernkompetenzen wohl wichtigste Qualitätsdimension von Potentialen mit Kernkompetenzen ist schließlich ein Komplex von Eigenschaften; dessen Komponenten lassen sich im Einzelnen allerdings nur schwer fassen. Er gilt, anknüpfend an den Raritätsaspekt und diesen noch konkretisierend, der Einzigartigkeit und Exzellenz von Produkten und somit auch der sie prägenden Potentiale. Für ihn steht der Begriff der Spezifität (asset specifity). Mit ihr ist prinzipiell das marktrelevante Ausmaß an Spezialisierung eines Gutes gemeint, und sie ist deshalb eine Transaktionseigenschaft, d.h. eine Qualität von Gütern, aufgrund deren solche Produkte besondere Nachfrager finden sollen (vgl. *Williamson* 1990, S.160 ff und so auch *Picot* 1991, S. 345). Dieses Charakteristikum ist somit zur Kennzeichnung der qualitativen Eigenschaften von Kapazitäten höchst bedeutsam. Mit dem Attribut «Spezifität» werden die bereits erwähnten

Fähig- und Fertigkeiten, und zwar sowohl handfertiger Art (z.B. für das Herstellen von Präzisionsuhren) als auch geistiger Art, sowie der in Personen und Archiven gespeicherte Wissensfundus gemeint. Alle diese sind - kapazitätsbezogen - meist das Ergebnis von Zeit beanspruchenden individuellen und kollektiven (organisationalen) Lernprozessen (zu diesen vgl. *Baur* 1967, S. 27 ff; *Grün* 1993, S. 2604; *Mochty* 1996, 1083 f). Analog gelten die unter dem Rubrum Spezifität üblicher Weise genannten Produkteigenschaften wie die - schon mit der Rarität angesprochenen - Aspekte der Singularität (Einzigartigkeit) und der Exklusivität auch als qualitative Kapazitätsmerkmale. Und eine besonders markante Werthaltigkeit, ausgedrückt etwa in ihren Betriebs- oder gar Opportunitätskosten, offenbart sich außerdem als eine Eigenschaft solcher Kapazitätselemente. Somit verbindet sich der ressourcenorientierte Ansatz wieder umgekehrt mit dem marktorientierten Ansatz zur Interpretation von Kernkompetenzen. Für die hier verfolgte Sicht mag es genügen, unter Spezifität einfach alle diejenigen Befähigungen pauschal zu subsumieren, mit denen sich die genannten besonderen Produkteigenschaften erzielen lassen und die eben vom vorgestellten Spektrum von Potentialqualitäten abgedeckt werden.

Ein Überblick über die vorgestellten Komponenten, die qualitative Kapazitäten prägen, offenbart, daß sie sich in konkreten Fällen drei Kategorien zuordnen lassen: Der ersten Gruppe gehören diejenigen an, die sich mit physikalischen Maßangaben kardinal quantifizieren lassen. Dies sind im Hinblick auf die Dimensionalität vor allem Angaben über die Arbeitslängen, -breiten und -tiefen von Maschinen und Anlagen, bezüglich der Präzisionalität Angaben über die Maßgenauigkeiten und einzuhaltenden, meist engen, Toleranzen und für die Mobilität solche über Aktionsradien. Angaben dieser Art können weitgehende Objektivität beanspruchen. Dagegen unterliegen kardinale Angaben über finanzielle Eigenschaften, so z.B. über die betrieblich spezifischen Werte von Anlagen, Patenten und Lizenzen, mehr oder weniger der Subjektivität. Die restlichen Attribute, speziell die Spezifität, sind dagegen sämtlich weicher Art. Ähnlich charakterisieren sie *Reiß / Beck* (1995, S. 32) als vorwiegend intangibel und immateriell. In günstigen Fällen lassen sich diese jedoch ordinal gegeneinander abstufen. Andernfalls können sie nur nominal beschrieben werden, d.h. mit Urteilen wie «besser / schlechter als». Insofern handelt es sich bei dem mit Spezifität bezeichneten Qualitätsmerkmal bereits um ein Attribut für einen - aggregierten - Potentialkomplex sui generis.

2.2 Kernkompetenzen von Faktorkombinationen

Die Ansprache einschlägiger Qualifikationen mit der bislang verfolgten Ausrichtung vorwiegend auf einzelne Produktionsfaktoren reicht für eine Kennzeichnung von Kernkompetenzen nicht aus. Die Kapazitätsorientierung bedarf außerdem einer Berücksichtigung der Kombinationen aller jeweils benötigten Einzelfaktoren in einem Leistungsgefüge, der Kapazität i.e.S.. Auch ihr müssen die aufgezeigten Qualitätsmerkmale, insbesondere das Merkmal der Einzigartigkeit, zu eigen sein. Neben hoch qualifizierten Faktoren kann ein solches Leistungsgefüge jedoch auch normal qualifizierte Faktoren einschließen; nur die Gesamtheit aller Systemelemente muß dem Anspruch auf Exzellenz genügen. Dabei gewinnen dessen Organisation und Koordination, d.h. die Qualifikationen und Leistungen der dispositiven Faktoren, ebenfalls Bedeutung.

Ihnen obliegt es, zunächst die Vorkombinationen als komplexe Beziehungsgefüge jeweils so zu konzipieren, daß sie den Anspruch auf Kernkompetenz erfüllen. Ihr Handeln verlangt besondere führungsseitige Fähigkeiten. Zu diesen zählen nicht nur das Beherrschen der geschaffenen komplexen Strukturen, sondern auch noch Eigenschaften wie ein Gespür für innovative Situationen, dispositive Originalität, Reagibilität und Durchsetzungsfähigkeit. Zum Planen und Steuern der Prozesse, d.h. für das Gestalten der Endkombinationen, sind ferner ein gut ausgeprägtes Terminbewußtsein zu nennen, vor allem im Fall von Just-in-Time-Lieferungen. Zur Charakterisierung dieser vielseitigen Qualifikationen in einer Synopse werden mehrdimensionale Kompetenz-Portfolios empfohlen (vgl. *Corsten / Will* 1995, S. 12; *Zahn* 1995, Sp. 361 f; *Hinterhuber* 1996, S. 130 f und *Steinle / Bruch / Nasner* 1997, S. 17 f).

Die den anspruchsvollen Aufgaben adäquaten Organisationsstrukturen müssen nicht, können sich aber, wie schon erwähnt, auch durch Selbstorganisation, d.h. durch eigenständige und organisatorisch bloß zu stützende Lernprozesse, entwickeln und ebenso verbessert werden. Als Beispiel sei das Einüben souveräner Teamarbeit bei anspruchsvollen chirurgischen Operationen erwähnt. Allemal verlangt jede Zunahme von Spezialisierungen als einer Folge von Konzentrationen auf Kernkompetenzen, effiziente Regelungen für das situative Zusammenwirken der Spezialisten einer Faktorkombination (Team), denn diese sind ja meist nur für ihre individuellen Funktionen kompetent. Analog gilt dies auch für das Kooperieren mit betriebsexternen Partnern jeder Art. Besondere Bedeutung erlangt dieser Aspekt, sobald die maßgeblichen Personen oder Institutionen räumlich mehr oder weniger weit voneinander entfernt tätig sind. Dann bedingen deren Interaktionen, und zwar bereits beim Sammeln von Ideen, sodann beim Informations- und Dokumentenaustausch und schließlich beim Leistungsvollzug aufgabenspezifische Konzepte zur gegenseitigen Abstimmung. Die von ihnen erwarteten Lösungen müssen ebenso reagibel und schnell wie im Falle einer räumlich engen Zusammenarbeit erarbeitet werden (vgl. *Bullinger* 1995, S. 785). Nicht selten lassen sich über geeignete Kooperationen hinaus sogar noch zusätzliche, die Kompetenzen steigernde synergetische Effekte erzielen (zur Bündelung von Kompetenzen vgl. *Reiß / Beck* 1995, S. 46 ff).

2.3 Die Zeitgebundenheit von Kernkompetenzen

Exklusivität ist eine Eigenschaft, die von ihrem Wesen her flüchtig ist. Dies gilt für Produkte ebenso wie für die zu ihrer benötigten Potentiale. Die sog. Halbwertzeit von Produkten verkürzt sich zunehmend, weil der technische Fortschritt schneller, die Dynamik der Märkte größer, die Globalisierung der Wirtschaft immer umfassender und der Konkurrenzdruck immer stärker werden. Herkömmliche Wissensbasen, d.h. bislang gültige Erkenntnisse, werden ebenfalls schneller obsolet. Einmal eingeführte, erfolgreiche Produkte und damit die sie erzeugenden Kapazitäten veralten. Weitere Ursachen solcher Erosionen sind, und zwar betreffend sowohl die Aktualität als auch den Wert solcher Produkte, Faktoren und deren Kombinationen, eine Folge wirtschaftlicher, technischer und soziologischer Veränderungen, so z.B. von Wandlungen im Nachfrageverhalten der potentiellen Kunden, vom technischen Fortschritt, von Änderungen nationaler und supranationaler Rechtsvorschriften (Verschärfungen) und der gegenwärtigen Liberalisierungen in der Wirtschaft. Hinzu kommen personelle Veränderungen, wie sie in jeder Unternehmung üblich sind, und zwar bei Kündigungen sowie wegen des biologischen Alterns der mit den maßgebenden Aufgaben betrauten Experten, allemal bei Erreichen ihrer Altersgrenzen oder gar ihrem Tod. Ähnliche Einflüsse wirken als Anlagenobsoleszenz (vgl. *Stepan* 1996) auf die Betriebsmittel ein, und einmal erworbene Rechte enden durch Vertragsablauf und - vorzeitig - durch Vertragskündigungen. Die Folge aller dieser Einflüsse ist, daß die für exzellente Produkte einmal entwickelten, beschafften und eingesetzten Kapazitäten, zumindest hinsichtlich ihres Anspruchs auf Kernkompetenz, irgendwann obsolet werden. Exzellenz ist deshalb immer nur eine zeitlich befristete Qualität. Darum veranlaßt die Obsoleszenz von Kernkompetenzen ihre Eigner ständig, die von ihnen geschaffenen und eingesetzten Kapazitäten qualitativ an die jeweils neuen Situationen anzupassen oder sie gar zu ersetzen. (vgl. auch *Zahn* 1996, Sp. 889 ff; *Reiß* / *Beck* 1995, S. 39 ff u. S. 43).

Die für Produkte bekannten Lebenszyklen und die für Produktionsmittel geltende Obsoleszenztheorie gelten demnach analog auch für Kernkompetenzen und damit ebenso für die Nutzung der sie prägenden Potentiale. In diesem Kontext lassen sich verschiedene Phasen beobachten: Kernkompetenzen entwickeln sich bei den betrieblichen Potentialen, und zwar, wie bereits erwähnt, historisch ungeplant oder aber gezielt geschaffen. Sie können auch durch Lizenznahmen oder Firmenkäufe akquiriert werden (Insourcing), doch müssen sie dann fast immer in Verbindung mit allen denjenigen Problemen, die ein Transfer von Technologien aufwirft, auch adaptiert werden. Vorhandene Kernkompetenzen müssen sodann erhalten, gepflegt und verteidigt werden, so daß die Abwehr sich anbahnender Imitationen durch Konkurrenten oder von bereits vollzogenen Nachahmungen gleichfalls zur deren Pflege gehört (vgl. *Rühli* 1995, S. 92 ff). Sie müssen im Zeitablauf rechtzeitig modifiziert und aktualisiert werden. Deshalb sollten vor dem Ende ihrer Nutzung, und zwar durch Fremd- und / oder Eigenentwicklungen, beizeiten neue sachliche und personelle sowie organisatorische Potentiale konzipiert, beschafft und implementiert werden, mit denen die obsolet werdenden Potentiale demnächst ersetzt werden sollen. Für die alten auszusondernden Spezialkapazitäten bietet sich eventuell die Strategie eines Outsourcing an, so z.B. für die Ersatzteilversorgung (vgl. Abschnitt 3). Unter Umständen können die Spezialkapazitäten auch innerbetrieblich anderweitig genutzt werden. Die letzte Alternative ist es, sie zu desinvestieren, sie «blank» zu veräußern oder einfach aufzugeben. Anderseits werden heute gewisse Kernkompetenzen aus früheren

Zeiten, die mangels Nachfrage verloren gingen, unter Nostalgie-Aspekten wieder belebt (z.B. bei Gebäuderestaurierungen).

Für die Unternehmungspolitik folgt aus den Lebenszyklen von Kernkompetenzen das Erfordernis eines ständigen Überwachens (Controlling) der Erfolgsträchtigkeit ihrer Kapazitäten (vgl. *Küpper* 1992, S. 123 ff), um rechtzeitig Strategieänderungen einzuleiten; Vorlaufzeiten sind dazu nötig. Für die Personalpolitik bedeutet dies die Notwendigkeit, jeweils rechtzeitig geeignete Mitarbeiter anzuwerben, einzustellen, einzuarbeiten, fortzubilden, aber auch innerbetrieblich zu versetzen oder zu entlassen (vgl. *Gaugler* 1992, S. 8 ff). Im Falle der Aufgabe von Potentialen wäre zu erwartenden Unruhen in der Belegschaft wegen möglicher Entlassungen und dem vorsorglichen Kündigen besonders talentierter Mitarbeiter beizeiten vorzubeugen. Analoge Probleme stellen sich bei der Suche nach neuen Standorten. Im Rahmen der Schutzrechtspolitik gilt es, darauf zu achten, daß an Fremdfirmen vergebene Lizenzen (z.B. für den Bau des Panzers Leopard II) diese bei einem Eigentümerwechsel nicht ungewollt auf einen Konkurrenten übergehen (so der spanischen Firma Santa Bárbara an General Dynamics / USA).

3 Kompetenzkonzentrationen und Outsourcing

Ein erfolgreiches Nutzen von Kernkompetenzen hängt, wie so manche Unternehmungsgeschichten zeigen, nicht nur von der Attraktivität eines Marktangebots allein ab. Die Spezifität muß vielmehr auch hinreichend bekannt sein. Dies bedingt im allgemeinen eine «kritische Masse» an diesbezüglichen Leistungen am Markt und damit auch hinreichend groß dimensionierte quantitative Kapazitäten der fraglichen Art. Die Spezifität kann nicht nur über Werbung, sondern muß auch über die mit ihr erstellten Produkte umfassend bekannt werden. Die Hürden eines Markteintritts sind zu überwinden, und auf dem neuen Markt muß sich der Anbieter behaupten. Auf Dauer ist das nur leistungsstarken Produzenten möglich. Weniger potente Anbieter geben auf und unterliegen ständig der Gefahr, von interessierten, finanzstärkeren Konkurrenten übernommen zu werden und diesem dann die Kernkompetenzen zu überlassen. Selbst starken Unternehmungen kann ein solches Schicksal beschieden sein (z.B. Übernahme des Mannesmann-Mobilfunks durch die Vodafone-Group).

Anderseits verlangen große Kapazitäten allein schon aus Kostengründen regelmäßig eine hinreichende Auslastung (vgl. *Hax* 1984, S. 25 ff), und dies gilt nicht nur hinsichtlich ihrer quantitativen Dimension, der in der Betriebswirtschaftslehre fast ausschließlich Aufmerksamkeit geschenkt wird, sondern auch ebenso hinsichtlich ihrer qualitativen Dimensionen (vgl. *Riebel* 1992, S. 214 ff). Manche qualitativen Befähigungen können bei mangelnder Beanspruchung zudem verkümmern.

Für den wirtschaftlichen Erfolg eines Denkens in Kernkompetenzen sind somit vor allem die qualitativen Kapazitäten bedeutsam, um dem schon mehrfach erwähnten Postulat zu genügen, sich auf die mit ihnen verbundenen Stärken zu konzentrieren. Ein viel diskutierter Weg dazu ist der schon genannte eines sachlichen sowie auch gesellschaftsrechtlichen Ausgliederns (vgl. dazu *Arnold* 1996, Sp. 1863 f) derjenigen Aktivitäten, d.h. derjenigen Produktionen und Kapazitäten, die nicht oder nicht mehr den Ansprüchen von Kernkompetenzen genügen. Ein solches Outsourcing, bei dem Eigenproduktionen mit oder auch ohne Übertragen der jeweils relevanten Kapazitäten auf entsprechend spezialisierte Tochterunternehmungen, auf andere Gesellschaften des Konzerns oder auf Fremdfirmen übertragen werden (Kapazitätsumschichtung), wirft regelmäßig eine Vielzahl weiterer Fragen auf. Ihnen soll hier aber nicht gefolgt werden. Es mag genügen, darauf zu verweisen, daß solche Bereinigungen von selbst erstellten Marktangeboten in jüngerer Zeit, nicht zuletzt seit dem Erkennen der Bedeutung von Kernkompetenzen für das Erreichen der strategischen Ziele einer Unternehmung, zu erheblichen Wandlungen in den Strukturen der deutschen Wirtschaft sowie auch in den anderer Industrienationen führten.

Weltweit entstanden Produktionen in betriebsübergreifenden Produktionsketten, und zwar mit jeweils längerfristig aufeinander angewiesenen Partnern, und solche in noch komplexeren Produktionsnetzen. Von beiden Typen kann angenommen werden, daß deren Teilsysteme jeweils über die nötigen einschlägigen Kompetenzen oder gar über Kernkompetenzen verfügen. In Japan konzentrieren sich solche Kooperationen geographisch oft auf die unmittelbare Nachbarschaft eines Hauptproduzenten. In allen anderen Industriestaaten sind weiträumigere Dislozierungen jedoch häufiger. Sie reichen, unterstützt durch moderne Logistik und Informationstechniken, heute bis in globale Dimensionen hinein.

Jedes Outsourcing ist mit allen hier anstehenden Fragen eine Folge strategischer Grundsatzüberlegungen. Das maßgebende Ziel dafür ist fast immer eine Kompetenzkonzentration. Die diesbezüglich gefällten Entscheidungen sind im allgemeinen irreversibel und, wegen der mit ihnen regelmäßig verbundenen Änderungen in den sachlich und geographisch veränderten Situationen, für die Beschäftigten stark wertbeladen. Bei - horizontalen - Spezialisierungen läuft Outsourcing auf Einschränkungen eines als zu breit erkannten eigenversorgten Produktfeldes hinaus. Bei vertikalen Bereinigungen wird dagegen die Anzahl der Produktionsstufen eines Produzenten verringert und so dessen Produktionstiefe reduziert (vgl. *Dichtl* 1991, Sp. 3519 ff; *Picot* 1991, S. 338 f). Es kann sich dabei sowohl um einen Verzicht auf die eigene Herstellung von Vorprodukten (z.B. von Fahrzeugkomponenten) als auch um ein Aufgeben von nachgelagerten Leistungen (z.B. Kundendienst, Werkstätten) handeln. Beispiele hierfür sind zahlreich; sie reichen von Strukturwandlungen in der Chemischen Industrie über die Aufgabenänderungen bei der Deutschen Post AG bis hin zum Rückzug deutscher Großbanken aus dem Kreditgeschäft. In allen diesen Fällen änderten sich nicht nur die herkömmlichen Leistungsspektren der betreffenden Unternehmungen, d.h. deren qualitative Kapazitäten, sondern strukturbedingt auch deren quantitative Kapazitäten.

Outsourcing gilt ferner, wie erwähnt, auch für das Ausgliedern und Abstoßen solcher Subsidiaritäts-Funktionen, die bislang in Eigenfertigung erfüllt wurden, so z.B. der typischen Hilfsbetriebe für Instandhaltungen, Fahrbereitschaft, Datenverarbeitung, Werksschutz und Kantine. Nicht zentrale Aufgaben einer Unternehmung können aber ebenfalls mit Kernkompetenzen wahrgenommen werden, so z.B. das Entsorgen von Abwasser und Produktionsabfällen in der Chemischen Industrie. Dann rechtfertigt dies deren Verbleib in der Unternehmung oder in einem entsprechenden Nutzerverbund. So läßt z.B. die BASF mit ihren besonderen Erfahrungen über die Abwasserreinigung und mit entsprechend dimensionierten Ressourcen ihre Kläranlagen auch von der Stadt Luwigshafen nutzen. Und für ein Beibehalten von Randaktivitäten sprechen häufig auch noch andere Aspekte wie die einer nur innerbetrieblich gewährleisteten Qualitäts- und Terminsicherung sowie die einer verläßlichen Geheimhaltung.

Selbstverständlich gibt es auch Argumente für ein sich in Gegenrichtung vollziehendes Insourcing von Produktionen. In solchen Fällen werden durch den Erwerb (Reintegration) eines fremden Produzenten dessen Kernkompetenzen erworben (vgl. *Wildemann* 1994, S. 415 f). Beispiele hierfür bieten zahlreiche Firmenübernahmen in der Gegenwart und das Entstehen großer Anwaltskanzleien mit zahlreichen Spezialisten für die diversen juristischen Teilgebiete und so mit äußerst vielseitigen fachlichen Kompetenzen.

4 Literatur

Arnold, U. (1996): *Sourcing-Konzepte*, in: Handwörterbuch der Produktionswirtschaft, 2. Aufl., hrsg. von W. Kern, H.-H. Schröder u. J. Weber, Stuttgart, Sp.1861-1874

Baur, W. (1967): *Neue Wege der betrieblichen Planung*, Berlin, Heidelberg u.a.

Bullinger, H.-J. (1995): *Prozeßmanagement*, in: Handbuch Unternehmensführung, hrsg. von H. Corsten u. M. Reiß, Wiesbaden, S.779-790

Corsten, H.; Will, Th. (1995): *Rekonfiguration von Wertketten durch Aufbau „netzwerkfähiger Strukturen"*, in: Unternehmungsführung im Wandel, hrsg. von H. Corsten u. Th. Will, Stuttgart u.a., S. 11-32

Dichtl, E. (1993): *Produktionstiefe*, in: Handwörterbuch der Betriebswirtschaft, Bd. II, 5. Aufl., hrsg. von W. Wittmann u.a., Stuttgart, Sp. 3519-3530

Gaugler, E. (1992): *Personal als kapazitätsbestimmender Faktor*, in: Kapazitätsmessung - Kapazitätsgestaltung - Kapazitätsoptimierung, Festschrift für W. Kern, hrsg. von H. Corsten, Stuttgart, S. 3-14

Grün, O. (1993): *Lerntheorien und Betriebswirtschaftslehre*, in: Handwörterbuch der Betriebswirtschaft, Bd. II, 5. Aufl., hrsg. von W. Wittmann u.a., Stuttgart, Sp. 2594-2608

Gutenberg, E. (1983): *Grundlagen der Betriebswirtschaftslehre*, Bd. I: Die Produktion, 24. Aufl., Berlin, Heidelberg u.a.

Hanssen, A.; Kern, W. (Hrsg.) (1992): *Integrationsmanagement für neue Produkte*, zfbf-Sonderheft 30/92, Düsseldorf u.a.

Hax, H. (1984): *Überkapazitäten als betriebswirtschaftliches Problem*, in: Kapazitätsrisiken und Kapazitätspolitik, hrsg. v. J. Funk, H. u.a., zfbf-Sonderheft 18/84, Düsseldorf u.a., S. 22-31

Hinterhuber, H. H. (1996): *Strategische Unternehmungsführung*, Bd. I, 6. Aufl., Berlin u.a.

Kern, W. (1962): *Die Messung industrieller Fertigungskapazitäten und ihrer Ausnutzung*, Köln u.a.

Küpper, H.-U. (1992): *Kapazität und Investition als Gegenstand des Investitions-Controlling*, in: Kapazitätsmessung - Kapazitätsgestaltung - Kapazitätsoptimierung, hrsg. von H. Corsten u.a., Stuttgart, S. 115-132

Macharzina, K. (1995): *Unternehmungsführung*, 2. Aufl., Wiesbaden

Mochty; L. (1996): *Lernen in der industriellen Produktion*, in: Handwörterbuch der Produktionswirtschaft, 2. Aufl., hrsg. von W. Kern, H.-H. Schröder, H.-H, J. Weber, Stuttgart, Sp. 1074-1085

Picot, A. (1991): *Ein neuer Ansatz zur Gestaltung der Leistungstiefe*, in: Zeitschrift für betriebswirtschaftliche Forschung, 43. Jg., S. 336-357

Porter, M. E. (1980): *Competitive Strategy*, New York u.a. 1980; deutsch: Wettbewerbsstrategie, 6. Aufl., Frankfurt a.M. 1990

Prahalad, C. K.; Hamel, G. (1990): *The Core Competence of the Corporation*, in: Harvard Buiness Review, 68. Jg., H. 3 (May / Juny), S. 79-91

Rasche, Ch. (1994): *Wettbewerbsvorteile durch Kernkompetenzen*, Wiesbaden

Reiß, M.; Beck, Th.C. (1995): *Kernkompetenzen in virtuellen Netzwerken*, in: Unternehmungsführung im Wandel, hrsg. von H. Corsten u. Th. Will, Stuttgart u.a., S. 33-60

Riebel, P. (1992): *Kapazitäten und Kapazitätsfunktionen in der Grundrechnung der Potentiale*, in: Kapazitätsmessung - Kapazitätsgestaltung - Kapazitätsoptimierung, Festschrift für W. Kern, hrsg. von H. Corsten u.a., Stuttgart, S. 209-226

Rühli, E. (1995): *Ressourcenmanagement*, in: Die Unternehmung, 49. Jg., H. 2, S. 91-105

Steinle, C.; Bruch, H.; Nasner, N. (1997): *Kernkompetenzen - Konzepte, Ermittlung und Einsatz zur Strategieevaluation*, in: Zeitschrift für Planung, 8. Jg., H. 1, S. 1-23

Stepan, A. (1996): *Anlagenobsoleszenz, in: Handwörterbuch der Produktionswirtschaft*, 2. Aufl., hrsg. von W. W. Kern, H.-H. Schröder u. J. Weber, Stuttgart, Sp. 65-71

Voigt, K.-I. (1998): *Strategien im Zeitwettbewerb*, Wiesbaden

Wildemann, H. (1994): *Insourcing*, in: Die Betriebswirtschaft, 54. Jg., H. 3, S. 415-417

Wildemann, H. (1995): *Kooperationen in der Wertschöpfungskette*, in: Handbuch Unternehmungsführung, hrsg. von H. Corsten u. M. Reiß, Wiesbaden, S.743-751

Williamson, O. E. (1990): *The Economic Instituitions of Capitalism*, New York u.a. 1985; deutsch: Die ökonomischen Institutionen des Kapitalismus, Tübingen 1990

Zahn, E. (1995): *Kompetenzbasierte Strategien*, in: Handbuch Unternehmungsführung, hrsg. von H. Corsten u. M. Reiß, Wiesbaden, S. 355-369

Zahn, E. (1996): *Kernkompetenzen*, in: Handwörterbuch der Produktionswirtschaft., 2. Aufl., hrsg. von W. Kern, H.-H. Schröder u. J. Weber, Stuttgart, Sp. 883-894

Der Kunde als Wertschöpfungspartner - Formen und Prinzipien

Ralf Reichwald, Frank T. Piller

Kurzfassung

Der Kunde wird heute stärker denn je in die unternehmerische Wertschöpfung integriert. Seine Rolle wandelt sich vom Wertschöpfungsempfänger zum Wertschöpfungspartner. Er wird zum Co-Designer, der auf Basis eines vorhandenen Leistungspotentials in Interaktion mit dem Anbieter seine eigene Leistung spezifiziert, konfiguriert und entwickelt. Der Beitrag betrachtet den Charakter dieser Wertschöpfungspartnerschaft und diskutiert die entsprechenden Kosten- und Nutzenwirkungen aus Kunden- und Anbietersicht. Dazu werden verschiedene Formen der Wertschöpfungspartnerschaft unterschieden, die unterschiedliche Zeitpunkte der Kundenintegration abgrenzen: einerseits kundenbezogen anhand ihrer Fähigkeit, den Idealpunkt einer „optimalen" Leistung zu treffen, andererseits fertigungsbezogenen anhand des Entkopplungspunktes zwischen kundenspezifischer und auftragsneutraler Leistungserstellung.

1 Neue Rahmenbedingungen des Wettbewerbs

„It is the customer who determines what a business is." Diese Aussage *Druckers* (1954, S. 37) ist heute aktueller denn je. Ausgehend von Änderungen der wirtschaftlichen Rahmenbedingungen verwirklichen immer mehr Unternehmen Ansätze, die dem Kunden eine neue Rolle in der Wertschöpfung zuweisen. So ist den letzten zwei Jahrzehnten eine zunehmende Segmentierung der Absatzmärkte zu beobachten, die sich nach der letzten Delphi-Studie des BMBF weiter fortsetzen wird (vgl. *Fraunhofer ISI* 1998). Es kommt zu einer Fragmentierung klassischer Massenmärkte im Sinne einer Heterogenisierung und Individualisierung der Nachfrage (vgl. *Frese* 1995; *Fulkerson / Shank* 2000; *Lee / Barua / Whinston* 2000; *Zahn* 1997). Der Trend zum Erlebniseinkauf, Designorientierung, ein neues Qualitäts- und Funktionalitätsbewußtsein und hedonistisch begründete Individualisierungsbedürfnisse vieler Nachfrager verlangen von den Anbietern eine personalisierte Kundenansprache und eine kundenspezifische Leistungserstellung.[1] Immer mehr Anbieter erkennen, daß in vielen Märkten nur noch eine radikale Abkehr von Massenmarketing und -produktion eine Basis für dauerhafte Wettbewerbsvorteile bietet. Auch führen die technischen Entwicklungen und neuen Anwendungsgebiete moderner Informations- und Kommunikations- (IuK-) Technologien zu einer höheren Markttransparenz oder geringeren Transaktionskosten und damit zu einer neuen Macht der Abnehmer. Beispiele sind die Ausschreibung von Kaufwünschen oder die Angabe von Höchstpreisen.

Hinzu kommen zwei weitere wesentliche Herausforderungen: Die zunehmende Dynamik wirtschaftlichen Handelns löst einen Innovationswettbewerb aus, der eine ständige Anpassung des Leistungsprogramms notwendig und eine langfristige Planung in vielen Fällen unmöglich macht (vgl. *Belz* 1998; *Kaluza* 1996). Der steigende internationale

Wettbewerbsdruck führt dazu, daß heute in den meisten Branchen ein Positionsvorteil nicht mehr ausreicht, sondern vielmehr eine Spitzenposition auf allen relevanten Aktionsfeldern erlangt werden muß: Zur günstigen Kostenstruktur kommt die Forderung nach hoher Qualität und technologischem Vorsprung, aber auch nach Agilität und hohem Lieferservice.

Jedoch stehen viele Unternehmen heute nicht nur vor neuen marktbezogenen Herausforderungen, sondern ihnen steht auch ein größeres Spektrum an Reaktionsmöglichkeiten zur Verfügung, um sich diesen Herausforderungen zu stellen. Klassischerweise müssen sich Anbieter zwischen völlig verschiedenen Prozessen entscheiden, die entweder die Produktion von massenhaften oder aber von individuellen Gütern unterstützen (vgl. *Pine* 1998; *Victor / Boynton* 1998). Während bei der klassischen Einzelfertigung flexible Produktionsprozesse für jeden Auftrag „neu erfunden" werden, ist die Massenproduktion durch das Streben nach Skalenvorteilen und Bündelungseffekten gekennzeichnet.

Moderne IuK- und Fertigungstechnologien bilden zusammen mit neuen Formen der Unternehmensorganisation neue Formen industrieller Wertschöpfung. Diese brechen mit dem Gegensatz zwischen Massenproduktion und Einzelfertigung: Auf Basis stabiler Prozesse sollen flexible, kundenindividuelle Produkte und Leistungen erstellt werden. In den neuen Wertschöpfungssystemen werden die Entwicklung, Bereitstellung und der Vertrieb von Gütern und Leistungen in großem Ausmaß durch die Entwicklung, Bereitstellung und den Vertrieb von Leistungspotentialen ersetzt, die in eine kundenspezifische Problemlösung überführt werden. Eine solche Leistung kann jedoch nur dann erbracht werden, wenn der Nachfrager vor Beginn der Leistungserstellung in direkter Interaktion mit dem Hersteller Informationen über die von ihm gewünschten Produktmerkmale bereitstellt (vgl. *Duray et al.* 2000; *Fowler et al.* 2000; *Hildebrand* 1997; *Kleinaltenkamp* 1993, 2000; *Schnäbele* 1997). Damit kommt es zu einer Integration des Kunden in den Prozeß der Leistungserstellung, die sowohl von Anbieter wie auch Abnehmer Inputs erfordert.

Ziel des vorliegenden Beitrags ist es, den ursprünglich beschaffungsseitig orientierten Gedanken der Wertschöpfungspartnerschaft nach *Wildemann* (1994, 1996) auf die neuen Formen einer partnerschaftlichen absatzseitigen Zusammenarbeit zu erweitern. Dazu werden nach einer Übersicht über die neuen Formen industrieller Wertschöpfung und einer Beschreibung des Charakters einer Kundenintegration verschiedene Formen der Zusammenarbeit zwischen Kunde und Anbieter abgegrenzt. Eine Wertschöpfungspartnerschaft ist nur dann gegeben, wenn den gegenseitigen Inputs auch adäquate zusätzliche Outputs gegenüberstehen, die über den reinen Kauf am Markt hinausgehen. Der dritte Teil des Beitrags untersucht deshalb Kosten und Nutzen der Kundenintegration, bevor der Artikel mit einer knappen Betrachtung der wichtigsten Prinzipien zur Gestaltung der Integration und einen Ausblick auf weitere Forschungsarbeiten schließt. Wenn auch keine explizite Abgrenzung in diese Richtung erfolgen soll, so wird im folgenden weitgehend für „Business-to-Consumer"-Märkte argumentiert, in denen die dargestellten Sachverhalte einen wesentlichen Bruch mit dem vorhandenen und immer noch dominierenden System der Massenproduktion bedeuten.

2 Prinzipien der Kundenintegration

2.1 Neue Modelle industrieller Wertschöpfung

Spätestens seit der Debatte um Lean Management hat sich die Sichtweise durchgesetzt, daß Wertschöpfungsstrukturen, die den heutigen Wettbewerbsbedingungen gerecht werden wollen, sich vom bislang dominanten Modell der Massenproduktion unterscheiden müssen. Doch nach wie vor prägt das Handeln vieler Unternehmen das Erfahrungswissen der traditionellen industriellen Organisation, d.h. der Leitsätze des Scientific Management von F. W. Taylor. Wesentliches Merkmal dieser klassischen industriellen Organisation ist das Modell der funktionalen Arbeitsteilung in der Aufbauorganisation und eine mit den Methoden der Arbeitsanalyse systematisch entwickelte Ablauforganisation. Durch weitestgehende Arbeitszerlegung sowie die personelle Trennung von ausführender und dispositiver Arbeit kann das komplexe Problem der Koordination der betrieblichen Leistungserstellung für eine gegebene Ausstattung und Anordnung von Produktionsfaktoren „optimal" gelöst werden.

Diese klassische industrielle Organisation der Wertschöpfungsaktivitäten bezog sich dabei auf eine Fertigungsart, die den herrschenden Marktbedingungen in den ersten acht Jahrzehnten des 20. Jahrhunderts (ungesättigte Nachfrage, stabile Absatzmärkte, lange Produktlebenszyklen, begrenzte Zahl an bekannten Wettbewerbern) am ehesten entsprach: die Produktion von Massengütern für eine weitgehend anonyme Abnehmerschaft. Der einzelne Abnehmer kam in diesem Modell nur als statistische Größe vor. Eine Integration in die Wertschöpfungsaktivitäten fand abgesehen von Testbefragungen in der Marktforschung nicht statt. Der Kunde war Wertschöpfungsempfänger.

Die dargestellten marktlichen Herausforderungen fordern jedoch heute eine neue Sichtweise. In Rückbesinnung auf Prinzipien der handwerklichen Produktion und Werkstattfertigung soll durch gleichzeitige Beibehaltung der Effizienzpotentiale der Massenproduktion ein Wertschöpfungssystem entstehen, das eine andere, unter heutigen Wettbewerbsbedingungen besser geeignete Art der Leistungserstellung ermöglicht und ein neues technoökonomisches Paradigma begründen soll (so z.B. *Brynjolfsson / Hitt* 1998; *Piore / Sabel* 1994). Dieses neue System resultiert nicht aus kleinen Anpassungen oder Verbesserungen des bestehenden Massenproduktionssystems, sondern bildet ein Set fundamentaler, gegenseitig komplementärer Strukturmerkmale in allen Unternehmensbereichen. Wie die Massenproduktion hat auch das neue Modell seine eigenen distinktiven

Eigenschaften in allen Unternehmensbereichen sowie bei der Gestaltung der Außenbeziehungen.

Sowohl in der wissenschaftlichen wie auch in der beratungsorientierten Literatur hat sich inzwischen eine Vielzahl von Modellen und Begriffen für diese neue Formen industrieller Wertschöpfung herausgebildet. Trotz ihrer unterschiedlichen Bezeichnungen und Herkunft - Abbildung 1 nennt einige der wichtigsten Vertreter - berufen sie sich alle auf ein Set einheitlicher Merkmale und Bestandteile (siehe für einen aktuellen Vergleich z.B. *Sahin* 2000). Besonders prägnant ist in diesem Zusammenhang das grundlegende Konzept des Modern Manufacturing von *Milgrom / Roberts* (1990, 1995), daß vor allem auch die Komplementaritäten und Abhängigkeiten der einzelnen Bestandteile aufzeigt. Die wichtigsten Charakteristika des „Modern Manufacturing" sind in Abbildung 2 aufgeführt. Sie sollen hier prototypisch für die in Abbildung 1 genannten weiteren Vertreter stehen. Auch wenn diese Konzeptionen sich bezüglich ihrer Ausrichtung (Produktion, Strategie, Marketing), ihrer zugrundeliegenden Methodologie (empirisch, mathematisch-strukturell, soziologisch etc.) und auch ihrer Akzeptanz und Verbreitung stark unterscheiden, so haben sie jedoch alle ein gemeinsames Element, auf das wir unsere Argumentation im folgenden konzentrieren: die neue Rolle des Kunden und seine Integration in die Wertschöpfung (vgl. *Kleinaltenkamp* 1995; *Piller* 2001; *Sahin* 2000; *Zäpfel* 1996). Damit kommt es gerade im Konsumgüterbereich zu einem radikalen Bruch mit dem herrschenden Stimulus-Organism-Response-Paradigma (vgl. *Schnäbele* 1997).

agile manufacturing	Goldman/Nagel 1993
consumer co-construction	Burns 1993
Customer Integration	Kleinaltenkamp 1995, 2000; Wikström 1996
Co-Production	Norman/Raminez 1994; Ramirez 1999; Toffler 1980
Customerization	Wind/Rangaswamy 2001
Dynamische Produktdifferenzierung	Kaluza 1989
Egonomics	Popcorn 1992
flexible specialization	Piore/Sabel 1984

high-volume flexible production	Carnoy et al. 1993
lean production	Womack et al. 1991
mass customization	Pine 1993; Piller 2001; Tseng/Jiao 2001
modern manufacturing	Milgrom/Roberts 1990, 1995

Abbildung 1: Neue Systeme unternehmerischer Wertschöpfung als Ablösung des dominierenden tayloristisch-fordistischen System der Massenproduktion

Der Kunde wird in allen neuen Konzeptionen unternehmerischer Wertschöpfung zum Mitakteur (und nicht nur Empfänger) der Wertschöpfungsaktivitäten. Dies impliziert eine neue Sicht der Wert-Schaffung in einem Unternehmen. Das alte Portersche Paradigma des „value is what customers are willing to pay" (*Porter* 1985, S. 3) wird ersetzt:

> „Co-production asks us to reconsider the nature of value creation. From a management and research perspective, it requires that we consider a multiplicity of values, held in relations with multiple actors, which cannot be reduced to a single metric. ... Co-produced offerings, not the business unit actor, become the central unit of (competitive) analysis. ... Extending beyond [the traditional model of an] actor and action to the interaction of actual value may offer figure-ground reversals for the focus of research. Interactivity as a focus may lead us to rethink the nature of the firm, moving from 'nouns to verbs'." (*Ramirez* 1999, S. 55).[2]

Characteristic features of mass production *Logic: The transfer line, interchangeable parts, and economies of*	**Characteristic features of modern manufacturing** *Logic: Flexibility, speed, economies of scope, and core competencies*
specialized machinery	flexible machines, low set-up costs
long production runs	short production runs
low worker skill requirements; specialized jobs	highly skilled, cross-trained workers
central expertise and coordination	worker initiative

hierarchic planning and control	local information and self-regulation
static optimization	continuous improvement
accent on volume	accent on cost and quality
high inventories	low inventories
supply management	demand management
make to stock, anonymous customers	make to order, customer interaction
limited communication with customers	extensive communications with customers
market dealings: employees and suppliers	long-term, trust-based relationships
vertical integration	reliance on outside supplier

Abbildung 2: Eigenschaften des „Modern Manufacturing" als Prototyp neuer Formen industrieller Wertschöpfung (verändert entnommen aus Milgrom / Rogert 1995)

Jedoch bestehen verschiedene Vorstellungen und Möglichkeiten, wie, an welcher Stelle und in welcher Form der Abnehmer in die Wertschöpfung integriert wird. Folgt man einer häufig angeführten Abgrenzung nach dem Zeitpunkt der Integration (siehe z.B. *Agrawal et al.* 2001; *Schnäbele* 1997; *Waller et al.* 2000; *Zäpfel* 1996), lassen sich zwischen einem made-to-stock und einem development-to-order eine Vielzahl verschiedener Möglichkeiten unterscheiden, welche Rolle der Kunde im Wertschöpfungssystem einnehmen kann (siehe für einen historischen Überblick in diesem Zusammenhang *Ramirez* 1999). Diese Formen sollen im folgenden näher betrachtet werden.

2.2 Formen der Kundenintegration

Strukturiert man die verschiedenen Formen einer Integration der Abnehmer in die Wertschöpfung nach dem Zeitpunkt der Integration, lassen sich die in Abbildung 3 genannten

Formen unterscheiden. Sie sind alle, wenn auch im unterschiedlichen Ausmaß, durch einen partnerschaftlichen Charakter geprägt. Das Verhältnis zwischen Abnehmer und Anbieter kann als Kooperation gesehen werden, die beiden Seiten Nutzen bringt, aber auch Inputs beider Beteiligter benötigt (vgl. *Gersch* 1995). Der Nutzen der Kundenintegration liegt - als Antwort auf die eingangs zitierte Herausforderung einer fortschreitenden Individualisierung der Nachfrage - in einer Individualisierung des Angebots. Die in Abbildung 3 genannten und im folgenden noch näher beschriebenen Formen der Kundenintegration können in Analogie zu einer im Beschaffungsmanagement häufig verwendeten Klassifikation unterschiedlicher Formen der Zuliefererintegration nach *Wildemann* (1994; siehe auch *Kaluza* 1996) auch als unterschiedliche Ausprägungen einer Wertschöpfungspartnerschaft zwischen Anbieter und Nachfrager interpretiert werden. Mit zunehmendem Grad der Integration des Kunden in die Wertaktivitäten steigt auch der Grad der Wertschöpfungspartnerschaft.

Zur Abgrenzung verschiedener Formen der Wertschöpfungspartnerschaft zwischen Anbieter und Abnehmer eignet sich das Idealpunktmodell nach *Lancaster* (1971). In der Regel richten sich die Präferenzen eines Nachfragers nicht auf ein Produkt als solches, sondern auf (Kombinationen von) Eigenschaften, die in dem Gut verkörpert sind. Jeder Nachfrager besitzt eine Vorstellung der Produkteigenschaften, die sein „optimales Produkt“ kennzeichnen, den sog, „Idealpunkt“. Die Distanz des Idealpunkts zu der tatsächlichen Eigenschaftskombination eines Produkts bestimmt die Präferenz für dieses Produkt, d.h. je näher ein Produkt am Idealpunkt eines potentiellen Abnehmers liegt, desto größer ist seine Kaufwahrscheinlichkeit (siehe auch *Hildebrand* 1997; *Homburg / Weber* 1996; *Jacob* 1995; *Piller* 1998; *Weigand / Lehmann* 1997).

Bei einer massenhaften Produkterstellung wird während des Entwicklungsprozesses versucht, die Idealpunkte der Mitglieder des angestrebten Marktsegments anhand von Marktforschungsaktivitäten zu antizipieren und zu einem gemeinsamen Mittelwert zu vereinen, der möglichst nahe an den Idealpunkten möglichst vieler Nachfrager liegt. Im Rahmen der Individualisierung eines Produkts werden dagegen die Produkteigenschaften, welche die Präferenz des Abnehmers bestimmen, so angepaßt, daß sie dem Idealpunkt (Präferenzstruktur) des Abnehmers entsprechen. Dies bedingt aber nach der Akquisition des Kunden stets die Erhebung seiner Bedürfnisse und deren Überführung in konkrete Produkteigenschaften, an die sich die Leistungserstellung anschließt.

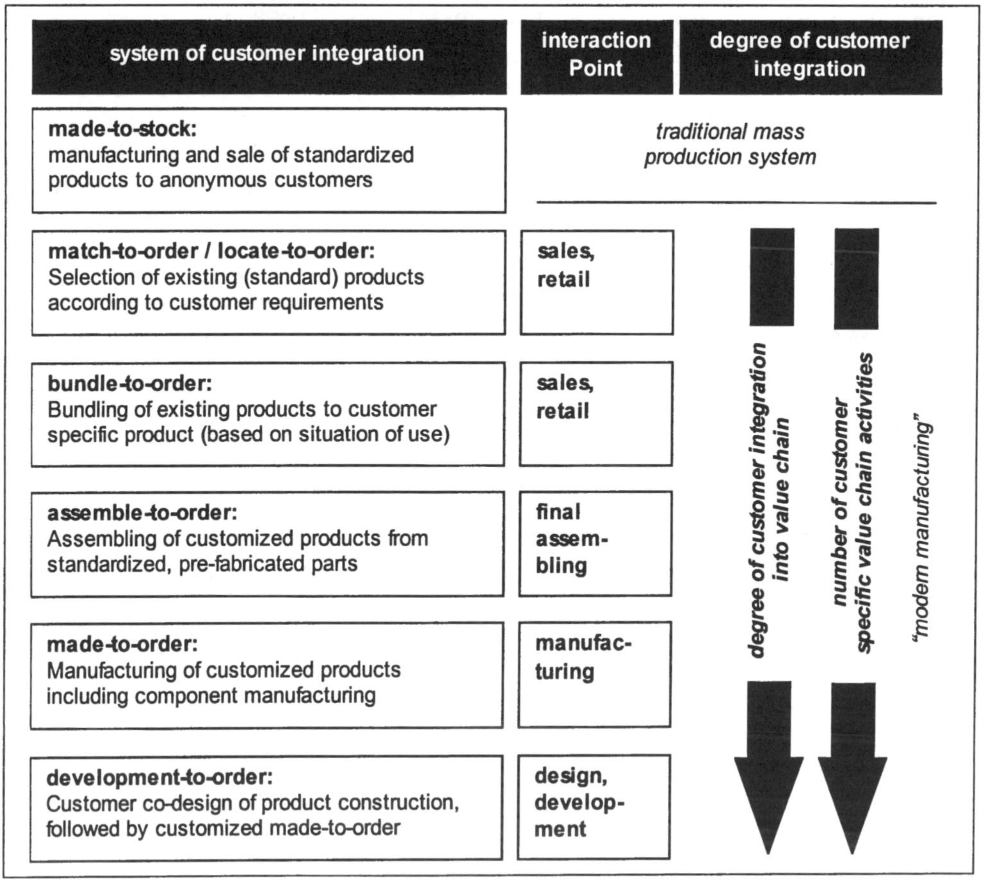

Abbildung 3: Formen der Kundenintegration (entnommen aus Tseng / Piller 2001)

Der Individualisierungsbegriff wird dabei nicht allein auf die Leistungserstellung bezogen, sondern schließt auch eine individuelle Gestaltung der Geschäftsbeziehung zwischen Hersteller und Abnehmer ein (vgl. *Hildebrand* 1997; *Wind / Rangaswamy* 2001). Damit ergeben sich anhand der in Abbildung 3 genannten Formen der Kundenintegration auch unterschiedliche Formen der Individualisierung der Leistungserstellung, wobei mit zunehmendem Grad der Kundenintegration auch die Möglichkeiten steigen, genau den Idealpunkt eines Abnehmers zu treffen.

- Bei einem match-, locate- und bundel-to-order-System findet die Kundenintegration erst in den der Produktion nachgelagerten Wertschöpfungsaktivitäten des Vertriebs statt. Durch ein entsprechendes Interaktionstool wird versucht, den Idealpunkt jedes Kunden zu ermitteln. Anschließend erfolgt eine Zuordnung zu einem vorhandenen Spektrum an Standardleistungen. Online-Autohändler erlauben z.B. durch ein Netzwerk an stationären Händlern die Suche nach einem Wagen laut Wunschspezifikation eines Kunden (locate-to-order). In der Bekleidungsindustrie betreiben Unternehmen wie Ebodity oder EZsize an verschiedenen Standorten moderne 3D-Ganzkörper-Scanner. Die Scan-Daten jedes Kunden werden genutzt, um im Handel die Zuordnung zu den Konfektionsgrößen verschiedener Hersteller zu erreichen. Damit soll vor allem beim Distanzkauf das Paßformrisiko reduziert werden (Matching). Der Anbieter Lands-end geht einen Schritt weiter, indem er den 3D-Scan für eine Stilanalyse verwendet und auf Basis dieser Daten seinen Kunden ein individuelles Outfit anbietet (Bundling).

- Bei einem assemble- und made-to-order-System wird die Information über den Idealpunkt des Kunden (Repräsentation einer Wunschleistung) genutzt, um ein individuelles Produkt herzustellen. Damit ist ein Eingriff in die Wertschöpfungsaktivitäten der Fertigung verbunden. Hier setzt z.B. die Maßkonfektion von Bekleidung an, bei welcher der 3D-Scan dazu dient, ein parametrisierbares Schnittmuster den Maßen des Kunden anzupassen. Danach erfolgen ein auftragsspezifischer Zuschnitt und das Vernähen der Stoffe zu einem individuellen Kleidungsstück.[3]
- Bei einem development-to-order (auch: engineering-to-order) ist die höchste Form der Wertschöpfungsintegration erreicht. Hier wird der Kunde auch in die Produktentwicklung integriert. Es geht nicht mehr nur um eine Anpassung eines Produktes innerhalb bestimmter Parameter, sondern es erfolgt eine Neukonstruktion, auf deren Basis dann eine individuelle Leistungserstellung erfolgt. Dies entspricht aus Kundensicht dem Fall einer klassischen auftragsbezogenen Einzelfertigung (siehe *Reichwald / Dietl* 1991), kann aber heute durch Nutzung der Prinzipien der Mass Customization mit einer Effizienz erfolgen, die der einer Massenproduktion entspricht.

2.3 Ebenen der Wertschöpfung

Mit zunehmendem Interaktionsgrad der Abnehmer steigt in der Regel auch der Grad der kundenspezifisch ausgeführten Aktivitäten der Wertkette. Alle Formen der Integration der Kunden in die Leistungserstellung folgen jedoch einem gleichen Grundmuster (siehe Abbildung 4): Der Leistungserstellungsprozeß findet auf zwei Ebenen statt. In der Vorkombination beschafft und kombiniert der Hersteller Produktionsfaktoren autonom und baut so ein Leistungspotential auf. Die zweite Stufe beschreibt den eigentlichen kundenspezifischen Leistungserstellungsprozeß, in dem die gewünschte Leistung unter Einbezug des Abnehmers (externer Faktor) auf Basis des vorhandenen Potentials konfiguriert und gefertigt (bzw. zusammengestellt / geliefert) wird. Die Individualisierung der Leistung beinhaltet so einen (nicht-monetären) Transfer von Produktionsfaktoren vom Nachfrager zum Anbieter.

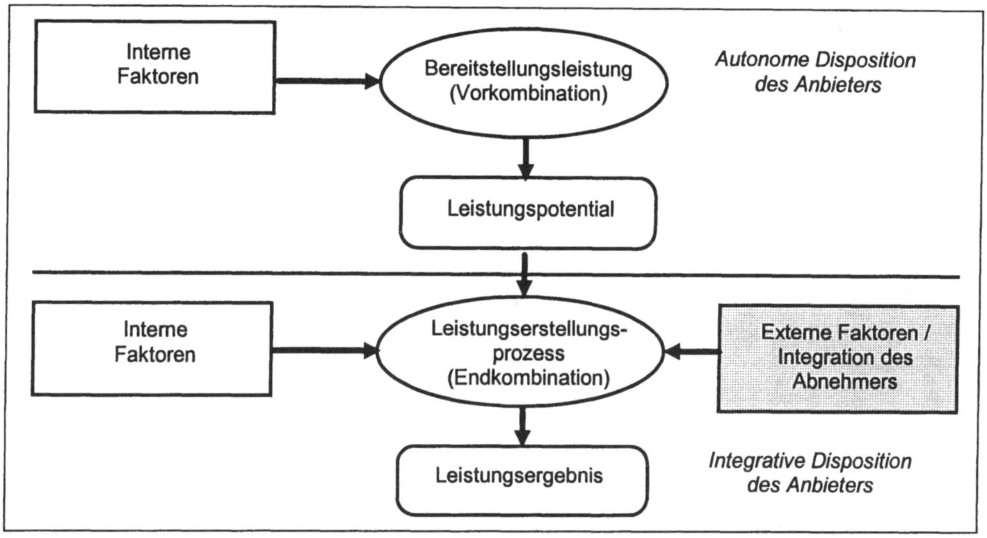

Abbildung 4: Integration externer Faktoren in den Prozeß der Leistungserstellung (in Anlehnung an Hildebrand 1997)

Als Ergebnis der Verschmelzung der Wertschöpfungsprozesse von Anbieter und Abnehmer spricht die Literatur auch vom Entstehen des „Co-Produzenten" (*Davidow / Malone* 1992; *Martinez* 1999) oder „Prosumer" (*Toffler* 1980). Jedoch handelt es sich bei den vom Abnehmer eingebrachten Produktionsfaktoren vor allem um Information über eine bestimmte Konfiguration und der Mitarbeit bei der Gestaltung dieser Wunschlösung. Ziel dieses Konfigurationsvorganges ist die Aufnahme des „Idealpunktes" jedes Kunden und die Überführung dieser Information in eine geeignete Produktspezifikation. Deshalb scheint es angemessener, statt vom Co-Produzenten vom Kunden als Co-Designer zu sprechen, da er eher bei der Produktkonfiguration und -definition mitwirkt und weniger in die eigentliche Leistungserstellung integriert ist.[4] In Business-to-Business-Märkten kann es jedoch über die Weitergabe der Individualisierungsinformation hinaus kann es zu einer Mitarbeit bei der Realisierung der Problem–lösung kommen (vgl. *Jacob* 1995; *Kleinaltenkamp / Marra* 1995). Beispiele sind gemeinsame Entwicklungsteams, die Beantwortung von Rückfragen während der Produktion, Überwachung und Koordination der Herstellung durch Mitarbeiter des Abnehmers etc.

An dieser Stelle stellt sich jedoch die Frage nach Nutzen und Kosten dieser Kundenintegration und der damit verbundenen neuen Formen der Wertschöpfung, die im Vergleich zum Einkauf einer standardisierten Leistung am Markt entstehen. Wie im folgenden gezeigt wird, entstehen durch dieses System sowohl für den Abnehmer wie auch für den Anbieter zusätzliche Kosten, denen allerdings bedeutende Nutzenpotentiale gegenüberstehen.

3 Kosten und Nutzen der Kundenintegration

Kosten und Nutzen der Kundenintegration lassen sich sowohl aus Abnehmer- als auch aus Anbietersicht beschreiben. Einer der wichtigsten Aspekte ist in diesem Zusammenhang der Aufwand der Interaktion (und hierbei insbesondere der Erzeugniskonfiguration) aus Abnehmersicht bei Systemen des assemble-, made- und development-to-order, auf die sich die folgende Argumentation in erster Linie bezieht. Denn eigentlich sprechen Lernkurven- und Spezialisierungsvorteile für eine zentrale Vornahme der Konfiguration bei einem Spezialisten. Gerade bei Personen mit höherem Einkommen stellen Marktforscher heute den Wunsch nach Simplizität als Konsumtrend fest. Dies würde für eine Vornahme der Konfiguration durch den Hersteller und einen geringen Grad der Kundenintegration sprechen (vgl. *von Hippel* 1998).

3.1 Abnehmersicht

Eine hohe Variantenvielfalt bzw. das Angebot individualisierbarer Leistungen erhöht die Informationskosten des Abnehmers. Such- und Vergleichsprozesse sind unübersichtlicher, die Transparenz der Angebote ist geringer. Auch sind die Aufwendungen des Abnehmers im Rahmen der „Kooperation" schlecht planbar, da er nicht abschätzen kann, wie lange er zum Beispiel bei der Produktdefinition mitwirken muß. Insbesondere Käufer einer konsumtiven Leistung, die in der Regel wenig Erfahrung mit dem Erwerb individueller Produkte besitzen, können von der ihnen zugedachten Aufgabe der Leistungsspezifikation psychisch (und zeitlich) überfordert sein. Damit steigt das von ihnen wahrgenommene Kaufrisiko (vgl. *Gersch* 1995; *Mayer* 1993).

Im Vergleich zum Kauf eines Standardprodukts steht der Käufer vor einer sehr komplexen Kaufentscheidung. Er kann keine Präferenzreihenfolge zwischen verschiedenen Variationsvorschlägen bilden und das Preis-/Leistungsverhältnis nicht richtig abschätzen. Das Resultat ist nicht nur ein erheblicher Zeitaufwand für die Konfiguration, sondern auch eine steigende Unsicherheit, da bei Kaufabschluß die Leistungserstellung noch nicht erfolgt ist (vgl. *Lackes / Schnödt* 1998). Weiterhin entstehen Qualitätsunsicherheiten des Abnehmers, da er die Leistung ex ante nicht überprüfen kann. Dies steht im Gegensatz zu einer Standardisierung komplexer Leistungen, da hier - selbst wenn die Leistung bei Verkaufsabschluß noch nicht vorliegt - eine Vergleichbarkeit mit anderen Produkten gegeben ist. Insbesondere bei wiederholten Käufen standardisierter Produkte eines Abnehmers bei einem Anbieter wird die Qualitätsunsicherheit stark reduziert (vgl. *Gersch* 1995; *Kleinaltenkamp / Marra* 1995; *Mayer* 1993).

Gleichfalls ist die Situation des Abnehmers von Unsicherheit bezüglich des Verhaltens des Anbieters geprägt. Bedingt durch den kooperativen Charakter der individuellen Leistungserstellung besteht zwischen den Beteiligten eine asymmetrische Informationsverteilung - eine typische Principal-Agent-Konstellation (vgl. *Jacob* 1995). Der Anbieter als Agent trifft Entscheidungen, die nicht nur seinen eigenen Nutzen, sondern auch den des Abnehmers (Principal) beeinflussen. Der Nachfrager weiß nicht, inwieweit der Anbieter bereit und in der Lage ist, sein Leistungsversprechen zu halten. Diese Situation ist um so ausgeprägter, je neuer und individueller die zu erstellende Leistung ist. Standardisierte Produkte können hier als Signale verstanden werden, die Leistungsfähigkeit des Anbieters zu dokumentieren. Zudem sind sie die Voraussetzung für Garantieversprechen des Anbieters (Agenten), die die Unsicherheit des Nachfragers reduzieren können. Ohne einen eindeutigen Anhaltspunkt zur Definition einer optimalen Leistung ist nicht oder nur schwer zu beurteilen, ob ein Garantiefall eingetreten ist (vgl. *Hufman / Kahn* 1998; *Kahn* 1998).

Die mit diesen Faktoren verbundenen Unsicherheiten und Faktortransfers können als zusätzliche Transaktionskosten des Kunden interpretiert werden, der sich auf eine Leistungsindividualisierung einläßt. Eine der wichtigsten Aufgaben des Anbieters ist es, dafür zu sorgen, daß einerseits dieser Aufwand möglichst gering gehalten wird und andererseits der Nutzen, den der Kunde aus der Individualisierung erfährt, deutlich höher als die wahrgenommenen Mühen bzw. zusätzlichen Kosten der Individualisierung ausfallen. Unternehmen, die ihren Kunden eine größtmögliche Varietät bieten und gleichzeitig durch geeignete Maßnahmen bei der Auswahl helfen, erlangen einen großen Wettbewerbsvorteil. Zur Risikominimierung des Nachfragers tragen Informationen, Garantien und die Reputation des Anbieters bei, letztere wird durch die Vermittlung von Kompetenz und den Aufbau von Vertrauen unterstützt (vgl. *Hildebrand* 1997). Weiterhin stellen die neuen IuK-Technologien eine Vielzahl von Instrumenten bereit, die Komplexität aus Abnehmersicht zu senken. Hier ist in den letzten Jahren eine neue Klasse von Softwaresystemen entstanden, sogenannte „Design-Tools" oder Konfiguratoren.

Jedoch lassen sich neben dem Einsatz dieser Instrumente, welche die wahrgenommene Unsicherheit und Komplexität zwar mindern, nicht aber abbauen, auch Argumente für die Vorteilhaftigkeit der Integration aus Kundensicht anführen. An erster Stelle stehen hier die bekannten Vorteile einer individuellen Leistungserstellung im Sinne des größtmöglichen Fits zwischen Präferenzstruktur und Produkteigenschaften (Fertigung des genauen Idealpunkts jedes Kunden) sowie die Befriedigung des immer größer werdenden Wunsches nach individuellen Leistungen. Dazu gehört neben der Anpassung des Produkts an die Präferenzstruktur des Abnehmers auch die Vermittlung von Begeisterungseigenschaften, die in gesättigten Märkten ein wichtiges Differenzierungsmerkmal darstellen können (Trend zur experience economy, siehe *Pine / Gilmore* 1999). Die Interaktion zwischen Abnehmer und Hersteller während des Konfigurationsprozesses kann bei entsprechender Gestaltung ein hohes emotionales Erlebnis schaffen.

Auch können „sticky local information" (vgl. *von Hippel* 1994, 1998) die Vornahme der Konfiguration durch den Abnehmer vorteilhaft machen. Sind die Kosten des Informationsaustausches zwischen zwei unabhängigen Einheiten als Folge der Standortspezifität der Information höher als bei einer Verarbeitung der gleichen Information innerhalb einer Einheit, liegt „sticky“ Information vor. Vor diesem Hintergrund macht die Integration der Kunden in die Konfiguration Sinn, wenn die mit diesen Vorgängen verbundenen Informationen der Abnehmer „sticky“ sind, die „stickiness“ der notwendigen Information des Anbieters aber gering ist. Dies wird in vielen Fällen kundenindividueller Leistungserstellung der Fall sein, da viele Abnehmer weder ihre Bedürfnisse explizit konkretisieren noch in eine konkrete Produktbeschreibung überführen können. Stellt ihnen allerdings der Anbieter die notwendigen Informationen durch Einsatz eines geeigneten Konfigurationssystems strukturiert zur Verfügung, ist oft eine implizite Definition der gewünschten Produktspezifikation möglich.

3.2 Anbietersicht

Ein Großteil der durch die kundenspezifische Wertschöpfung entstehenden zusätzlichen Kosten beruht auch für den Anbieter auf dem Aufwand der Information und Kommunikation zur Erhebung und Spezifikation der Kundenwünsche. Hinzu kommen die hohe Komplexität, die aus der Überführung jeder individuellen Konfiguration in eine konkrete Fertigungskonfiguration resultiert, sowie das Qualitäts- und Vertrauensrisiko (Risiko der Nicht-Abnahme der meist nicht weiterverwendbaren Leistung).[5]

Diesen Herausforderungen stehen eine Vielzahl von Vorteilen gegenüber, welche die zunehmende Verbreitung neuer Formen unternehmerischer Wertschöpfung mit einer engen Integration der Kunden begründen. Auf grundlegender Ebene erlangt ein Anbieter kundenspezifischer Leistungen den Status eines Quasi-Monopolisten und kann damit Preiszuschläge erzielen, die über den Grenzkosten zur Erstellung der Leistung liegen (akquisitorisches Potential nach *Gutenberg* 1984). Zu diesen Erlösvorteilen kommen eine Vielzahl weiterer Vorteile, die im folgenden nur knapp skizziert werden können (siehe hierzu ausführlich z.B. *Dörflinger / Marxt* 2000; *Hildebrand* 1997; *Pine* 1993; *Reichwald / Piller / Möslein* 2000; *Schnäbele* 1997).

Basis der Nutzeffekte ist die Verbesserung der Informationsbasis des Anbieters über den Abnehmer. Mit der persönlichen Interaktion zwischen Hersteller und jedem einzelnen Kunden, die zur Erhebung der Individualisierungsinformation und Leistungskonfiguration zwingend notwendig ist und bei einer massenhaften Fertigung nicht stattfindet, kann der Grundstein einer langfristigen Kundenbeziehung gelegt werden. Aufgabe des Herstellers ist es, die während der Interaktion gewonnenen Informationen folgegeschäfts- und gewinnbringend einzusetzen:

Verbesserte Planungsbedingungen: Kundenindividuelle Kenntnis von Bedürfnissen und Geschmäckern führt in der Summe zu differenzierteren Informationen über den Gesamtmarkt. Die Planung von Produktstrategien und Absatzmengen wird vereinfacht.

Zielgenauere Marktbearbeitung: Je besser ein Unternehmen seine (Ziel-)Kunden kennt, desto effektiver und effizienter kann die Bearbeitung dieser Kunden erfolgen. Marketingmittel können dort konzentriert werden, wo sich ein konkretes Potential ergibt. Gegenüber dem anonymen Massenmarktmarketing können Streuverluste minimiert werden.

Sinkendes Absatzrisiko: Insbesondere in Märkten mit heterogener und sich dynamisch wandelnder Nachfrage kann eine gute Informationsbasis Anpassungskosten aufgrund des „Moderisikos" senken. Hohe Sicherheitsbestände in Distributionslagern, Lieferausfälle infolge Fehlplanungen oder kurzfristig notwendige Produktionsumstellungen können vermieden werden.

Weniger Fehlerkosten: Durch die Bereitstellung intelligenter Konfigurationssysteme wird eine massive Senkung der Fehlerrate aufgrund von Fehlbestellungen möglich. Der beratende Fachhändler oder der selbständige Endkunde werden durch fehlervermeidende Interaktionskonzepte in ihrer Produktwahl geführt.

Steigendes Kundenbindungspotential: Eine wichtige Option ist angesichts der sinkenden Kundenloyalität, daß eine Individualisierung den Aufbau eines Kundenbeziehungsmanagements (CRM) entscheidend unterstützt. Wenn der Kunde mit dem personalisierten Produkt zufrieden ist, steigt die Wahrscheinlichkeit des Wiederkaufs bei Neubedarf. Zudem verfügt der Anbieter bereits über die gespeicherten Kundendaten, erkennt den Kunden wieder, der Kunde muß nicht erneut den gesamten Personalisierungsprozeß durchlaufen. Ziel ist die zielgerichtete, individuelle, d.h. (aus Sicht des Anbieters) an den Abnehmer angepaßte, Gestaltung der wechselseitigen Interaktion. Beziehungsmanagement stellt gleichermaßen absatzseitiges Komplement und notwendige Grundlage einer kundenindividuellen Leistungserstellung dar. Im Gegensatz zum bloßen Aufbau abnehmerseitiger Umstellungskosten steht dabei vor allem der Nutzen einer solchen dauerhaften Beziehung für die Abnehmer im Vordergrund (siehe *Riemer / Totz* 2001).

Die hier skizzierten Aufwendungen und Nutzeffekte auf Seiten von Abnehmer und Anbieter begründen die Wertschöpfungspartnerschaft zwischen beiden Akteuren. Ziel ist es, durch eine Gestaltung aller Wertaktivitäten zu einer „Win-Win"-Situation zu kommen, bei der die Vorteile der Integration der Kunden in die Leistungserstellung gegenüber dem wahrgenommenen Aufwand überwiegen. Zur effizienten Abwicklung der individuellen Leistungserstellung als Folge der Kundenintegration dienen zwei grundlegende Prinzipien, die im folgenden kurz skizziert werden.

4 Gestaltung der Wertschöpfungsaktivitäten bei Kundenintegration

4.1 Modularisierung als Grundprinzip

Grundmuster aller neuen Formen industrieller Wertschöpfung ist eine Modularisierung des Unternehmens sowohl auf Produkt- als auch auf Prozeßebene. Unter dem Einfluß von Wettbewerb und Technologie kommt es zu einer Auflösung der internen Hierarchien (vgl. *Picot / Reichwald / Wigand* 2001; *Reichwald et al.* 2000). Im Wege der Modularisierung der Unternehmung werden traditionelle hierarchische Strukturen durch die Bildung integrierter, kundenorientierter Prozesse ersetzt, die von relativ kleinen, überschaubaren Einheiten (Prozeßmodulen) vollzogen und untereinander durch dezentrale, nicht-hierarchische Koordinationsformen abgestimmt werden. Ziel ist die originäre Vermeidung von Komplexität, indem die Gesamtaufgabe in einzelne Teilprozesse unterteilt wird, die jeweils bestimmte Teilaufgaben vollziehen (vgl. *Baldwin / Clark* 1997; *Wildemann* 1998). Auf der Prozeßplanungsebene wird die Leistungserstellung in einen auftragsbezogenen Regelkreis als Ergebnis einer konkreten Kundeninteraktion und einen auftragsneutralen Regelkreis gesplittet, welcher der Bereitstellung des notwendigen Leistungspotentials dient (siehe folgender Abschnitt).

Auch auf der Produktebene gilt die Modularisierung als Schlüssel für eine effiziente kundenindividuelle Produktion (vgl. *Piller* 2001; *Pine* 1998). Standardisierte, kundenspezifische und individualisierbare modulare Produkt- und Servicekomponenten werden zu einem individuellen Endprodukt verbunden. Eine Reduktion der Komplexitätskosten und die Möglichkeit, Lern- und Größenvorteile bei der Entwicklung und Erstellung der Module zu erzielen, unterstützen die geforderte Kostenoption. Weiterhin lassen sich Verbundeffekte verwirklichen, wenn die gleichen Module in einer Vielzahl unterschiedlicher Absatzleistungen eingesetzt werden können. Diese Kombination aus Größen- und Verbundvorteilen begründet eine neue Klasse von Kostensenkungspotentialen, die als Economies of Integration (*Noori* 1990; siehe auch *Schnäbele* 1997) bezeichnet werden.

4.2 Bestimmung des Interaktionspunktes

Die Festlegung des optimalen Punkts der Kundeninteraktion und damit der Stelle, an der das auftragsneutrale System der Potentialbereitstellung mit dem kundenauftragsbezogenen der Konfiguration und Potentialnutzung zusammentrifft, bestimmt als zweites grundlegendes Prinzip die effiziente Gestaltung der individuellen Produktion (vgl. *Anderson* 1997; *van Hoek / Peelen / Commandeur* 1999). Während der erste Teil für die kostengünstige Vorfertigung einzelner Leistungsbestandteile sorgt, ist das kundenorientierte Segment für ihr Zusammenführen in ein individuelles Endprodukt verantwortlich. Hierbei sind analog der oben in Abbildung 3 genannten Formen der Kundenintegration verschiedene Zeitpunke bzw. Orte zu unterscheiden, an denen auftragsbezogene und auftragsneutrale Wertschöpfungsaktivitäten aufeinandertreffen.

Dabei beruht diese Trennung zunächst nicht auf physischen Vorgaben bzw. einer Teilung der Fertigungsapparatur in zwei Bereiche, sondern ist vielmehr Spiegelbild einer gedanklich-planerischen Splittung der gesamten Wertschöpfungsaufgabe. Die Entscheidung, wo die Trennung beginnt, hat eine enge Verwandtschaft mit der Bestimmung des optimalen Vorfertigungsgrads.[6] Der optimale Integrationsgrad wird theoretisch anhand der preislichen Präferenzprämie bestimmt, die aufgrund der größeren Kundennähe der Leistung (Treffen des Idealpunktes) erzielt werden kann. Diese wird den damit verbundenen Kosten gegenübergestellt. Das Optimum liegt an dem Punkt, an dem die Differenz aus zusätzlichen Erlösen und Kosten am größten ist. In der Praxis ist dieser Punkt aber nur schwer quantifizierbar. Als Ersatz werden qualitative Faktoren herangezogen, die beispielsweise mittels eines Punktwertzahlverfahrens beurteilt werden. Neben technischen Kriterien (z.B. Handlingfähigkeit und Mehrfachverwendbarkeit der Module) werden Einflußfaktoren, wie die Zwischenlagerkosten vorgefertigter Module, die von den Nachfragern akzeptierte Lieferzeit, die Prognosegenauigkeit des Komponentenbedarfs oder die Kosten einer Produktionsumstellung, in Betracht gezogen (vgl. *Homburg / Weber* 1996). Abnehmerseitige Einflußfaktoren sind beispielsweise die Höhe des Risikos eines Fehlkaufs (Umtauschmöglichkeit, Lieferzeit, Beurteilungsmöglichkeit), die Erfahrung des Abnehmers mit dem Produkt (Wiederholungskauf, Vorbildung etc.) oder der Anteil des Konfigurationsvorganges als Teil der Absatzleistung (Konfiguration als Erlebniseinkauf und Zeitvertreib).

Jedoch ist die Entscheidung, an welcher Stufe der Kunde in die Wertschöpfung integriert wird, prinzipiell von einer Vorfertigung bis zu diesem Punkt zu trennen (Abbildung 5). Hier sind zwei grundsätzlich alternative Optionen zu unterscheiden. Gleicht der Integrationspunkt dem Vorfertigungsgrad, werden die Leistungen bis zum Integrationspunkt auftragsneutral erstellt und auf Lager gelegt (soweit eine Lagerung möglich ist). Für jede kundenspezifische Konfiguration werden sie dann zur fertigen Leistung zusammengefügt. Je weiter der Entkopplungspunkt auf eine spätere Stufe des Wertschöpfungsprozesses verschoben werden kann, desto größer sind die Möglichkeiten einer Komplexitätsreduktion, zur Bildung optimaler Losgrößen und Verstetigung der Produktion sowie zur Verkürzung der Lieferzeiten. In der Regel plädiert die Literatur deshalb für eine möglichst späte Integration der Kunden im Sinne einer späten Setzung des Vorfertigungsgrades (vgl. *Corsten* 1998; *Homburg / Daum* 1997; *Köster* 1998).

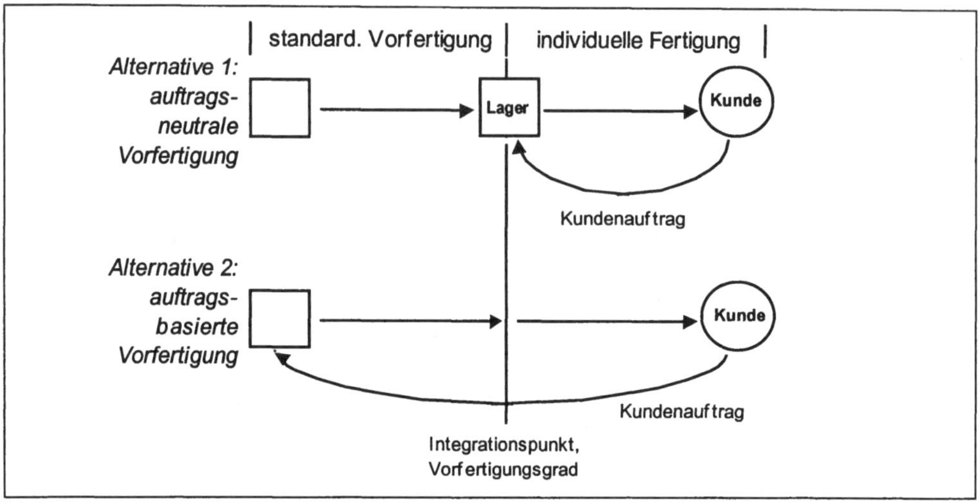

Abbildung 5: Kundenneutrale und auftragsbasierte Vorfertigung

Jedoch bedeutet dieses Vorgehen aus einer logistikorientierten Sichtweise der gesamten Wertkette stets den Verlust der oben genannten Vorteile der Kundenintegration aus Anbietersicht. Lagerkosten, Bestandsrisiko sowie die Planungskomplexität auf Komponentenebene können erst dann im Sinne einer echten Customer-Pull-Strategie vermieden werden, wenn erst beim Eingang einer Kundenbestellung die Aufbereitung der Rohstoffe beginnt und die weiteren Verarbeitungsschritte rein auftragsbezogen durchgeführt werden. Expertenschätzungen nehmen beispielsweise für die Bekleidungsindustrie bis zu 30% Verschwendung der Wertschöpfung durch fehlproduzierte Stoffe und fertige Produkte an. Hier kann eine Senkung des Vorfertigungsgrads - auch wenn es gängigen Vorstellungen des Komplexitätsmanagements widerspricht - theoretisch große Potentiale bergen.

Der damit verbundene höhere Steuerungs- und Umstellungsaufwand kann allerdings durch Einsatz moderner IuK-Technologien auf der einen und flexibler Fertigungsapparaturen auf der anderen Seite entscheidend gesenkt werden. Es ist deshalb zu untersuchen, ob die Vorproduktion nicht erst bei Eintreffen eines konkreten Kundenauftrags angestoßen wird. Da es sich bei der Vorfertigung nun zwar um auftragsbedingte, aber inhaltlich stetige und repetitive Prozesse handelt, sinkt die Planungskomplexität entscheidend. Voraussetzung sind allerdings ausreichende Kapazitäten in der Vorfertigung sowie eine hohe Reaktionsgeschwindigkeit des Gesamtsystems.

5 Zusammenfassung und Forschungsbedarf

Auch wenn die Rolle des Kunden als Co-Produzent und Bestandteil der Leistungserstellung schon lange diskutiert wird, so erlauben erst die sozio-technologischen Innovationen der letzten Jahre die praktische Umsetzung einer neuen Form industrieller Wertschöpfung, die sich von dem bislang dominierenden System deutlich unterscheidet. Der Kunde wird heute stärker denn je - zumindest seit Etablierung der zweiten industriellen Revolution - in die unternehmerische Wertschöpfung integriert. Er wird zum Wertschöpfungspartner. Dabei ist seine Rolle die eines Co-Designers, der auf Basis eines vorhandenen Leistungspotentials im Zuge der Konfiguration in Interaktion mit dem Anbieter seine eigene Leistung spezifiziert und entwickelt. Hierbei lassen sich verschiedene Formen der Partnerschaft unterscheiden, die unterschiedliche Zeitpunkte der Kundenintegration abgrenzen. Dies kann zum einen kundenbezogen anhand ihrer Fähigkeit, den Idealpunkt einer „optimalen" Leistung zu treffen, geschehen, zum anderen fertigungsbezogen anhand des Vorfertigungsgrads.

Etablierte, aber innovative Massenhersteller wie Procter&Gamble (individuelle Kosmetikserie reflect.com), Freetrend (chinesischer Massenhersteller, der unter dem Label Customatix Schuhe im kundenspezifischen Design anbietet), Adidas (Sportartikel mit kundenspezifischer Funktionalität) oder Lego (individuell konfigurierte Baukästen und Modelle ab Fabrik) zeigen neben einer Vielzahl von Start-up-Unternehmen, daß die neuen Formen der Integration des Kunden heute bereits Realität sind. Jedoch bedeutet für diese Firmen der Eingriff jedes einzelnen Kunden in die Wertschöpfungsprozesse die Herausforderung, völlig neue Strukturen zu etablieren. Procter&Gamble lagerte deshalb seine kundenspezifischen Operationen in eine eigene Unit aus, getrennt vom Stammwerk, nutzt diese jedoch als Lernfabrik für das ganze Unternehmen. Andere Unternehmen versuchen dagegen, massenhafte und kundenindividuelle Prozesse in einem System zu vereinen. An dieser Stelle ist die betriebswirtschaftliche Forschung gefordert, Aufgaben- und Strukturvariabeln zu ermitteln, die im Sinne des situativen Ansatzes die Wahl geeigneter Organisationsstrukturen für die Integration des Kunden als Wertschöpfungspartner erlauben.

Auch begründet die Integration der Abnehmer in die Leistungserstellung neue Kostenstrukturen, die sich zum einen aus den Saving-Potentialen des „made-to-order"-Prinzips ergeben, zum anderen aus den Erlöspotentialen der über die einzelnen Kunden im Zuge der Leistungskonfiguration gewonnenen Informationen. An dieser Stelle eröffnet sich für die betriebswirtschaftliche Forschung noch ein großes Forschungsfeld, diese neuen Kostenstrukturen zu analysieren und entsprechende Controlling-Instrumente für ihre Steuerung zu entwickeln. Ein weiteres Forschungsdefizit besteht in der empirischen Untersuchung der dargestellten Formen der Kundeninteraktion. Eine empirisch ausgerichtete Erfolgsfaktorenforschung, welche die in diesem Beitrag skizzierten Zusammenhänge zwischen Interaktionsgrad, Kundenzufriedenheit, Kostenstrukturen und Fertigungs- wie

Konfigurationskomplexität betrachtet, fehlt noch. Diese und weitere Punkte stellen nach unserer Meinung einige der wichtigsten Forschungsfelder der Betriebswirtschaftlehre im angehenden neuen Jahrhundert da.

Anmerkungen

1 Die Ursachen für diese Entwicklung sind vielfältig und können an dieser Stelle nicht näher betrachtet werden; siehe z.B. *Ludwig* 2000; *Piller* 2001

2 Dieser Integrationsbegriff geht auf die Besonderheiten der Dienstleistungsproduktion zurück, bei der es ebenfalls eines externen Faktors bedarf, damit die Leistungserstellung stattfinden kann.

3 In der Literatur wird unter made-to-order (auch: build-to-order) auch die auftragsbezogene Fertigung von Standardwaren subsumiert. So fertigt z.B. der Motorradhersteller Harley Davidson alle Motorräder rein nach Kundenbestellung, jedoch kann der Kunde nur zwischen den verschiedenen Modellen aus dem Katalog wählen (alle Individualisierung findet nachträglich im Handel statt). Auch in diesem Fall findet eine kundenspezifische Fertigung statt, es kommt allerdings nicht zu einer Integration des Kunden in die Wertschöpfung im engeren Sinne.

4 Siehe für eine Beschreibung der während dieses „Design-Vorganges" verbundenen Aktivitäten *v. Hippel* 1998; *Piller* 2001. Siehe auch *Helander / Khalid* 1999, die von „Do-it-yourself product design" sprechen.

5 Von den Kosten der kundenindividuellen Produkterstellung (Produktionskosten) soll im folgenden abstrahiert werden, da diese nicht den eigentlichen Interaktionsprozeß betreffen. Siehe hierzu z.B. *Kleinaltenkamp* 1995; *Knollmayer* 1999; *Piller* 2001.

6 Andere Ausdrücke für diesen Punkt sind auch Bevorratungsebene (*Zäpfel* 1996), Entkopplungs- oder Variantenbestimmungspunkt (Wildemann 1998), Freeze-Point (*Homburg / Daum* 1997), Order-Penetration-Point (*Köster* 1998), oder Postponement-Point (*Feitzinger / Lee* 1997).

6 Literatur

Agrawal, Mani; Kumaresh, T. V.; Mercer, Glenn A. (2001): *The false promise of mass customization*, in: The McKinsey Quarterly, 2001, H. 3

Anderson, David M. (1997): *Agile product development for mass customization*, Chicago 1997

Baldwin, Carliss; Clark, Kim (1997): *Managing in the age of modularity*, in: Harvard Business Review, 75. Jg. (1997), H. 5, S. 84-93

Belz, Christian (1998): *Akzente im innovativen Marketing*, St. Gallen 1998

Brynjolfsson, Erik; Hitt, Lorin (1998): *Beyond the productivity paradox*, in: Communications of the ACM, 41. Jg. (1998), H. 8, S. 49-55

Burns, Marshall (1993): *Automated fabrication*, Englewood Cliffs 1993

Carnoy, Martin et al. (1993): *The new global economy in the information age*, University Park 1993

Corsten, Hans (1998): *Produktionswirtschaft*, 8. Aufl., München 1998

Davidow, William H.; Malone, Michael S. (1992): *Das virtuelle Unternehmen*, Frankfurt 1992

Dörfliner, Markus; Marxt, Christian (2001): *Mass Customization*, in: io Management, 2001, H. 3, S. 86-93

Drucker, Peter F. (1954): *The practice of management*, New York 1954

Duray, Rebecca et al. (2000): *Approaches to mass customization*, in: Journal of Operations Managements, 18. Jg. (2000), S. 605-625

Feitzinger, Edward; Lee, Hau (1997): *Mass customization at Hewlett-Packard: the power of postponement*, in: Harvard Business Review, 75. Jg. (1997), H. 1, S. 116-121

Fowler, Sally et al. (2000): *Beyond products: new strategic imperatives for developing competencies in dynamic environments*, in: Journal of Engineering and Technology Management, 17. Jg. (2000), S. 357-377

Frese, Erich (1995): *Organisationstheoretische Anmerkungen zur Diskussion um CIM-fähige Unternehmungen*, in: Hans Corsten (Hg.): Produktion als Wettbewerbsfaktor, Wiesbaden 1995, S. 157-172

Fulkerson, Bill; Shank, Michael (2000): *The new economy electronic commerce - and the rise of mass customization*, in: Michael Shaw et al. (Hg.): Handbook on electronic commerce, Berlin u.a. 2000, S. 411-430

Gersch, Martin (1995): *Die Standardisierung integrativ erstellter Leistungen*, Arbeitsbericht Nr. 57 des Instituts für Unternehmensführung und Unternehmensforschung, Universität Bochum 1995

Goldman, Steven; Nagel, Roger (1993): *Management, technology and agility*, in: International Journal of Technology Management, 8. Jg. (1993), Nr. 1/2, S. 18-38

Gutenberg, Erich (1984): *Grundlagen der Betriebswirtschaftslehre*, Band 2: Der Absatz, 17. Aufl., Berlin 1984

Helander, Martin; Khalid, Halimathun (1999): *Customer Needs in Web-Based Do-It-Yourself Product Design*, in: Proceedings of the 10th M.Sc. Ergonomics International Conference, Lulea, Sweden, 29.-30.10.1999, S. 9-14

Hildebrand, Volker (1997): *Individualisierung als strategische Option der Marktbearbeitung*, Wiesbaden 1997

Hippel, Eric von (1994): *Sticky information and the locus of problem solving*, in: Management Science, 40. Jg. (1994), H. 3, S. 429-439

Hippel, Eric von (1998): *Economics of product development by users*, in: Management Science, 44. Jg. (1998), H. 5, S. 629-644

Homburg, Christian; Daum, Daniel (1997): *Wege aus der Komplexitätsfalle*, in: Zeitschrift wirtschaftliche Fertigung (ZWF), 92. Jg. (1997), H. 7/8, S. 333-337

Homburg, Christian; Weber, Jürgen (1996): *Individualisierte Produktion*, in: Werner Kern et al. (Hg.): Handwörterbuch der Produktionswirtschaft, 2. Aufl., Stuttgart 1996, Sp. 653-663

Hufman, Chynthia; Kahn, Barbara (1998): *Variety for sale: mass customization or mass confusion*, in: Journal of Retailing, 74. Jg. (1998), H. 4, S. 491-513

Jacob, Frank (1995): *Produktindividualisierung*, Wiesbaden 1995

Kahn, Barbara E. (1998): *Dynamic relationships with customers: high-variety strategies*, in: Journal of the Academy of Marketing Science, 26. Jg. (1998), H. 1, S. 45-53

Kaluza, Bernd (1989): *Erzeugniswechsel als unternehmenspolitische Aufgabe*, Berlin 1989

Kaluza, Bernd (1996): *Dynamische Produktdifferenzierungsstrategie und moderne Produktionssysteme*, in: Horst Wildemann (Hg.): Produktions- und Zuliefernetzwerke, München 1996, S. 191-234

Kleinaltenkamp, Michael (1993): *Investitionsgütermarketing als Beschaffung externer Faktoren*, in: Eva Thelen ; Gaby Mairamhof (Hg.): Dienstleistungsmarketing, Frankfurt/Main 1993, S. 101-126

Kleinaltenkamp, Michael (1995): *Standardisierung und Individualisierung*, in: Bruno Tietz (Hg.): Handwörterbuch des Marketing, 2. Aufl., Stuttgart 1995, Sp. 2354-2364

Kleinaltenkamp, Michael (2000): *Customer Integration im Electronic Business*, in: Rolf Weiber (Hg.): Handbuch Electronic Business, Wiesbaden 2000, S. 1-39

Kleinaltenkamp, Michael; Marra, Andreas (1995): *Institutionenökonomische Analyse der 'Customer Integration'*, in: Klaus Peter Kaas (Hg.): Kontrakte, Geschäftsbeziehungen, Netzwerke, Sonderheft 35 der Zeitschrift für Betriebswirtschaftliche Forschung, Düsseldorf / Frankfurt 1995, S. 101-117

Knolmayer, Gerhard (1999): *Kundenorientierung, Mass Customization und optimale Variantenvielfalt,* in: R. Grünig et al. (Hg.): Strategisches Management und Marketing, Bern: Haupt 1999, S. 67-91

Köster, Oliver (1998): *Strategische Disposition: Konzept zur Bewältigung des Spannungsfeldes Kundennähe, Komplexität und Effizienz in Leistungserstellungsprozessen*, Diss., Universität St. Gallen 1998

Kotler ; Bliemel 1995

Lackes, Richard; Schnödt, Guido (1998): *Konfigurationsmanagement*, in: FB/IE, 47. Jg. (1998), H. 1, S. 28-35

Lancaster, Kelvin J. (1971): *Consumer demand*, New York 1971

Lee, C.-H. Sophie; Barua, Antesh; Whinston, Andrew (2000): *The complementarity of mass customization and electronic commerce*, in: Economics of Innovation and New Technology, 9. Jg. (2000), H. 2, S. 81-110

Ludwig, Marc (2000): *Beziehungsmanagement im Internet*, Lohmar/Köln 2000

Mayer, Rainer (1993): *Strategien erfolgreicher Produktgestaltung: Individualisierung und Standardisierung*, Wiesbaden 1993

Milgrom, Paul; Roberts, John (1990): *The economics of modern manufacturing: technology, strategy, and organization*, in: The American Economic Review, 80. Jg. (1990), H. 6, S. 511-528

Milgrom, Paul; Roberts, John (1995): *Complementarities and fit - strategy, structure, and organizational change in manufacturing*, in: Journal of Accounting and Economics, 19. Jg. (1995), H. 2, S. 179-208

Noori, Hamid (1990): *Managing the dynamics of new technology*, Englewood Cliffs 1990

Norman, R; Ramirez, Rafael (1994): *Designing interactive strategy*, Chichester 1994

Picot, Arnold; Reichwald, Ralf; Wigand, Rolf (2001): *Die grenzenlose Unternehmung*, 4. Aufl., Wiesbaden 2001

Piller, Frank (1998): *Kundenindividuelle Massenproduktion*, München / Wien 1998

Piller, Frank (2001): *Mass Customization*, 2. Aufl., Wiesbaden 2001

Pine, B. Joseph II (1993): *Mass customization*, Boston 1993

Pine, B. Joseph II (1998): *Die Wettbewerbsstrategie der Zukunft*, Einführung zu: Frank Piller: Kundenindividuelle Massenproduktion, München / Wien 1998, S. 1-17

Pine, B. Joseph II; Gilmore, Michael (1999): *The Experience Economy*, Boston: 1999

Piore, Michael J.; Sabel, Charles F. (1984): *The second industrial divide*, New York 1984

Popcorn, Faith (1992): *Der Popcorn Report*, München 1992

Porter, Michael (1985): *Competitive Strategy*, Boston 1985

Ramirez, Rafael (1999): *Value coproduction: intellectual origins and Implications for practice and research*, in: Strategic Management Journal, 20. Jg. (1999), H. 1, S. 49-65

Reichwald, Ralf; Dietel, Bernd (1991): *Produktionswirtschaft*, in: Edmund Heinen (Hg.): Industriebetriebslehre, 9. Aufl., Wiesbaden 1991, S. 395-622

Reichwald, Ralf et al. (2000): *Telekooperation*, 2. Aufl., Berlin et al. 2000

Reichwald, Ralf; Piller, Frank (2000): *Produktionsnetzwerke für die Kundenindividuelle Massenproduktion*, in: Bernd Kaluza; Thorsten Blecker (Hg.): Produktionsmanagement in Unternehmensnetzwerken und Virtuellen Unternehmen, Stuttgart 2000, S. 598-628

Reichwald, Ralf; Piller, Frank ; Möslein, Kathrin (2000): *Mass customization based e-business strategies*, in: Proceedings of the Strategic Management Society, 20th International Conference, Vancouver 2000

Riemer, Kai; Totz, Christian (2001): *The many faces of personalization - an integrative economic overview of mass customization and personalization*, in: Mitchell M. Tseng; Frank T. Piller (Hg.): Proceedings of the 2001 World conference on mass customization and personalization, Hong Kong, 1.-2.10.2001

Sahin, Funda (2000): *Manufacturing competitiveness: Different systems to achieve the same results*, in: Production and Inventory Management Journal, 42. Jg. (2000), H. 1 (First Quarter), S. 56-65

Schnäbele, Peter (1997): *Mass Customized Marketing*, Wiesbaden 1997

Smith, Michael; Bailey, Joseph ; Brynjolfsson, Erik (2000): *Understanding digital markets: review and assessment*, in: Erik Brynjolfsson ; Brian Kahin (Hg.): Understanding the digital economy, Boston 2000, S. 49-97

Toffler, Alvin (1980): *Die dritte Welle: Die Zukunftschance*, München 1980

Tseng, Mitchell M.; Jiao, Jianxin (2001): *Mass Customization*, in: Gavriel Salvendy (Hg.): Handbook of Industrial Engineering, 3. Auflage, New York 2001, Kap. 25

Tseng, Mitchell M.; Piller, Frank (2001): *Economies of Mass Customization*, IEEM-Working Paper 08/2001, Hong Kong University of Science and Technology, Hong Kong 2001 (publication forthcoming)

Van Hoek, Remko; Peelen, Ed ; Commandeur, Harry (1999): *Achieving mass customization through postponement*, in: Journal of Market Focused Management, 3. Jg. (1999), H. 3, S. 353-368

Victor, Bart; Boynton, Andrew C. (1998): *Invented here*, Boston 1998

Waller, Matthew; Dabholkar, Pratibha; Gentry, Julie (2000): *Postponement, product customization, and market-oriented supply chain management*, in: Journal of Business Logistics, 21. Jg. (2000), H. 2, S. 133-160

Weigand, Jürgen; Lehmann, Erik (1997): *Produktdifferenzierung*, in: Wirtschaftswissenschaftliches Studium (WiSt), 26. Jg. (1997), H. 9, S. 477-480

Wikström, Solveig (1996): *Value creation by company-consumer interaction*, in: Journal of Marketing Management, 12. Jg. (1996), S. 359-374

Wildemann, Horst (1994): *Fertigungsstrategien*, 2. Aufl., München 1994

Wildemann, Horst (1996): *Management von Produktions- und Zulieferernetzwerken*, in: Horst Wildemann (Hg.): Produktions- und Zuliefernetzwerke, München 1996, S. 13-42

Wildemann, Horst (1998): *Die modulare Fabrik*, 5. Aufl., München 1998

Wind, Jerry; Rangaswamy, Arvind (2001): *Customerization: the next revolution in mass customization*, in: Journal of interactive marketing, 15. Jg. (2001), H. 1 (winter), S. 13-32

Womack, James P.; Jones, Daniel; Roos, Daniel (1991): *Die zweite Revolution in der Autoindustrie*, Frankfurt / New York 1991

Zäpfel, Günther (1996): *Auftragsgetriebene Produktion zur Bewältigung der Nachfrageungewißheit*, in: Zeitschrift für Betriebswirtschaftslehre, 66. Jg. (1996), H. 7, S. 861-877

Zahn, Erich (1997): *Unternehmensstrategie und Informationsversorgung*, in: Herbert Gassert; Manfred Prechtl (Hg.): Neue Informationstechnologien, Stuttgart 1997, S. 117-148

Wertsteigerung von Unternehmen

Edward Krubasik

1 Einleitung

Die Steuerung von Unternehmen hat sich gewandelt: Der Trend geht weg von der reinen Ergebnis- bzw. Umsatzrendite-Steuerung über Kapitalrenditenbewertung hin zur heutigen Steuerung über Wertsteigerung bzw. Wertbeiträge.

Für Verwirrung in der Beurteilung von Wertsteigerung als Steuerungsinstrument sorgte allerdings die Inflation von Cyber-Werten an der Börse in den vergangenen Jahren. So hatte beispielsweise ein 17-Mitarbeiter-Unternehmen im Telematik-Sektor eine Mrd. Euro Börsenwert bei weniger als zehn Mio. Euro Umsatz und gleichzeitigen operativen Verlusten. Amazon.com und andere Internet-Unternehmen waren 20-30 mal den Umsatz wert, obwohl sie keinen Gewinn machten und machen. Eine Vielzahl der hochbewerteten Internet-Companies wirtschafteten ohne nennenswerten Gewinn. Der Wert von Yahoo entsprach der Summe der Werte von Lufthansa, Metro, BASF, Volkswagen und VEBA (Stand: 02/2000).

Diese Situation hat sich im Laufe des letzten Jahres gewandelt. So hat der Aktienmarkt die Übertreibungen des New Economy-Booms wieder korrigiert, während viele der zeitweise als Old Economy geschmähten Unternehmen das Vertrauen der Anleger zurückgewannen. Sowohl der Dow-Jones- als auch der Dax-Index haben sich im letzten Jahr erheblich besser gehalten als die jeweiligen vergleichbaren Technologie-Indizes ihres Landes.

Es zeigt sich daher, daß die Wertdiskussion aus reiner Börsensicht in die Irre führen kann. Wenn Börsenwerte keinen Bezug mehr zu den gekauften Gewinnaussichten haben, stellt sich die Grundfrage, ob Wertsteigerung überhaupt ein gutes Steuerungskonzept für langfristig denkende, in Innovation investierende Unternehmen sein kann.

Es gilt einige grundsätzliche Fragen zu beantworten:

- Fördert Wertsteigerung langfristiges Innovationsdenken oder nur kurzfristige Erfolge?
- Wie soll man die in einzelnen Fällen immer noch sehr hohe Bewertung wenig rentabler Software- oder Internet-Unternehmen sehen?
- Welche Rolle spielt die Börsenbewertung für die Unternehmenssteuerung?
- Welche Hebel, welche Chancen, welche Risiken stecken in der Wertsteigerungs-Denkweise für High-Tech-Unternehmen?

Das Ziel des Beitrages ist es, zwei Thesen zu belegen:

- Wertsteigerung fördert langfristiges Unternehmertum, nicht Streben nach kurzfristiger Gewinnerzielung.
- Innovation ist der Haupthebel zur Wertsteigerung für High-Tech-Unternehmen.

2 Wertsteigerung ist Langfrist-Management

Innovation, Wertsteigerung, Job-Creation korrelieren

Gute Unternehmen schaffen tendenziell mehr Kundennutzen, mehr Arbeitsplätze, mehr Wert für die Aktionäre und am Ende auch für die Gesellschaft. Es besteht ein nachweisbarer Zusammenhang zwischen der Innovativität eines Unternehmens, seiner Wertsteigerung sowie der Job-Creation im Unternehmen.

In einer Studie von Collins und Porras (*Collins / Porras* 1994), veröffentlicht unter dem bezeichnenden Titel „Built to last", wurde die Wertsteigerung 30 exzellenter Unternehmen mit überdurchschnittlichen Referenz-Unternehmen verglichen. Zu den exzellenten Wertsteigerern, die sich durch langfristige Investitionen und Innovationen auszeichnen, zählten berühmte Innovatoren wie 3M, HP, IBM, Johnson&Johnson, Merck, Motorola und Sony. Diese 30 Unternehmen steigerten ihren Wert seit 1936 um den Faktor 6000 im Vergleich zum Faktor 1000 bei den Referenz-Unternehmen (,die sich ebenfalls besser als der Dow-Jones-Index entwickelten).

Hier wird jedoch nicht nur Shareholder Value geschaffen. Die in „Built to last" genannten 30 exzellenten Unternehmen schaffen zusammen mehr Arbeitsplätze als die guten Referenz-Unternehmen. Das gleiche Bild zeigt eine Studie mit vergleichbaren 100 deutschen Unternehmen: Wertsteigerer schaffen auch hier mehr Arbeitsplätze (siehe dazu Abbildung 1).

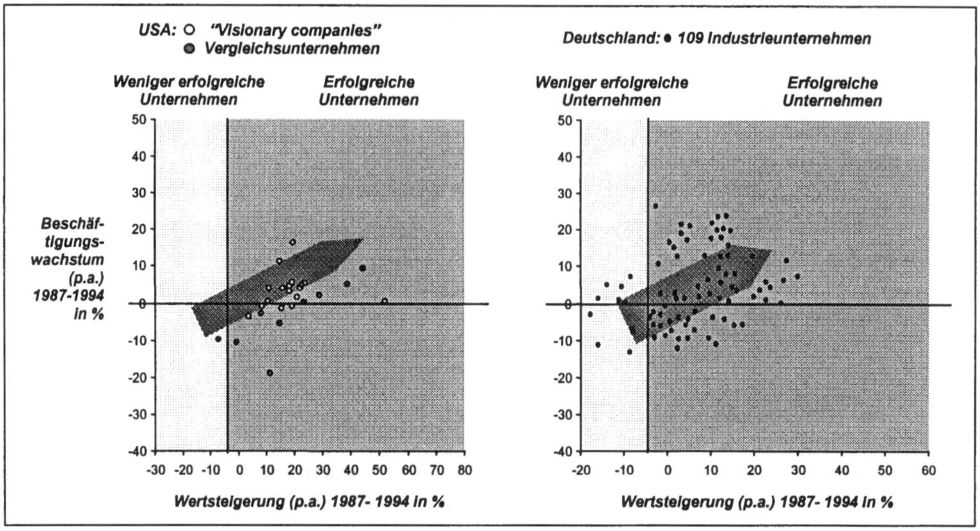

Abbildung 1: Wertschaffende Unternehmen sorgen auch für mehr Beschäftigung durch Wachstum (Quellen: Collins / Porras 1994, Hoppenstedt balance database, BCG Analyse)

Wertsteigerung entsteht durch profitables Wachstum

Wertsteigerung korreliert mit den Leistungsvariablen Rendite und Wachstum. Genauer gesagt: Kurzfristig korreliert das Wert / Umsatz-Multiple mit der Umsatzrendite der Unternehmen. Langfristig korreliert der Total Return to Shareholder mit (profitablem) Wachstum.

Damit kommen wir mit Wertsteigerung wieder zu den Ursprüngen des guten alten Unternehmertums zurück: Die Existenzberechtigung eines jeden Unternehmens ist es, Kunden gut zu bedienen. Ein Unternehmen ist dazu da, Kunden effizient zu unterstützen und dabei möglichst sparsam die Ressourcen Kapital und Personal einzusetzen. Die Schaffung von Kundennutzen führt in Verbindung mit effizienten Prozessen zwangsläufig zu Wertsteigerung. In Kurzform heißt das: Unternehmen sind für Kunden geschaffen, nicht als Objekt kurzfristiger Spekulation, aber auch nicht als Arbeitsbeschaffungsmaßnahme.

Investoren suchen Anteil an wachsenden Unternehmungen

Investoren wollen sich einen signifikanten Anteil am Gewinn des Unternehmens sichern, mit dem Nebeneffekt, Wertzuwachs durch Wachstum aus re-investierten Gewinnen zu erzielen. Damit kann Wertsteigerung als langfristige Wachstums-, Investitions- und Renditepolitik betrachtet werden. Investoren werden dringend gebraucht, um Unternehmen mit Eigenkapital auf- und auszubauen. Solide Wertbetrachtungen eliminieren für sie die eingangs erwähnten, kurzfristigen Übertreibungen in der Wertsteigerung. Ein verläßliches Maß für den Wert eines Unternehmens ist für Investoren der „Discounted Cash Flow" der erwarteten Gewinne. Investoren sind im übrigen deutlich von „Spekulanten" abzugrenzen. Die Sicht dieser langfristigen Investoren ist gut in einem Forbes-Artikel von Warren Buffet beschrieben (*Buffet* 1999). Seit 1936 schwanken die Gewinne der börsennotierten US-Industrieunternehmen am Anteil des Bruttosozialproduktes zwischen 5% und 8%, im Durchschnitt werden 6% Gewinn erzielt (vgl. Abbildung 2).

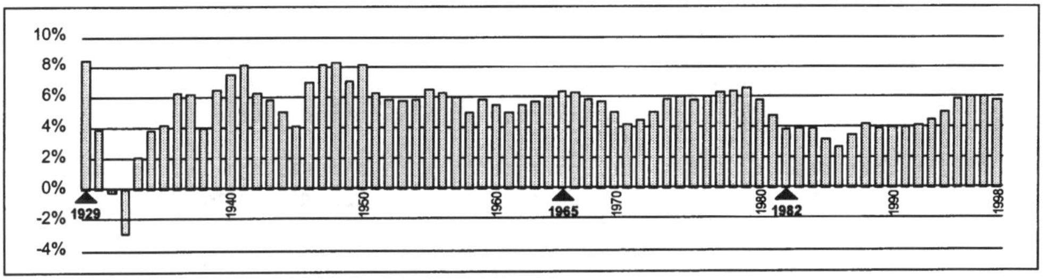

Abbildung 2: Nachsteuer-Ergebnis börsennotierter US-Unternehmen in Relation zum Bruttoinlandsprodukt (Quellen: Bryan u.a. 1999, Public Data)

Warren Buffet, der amerikanische Börsenguru, sagt daher, daß Investoren sich nur an diesen 6% des Bruttosozialproduktes beteiligen können. Der Wert der Unternehmen sollte somit nur mit dem Bruttosozialproduktes wachsen; er stieg seit 1985 aber sehr viel stärker.

Börsenwerte gehorchen Angebot und Nachfrage im neuen Wirtschaftszyklus

Wieso koppelte sich also seit 1985 die Börse vom Bruttosozialprodukt ab und wuchs von diesem Zeitpunkt an mit mehr als doppelter Geschwindigkeit (siehe dazu Abbildung 3)?

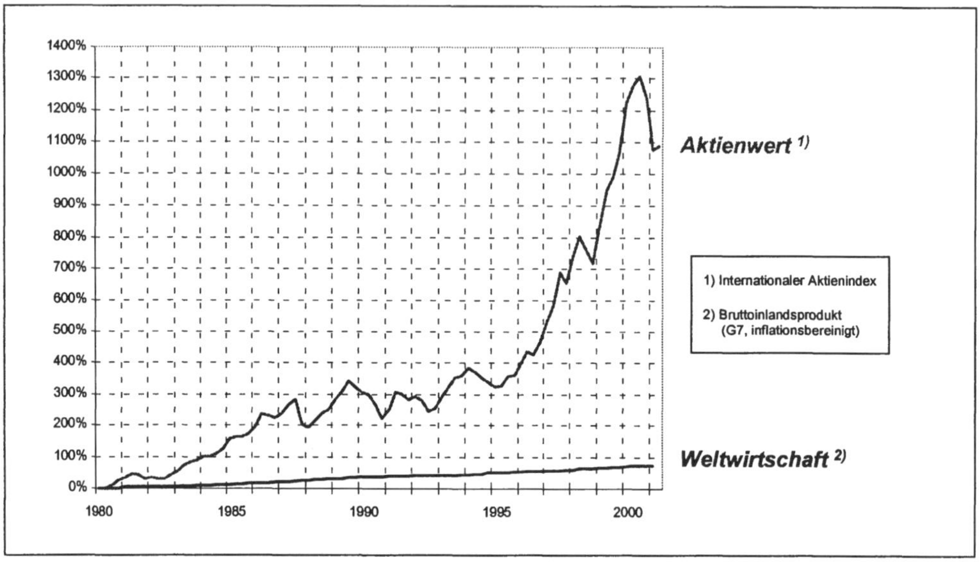

Abbildung 3: Die Entwicklung der Aktienwerte hat sich vom Verlauf der Weltwirtschaft losgelöst (Quelle: WEFA)

Weil die Wirtschaftspolitik der USA seit diesem Zeitpunkt ein einzigartiges langanhaltendes inflationsfreies Wachstum und niedrige Zinsen brachte. Dies führte zu einem nie erlebten Bull-Market in der Börsenwelt während festverzinsliche Wertpapiere gleichzeitig als Alternative uninteressant wurden. Insbesondere dadurch entstand ein Überangebot an Kapital, das die jetzt knapperen Anlage-Gelegenheiten jagte. Ein weiterer Teil der Erklärung für die Steigerung der Unternehmenswerte ist die veränderte Angebot- und Nachfrage-Situation an der Börse in einem neuen Kondratieff-Wachstumszyklus und das Wetten auf die Gewinner in der New Economy. Das Überangebot an Kapital kämpft um zu geringe Anlagemöglichkeiten. Die etablierten Unternehmungen werfen mehr Geld ab als sie brauchen. Die neuen IT- und Internet- oder Biotech-Firmen sind noch zu schwach und zu wenige, um all das Kapital sinnvoll zu absorbieren. Dies führt zur inflationären Entwertung von Anlagekapital. Vielleicht führte aber auch nur die lineare Extrapolation des über 10 Jahre erreichten 20% Total Return to Shareholder zu einem Lemmingverhalten der Spekulanten.

Ein neuer Kondratieff-Zyklus

High-Tech-Aktien gehorchen scheinbar neuen Gesetzen, die wie in der Zeit des Railroad-Booms überhöhte Kurse für wenig Gewinne entstehen lassen. Könnte es sein, daß Investoren einen neuen Wirtschaftszyklus ahnen? Es besteht Hoffnung, daß der Technologie-Aktien-Boom tatsächlich auch einen neuen Kondratieff-Wachstumszyklus andeutet:

Die Zyklen bisher waren:

- ca. 1800-1860: Dampfmaschine, Baumwolle
- ca. 1840-1900: Eisenbahn, Schiff-Fahrt, Stahl
- ca. 1890-1950: Elektrizität, Chemie
- ca. 1940-2000: Automobil, Öl, Elektronik

Life Sciences, Ökologie und das breite Spektrum neuer Informationstechnologien könnten den vermeintlich neuen Kondratieff-Zyklus antreiben. Nach dieser Interpretation ist es eher verständlich, daß Investoren bevorzugt an den Chancen dieses neuen Zyklus' - der New Economy - teilnehmen wollen. Die Technologieunternehmen des neuen Zyklus' bilden allerdings heute nur einen kleinen Teil der Gesamtwirtschaft und können damit nur wenig aus dem Überangebot an Kapital absorbieren. Auch nach dem Zusammenbruch der New Economy - Erstspekulationen und trotz der gegenwärtigen Börsenunsicherheit ist mittelfristig ein stetiges Wachstum dieses durch neue Technologien getriebenen Teils der Volkswirtschaft zu erwarten.

Dies alles macht bewußt, daß die Börse kein reines Leistungsbarometer ist und damit auch kein absoluter Wertmaßstab sein kann. Vielmehr ist die Börse ein Markt, der durch Angebot und Nachfrage, durch Investoren-Psychologie und durch die Leistung der Unternehmen bestimmt wird. Zudem beeinflußt die Kommunikationsfähigkeit eines Unternehmens die Anerkennung seiner Leistung an den Börsen.

3 Innovation ist der Haupthebel zur Wertsteigerung

Wachstum als Wert-Treiber

Wertsteigerung verlangt Wachstum und Rendite, wobei Wachstum langfristig als Treiber dominiert. Auch die EVA (Economic Value Added = Geschäftswertbeitrag) -Steuerung führt zu Wachstum: Rentables Stagnieren reicht nicht aus, um den Wert des Unternehmens zu steigern; wir werden damit zum Wachstum gezwungen.

Wachstum hat für Unternehmen eine hohe Bedeutung. Unternehmerische Dynamik und Wachstum stehen in einem positiven Feedback-Zusammenhang. Zudem setzen uns unsere Wettbewerber hohe Benchmarks.

Unternehmenswachstum ist auch aus sozialen Gründen wichtig: Kontinuierliche Produktivitätssteigerung erfordert die Wiederbeschäftigung der frei gewordenen Kapazitäten. Da Produktivitätssteigerung und Arbeitsplatzsicherung nur über Nachfragewachstum in Einklang gebracht werden können, ist Wachstum wichtig für unsere Unternehmen und die gesamte Volkswirtschaft.

Innovation als Wert-Treiber

Wenn Wertsteigerung das Produkt aus Wachstum und Rendite ist, dann ist Innovation der beste Wertsteigerer eines High-Tech-Unternehmens. Denn Innovation treibt beides. Innovation in Produkten, Lösungen und Dienstleistungen mobilisiert existente und latente Nachfrage. Durch Innovation entsteht neuer, hoher Kundennutzen mit hohen Margen. Typische Produktivitätssteigerungs-Programme nutzen deshalb Innovation gleichzeitig für Wachstum und Kostensenkung. Kundennutzen bleibt dabei das oberste Ziel jeder erfolgreichen Innovation.

Innovation ist außerdem der beste Weg, unsere Mitarbeiter zu begeistern. Ein Maß für innovative Stärke sind die jeweiligen Patentpositionen: So nimmt die Siemens AG (seit vielen Jahren) in Deutschland die Position eins ein, liegt nahezu gleichauf mit Philips in Europa auf Platz zwei und steht in den USA an sechster Stelle (vgl. Abbildung 4). Die Siemens-Patentinitiative hat dabei in nur fünf Jahren zu einer Verdreifachung der Erfindungsmeldungen geführt.

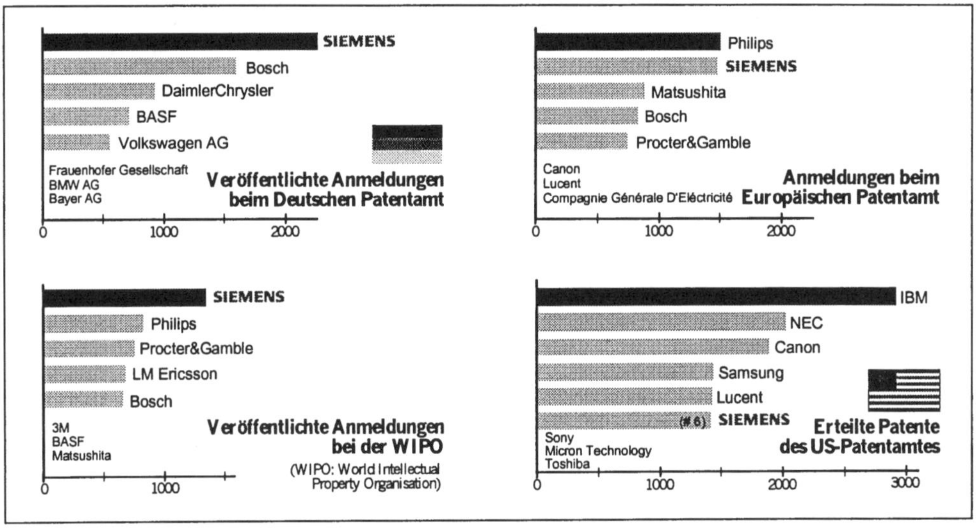

Abbildung 4: Führende Patentpositionen (Quellen: Jahresberichte 2000/01 der Patentämter und von WIPO)

Innovation als Treiber von Kundennutzen; Kundennutzen als Wachstums- und Rendite-Treiber

Kundennutzen ist das Maß, an dem sich technischer Fortschritt messen muß. Ziel muß es sein, mit Innovation wirtschaftlich meßbaren Kundennutzen zu generieren. Die Siemens

AG erzielt inzwischen 75% ihres Umsatzes mit Produkten, die 5 Jahre und jünger sind (siehe Abbildung 5).

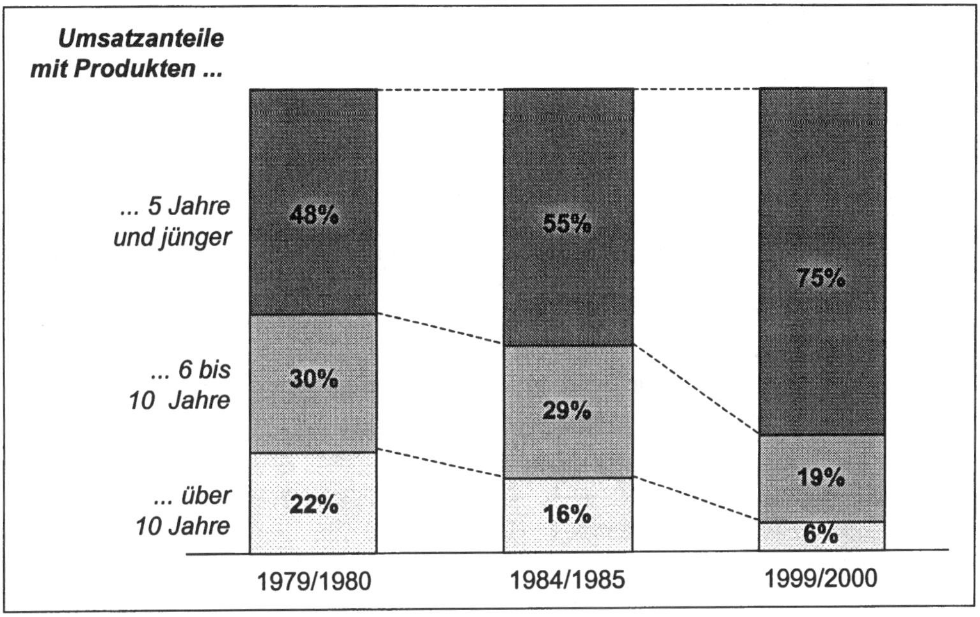

Abbildung 5: Entwicklung der Umsatzanteile pro Produktaltersstufe (Quelle: Siemens AG)

Unsere Innovation besteht z. B. in intelligenten Lösungen für die Chemie-, Nahrungs- und Genussmittel-Industrie und andere. Im Zentrum dieser Lösungen stehen Kunden- / Prozeß-Know-how und intelligenter IT-Einsatz. Dabei richten wir uns darauf aus, die Prozesse, Abläufe und damit auch die Rendite des Anwenders zu verbessern.

Am Ende wollen wir den wirtschaftlichen Nutzen zwischen Kunden und Lieferanten natürlich fair teilen. Damit wird Kundennutzen nicht nur zum Nachfrage-, sondern auch zum Gross-Margin-Treiber.

Innovation als Kostensenkungs- (und Produktivitäts-) Hebel

Innovation ist auch für Kostensenkung der beste Hebel: So ist eine massive Senkung von (Material- und Prozeß-) Kosten meist nur über ein vollständiges Redesign der Produkte etwa mit Hilfe von Design-to-Cost-Methoden möglich (vgl. Abbildung 6). Auf diese Weise wird das Kosten / Nutzen-Verhältnis neuer Produkte durch Innovation deutlich verbessert. Deshalb bildet Innovation den Kern der meisten Turnarounds.

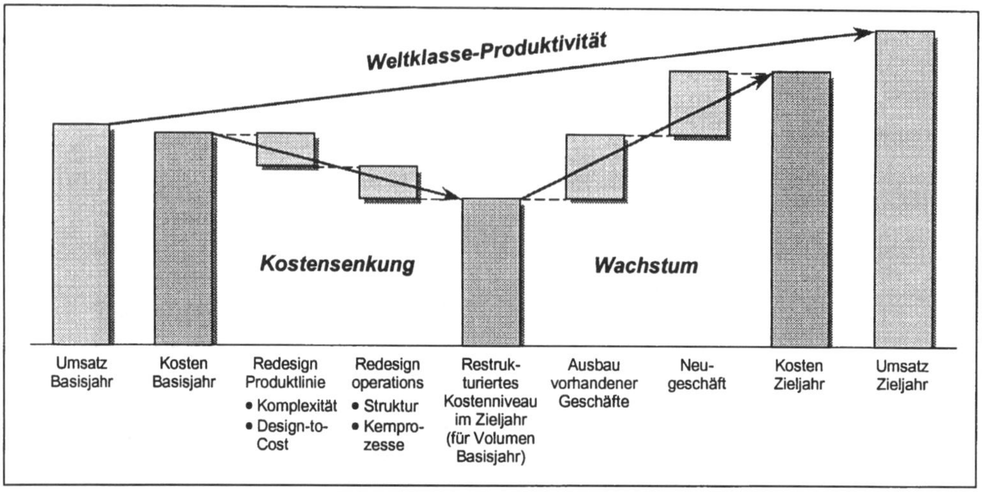

Abbildung 6: Weltklasse-Produktivität durch gleichzeitiges Restrukturieren und Wachsen (Quellen: Siemens AG, McKinsey)

Die Geschichte der Siemens AG in der letzten Dekade zeigt eine Serie solcher Turnarounds. Als Beispiel seien an dieser Stelle die Bestückmaschinen oder unsere numerischen Maschinensteuerungen „Sinumerik“ genannt, die jeweils mit neuen leistungsfähigen und kostengünstigeren Produktlinien und verbesserten internen Prozessen ihren Turnaround schafften. Kostensenkungen um 40 - 50 % wurden dabei in vielen Geschäftsgebieten erreicht.

Innovationsbarrieren identifizieren und überwinden

Insgesamt werden in Deutschland die Fähigkeiten zu innovieren und zu vermarkten zu wenig genutzt. Darüber hinaus sind die Innovationsbarrieren in unserem Lande und in unseren Unternehmen zu hoch. Wir haben z.T. zu wenig fordernde Kunden, und der industrielle Wettbewerb ist nicht innovationsintensiv genug.

Für Unternehmen wie für Volkswirtschaften gilt: Unternehmen, die Innovationen aggressiv vorantreiben, haben einen Vorsprung vor den „Verteidigern“, deren Lösungen heute und gestern dominieren. „Der größte Feind des zukünftigen Erfolgs ist der vergangene Erfolg“: Wir müssen unsere eigenen Erfolgskonzepte durch Innovationen obsolet machen. Dazu müssen wir in Leadmarkets antreten, in Nischen das Neue schon neben dem Alten einführen, eigene Einheiten für das Neue schaffen.

Hier treffen wir auf die Grundidee von Werner von Siemens, unserem Firmengründer: „Eine wesentliche Ursache für das schnelle Aufblühen unserer Fabriken sehe ich darin, daß die Gegenstände unserer Fabrikation zum großen Teil auf eigenen Erfindungen beruhten. (.....) Sie gaben uns (.....) immer einen Vorsprung vor unseren Konkurrenten, der dann gewöhnlich so lange anhielt, bis wir durch neue Verbesserungen abermals einen Vorsprung gewannen."

Häufig fehlt unseren Unternehmen aber ausreichendes Kundenverständnis, es gibt zu viele funktionelle Barrieren, es fehlt an der schnellen Vermarktungs-Mentalität / Venture Capital-Denkweise. Technik-, Kunden- und Finanz-Unsicherheiten erhöhen zwangsläufig das Risiko einer falschen Geschäftsentscheidung. Die Scheu vor diesem Risiko ist gerade in Großunternehmen umso stärker ausgeprägt, da deren Entscheidungsträger häufig nicht persönlich an den Chancen partizipieren, die über diese Risiken erreichbar wären.

Weltklasse-Wachstum und -Rendite verlangt eine innovative Weltklasse-Führungs-Mannschaft, die Wachstum und Rendite schafft. Weltklasse-Führungsmannschaften treiben Innovation, Kundennutzen und Kostensenkung kontinuierlich voran.

Weder Unternehmen noch Volkswirtschaften können sich auf Altem ausruhen. Wenn sie das tun, werden sie überrascht und verlieren Marktpositionen; nach der Theorie des komparativen Vorteils von David Ricardo bzw. Robert Torrens verlieren sie Wertschöpfung in der Arbeitsteiligkeit der Weltwirtschaft (siehe dazu *Smith* 1994).

Paul Krugman ergänzt diese Analyse sehr überzeugend um die Produktivitätsdimension (*Krugman* 1996): Er sieht Produktivitätsunterschiede als Ursache des unterschiedlichen Reichtums von Volkswirtschaften. Innovation und neue Technologien sind die Produktivitätstreiber.

Industrieländer können nur von Innovationen leben; arbeitsteilig werden wir reife Technologien kostengünstig von anderen Länder beziehen können und müssen daher die Zukunft durch frühe Innovations-Anwendung im eigenen Lande schaffen. Diese Tatsachen ignorieren diejenigen in Deutschland, die, verbunden mit einer gewissen Technologie-Feindlichkeit meinen, daß wir von alter Technik leben könnten.

Weitere wachstumshemmende Barrieren werden von Lowell Bryan in „Markets Unbound" (*Bryan / Farrell* 1996) und „Race for the World" (*Bryan u.a.* 1999) beschrieben: z. B. Beschränkung des Produktwettbewerbes (Vorschriften, Förderung), Beschränkung im Arbeitsmarkt (Mobilität / Restrukturierung) oder Beschränkung im Kapitalmarkt (Pensionsfonds).

4 Zusammenfassung

Wertsteigerung ist Langfristmanagement: Wir müssen Wachstum und Rendite schaffen, nicht nur gebannt auf kurzfristige Erfolgssignale wie monatliche oder tägliche Börsenbewegungen blicken.

Innovation ist der beste Hebel für Wertsteigerung. Innovation treibt Kundennutzen und Kostensenkung, führt zu Wachstum und Rendite und damit zu Wertsteigerung. Darüber hinaus ist Innovation die Lebensbasis für Unternehmen und Volkswirtschaften.

Innovations-Barrieren müssen nicht nur in Unternehmen, sondern auch in unserer Volkswirtschaft abgebaut werden. Unternehmerische Risikofreude und intensiver Wettbewerb wird dazu für Unternehmen ebenso wie für Volkswirtschaften erfolgsentscheidend.

Von Investoren wird mittelfristig die Leistung innovativer Unternehmen honoriert werden, und unsere Mitarbeiter werden auch davon profitieren. Unternehmen sind allerdings primär für Kunden geschaffen, nicht als Objekt kurzfristiger Spekulation und nicht als Arbeitsbeschaffungsmaßnahme. Wir sind beiden Seiten verpflichtet, unseren Mitarbeitern und Investoren. Wir pflegen unsere dringend nötigen Investoren und sehen unsere Mitarbeiter bei weitem nicht als Einsatzfaktoren: Sie haben für uns eine besondere Rolle als Treiber, Unternehmer und Innovatoren.

5 Literatur

Bryan, L. L.; Farrell, D. (Contributor) (1996): *Market Unbound: Unleashing Global Capitalism*, New York

Bryan, L. L.; Oppenheim, J.; Rall, W.; Fraser, J. (1999): *Race for the World: Strategies to Build a Great Global Firm*, Boston, MA

Buffet, W. (1999), Forbes Magazine, November 22

Collins, J. C.; Porras, J. I. (1994): *Built to Last: Successful Habits of Visionary Companies*, New York

Krugman, P. (1996): *Pop Internationalism*, Cambridge, Mass.

Smith, A. (1994): *The Wealth of Nations: An Inquiry into the Nature and Causes*, New York

Teil II

Technologie- und Innovationsmanagement

Roadmapping als Instrument der Technologiefrühaufklärung

Dieter Specht, Sören Frischke, Stefan Behrens

1 Einführung

Das unternehmerische Konzept dient im Unternehmen als Leitidee, mit der sich das Unternehmen in seinem Marktsegment von den Konkurrenten abhebt und eine Position der Einzigartigkeit erreichen kann (vgl. *Hinterhuber* 1992, S. 7). Diese Einzigartigkeit kann durch ständige Verbesserung mit Verfahrens- oder Produktinnovationen innerhalb der Wertschöpfungskette erreicht werden. Der Buchversand amazon.com ist erfolgreich, weil durch Verfahrensinnovationen in den Bereichen der internen und externen Logistik sowie durch den Aufbau eines innovativen Vertriebs mit der Positionierung eines B to C Portals im Internet Zeit- und Kostenvorteile für den Kunden ermöglicht werden. Jedes Unternehmen kann durch innovative Produkte eine Vorzugsposition am Markt erreichen.

Grundlage neuer Produkte und Verfahren sind innovative Technologien. Unter Technologie wird das naturwissenschaftlich-technische Wissen über Lösungswege zur technischen Problemlösung verstanden. Dieses Wissen stellt die Ausgangsbasis für Produkte und Verfahren (vgl. *Eversheim / Schuh* 1996, S. 4) dar. Technologien beinhalten ein Mittel-Ziel-Wissen (vgl. *Bullinger* 1994, S. 46) Mit einem anwendbaren technischen Know-how werden Ziele durch technische Problemlösungen realisiert. Innovative Technologien versetzen Unternehmen in die Lage, Produkte oder Verfahren mit bisher unbekannten Eigenschaften beziehungsweise Merkmalen zu generieren. Durch innovative Produkte und Verfahren können Funktionen innerhalb der Wertschöpfungskette optimiert werden.

Die Leistungsfähigkeit einer Technologie wird als Technologiepotential bezeichnet. Das Technologiepotential beschreibt auch die zukünftige Leistungsfähigkeit einer Technologie, die erst durch Forschungs- und Entwicklungsaufwand freigesetzt werden kann (vgl. Abbildung 1).

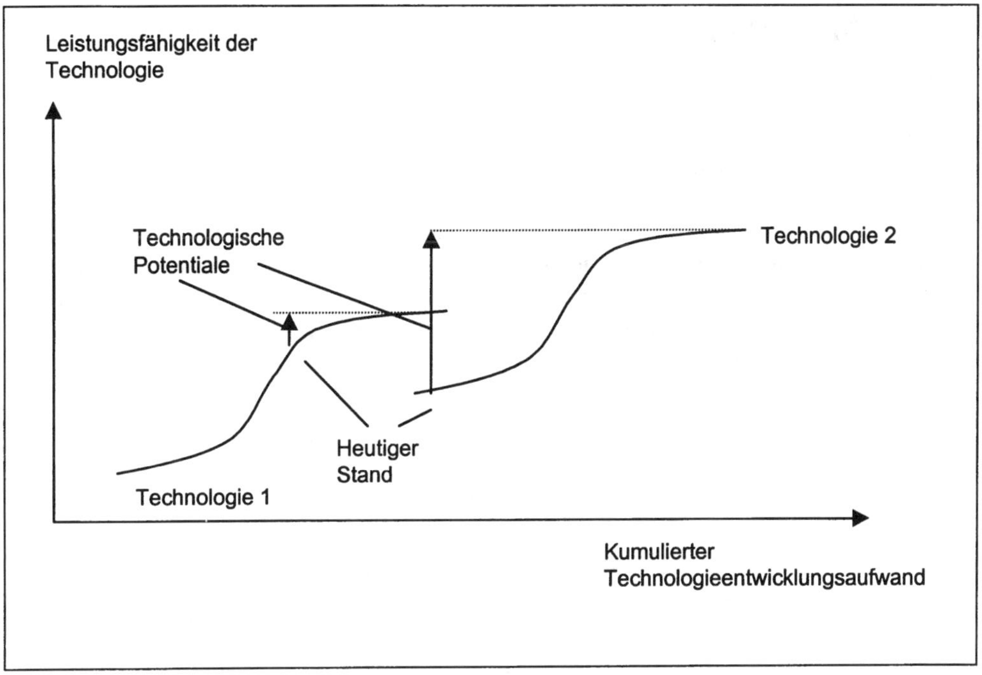

Abbildung 1: S-Kurven-Konzept von McKinsey (vgl. Krubasik 1982, S. 29)

In Unternehmen stellt sich die Frage, welches Potential bestehende und zukünftige Technologien enthalten, mit welchen Technologien in der Zukunft marktfähige Produkte und Verfahren realisiert werden können, welche Mittel in die Forschung und Entwicklung dieser Technologien zu investieren sind sowie welche der bereits bestehenden Technologien vom Unternehmen genutzt werden können, um innovative Produkte und Verfahren zu generieren.

Im folgenden soll gezeigt werden, daß diese Fragen erst im Kontext des Gesamtunternehmens beantwortet werden können. Im Anschluß wird eine Vorgehensmethode skizziert, die es interdisziplinären Teams ermöglicht, für das Unternehmen relevante Produkte und Technologien zu identifizieren und mit Hilfe des Roadmapping Entwicklungspfade zu definieren. Die Vorgehensweise wird in Kapitel 5 in einer Fallstudie veranschaulicht.

2 Technologiepotentiale

Ein fundamentales Theorem der kybernetischen Systemtheorie besagt, daß sich die Komponenten eines Systems in allseitigen, mehr oder minder intensiven Wechselwirkungen befinden, durch die sie laufend verändert werden (vgl. *Niemeyer* 1977, S. 1). Abbildung 2 stellt in einem Kausalschleifendiagramm den Teil der Wertschöpfungskette des Unternehmens dar, der zeigt, wie technologische Innovationen den Wertschöpfungsprozeß beeinflussen. Die Auswahl der Systemvariablen des Kausalschleifendiagramms erfolgte exemplarisch. Es wird die Entwicklung einer Technologie T1 im Unternehmen betrachtet.

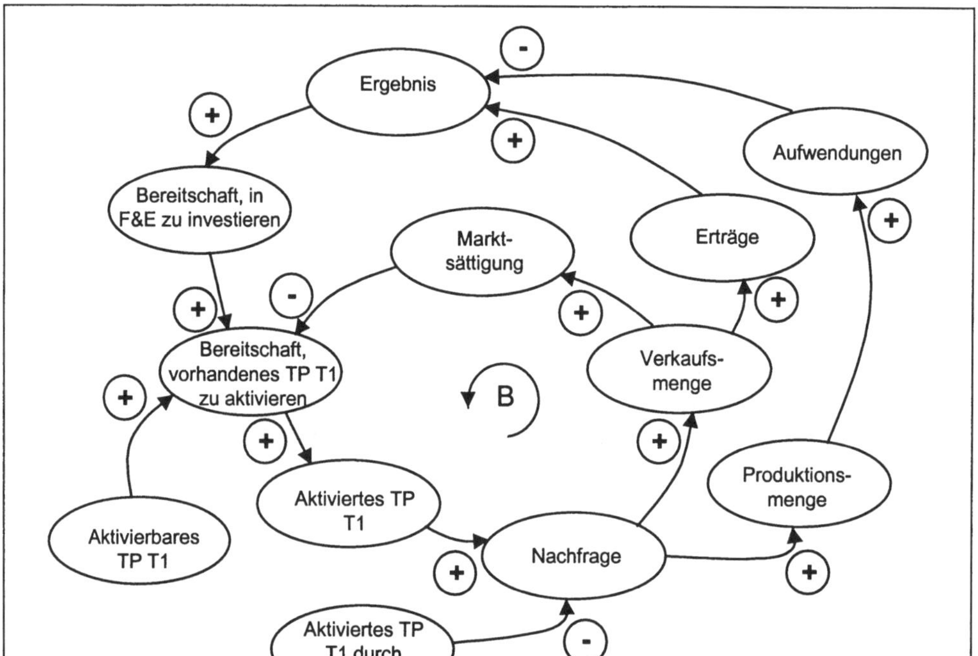

Abbildung 2: Kausalschleifendiagramm

Jede Unternehmensfunktion ist an der Auswahl der vom Unternehmen genutzten Technologien beteiligt. Die Steuerung von Größen wie „Aufwendungen", „Erträge" und „Ergebnis" unterliegt dem Controlling. Das Controlling hat ein Mitspracherecht bei Investitionen in F&E. Eine zielgerichtete Beeinflussung der „Nachfrage" und die Beobachtung von Größen wie der „Marktsättigung" sind Aufgaben des Marketing. Eine zukünftige „Nachfrage" kann durch das Marketing prognostiziert werden, wenn bekannt ist, inwieweit das eigene Unternehmen im Vergleich zur Konkurrenz das Technologiepotential einer Technologie aktiviert hat („Aktiviertes TP T1" / „Aktiviertes TP T1 durch Konkurrenz"). Das eigene aktivierte Technologiepotential beeinflußt die Nachfrage positiv, während sich ein steigendes aktiviertes Technologiepotential von Konkurrenzunternehmen negativ auf die Nachfrage auswirkt.

Das Marketing stellt Informationen über den Grad der „Marktsättigung" und über gewünschte Produkteigenschaften durch den Markt zur Verfügung. Mit Informationen über gewünschte Produkteigenschaften kann das Marketing ein Produktportfolio generieren, das mit der Technologie 1 realisierbar ist. Diese Informationen sind Grundlage für die Entscheidung, ob das Technologiepotential der Technologie 1 durch Einsatz von Forschungs- und Entwicklungsaufwand weiter aktiviert werden soll. Die Bereitschaft, das vorhandene Technologiepotential zu aktivieren, wird durch die Höhe des Entwicklungspotentials positiv beeinflußt. Je weniger Restpotential eine Technologie hat, desto mehr sinkt die Bereitschaft, in sie zu investieren. Die Frage nach noch aktivierbarem Technologiepotential („aktivierbares TP T1") beantworten in der Regel Experten, denen für das Unternehmen relevante Umweltinformationen bekannt sind.

Wenn durch eine weitere Ausnutzung des Technologiepotentials keine erhöhte Nachfrage mehr erzeugt werden kann, führt dies mittelfristig zu einer Abkehr von Technologie T1. Es muß daher frühzeitig über den Einsatz einer Substitutionstechnologie nachgedacht werden, die weitere Wertschöpfung im Unternehmen ermöglicht.

3 Technologiequellen

Die Identifikation analyserelevanter Technologien und Produkte wird mittels der Technologiefrühaufklärung und der strategischen Technologieanalyse und -planung durchgeführt (vgl. *Bürgel / Haller / Binder* 1996, S. 68). Informationsquelle sind informationelle Technologiequellen, wie Fachbücher, materielle Technologiequellen, die Technologie in technisch codierter Form enthalten, und insbesondere personelle Technologiequellen, wie Forscher, Entwickler, Manager und Patentanwälte. Personelle Technologiequellen verfügen über einen undokumentierten Erfahrungsschatz, der bei Aktivierung als Ressource genutzt werden kann (vgl. *Bullinger* 1994, S. 447, 448). Weiterhin können der Erfahrungsschatz und das Technologiewissen aus allen Unternehmensfunktionen entlang der Wertschöpfungskette genutzt werden.

In der Regel ist die Prognose zukünftiger Produkt- und Technologieentwicklungen Aufgabe weniger Organisationseinheiten im Unternehmen (vgl. *Malik* 1993, S.183). Große Unternehmen verfügen über eigene Technologiezentren, in denen die Entwicklungsabteilungen Produkt- und Technologieentwicklungen betreiben. Häufig werden Projekte mit dem Ziel der Entwicklung zukunftsträchtiger Produkte und Technologien durch das Technologiezentrum selbst initiiert. Anstöße für Technologieentwicklungen können auch aus der strategischen Unternehmensentwicklung abgeleitet und der Entwicklungsabteilung vom Vorstand übertragen werden. Auslöser sind oft technologische Entwicklungen bei Konkurrenzunternehmen sowie im Unternehmensumfeld. Der Bedarf für strategisch relevante Produkte und Technologien wird auch aus dem Erfahrungsschatz der Führungsspitze der einzelnen Business Units abgeleitet. Die Business Units präferieren Forschungsobjekte, die vom Absatzmarkt nachgefragt werden.

Die genannten drei Initiatoren zur Identifikation zukunftsträchtiger Technologien und Produkte handeln selbständig, wobei sie sich an den für sie relevanten, operationalisierbaren Unternehmenszielen orientieren. Die Spezialisten der Unternehmenseinheiten sind in der Lage, für ihre Teilgebiete fruchtbare Arbeit zu leisten, wenn sie eine gemeinsame Grundauffassung vertreten und die Zukunft des Unternehmens mit der gleichen Perspektive planen (vgl. *Malik* 1993, S. 183). Das Zielsystem der Unternehmung ist bei der Entscheidung über zukünftig zu verfolgende Produkt- und Technologieentwicklungen zu beachten. Die Ursache-Wirkungsbeziehungen zwischen den Zielen und Aktivitäten der einzelnen Unternehmensfunktionen sind zu berücksichtigen.

Bei der Identifikation von Technologiepotentialen sollte versucht werden, den Erfahrungsschatz vieler Beteiligter zu nutzen und zueinander in Beziehung zu setzen. Aus der Vielzahl von Informationen sind die für die Zielverfolgung relevanten Informationen auszuwählen. Eine methodisch fundierte und in der Anwendung erprobte Herangehensweise liefert das Roadmapping.

4 Roadmapping

Das Roadmapping ist ein kreatives Analyseverfahren, mit dem die Entwicklungspfade von Produkten, Dienstleistungen und Technologien in die Zukunft hinein prognostiziert, analysiert und visualisiert werden. Es gehört zu den Methoden der Technologiefrühaufklärung und kann dort den intuitiv-strukturierten Suchverfahren (vgl. *Gerybadze* 1996, Sp. 2030) zugeordnet werden. Beim Roadmapping gilt es, durch eine systematisierte Erfassung und Bündelung von Expertenwissen und durch die Abstimmung divergierender Meinungen und Erwartungen in gruppendynamischen Prozessen, die zukünftigen Entwicklungen in einem Handlungsfeld vorherzusagen und zu bewerten. Das Roadmapping ist in seinem Vorgehen der Delphi-Methode (vgl. *Pleschak / Sabisch* 1996, S. 100) verwandt, zeichnet sich jedoch durch einen ausgeprägteren Anwendungsbezug und einen kürzeren Prognosehorizont aus. Das Roadmapping soll die Ableitung konkreter Handlungsoptionen in einem unternehmensspezifischen Handlungsfeld ermöglichen.

Das Roadmapping kann durch Kenntnisse über den Verlauf von Innovationen gefördert werden. Einen bedeutenden Beitrag hierzu hat Altschuller (vgl. *Altschuller* 1998, S. 41) geleistet, der mit seinen „Entwicklungsgesetzen technischer Systeme" den Entwicklungsverlauf von Innovationen beschreibt. Basierend auf weitreichenden Patentanalysen erkannte Altschuller, daß die Entwicklung von technischen Systemen in mehreren Schritten abläuft: statische Entwicklung - kinematische Entwicklung - dynamische Entwicklung - evolutionäre Entwicklung. Nach einer Phase der statischen und kinematischen Weiterentwicklung technischer Systeme entstehen zunehmend Interdependenzen mit anderen Systemen (dynamische Entwicklung), bis sie schließlich in einem Evolutionsprozeß in neuartige Systeme übergehen. Die zunehmende Konvergenz von Festnetz, Mobilfunk und Datenübertragung in der Telekommunikationsbranche ist ein Beispiel für eine im Augenblick stattfindende Evolution mit der Folge der Verschmelzung der Systeme (vgl. *Mutschler* 2000, S. 8). Das Roadmapping ist ein Instrument, um derartige Entwicklungen und Konvergenzen zu prognostizieren und zu visualisieren. Anstelle der wenig pragmatischen Altschullerschen Entwicklungsgesetze greift das Roadmapping auf das unstrukturiert vorhandene Wissen von Experten zurück und versucht deren Intuition und Kreativität anzuregen.

4.1 Die Generierung von Roadmaps

Das Roadmapping besteht aus der eigentlichen Roadmap als Mittel der Visualisierung und dem Prozeß der Roadmapgenerierung. Eine Roadmap visualisiert einen zweidimensionalen Suchraum, der durch eine horizontale Objekt-Achse und eine vertikale Zeit-Achse gebildet wird (vgl. Abbildung 3). Ausgangspunkt der Roadmap ist ein spezifisches Handlungsfeld eines Unternehmens. Die aktuellen Objekte dieses Handlungsfeldes, beispielsweise Produkte, Dienstleistungen oder Technologien, werden als Ist-Zustand auf die horizontale Objekt-Achse aufgetragen. Eine Roadmap sollte sich jedoch nicht auf die aktuellen Objekte des jeweiligen Unternehmens beschränken. Um die Konvergenztendenz von Innovationen zu berücksichtigen, ist es wichtig, auch verwandte und konkurrierende Handlungsfelder zu integrieren. Die Beschreibung dieses Suchraumes ist ein kreativer, mitunter intuitiv geleiteter Prozeß.

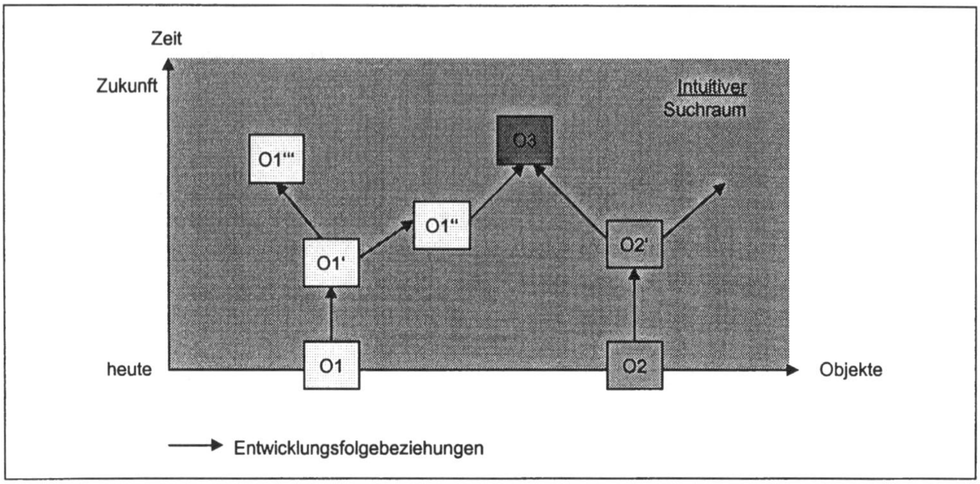

Abbildung 3: Elemente einer Roadmap

Die Skalierung der Zeitachse kann je nach Betrachtungszweck unterschiedlich ausfallen. Für abstrakte Vorhersagen mit dem Ziel, Entwicklungstendenzen aufzuzeigen, genügt eine Generationenbetrachtung (heute - morgen - übermorgen). Für mittelfristige Vorhersagen mit dem Ziel der frühzeitigen Weichenstellung bietet sich eine Stufeneinteilung der Zeitachse an (1, 2-3, 3-6, 6-10 Jahre). Für relativ kurzfristige Vorhersagen mit dem Ziel, konkrete Maßnahmen abzuleiten, ist eine genaue Skalierung beispielsweise in Jahren notwendig. Die Anforderungen an den Detaillierungsgrad und die Vollständigkeit der Darstellung steigen mit zunehmend kürzer werdendem Zeithorizont (vgl. Abbildung 4).

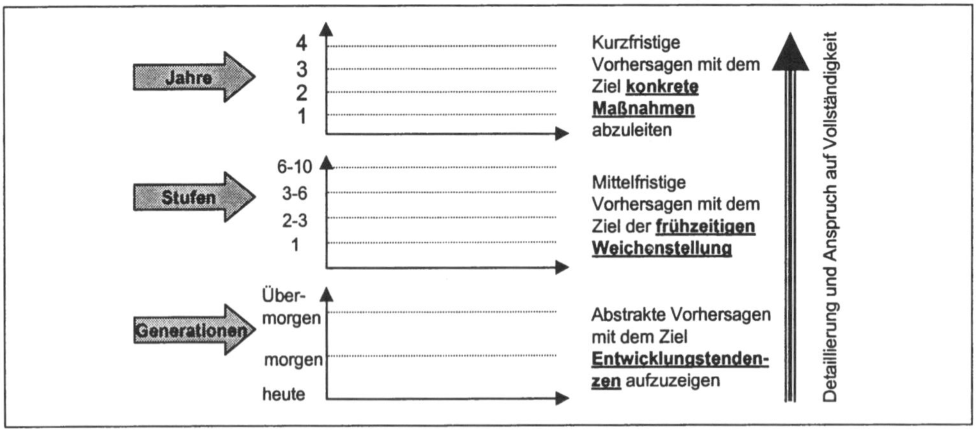

Abbildung 4: Mögliche Skalierungen der Zeitachsen einer Roadmap

Ausgehend von den aktuellen Objekten werden neue Objekte und Objektweiterentwicklungen entsprechend der erwarteten Realisierungszeitpunkte in die Roadmap eingetragen. Die Entwicklungsfolgebeziehungen werden durch Pfeile visualisiert. Entwicklungsfolgebeziehungen können entsprechend der Abhängigkeitsmerkmale in notwendige und vorteilhafte Folgebeziehungen klassifiziert werden. Notwendige Entwicklungsfolgebeziehungen liegen vor, wenn ein neues Objekt auf gleichen oder ähnlichen Entwicklungserfordernissen basiert wie sein Vorgänger. Eine Vorteilhaftigkeit setzt voraus, daß ein neues Objekt auf gleichen oder ähnlichen Nutzungserfordernissen basiert wie sein Vorgänger. So mag das „Pay-per-View"-Angebot eines Pay-TV-Senders technisch auf einem völlig anderen Konzept basieren als ein „Video-on-Demand"-Angebot. Trotzdem ist „Pay-per-View" ein vorteilhaftes Vorläuferprodukt zu „Video-on-Demand", da es ähnliche Organisationsstrukturen und insbesondere die Verfügbarkeit eines ähnlichen Con-tent-Angebotes voraussetzt (vgl. Abbildung 5).

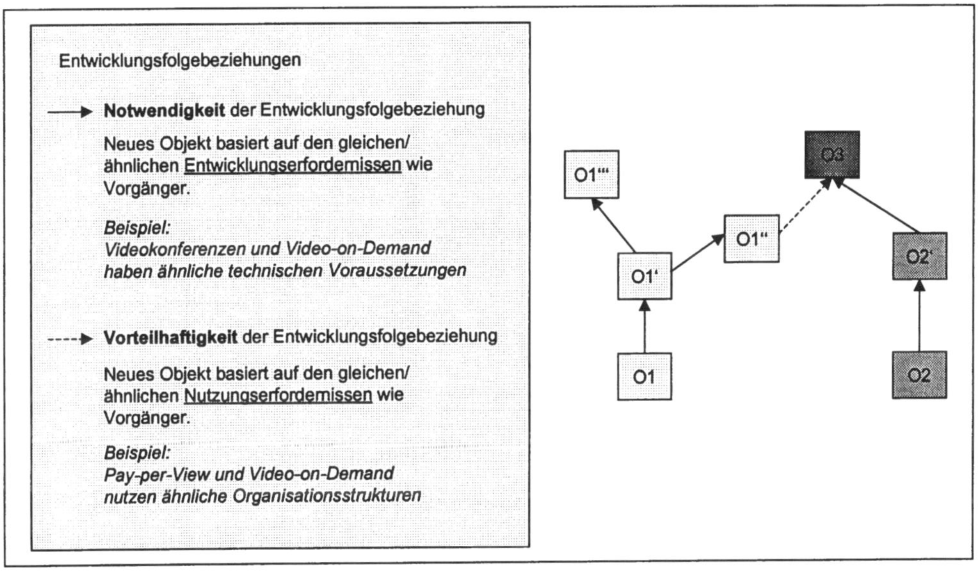

Abbildung 5: Klassifikation der Entwicklungsfolgebeziehungen

Eine weitere Möglichkeit der Klassifikation der Objekte entlang des Zeithorizonts bietet sich anhand der Analyse von Machbarkeitsbedingungen (vgl. *Gausemeier / Fink / Schlake* 1995, S. 36). Ausgehend von vorhandenen Objekten und aktuellen Objektentwicklungen wird in Ideen, Visionen und Utopien unterschieden. Bei Vorliegen einer Idee ist die Objektrealisierung an Bedingungen geknüpft, deren Realisierung bereits in der Gegenwart machbar ist. Demgegenüber knüpft sich bei Visionen die Objektrealisierung an Bedingungen, deren Realisierung zwar absehbar, aber noch nicht sofort zu verwirklichen ist. Die Objektrealisierung in der Klasse der Utopien ist dagegen zum aktuellen Zeitpunkt völlig offen.

4.2 Einfaches Roadmapping

Zur Erstellung einer Roadmap ist ein Vorgehen in fünf Schritten erforderlich. Zuerst müssen die heute realisierten Betrachtungsobjekte ermittelt und damit das Handlungsfeld abgegrenzt werden. Danach erfolgt die Bedarfsanalyse und -prognose sowie parallel dazu die Potentialanalyse und -prognose. In einem vierten Schritt schließt sich die Erstellung der Roadmap an, der Prozeß endet im fünften Schritt mit der Vollständigkeits- und Konsistenzanalyse (vgl. Abbildung 6).

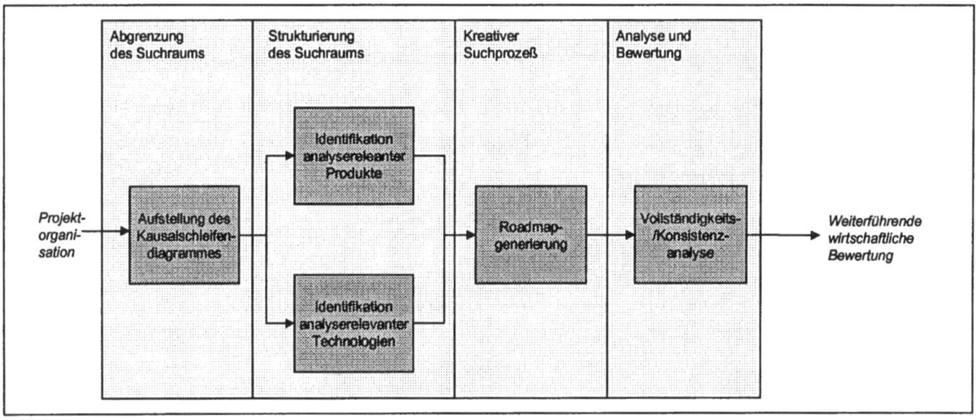

Abbildung 6: Vorgehen beim einfachen Roadmapping

- Erstellung des Kausalschleifendiagrammes

  Zuerst erfolgt die Erstellung eines Kausalschleifendiagrammes, in das der Erfahrungsschatz und das Technologiewissen aus den einzelnen Unternehmensfunktionen eingeht. Durch diese strukturierte Darstellung werden die Ursache-Wirkungs-Beziehungen zwischen Technologien und Produkten sowie Unternehmen und Unternehmensumfeld visualisiert. Es wird möglich, das Handlungsfeld des Roadmappings einzugrenzen und vorhandene Integrationschancen sichtbar zu machen.

- Identifikation analyserelevanter Technologien und Produkte

  Die Auswertung vorhandener Ursache-Wirkungs-Beziehungen im Kausalschleifendiagramm gibt Anhaltspunkte zur Erstellung der Roadmap. Es wird gezielt überprüft, wo und wie sich bestimmte Produkt- und Technologieeigenschaften beeinflussen lassen. Es sollen innovative Produkte und Technologien identifiziert werden, welche zur unternehmensinternen Wertschöpfungskette passen. Identifizierte Produkte und Technologien strukturieren den Suchraum für die Roadmapgenerierung.

- Roadmapgenerierung

  Die Generierung der Roadmap erfolgt unter Zuhilfenahme von Expertenaussagen idealerweise in einem Expertenworkshop oder mehrstufigen Einzelbefragungen in Anlehnung an die Delphi-Methode. Im Rahmen der Expertenbefragung werden durch eine intuitive Synthese der durch Auswertung des Kausalschleifendiagrammes im Suchraum positionierten Produkte und Technologien plausible Entwicklungspfade der Betrachtungsobjekte prognostiziert. Die Entwicklungsfolgebeziehungen werden ebenfalls aus der Expertenbefragung gewonnen.

- Vollständigkeits- und Konsistenzanalyse

  Im Anschluß an die Roadmapgenerierung erfolgt eine auf Plausibilität gegründete, aber auch Intuition der Experten heranziehende Vollständigkeits- und Konsistenz–analyse. Die Vollständigkeitsanalyse untersucht die Fragestellung, ob alle Entwicklungspfade im Suchraum berücksichtigt wurden, während die Konsistenzanalyse der Frage nachgeht, ob alle Entwicklungspfade der Betrachtungsobjekte inhaltlich und in der zeitlichen Zuordnung plausibel begründbar sind. Für diese Prüfung der Qualität des Roadmappingprozesses existieren kaum methodische Hilfsmittel, hier sind die Erfahrung und der „gesunde Menschenverstand" des Analytikers gefragt.

4.3 Produkt- und Technologieroadmapping im Unternehmen

Zur vollen Leistung gelangt das Produkt- und Technologieroadmapping, wenn es in einem integrierten Prozeß durchgeführt wird (vgl. *Specht / Behrens / Kahmann* 2000, S. 45). Mit zwei zunächst unabhängigen Roadmap-Analysen kann einerseits der Marktsog und andererseits der Technologiedruck untersucht werden. Mittels einer Produkt-Technologie-Verknüpfung prüft man dann Produkt- und Technologieroadmaps auf Vollständigkeit und Konsistenz. Anschließend erfolgt die Ableitung konkreter Handlungsempfehlungen für die Strategische Planung.

Im einzelnen werden zunächst der Analysebereich abgegrenzt und danach in parallelem Vorgehen Produkt- und Technologieroadmaps aufgestellt. Der Konsistenzprüfung folgt die technisch-wirtschaftliche Bewertung der Ergebnisse. Die ersten Schritte einschließlich der Aufstellung der Produkt- und Technologieroadmaps verlaufen ähnlich wie beim „einfachen Roadmapping". Anders ist dies bei der Vollständigkeits- und Konsistenzanalyse. Während beim einfachen Roadmapping die Vollständigkeits- und Konsistenzprüfung ohne methodische Hilfsmittel auf der Kompetenz und Intuition des Analytikers beruht, können über eine Produkt-Technologie-Verknüpfung genaue Aussagen über Inkonsistenzen und Lücken zwischen Produktroadmap und Technologieroadmap getroffen werden (vgl. Abbildung 7).

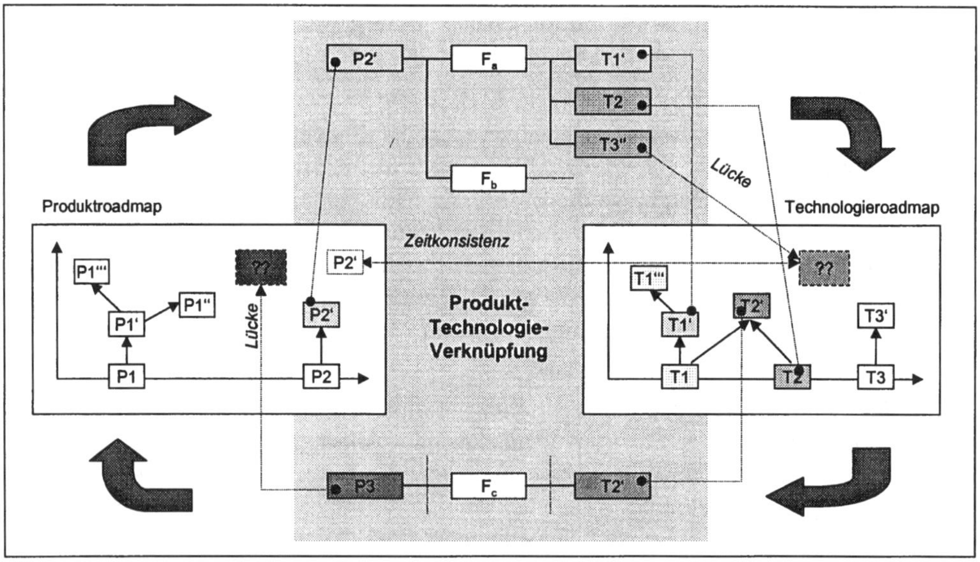

Abbildung 7: Vollständigkeits- und Konsistenzanalyse mit Produkt-Technologie-Verknüpfung

Die Produkt-Technologie-Verknüpfung liefert eine graphische Darstellung, mit deren Hilfe veranschaulicht wird, welche Technologien in den Produkten verwendet werden (vgl. *Bullinger* 1994, S. 156). Der erste Analyseschritt erfordert die Aufspaltung des Produktes in seine Funktionen. Diese funktionale Beschreibung des Produktes dient dazu, die Aufgabe der Technologie im Produkt möglichst genau bestimmen zu können. Im zweiten Schritt werden den Funktionen des Produktes die darin enthaltenen Technologien zugeordnet. Hier kann wiederum ein mehrstufiges Vorgehen sinnvoll sein, das den Produktfunktionalitäten zuerst Technologieoberbegriffe zuordnet, die noch differenziert werden (vgl. *Specht / Behrens* 1999, S. 33).

Für jedes Produkt bzw. für jede geplante Produktentwicklung in der Produktroadmap wird eine Produkt-Technologie-Verknüpfung erstellt. Die „benötigten" Technologien werden den vorhandenen Technologien bzw. geplanten Technologieentwicklungen in der Technologieroadmap zugeordnet. Dadurch lassen sich Lücken und Zeitinkonsistenzen in der Technologieentwicklung feststellen. Im weiteren Vorgehen der Konsistenzprüfung werden Technologien in der Technologieroadmap betrachtet, die keiner benötigten Technologie aus der Produkt-Technologie-Verknüpfung zugeordnet werden konnten. Hier lassen sich gegebenenfalls Lücken in der Produktroadmap entdecken und weitere Produktentwicklungen anstoßen. Sollten nach erfolgter Vollständigkeits- und Konsistenzprüfung Lücken oder Inkonsistenzen nicht aufgelöst werden können, ist eine Überarbeitung der Roadmaps durchzuführen. Erst wenn Technologie- und Produktroadmap keine Inkonsistenzen mehr aufweisen, kann die Analyse abgeschlossen werden. Die Ergebnisse der beiden Roadmaps dienen als Grundlage für die Strategische Planung, etwa in der Produktentwicklung, in der Zusammenstellung eines F&E-Programmes oder für die Geschäftsfeldplanung.

Das integrierte Produkt- und Technologieroadmapping ist vor allem im Rahmen eines kontinuierlichen Analyseprozesses sinnvoll einsetzbar. Produkt- und Technologieroadmaps sollen in regelmäßigen zeitlichen Abständen überprüft und fortgeschrieben werden. Der Analyseprozeß ist sinnvollerweise von einer Zentraleinheit im Unternehmen über alle Anwendungs- und Technologiebereiche hinweg zu steuern und durchzuführen. Zweckmäßig ist eine Anwendung vor allem für Unternehmen, die eine eigene Technologieentwicklung betreiben und so Einfluß auf technische Neuerungen nehmen können.

Vorteile einer Institutionalisierung des Produkt- und Technologieroadmappings im Unternehmen sind unter anderem:

- Möglichkeit der systematischen Vollständigkeits- und Konsistenzprüfung (gegenüber intuitiver Prüfung bei einfachen Verfahren),
- Beitrag zur Integration von Produkt- und Technologieentwicklung,
- Ganzheitliche Analyse eines Unternehmens beziehungsweise Unternehmensbereiches.

Demgegenüber stehen als Nachteile ein sehr hoher Analyseaufwand, der einen hohen Zeitbedarf mit sich bringt.

5 Anwendung im Unternehmen - Fallstudie Talk-GmbH

Das Roadmapping wird in der Praxis von verschiedenen Unternehmen in unterschiedlichen Varianten erfolgreich angewendet (vgl. *EIRMA* 1997). Eine Anwendung soll anhand eines vereinfachten Fallbeispieles für ein fiktives Telefonauskunfts-Unternehmen, der Talk-GmbH, vorgestellt werden.

Die Talk-GmbH, als Tochterunternehmen eines großen Technologiekonzerns, sieht sich als junges, dynamisches und innovatives Unternehmen, das neue Wege geht. Sie verfolgt die Strategie, in der Branche führend zu sein, wobei innovative Produkte und Technologien sofort adaptiert werden. Den Unternehmensfunktionen werden operationalisierbare Ziele vorgegeben, die sich mit Leistungskennziffern messen lassen.

5.1 Projektorganisation

Der Roadmappingprozeß beginnt mit der Bildung einer Projektorganisation, welche das vorhandene Technologiewissen aus den einzelnen Unternehmensbereichen und aus allen Teilen der Wertschöpfungskette einbringt. Je Unternehmensbereich wird jeweils ein Mitarbeiter ausgewählt. Durch die interdisziplinäre Zusammensetzung des Teams können unterschiedliche Zielsetzungen und operationalisierbare Vorgaben in das Projektteam einfließen. Weiterhin steht ein detailliertes Wissen über aktuelle Produkte und Technologien des Unternehmens zur Verfügung.

Funktion	**produktspezifisches Wissen**	**technologiespezifisches Wissen**
Marketing	Kundenwünsche	Technologiepotential
EDV	Kundenanfragen	Softwarepotential
Controlling	Finanzielle Restriktionen	Finanzielle Wirkung einer Investition in eine Technologie
Externer Experte	Zukünftige Kundenwünsche aus Delphi-Studien	Technologische Entwicklungen

Tabelle 1: Beispielhafte Darstellung interdisziplinären Wissens im Projektteam

5.2 Das Kausalschleifendiagramm der Talk-GmbH

Durch Visualisierung mit Hilfe eines Kausalschleifendiagrammes soll der Systemzusammenhang zwischen den relevanten unternehmensspezifischen Größen dargestellt werden. Um die relevanten Informationen zu extrahieren, fokussiert man zunächst auf das Produkt- und Technologiewissen aus den Unternehmensbereichen. In das Kausalschleifendiagramm werden Systemvariablen aufgenommen, die durch Kennziffern meßbar sind. Technologien, Produkte und ihre Eigenschaften können so als Zustandsgrößen beschrieben werden (Abbildung 8).

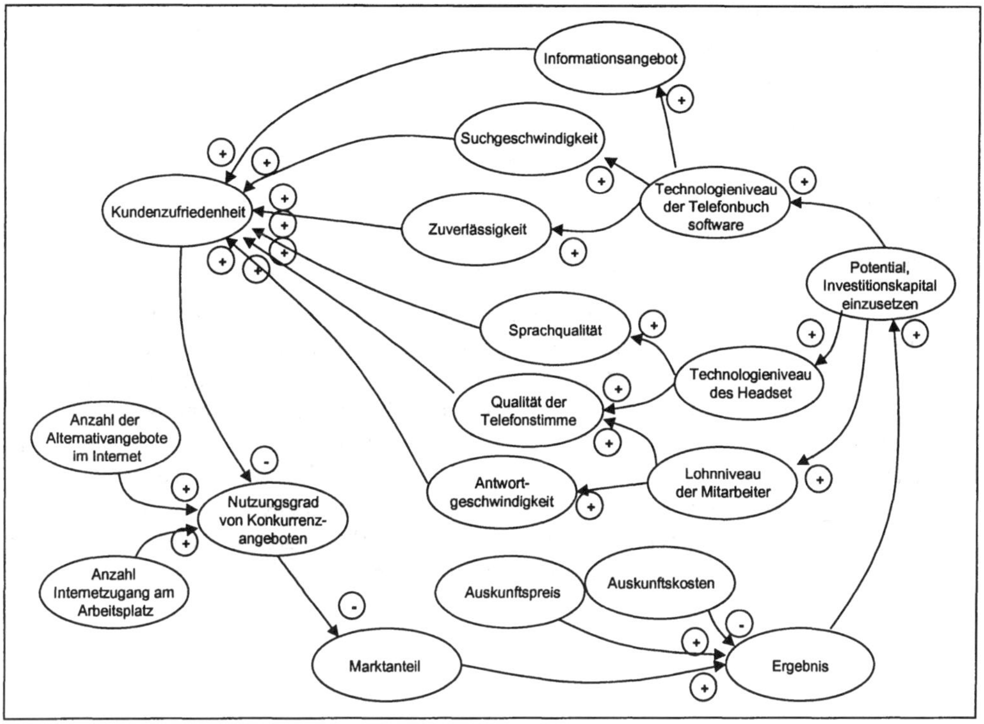

Abbildung 8: Kausalschleifendiagramm Telefonauskunft

Bei der Talk-GmbH gibt es lediglich ein Produkt, die Telefonauskunft mit der Rufnummernansage des gewünschten Gesprächsteilnehmers. Für den Produkterfolg wesentliche Technologien sind die Telefonbuchsoftware und das Headset der Call-Center-Mitarbeiter. Die Telefonbuchsoftware und das Headset können einem Technologieniveau zugeordnet werden, das dem Verlauf der S-Kurve folgt. Das vorhandene Technologiepotential läßt sich durch den Umfang erreichbarer Verbesserungen der Technologieeigenschaften mittels einer Erhöhung der Investition in Forschung & Entwicklung beschreiben. Zur Definition der Produkt- und Technologieeigenschaften werden die Mitarbeiter der Unternehmensbereiche befragt.

Beispielsweise hat der Marketingexperte Untersuchungen zur Kundenzufriedenheit hinsichtlich der Kriterien „Antwortgeschwindigkeit" und „Telefonstimme" durchgeführt. Eine Teamleiterin aus dem Call-Center berichtet, daß sich Kundenanrufe häufen, bei denen nach Mobilfunknummern gefragt wird, die in der bestehenden Software nicht enthalten sind. Die Variable „Informationsangebot" mit der Kennziffer „Zahl möglicher Antworten" beschreibt dieses Antwortverhalten. Der Qualitätsbeauftragte des Konzerns führt regelmäßig Untersuchungen zur Zuverlässigkeit der Auskünfte durch. Er verwendet als Kennzahl die Zahl möglicher und richtiger Auskünfte im Verhältnis zu den Gesamtauskünften. Das Controlling prognostiziert mäßige Ergebnisaussichten aufgrund von Marktanteilsverlusten, die sich wegen der Nutzung von Internetinformationen durch den Kunden ergeben. Der EDV-Mitarbeiter optimiert die „Suchgeschwindigkeit" der Telefonbuchsoftware. Außerdem versucht er durch Minimierung der Kennziffer Nebengeräuschpegel das Kriterium Sprachqualität zu verbessern.

Im vorliegenden einfachen Fall können die Produkteigenschaften der Telefonauskunft im wesentlichen mit den Eigenschaften der eingesetzten Technologie beschrieben werden. Lediglich das Lohnniveau der Mitarbeiter ist unabhängig von der Technologie und betrifft die Mitarbeiterzufriedenheit, die sich auf die Kundenzufriedenheit auswirkt.

Bei der Auswahl unternehmensexterner Zustandsgrößen, die eine Bewertung der im Unternehmen eingesetzten Produkte und Technologien erlauben, ist unternehmens- und branchenspezifisch vorzugehen. Im vorliegenden Fall wurde die Kundenzufriedenheit gewählt, weil im Unternehmen vorliegende Marktanalysen eine zuverlässige Aussage zu Wirkungen einer Veränderung der Technologieeigenschaften auf die Kundenzufriedenheit zulassen. Bei einem Automobilzulieferer könnte beispielsweise die Termintreue bei der Auslieferung herangezogen werden. Durch die Unternehmensbereiche werden in der Regel Merkmale vorgeschlagen, bei denen das größte Verbesserungspotential vermutet wird, deren Wirkungsbeziehungen bekannt und mit Zahlenmaterial hinterlegt sind.

5.3 Generierung der Roadmap

Die Auswertung des Kausalschleifendiagrammes gibt Anhaltspunkte für die Erstellung der Technologie- und Produktroadmap. Das vereinfachte Kausalschleifendiagramm enthält einen Wirkungskreis in Form eines Balancing-Loops. Ein Balancing-Loop beschreibt einen ausgewogenen Wirkungskreis. Das Ansteigen des Technologieniveaus der Telefonbuchsoftware und des Headset sowie des Lohnniveaus der Mitarbeiter hat positive Auswirkungen auf die Eigenschaften, die diese Größen beschreiben. Ein Ansteigen des Technologieniveaus der Telefonbuchsoftware führt zum Beispiel zu steigender Suchgeschwindigkeit, Zuverlässigkeit und einem steigenden Informationsangebot durch die Software. Ein Ansteigen der beschriebenen Eigenschaften ruft eine wachsende Kundenzufriedenheit hervor. Die „+"-Zeichen verdeutlichen dies. Es wird angenommen, daß ein Ansteigen der Kundenzufriedenheit dazu führt, daß der Nutzungsgrad von Konkurrenzangeboten zugunsten der Nutzung des eigenen Angebotes sinkt. Das „-"-Zeichen verdeutlicht diesen Zusammenhang. Sinkt der Nutzungsgrad von Konkurrenzangeboten, dann steigt bei einem angenommenen konstanten Gesamtmarktvolumen der eigene Marktanteil. Ein steigender Marktanteil wirkt sich positiv auf das Ergebnis aus. Ein gutes Ergebnis verbessert die Möglichkeit des Unternehmens, Kapital in Forschung & Entwicklung der eigenen Technologien zu investieren. Bei Konstanz der Technologie- und Produkteigenschaften des Unternehmens bleiben alle Größen dieses Wirkungskreises auf gleichem Niveau.

Der Wirkungskreis kann durch externe Größen, wie durch Konkurrenzangebote auf ein niedrigeres Niveau gezogen werden. Beispiel hierfür ist die Erhöhung der Anzahl von Alternativangeboten im Internet und die Anzahl von Internetzugängen am Arbeitsplatz der Kunden. Ziel der Analyse ist, das Niveau des Wirkungskreises durch Technologie- und Produktinnovationen zu erhöhen. Dies ist auf drei Wegen möglich. Zunächst können die Leistungskennziffern der Produkt- bzw. Technologieeigenschaften bestehender Technologien durch Steigerung des Technologieniveaus erhöht werden. Beispiel ist eine Investition in ein Update der Telefonbuchsoftware, um die Suchgeschwindigkeit zu steigern. Weiterhin können bestehende Technologieeigenschaften durch Ergänzungstechnologien verbessert werden. Beispiel für eine Verbesserung der Technologieeigenschaft „Qualität der Telefonstimme" ist der Einsatz eines Modulators. Ebenso ist es möglich, Technologie- und Produkteigenschaften durch Substitutionstechnologien zu ersetzen. So könnte die Arbeit mit dem Headset durch eine automatische Rufnummernansage abgelöst werden.

Die Technologieeigenschaft Informationsangebot wird durch die Kennziffer „Zahl möglicher Antworten" beschrieben. Der Marketingmitarbeiter ist aufgrund seiner Bedarfsanalysen der Meinung, daß diese Kennziffer durch eine „Navigationsauskunft für Fußgänger" oder eine „Auskunft in jeder Lebenssituation" verbessert werden könnte. Um diese Produktwünsche erfüllen zu können, ist der Einsatz von neuen Technologien im Unternehmen notwendig. Eine „Navigationsauskunft für Fußgänger" ist ohne GPS undenkbar. Das Angebot einer Hotline für eine „Auskunft in jeder Lebenssituation" erfordert eine intelligente Informationsbrokersoftware auf Internetbasis.

Abbildung 9 gibt ein Beispiel für eine Produkt- und Technologieroadmap, die sich aus dem obigen Kausalschleifendiagramm ableiten läßt.

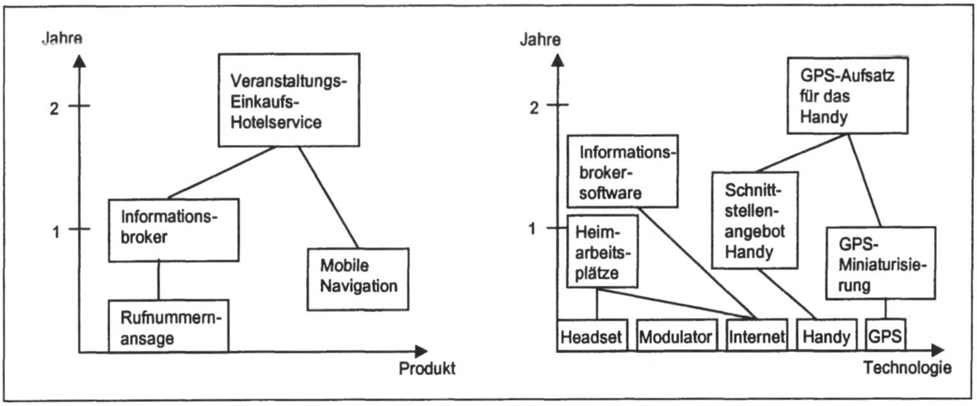

Abbildung 9: Produkt- und Technologieroadmap der Talk-GmbH

Durch die Auswertung des Kausalschleifendiagrammes können lediglich einzelne Elemente im Suchraum der Produkt- und Technologieroadmap positioniert werden. Die Orientierung am Kausalschleifendiagramm stellt sicher, daß der Suchraum unternehmensinterne Wirkungszusammenhänge und Zielstellungen berücksichtigt. So ist ein Angebot des Produktes „Mobile Navigation" aus Unternehmenssicht unter der Berücksichtigung einer erforderlichen Mitarbeiterschulung in einem halben Jahr realisierbar. Die Zeit für die Entwicklung der Technologie „GPS-Aufsatz für das Handy" mit Partnerunternehmen beträgt zwei Jahre. Der Suchraum wird auf diese Weise strukturiert.

Die Erstellung der Roadmaps ist ein kreativer Prozeß, der durch geeignete Kreativitätstechniken unterstützt wird. Die durch das Kausalschleifendiagramm eingebrachten Elemente der Technologie- und Produktroadmap sind Ausgangspunkt für Entwicklungspfade weiterer innovativer Produkte und Technologien. Die Entwicklungen werden Expertenaussagen entnommen. In Abbildung 9 wird als Beispiel ein mobiler Veranstaltungs-, Einkaufs- und Hotelservice im Suchraum positioniert, der auf die Produkte „Informationsbroker" sowie „mobile Kommunikation" aufsetzt. Interne und externe Experten können Entwicklungszeitvorhersagen einbringen und beschreiben Entwicklungsfolgebeziehungen.

6 Fazit

Das Roadmapping ist eine Methode, um zukünftige Entwicklungen zu prognostizieren und zu visualisieren. In der Unternehmenspraxis ist sie besonders geeignet für die Planung von Produkt- und Technologieentwicklungen. Das Produkt- und Technologieroadmapping sollte im Unternehmen bereichsübergreifend und in einem integrierten Prozeß durchgeführt werden. Bei variabler Zusammensetzung des Projektteams ist eine Anwendung der vorgeschlagenen Methode in großen Unternehmen ebenso wie in KMU möglich.

Eine Quantifizierung der vorgestellten Kausalbeziehungen zur Auswahl analyserelevanter Basistechnologien ist mit heutigen Softwaretools, die kontinuierliche Simulationen unterstützen, möglich. Entscheidend für den Erfolg des Roadmappings ist die Kommunikation und Interaktion während des Prozesses. Eine Institutionalisierung dieses Vorgehens im Sinne einer rollierenden Planung erweist sich als sinnvoll. Die Ergebnisse des Roadmapping dienen als Grundlagen für das Technologiemanagement und die Strategische Planung im Unternehmen.

7 Literatur

Altschuller, G. S. (1998): *Erfinden, Wege zur Lösung technischer Probleme*, Cottbus

Bürgel, H. D.; Haller, C.; Binder, M. (1996): *F&E-Management*, München

Bullinger, H.-J. (1994): *Einführung in das Technologiemanagement*, Stuttgart

EIRMA (Hrsg.) (1997): *Technology Roadmapping - Delivering Business Mission*, Working Group Reports, No. 52, Paris

Eversheim, W.; Schuh, G. (Hrsg.) (1996): *Produktion und Management "Betriebshütte"*, Berlin, Heidelberg, New York

Gausemeier, J.; Fink, A.; Schlake, O. (1995): *Szenariomanagement, Planen und Führen mit Szenarien*, München

Gerybadze, A. (1996): *Technologische Vorhersagen*, in: Handwörterbuch der Produktionswirtschaft, hrsg. von Kern, W.; Schröder, H.-H.; Weber, J., Stuttgart, Sp. 2027-2040

Hinterhuber, H. H. (1992): *Strategische Unternehmensführung I: Strategisches Denken*, Berlin, New York

Horvath, P. (1994): *Controlling*, München

Krubasik. E. G. (1982): *Strategische Waffe*, in: Wirtschaftswoche 36 (1982). S.28-33

Malik, F. (1993): *Systemisches Management, Evolution, Selbstorganisation. Grundprobleme, Funktionsmechanismen und Lösungsansätze für komplexe Systeme*, Bern, Stuttgart, Wien

Mutschler, S. (2000): *Konvergenz auf allen Ebenen*, in: LANline, Nr. 3, März 2000, S. 8-14

Niemeyer, G. (1977): *Kybernetische System- und Modelltheorie: system dynamics*, München

Pleschak, F.; Sabisch, H (1996): *Innovationsmanagement*, Stuttgart

Specht, D.; Behrens, S. (1999): *Systematisch Erfolg vorbereiten, die Produkt-Technologie-Analyse ermöglicht eine anwendungsorientierte Technologieanalyse und -bewertung*, in: Wissenschaftsmanagement 6/99, S. 32-35

Specht, D.; Behrens, S.; Kahmann, J. (2000): *Roadmapping - ein Instrument des Technologiemanagements und der Strategischen Planung*, in: Industriemanagement 5/2000, S. 42-46

Specht, G.; Beckmann, C. (1996): *F&E-Management*, Stuttgart

Ansätze zur Planung von Produktplattformen

Hans-Horst Schröder

1 Problemstellung

1.1 Plattformstrategien in der betrieblichen Praxis

Der Grundgedanke des Plattformkonzeptes, möglichst viele Teile, Baugruppen und ganze Subsysteme für mehrere Produkte zu verwenden, ist nicht neu. Seit jeher haben sich Unternehmen bemüht, bei der Entwicklung und Gestaltung neuer und der Konstruktion kundenspezifischer Produkte auf vorhandene und bekannte Elemente zurückzugreifen. So basierten z.B. die in den 40er und 50er Jahren von McDonnel Douglas entwickelten Flugzeuge für den Transport von Gütern und von US-Truppen in den Südpazifik in wesentlichen Teilen auf dem bereits in den 30er Jahren entwickelten Passagierflugzeug DC-3 (vgl. *Meyer / Lehnerd* 1997, S. 16 f); die in der zweiten Hälfte der 50er Jahre entwickelte Boeing 707 stellte die Grundlage für zahlreiche Folgeprodukte dar.

Während diese Anwendungen des Plattformkonzeptes aus dem Streben erwachsen, auf Vorhandenes zurückzugreifen und insofern vergangenheitsorientiert sind, zeichnen sich Plattformstrategien durch ihre Zukunftsorientierung und den Versuch aus, die Plattform und die auf ihr aufbauende Produktfamilie planerisch zu antizipieren. Derartige Versuche erfolgten erstmals in den 70er Jahren: Weithin bekannt geworden sind vor allem die plattformbasierte Entwicklung der Produktpalette elektrisch angetriebener Werkzeuge durch Black & Decker (vgl. *Meyer-Lehnerd* 1997, S. 7 ff; *Sudjianto / Otto* 2001, S. 3 ff) in der ersten und die Entwicklung des Walkman durch Sony (vgl. *Sanderson / Uzumeri* 1995) in der zweiten Hälfte der 70er Jahre. Weite Verbreitung fanden Plattformstrategien allerdings erst in der zweiten Hälfte der 80er und der ersten Hälfte der 90er Jahre, als sie sich vor allem im Fahrzeug- und Flugzeugbau sowie der elektro(tech)nischen Industrie durchsetzten:

- In Deutschland bekannt geworden ist die Plattformstrategie vor allem durch ihre Anwendung im VW-Konzern, der berichtet, jährlich nahezu 3,5 Mrd. DM durch den Einsatz von Plattformarchitekturen einzusparen (vgl. *Bremner* 1999; *Dahmus / Gonzalez-Zugasti / Otto* 2000, S. 1; *Gonzalez-Zugasti / Otto* 2000, S. 2). Ford verwendet Plattformen, auf denen neben der Marke Ford auch die Marken Jaguar, Mazda und Volvo produziert werden (vgl. *Sudjianto / Otto* 2001, S. 2), und Renault-Nissan entwickelt und produziert die Nachfolgemodelle des Renault Clio und des Nissan Micra auf einer gemeinsamen Plattform (vgl. *Dudenhöffer* 2001, S. 397).
- In der Flugzeugbauindustrie hat vor allem Boeing konsequent Plattformstrategien verfolgt. Beispielsweise repräsentiert das Modell 747 eine Flugzeugplattform, auf der u.a. die 747-200 und die 747-400 entstanden sind (vgl. *Riesenbeck / Herrmann / Huber* 2001, S. 829 f). Auch Boeings neuestes Modell, die 777, ist eine Plattformbasierte Produktfamilie (vgl. *Meyer / De Tore* 2001, S. 189).

- Bekannte Beispiele für Plattform-Produkte in der elektro(tech)nischen Industrie sind die Toaster von Krups (vgl. *Otto / Wood* 2001, S. 308), die Laserdrucker von HP (vgl. *Meyer / Lehnerd* 1997, S. 24 ff.) und von Canon (vgl. *Moore / Louviere / Verma* 1999, S. 29), das System AS 400 von IBM (vgl. *Riesenbeck / Herrmann / Huber* 2001, S. 830), die Intel Pentium Prozessorfamilie (vgl. *Moore / Louviere / Verma* 1999, S. 29) und die Betriebssysteme von Microsoft (vgl. *Riesenbeck / Herrmann / Huber* 2001, S. 831).

Aber auch in anderen Wirtschaftszweigen werden Plattformstrategien eingesetzt. So verfolgen nicht nur Xerox - bei der Entwicklung von Kopierern (vgl. *Otto / Wood* 2001, S. 29) - , Kodak (vgl. *Robertson / Ulrich* 1998, S. 19 und 1999, S. 75) und viele andere Unternehmen der optischen Industrie - bei der Entwicklung und Produktion von Kameras - diese Strategie, sondern auch, um ein Beispiel aus einem ganz anderen Bereich zu nennen, Procter & Gamble bei der Entwicklung flüssiger Waschmittel: Ariel (Europa), Tide (USA) und Cheer (Japan) basieren auf einer gemeinsamen Plattform (vgl. *Moore / Louviere / Verma* 1998, S. 5). Auch im Dienstleistungssektor werden heute in zunehmendem Maße Plattformstrategien eingesetzt (vgl. *Meyer / De Tore* 2001).

Die weite Verbreitung von Plattformstrategien ist angesichts der großen Nutzenpotentiale, die diese Form der Produkt- und Programmarchitektur bietet, nicht überraschend. Plattformstrategien

- ermöglichen die kostengünstige Befriedigung markt- und segmentspezifischer Kundenanforderungen und sind damit ein attraktiver Ansatz zur Bewältigung des - trotz aller Fortschritte in der Flexibilisierung von Produktions- und Informationstechnologien fortbestehenden - Konfliktes zwischen der Erfüllung kundenindividueller Anforderungen und der kostengünstigen Produkterstellung,

- ermöglichen die Verringerung der Entwicklungsdauern für die einzelnen Mitglieder der Produktfamilie und erhöhen damit die Flexibilität von Unternehmen, sich kurzfristig bietende Marktchancen wahrzunehmen,

- verringern die Kosten für die Entwicklung der einzelnen Mitglieder der Produktfamilie,

- tragen zur Reduzierung der Komplexität bei,

- fördern die Bemühungen um Verstetigung der Belastung der Entwicklungskapazitäten,

- lassen sich leicht mit dem Konzept der Konzentration auf Kernkompetenzen verbinden (vgl. *Meyer / De Toro* 2001, S. 192),

- unterstützen die Anpassung an differierende Unsicherheitsgrade und Entwicklungsgeschwindigkeiten in den verschiedenen Umfeldsegmenten, die für Entwicklung, Produktion, Absatz und Entsorgung einer Produktfamilie relevant sind und

- ermöglichen die Entkopplung der Lebenszyklen einzelner Elemente der Produktfamilie (vgl. *Ley / Hofer* 1999, S. 57 f).

Der quantitativ wie qualitativ beeindruckenden Liste von Nutzenpotentialen stehen allerdings auch eine Reihe schwerwiegender potentieller Risiken gegenüber:

- Plattformstrategien beinhalten die Gefahr der mangelnden Unterscheidbarkeit der verschiedenen Mitglieder der Produktfamilie mit dem Resultat, daß Kunden mit höherer Zahlungsbereitschaft Produkte mit geringerem Preis- und Leistungsniveau wählen (vgl. *Wildemann* 2000, S. 44).
- Die Existenz von Plattformen erlegt Beschränkungen für die Entwicklung der einzelnen Mitglieder der Produktfamilie auf. Sie wirkt insofern flexibilitätsmindernd und verringert die Fähigkeit, individuelle Kundenanforderungen zu erfüllen.
- Die im Rahmen von Plattfomstrategien entwickelten Plattformen können zwecks Erhaltung der Fähigkeit, auf nicht absehbare Unwägbarkeiten reagieren zu können, sowohl bezüglich ihrer Funktionalität als auch hinsichtlich ihrer Schnittstellen für produktspezifische Komponenten überdimensioniert sein und damit kostensteigernd wirken (vgl. *Fujita / Sakaguchi / Akagi* 1999, S. 1).
- Produktplattformen erschweren, insbesondere dann, wenn sie nicht modular, sondern - im Interesse kostengünstiger Lösungen - integral gestaltet sind, die Anpassung an technische Fortschritte, die Änderungen in Plattformtechnologien bewirken.

Plattformstrategien sind daher nicht die berühmte „eierlegende Wollmilchsau". Ihre Eignung ist nur im konkreten Einzelfall zu beurteilen. Dabei sind insbesondere die Marktverhältnisse und -entwicklungen sowie die technologischen Möglichkeiten und Entwicklungen von Bedeutung. Neben diesen Einflußgrößen mit Datencharakter hängt die Zweckmäßigkeit von Plattformstrategien aber auch von ihrer konkreten Ausgestaltung ab, die als instrumentale Einflußgrößen fungiert. In diesem Zusammenhang sind vor allem die folgenden vier - eng miteinander zusammenhängenden - Fragen zu beantworten:

1. Welche Produkte umfaßt die Produktfamilie?
2. Aus welchen Komponenten besteht die Plattform?
3. Welches architektonische Prinzip (integrale oder modulare Architektur) wird bei der Plattform- und Produktstrategie verfolgt (zur Produktarchitektur vgl. *Ulrich* 1995; *Ulrich / Eppinger* 1995, S. 129 ff; *Otto / Wood* 2001, S. 357 ff)?
4. Wann sollen die einzelnen Mitglieder der Produktfamilie entwickelt und eingeführt werden?

Welche Beiträge die Forschung zur Beantwortung dieser Fragen bisher geleistet hat, wird im folgenden Abschnitt skizziert.

1.2 Der Stand der Forschung

Die hohe Beachtung, die das Plattformkonzept und Plattformstrategien in der Praxis gefunden hat, steht in krassem Widerspruch zu dem Interesse, das sie in der betriebswirtschaftlichen Forschung gefunden haben. Insbesondere im deutschsprachigen Bereich wurden bis weit in die zweite Hälfte der 90er Jahre hinein keinerlei Forschungsarbeiten zu diesem Themenbereich veröffentlicht, sieht man von den Arbeiten zum Variantenmanagement (vgl. insbesondere *Schuh* 1989; *Rathnow* 1993; *Lingnau* 1994) ab, die das Problemfeld aus einem anderen Blickwinkel betrachten. Die wenigen bisher vorliegenden Arbeiten sind vorwiegend deskriptiv; die von ihnen gegebenen Empfehlungen beruhen fast ausschließlich auf Verallgemeinerungen von Einzelfällen und auf Plausibilitätsüberlegungen (vgl. *Dudenhöffer* 1997; *Ley / Hofer* 1999). Eine Ausnahme bildet der kürzlich veröffentlichte Ansatz von *Riesenbeck / Herrmann / Huber* (2001) zur gewinnmaximalen Produktgestaltung auf der Grundlage der Plattformstrategie, der allerdings kein systematisches Verfahren zur Ermittlung der (gewinnmaximalen) Plattform enthält.

Auch in der angelsächsischen Literatur wurden bis weit in die 90er Jahre hinein nur sporadisch Arbeiten über Plattformkonzepte und -strategien veröffentlicht. Anders als im deutschsprachigen Bereich aber sind in den vergangenen 5 Jahren zahlreiche Publikationen erschienen, die sich mit unterschiedlichsten Aspekten des Managements von Plattformen - von der Frage, unter welchen Voraussetzungen Plattformstrategien geeignet sind (vgl. dazu *Krishnan / Gupta* 2001) über die Planung von Produktfamilien und -plattformen bis hin zur Planung von Plattformprojekten in der Forschung und Entwicklung (vgl. *Wheelwright / Clark* 1992, S. 40 ff; *Clark / Wheelwright* 1995, S. 190 ff) - befaßten (vgl. dazu die informative Darstellung des „state of the art" bei *Dahmus / Gonzalez-Zugasti* 2000, S. 2 f). Unter dem hier betrachteten Aspekt der Gestaltung von Produktplattformen interessieren vor allem die Arbeiten zur Bildung und zur Optimierung von Plattformen.

Die insbesondere am MIT von den Forschergruppen um K. Ulrich und K. Otto vorangetriebenen Forschungsarbeiten zur Bildung von Plattformen gehen von den Ansätzen zur Modularisierung von Produkten, d.h. der Übersetzung der Funktionsstruktur eines Produktes in seine physische Baustruktur derart, daß jede Funktion von genau einem Element der Baustruktur ausgeführt wird (vgl. *Ulrich* 1995, S. 422; *Ulrich / Eppinger* 1995, S. 132; *Göpfert* 1998, S. 104 ff), aus und versuchen, Konzepte zur Modularisierung von Produkten auf Produktfamilien zu übertragen. Im Mittelpunkt dieser Arbeiten steht die Entwicklung und Anwendung von Heuristiken für die Bildung von Modulen bei einzelnen Produkten (vgl. *Stone / Wood / Crawford* 1998; *Otto / Wood* 2001, S. 379 ff), Produktfamilien (vgl. *Zamirowski / Otto* 1999, S. 5 ff; *Dahmus / Gonzalez-Zugasti / Otto* 2000, S. 6) und Marken (vgl. *Sudjianto / Otto* 2001, S. 7 f). Diese Ansätze sind Gegenstand der vertiefenden Untersuchungen in Kapitel 2.

Produktfamilien können (zumindest) auf zweierlei Wegen - zum einen durch systematische Veränderung der Dimensionen der allen Produkten gemeinsamen Produktarchitektur („scalable platforms"), zum anderen durch Hinzufügen produktspezifischer Module zu einem produktübergreifenden Modul „Plattform" („modular platforms") - gebildet werden (vgl. zu diesen und zu anderen Formen von Plattformen *Otto / Wood* 2001, S. 306 ff). Dementsprechend können auch zwei Ansätze zur Optimierung von Produktplattformen unterschieden werden. Modelle zur Optimierung von „scalable platforms" wurden auf entscheidungstheoretischer Basis von *Simpson / Maier / Mistree* (1999) sowie *Conner / De Kroon / Mistree* (1999) entwickelt. Modelle und Verfahren zur Optimierung von „modular platforms" wurden vor allem auf entscheidungs- und optionspreistheoretischer Basis sowohl für sichere als auch für unsichere Erwartungen formuliert (vgl. vor allem *Gonzalez-Zugasti / Otto / Baker* 1998, 1999 und 2000; *Gonzalez-Zugasti / Otto* 2000 sowie *Yu / Gonzalez-Zugasti / Otto* 1999).

1.3 Präzisierung der Problemstellung

Ziel der folgenden Untersuchungen ist die Präsentation und Analyse von Ansätzen zur Planung modularer Produktplattformen. Dabei wird angenommen, daß sowohl die zu bedienenden Märkte und Marktsegmente als auch die Anforderungen der Zielkunden in diesen Märkten und Segmenten bekannt sind oder doch zumindest mit hinreichender Sicherheit ermittelt werden können. Es wird ferner davon ausgegangen, daß die Technologien zur Befriedigung der Kundenanforderungen und ihre Anwendungsbereiche grundsätzlich bekannt sind. Nicht bekannt sind hingegen die Architekturen der Produkte, die zur Erfüllung der Kundenanforderungen auf der Basis der Plattformstrategie zu entwickeln sind. Dabei wird unter der Architektur eines Produktes „(1) the arrangement of functional elements; (2) the mapping from functional elements to physical components; (3) the specification of the interfaces among interacting physical components" (*Ulrich* 1995, S. 420) verstanden. Die Produktarchitekturen sind simultan mit der Plattform zu entwickeln.

Für diese Problemsituation wird zunächst der in Abschnitt 1.2 genannte, vor allem am MIT entwickelte Ansatz auf der Basis modularer Architekturen betrachtet, der - ausgehend von Funktionsanalysen der für die verschiedenen Märkte und Segmente zu entwikkelnden Produkte - Modularisierungsregeln für einzelne Produkte, Produktfamilien und Marken formuliert und zur Generierung potentieller Elemente der physischen Bau–strukturen verwendet. Diesem - von technischen Überlegungen dominierten - Ansatz wird ein ökonomisch orientiertes Konzept gegenüber gestellt, das auf neuere Methoden der Marktforschung, insbesondere Conjoint-Analysen (CA) (vgl. *Schmidt* 1996, S. 191 ff), und Elemente des Quality Function Deployment (QFD) (vgl. *Schröder / Zenz* 1996) zurückgreift.

2 Planung von Produktplattformen auf der Basis von Funktionsstrukturanalysen

Der Ansatz zur Bestimmung von Produktplattformen auf der Basis von Funktionsstrukturanalysen (vgl. dazu *Gonzalez-Zugasti / Otto* 2000a, S. 3ff) soll zunächst allgemein modelliert werden, bevor das Vorgehen bei seiner konkreten Anwendung beschrieben wird.

2.1 Modellierung des Ansatzes

Entwickelt werden soll eine Produktfamilie P, die aus m einzelnen Produkten P_i (i = 1,2,...,m) besteht; die Anforderungen an die einzelnen Produkte, vorwiegend Kundenanforderungen, aber unter Umständen auch Umfeldanforderungen (z.B. auf Grund von Umweltschutz- und Produkthaftungsgesetzen) sind eindeutig spezifiziert. Jedes Produkt i kann durch einen Vektor der Gestaltungsvariablen $\overline{X}_i = (x_{i1}, x_{i2}, ...x_{iLi})$ beschrieben werden. Die Produkte sind modular aufgebaut und stellen eine spezifische Kombination der in der Produktfamilie P verwendeten Module $\overline{M} = (M_1, M_2, ..., M_j, ..., M_n)$ dar, die durch den Vektor $\overline{M}_i$ mit

$$\overline{m}_{ij} = \begin{cases} 1, \text{ falls Modul } M_j \text{ in Produkt i enthalten ist,} \\ 0, \text{ falls Modul } M_j \text{ nicht in Produkt i enthalten ist.} \end{cases}$$

Die in einem Modul M_j zusammengefassten Funktionen können auf K_j Leistungsniveaus durchgeführt werden; ein Modul mit dem Leistungsniveau k (k = 1, 2, ..., K_j) wird mit M_j^k bezeichnet. Die k-te Instanz des j-ten Moduls kann analog zum Produkt P_i durch einen Vektor der Gestaltungsvariablen $\overline{X}_j^k = \left(x_{j1}^k, x_{j2}^k, ..., x_{jl}^k, ..., x_{jLj}^k\right)$ beschrieben werden. Die Menge aller Vektoren der Gestaltungsvariablen bildet den Gestaltungsraum („design space") X:

$$X = (\overline{X}_1^1, \overline{X}_1^2, ..., \overline{X}_1^{K1}, \overline{X}_2^1, \overline{X}_2^2, ..., \overline{X}_2^{K2}, \overline{X}_3^1, \overline{X}_3^2, ..., \overline{X}_3^{K3}, ..., \overline{X}_j^k, ..., \overline{X}_n^1, \overline{X}_n^2, ..., \overline{X}_n^{Kn})$$

Eine bestimmte Architektur der Produktfamilie M wird durch die Modulzuordnungsmatrix („module mix matrix"; vgl. Gonzalez-Zugasti / Otto 2000a, S. 4) MM mit

$$mm_{ij} = \left\{ \begin{matrix} k \text{ , falls Produkt i Modul j enthält} \\ 0 \text{ , falls Produkt i Modul j nicht enthält} \end{matrix} \right\}$$

abgebildet.

Als Beispiel für die beschriebenen Sachverhalte soll ein Automobilhersteller betrachtet werden, der die Produkte P_1: = Limousine, P_2: = Kombifahrzeug und P_3: = Geländewagen auf einer Plattform herstellen möchte. Die Kundenanforderungen schlagen sich z.B. in bestimmten Anforderungen an die Beschleunigung und die Höchstgeschwindigkeit, die Zahl der Sitzplätze und die Größe des Laderaums oder den Komfort der Sitze und der Federung sowie den Kraftstoffverbrauch nieder. Dazu kommen Anforderungen von Seiten des Umfeldes z.B. in Form von Abgasvorschriften und Rücknahmeverpflichtungen für Altautos. Als Gestaltungsvariable für alle Produkte können z.B. die Motorbauart (Otto-, Diesel- oder Elektromotor), die Zahl der Türen und der Sitzplätze, die Art des Antriebssystems (z.B. Vorder- oder Hinterradantrieb) und des Bremssystems (Art der Bremsen, Bremskraftverstärker, ABS-System u. a.) oder die Getriebeauslegung (manuell oder automatisch, Zahl der Gänge) Verwendung finden; für Kombifahrzeuge sind darüber hinaus das Volumen und die Zugänglichkeit der Ladefläche, für Geländewagen die Federungssysteme wichtige Gestaltungsvariable. Als Module können z.B. die Achssysteme, der Motor, das Kraftübertragungssystem (Antrieb, Kupplung, Getriebe) oder das Abgas(reinigungs)system definiert werden. Unterschiedliche Leistungsgrade des Moduls Motor z.B. werden durch unterschiedliche maximale Leistungen (in KW oder PS) oder unterschiedliche maximale Drehzahlmomente erfaßt. Gestaltungsvariablen des Moduls Motor sind neben der Bauart z.B. der Hubraum und die Zahl der Zylinder. Werden z.B. der Motor, das Kraftübertragungssystem und das Bremssystem als Module M_1 - M_3 mit jeweils drei Leistungsniveaus definiert, so bringt die Modulzuordnungsmatrix

$$\begin{bmatrix} 2 & 3 & 2 \\ 3 & 2 & 2 \\ 3 & 2 & 3 \end{bmatrix}$$

unter der Annahme, daß die Leistungsgrade wie folgt definiert sind:

Modul Leistungsgrad	Motor	Kraftübertragungs-system	Bremssystem
1	bis zu 50 kW	manuelles 4-Gang-Schaltgetriebe	Scheibenbremsen vorn, Trommelbremsen hinten
2	mehr als 50, weniger als 80 kW	manuelles 5-Gang-Schaltgetriebe	Scheibenbremsen vorn und hinten
3	mehr als 80 kW	automatisches 5-Gang-Getriebe	dito mit Bremskraftverstärker

zum Ausdruck, daß

- die Limousine mit einer Leistung zwischen 50 und 80 kW ausgerüstet werden soll, ein automatisches 5-Gang-Getriebe besitzt und vorne und hinten Scheibenbremsen hat,
- das Kombifahrzeug mit demselben Bremssystem wie die Limousine ausgestattet werden soll, aber statt des automatischen ein manuelles Getriebe besitzt und mit mehr als 80 kW einen stärkeren Motor hat,
- der Geländewagen sich vom Kombifahrzeug nur durch den zusätzlichen Einbau eines Bremskraftverstärkers unterscheidet.

Ziel der Entwicklungsarbeiten ist es,

1. die Gestaltungsvariablen x^k_{jl} für alle Module j und alle Leistungsniveaus k des Moduls j festzulegen, m.a.W., den Gestaltungsraum X zu spezifizieren, und
2. die einzelnen Produkte i aus den möglichen Modulen j und deren jeweiligen Leistungsniveaus k aufzubauen, m.a.W., die Modulzuordnungsmatrix MM festzulegen,

so daß eine gegebene Zielfunktion z (X, MM) optimiert wird (vgl. *Gonzalez-Zugasti / Otto* 2000a, S.4). Formal:

$$\underset{\overline{X},\,MM}{Min.\,oder\,Max}\; z(X, MM)$$

Die Zielfunktion ist grundsätzlich beliebig. Sie kann sowohl auf monetäre als auch auf nichtmonetäre Zielgrößen - wie z.B. zeitliche Aspekte oder strategische Überlegungen - gerichtet sein und ein- oder mehrperiodisch formuliert werden. Sie ist unter einer Reihe von Nebenbedingungen zu optimieren, die von *Gonzalez-Zugasti / Otto* (2000a, S. 4 ff) in vier Kategorien eingeteilt werden. Im Vordergrund steht dabei die Erfüllung der Kunden- und Umfeldanforderungen r_c (c = 1,2,...,C):

$$f_c(X, MM) \begin{Bmatrix} < \\ = \\ > \end{Bmatrix} r_c \qquad (c = 1, 2, 3, \ldots, C)$$

Ferner ist sicherzustellen, daß die zu einem Produkt verknüpften Module wechselseitig kompatibel sind. Die Formulierung dieser Nebenbedingung erfolgt mit Hilfe einer Kompatibilitätsmatrix, in der für jedes Paar möglicher Leistungsniveaus der zulässigen Module mit Hilfe von Binärvariablen angegeben ist, ob die jeweiligen Leistungsniveaus kompatibel zueinander sind (=1) oder nicht (= 0) (vgl. *Gonzalez-Zugasti / Otto* 2000a, S. 5). Kapazitätsrestriktionen berücksichtigen u.a. die beschränkte Verfügbarkeit von Mitarbeitern für die Entwicklungsarbeiten (z. B. durch Beschränkungen auf die Zahl oder Leistungsniveaus der zu entwickelnden Module) sowie für die Produktion und den Vertrieb der Produkte; sie können sich auf die Produktfamilie als Ganzes, aber auch auf einzelne Produkte, Module und Leistungsniveaus beziehen. Bei ihrer Formulierung berücksichtigen *Gonzalez-Zugasti / Otto* (2000a, S. 5) Lern- und Erfahrungskurveneffekte. Mit Hilfe von Plattformrestriktionen wird sichergestellt, daß Module, die von mehreren Produkten auf demselben Leistungsniveau verwendet werden, also Plattformcharakter haben, in allen Verwendungen identisch konstruiert werden, d.h. denselben Vektor der Gestaltungsvariablen $\overline{X}_j^k$ aufweisen (vgl. *Gonzalez-Zugasti / Otto* 2000a, S. 5). Auf die quantitative Formulierung dieser Restriktionen soll verzichtet werden.

Die Zielfunktion und die Nebenbedingungen des allgemeinen Modells zur simultanen Ermittlung optimaler Plattformen und Architekturen der Mitglieder einer Produktfamilie sind nur in Ausnahmefällen geschlossene analytische Ausdrücke und damit für die Anwendung traditioneller Optimierungsmethoden zugänglich.

Über einen solchen Ausnahmefall aus der Entwicklung von Raumfahrtfahrzeugen berichten *Gonzalez-Zugasti / Otto* (2000a, S. 6 ff und 2000b) anhand der Planung einer Produktfamilie für Raumflüge zu wissenschaftlichen Zwecken. Als Zielfunktion wird die Minimierung der Kosten der Raumfahrtfahrzeuge und die Maximierung der Informationen, die aus den - bezüglich ihrer Zahl, Zeitpunkte und Zielgebiete vorgegebenen - Flügen resultieren, benutzt; letztere werden monetär bewertet, um eine einheitliche monetäre Zielfunktion zu erhalten. Die einzelnen Raumfahrzeuge sind modular aufgebaut, die einzelnen Module - Energieerzeugungssystem, Telekommunikationssystem und Informationserfassungs- und -vorverarbeitungssystem - können in unterschiedlichen Varianten - mit unterschiedlichen Kosten, wissenschaftlichen Ergebnissen und (Kapazitäts-)Effekten - gebaut werden. Die einzelnen Module, ihre Zusammenhänge und ihre (Kapazitäts-)Wirkungen für jede mögliche Ausführungsvariante werden mit Hilfe eines Tabellenkalkulationsprogramms modelliert, das die Inputdaten für das Optimierungsmodell liefert. Für die Optimierung selbst wird ein genetischer Algorithmus eingesetzt, der die Auswahl der den einzelnen Produkten zugeordneten Modulvarianten steuert (vgl. dazu *Gonzalez-Zugasti / Otto* 2000a, S. 6 und 8 f).

Im Regelfall können die modellierten Sachverhalte allenfalls partiell analytisch beschrieben werden und müssen durch Heuristiken näherungsweise erfaßt werden. Im Folgenden wird ein solches heuristisches Verfahren zur praktischen Umsetzung des im Modell abgebildeten Konzeptes vorgestellt, das auf den Arbeiten von Otto et al. am MIT aufbaut (vgl. insbesondere *Dahmus / Gonzalez-Zugasti / Otto* 2000; *Zamirowski / Otto* 1999; *Gonzalez-Zugasti / Otto* 2000a).

2.2 Praktische Umsetzung des Ansatzes

Die praktische Umsetzung des Ansatzes erfolgt in den in Abbildung 1 dargestellten fünf Schritten (vgl. dazu *Damus / Gonzalez-Zugasti / Otto* 2000, S. 3).

Ausgehend von den Kunden- und Umfeldanforderungen in den zu bedienenden Märkten und Marktsegmenten sowie von den vorhandenen und geplanten Technologien werden im ersten Schritt die zur Produktfamilie gehörenden einzelnen Produkte - weitgehend unabhängig voneinander - konzipiert. Grundlage der Konzipierung ist die Formulierung von Funktionsstrukturen, die sowohl die Zerlegung der Aufgaben der einzelnen Produkte in Teilfunktionen (z.B. Signale aufnehmen, Energie wandeln, Güter bewegen) als auch die materiellen, energetischen und informatorischen Flüsse zwischen den einzelnen Funktionen abbilden (vgl. *Ehrlenspiel* 1995, S. 644 ff; *Pahl / Beitz* 1997, S. 188 ff). Ergänzt werden die Funktionsanalysen durch die Ermittlung möglicher und die Auswahl geeignet erscheinender Wirkprinzipien, d.h. physikalischer, biologischer oder chemischer Effekte, mit denen die Teilfunktionen erbracht werden können. Die Verknüpfung der einzelnen Wirkprinzipien zu Wirkstrukturen stellt die Grundlage für die Konzeptent-

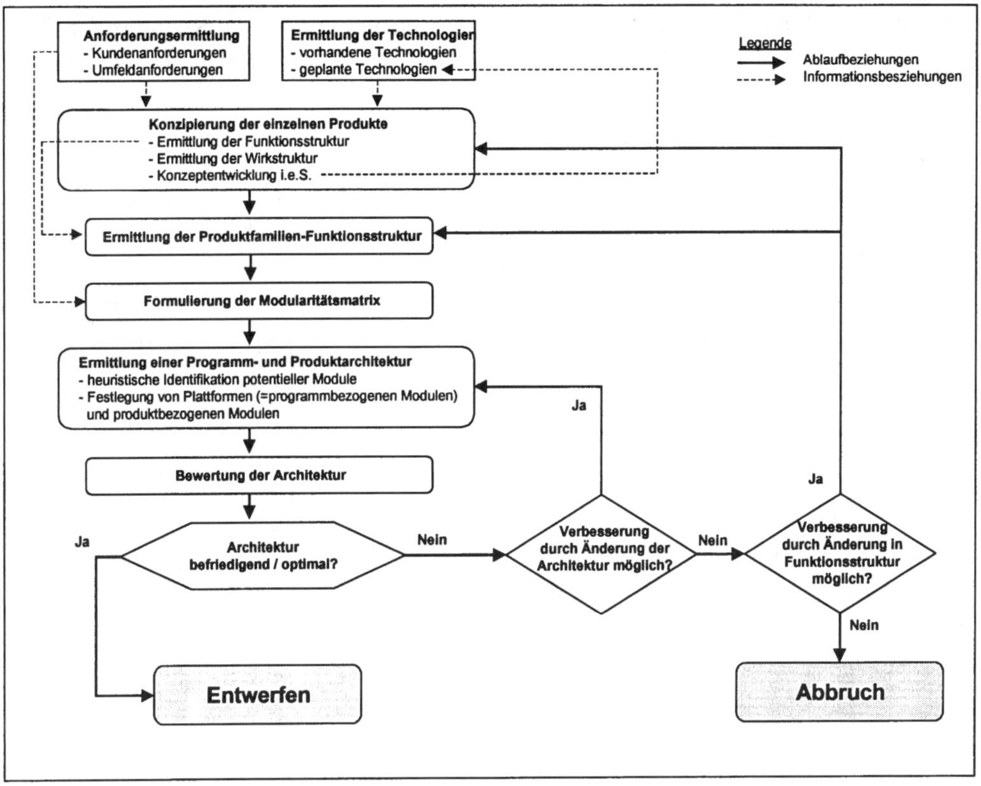

Abbildung 1: Vorgehen bei der Planung von Produktplattformen auf der Grundlage von Funktionsstrukturanalysen

wicklung dar, in der die Wirkprinzipien - insbesondere durch die Festlegung der aus den Kunden- und Umfeldanforderungen abgeleiteten Leistungsniveaus - konkretisiert und zu umfassenden Problemlösungen kombiniert werden.

Die Funktionsstrukturen aller einzelnen Produkte einer Produktfamilie werden im zweiten Schritt zur Funktionsstruktur der Produktfamilie aggregiert. Formal entspricht die Aggregation der Bildung der Vereinigungsmenge der Teilmengen von Funktionen, die von den einzelnen Produkten zu erfüllen sind. Abbildung 2 zeigt beispielhaft einen Ausschnitt aus der Produktfamilien-Funktionsstruktur der elektr(on)ischen Werkzeuge von Black & Decker mit den Einzelprodukten Multifunktionssäge, schnurloser Schraubendreher und „Scum Buster" Bürste (vgl. *Dahmus / Gonzalez-Zugasti / Otto* 2000, S. 5); singuläre und gemeinsame Funktionen sind durch unterschiedliche Markierungen kenntlich gemacht.

Die Identifizierung gemeinsamer Funktionen in der Produktfamilien-Funktionsstruktur liefert notwendige, aber noch nicht hinreichende Informationen für die Ermittlung von

Plattformen mittels Funktionsanalysen. Zusätzlich erforderlich ist die Kenntnis der Qualität bzw. des Leistungsniveaus, mit der die Funktionen bei den einzelnen Produkten zu

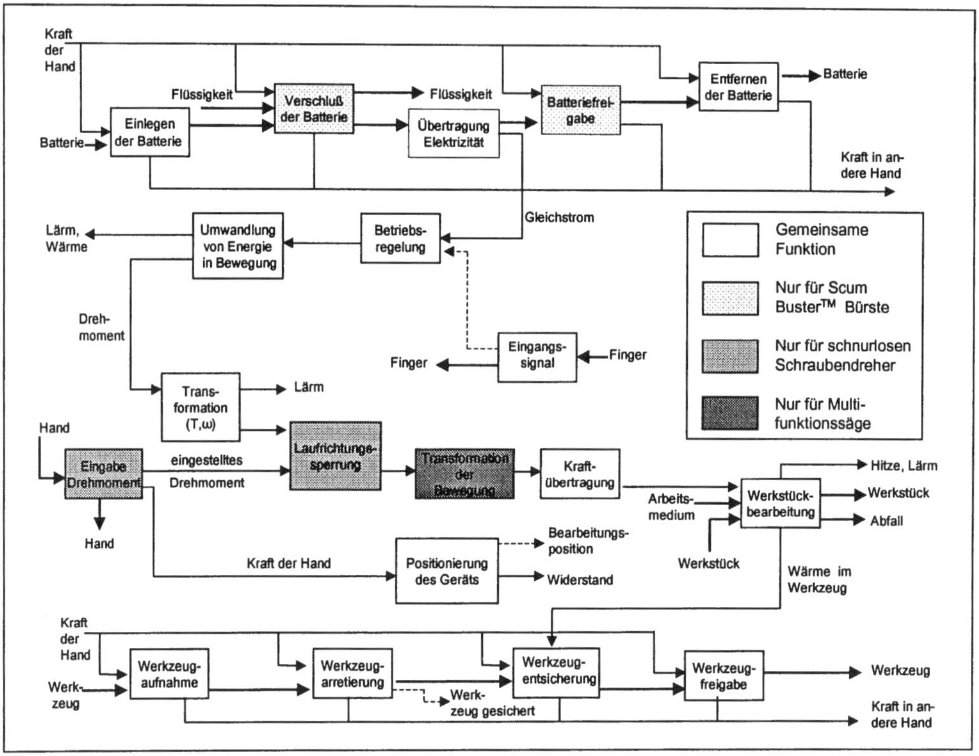

Abbildung 2: Ausschnitt aus einer Produktfamilien-Funktionsstruktur

erfüllen sind. Die Leistungsniveaus können aus den Kunden- und Umfeldanforderungen abgeleitet werden und werden im dritten Schritt in der sogenannten Modularitätsmatrix („modularity matrix"; vgl. z.B. *Dahmus / Gonzalez-Zugasti / Otto* 2000, S. 6 f) dargestellt. Die Modularitätsmatrix bildet den Gestaltungsraum X ab. Abbildung 3 zeigt als Beispiel einen Ausschnitt aus der Versa Pak™-Produktfamilie elektr(on)ischer Werkzeuge von Black & Decker.

Inhaltlich gleichartige Funktionen unterschiedlichen Leistungsniveaus sind in der Produktfamilien-Funktionsstruktur wieder zu separieren, bevor im vierten Schritt eine erste vorläufige Programm- und Produktarchitektur bestimmt wird, mittels der die einzelnen Funktionen zu Modulen zusammengefaßt werden, die ihrerseits simultan den einzelnen Produkten zugeordnet werden. Ergebnis dieses Schrittes sind die (vorläufige) Menge der Produktfamilien-Module M und die Modulzuordnungsmatrix MM.

Für die Ermittlung der Module werden Heuristiken verwendet, die spezifische Merkmale der Produktfamilien-Funktionsstrukturen nutzen. Entsprechend der beiden unterschiedlichen Typen von Modulen - produktspezifischen und produktübergreifenden Modulen - lassen sich zwei Typen von Heuristiken unterscheiden: Produktbezogene Heuristiken dienen zur Unterstützung bei der Gestaltung von Produktarchitekturen und operieren auf

Funktion	 Schnurloser Schraubendreher	 Multifunktionssäge	 ScumBuster™ Bürstenschleifer	 2-Stufen-Bohrer	 Wizard™ Schleifgerät
Batterie einlegen	1	2	1	2	1
Batterie entfernen	1	2	1	2	1
Übertragung Elektrizität	1	2	1	2	1
Verschluß der Batterie	-	-	ja	-	-
Freigabe der Batterie	-	-	ja	-	-
Eingangssignal	Daumen	Finger	Finger	Finger	Daumen
Betriebsregelung	vorwärts/rückwärts/aus	an/aus/gesichert	an/aus	vorwärts/rückwärts/ gesichert	schnell/langsam/aus
Umwandlung von Energie in Bewegung	Motor A	Motor B	Motor C	Motor D	Motor E
Transformation (T,ω)	Übertragung A	Übertragung B	Übertragung C	Übertragung D	-
Kraftübertragung	Rotationswelle	Transmissionswelle	Rotationswelle	Rotationswelle	Rotationswelle
Einstellung Drehmoment	ja	-	-	-	-
Laufrichtungssperre	ja	-	-	-	-
Bewegungsumwandlung	-	ja	-	-	-
Werkzeugaufnahme	Hexagonale Öffnung	Klingenträger	dreieckige Öffnung	Dreibackenfutter	Klemmbuchse
Werkzeugarretierung	Halteclip	Stellschraube	Rasterarretierung	Futter	Haltenut
Gerätepositionierung	Geräteform	Griff	Griff	Revolvergriff	Revolvergriff
ausgeübte Funktion	drehen	schneiden / sägen	bürsten	bohren / drehen	schleifen

Abbildung 3: Modularitätsmatrix für einen Teil der Versa Pak™ -Produktfamilie von Black & Decker

den Spalten der Modularitätsmatrix; produktfamilienbezogene Heuristiken dagegen sollen die Gestaltung von Familien- bzw. Portfolio- oder Programmstrukturen unterstützen und operieren auf den Zeilen der Modularitätsmatrix (*Sudjianto / Otto* 2001 haben als dritten Typus von Modularisierungsheuristiken markenbezogene Heuristiken entwikkelt).

Otto et al. schlagen vier produktbezogene Heuristiken zur Identifizierung potentieller Module vor (vgl. z.B. *Zamirowski / Otto* 1999, S. 5 ff; *Dahmus / Gonzalez-Zugasti / Otto* 2000, S. 6; *Otto / Wood* 2001, S. 379 ff):

- Die „Heuristik des dominierenden Flusses„ („dominant flow heuristic") drückt aus, daß alle Funktionen in einer Funktionsstruktur, durch die ein bestimmtes Element (Materie, Energie oder Information) vom Systemeingang oder von der Initialisierung des Flusses bis zum Systemausgang oder bis zur Konversion des Elementes fließt, Kandidaten für ein einheitliches Modul sind.

- Die Verzweigungsheuristik („branching flow heuristic") besagt, daß parallele Funktionsketten, die aus der Verzweigung eines Flusses resultieren, Kandidaten für Module sind. Analog kommen auch zusammenfließende Funktionsketten („flows") von ihrem Ursprung bis zur Vereinigung als Module in Betracht.
- Die Umwandlungs-Übertragungsheuristik („conversion-transmission heuristic") bringt zum Ausdruck, daß prima facie auch alle Funktionen, die Elemente umwandeln, einzeln oder in Verbindung mit vorangehenden Übertragungsfunktionen als Module realisiert werden sollten.
- Die Heuristik der kausalen Verknüpfung von Funktionen („causally-linked functions heuristic") empfiehlt, Funktion(sgrupp)en, die kausal voneinander oder von einer anderen Funktion abhängen, in Modulen zu vereinen.

Für die produktübergreifende Zusammenfassung von Funktionen zu Modulen haben *Zamirowski / Otto* (1999, S. 7) die Ähnlichkeits-/Wiederholungsheuristik („similarity / repetition heuristic") vorgeschlagen, der zufolge Funktionen mit gleichartigen In- und Outputs und Funktionen, die mehrfach in einer Produktfamilien-Funktionsstruktur auftreten, zu Modulen zusammengefaßt werden sollten. Komplementär zu dieser Heuristik besagt die Singularitätsheuristik („unique functions heuristics"), daß Funktionen, die nur in einem Produkt oder in wenigen Produkten auftreten, durch produkt(gruppen)spezifische Module erfüllt werden sollten (vgl. *Dahmus / Gonzalez-Zugasti / Otto* 2000, S. 6; *Sudjianto / Otto* 2001, S. 5).

Eine Mittelstellung zwischen produktbezogenen und produktübergreifenden Modularisierungsheuristiken nehmen die Varietätsheuristiken („variety heuristics") ein, die auf die Bewältigung von Varietät zielen (vgl. *Zamirowski / Otto* 1999, S. 7 f). Diese Heuristiken beruhen auf der Annahme, daß die einzelnen Kunden- und Umfeldanforderungen jeweils durch wohldefinierte elementefremde Teilmengen von Funktionen erfüllt werden sollten; ist diese Annahme nicht erfüllt, sind die Funktionsstrukturen entsprechend zu verändern. Die Isolierungsheuristik („isolation of variety heuristic") empfiehlt, Funktionen, die von (derselben) Marktvarietät betroffen sind, von den nicht betroffenen Funktionen zu separieren und in einem Modul zusammenzufassen. Die (Funktions-)-Strukturänderungsheuristik rät, Funktionsstrukturen möglichst so zu gestalten, daß Funktionen, die von Marktvarietät betroffen werden, an die Ränder von Funktionsketten gelegt werden, um den Bereich potentieller Gemeinsamkeiten zu vergrößern.

Die Differenzierung zwischen produktspezifischen und -übergreifenden Heuristiken und Modulen kann zur Verteilung der Aufgaben zwischen Plattform- und Produktentwicklungs-Organisationseinheiten (z.B. zwischen Zentrale und Sparten oder zwischen Plattform- und Produktentwicklungs-Teams) genutzt werden. Otto et al. schlagen für diesen Fall das in Abbildung 4 dargestellte iterativ-interaktive Vorgehen vor (vgl. *Gonzalez-*

Zugasti / Otto 2000b; *Gonzalez-Zugasti / Otto / Baker* 1998 und 2000; *Otto / Wood* 2001, S. 332 f).

Die Modularisierungsheuristiken werden flankiert durch eine Reihe allgemeiner Prinzipien für die Zusammenfassung von Funktionen in Modulen (vgl. dazu *Otto / Wood* 2001, S. 373 f). Dazu gehören z. B. das Prinzip, möglichst viele Funktionen in einem Modul zusammenzufassen, und das Postulat der Berücksichtigung vorhandener (Leer-) Kapazitäten. Besondere Bedeutung kommt bei hoher technologischer Dynamik dem Grundsatz zu, Funktionen, die mittels dynamischer und schwer voraussagbarer Technologien realisiert werden, möglichst in eigenen Modulen zusammenzufassen, um den Einfluß technologischer Unwägbarkeiten zu isolieren. Wichtig ist auch der Grundsatz, solche Funktionen prioritätisch zu Modulen zusammenzufassen, die die Erfüllung der Kunden- und Umfeldanforderungen nicht (unmittelbar) beeinflussen.

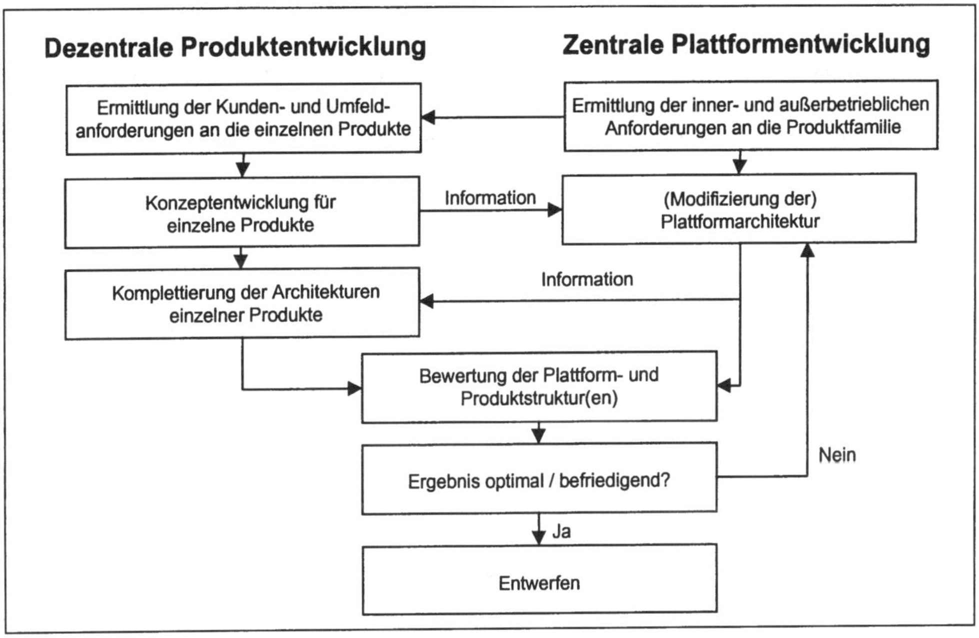

Abbildung 4: Iterativ-interaktives Vorgehen zur simultanen Planung von Produkt- und Produktfamilienarchitekturen für verteilte Aufgabenstrukturen

Die mit Hilfe von Heuristiken ermittelten Module können sich überlappen. Insbesondere kann eine bestimmte Funktion in einem Produkt sowohl in produktspezifischen als auch in produktübergreifenden Modulen enthalten sein. Für derartige Konfliktsituationen müssen Konfliktlösungsregeln formuliert werden, um konsistente Produkt- und Produktfamilienstrukturen (vorläufig) festlegen zu können. Für den genannten Fall können

z. B. Dominanz- oder Konfliktbeseitigungsregeln verwendet werden. Erstere beinhalten den Vorrang von produktspezifischen oder -übergreifenden Modulen und haben den Vorzug, die Zahl der Module gering zu halten. Letztere haben zur Folge, daß die Funktion(en) des betreffenden Produktes, die in mehrere Module aus unterschiedlichen Sichten eingebunden werden kann (können), als eigenständiges Modul herausgelöst wird (werden), das unter Berücksichtigung aller Sichten gestaltet werden kann (vgl. *Zamirowski / Otto* 1999, S. 9).

Resultat der Anwendung dieser Heuristiken sind modulare Produkt- und Produktfamilienstrukturen. Die allen Mitgliedern der Produktfamilie gemeinsamen Module bilden die Plattform der betreffenden Produktfamilie i.e.S.. Darüber hinaus werden durch das Vorgehen produktübergreifende Module generiert, die lediglich für Teilmengen der Produkte gemeinsam sind. Auch sie können Bestandteile von Plattformen sein, die sich allerdings auf andere Produktfamilien beziehen und zur Unterscheidung von den Plattformen i.e.S. als Plattformen i.w.S. bezeichnet werden sollen.

Abbildung 5 zeigt als Beispiel das Ergebnis der Anwendung der Heuristiken auf den in Abbildung 3 dargestellten Ausschnitt aus der Versa Pak™ - Produktfamilie von Black & Decker. Sie dokumentiert, daß für die betrachteten Produkte Module mit Plattformcharakter lediglich i.S. von Plattformen i.w.S. existieren (was angesichts der Unterschiede in den Anwendungsfunktionen und Einsatzbereichen der Produkte nicht überrascht).

Funktion	Schnurloser Schraubendreher	Multifunktionssäge	ScumBuster™ Bürstenschleifer	2-Stufen-Bohrer	Wizard™ Schleifgerät
Batterie einlegen	1	2	1	2	1
Batterie entfernen	1	2	1	2	1
Übertragung Elektrizität	1	2	1	2	1
Verschluß der Batterie	-	-	ja	-	-
Freigabe der Batterie	-	-	ja	-	-
Eingangssignal	Daumen	Finger	Finger	Finger	Daumen
Betriebsregelung	vorwärts / rückwärts / aus	an / aus / gesichert	an / aus	vorwärts / rückwärts / aus / gesichert	schnell / langsam / aus
Umwandlung von Energie in Bewegung	Motor A	Motor B	Motor A	Motor B	Motor A
Transformation (T,ω)	Übertragung A	Übertragung B	Übertragung A	Übertragung D	-
Kraftübertragung	Rotationswelle	Transmissionswelle	-	-	-
Einstellung Drehmoment	ja	-	-	-	-
Laufrichtungssperre	ja	-	-	-	-
Bewegungsumwandlung	-	ja	-	-	-
Werkzeugaufnahme	Hexagonale Öffnung	Klingenträger	Dreibackenfutter	Dreibackenfutter	Dreibackenfutter
Werkzeugarretierung	Halteclip	Stellschraube	Futter	Futter	Futter
Gerätepositionierung	Geräteform	Griff	Griff	Revolvergriff	Revolvergriff
ausgeübte Funktion	drehen	schneiden / sägen	bürsten	bohren / drehen	schleifen

Abbildung 5: Mit Hilfe von Heuristiken ermittelte Programm- und Produktarchitekturen für einen Teil der Versa Pak™-Produktfamilie von Black & Decker

Zur Bewertung der resultierenden Produkt- und Produktfamilienarchitekturen im fünften Verfahrensschritt können grundsätzlich beliebige Bewertungsmethoden genutzt werden; die Eignung der in Frage kommenden Methoden hängt von den Merkmalen der spezifischen Entscheidungssituation ab. Generell kann davon ausgegangen werden, daß es sich bei der Bewertung von Produkt- und Produktfamilienarchitekturen um hochkomplexe Bewertungsprobleme mit mehrvariabligen Zielfunktionen und über einen langen Zeitraum verteilten Wirkungen der Entscheidung handelt, so daß auf die Konzepte und Instrumente der Investitionsrechnung zurückgegriffen werden muß. Auf die explizite Berücksichtigung der Unsicherheit kann wegen der hier zugrunde gelegten spezifischen Problemstruktur verzichtet werden. Otto et al. schlagen als einfachen Bewertungsansatz den Vergleich der ermittelten Architekturen mit einem Standard vor: Für jedes Ziel(kriterium), bei dem die zu bewertenden Architektur besser (schlechter) als der Standard beurteilt wird, soll ihr der Wert + 1 (- 1) zugeordnet werden; der Gesamtwert einer Architektur ergibt sich als (ungewichtete) Summe über alle Kriterien (vgl. *Dahmus / Gonzalez-Zugasti / Otto* 2000, S. 9; *Gonzalez-Zugasti / Otto* 2000b; *Otto / Wood* 2001, S. 336 ff). Als Vergleichsstandard ist die Situation heranzuziehen, die sich bei isolierter Planung der einzelnen Produkte aus der Produktfamilie ergäbe. Dieses Verfahren ist allerdings allenfalls in praktisch irrelevanten Ausnahmefällen geeignet: Es unterstellt gleiche Gewichtung aller Ziele, vernachlässigt das Ausmaß der Abweichungen von der

Benchmark-Situation und erfaßt die Komplexität und Mehrperiodizität der Entscheidungssituation allenfalls implizit; lediglich die Multidimensionalität der Zielfunktion wird explizit - wenngleich übermäßig vereinfachend - berücksichtigt.

Fällt die Bewertung positiv aus, so ist die Architekturplanung abgeschlossen, und es kann zum Entwurf übergegangen werden. Dabei hängt die Interpretation des Attributs „positiv“ vom angestrebten Zielausmaß - Extremierung oder Satisfizierung - ab. Da das Vorgehen als heuristisches Verfahren keine Gewähr für das Erreichen des Optimums bietet und sich die Analyse aller Architekturvarianten aus Kapazitäts-, Zeit- und Wirtschaftlichkeitsgründen im Regelfall verbietet, sind für die Anwendung des Verfahrens Abbruchkriterien zu definieren, die sich sowohl an den verfügbaren Ressourcen als auch an den gewünschten Ergebnissen orientieren können. Solange die Abbruchkriterien nicht erfüllt sind, hängt das weitere Vorgehen von den noch nicht ausgeschöpften (vermuteten) Verbesserungspotentialen ab. Dabei werden die Iterationsschleifen in der in Abbildung 1 gezeigten Reihenfolge, die sich an der Weite des sich jeweils öffnenden Entscheidungsfeldes orientiert, durchlaufen.

2.3 Würdigung des Ansatzes

Die Stärke des Konzeptes, Produktplattformen auf der Basis von Funktionsstrukturanalysen mittels Modularisierungsheuristiken abzuleiten, liegt vor allem darin, daß es in einer sehr frühen Phase der Produktentwicklung einsetzt. Der Handlungsspielraum ist daher noch sehr groß und wird nicht durch Vorabentscheidungen über die Architektur der einzelnen Produktfamilienmitglieder eingeschränkt, die den Blick auf potentielle Plattformen verstellen. Die Funktionsorientierung unterstützt die direkte Verknüpfung des Konzeptes mit den Verwendungsfunktionen der Produkte, die die Basis des Produktnutzens bilden. Sie entspricht zudem dem funktionalen Denken bei der Produktgestaltung, das sich in einer Reihe von Unterstützungsmethoden - etwa der Wertanalysegestaltung und dem Zielkostenmanagement („target costing“) - niedergeschlagen hat, und erleichtert daher die Einbindung dieser Methoden.

Diesen Stärken stehen allerdings auch eine Reihe von Schwächen gegenüber, die teilweise in den Stärken selbst angelegt sind. Das gilt insbesondere für die hohe Komplexität der Funktionsanalysen: Die Funktionsstrukturen, die Ausgangspunkt für die Modularisierung sind, lassen sich nicht eindeutig aus den gewünschten Anwendungsfunktionen ableiten, sondern sind mehrdeutig und damit selbst Gegenstand des Gestaltungsprozesses. Das Konzept liefert zudem zwar Anhaltspunkte zur Identifizierung von Kandidaten für die Bildung von Modulen, bietet aber nur wenig Unterstützung für die Erzeugung umfassender Produktfamilienarchitekturen aus „Modulkandidaten“: Es beschränkt sich auf sehr allgemeine Hinweise zu den Möglichkeiten, potentielle Konflikte zu lösen und enthält keinerlei Angaben zur Verknüpfung einzelner Module zu Produkt-(familien)architekturen und zur gezielten Verbesserung intuitiv ermittelter Architekturen. Auf die Mängel der Methode zur Bewertung der ermittelten Architekturen wurde bereits hingewiesen. Bei dieser Methode wird die allzu einseitige „Techniklastigkeit" des Ansatzes besonders deutlich. Dem Ansatz, Produktplattformen auf der Basis von Funktionsstrukturanalysen mittels Modularisierungsheuristiken abzuleiten, kommt sicherlich eine wichtige Kreativitätsförderungsfunktion bei der Identifikation potentieller Plattformen zu; die Qualität eines ökonomisch fundierten, systematischen Konzeptes für die Planung von Produktplattformen hat es (noch) nicht.

3 Plattformplanung auf der Grundlage von Conjoint-Analysen und QFD

Die Planung von Plattformen auf der Grundlage von Conjoint-Analysen (CA) und des Quality Function Deployment (QFD) erfolgt in drei Phasen - der Ermittlung der Komponenten der einzelnen Produkte, die eine Produktfamilie bilden, der Erstellung der Produktfamilien-Komponenten-Matrix und der Ableitung der Plattform.

3.1 Gestaltung der einzelnen Produkte

Die Gestaltung der einzelnen Mitglieder der Produktfamilie im CA/QFD-basierten Ansatz entspricht der Produktkonzipierung im funktionsanalytischen Ansatz. Sie unterscheidet sich von dieser allerdings zum einen insofern, als sie mit der Festlegung der groben Baustruktur auch Teile der Entwurfsphase beinhaltet und die Gestaltung der Produktarchitekturen in ihrer Funktions- und Baustruktur umfassenden Gesamtheit erfaßt. Sie unterscheidet sich von der Produktkonzipierung im funktionsanalytischen Ansatz zum anderen durch ihre stärkere ökonomische Orientierung und methodische Fundierung.

Für die Gestaltung der einzelnen Produkte der Produktfamilie wird ein Vorgehen vorgeschlagen, das die Überlegungen von *Bauer / Herrmann / Mengen* (1994), *Mengen / Simon* (1996), *Call* (1997), *Moore / Louviere / Verma* (1998 und 1999), *Schaaf* (1999) und *Riesenbeck / Herrmann / Huber* (2001) zur gewinnmaximalen Produktgestaltung auf der Basis von Conjoint-Analysen z. T. miteinander verknüpft, z. T. weiterentwickelt. Es besteht aus den in Abbildung 6 dargestellten sechs Schritten.

Grundlage der Produktgestaltung ist die Ermittlung kaufrelevanter Eigenschaften, die nicht nur die Kaufentscheidungen der potentiellen Kunden im Zielmarkt bzw. – segment beeinflussen, sondern auch eindeutig beschreibbar, redundanzfrei und vom Unternehmen realisier- und beeinflußbar sein müssen. Die Zahl kaufrelevanter Eigenschaften sollte auf maximal 20-30 Eigenschaften begrenzt werden, wenn die für die folgenden Schritte empfohlenen Methoden, insbesondere Conjoint-Analysen, zum Einsatz kommen sollen (vgl. *Schaaf* 1999, S. 161 f). Aus diesem Grunde ist auch die Anzahl der berücksichtigten Eigenschaftsausprägungen zu begrenzen; als für Marktpositionierungsentscheidungen zweckmäßig hat sich vielfach die Unterscheidung von drei Eigenschaftsausprägungen - einem niedrigen (Basis-)Leistungsniveau, einem mittleren (Standard-) Leistungsniveau und einem hohen („Premium"-)Leistungsniveau - erwiesen, die auch die Basis für Wachstumsstrategien durch vertikale Erweiterungen der Produktfamilie bilden kann (vgl. *Meyer / Lehnerd* 1997, S. 52 ff).

Für die Ermittlung des Nutzenbeitrags der Eigenschaftsausprägungen im zweiten Schritt stehen eine Fülle von - direkten und indirekten - Methoden zur Verfügung (vgl. dazu den Überblick bei *Schmidt* 1996, S. 156). Conjoint-Analysen bieten sich an, weil sie nicht nur die Entscheidungssituation realistisch abbilden und bewußte Antwortverzerrungen durch die Befragten weitgehend verhindern, sondern auch - bei Einbeziehung der Preise als kaufrelevanter Eigenschaft - die Monetarisierung der Eigenschaftsausprägungen (und damit die in den Schritten 4 - 6 durchzuführenden Erfolgsanalysen) ermöglichen. Auf eine Beschreibung der Methoden kann angesichts der großen Zahl verfügbarer Darstellungen (vgl. - für viele - *Backhaus u.a.* 1989, S. 345 ff und *Schmidt* 1996, S. 191 ff) verzichtet werden.

Die im dritten Schritt zu ermittelnde Basiskonfiguration des Produktes ist diejenige Ausstattung, die mindestens erforderlich ist, um die Umfeldanforderungen (z. B. Emissionsgrenzwerte oder maximale Geräuschpegel) zu erfüllen und (bei konkurrenzlosen Produkten) von den Zielkunden akzeptiert zu werden bzw. (bei Wettbewerbsprodukten) konkurrenzfähig zu sein (vgl. dazu *Schaaf* 1999, S. 133). Sie kann sich auf die Erfüllung einer Teilmenge der kaufrelevanten Eigenschaften beschränken und bietet diese (Basis-) Eigenschaften regelmäßig auf dem Basisniveau an.

Grundlage für die Ermittlung des Erlöspotentials der Basiskonfiguration ist die Prognose des gesamten Absatzvolumens. Bei Produkten, die auch von anderen Unternehmen angeboten werden, sind darüber hinaus Marktanteilsprognosen erforderlich, die aus Marktsimulationen auf der Grundlage der mittels Conjoint-Analysen ermittelten Nutzenwerte der verschiedenen Produkte unter Hinzuziehung von Auswahlregeln abgeleitet werden können (vgl. dazu und zum folgenden *Henrichsmeier* 1998, S. 11 ff). Auswahlregeln bilden das (Kauf-)Verhalten der potentiellen Kunden in Abhängigkeit von den (relativen) Nutzenwerten der Produkte (im Verhältnis zu den Nutzenwerten anderer Produkte) ab; Bedeutung für den hier interessierenden Zusammenhang haben vor allem die First-Choice-Regel, der zufolge ein Konsument immer das (für ihn) nutzenmaximale Produkt wählt, und die Attraktions- bzw. BTL (Bradley-Terry-Luce)-Regel, der zufolge die Kaufwahrscheinlichkeit eines Produktes sich als Quotient aus seinem Nutzenwert und der Summe der Nutzenwerte aller konkurrierenden Produkte ergibt. Auf der Grundlage dieser Daten und des für die Basiskonfiguration erzielbaren (Basis-)Preises lassen sich die (Basis-)Erlöse der Basiskonfiguration ermitteln.

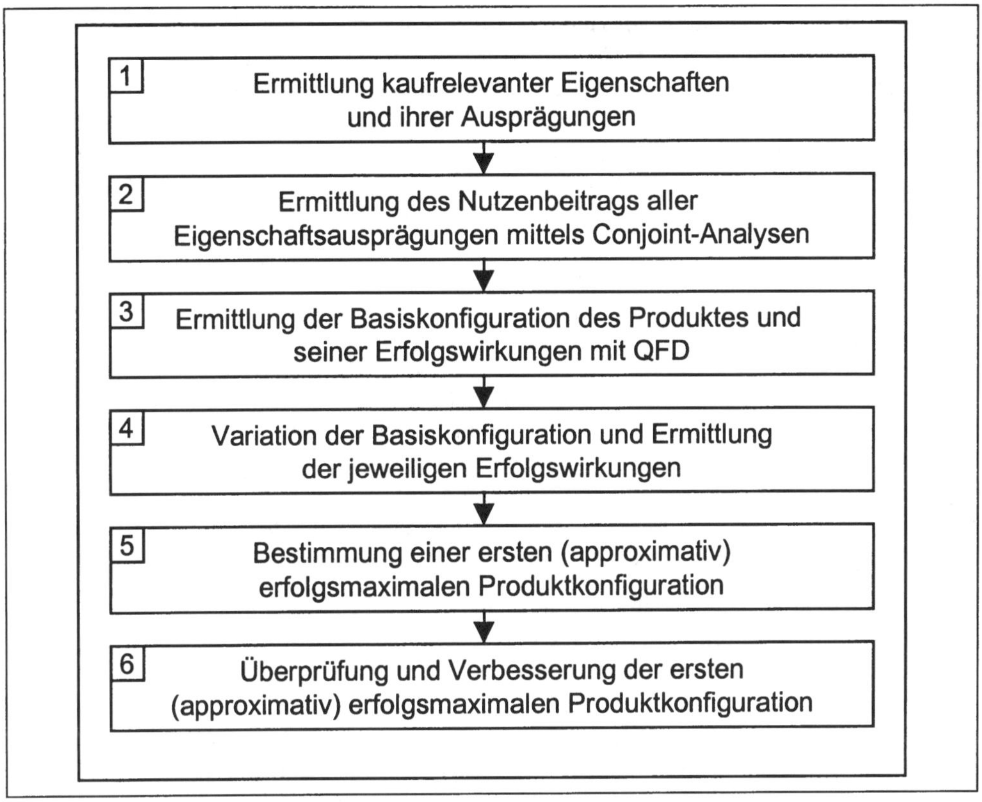

Abbildung 6: Optimale Produktgestaltung mittels Conjoint Analysen und Quality Function Deployment

Ihnen sind die (Basis-)Kosten der Basiskonfiguration gegenüberzustellen (die angesichts des Langfristcharakters der Überlegungen als weitgehend auszahlungsgleich betrachtet werden können). Zu ihrer Ermittlung werden das erste und das zweite House of Quality innerhalb des QFD zu einem einzigen „House of Quality" zusammengefaßt, mit dessen Hilfe die „anforderungsgerechten" Produktkomponenten und ihre jeweiligen Beiträge zur Erfüllung der Basisanforderungen ermittelt werden (vgl. zu diesem Ansatz *Call* 1997, S. 179 ff). Die konfigurationsabhängigen (Herstellkosten-)Auszahlungen sind für die Ermittlung des Erfolges der Basiskonfiguration zu ergänzen um die konfigurationsunabhängigen (zumeist: Verwaltungs- und Vertriebskosten-)Auszahlungen sowie die Vorlauf(kosten)auszahlungen (vor allem Entwicklungskostenzahlungen) und Nachlauf(kosten)auszahlungen (für die Produkt- und Prozeßentsorgung).

Im vierten Schritt werden die kaufrelevanten Eigenschaften des Produktes systematisch verändert. Ausgehend von den (Basis-)Eigenschaften der Basiskonfiguration werden durch die Basiskonfiguration nicht erfüllte Anforderungen als zusätzliche Eigenschaften eingeführt und die Erfüllung vorhandener Eigenschaften der Basiskonfiguration auf einem höheren Niveau gefordert. Um die Komplexität in Grenzen zu halten, werden die verschiedenen Eigenschaften unabhängig voneinander verändert, d.h. die Veränderung jeder Eigenschaft erfolgt unter der Annahme, daß alle anderen Eigenschaften der Basiskonfiguration beibehalten werden. Bei C Kundenanforderungen c (c = 1, 2, ..., C) mit jeweils K_c Leistungsniveaus k (k = 0, 1, 2, ..., K_c ; k = 0: Eigenschaft in Basiskonfiguration nicht enthalten) ergeben sich damit höchstens

$$\sum_{c=1}^{C} K_c + C - C'$$

Eigenschafts"bündel", wenn C′ die Zahl der in der Basiskonfiguration enthaltenen Eigenschaften ist. Für jedes Eigenschaftsbündel ist mit dem in Schritt 3 zu durchlaufenden Verfahren der Erfolg zu ermitteln; die Differenz zwischen dem Erfolg des betrachteten Eigenschaftsbündels und dem Erfolg der Basiskonfiguration ergibt den zusätzlichen Erfolg der Anreicherung der Produkteigenschaften um eine weitere Eigenschaft auf dem Basisniveau bzw. eine Verbesserung des Erfüllungsgrades der betrachteten Eigenschaft (jeweils gegenüber der Basiskonfiguration mit den Basiseigenschaften).

Kann man davon ausgehen, daß die Eigenschaften des Produktes nicht nur, wie bisher - insbesondere für die Conjoint-Analysen - angenommen, hinsichtlich ihrer Nutzen- , sondern auch hinsichtlich ihrer Kostenwirkungen unabhängig sind, so ist die Bestimmung der erfolgsmaximalen Produktkonfiguration im fünften Schritt leicht: Aus den im vierten Schritt gebildeten Konfigurationen ist zunächst für jede Produkteigenschaft das gewinnmaximale Leistungsniveau zu ermitteln. Die erfolgsmaximale Produktkonfiguration ergibt sich dann als Verknüpfung der gewinnmaximalen Ausprägungen der verschiedenen Produktmerkmale, wobei lediglich diejenigen Eigenschaften berücksichtigt werden, die - isoliert betrachtet - positive Erfolgsbeiträge erwarten lassen. In praxi ist die Erfüllung der Unabhängigkeitsprämisse hinsichtlich der Kosteneffekte einzelner Eigenschaft(sveränderung)en allerdings selbst bei modularen Produktarchitekturen, die günstige Voraussetzungen für die Nutzen-/Kostenzurechnung zu einzelnen Produktkomponenten schaffen, höchst unwahrscheinlich. Die gewinnmaximalen Leistungsniveaus der einzelnen Eigenschaften und der ihnen entsprechenden Produktkonfigurationen werden vielmehr häufig nicht miteinander kompatibel sein, und dann, wenn sie miteinander verträglich sind, in ihren Erfolgswirkungen von der Summe der Erfolgswirkungen der einzelnen Leistungsniveaus abweichen. Die simple „Addition" der gewinnmaximalen Ausprägungen der einzelnen Eigenschaften und der ihnen zugeordneten Produktkonfigurationen ist daher im allgemeinen nicht zielführend. Dennoch sind die (marginalen) Erfolgswirkungen alternativer Eigenschaftsausprägungen (gegenüber der Basiskonfiguration) nicht gänzlich irrelevant für die Bestimmung der erfolgsmaximalen Produktkonfiguration: Sie dienen als Indikatoren für das Erfolgspotential einzelner Eigenschaftsausprägungen und steuern die Reihenfolge der Berücksichtigung der Eigenschaften bei der sukzessiven Ermittlung eines (approximativ) erfolgsmaximalen Eigenschaftsbündels und der zugehörigen Produktkonfiguration:

- Zunächst wird die Eigenschaftsausprägung mit dem höchsten (Zusatz-)Erfolg in Schritt 4 in das Bündel der (Basis-)Eigenschaften der Basiskonfiguration aufgenommen. Die Basiskonfiguration wird durch die Konfiguration ersetzt, die diesem Eigenschaftsbündel im vierten Schritt zugeordnet worden war. Die betreffende Eigenschaft wird mit allen anderen Ausprägungen aus der Liste der veränderbaren Eigenschaften gestrichen.
- Sodann wird aus der reduzierten Liste veränderbarer Eigenschaften wiederum die Eigenschaftsausprägung mit dem höchsten (Zusatz-)Erfolg in Schritt 4 in das gegenüber dem Bündel der Basiseigenschaften erweiterte Eigenschaftsbündel aufgenommen. Für dieses erweiterte Eigenschaftsbündel werden die zur Realisierung erforderlichen Produkteigenschaften sowie die für diese Konfiguration erwarteten Erlöse und Kosten(zahlungen) und der resultierende Erfolg mit dem im vierten Schritt beschriebenen Vorgehen ermittelt. Die neu aufgenommene bzw. in ihrem Leistungsniveau verbesserte Eigenschaft wird wiederum mit allen Ausprägungen aus der Liste der veränderbaren Eigenschaften gestrichen.
- Der vorstehend beschriebene Schritt wird solange durchgeführt, bis die Liste der veränderbaren Eigenschaften erschöpft ist.
- Aus den im Laufe des Verfahrens gebildeten Eigenschaftsbündeln und zugehörigen Produktkonfigurationen wird dasjenige mit dem höchsten Erfolg als (approximativ) erfolgsmaximale Produktkonfiguration ausgewählt. Approximativ deshalb, weil das Verfahren keine optimale, wohl aber eine Produktkonfiguration erzeugt, die der erfolgsmaximalen Lösung in der Regel nahe sein wird. Ursache für die fehlende Optimalitätsgewähr ist der sukzessive Charakter des Verfahrens, der bewirkt, daß in einem früheren Stadium nicht berücksichtigte Eigenschaftsausprägungen in einem späteren Stadium des Konfigurierungsprozesses, in dem ihre Verwirklichung wegen der Möglichkeit, Synergien mit der dann gebildeten Konfiguration zu nutzen, erfolgssteigernd wirkt, nicht mehr zur Debatte stehen. Das mögliche Auftreten derartiger Synergieeffekte liefert auch die Begründung für den Verzicht auf einen vorzeitigen Abbruch der Anreicherung der Produktkonfiguration um neue Eigenschaften, wenn die Hinzufügung einer neuen Eigenschaft keine Erfolgsverbesserung bewirkt.

Diese - zwecks Komplexitätsreduzierung bewußt in Kauf genommene - Schwäche des Vorgehens bei der gewinnmaximierenden Produktgestaltung auf der Basis von CA und QFD begründet auch die Nachschaltung der Überprüfung der (approximativ) erfolgsmaximalen Produktkonfiguration im sechsten und letzten Schritt. Dabei werden sämtliche Produkteigenschaften nochmals - soweit möglich, jeweils um eine Stufe nach oben und nach unten - variiert und die Erfolgswirkungen der Variationen analog zu Schritt 4 ermittelt. Veränderungen von Eigenschaftsausprägungen mit (isoliert) positiven Erfolgswirkungen werden analog zu Schritt 5 auf die Zweckmäßigkeit ihrer Aufnahme geprüft; dabei werden in Fällen, in denen sowohl Verbesserungen als auch Verschlechterungen der Eigenschaftsausprägung positive Erfolgswirkungen haben, bei großen Unterschieden in den Erfolgswirkungen nur die wirksamere, bei geringen Unterschieden beide Möglichkeiten berücksichtigt.

Mit der Auswahl des gewinnmaximalen Eigenschaftsbündels und der zugehörigen Produktkonfiguration ist die Gestaltung der einzelnen Produkte abgeschlossen. Der sechste Schritt kann prinzipiell zwar wiederholt werden, bis sich z.B. keine positiven Veränderungen bei isolierten marginalen Veränderungen einzelner Eigenschaftsausprägungen mehr ergeben, doch erscheint eine solche Erweiterung wenig zweckmäßig, weil sie zum einen keine Gewähr für das Erreichen des tatsächlichen Optimums bietet, und zum anderen die Zahl der zu analysierenden Eigenschaftsbündel sehr schnell die sich bei vollständiger Enumeration ergebende Zahl erreichen kann (ohne daß - aufgrund von Wiederholungen - alle möglichen Eigenschaftsbündel erfaßt worden wären).

3.2 Erstellung der Produktfamilien-Komponenten-Matrix

Die Ergebnisse der Produktgestaltung aller Mitglieder einer Produktfamilie schlagen sich in der Produktfamilien-Komponenten-Matrix nieder. Sie enthält in den Zeilen alle Komponenten, die zumindest in einem Produkt benötigt werden, und in den Spalten alle Mitglieder der Produktfamilie. In den Feldern der Matrix sind die jeweiligen Ausprägungen der betreffenden Produktkomponente für das betrachtete Produkt angegeben. Die Produktfamilien-Komponenten-Matrix kann als eine hochaggregierte Direktbedarfsmatrix angesehen werden, die lediglich Enderzeugnisse und komplexe Baugruppen ausweist. Sie dokumentiert in den Zeilen, in welchen Produkten einer Produktfamilie eine bestimmte Produktkomponente bzw. hochaggregierte Baugruppe in welcher Ausprägung eingesetzt wird. In den Spalten werden die Produktkomponenten bzw. hochaggregierten Baugruppen der einzelnen Mitglieder der Produktfamilie beschrieben. Abbildung 7 zeigt einen Ausschnitt aus einer fiktiven Produktfamilien-Komponenten-Matrix für PKWs.

Die Produktfamilien-Komponenten-Matrix spielt eine ähnliche Rolle für die Planung von Plattformen auf der Grundlage von Conjoint-Analysen und QFD wie die Modularitätsmatrix für die Plattformplanung auf der Grundlage von Funktionsanalysen: Sie schafft Transparenz über die Baustrukturen, die sich bei individueller Planung der Mitglieder einer Produktfamilie ergeben und verdeutlicht mögliche Gegenstände und Ansatzpunkte für die Zusammenfassung und Vereinheitlichung von Produktkomponenten.

<table>
<tr><th colspan="2">Produkt / Komponente</th><th>....</th><th>....</th><th>P_{I-1}</th><th>P_I</th><th>P_{I+1}</th><th>....</th><th>....</th></tr>
<tr><td colspan="2">.
.</td><td></td><td></td><td></td><td></td><td></td><td></td><td></td></tr>
<tr><td colspan="2">.
.</td><td></td><td></td><td></td><td></td><td></td><td></td><td></td></tr>
<tr><td rowspan="5">Motor/Kraftübertragung</td><td>Motor</td><td></td><td></td><td>Reihen-4-Zylinder, Ottomotor, eine obenliegende Nockenwelle (OHC), Schaltsaugrohr</td><td>V-6-Zylinder, Ottomotor, zwei Leichtmetall-Zylinderköpfe, Fünfventil-Technik, jeweils zwei obenliegende Nockenwellen (DOHC), Einlassnockenwellen mit hydraulischer Verstellung, Schaltsaugrohr</td><td>Reihen-4-Zylinder, Dieselmotor, Abgasturboaufladung mit variabler Turbinengeometrie (VTG) und Ladeluftkühlung, eine obenliegende Nockenwelle (OHC)</td><td></td><td></td></tr>
<tr><td>Antrieb</td><td></td><td></td><td colspan="3">Vorderradantrieb über Doppelgelenk-Halbachsen, Vorderachsdifferential (nicht sperrbar)</td><td></td><td></td></tr>
<tr><td>Kupplung</td><td></td><td></td><td colspan="3">Hydraulisch betätigte Einscheiben-Trockenkupplung mit asbestfreien Belägen, Zweimassen-Schwungrad (Hydraulischer Drehmomentwandler mit geregelter Überbrückungskupplung)</td><td></td><td></td></tr>
<tr><td>Getriebe</td><td></td><td></td><td>5-Gang-Schaltgetriebe, vollsynchronisiert</td><td>Tiptronic, 5-stufig mit Dynamischem Schaltprogramm (DSP)</td><td>4-Stufen-Automatikgetriebe mit Dynamischem Schaltprogramm</td><td></td><td></td></tr>
<tr><td>Abgasreinigungssystem</td><td></td><td></td><td>3-Wege-Katalysator, eine beheizte Lambdasonde, Aktivkohlefilter</td><td>Zwei 3-Wege-Kat., zwei beheizte Lambdasonden, Aktivkohlefilter</td><td>Oxydationskatalysator, Abgasrückführung</td><td></td><td></td></tr>
<tr><td rowspan="4">Fahrwerk/Lenkung</td><td>Vorderachse</td><td></td><td></td><td colspan="3">Einzelradaufhängung, Vierlenker-Vorderachse mit virtueller Lenkachse, Rohr-Querstabilisator; Zweirohr-Gasdruckstoßdämpfer und Schraubenfeder, Zuganschlagfeder, Führungslenker mit hydr. dämpfender Lagerung</td><td></td><td></td></tr>
<tr><td>Hinterachse</td><td></td><td></td><td colspan="3">Verbundlenker-Hinterachse, Stabilisator</td><td></td><td></td></tr>
<tr><td>Bremssystem</td><td></td><td></td><td>Zweikreisbremsanlage mit diagonaler Aufteilung, Anti-Blockier-System ABS mit Elektronischer-Bremskraftverteilung EBV, Bremskraftverstärker, Scheibenbremsen vorne/hinten</td><td colspan="2">Zweikreisbremsanlage mit diagonaler Aufteilung, Anti-Blockier-System ABS mit Elektronischer Bremskraftverteilung EBV, Bremskraftverstärker; Scheibenbremsen vorne/hinten, vorne innenbelüftet</td><td></td><td></td></tr>
<tr><td>Lenkung</td><td></td><td></td><td colspan="3">Servounterstützte wartungsfreie Zahnstangenlenkung, spurstabilisierender Lenkrollradius</td><td></td><td></td></tr>
<tr><td colspan="2">.
.</td><td></td><td></td><td></td><td></td><td></td><td></td><td></td></tr>
<tr><td colspan="2">.
.</td><td></td><td></td><td></td><td></td><td></td><td></td><td></td></tr>
</table>

Abbildung 7: Ausschnitt aus einer fiktiven Produktfamilien-Komponenten-Matrix für PKWs

Sie übt damit die Funktion eines heuristischen Instrumentes für die Identifikation von Plattformelementen aus.

3.3 Ableitung der Plattform

Die Ableitung der Plattform aus den Komponenten der einzelnen Mitglieder einer Produktfamilie vollzieht sich in zwei Schritten: Im ersten Schritt werden die Elemente identifiziert, die bei allen Produkten bei individuell „optimaler" Produktgestaltung in derselben Ausprägung auftreten und auf ihre Plattformtauglichkeit geprüft. Im zweiten Schritt werden die verbleibenden Elemente, die entweder nicht in allen Mitgliedern der Produktfamilie oder in unterschiedlichen Ausprägungen vorkommen, auf Möglichkeiten ihres Einbezugs in die Plattform untersucht.

Der erste Schritt ist relativ unproblematisch: Komponenten, die bei isolierter Planung der Produktarchitekturen in allen Produkten auftreten, bilden eine „natürliche" Plattform.

Unterstellt man für die in Abbildung 7 dargestellte Produktfamilien-Komponenten-Matrix vereinfachend, daß die Produktfamilie nur aus den explizit ausgewiesenen drei Produkten besteht, so bieten sich die Achssysteme, die Lenkung, die Kupplung und der Antrieb als Basis für die Plattform an. Allerdings sollten auch sie nicht unbesehen in die Plattform aufgenommen werden. Zum einen können Veränderungen der Kunden- und Umfeldanforderungen bei einzelnen Produkten in der Zukunft bewirken, daß die betroffenen Komponenten ihre Plattformeignung verlieren, zum anderen kann die Aufnahme derartiger Komponenten in die Plattform massive Schnittstellenprobleme aufwerfen.

Erheblich größere Schwierigkeiten bereitet regelmäßig der zweite Schritt der Anreicherung der Plattform um Komponenten, die bei individueller Produktgestaltung zu unterschiedlichen Komponenten führen. Probleme resultieren einerseits aus der Tatsache, daß bei der Wahl eines „gemeinsamen Nenners" für eine Komponente nicht nur die Ausprägungen zu berücksichtigen sind, die sich bei der individuellen Planung der Produktarchitekturen für die einzelnen Mitglieder der Produktfamilie ergeben haben, sondern daß als Kompromißlösungen auch grundsätzlich andere Konfigurationen in Frage kommen können. Probleme ergeben sich andererseits daraus, daß Änderungen einzelner Komponenten von Produkten Rückwirkungen auf andere Komponenten dieser Produkte und damit letztendlich auch auf die „natürliche" Plattform haben können. Die Analyse der Erweiterungsmöglichkeiten der Plattform wird weiter erschwert, wenn nicht nur Plattformen i.e.S. (von Komponenten die allen Mitgliedern der Produktfamilie gemeinsam sind) betrachtet, sondern auch Plattformen i.w.S. (von Komponenten, die lediglich Teilmengen von Mitgliedern der Produktfamilie gemeinsam sind) (vgl. dazu auch Abschnitt 2.2) zugelassen werden. Auch wenn diese Variante im folgenden vernachlässigt werden kann, da von einer definierten Produktfamilie ausgegangen wird, erscheinen auf Grund der hohen Problemkomplexität nur heuristische Lösungsverfahren erfolgversprechend.

Eine solche Heuristik wird im folgenden vorgestellt. Sie besteht aus zwei Schritten: Im ersten Schritt werden diejenigen Komponenten ermittelt, die produktspezifisch sind. Die verbleibenden Komponenten werden im zweiten Schritt auf die Zweckmäßigkeit ihrer Aufnahme in die Plattform geprüft. Keine Plattformeignung besitzen Komponenten, die

- \- für die Kunden erkennbar - zu wichtigen Alleinstellungsmerkmalen der Produkte - sowohl in Relation zu anderen Mitgliedern der Produktfamilie als auch zu Konkurrenzprodukten von Wettbewerbern - beitragen und für mindestens zwei Mitglieder der Produktfamilie unterschiedlich sind,
- zur Erfüllung von Anforderungen beitragen, bei denen mit unterschiedlichen Entwicklungsverläufen zu rechnen zu rechnen ist (die ihrerseits konstruktive Veränderungen zur Folge haben),
- nicht oder nur mittels aufwendiger Schnittstellen mit produktspezifischen Modulen zusammenwirken.

Bevor derartige Komponenten aus der weiteren Betrachtung ausgeschlossen werden, sollte allerdings geprüft werden, ob den produktspezifischen Anforderungen nicht durch Veränderungen der Produktarchitektur - insbesondere durch verstärkte Modularisierung mit dem Ziel der Isolierung produktspezifischer Funktionen in Teilkomponenten - Rechnung getragen werden kann, so daß wenigstens Teile dieser Komponenten (grundsätzlich) in die Plattform einbezogen werden können.

Für die verbleibenden - grundsätzlich plattformfähigen - Komponenten ist zunächst zu prüfen, ob eine Konfiguration verfügbar ist oder entwickelt werden kann, mit der die Basisanforderungen aller Produkte der Produktfamilie erfüllt werden können; dabei kann auf die Vorarbeiten zurückgegriffen werden, die im dritten Schritt des Verfahrens zur Gestaltung der einzelnen Produkte geleistet wurden (vgl. dazu Abschnitt 3.1). Ist eine solche Konfiguration nicht erkennbar, so kann die betreffende Komponente nicht Bestandteil der Plattform (i.e.S. !) werden. Ist hingegen (zumindest) eine solche Konfiguration vorhanden, so sind die Erfolgswirkungen der Aufnahme der Komponente in die Plattform zu untersuchen. Dabei sind die Kostensenkungspotentiale aus der Vereinheitlichung der Komponente den möglichen Kostensteigerungen aufgrund der „Überdimensionierung“ einzelner Produkte mit geringeren Basisanforderungen und den Erlöseffekten - vornehmlich aufgrund von Leistungsniveausteigerungen bei Produkten mit geringeren Basisanforderungen und aufgrund von Kannibalisierungseffekten wegen abnehmender Unterscheidbarkeit der einzelnen Produkte - gegenüberzustellen. Bei der Ermittlung der Erfolgswirkungen der Aufnahme einer Komponente in die Basis sind ggf. auch die Wirkungen zu erfassen, die Änderungen der Komponente gegenüber der Ermittlung der individuellen Produktarchitekturen bei anderen Komponenten - einschließlich Elementen der „natürlichen“ Plattform - hervorrufen.

Entsprechende Überlegungen sind für Erhöhungen der Anforderungen an die einzelnen Produkte über die Basisanforderungen hinaus anzustellen. Theoretisch ist es durchaus vorstellbar, für alle alternativ möglichen Kombinationen von Leistungsniveaus einzelner Produkte die vorstehend beschriebenen Analysen durchzuführen und diejenige Konfiguration der betreffenden Komponente mit dem größten Erfolg in die Plattform aufzunehmen (sofern eine Konfiguration mit positivem Erfolg existiert). In der Praxis wird ein solches Vorgehen allerdings - insbesondere bei umfangreichen Produktfamilien mit stark unterschiedlichen Anforderungen an die einzelnen Produkte - regelmäßig entweder nicht möglich oder nicht wirtschaftlich sein. Daher wird man sich im allgemeinen mit der Analyse ausgewählter Kombinationen von Leistungsniveaus der einzelnen Produkte - z.B. des Standard- oder des „Premium“-Leistungsniveaus aller Produkte (vgl. Abschnitt 3.1) - bzw. naheliegender Konfigurationen für die Komponente begnügen müssen. Aus ihnen wird abschließend die erfolgsmaximale Alternative ausgewählt und in die Plattform aufgenommen, sofern sie den Erfolg positiv beeinflußt. Existiert keine Alternative mit positiven Erfolgswirkungen, so ist die betreffende Komponente produktspezifisch zu gestalten (wobei auch Vereinheitlichungen über Teilmengen der Mitglieder der Produktfamilie zu Plattformen i.w.S. in Frage kommen können).

Der sequentielle Charakter des beschriebenen Verfahrens hat zur Folge, daß die Prüfung der einzelnen Komponenten auf die Zweckmäßigkeit ihrer Aufnahme in die Plattform jeweils von derjenigen Aufteilung in Plattform- und produktspezifische Komponenten ausgeht, die sich aus der Analyse der bis dahin betrachteten Komponenten ergibt. Es empfiehlt sich daher, die Plattform, die sich nach Prüfung aller in Frage kommenden Komponenten ergibt, abschließend zu überprüfen, um die Konsistenz der Ergebnisse zu gewährleisten.

3.4 Würdigung des Ansatzes

Der CA/QFD-basierte Ansatz zur Planung von Produktplattformen setzt nicht primär an den Funktionsstrukturen, sondern vornehmlich an den Baustrukturen an. Er greift daher erst in einer späteren Phase der Produktentwicklung und nimmt damit die Gefahr in Kauf, daß mit der Festlegung der Architekturen der einzelnen Produkte bereits Vorentscheidungen getroffen wurden, die die Möglichkeiten der Bildung von Plattformen übermäßig einengen. Er kann zudem die aus der Funktionsorientierung des funktionsanalytischen Ansatzes resultierenden Potentiale nur bedingt nutzen; günstige Bedingungen dafür ergeben sich bei konsequenter Modularisierung der Architekturen.

Diesem Nachteil stehen allerdings eine Reihe von Vorteilen gegenüber: Der CA/QFD-basierte Ansatz

- baut mit der Verlagerung der grundsätzlichen Entscheidungen über die Architektur der einzelnen Produkte in die Ausgangsdaten Komplexität ab,
- beschränkt sich nicht auf die Formulierung mehr oder weniger allgemeiner Prinzipien, sondern bietet operationale Verfahren sowohl für die Ermittlung der Baustrukturen der einzelnen Produkte als auch für die Ableitung der Plattformen aus diesen Baustrukturen an,
- verwendet statt technischer weitestgehend ökonomische Kriterien für die Beurteilung von Architekturentscheidungen.

4 Resümee

Plattformstrategien erfreuen sich in der betrieblichen Praxis großer und zunehmender Beliebtheit. Ihrer rationalen Planung kommt daher hohe Bedeutung zu. Da es an wissenschaftlich fundierten Konzepten und Instrumenten zur Unterstützung der Planung von Plattformstrategien gegenwärtig - vor allem im deutschsprachigen Bereich - noch weitgehend fehlt, erfolgt die Planung in der betrieblichen Praxis zumeist intuitiv-heuristisch. Es überrascht daher nicht, daß sich die Plattformen von Unternehmen, die - wie z.B. VW und Ford - ähnliche Produkte anbieten und ähnliche Technologien verwenden, grundlegend voneinander unterscheiden (vgl. *Dahmus / Gonzalez-Zugasti / Otto* 2000, S. 1; *Sudjianto / Otto* 2001, S. 1). Ziel des Beitrags war es daher, für ein Teilproblem der Planung von Plattformstrategien, das Problem der Bestimmung optimaler Plattformen, erste Lösungsansätze vorzustellen.

Als erster Lösungsansatz für dieses Problem wurde das funktionsanalytische Konzept zur Bestimmung von Produktplattform präsentiert, das auf Forschungsarbeiten am MIT beruht. Es basiert auf Analysen der Funktionsstrukturen der die Produktfamilie bildenden Produkte und setzt damit an einem sehr frühen Stadium der Produktentwicklung an. Das Konzept geht von modularen Produktarchitekturen aus und wurde zunächst als formales Entscheidungsmodell formuliert, dessen algorithmische Lösung jedoch nur in seltenen Ausnahmefällen möglich ist. Das daher für die allgemeine Anwendung entwikkelte heuristische Lösungsverfahren besteht im Kern aus einer Reihe von Prinzipien für die Bildung von Modulen, die auf die Produktfamilien-Funktionsstruktur angewandt werden. Der Schwerpunkt des heuristischen Verfahrens liegt in der Generierung von Kandidaten für die Bildung von Modulen, die Verknüpfung dieser Kandidaten zu umfassenden Produktfamilienarchitekturen tritt demgegenüber ebenso in den Hintergrund wie die Bewertung alternativer Architekturen. Es ist zudem stark techniklastig und vernachlässigt ökonomische Aspekte weitgehend.

Dem technisch ausgerichteten funktionsanalytischen Ansatz wurde ein ökonomisch orientiertes eigenes Konzept gegenübergestellt, das auf Methoden zurückgreift, die für das Qualitätsmanagement entwickelt wurden. Auch dieser Ansatz beruht auf Heuristiken, enthält aber operationale Verfahrensregeln, die seine praktische Umsetzung erleichtern. In einem ersten Schritt werden mit Hilfe von Conjoint-Analysen (CA) und des Quality Function Deployment (QFD) Baustrukturen für die einzelnen Mitglieder der Produktfamilie entwickelt, die im zweiten Schritt in produktspezifische und produktübergreifende Elemente differenziert werden; letztere stellen die Plattform der Produktfamilie dar. Mit der Ableitung von Plattformen aus den Baustrukturen der einzelnen Produkte setzt der Ansatz erst in einem späteren Stadium der Produktentwicklung an. Die damit einhergehende Einschränkung des Entscheidungsraumes baut Komplexität ab, birgt aber das Risiko in sich, von (Bau-)Strukturen auszugehen, die wenig „plattform-freundlich" sind. Dieses Risiko kann allerdings durch konsequente Modularisierung bei der Gestaltung der einzelnen Produkte weitgehend vermieden werden.

Die konsequente Modularisierung – und zwar nicht nur der einzelnen Produkte, sondern auch der Plattform – ermöglicht es auch, Unsicherheiten über Markt- und Technologieentwicklungen zu isolieren und damit gezielter zu bewältigen – ein Gesichtspunkt, der ebenso vernachlässigt wurde wie andere Aspekte von Plattformstrategien, etwa die Definition von Produktfamilien oder die zeitliche Folge der Einführung einzelner Produkte. Die vorstehenden Überlegungen stellen dementsprechend nur einen ersten kleinen

Schritt in die wissenschaftlich noch weitgehend unerschlossene „terra incognita“ Plattformstrategie dar.

5 Literatur

Backhaus u.a. (1989): *Multivariate Analysemethoden. Eine anwendungsorientierte Einführung*, 5. Aufl., Berlin

Bauer, H. H.; Herrmann, A.; Mengen, A. (1994): *Eine Methode zur gewinnmaximalen Produktgestaltung auf der Basis des Conjoint Measurement*, in: ZfB, 64. Jg., Heft 1, S. 81-94

Bremner, R. (1999): *Cutting-Edge Platforms*, in: Financial Times Automotive World, September, S. 30-41

Call, G. (1997): *Entstehung und Markteinführung von Produktneuheiten*, Wiesbaden

Clark, K. B.; Wheelwright, S. C. (1995): *The Product Development Challenge. Competing through Speed, Quality, and Creativity*, Boston

Conner, C. ,de Kroon, J.; Mistree, F. (1999): *A Product Variety Tradeoff Evaluation Method for a Family of Cordless Drill Transmissions*, in: 1999 ASME Design Engineering Technical Conferences, Las Vegas [DAC-8625]

Dahmus, J. B.; Gonzalez-Zugasti, J. P.; Otto, K. N. (2000): *Modular Product Architecture*, in: ASME Design Engineering Technical Conferences and Computers and Information in Engineering Conference, September 10-13, Baltimore [DETC2000/DTM-1465}

Dudenhöffer, F. (1997): *Outsourcing, Plattform-Strategien und Badge Engineering. Markenentwicklung bei austauschbaren Produkten*, in: WiSt, 26. Jg., Heft 3, S. 144-149

Dudenhöffer, F. (2001): *Konzentrationsprozesse in der Automobilindustrie: Stellgrößen für die Rest-Player*, in: ZfB, 71 Jg., Heft 4, S. 393-412

Ehrlenspiel, K. (1995): *Integrierte Produktentwicklung - Methoden für Prozeßorganisation, Produkterstellung und Konstruktion*, München

Fujita, K.; Sakaguchi, H.;Akagi, S. (1999): *Product Variety Deployment and its Optimization under Modular Architexture and Module Commonalization*, in: Proceedings of the 1999 ASME Design Engineering Technical Conferences, September 12-15, Las Vegas [DFM-8923]

Göpfert, J. (1998): *Modulare Produktentwicklung*, Wiesbaden

Gonzalez-Zugasti, J. P.; Otto, K. N. (2000a): *Modular Platform-Based Product Family Decision*, in: ASME Design Engineering Technical Conferences and Computers and

Information in Engineering Conference, September 10-13, Baltimore [DETC2000/DAC-14238]

Gonzalez-Zugasti, J. P.; Otto, K. N. (2000b): *Platform-Based Spacecraft Design: A Formulation and Implementation Procedure*, in: IEEE Aerospace Conference, Big Sky

Gonzalez-Zugasti, J. P.; Otto, K. N.; Baker, J. D. (1998): *A Method for Architecting Product Platforms with an Application to Interplanetary Mission Design*, in: Proceedings of 1998 DETC: 1998 ASME Design Automation Conference, September 13-16, Atlanta [DETC98/DAC-5608]

Gonzalez-Zugasti, J. P.; Otto, K. N.; Baker, J. D. (1999): *Assessing Value for Product Family Design and Selection*, in: Proceedings of the 25th Design Automation Conference, 1999 ASME Design Engineering Technical Conferences, September 12 – 15, Las Vegas [DETC99/DAC-8613]

Gonzalez-Zugasti, J. P.; Otto, K. N.; Baker, J. D. (2000): *A Method for Architecting Product Platforms*, in: Research in Engineering Design, Vol. 12, S. 61-72

Henrichsmeier, St. (1998): *Entwicklung eines Modells zur Absatzprognose in frühen Phasen der Produktentstehung*, Hamburg

Krishnan, V.; Gupta, S. (2001): *Appropriateness and Impact of Platform-Based Product Development*, in: Management Science, Vol. 47, No. 1, S. 52-68

Ley, W.; Hofer, A. P. (1999): *Produktplattformen. Ein strategischer Ansatz zur Beherrschung der Variantenvielfalt*, in: io management, 68. Jg., Heft 7-8, S. 56-60

Lingnau, V. (1994): *Variantenmanagement. Produktionsplanung im Rahmen einer Produktdifferenzierungsstrategie,* Berlin

Mengen, A.;Simon, H. (1996): *Produkt- und Preisgestaltung mit Conjoint Measurement*, in: WiSt, 25. Jg., Heft 3, S. 229-236

Meyer, M. H.; De Tore, A. (2001): *Perspective: Creating a platform-based approach for developing new services*, in: The Journal of Product Innovation Management, Vol. 18, S. 188-204

Meyer, M. H. Lehnerd, P.(1997): *The Power of Product Platforms*, New York

Moore, W. L.; Louviere, J. L.; Verma, R. (1998): *Using Conjoint Analysis to Help Design Product Platforms*, Working Paper, Report No. 98-113, Marketing Science Institute, Cambridge

Moore, W. L.; Louviere, J. L.; Verma, R. (1999): *Using Conjoint Analysis to Help Design Product Platforms*, in: Journal of Product Innovation Management, Vol. 16, S. 27-39

Otto, K.; Wood, K. (2001): *Techniques in Reverse Engineering and New Product Development*, Upper Saddle River

Pahl, G.; Beitz, W. (1997): *Konstruktionslehre. Methoden und Anwendung*, Berlin/Heidelberg/New York

Rathnow, P. (1993): *Integriertes Variantenmanagment*, Göttingen

Riesenbeck, H.; Herrmann, A.; Huber, F. (1998): *Ein Ansatz zur Gewinngestaltung auf Basis des Plattformkonzepts*, in: ZfB, 71. Jg., Heft 7, S. 827-847

Robertson, D.; Ulrich, K. (1998): *Planning for Product Platforms*, in: Sloan Management Review, Vol. 39, Summer, S. 19-31

Robertson, D.; Ulrich, K. (1999): *Produktplattformen: Was sie leisten, was sie erfordern*, in: Harvard Business Manager , Heft 4, S. 75-85

Sanderson, S.; Uzumeri, M. (1995): *Managing product families: The case of the Sony Walkman*, in: Research Policy , Vol. 24, S. 761-782

Schaaf, A. (1999): *Marktorientiertes Entwicklungsmanagement in der Automobilindustrie*, Wiesbaden

Schmidt, R. (1996): *Marktorientierte Konzeptfindung für langlebige Gebrauchsgüter*. Wiesbaden

Schröder, H.-H.; Zenz, A. (1996): *QFD (Quality Function Deployment)*, in: Handwörterbuch der Produktionswirtschaft, 2. Aufl., hrsg. von Kern, W.; Schröder, H.-H.; Weber, J., Stuttgart, Sp. 1697 -1711

Schuh, G. (1989): *Gestaltung und Bewertung von Produktvarianten*, Düsseldorf

Simpson, T. W.; Maier, R. A.; Mistree, F. (1999): *A Product Platform Concept Exploration Method for Product Family Design, Proceedings of DECT99*, in: 1999 ASME Design Engineering Technical Conferences, September 12-15, Las Vegas [DETC99/DTM-8761]

Stone, R. B.; Wood, K. L.; Crawford, R. H. (1998): *A Heuristic Method to Identify Modules from a Functional Description of a Product*, in: Proceedings of DETC98: 1998 ASME Design Engineering Technical Conferences, September 13-16, Atlanta [DETC98/DTM-5642]

Sudjianto, A.; Otto, K. (2001): *Modularization to Support Multiple Brand Platforms*, in: Proceedings of DETC: ASME Design Engineering Technical Conferences, September 9-12, Pittsburgh, Pennsylvania [DETC2001/DTM-21695]

Ulrich, K. T.; Eppinger, S. D. (1995): *Product Design and Development*, New York

Ulrich, K. (1995): *The role of product architecture in the manufacturing firm*, in: Research Policy, Vol. 24, S. 419-440

Wheelwright, St. C.; Clark, K. B. (1992): *Revolutionizing Product Development. Quantum Leaps in Speed, Efficincy, and Quality*, New York

Wildemann, H. (2000): *Kernkompetenz-Management: Mit intelligenten Technologien Kunden binden*, in: Kernkompetenzen und E-Technologien managen, Tagungsband zum Münchener Management Kolloquium, München, S. 17-59

Zamirowski, E. J.; Otto, K. N. (1999): *Identifying Product Portfolio Architecture Modularity Using Function and Variety Heuristics*, in: Proceedings of the 11th International Conference on Design Theory and Methodology, 1999 ASME Design Engineering Technical Conferences, September 12-15 Las Vegas [DETC99/DTM-8760]

Innovation im Nexus von Entwicklungspartnerschaften

Marion Weissenberger-Eibl

1 Innovationswettbewerb als Kristallisationspunkt einer Geschäftsbeziehung

Nicht erst im Zusammenhang mit Globalisierung und dem Einsatz von E-Technologien ist der Ruf nach Innovationen wieder lauter geworden, sondern auch Unternehmungen identifizieren Innovation zunehmend als den Stellhebel zur Wertsteigerung und verweisen auf die Korrelation von Innovation, Wertsteigerung und Beschäftigung (vgl. *Krubasik* 2001, S. 651 f). Der Begriff der Innovation ist in der deutschsprachigen Forschung in Verbindung mit einer Reihe von Themen und Konzepten diskutiert worden, die in der anglo-amerikanischen Literatur unter der Terminologie Product Development, Corporate Transformation, R&D Management oder Knowledge Management jeweils ein eigenes Forschungsforum füllen. Während sich in der angelsächsischen Forschung in den aufgeführten Feldern einzelne auch konkurrierende Schulen entwickelt haben, zeigt die Beschäftigung mit Innovationen im deutschen Sprachraum eine starke Fokussierung auf ökonomische Theorien mit einem rationalen Organisationsverständnis und eine sehr enge Betrachtung des Innovationsbegriffs im Sinne des Funktionsbereichs Forschung und Entwicklung. Allerdings werden Hinweise auf eine breitere Öffnung der Diskussion deutlich, wenn allgemeine Innovationstheorien von erkenntnisorientierten speziellen Innovationstheorien unterschieden werden (vgl. *Schröder* 1998, S. 299 ff).

1.1 Anstöße zur Interpretation von Innovation

Um in einer ersten Annäherung eine definitorische Aussage zu Innovation zu treffen, untersucht Weik die Verwendung des Begriffs anhand ausgewählter betriebswirtschaftlicher Texte (vgl. *Weik* 1997, S. 8 ff). So wird in einem Essay von Bacon 1625 Innovation als ein gefährliches Instrument konstatiert. Eine Interpretation, die angesichts der heutigen positiven Konnotation von Innovation in dieser Form kaum haltbar erscheint. Innovation als (Er-)Neuerung wird in der aktuellen Literatur meist eingegrenzt auf Produkt-, Dienstleistungs- und Prozeßinnovationen (vgl. *Ritter* 1998; *Haritz* 2000) und an Erfolg gekoppelt, was gleichzeitig die Existenz einer erfolglosen Innovation verneinen läßt. Albach versteht Innovation als eine „durch Wettbewerb gefilterte Kreativität" (vgl. *Albach* 1989, S. 1338), die verhindert, „... daß die Unternehmen in den Abgrund fallen" (vgl. *Albach* 1989, S. 1351). Staudt / Mühlemeyer betonen „Innovation setzt den erfolgreichen Vollzug zweier Phasen im Innovationsprozeß voraus: In der Phase der Invention werden Problemlösungspotentiale generiert, die in der Phase der Innovation im engeren Sinne produktionsreif zu entwickeln, herzustellen und zu vermarkten ... sind ..." (*Staudt / Mühlemeyer* 1995, Sp. 1200). Innovation wird in der Literatur in bezug auf den technischen Wandel als ein dreistufiger Prozeß verstanden, der sich aus Invention, Innovation und Diffusion zusammensetzt (vgl. *Davies* 1988). Innovation wird so als „Markteinführung einer technischen Neuerung oder als am Markt verwertete technische Neuerung" (*Bihn* 1997, S. 7) interpretiert. Das Ausarbeiten einer Innovation kann analog dem betrieblichen Produktionsprozeß für Güter und Dienstleistungen verstanden werden. Die Innovationsproduktion ist allerdings primär von den Faktoren Unsicherheit des Produktionsoutputs und Emergenz externer Effekte (vgl. *von Böventer* 1991, S. 11) determiniert. Haritz konkretisiert Innovationen über physische Objekte (vgl. *Haritz* 2000, S. 30), Ansätze, Instrumente sowie Verfahren und macht deutlich, daß eine Approximation an den Innovationsbegriff entscheidend von der subjektiven Wirklichkeitskonstruktion und der Interpretation der innovationsproduzierenden Systeme abhängt. Damit erscheint Innovation lediglich im Lichte der Generierung von subjektiv neuem Wissen (vgl. *Witte* 1973, S. 3).

Selbst in diesen wenigen Interpretationen und Zitaten kommt zum Ausdruck, daß Innovation implizite Wertungen beinhaltet, tautologische Argumente hervorruft, als Metapher des Überlebenskampfs einer Unternehmung oder als Vision einer besseren zukünftigen Ausrichtung einer Unternehmung verstanden werden kann. Schumpeter charakterisiert Innovation als ruckweise Veränderung der wirtschaftlichen Daten, wobei diese nicht auf exogene Faktoren zurückgeführt werden kann (vgl. *Schumpeter* 1934, S. 94).

Innovation als Phänomen läßt sich durch die Ausdifferenzierung verschiedener Ebenen abgrenzen. So beinhaltet die Mikroebene die Kreativitätsentfaltung von Individuen (vgl. *Leonhard / Strauss* 1998), die Mesoebene umfaßt die innovationsförderliche Gestaltung organisatorischer Strukturen und Prozesse sowie den institutionellen Kontext. Als Makroebene wird die Ausschöpfung der strategischen Potentiale wie Flexibilität, Wachstum sowie Effektivität und somit die permanente Suche nach Kontinuierung der partiellen Diskontinuität sowie das Management der Zukunftspfade einer Unternehmung verstanden.

Eine weitere Annäherung an den Innovationsbegriff läßt sich durch die Analyse konstitutiver Merkmale erreichen. Innovationen als ökonomische Güter sind charakterisiert durch starke Externalitäten und die prinzipielle Unvorhersehbarkeit ihres wirtschaftlichen Erfolgs sowie Unsicherheiten, die ihr Management erschweren (vgl. *Beckert* 1997, S. 19 ff). Innovationen haben ferner Charakteristika, die sie mit Informationen vergleichbar machen und ihrer Generierung in Wettbewerbsmärkten entgegenstehen. Dabei ist vor allem das Problem der privaten und sozialen Erträge aus der Innovation und damit ihre schwere Kontrollierbarkeit angesprochen. Darüber hinaus ist Information als Kernelement der Innovation auf Märkten „... nur begrenzt handelbar, da die Zahlungsbereitschaft für eine unbekannte und damit nicht schätzbare Information oft gering, für eine bekannte Information jedoch gleich null ist" (*Bihn* 1997, S. 10).

Christensen greift den Begriff der Technologie auf, um Innovation zu definieren und bezeichnet Technologie als die Prozesse, die es einer Unternehmung ermöglichen, Arbeit, Kapital, Material und Informationen in höherwertige Produkte und Serviceleistungen zu transformieren. Innovation bezieht sich nun auf den Wandel in einer dieser Technologien (vgl. *Christensen* 1997, S. XIII).

Das Phänomen der Innovation über konstitutive Charakeristika zu erfassen, ermöglicht ihre Typisierung. So unterscheidet Gassmann in Abhängigkeit der Affinität zu einem bestehenden Prozeß sowie Produkt radikale und inkrementale Innovationen, wobei letztere gekennzeichnet sind durch eine hohe Affinität zu einem bestehenden Prozeß und einem bestehenden Produkt. Hier stehen kleine Verbesserungsschritte im Vordergrund, so beispielsweise Verfahrensverbesserungen, Rationalisierungsprogramme, Folgeprodukte oder Anpassungen bestehender Produkte an lokale Märkte (vgl. *Gassmann* 1997, S. 138 ff). Tushman / O'Reilly III (1997) führen einen dritten Typus von Innovation ein: „incremental, architectural" (*Tushman / O'Reilly* 1997, S. 166) und „discontinuous"(*Tushman / O'Reilly* 1997, S. 166). Dabei verstehen sie inkrementale Innovation als kleine Erweiterungen bestehender Technologien, während architektonische Innovationen sich auf die Rekonfiguration bestehender Technologien beziehen. Diskontinuierliche Innovationen umschreiben sie als neue Prozesse und Kernprinzipien oder diskontinuierliche Prozeßinnovationen. Tushman / O'Reilly betonen darüber hinaus, daß es für die Nachhaltigkeit von Wettbewerbsvorteilen entscheidend ist, einen Strom von Innovationen hervorzubringen. Dabei wird der Innovationsstrom wesentlich durch den Technologiezyklus vorangetrieben. Eine Abgrenzung von technischen Innovationen läßt eine Unterscheidung von echten Innovationen, Quasi-neuen Produkten und Me-too-Produkten zu. Während letztere vor allem Differenzierungen im Produktäußeren und im Preis fokussieren, werden unter Quasi-neuen Produkten Erweiterungen und Modifikationen verstanden. Echte Innovationen sind dadurch gekennzeichnet, daß neue Problemlösungen oder neuer Kundennutzen im Mittelpunkt stehen, wobei das Innovationsrisiko höher, aber auch die Umsatz- und Gewinnchance größer ist als bei Me-too-Produkten (vgl. *Wildemann* 2001, S. 38). Eine weitere Unterscheidung führt Haritz ein, indem er über die Ergebnis- und Prozeßorientierung hinaus zwischen autonomen Innovationen, die unabhängig von weiteren Innovationen sind, und Innovationen auf Systemebene, die nur in Verbindung mit komplementären Innovationen umgesetzt werden können (vgl. *Haritz* 2000, S. 31 f) differenziert.

1.2 Ansätze zur Fundierung eines theoretischen Bezugsrahmens

Die definitorischen Überlegungen verdeutlichen bereits erste Bausteine einer theoretischen Fundierung des Innovationsbegriffs. Ansatzpunkte liefern das Rationalmodell des Handelns, wohlfahrtsökonomische Aspekte der Innovation, die handlungstheoretische Kritik an der ökonomischen Theorie von Schumpeter, institutionalistische und evolutionäre Ansätze sowie strukturalistische Ansätze wie von Gidden und Konzeptionen zur Kreativität des Handelns (vgl. im Überblick *Beckert* 1997, S. 22-42).

Arrow beschäftigt sich mit der Effizienz von Wettbewerbsmärkten für die Generierung eines optimalen Niveaus innovativer Tätigkeiten (vgl. *Arrow* 1985). Angesichts des Rationalmodells der neoklassischen Theorie, aus dem sich anerkanntermaßen die zentrale Bedeutung von Innovation für die Wohlfahrtsentwicklung ableiten läßt, wird die Frage emergent, ob sich aus der Gleichgewichtstheorie optimale Investitionen in innovative Tätigkeit deduzieren lassen. Arrow verdeutlicht, daß es aufgrund der Ungewißheit der Resultate von Innovationen - die mögliche Unteilbarkeit von Gütern und die Unmöglichkeit der privaten Aneignung der Güter - zum Marktversagen bei Innovationen kommen kann. Damit verbunden ist die Unsicherheit, inwieweit eine Markterschließung durch Produktinnovationen erfolgreich vollzogen wird, Kostensenkungspotentiale durch Modifikation von Leistungen ausgeschöpft werden können und nicht zuletzt inwieweit die mit der Grundlagenforschung verknüpfte Begrenztheit von Eigentumsrechten an Innovationen gesehen wird. Wären diese Aspekte nicht gegeben, könnte aus einer Gleichgewichtstheorie eine optimale marktliche Ressourcenallokation gefolgert werden. Allerdings zeigen auch spieltheoretische Modelle der Gleichgewichtstheorie, die Wettbewerbsstrukturen und Innovationstätigkeit untersuchen, daß es in Innovationskonfigurationen keine Lösung geben muß. Damit stellt sich die Frage, wie Entscheidungen für die Investition in Innovationen getroffen werden. Ferner läßt das Rationalmodell die Erklärung offen, wie die elementare Ambiguität von Innovationsalternativen in Handlungen realisiert wird, wie sich eine soziale Ordnung des wirtschaftlichen Agierens entwickelt und welche motivationalen Bedingungen notwendig sind, um der Unsicherheit und Problematik der Eigentumsrechte von Innovationen zu begegnen.

Aus wohlfahrtsökonomischer Sicht (vgl. *Bihn* 1997, S. 13-17) werden im wesentlichen technologische Innovationen eng mit den Chancen des qualitativen und quantitativen Wirtschaftswachstums verbunden, wobei Kosten struktureller Anpassung aufgrund des technischen Wandels relativ gering eingeschätzt werden und Veränderungen der Einkommensverteilung als kompensierbar gelten. Im Vordergrund steht das hohe Potential, mit Innovationen die zukünftigen Lebensbedingungen zu verbessern und das westliche Wertesystem der Industriestaaten durch die Fortschrittsnorm aufgrund von Produkt- und Prozeßinnovation zu festigen. Der Unternehmer, der in Innovationstätigkeiten investiert, wird seine Entscheidungen an den individuellen Grenzerträgen und -kosten der Innovation ausrichten. Dominieren positive Externalitäten, so ist das soziale Grenzprodukt von Innovationsaktivitäten größer als das private Grenzprodukt der Unternehmung. Das liegt daran, daß durch die Innovationstätigkeiten das technologische Wissen der Gesellschaft wächst und als unentgeltlicher Input für Innovationstätigkeiten der Wettbewerbsunternehmungen genutzt wird, was wiederum zu einer effizienten Ressourcenallokation durch Einsparung führt. Diese Erträge sind aber für den Unternehmer nicht appropriierbar, was im Vergleich zum sozialen optimalen Niveau zu einer Unterinvestition in Innovationstätigkeiten führt.

Wirtschaftspolitisch ergibt sich hieraus ein Lenkungsbedarf in bezug auf die Eigentumsrechte von Innovationstätigkeiten durch Patentschutz, der allerdings externe Effekte auch nicht vollständig beseitigen kann. Die andere Möglichkeit, die staatliche Investition in Innovationstätigkeit, beinhaltet die Gefahr, daß Innovationen nicht an den Bedürfnissen der Wirtschaftssubjekte ausgerichtet sind. Wohlfahrtsökonomisch interessanter scheint es, die unternehmerische Innovationstätigkeit zu fördern, um negative Auswirkungen externer Effekte zu kompensieren. Eine Option ist die Subvention, die aber auch zu allokativen Verzerrungen führen kann. Eine weitere Möglichkeit besteht in der Förderung und Erleichterung von Kooperationen im Innovationsbereich. Hier steht der wechselseitige Wissenstransfer im Mittelpunkt, indem externe Effekte von den beteiligten Kooperationspartnern über vertragliche Regelungen internalisiert und Eigentumsrechte gewahrt werden. Die Unsicherheit des Innovationsoutputs und die Unteilbarkeiten der Inputs scheinen in diesem Zusammenhang keine Hindernisse mehr zu sein, da Risiken und Inputfaktoren gebündelt werden können. Allerdings ist hier zu prüfen, inwieweit Wettbewerbsbeschränkungen gegenüber Konkurrenten aufgebaut werden (vgl. *Bihn* 1997, S. 188).

Einen möglichen Ansatz, sich mit diesen Fragen auseinanderzusetzen, stellt die Innovationstheorie von Schumpeter dar, die sich vom Konstrukt des homo oeconomicus löst und aus handlungstheoretischer Sicht Innovation zu erklären sucht (vgl. *Schumpeter* 1934; 1991). Hierzu führt er eine Differenzierung von Kapitalisten, Managern und Unternehmern ein, die Träger innovativer Prozesse darstellen und deren Verhalten in unterschiedlicher Weise gekennzeichnet ist. So verbindet er mit dem Manager ein statisch-hedonistisches, kalkuliertes Handeln, das mit der Handlungstheorie der neoklassischen Theorie erklärt werden kann, während er dem Unternehmer ein kreatives, dynamisch-energetisches Handeln zuschreibt. Der Unternehmer setzt sich mit Neuem auseinander und realisiert außerhalb des eigennützigen Kalküls entgegen aller tradierten Überlegungen der Umwelt neue Kombinationen in der Wirtschaft - Innovationen. In diesen Überlegungen kommt zum Ausdruck, daß die motivationale Struktur, Innovationen zu realisieren, nicht in erster Linie durch monetäre Beweggründe geprägt ist. Schumpeter arbeitet adaptive und creative response als gegenpolige Reaktionsweisen auf Veränderungen heraus und macht deutlich, daß Innovation ex ante nicht aus den Daten der Situation beobachtbar ist, sondern erst durch einen kreativen Prozeß eines Akteurs erfaßt werden kann. Ferner konstatiert er creative response in bezug auf die Interdeterminiertheit des Handelns durch die Situation und die Bedeutung des Handelns und die Entscheidungsfreiheit. Diese Überlegungen von Schumpeter verweisen auf den begrenzten Erklärungsgehalt des Rationalmodells für Innovation und unterstreicht die Notwendigkeit einer handlungstheoretischen Methodik in der Untersuchung von Innovation und der aus ihr entstehenden Dynamik, die als kreative Reaktion von Handelnden auf situative Veränderungen verstanden wird. Für eine theoretische Fundierung von Innovation bedeutet dies, daß es einer positiven Theorie des Entscheidungsverhaltens unter strategischer Ungewißheit und situativer Komplexität der Beziehung von Investition und Innovation bedarf.

Da im Rahmen von Innovationen ex ante nicht festgelegt ist, welcher Output mit welcher Faktorkombination erzielt werden kann, orientieren sich Akteure oft an institutionalisierten Entscheidungsregeln, um die mit Innovationen verbundene Komplexität zu reduzieren. Damit treten Rationalität auf Basis vollkommener Information zugunsten von Weltanschauungen und institutionalisierten Regeln, die soziale Praktiken vereinen, in den Hintergrund. Innovationsentscheidungen verweisen aber auch auf Anpassungsstrategien an einen möglicherweise richtungsändernden Pfad, von dem aufgrund von sunk-costs (vgl. *Wieandt* 1994), auch kognitiver Art, nur geringfügig abgewichen wird. Endogene

Anreize und Faktoren spielen eine weitaus bedeutendere Rolle als marktliche Begebenheiten. Die Dynamik des technologischen Wandels zeigt darüber hinaus, daß eine optimale Innovationsrate aufgrund der Komplexität innovativer Prozesse nicht erwartet werden kann und Selektionsmechanismen im Zuge unterschiedlicher Anpassungsfähigkeit von Unternehmungen eine zentrale Bedeutung zukommt. Institutionalistische und evolutionäre Ansätze verlassen Gleichgewichts- und Rationalitätsbegriffe der Wohlfahrtsökonomie und stellen für das Verständnis von Innovation auf die Bedeutung von Strukturen ab. Allerdings darf nicht übersehen werden, daß Innovation kreatives Handeln, das bis zu einem gewissen Grad auch Voluntarismus einschließt, notwendig erscheinen läßt.

Konstitutionstheorien der Soziologie untersuchen die Dualität von Struktur und Handeln, berücksichtigen Individuen in der Gestaltung von sozialen Beziehungen und versuchen, gesellschaftliche Prozesse aus dem Handeln der Akteure zu erklären (vgl. *Habermas* 1988; *Giddens* 1984). Die Strukturationstheorie von Giddens diskutiert die Intentionalität des Handelns und Strukturen, die Individuen aufgrund ihres Handelns unbeabsichtigt entwickeln und die ihnen wiederum als Bedingung für ihr Handeln und die Handlungsoptionen gelten. „Human social activities, like some self-reproducing items in nature, are recursive. That is to say, they are not brought into being by social actors but continually recreated by them via the very means whereby they express themselves as actors." (*Giddens* 1984, S. 2)

Innovative Prozesse werden in diesem Bezugsrahmen aus makrosozialer Perspektive beleuchtet, wobei die prinzipielle Kontingenz historischer Prozesse als Gegenpol zu evolutionären Modellen betont wird. Vor diesem Hintergrund bedarf es zur Fundierung einer Theorie des innovativen Handelns eines Transfers auf die handlungstheoretische Ebene. So entwickeln sich wirtschaftliche Innovationen in bezug auf bestehende Strukturen, die im Handeln reproduziert werden. Das bedeutet aber auch, daß Reflexivität und Anerkennungsprozesse als Voraussetzungen für die Emergenz von Innovationen zu werten sind. Giddens geht darüber hinaus noch einen Schritt weiter, indem er die räumlich-zeitliche Schnittstelle einführt und damit zum Ausdruck bringt, daß sozialer Wandel im Kontext sozialer Strukturen anderer Gesellschaften zu betrachten ist.

Diese makrosoziale Perspektive von Giddens zeigt bereits einige Aspekte zur theoretischen Fundierung von Innovation, allerdings bleibt die Mikroebene - die Kreativität innovativen Handelns - weitgehend unbeleuchtet. Eine Annäherung an diesen Aspekt der Innovation ist durch die Theorie der Handlungstheorie des amerikanischen Pragmatismus (vgl. *Joas* 1999) möglich. Sie beruht auf der Spannung von Neuem und konkreten Handlungssituationen. Innovationen - neue Handlungsweisen - entstehen aufgrund des sich Auseinandersetzens mit konkreten Handlungsproblemen. Die Situation bedingt Kreativität, und damit wird das menschliche Handeln im Spannungsfeld von unreflektierten Handlungsgewohnheiten und kreativen Leistungen betrachtet. Im Zusammenspiel von Situation und Kognition werden für konkrete Handlungsprobleme Lösungen entwickelt, die nicht vorbestimmt sind. Elementar ist im Pragmatismus die Verflechtung von Handlungsvollzügen, -zwecken und -mitteln. In Ergänzung zu Giddens Überlegungen entwickeln sich Handlungsziele erst in der Handlungssituation und sind nicht in der Situation kontextualisiert, so daß Situation, Prozeß und Handlungsfluß in einem engen Zusammenhang gesehen werden. Innovatives Handeln wird so durch den sozialen Kontext der Akteure ermöglicht und ist gleichzeitig inhärentes konstitutives Charakteristikum.

2 Unternehmensnetzwerke als Aktionsraum für Innovationen

Ausgehend von diesen Überlegungen stellt sich die Frage, in welchem organisatorischen Kontext Innovationen realisiert werden. Innovationen sind einerseits im Rahmen der strategischen Ausrichtung der Unternehmung zu sehen, andererseits ist es notwendig, die strategischen Ziele bei der Umsetzung von Innovationen zu realisieren. Unternehmensnetzwerke werden als geeignete Organisationsform im Spannungsfeld von Markt und Hierarchie verstanden, die Innovationen vor dem Hintergrund strategischer Ziele interorganisational verbinden und so ein effizientes und effektives Leistungsspektrum ermöglichen. Unternehmensnetzwerke erlauben, Zeit-, Know-how-, Kosten- und Kompetenzvorteile zu nutzen sowie die Umsetzung von Synergieeffekten, Flexibilität und Marktzutritt effizient zu gewährleisten (vgl. *Weissenberger-Eibl* 2000, S. 47-66).

2.1 Typologien von Unternehmensnetzwerken

Als Arbeitsdefinition eines Unternehmensnetzwerkes hält Sydow folgendes fest: „Ein Unternehmensnetzwerk stellt eine auf die Realisierung von Wettbewerbsvorteilen zielende Organisationsform ökonomischer Aktivitäten dar, die sich durch komplex-reziproke, eher kooperative denn kompetitive und relativ stabile Beziehungen zwischen rechtlich selbständigen, wirtschaftlich jedoch zumeist abhängigen Unternehmungen auszeichnet." (vgl. *Sydow* 1992, S. 79. Hervorhebung im Original).

Aufbauend auf einer solchen Begriffsdefinition verwenden die in der Literatur (vgl. u. a. *Gemünden* 1990; *Sydow* 1992; *Wildemann* 1998) dargestellten Typologien von Unternehmensnetzwerken unterschiedliche charakteristische Merkmale. Als erster Zugriff sollen im folgenden die Erkenntnisformen zu Unternehmensnetzwerken von *Wildemann* (1996, 1998), *Sydow* (1992) und *Håkansson* (1987, 1989) dargestellt werden.

Wildemann unterscheidet in seinen umfangreichen Ausführungen sowohl branchen- als auch funktionalorientierte sowie arbeitsteilig organisierte Unternehmensnetzwerke. In einer Delphi-Studie (vgl. *Wildemann* 1998) führt er in einer empirischen Auswertung funktional- und branchenorientierte Unternehmensnetzwerke zusammen, zeigt Handlungsempfehlungen zur Gestaltung und Koordination auf und verdeutlicht an einer Grundgesamtheit von 155 Unternehmungen die Strategien eines erfolgreichen Unternehmensnetzwerkes am Beispiel der Zulieferindustrie. Im Mittelpunkt der Darstellung stehen Produktions- und Zuliefernetzwerke, die ergänzt werden durch Entwicklungs- und Vertriebsnetzwerke.

Sydow grenzt vor allem anhand der Art der Führung sowie des intentionalen Handelns strategische Netzwerke ab (vgl. *Sydow* 1992, S. 81-83). Diese differenziert er weiter nach Form und Inhalt der Austauschbeziehungen und beschreibt sie anhand des Verhältnisses von Autonomie zu Interdependenz, anhand der Koexistenz von Kooperation und Wettbewerb, der Reziprozität und Stabilität sowie der Abgrenzung von Netzwerk und seiner Netzwerkumwelt.

Håkansson fokussiert Unternehmensnetzwerke auf Kooperationsformen zwischen zwei und mehreren Partnerunternehmungen, wobei er ein Netzwerk definiert als „... arena in which the company operates. And yet it is much more than an arena: it is also one of the most importants of change, since corporate relationships can be used for mobilization purposes.“(*Håkansson* 1989, S. 15-16)

Das Modell eines Netzwerkes nach Håkansson beruht auf drei Elementen, den Ressourcen, Akteuren sowie den Aktivitäten. Ressourcen charakterisiert er als heterogen, vielfach abhängig und bezieht sie auf physische und humane Komponenten. Die Aktivitäten, die die Ressourcen verbinden, sie verändern oder substituieren, umfassen die Transformation, Transaktion sowie Aktivitätenzyklen und -ketten. Die Akteure, die ein ganz bestimmtes Wissen sowohl über Aktivitäten als auch über Ressourcen besitzen, führen die Aktivitäten durch und kontrollieren die Ressourcen - als einzelner Akteur oder gemeinsam mit anderen.

Basierend auf dieser Abgrenzung eines Netzwerkes konzentriert Håkansson seine Betrachtung auf Industrienetzwerke, wobei technologie- und branchenorientierte Unternehmensnetzwerke sowie die Marketingbeziehung innerhalb eines Netzwerkes im Mittelpunkt stehen.

Kiesel / Klink klassifizieren Unternehmensnetzwerke auf unterschiedlichen Ebenen (vgl. *Kiesel/Klink* 1998, S. 19), zunächst anhand von Merkmalen zur Beschreibung des Verhaltens von Netzwerken. Diese Kriterien umfassen die Netzwerkgrenze, die Dominanz des Partners, den Marktzugang, die Produktvariabilität, die Wertschöpfungsvariabilität - die Veränderung der „netzinternen Wertschöpfungsstruktur von Auftrag zu Auftrag“ (*Kiesel / Klink* 1998, S. 20) und den Common-Added-Value - „den gemeinsamen Zusatz-nutzen“ (*Kiesel / Klink* 1998, S. 20). Auf zweiter Ebene werden als Klassifikationsmerkmale die optimierten Funktionsprinzipien aufgeführt, untergliedert nach operativen und strategischen Prozessen. Aufgrund dieser beiden Stufen der Unterscheidung gelingt es, eine Differenzierung zwischen dem Ist- und dem Soll-Zustand eines Netzwerkes vorzunehmen und die Entwicklungspotentiale eines Netzwerkes abzuleiten.

Resultat dieser Klassifizierung sind vier Netzwerktypen, die an die Kommunikationsarchitekturen Ring, Stern, Bus und Baum anknüpfen und als Ring-, Stern-, Bus- und Baum-Netzwerk bezeichnet werden. Jede dieser Netzwerkart läßt sich anhand der zwei Ebenen, Netzwerkverhalten und Funktionsprinzipien, in Verbindung mit den Entwicklungspotentialen näher spezifizieren.

Eine durchaus interessante Typologie wird in der Literatur im Zusammenhang mit der Organisationsform der Management-Holding diskutiert (vgl. *Kunstmann* 1996), die Kommunikationswege als ein Merkmal heranzieht, das gerade für Innovationen in Unternehmensnetzwerken eine bedeutende Rolle spielt. Überträgt man diese Eskalationsstufen unter Berücksichtigung der konstitutiven Definitionsmerkmale eines Unternehmensnetzwerkes und vor dem Hintergrund der Kommunikationstheorie auf ein Netzwerk, so zeichnet sich eine Typologie ab, die im Rahmen von Innovationen in Unternehmensnetzwerken zu einem Fortschritt der bereits in der Literatur diskutierten Ansätze zur Abgrenzung von Netzwerken beitragen kann. Im Rahmen eines Innovationsmanagements, das die Vernetzung von Innovationen zwischen Netzwerkakteuren im Sinne eines kooperativen Leistungssystems umfaßt, ist es notwendig, die Kommunikationsebenen und die über- respektive untergeordnete Stellung der Akteure im Netzwerk sowie die Positionierung in der fokalen Unternehmung zu betrachten. Organisatorischer Ausgangspunkt dieser Überlegung ist ein Unternehmensnetzwerk mit mehreren Akteuren, die einer Führung bedürfen. Bei einem fokalen Netzwerkakteur werden die Funktionen des Managements, der Koordinations- und Kontrollorgane sowie die operativen Einheiten unterschieden.

So können in einem Inklusionsmodell der Kommunikationstypologie innerhalb eines Unternehmensnetzwerkes folgende sechs Eskalationsstufen unterschieden werden. Ebene 1: Kommunikation zwischen der Netzwerkführung und dem Management der Netzwerkakteure. Bei dieser Stufe der Interaktion legt die Sternstruktur einer Informations- und Kommunikationstechnologie die Basis für den Wissenstransfer. Ebene 2: Überwachende Kommunikation durch die Koordinations- und Kontrollorgane eines Netzwerkes. Ebene 3: Kommunikation innerhalb des jeweiligen Managements der Netzwerkakteure. Diese Ausprägung der Konnexion enthält beispielsweise die Vereinbarung mit Bezug auf das Ausmaß der bereitzustellenden Ressourcen, um auf technologischer Seite Wissen auszutauschen und gemeinsam weiterzuentwickeln. Ebene 4: Kommunikation innerhalb des Managements der Netzwerkakteure, den Koordinations- und Kontrollorganen und den operativen Einheiten eines fokalen Partners. Damit die strategischen Entscheidungen des Managements operationalisiert werden können, bedarf es einer Abstimmung mit den ausführenden Organen innerhalb eines Netzwerkes. Ebene 5: Kommunikation zwischen den operativen Bereichen der Unternehmenspartner und den Lieferanten und Kunden. Diese Eskalationsstufe zeigt, daß die Beziehungen innerhalb eines Netzwerkes auch auf vertikaler Ebene ausgedehnt und Stakeholder in das Geflecht der Kommunikation aufgenommen werden. Die Ebene 6: Netzwerkweite Kommunikation, bringt die Integration der vertikalen und horizontalen Kommunikationsrichtung zum Ausdruck und stellt die letzte Stufe bis zur Bildung eines Inklusionsmodells der Kommunikationsstruktur in einem Unternehmensnetzwerk dar (vgl. *Weissenberger-Eibl* 2000, S. 55)

Bei der Vielfalt der Typisierungen von Unternehmensnetzwerken in der Literatur sind die Merkmale Arbeitsteilung, Planungsebene, Branche, Funktion, Raum und Kommunikation hervorzuheben. Die Untersuchung zur Typisierung zeigt, daß eine wissenschaftliche Untersuchung räumlicher Unternehmensnetzwerke kaum vorgenommen wird, ebensowenig eine Unterscheidung hinsichtlich der Kommunikation in einem Unternehmensnetzwerk. In der Literatur werden überwiegend branchen-, funktions- und arbeitsteiligorientierte Typologien von Unternehmensnetzwerken diskutiert.

2.2 Entwicklungspartnerschaften – eine definitorische Annäherung

Verknüpft man die Erkenntnisse der Typologien von Unternehmensnetzwerken mit den Überlegungen zu Innovationen, so läßt sich eine definitorische Annäherung an Entwicklungspartnerschaften festmachen. In der Arbeitsdefinition von Innovation scheinen gemäß der Untersuchung der Abgrenzungen von Innovation vor allem die definitorischen Merkmale nach Christensen eine fruchtbare Basis für die Diskussion der Themenstellung darzustellen. Vor allem die Charakteristika:

- Wandel von Prozessen,
- Erreichung eines höheren Wertes und
- Transformation von Ressourcen

sind geeignet, den organisatorischen Rahmen zu spezifizieren. Angesichts der Potentiale, die sich aus Innovationen erschließen lassen, erscheint jedoch ein umfassenderes Verständnis von Innovation und damit eine Erweiterung der Definition von Christensen erforderlich. So wird Innovation nicht allein auf Produkte und Serviceleistungen bezogen oder wie bei Haritz auf Verfahren, Instrumente oder Ansätze eingegrenzt, sondern in Bezug gesetzt zu einer strategischen Orientierung und neben der ökonomischen die soziale und politische Dimension als Bezugspunkt der Innovation berücksichtigt. Den sozioökonomischen Rahmen bilden Technologiezyklen, die den Handlungsspielraum für Innovationen und deren Ausschöpfung eröffnen.

Entwicklungspartnerschaften konzentrieren sich somit nicht auf die Unternehmungsfunktion der Forschung und Entwicklung, sondern beziehen Innovationen auf sozialer, kultureller, politischer, strategischer sowie ökonomischer Ebene mit ein und entwickeln sich im Sinne eines gemäßigten Voluntarismus zur Zielerreichung mehrerer selbständig agierender und meist wirtschaftlich abhängiger Unternehmungen, die sowohl in kooperativer als auch kompetitiver Situation eine relativ stabile Zusammenarbeit forcieren.

3 Entwicklungspartnerschaft als organisatorische Verflechtung mit Kunden

An einer Fallstudie sollen die Überlegungen zu Innovationen im Rahmen von Entwicklungspartnerschaften veranschaulicht werden. Ein mittelständisches Software- und Systemhaus hat sich das Ziel gesetzt, als Enabler für eine höhere Produktivität der Kunden verstanden zu werden. Diese Unternehmung ist eine Organisation mit drei Hierarchieebenen und geringem Formalisierungsgrad in der Organisation und der Umsetzung von Aktivitäten. Der Führungsstil ist gekennzeichnet durch Kooperation, kurze Wege und Anerkennung von Leistung. Die Kunden erwarten von ihrer Dienstleistungsunternehmung, daß sich die Mitarbeiter der Unternehmung in die besondere Problemlage des Kunden hineindenken und so betriebsspezifische Lösungen entwickeln und realisieren. Deshalb ist eine der Leitlinien des Software- und Systemhauses die Einbindung der Kunden als Entwicklungspartner in die Generierung und Realisierung der Problemlösung für den Kunden. Nicht nur fachliche Leistungen auf hohem Niveau, sondern auch die Entwicklung einer Vertrauens- und Akzeptanzbasis sind die zentralen Aspekte des Unternehmungsanspruches, der es ermöglicht, zusammen mit dem Kunden neue Formen der Dienstleistungen zu entwickeln. Damit stellt sich das Software- und Systemhaus der Frage: Wie können die Potentiale der Unternehmung, insbesondere der internen Entwickler und der Vertriebsmitarbeiter, so eingesetzt werden, daß das Kundenziel einer erhöhten Produktivität von Produktentwicklungs- und Produktionsprozessen erreicht wird?

Für diese Aufgabenstellung wurde eine Projektorganisation eingeführt, die im Kern Mitarbeiter der Entwicklung und des Vertriebes sowie ein Mitglied der Geschäftsleitung umfaßte (vgl. *Georg* 2000). Abhängig von der konkreten Problemstellung wurden flexibel Mitarbeiter hinzugezogen. Nach innen erhöhte sich vor allem die aufgabenbezogene Kommunikations- und Kooperationsdichte und -qualität. „Offene Türen", spontane Kleingruppen-Meetings, regelmäßige Arbeitssitzungen, systematische Dokumentation und Diffusion von Informationen über Projekterfolge und -mißerfolge waren einige Maßnahmen, die diese neue Kultur für neue Dienstleistungen prägen. In der Beziehung zum Kunden agierte die Unternehmung nach den Prinzipien: „Das Kundenproblem wird zum eigenen Problem gemacht. Kooperatives Verhalten gegenüber dem Kunden und dem Wettbewerb steht an vorderster Stelle." Dies ermöglichte es, den Kunden als Ko-Produzenten des Software- und Systemhauses zu gewinnen, die Produktivität zu erhöhen und Blindleistung zu reduzieren.

Im Projektverlauf wurde sichtbar, daß die Kerngruppe eine wesentliche Bedingung für den Erfolg darstellte, nicht nur wegen der fachlichen Integrationsleistung, sondern auch, weil intern durch die Betonung der Chancen, die sich für die Unternehmung ergaben, eine erhöhte Akzeptanz für neue Dienstleistungen offensichtlich gemacht wurde. Ferner diente die erhöhte Kommunikationsdichte und -qualität am Markt - beim Kunden - der internen Weiterentwicklung und Verbesserung der Kooperation mit den Kunden. Ein weiterer Effekt war das gestiegene Motivationsniveau bei den Mitarbeitern. Auf der Ebene des Wissens im Software- und Systemhaus wurde deutlich, daß kreative Dienstleistungsentwicklung auf einem hohen fachlichen Wissensniveau aufzusetzen hat, das zudem zügig angereichert werden sollte. Damit ergaben sich erhöhte Anforderungen an den Wissenserwerb sowie die Lernkosten und -zeiten. Weiterhin kam zum Ausdruck, daß die innovativen Dienstleistungen keine Katalog-Produkte waren, sondern weitgehend im offenen Suchprozeß mit dem Kunden entwickelt wurden. „Learning by doing" und das rasche Erreichen eines hohen Niveaus auf der Lernkurve spielten eine entscheidende Rolle. Das neue Wissen, das individuell erworben wurde, mußte übertragen und verbreitet werden. Dies geht in der Regel mit einem formalisierten, dokumentierenden Prozeß einher. Die Kunst des Managements besteht nun darin, den Formalisierungsprozeß, der eine schlanke und kreative Organisation in ihren Freiheitsgraden einschränken kann, so zu steuern, daß die damit verbundene Zeit- und Mittelbindung kein Hindernis für die Entwicklung innovativer Dienstleistungen darstellt.

Das Software- und Systemhaus verdeutlicht, daß zusammen mit Kunden neue Dienstleistungen entwickelt werden können, die über die Möglichkeiten von Produkten und Prozessen hinausgehen und gleichzeitig eine interne Reorganisation der Dienstleistungsunternehmung bewirken können. Die positive Resonanz der Kunden auf diese Art der Entwicklungspartnerschaft bestätigt den eingeschlagenen Weg des Software- und Systemhauses, der nach außen die Profilierung der Enabler-Rolle und nach innen den Ausbau der kreativitätsfördernden Organisation unter Aspekten des Wissensmanagements (vgl. *Weissenberger-Eibl* 2001) betont.

4 Fazit und Ausblick

Innovationen vor dem Hintergrund von Entwicklungspartnerschaften zu betrachten, bedeutet einerseits, Kunden in den Prozeß der Generierung von Leistungen zu integrieren, andererseits erfordert es auch, die Entwicklungspartnerschaft im Zeitverlauf, in bezug auf die Partner sowie vor dem sozialen und kulturellen Hintergrund zu diskutieren. Partner einer Entwicklungspartnerschaft können im Hersteller-Zulieferer-Verhältnis, bei Wettbewerbern oder bei Kunden liegen und sind hinsichtlich ihres Potentials in bezug auf Wettbewerbsvorteile sehr reichhaltig.

Die Erfolgschancen von Produkt- wie Prozeßinnovationen steigen, wenn Entwicklungspartnerschaften Synergieeffekte - wie in der Fallstudie angeführt - möglichst beim Anbieter und beim Abnehmer nutzen können. Die möglichst frühzeitige methodisch-systematische Identifikation von Kunden- und Marktinformationen erhöht die Erfolgschancen von Entwicklungspartnerschaften ebenso wie die frühzeitige Einbeziehung von

Kunden in den Entwicklungs- und Implementierungsprozeß und die baldige Integration aller betroffenen innerbetrieblichen Bereiche sowie das prompte Aufgreifen aller Unterstützungsmaßnahmen (vgl. *Schröder* 1998, S. 331f) - wie in der Fallstudie das Wissensmanagement. Daran knüpft sich eine weitere Erkenntnis, die die relationale, Fach-, Methoden- und Sozialkompetenz als unabdingbare Voraussetzung für kooperative Kernkompetenzen hervorhebt.

Diese Überlegungen führen in der Konsequenz zu einer Reihe von Fragen, wovon einige wie folgt formuliert werden können: „Warum erreichen Innovationen trotz der gewonnenen Erkenntnisse in der Innovationsforschung kaum die Einführungsphase ihres Lebenszyklus (vgl. *Schröder* 1998, S. 332)? Welche Kompetenzen müssen die Partner besitzen? Welche Bedeutung kommt integrierenden Kernfähigkeiten zu? Welche Rollen lassen sich in Entwicklungspartnerschaften identifizieren? Wie ist eine innovationsfördernde Organisationskultur und flexible offene Organisationsstruktur zu gestalten?

5 Literatur

Albach, H. (1989): *Innovationsstrategien zur Verbesserung der Wettbewerbsfähigkeit*, in: Zeitschrift für Betriebswirtschaft 12 (59) 1989, S. 1338-1352

Arrow, K. (1985): *Economic welfare and the allocation of resources for invention*, in: Production and capital. Collected papers of Kenneth J. Arrow, Band 5, Cambridge 1985, S. 104-119

Beckert, J. (1997): *Handlungstheoretische Aspekte der Organisation von Innovationen*, in: Organisation von Innovation hrsg. von. F. Heideloff / T. Radel, München, Mering 1997, S. 19-44

Bihn, M. (1997): *Forschungs- und Entwicklungskooperationen*, Frankfurt/Main, Berlin et al. 1997

Christensen, C. M. (1997): *The innovator's dilemma*, Boston 1997

Davies, St. (1988): *Technical change, productivity and market structure*, in: Economics of industrial organisation, hrsg. von St. Davies, London 1988, S. 192-246

Gassmann, O. (1997): *Internationales F&E-Management*, München, Wien 1997

Gemünden, H. G. (1990): *Innovationen in Geschäftsbeziehungen und Netzwerken*, Karlsruhe 1990

Georg, E. O. (2000): *Initiative "Dienstleistungen für das 21. Jahrhundert"*, Bundesministerium für Bildung, Wissenschaft, Forschung und Technologie, www.dl200.de

Giddens, A. (1984): *The constitution of society: Outline of a theory of structuration*, Cambridge 1984

Habermas, J. (1988): *Theorie des kommunikativen Handelns, Band 1 Handlungsrationalität und gesellschaftliche Rationalisierung*, Frankfurt / Main 1988

Håkansson, H. (1987): *Industrial technological development. A network approach*, London et al. 1987

Håkansson, H. (1989): *Corporate technological behaviour. Co-operation and networks*, London, New York 1989

Haritz, A. (2000): *Innovationsnetzwerke – Ein systemorientierter Ansatz*, Wiesbaden 2000

Jarillo, J.C. (1993): *Strategic networks: Creating the borderless organization*, Oxford et al. 1993

Joas, H. (1999): *Pragmatismus und Gesellschaftstheorie*, Frankfurt / Main 1999

Kiesel, B.; Klink, J. (1998): *Die Renaissance der Kooperation*, in: Zeitschrift für wirtschaftliche Fertigung 1-2 (93) 1998, S. 18-21

Krubasik, E. G. (2001): *Wertsteigerung im Industrieunternehmen*, in: Wertsteigerung von Unternehmen. Mit welchen Methoden?, hrsg. von H. Wildemann, München, S. 649-657

Kunstmann, H. H. (1996): *Kommunikationsebenen in der lernenden Management-Holding*, in: Zeitschrift Führung und Organisation 1 (65) 1996, S. 38-44

Leonhard, D.; Straus, S. (1998): *Im Widerstreit der Ideen zur Innovation*, in: Harvard Business manager 2 (20) 1998, S. 27-37

Ritter, Th. (1998): *Innovationserfolg durch Netzwerk-Kompetenz*, Wiesbaden 1998

Schröder, H.-H. (1998): *Zur Relevanz der Innovationsforschung für die Produktionswirtschaft*, in: Innovationen in der Produktionswirtschaft - Produkte, Prozesse, Planung und Steuerung, hrsg. von H. Wildemann, München, S. 293-337

Schumpeter, J. (1934): *Theorie der wirtschaftlichen Entwicklung*, Berlin 1934

Schumpeter, J. (1991): *Comments on a plan for the study of entrepreneurship*, in: The economics and sociology of capitalism, hrsg. von R. Swedberg, Princeton, S. 406-428

Sydow, J. (1992): *Strategische Netzwerke. Evolution und Organisation*, Wiesbaden 1992.

von Böventer, E. (1991): *Einführung in die Mikroökonomie*, 7. Aufl., München, Wien 1991

Weik, E. (1997): *Innovation, aber wie? Einige Gedanken zur Verwendung des Begriffs in der BWL*, in: Organisation von Innovation hrsg. von F. Heideloff / T. Radel, München, Mering 1997, S. 7-17

Weissenberger-Eibl, M. (2001): *Interaktionsorientiertes Agentensystem*, in: Zeitschrift für Betriebswirtschaft 2 (71) 2001, S. 203-220

Weissenberger-Eibl, M. (2000): *Wissensmanagement als Instrument der strategischen Unternehmensführung in Unternehmensnetzwerken*, München 2000

Wieandt, A. (1994): *Versunkene Kosten und strategische Unternehmensführung*, in: Zeitschrift für Betriebswirtschaft, 8 (64) 1994, S. 1027-1044

Wildemann, H. (2001): *Innovationsmanagement - Leitfaden zur Einführung eines effektiven und effizienten Innovationsmanagementsystems*, München 2001

Wildemann, H. (1998): *Entwicklungs-, Produktions- und Vertriebsnetzwerke in der Zulieferindustrie*. Ergebnisse einer Delphi-Studie, München 1998

Wildemann, H. (1996): *Management von Produktions- und Zuliefernetzwerken*, in: Produktions- und Zuliefernetzwerke, hrsg. v. H. Wildemann, München 1996, S. 13-45

Witte, E. (1973): *Organisation für Innovationsentscheidungen*, Göttingen 1973

Innovation in Coopetition-Netzen - Herausforderungen an Systemintegratoren im Schiffbau

Christian Nedeß, Axel Friedewald, Jens Bodo Koch

1 Einleitung

Der steigende Wettbewerbsdruck auf den internationalen Märkten hat u.a. im Maschinenbau zu einer veränderten und intensiveren Zusammenarbeit zwischen Unternehmen und ihren Zulieferern geführt und in vielen Fällen eine beidseitige Verbesserung der Wettbewerbssituation gebracht (vgl. *Wildemann* 1998, S. 27 ff). Dieser Herausforderung müssen gerade hocharbeitsteilige und know-how-intensive Branchen entgegentreten. Im Rahmen dieses Beitrages wird daher der Schiffbau – als typischer und wegen seiner Komplexität höchst interessanter Vertreter der Investitionsgüterindustrie – angeführt.

Diese eher traditionelle Industrie befindet sich derzeit in einer Aufbruchstimmung und möchte in den nächsten Jahren ihre Zukunftsfähigkeit ohne Subventionen sichern und ausbauen. Vorhandene Konzepte und richtige Elemente anderer Branchen müssen an die spezifischen Bedingungen im Schiffbau adaptiert werden, um den bereits eingeleiteten strukturellen Wandel zu unterstützen und weiter voranzutreiben. Während die Werften noch vor 20 Jahren Schiffe aus einer Hand gefertigt haben und Schiffswerft und Maschinenfabrik mit integrierter Tischlerei, E-Werkstatt und Gießerei waren, wurden diese nicht kontinuierlich ausgelasteten Gewerke vermehrt ausgelagert und Tätigkeiten an eine zunehmende Zahl an Zulieferern fremdvergeben. Bei komplexen Schiffstypen beträgt der Wertschöpfungsanteil der Zulieferer heute bis zu 75 Prozent. Zudem erfordern der Entwurf, die Konstruktion und der Bau hochwertiger Passagier- oder Handelsschiffe, auch aufgrund des gestiegenen Komplexitätsgrades, die koordinierte Zusammenarbeit und das einander ergänzende Know-how von Werft und Zulieferern, so daß moderne Werften heute Systemhersteller sind, die die unterschiedlichen Anforderungen der spezialisierten Zulieferer zu einem optimalen Gesamtobjekt integrieren müssen.

Noch vor wenigen Jahren mußte die Form der Zusammenarbeit eher als „klassisches Abnehmer-Zulieferer-Verhältnis“ bezeichnet werden. Heute wird eine enge Systempartnerschaft zwischen der Werft und ihren Hauptzulieferanten angestrebt, die gemeinsam ein Angebot für den Kunden erarbeiten. Damit wird neben der Flexibilität auch die Verantwortung der Zulieferer erhöht und das gemeinsame Engagement gestärkt. Die Kooperation von Unternehmen, die nach Beendigung des gemeinsamen Auftrages untereinander wieder im Wettbewerb stehen, wird als Coopetition bezeichnet (vgl. *Dathe* 1999, S. 23 f).

Ziel der gemeinsamen auftragsbezogenen Zusammenarbeit auf Zeit ist dabei nicht nur der Kostenaspekt. Wenngleich das Investitionsvolumen für den Reeder ein entscheidendes Kaufkriterium liefert, können betriebskostensenkende Innovationen einen höheren Baupreis rechtfertigen. Wenn wegen der Unikat- und kundenindividuellen Kleinserienfertigung im deutschen Schiffbau Kostenführerschaft keine Strategie ist, so müssen Wettbewerbsvorteile durch die Entwicklung neuer Produkte bzw. Systeme und deren Umsetzung einen monetären, bewertbaren Vorteil bringen.

Kooperationen erzielen, wie empirische Studien nachweisen, größere Innovationen als Unternehmen, die nicht kooperieren (vgl. *Lay* 2000, S. 1 ff). Deshalb verspricht die Intensivierung der partnerschaftlichen Zusammenarbeit auch in der maritimen Industrie eine nachhaltige Stärkung und Sicherung der Wettbewerbsfähigkeit, wie die Kooperation von Werften untereinander, z.B. die Mittelständische Serienschiffbau Gesellschaft (vgl. *Nedeß / Friedewald / Stalleicken* 1997, S. 221 ff), oder in jüngster Zeit die Zusammenarbeit von vier größeren Werften im Handelsschiffbau zeigen.

Im Mittelpunkt der folgenden Betrachtungen zur nachhaltigen Verbesserung der Wettbewerbssituation für das Netz aus Werft, Zulieferern und Reeder stehen wegen der beschriebenen Fremdvergabe hoher Wertschöpfungsanteile geeignete Kooperationsformen der Systempartner. Neben der Adaption externer Erfahrungen, beispielsweise aus dem Anlagenbau, müssen weitere innovative Maßnahmen, von der Entwicklung aktiver Marktstrategien über die Ausgestaltung schiffbaulicher Partnerschaften bis zur Verbesserung der gemeinsamen Projektabwicklung forciert vorangetrieben werden.

2 Kooperation im Schiffbau

2.1 Kooperationserfahrungen

Die Herausforderung für die Werft liegt in der hohen Produkt- und Produktionskomplexität bei gleichzeitig kurzer Produktentwicklungszeit. In der ca. vierwöchigen Designphase, dem Zeitraum zwischen erster Kundenanfrage und Unterzeichnung des Bauvertrages, werden ungefähr 70 Prozent der späteren Baukosten festgelegt (vgl. *Krüger* 1998). Die Wettbewerbsfähigkeit einer Werft hängt also in entscheidendem Maße von der Fähigkeit ab, zusammen mit den unterschiedlichen Spezialisten ein Gesamtsystem zu entwerfen, das die Kundenanforderungen bestmöglich trifft. Dies gilt um so mehr, wenn der Zeitraum der Angebotserstellung im Sinne des Kunden (Forderung: „Design in Seven Days") weiter verkürzt werden soll.

Wie ein Vergleich der Werft-Zulieferer-Beziehungen in den Jahren 1999 und 2001 zeigt, wurden noch vor wenigen Jahren Aufträge im Stile des klassischen Unterauftrages (Subcontracting) vergeben (vgl. *Nedeß / Friedewald / Koch* 1999, S. 47 ff). Erst jetzt setzt sich vermehrt die Überzeugung durch, im Rahmen einer engeren Kooperation zwischen Werft und Zulieferer könnten die bestehenden Nachteile, wie beispielsweise die unzureichende Nutzung des Know-hows der Partner und der Kapazitäten bindende Preis- oder Konzeptwettbewerb, überwunden werden. Doch die ersten Kooperationserfahrungen belegen, daß die zunächst erhofften Chancen, Kostenreduzierung und Qualitätssteigerung durch Nutzung von Synergien und Know-how Bündelung zu erzielen, nicht in der erwarteten Höhe ausfielen, aber auch die Ängste vor der größeren Abhängigkeit von den Partnern und dem Verlust von Know-how haben sich in der befürchteten Weise nicht eingestellt (Abbildung 1).

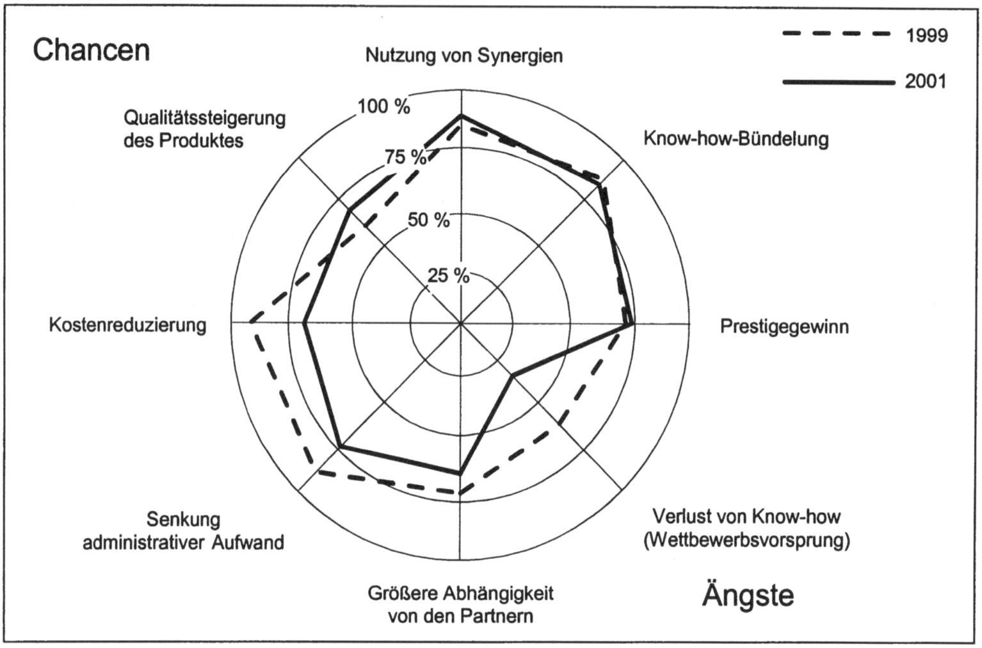

Abbildung 1: Kooperationserfahrungen im Schiffbau aus Sicht der Zulieferer

Diese Ängste vor einer engeren Kooperation, beispielsweise in Form von Netzwerken zwischen Werft und Zuliefererbetrieben, die sich nur für die gemeinsame Abwicklung eines Projektes bilden und danach wieder auseinandergehen, entstehen aus den sich zum Teil überschneidenden Produkt- und Leistungsangeboten der Zulieferer und der daraus resultierenden Befürchtung spezifisches Know-how an Wettbewerber zu verlieren (vgl. *Nedeß / Friedewald / Koch* 2001a).

Die besondere Attraktivität dieser Netzwerkgebilde ergibt sich aus der Tatsache, daß Netzwerke die spezifischen Vorteile des Marktes, vor allem Effizienzdruck und Spezialisierung auf Kernfähigkeiten, mit denen von Unternehmen, sprich Größenvorteile und kulturbasierte Zusammenarbeit, gleichzeitig in sich vereinen können. Netzwerkorganisationen lassen Raum für einen „belebenden" Wettbewerb innerhalb des Netzwerkes wie auch zwischen Netzwerken: Sie fördern auf diesem Weg den Zeit-, Kompetenz-, Preis-, Qualitäts-, und Innovationswettbewerb. Offensichtlich besitzen sie ebenfalls einen hybriden Charakter, der den – für die Allianzen typischen Schwarz-Weiß-Gegensatz von Kooperation und Konkurrenz aufhebt. Für diese hybriden Spielregeln wurde die Bezeichnung „Koopkurrenz“ („Kooperation mit Konkurrenz“) beziehungsweise „Coopetition“ geprägt, Kooperation im Dienste der Konkurrenzfähigkeit: Hier werden Netzwerkverbindungen eingegangen, um gegenüber anderen besser konkurrieren zu können. Es kristallisiert sich dadurch ein Wettbewerb von Netzwerken heraus (vgl. *Reiß / Beck 1997*, S. 9).

Die Zukunftsfähigkeit der maritimen Kooperationsnetzwerke läßt sich aus der signifikanten Reduzierung der Ängste und der insgesamt positiven Bewertung von Know-how-Bündelung und Nutzung von Synergien ableiten, nachdem die ersten Projekte gemeinsam erfolgreich abgewickelt wurden.

Erst durch die gemeinsame Problemlösungskompetenz der internen und externen Spezialisten im Prozeß des Simultaneous Engineering, bei gleichzeitiger Steigerung der Effizienz und Effektivität der Leistungserstellungsprozesse, können innovative Projekte initiiert und erfolgreich umgesetzt werden.

2.2 Kooperation schafft Innovation

Da die Fertigungskosten am Wirtschaftsstandort Deutschland im Vergleich zu den direkten Mitbewerbern aus Korea und China vergleichsweise hoch sind, ist Kostenführerschaft für die deutschen Werften aufgrund der fehlenden Marktmacht (5 Prozent Weltmarktanteil (vgl. *Verband für Schiffbau und Meerestechnik 2000*, S. 43) keine geeignete Strategie. Kostenreduzierung ist zwar notwendig, kann aber nicht primär im Vordergrund der Wettbewerbsbemühungen stehen. Um den bestehenden Marktanteil erfolgreich verteidigen und ausbauen zu können, müssen die Werften gemeinsam mit ihren Zulieferern geeignete Strategien entwickeln, um die bestehenden Nachteile zu überwinden. Durch die Nutzung einander ergänzenden Know-hows können Innovationen in Form neuer Transportkonzepte und –systeme sowie zukunftsweisender Komponenten entwickelt werden, die dem Kunden einen monetär bewertbaren Mehrwert bringen, beispielsweise in Form neuer logistischer Systeme oder geringerer Betriebskosten, so daß auch höhere Investitionskosten begründet sind.

Wie bei den Zulieferern existieren auch werftseitig Ängste vor Know-how-Abfluß im Rahmen einer gemeinsamen maritimen Strategie, da die deutschen Zulieferer nicht standortgebunden sind, sondern global agieren (ca. 60 Prozent Exportanteil) und wettbewerbsrelevantes Wissen der Werft „mitnehmen“ könnten. Doch durch Lizenzvergaben an Unternehmen vor Ort, auch aufgrund der Forderung nach „local content“, geben die Zulieferer selbst mehr und mehr ihres eigenen Wissens preis. Wenngleich die deutschen und ausländischen Reeder auch bei Bauten im Ausland noch deutsche Zuliefererkomponenten fordern, muß dennoch die Frage beantwortet werden, wann ausländische Zulieferer größere Marktanteile gewinnen können. Schon heute wird der Verlust in Deutschland durch die Nachwanderung der Produktion in den asiatischen Raum nicht in vollem Umfang kompensiert. Nachhaltige Wettbewerbsvorteile können in einer partnerschaftlichen

Zusammenarbeit besser erzielt werden. Die effektivere Nutzung des Produkt-, Prozeß- und Produktions-Know-hows der Wertschöpfungspartner führt zu einem Wettbewerbsvorsprung durch Produkt- und Prozeßinnovation, so daß langfristig ein Schutz gegen Imitationsstrategien von Wettbewerbern aufgebaut wird.

Im folgenden werden zwei Beispiele erfolgreicher Innovationskooperationen, die gemeinsam erste Erfolge hinsichtlich Produkt- und Prozeßinnovation erzielt haben, skizziert, weitere Maßnahmen vorgeschlagen und Entwicklungen unterstützender Werkzeuge dargestellt, die der Verbesserung der Zusammenarbeit dienen.

2.2.1 Produktinnovation

Der Propeller, als Vortriebsorgan und auch Steuerorgan, bewirkt über seine erregenden Kräfte Strukturschwingungen und Schalleinleitung. Ein speziell für das Schiff entworfener Propeller ist eine wichtige Voraussetzung für ein gutes Gesamtsystem. Erst die Entwicklung neuerer Methoden erlauben Vorhersagen über das Verhalten der entworfenen Antriebsschrauben und nicht nur der späte und teure Test im Wassertank.

Mit diesem Know-how ausgestattet, trat eine deutsche Werft zusammen mit einem Netz aus Kooperationspartnern in den Wettbewerb gegen einen etablierten, aber isoliert arbeitenden Propellerhersteller. Ziel dieses Netzwerkes, bestehend aus der Werft als Systemführer, einem kleinen Propellerhersteller, einem Ingenieurbüro für den endgültigen Entwurf und den beiden Schiffbauversuchsanstalten in Potsdam und Hamburg, war die erfolgreiche Abwicklung eines singulären Auftrages. Die Zusammenarbeit war durch einen intensiven, standardisierten Informations- und Wissensaustausch gekennzeichnet. Jeder der hoch spezialisierten Partner brachte seine Kompetenzen in die Entwicklung dieses Produktes ein.

Das „Rennen“ zwischen Netzwerk und etabliertem Propellerhersteller wurde deutlich von der Kooperationsgemeinschaft gewonnen. Durch einen optimierten Wirkungsgrad gelang es der Kooperation, die Leistungsaufnahme des Propellers um 600 kW zu reduzie-ren und gleichzeitig mittels konstruktiver Verbesserungen weitere Einsparpotentiale frei-zusetzen, da ungewünschte Schwingungen des Propellers (Druckamplituden 1,3 kPa ge-gen 2,2 kPa) deutlich reduziert werden konnten. Nicht nur war es gelungen, den etablierten Hersteller in beiden Kriterien zu übertreffen, vielmehr wurde der Bauvertrag nur durch den Netzwerk-Propeller erfüllt (Abbildung 2).

Die Voraussetzung für diesen Erfolg im Rahmen der Kooperation zwischen Werft und Zulieferer wurde durch die frühe Einbindung der Spezialisten bereits in der Projektphase erzielt. Die gemeinsam erarbeitete Expertise schafft erheblichen Mehrwert und kann nicht durch einen Externen erreicht werden. Die Zusammenarbeit erforderte allerdings erhebliche Systemkompetenz seitens der Werft (vgl. *Krüger* 2000).

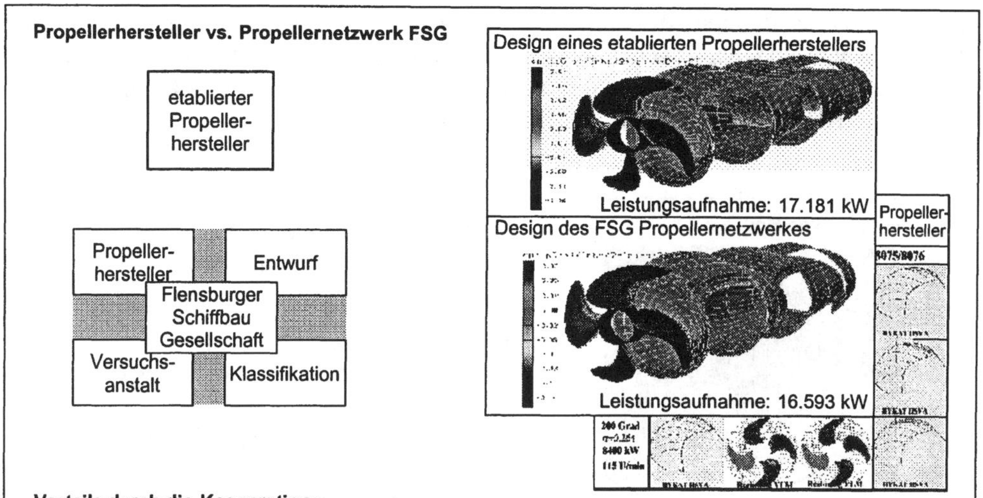

Vorteile durch die Kooperation:

- geringere Leistungsaufnahme und geringere Kavitationsausdehnungen
- geringere Betriebskosten aufgrund kleinerer Hauptmaschine
- weniger Stahlgewicht, geringeres Investitionsvolumen

Abbildung 2: Durch Kooperation zu Produktinnovation

2.2.2 Prozeßinnovation

Beim Design und der Fertigung moderner Passagierschiffe werden vermehrt Partnerschaften mit Hauptzulieferern eingegangen, um die vielfältigen technischen und betriebswirtschaftlichen Herausforderungen gemeinsam zu lösen. Die verbesserte Nutzung „seiner" Kompetenzen eröffnet die Möglichkeit, brachliegende Potentiale zur Prozeßverbesserung auszuschöpfen. Statt der Zulieferung reiner Materialpakete werden gemeinsam Leistungspakete vereinbart, die neben dem Material auch die Spezifikation, Montage, Einbau, Anschluß, Erprobung, Abnahme und Gewährleistung umfassen. Diese werden von den Systempartnern zu einem Festpreis angeboten mit vertraglich vereinbarten Obergrenzen hinsichtlich der einzubringenden Gewichte, der zu installierenden Elektrik-Leistungen und der zur Verfügung stehenden Zeit. Da die Zulieferer ihre Leistungen dann gemeinsam mit dem Reeder spezifizieren, wird die Werft schon in der Angebotsphase entlastet. Solche Systempartnerschaften sind beispielsweise in den Bereichen Inneneinrichtung / Einrichtung, Heizung / Klima / Lüftung, der E-Technik, mitsamt der Automation, der Navigation und der Kommunikation, sowie beim Antrieb denkbar (vgl. *Nietsch* 2001).

Die Dezentralisierung beeinflußt die Ausgestaltung der Prozesse erheblich. Für die Passagierbereiche werden die Kabinen beim Zulieferer gefertigt und zu Modulen vormontiert. Diese werden unter der Aufsicht des „Hausherren", einem Mitarbeiter der Werft, der für einen bestimmten Abschnitt verantwortlich ist, als fertige Kabine einschließlich des Fernsehers und der Inneneinrichtung an Bord eingebaut und angeschlossen. Der Reeder nimmt zusammen mit der Werft abschließend „schlüsselfertige Räume“, wie beispielsweise Kabinen, Restaurants und Kinos, ab (Abbildung 3).

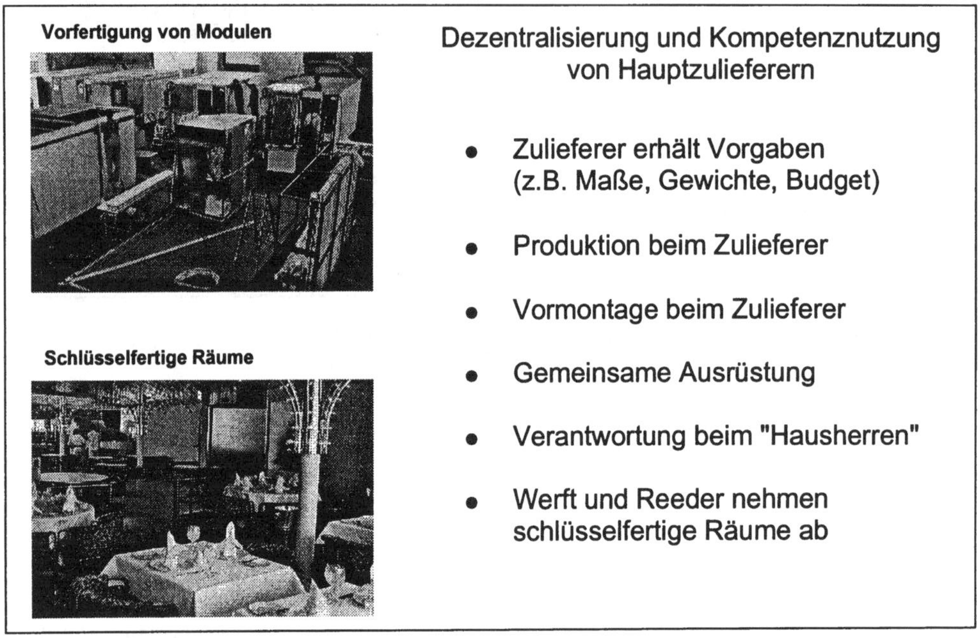

Abbildung 3: Durch Kooperation zu Prozeßinnovation

Durch die Übertragung von Verantwortung auf den Zulieferer reduzieren sich die Schnittstellen und damit die zu beherrschende Komplexität.

3 Coopetition im maritimen Cluster

Die beschriebenen Beispiele zeigen in eindrucksvoller Weise die enorme Stärke und Innovationsfähigkeit von Kooperationen auf. Eine weitere Intensivierung der Zusammenarbeit zwischen Werft und Zulieferer verspricht eine deutliche Verbesserung der Wettbewerbssituation der maritimen Industrie, wie etablierte Kooperationen im In- und Ausland (vgl. *Nedeß / Friedewald / Koch* 2001a) belegen, wenn auch externe Erfahrungen, beispielsweise aus dem Anlagenbau (vgl. *N.N.* 2000) adaptiert werden. Eine nachhaltige Stärkung der Wettbewerbsfähigkeit kann gelingen, wenn die folgenden Maßnahmen zukünftig forciert vorangetrieben werden:

- Verbesserung der gemeinsamen Projektabwicklung durch Optimierung der Gestaltungsalternativen schiffbaulicher Partnerschaften,
- Erhöhung der Planungsqualität und -geschwindigkeit im Kooperationsnetzwerk bei gleichzeitiger Entwicklung aktiver Marktstrategien,
- Unterstützende Werkzeuge zur kooperativen Produktentwicklung.

3.1 Gestaltung der Coopetition-Geschäftsprozesse

Eine systematische Verbesserung der Projektabwicklung mit überschau- und steuerbaren Strukturen und einem hohen Anteil wertschöpfender Tätigkeiten - verteilt auf zahlreiche Partner - kann nur dann langfristig erfolgreich sein, wenn konsequent die Unternehmensprozesse in den Mittelpunkt der Betrachtung gestellt werden. Wie die Erfahrungen aus zahlreichen Analyseprozessen zeigen, ist es für den Gesamterfolg enorm wichtig, zum einen den Nutzen der Analyseergebnisse bereits im Vorweg greifbar zu machen und zum anderen zur Sicherung einer ausreichenden Beteiligung den Aufwand zu fokussieren und dadurch zu minimieren. Ein in zahlreichen Branchen bewährtes Hilfsmittel zur Geschäftsprozeßgestaltung sind sog. Referenzmodelle, die sich an die Anforderungen des jeweiligen Betriebes leicht anpassen lassen. Die Herausforderung an die Entwicklung eines praxistauglichen Referenzmodells, wie es mit dem produktionsfortschrittsorientierten Referenz-Informationsmodell (PROFI) für den Schiffbau unter der Federführung des Arbeitsbereichs Fertigungstechnik I der Technischen Universität Hamburg-Harburg z.Zt. entsteht, besteht darin, das Spannungsfeld zwischen notwendigem Detaillierungsgrad und zulässiger Verdichtung der Informationen zur Begrenzung des Entwicklungsaufwandes zu lösen, da hiervon sowohl die Aussagefähigkeit für ein Einzelunternehmen als auch die Übertragbarkeit auf andere Unternehmen bzw. die Adaptionsfähigkeit der Modelle betroffen sind.

Einen besonderen Modellierungsschwerpunkt stellen daher die Produktspezifika dar - vom Containerschiff über Bulker und Tanker bis zum Passagierschiff, vom Unikat bis zur Kleinserie -, d.h. die Unterscheidung, welche Planungs- und Fertigungsprozesse schiffstypunabhängig sind und welche schiffstypspezifisch oder sogar schiffs- bzw. anforderungsspezifisch in das Geschäftsprozeßmodell integriert werden müssen. Durch eine Hierarchisierung und Modularisierung kann das Referenzmodell sowohl Betrachtungen unterschiedlichen Detaillierungsgrades von der strategischen Sicht bis zur Anwendungsdokumentation erlauben als auch durch unterschiedliche Typologien in den Teilmodellen wie z.B. Projektierung, Beschaffung, Endausrüstung usw. an die Werftbelange adaptierbar sein.

Der zweite Schwerpunkt für ein Referenzmodell, welches unternehmensneutral für Coopetion-Netzwerke einsetzbar sein soll, ist die leichte Adaptierbarkeit an den Werfttyp, d.h. an die größen- und organisationsspezifischen Randbedingungen. Hier ist zum einen zu behandeln, wie unterschiedliche Aufgabenumfänge durch Fertigungstiefenreduzierung oder durch Kooperation im Dienstleistungsbereich die Prozesse beeinflussen, z.B. durch detaillierte Modellierung der Koordinationsfunktionen, zum anderen sind die sich verändernden arbeits- und betriebsorganisatorischen Bedingungen mit den schiffbauspezifischen Gegebenheiten eines oftmals noch gewerkeorientierten Bauablaufs im Modellierungsansatz zu berücksichtigen.

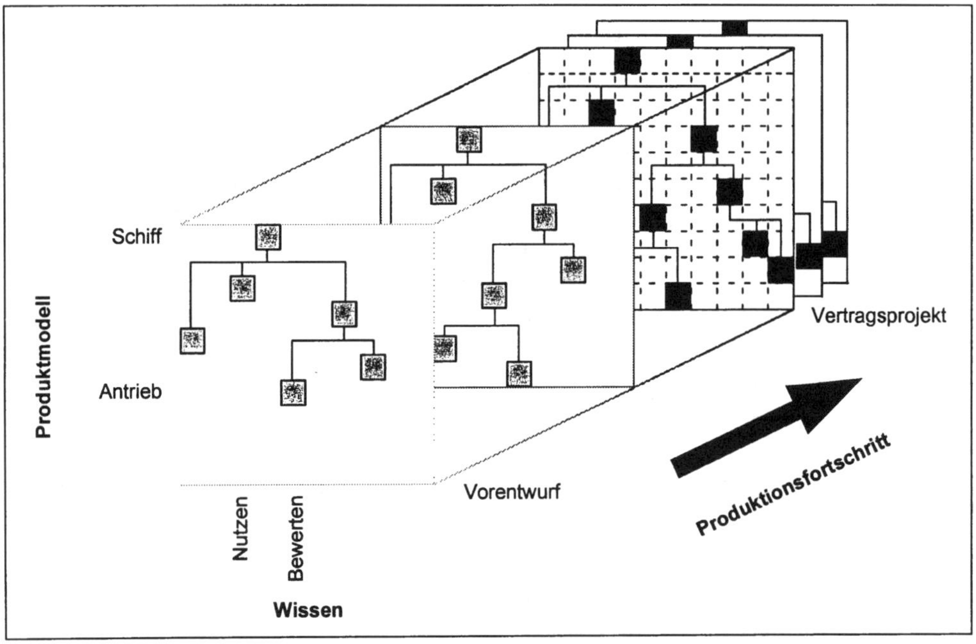

Abbildung 4: Referenzmodell Schiffbau

Ein besonderes Augenmerk muß dabei auf die Modellierung des schiffbaulichen Wissens gelegt werden, welches in unterschiedlicher Form und Ausprägung bei den Wertschöpfungspartnern vorhanden ist. Gerade die Randbedingungen der Coopetition - wechselnde Partnerschaften und unterschiedliche Aufgabenverteilungen innerhalb des „Gesamtpaketes" - erfordern eine detaillierte Modellierung in einem kooperationsorientierten Teil-Referenzmodell des Wissensmanagements, in dem das „kritische Erfolgswissen der Zusammenarbeit" sowohl in bezug auf die Wissensfunktionen als auch auf die Funktionen der Geschäftsprozesse zusammengeführt wird, um aufbauend auf der Identifikation und Bewertung dieser kritischen Erfolgsfaktoren Verbesserungsprozesse initiieren zu können (Abbildung 4).

3.2 Unterstützende Werkzeuge

3.2.1 Erhöhung der Planungsqualität

Neben der Verbesserung der (zwischen)betrieblichen Abläufe bei der Auftragsabwicklung ist die verstärkte Rechnernutzung einschließlich des Datenaustauschs unter den Wertschöpfungspartnern ein wichtiges Instrument zur verstärkten Kundenorientierung, da hierdurch erhebliche Durchlaufzeiteinsparungen zu erreichen sind, wie das beschriebene Beispiel des Propellernetzwerks verdeutlicht. Eine hohe Bedeutung kommt dabei der Visualisierung des Kundennutzens der Projektierungs- und Entwicklungsergebnisse zu. Neben der Verdeutlichung von Wirtschaftlichkeitsvorteilen wird hier für deutsche Werften bei verstärkter Nachfrage nach Passagierschiffen und kombinierten Transportleistungen (für Personen und Güter) durch ROPAX-Schiffe die „greifbare" Visualisierung von Designvarianten immer wichtiger, um dem Kunden die Möglichkeit zu geben, kundenindividuelle Entscheidungen frühzeitig zu treffen, damit Fertigungsprobleme von vornherein minimiert werden können. Zur Unterstützung von Konstruktions- und Planungsprozessen hat sich in anderen Branchen Virtual Reality (VR) als Hilfsmittel bewährt und kann an die Belange des Schiffbaus adaptiert werden. Durch die Nutzung der CAD-Daten schiffbaulicher Entwurfssysteme können damit realitätsnahe Präsentationen insbesondere der Einrichtung, aber auch des Fahrstandes zur Darstellung der Sichtmöglichkeiten des Kapitäns, durchgeführt werden. Gerade in der Akquisitionsphase steht damit ein Werkzeug zur Verfügung, um Wettbewerbsvorteile sichern zu können. Die Simulation von Fertigungs- und Montageprozessen dient der Verbesserung der Planung aufwendiger Ausrüstungsprozesse, deren Schwierigkeiten bisher im Vorfeld nicht überschaubar waren (Abbildung 5).

Allerdings stehen dem zu erwartenden höheren Kunden- als auch Werftnutzen Investitionen in DV-Systeme und Know-how gegenüber, die von einer mittelständisch geprägten einzelnen Werft oder einem Zulieferer nicht erbracht werden können, weswegen auch hier der Arbeitsbereich Fertigungstechnik I als Coopetition-Promotor gemeinsam nutzbare Ressourcen für die beschriebenen Fragestellungen betreibt.

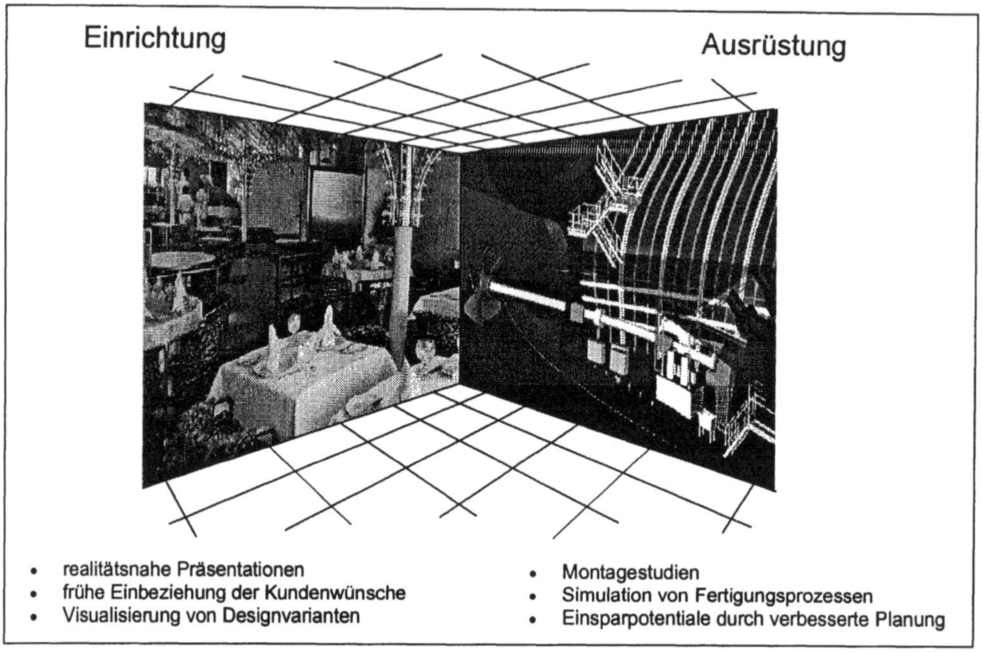

Abbildung 5: VR im Schiffbau

3.2.2 Kooperative Produktentwicklung

Neben der Gestaltung der Kooperationsbeziehungen und der Unterstützung von Entwicklungsaufgaben durch spezifische Werkzeuge ist auch der eigentliche Informationsfluß in den Coopetitionprozessen durch DV-Hilfsmittel zu unterstützen.

Durch den Einsatz geeigneter Elemente, Methoden und Werkzeuge können die informationstechnischen Voraussetzungen für eine Optimierung des inner- und zwischenbetrieblichen Informationsflusses mit dem Ziel einer intensiven und innovativen, strategischen Zusammenarbeit aller für die Produktentstehung relevanten Bereiche bzw. Unternehmen geschaffen werden, die bereits in der Projektierungsphase beginnt. Damit verfügt die Werft zukünftig über ein Instrumentarium, welches Nachbesserungen z. B. von Konstruktionszeichnungen nach bereits begonnenem Fertigungsprozeß oder Unterbrechungen und Änderungen des Fertigungsablaufs von vornherein vermeiden hilft, da bei der beabsichtigten hochflexiblen Unikatfertigung zur Gewährleistung einer zufriedenstellenden Produktivität kaum mehr auf Lerneffekte bei Folgeaufträgen abgestellt werden kann.

Eines dieser Hilfsmittel dazu ist die Knowledge Lounge (vgl. *Nedeß / Friedewald / Koch* 2001b), die zunächst werftintern die Sammlung und Bereitstellung von schiffbaulichem

Wissen ermöglicht. Ein weiteres Hilfsmittel entsteht derzeit zur Abwicklung der notwendigen e-Business-Prozesse zwischen Werft und Zulieferern bei der Projektierung. Für die Abwicklung der gemeinsamen Angebots-, Konstruktions- und Bauphase stellt die Werft dabei ein Informationsportal zur Verfügung, um Informationen, Zeichnungen und technische Details leichter austauschen zu können. Dadurch wird zum einen eine Beschleunigung erzielt, da bisherige Postwege entfallen. Zum anderen wird der Gesamtablauf verbessert, da die einzelnen Wertschöpfungspartner auf einen breiten Fundus verfügbarer Dokumente zugreifen können und nicht nur auf die „gelieferten" Informationen. Spätere, kostenverursachende Änderungen werden somit weitestgehend minimiert. Durch die Einstellung von Informationen bezüglich der Fertigungsmöglichkeiten der Werft wird gewährleistet, daß beteiligte Ingenieurbüros fertigungsgerechte Konstruktionsunterlagen erstellen und außerdem Elemente wie Kranleistungen und zu verarbeitende Stahlplattengrößen von vornherein berücksichtigt werden (Abbildung 6).

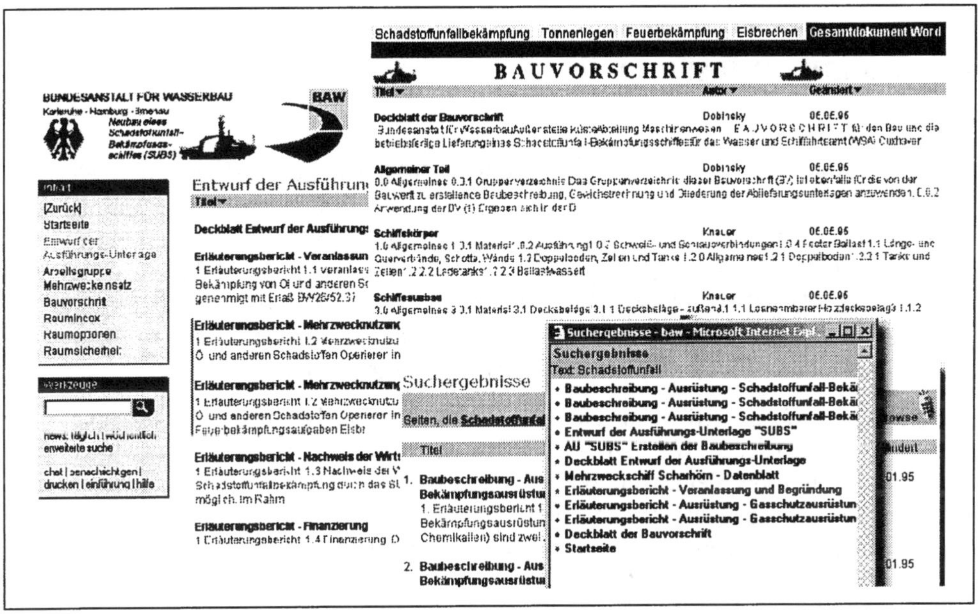

Abbildung 6: Werkzeuge für die Telekooperation

Während der einfache Austausch von Informationen per E-Mail und das reine Ablegen von Informationen in bestimmten Arbeitsgruppen zugewiesenen Portalräumen zunächst keine Schwierigkeiten bereitet, ist mit wachsender Informationsmenge die Frage nach der strukturierten Ablage von Dokumenten und Wissen zu klären, damit zielgerichtet gesucht werden kann, und die Frage nach der Bewertung der Suchtreffer, damit die Treffermenge überschaubar bleibt.

Ziel ist es, durch den mit Benutzerrechten gesteuerten Zugriff auf die schiffbaulichen Dokumente, die Transparenz über vorliegende technische Daten und Anforderungen des Kunden zu erhöhen und damit die Voraussetzung zur Optimierung von Simultaneous Engineering Prozessen zu legen. Der Zulieferer kann auf die für ihn relevanten Informationen und das schiffbauliche Wissen zugreifen und stellt seines der Werft zur Verfügung. Während die beteiligten Zulieferer nur an den ihnen zugewiesenen Leistungspaketen arbeiten, erhält die Werft einen Gesamtüberblick über den Projektstand und kann gegebenenfalls steuernd eingreifen. Bei Änderungen in Dokumenten werden die beteiligten Leistungsersteller benachrichtigt und frühere Projektstände versioniert gesichert, um diese ggf. wiederherzustellen und Entwicklungsschritte zu dokumentieren. Die gemeinsame Bearbeitung ermöglicht die funktionsübergreifende, frühzeitige und vollständige Einbeziehung aller Anforderungen und versetzt das Kooperationsnetzwerk in die Lage, ein optimales Produkt zu entwickeln.

4 Zusammenfassung

Der Entwurf und die Fertigung von technologisch anspruchsvollen und am Weltmarkt konkurrenzfähigen Schiffen, die sowohl die individuellen Kundenwünsche optimal treffen als auch Werftforderungen berücksichtigen, ist aufgrund der Komplexität des Produktes und der kurzen Entwicklungszeit eine Herausforderung für die Werft. Durch den eingeleiteten Wandel vom klassischen Abnehmer-Zulieferer-Verhältnis zur Systempartnerschaft werden das spezifische Know-how und die Fähigkeiten der unterschiedlichen Leistungserstellungspartner auf die effektivste Art eingebunden.

Aufgrund der hohen Fertigungskosten und der geringen Marktmacht ist Kostenführerschaft für die deutschen Werften keine Strategie. Vielmehr muß vor dem Hintergrund der Marktposition der deutschen Werften, innovative, kundenindividuelle Unikate und kleinere Serien zu produzieren, die vertiefte Werft-Zulieferer-Kooperation die Erfahrungs-Lernkurve und damit die Kostensituation dahingehend verändern, daß Kostenpotentiale früher und in einem größeren Maße freigesetzt werden (Abbildung 7).

Die zur Intensivierung der Kooperation dargestellten Maßnahmen beeinflussen die Lernkurve auf unterschiedliche Art und führen in der Summe zu erheblichen Einsparpotentialen. Die aktive Marktstrategie unter Verwendung von Virtual Reality verbessert die Kostensituation durch die frühe Einbeziehung aller Kundenwünsche und der Berücksichtigung von Zuliefereranforderungen, denn der Umfang kostenintensiver Nacharbeiten wird erheblich reduziert. Mit Hilfe der Standardisierung von Geschäftsprozessen, Produkten und DV-Schnittstellen und damit der Nutzung vorhandener Erfahrungen gelingt es, Serieneffekte früher zu erreichen. Der Einsatz gemeinsamer DV-Werkzeuge, wie die beschriebenen Projektmanagementtools, führt nach einer kurzen Lernphase zu Einsparpotentialen und senkt die Kosten auch bei begrenzten Stückzahlen.

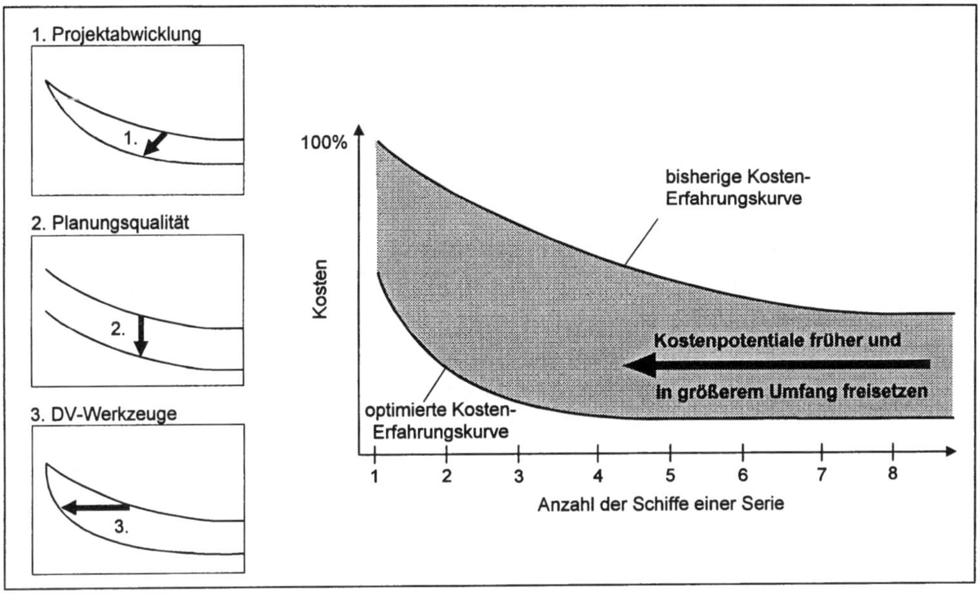

Abbildung 7: Effekte auf die Kosten-Erfahrungskurve

Die enge, auftragsbezogene Kooperation von konkurrierenden Werften und Zulieferern in einem Coopetition-Netzwerk schafft gemeinsam Wettbewerbsvorteile, wenn Mehrwert für den Kunden durch Produkt- und Prozeßinnovation entsteht.

5 Literatur

Dathe, J. (1999): *Coopetition – mehr als eine Mode*, in: Harvard Business Manager, 6 / 99, S. 22-29

Krüger, S. (1998): *Einfluß moderner Entwurfsmethoden auf die Produktentwicklung einer Werft*, in: Jahrbuch der Schiffbautechnischen Gesellschaft, Berlin

Krüger, S. (2000): *Offenes Methodenbanksystem für Propulsorenentwurf*, in: Entwicklungen in der Schiffahrt und Meerestechnik, Tagungsband zum Statusseminar des BMBF, TÜV-Verlag Köln

Lay, G. (1997): *Prozessinnovation als Schlüssel zu innovativen Produkten*, in: PI-Mitteilungen Nr. 7, Fraunhofer-ISI, Karlsruhe

Nedeß, Chr.; Friedewald, A.; Koch, J. B. (1999): *Stand der Zuliefererintegration im deutschen Schiffbau*, in: Schiff und Hafen 51. Jg., Heft 12, S. 47-49

Nedeß, Chr.; Friedewald, A.; Koch, J. B. (2001): *Werft und Zulieferer als natürliche Kooperationspartner - Kooperation als Problemlöser für alle Fälle?* , in: Tagungsband zum Workshop "Kooperation in der maritimen Wirtschaft", Bundesministerium für Wirtschaft und Technologie, Berlin, 05.04.2001

Nedeß, Chr.; Friedewald, A.; Koch, J. B. (2001): *Die Knowledge Lounge als Instrument für Systemintegratoren*, in: Vernetzt planen und produzieren - Neue Entwicklungen in der Gestaltung von Forschungs-, Produktions- und Dienstleistungsnetzen, hrsg. von S. Wirth, HAB-Forschungsberichte, No. 13, Schäffer-Poeschel-Verlag Stuttgart

Nedeß, Chr.; Friedewald, A.; Stalleicken, U. (1997): *Die Zukunft des mittelständischen Schiffbaus zwischen Kooperation und Autonomie*, in: Ganzheitliche Unternehmensführung - Gestaltung, Konzepte und Instrumente, hrsg. von H. D. Seghezzi, HAB-Forschungsberichte, No. 9, Schäffer-Poeschel-Verlag Stuttgart, S. 221-247

Nietsch, H. v. (2001): *Kooperation im Schiffbau am Beispiel Blohm und Voss*, in: Tagungsband zum Workshop "Kooperation in der maritimen Wirtschaft", Bundesministerium für Wirtschaft und Technologie, Berlin, 05.04.2001

N. N. (2000): *Das „Unternehmen auf Zeit" schafft Flexibilität und spart Kosten*, in: Frankfurter Allgemeine Zeitung, 18. Februar 2000

Reiß, M.; Beck, T. C. (1997): *Zwischen Kooperation und Konkurrenz - Neue Spielregeln für das Wirtschaften in Netzwerken / Größenvorteile und Effizienzdruck verbinden*, in: Blick durch die Wirtschaft, 40. Jg., Nr. 36, S. 9

Verband für Schiffbau und Meerestechnik e.V. (2000): *Jahresbericht 2000*, Hamburg

Wildemann, H. (1998): *Entwicklung-, Produktions- und Vertriebsnetzwerke in der Zulieferindustrie*, Transfer-Centrum GmbH, München

Erfolgsfaktor Qualität im Innovationsprozeß

Uwe Loos

1 Einleitung

Moderne und zukunftsweisende Unternehmen im produzierenden Gewerbe stehen heute vor der Situation, daß der Entwicklungsaufwand und die Entwicklungszeiten für neue Produkte stetig steigen, die Zeit für die Vermarktung aber immer kürzer wird. Um den im Wettbewerb eminent wichtigen Punkt „time to market" sowie die Position im Markt besser zu plazieren, werden zahlreiche Aktivitäten gestartet:

- Aufbau einer schnell lernenden Organisation
- Permanentes Benchmarking
- Reengineering der Prozesse
- Lean Methoden
- Kreatives Team Training
- und vieles andere mehr.

Es bleibt jedoch fraglich, ob die Unternehmen allein durch diese Maßnahmen Wettbewerbsvorteile erreichen können.

Nur wer heute zusätzlich schnell, flexibel und vor allem markt- und kundenorientiert agiert, wird eine Unternehmensinnovation entwickeln, die den Bestand und den Ausbau seiner Unternehmung garantiert. Mehr denn je gilt der Satz, daß nicht die großen die kleinen, sondern die schnellen und innovativen die langsamen Unternehmen ablösen werden. Somit ist im besonderen die Produktqualität und das Qualitätsmanagement im Innovationsprozeß eines Unternehmens ein zentraler Erfolgsfaktor. Letztlich läßt sich der Erfolgsfaktor Qualität im Innovationsprozeß dann am besten umsetzen, wenn die generierten Produktvorteile in einer schnell lernenden Organisation größer sind als die Änderungsgeschwindigkeit des Wettbewerbs.

2 Qualitätsfelder im Innovationsprozeß

Es stellt sich daher die Frage, in welchen Bereichen die Qualität der Innovation zu sichern und auszubauen ist. Zunächst gilt es, die Produktinnovation, ausgedrückt in Preis, Service, Produktkonzeption, Funktionalität und Design, entsprechend zu definieren. Dazu sind die Qualitätsansprüche der Kunden zu analysieren und in das Entwicklungslastenheft aufzunehmen. Natürlich gilt es, die Qualität des Produktes zu sichern. Die Kriterien Maschinenfähigkeit, Kundenbeanstandungen, Produktaudit, Verfahrensaudit, Lieferaudit und vieles mehr sind heute Standard und reichen alleine nicht mehr aus für einen Qualitäts- und Innovationsvorsprung.

Auch organisatorische Anpassung und Einsatz moderner Technologien verhelfen zwar zu mehr Schnelligkeit, sind aber keine Garanten für innovative, weltmarktfähige Produkte.

Innovation ist nur dann erfolgreich, wenn die ausgewählten Produktmerkmale vom Wettbewerber über einen angemessenen Zeitraum nicht imitiert werden können.

Um dieses zu gewährleisten ist es nötig, das kreative Potential der Mitarbeiter zu entdekken bzw. wieder zu entdecken. Ein, wenn nicht sogar das größte Potential für Innovationen, liegt bei den Mitarbeitern. Einzig - es gilt dieses zu fördern!

2.1 Der Mitarbeiter als eigentlicher Motor der Innovation

Aber, Innovationen lassen sich nicht verordnen. Innovationen entstehen in einem Klima, das geprägt ist von gegenseitigem Vertrauen, Stolz auf die eigene Leistung und die Möglichkeit, „gegen den Strom zu schwimmen“ und auch das bisher Undenkbare zu denken und zu probieren.

Dieses Klima muß geschaffen werden. Nur so kann dieses Kapital fortwährend auf einem qualitativ hochstehenden Niveau genutzt werden. Es kann davon ausgegangen werden, daß es für alle Mitarbeiter jeden Tag Möglichkeiten zu kleinen, ständigen Verbesserungen bei der Qualität ihrer Arbeit und des Produktes gibt. Und dies darf nicht beschränkt sein auf die Qualität des Produktes, sondern muß Bestandteil einer ganzheitlichen und umfassenden Perspektive in allen Handlungsfeldern des Unternehmens sein.

Hierzu gehören u. a. das:

- Ideenmanagement (Ideen zu formen und zu realisieren)
- Weiterbildung der Mitarbeiter
- Logistik in der Produktion (Abläufe optimieren)
- Permanente Prozeßoptimierung in Verwaltung und Service
- Gruppenarbeit
- Aufbau innovativ ausgerichteter Applikationsstrukturen

Diese Potentiale zu heben und zu nutzen, ist eine permanente Top-Führungsaufgabe und zentriert sich in der Maxime:

„Die Aufgeschlossenheit für tägliche Innovationen wird zum wichtigsten Unternehmensziel.“

Dies ist der zentrale Differenzierungsfaktor gegenüber dem Wettbewerb und muß durch methodische Vorgehensweisen gestützt und gefördert werden. Eine mögliche methodische Vorgehensweise soll im folgenden vorgestellt werden.

2.2 Methodische Vorgehensweise

Will man die angestrebten Ziele erreichen, muß ein System geschaffen werden, mit dessen Hilfe es möglich wird, den Prozeß zu initiieren, zu steuern, zu kontrollieren und zu fördern. So wird ein kontinuierlicher Verbesserungsprozeß erst möglich. Dieses „Never ending innovative improvement" fördert Quantensprünge und bringt dem Mitarbeiter in eine kreative Grundhaltung mit dem Ziel, die Innovationen für Prozeß, Produkt, Produktion und Service täglich voranzutreiben. Um dieses System stabil zum laufen zu bringen, empfiehlt sich folgendes Vorgehen:

2.2.1 Gemeinsam Ziele setzen

Ganz wesentlich ist es, Qualitätsziele festzusetzen. Diese lassen sich als zweiseitiger Kommunikations- und Vereinbarungsprozeß gestalten. Damit wird sichergestellt, daß sich die Mitarbeiter mit den vereinbarten Zielen identifizieren und die von ihnen akzeptierten Ziele angestrebt werden. Wesentlich ist auch, daß die definierten Ziele nach außen kommuniziert und beispielsweise an Tafeln visualisiert werden. Dabei sind die Ziele selbst wiederum in eine Zielhierarchie eingebunden, d.h. das Erreichen der hierarchisch tiefer gelegten Ziele trägt per se zur Zielerreichung der nächst höheren Ebene bei.

Ziele können die klassischen Qualitätsfaktoren sein, aber auch über diese hinausgehen.

Beispiele:

Klassische Felder:

- Kundenbeanstandungen
  intern und extern
- Audits (Produkt / Verfahren)
- cmk- / cpk- Werte
- Entwicklungsziele wie:

Kosten, Zahlen und Qualität

Aber eben auch z.B.:

- Produktivitäten
- Status Kanban Einführung
- Rüstzeiten
- Einbeziehung in
  Gruppenarbeit
- Schulungsstunden je M
- Einsparung durch ID
- Mitarbeiterkreativität

2.2.2 Fortwährende Kontrolle

In der operativen Zielverfolgung wird das Erreichen der Ziele bottom-up verfolgt. Das heißt, Einzeldaten werden auf der hierarchisch unten angesiedelten Systemebene identifiziert, erfaßt und visualisiert. Damit ergibt sich direkt die Möglichkeit des Ergreifens unmittelbarer Maßnahmen zur positiven Beeinflussung der Zielerreichung durch die Verantwortlichen vor Ort (Subsidiaritätsprinzip). Sukzessive werden die Daten kumuliert und auf den jeweils höheren Hierarchieebenen weiterverarbeitet.

2.2.3 Regeln bei Abweichungen definieren

Wichtig ist die Visualisierung der aktuellen Zielerreichung in einem einheitlichen System. Die Mitarbeiter werden hierdurch informiert und andererseits mit einer Art internen Benchmarking fortwährend motiviert und animiert. Dies ist beispielsweise durch Visualisierung in einem Readerchart, aufgeteilt in die vier Bereiche Qualität, Kosten, Logistik und Motivation, möglich.

2.2.4 Zusätzliche Maßnahmen zur Zielerreichung

Derartige innovative Unternehmenskulturen entwickeln sich allerdings nicht von heute auf morgen. Sie stellen eine permanente Top-Führungsaufgabe dar und lassen sich zudem an folgenden Merkmalen identifizieren:

- Permanente Prozeßoptimierung in der Entwicklung, der Verwaltung, der Produktion und im Service
- Die Weiterbildung und das Training aller Mitarbeiter in der Größenordnung von mehr als 40 bis 80 Stunden pro Jahr
- 100 % Gruppen- und Teamarbeit
- Förderung des Ideenmanagements auf allen Hierarchieebenen mit mindestens einer umgesetzten Idee / Monat und Mitarbeiter
- Zeitgemäße Entlohnungsstrukturen und Arbeitszeiten, losgelöst von dem Tarifkartell
- Ausgabe eines IT- Führerscheins für alle Mitarbeiter im Unternehmen
- Zeitgemäß gestaltete Büro- und Fabrikarchitektur

2.2.5 Ergebnis dieses Handelns

Der angeführte Maßnahmenkatalog kann viele positive Effekte verursachen, die nachfolgend dargestellt werden sollen.

Durch diese Maßnahmen entsteht eine Art „Balanced Scorecard" mit folgender Funktionsweise:

Zielvereinbarung, Kommunikation und Visualisierung, Kontrolle und öffentliche Verfolgung der unterjährigen Zielerreichung. Damit ergibt sich für den verantwortlichen Mitarbeiter quasi eine „automatische Ableitung" entsprechender Gegenmaßnahmen bei Unterperformance. Der ursprüngliche Controlling-Gedanke (Controlling der Qualität) wird dadurch ganz entschieden gestärkt, das heißt, nicht berichten und kontrollieren, sondern ein positives Steuern der Prozesse wird gefördert. Genau genommen wird hier sogar nicht einmal ein extrinsisches Steuern mit inhärenter Gefahr der Überforderung durch den externen Steuerungseingriff umgesetzt, sondern intrinsisch über ein systemimmanentes Regelungssystem gesteuert. Mit der Kombination aus dezentraler, unmittelbarer Datenerhebung und direktem Vergleich mit den vereinbarten Zielen ist eine Erkennung von Ursachen- und Wirkungszusammenhängen möglich. Daraus resultiert eine unmittelbare Reaktionsmöglichkeit. Mögliche Abweichungen werden nicht nur monokausal über eine Perspektive erfaßt, sondern ganzheitlich auf allen Ebenen. So werden schon zu einem frühen Zeitpunkt Unterperformances u.a. in dem Bereich der Motivation und Innovation identifiziert. Es wird möglich, die Qualität von Innovationen zu kontrollieren, zu fördern und auszubauen, um durch diese die Wettbewerbsfähigkeit des Unternehmens nachhaltig zu stärken.

2.3 Potentiale des Systems

Was ist in der Realität mit diesem System möglich?

Man ist in der Lage, Innovationen zu fördern und die Qualität dieser zu sichern und auszubauen. Das Konstrukt regelt sich nahezu autark und umspannt dabei das Thema „Erfolgsfaktor Qualität im Innovationsprozeß" ganzheitlich:

- Möglich wird z.B. eine jährliche Rüstzeiteinsparung von mehr als 30% per anno
- Eine jährliche Produktivitätssteigerung größer 10% pro Jahr
- Reduktion ungeplanter Stillstandszeiten um 30%
- u. v. m.

Gerade im Bereich des Ideenmanagements werden die Auswirkungen qualitativ hochstehender Innovationen durch die Anzahl der Ideen und die erzeugten Einsparungen deutlich. Nachfolgend soll am Beispiel der FAG aufgezeigt werden, wie effektiv und stringent das beschriebene System zur Erzeugung von qualitativ abgesicherten Innovationen genutzt werden kann.

2.3.1 Modernes Innovationsmanagement am Beispiel des Ideenmanagements (ID) von FAG

Im Jahr 1999 fand bei FAG der Umbruch statt. Mit der Einführung des CIP-Programms „Continous Improvement Process" wurden die Produktionsbereiche neu strukturiert. Es zeigte sich sehr schnell, daß ein Thema wie das Ideenmanagement für dieses Programm geradezu prädestiniert ist. Das Ziel von CIP, kostensenkend, innovativ und verbessernd auf die betrieblichen Abläufe einzuwirken, wird durch das Ideenmanagement in vorbildlicher Weise unterstützt. Die Kennzahlen, die im CIP-System - so auch für das Ideenmanagement - dargestellt werden, sind streng mit vorgegebenen Zielen gekoppelt. Diese Ziele (im Falle FAG für 2001: 18 Verbesserungen sowie 4.500 DM Einsparungen pro Mitarbeiter und Jahr) bilden den Leitstrahl für die Führungskräfte in ihrer Verantwortlichkeit für die ihnen anvertrauten Mitarbeiter.

2.3.2 Einführung über MbO (Top-Down-Prozeß)

In der Vergangenheit wurden bereits hohe Ziele an das Ideenmanagement gestellt. Allerdings war der Transport der Ziele in das Bewußtsein der Führungskräfte und auch der Mitarbeiter aufgrund der gewählten Systematik nicht erfolgreich. Erst über die Koppelung von Zielvereinbarungen mit den vom CIP vorgegebenen Zielen konnte ein Umdenkprozeß in den Köpfen der Führungskräfte eingeleitet werden. Als eines der Unternehmensziele ist bei FAG die „Steigerung der Produktivität" verankert. Unter diesem Gesichtspunkt sind bereits viele Unterziele aus dem CIP-Programm, wie z.B. Rüstzeitreduzierung, Durchlaufzeitenreduzierung, Optimierung der Fertigwarenbestände usw., zusammengefaßt. Auch das Ziel „Einsparungen aus dem ID" gehört dazu.

Über den Zielvereinbarungsprozeß werden damit die Unternehmensziele, gegliedert in Teilziele, über die gesamten Hierarchiestufen bis auf die unterste Ebene (Top-Down) heruntergebrochen. Fast überall finden sich dabei die Erfüllung der beiden Zielvorgaben zu den ID- Kennzahlen als erster Zielvereinbarungspunkt in den entsprechenden Protokollen wieder.

Die konsequente Umsetzung dieses Prozesses hat dazu geführt, daß alle Führungskräfte bezüglich Ideenmanagement an einem Strang ziehen und hinter den vereinbarten Zielen stehen. Dabei wurde die Motivation der Mitarbeiter so weit gesteigert, daß diese das System angenommen haben und auch dementsprechend handeln. Die Führungskräfte sind bei der Erfüllung ihrer Ziele - und hier ganz besonders im Ideenmanagement - auf das

Engagement ihrer Mitarbeiter angewiesen. Über die Organisationsstruktur des ID wurden beide eng miteinander verbunden und bilden somit eine Zweck- und Interessengemeinschaft. Die Führungskraft ist erster Ansprechpartner des Mitarbeiters, wenn es um Ideen geht.

Das bedeutet, daß das Ideenmanagement bei FAG bis hin zu jedem Mitarbeiter als Führungsaufgabe verstanden und akzeptiert wird.

2.3.3 Kennzahlengestützte Steuerung und Controlling

Damit die Führungskräfte jederzeit über die aktuelle Situation informiert sind, Fehlentwicklungen schnell erkennen und kurzfristig geeignete Maßnahmen zur Beseitigung der Fehlentwicklungen ergreifen können, erhalten sie einen monatlich aktualisierten Soll-Ist-Vergleich der CIP-Kennzahlen, den sogenannten CIP-Stern (siehe nachfolgendes Bild). Dieser ermöglicht, über jeden Bereich auf schnellstem Weg einen Überblick über die aktuellen Entwicklungen und Schwachstellen zu verschaffen. Die Visualisierung des Sterns sorgt für Transparenz und unterstützt die Kommunikation über die Performance einer betrieblichen Einheit.

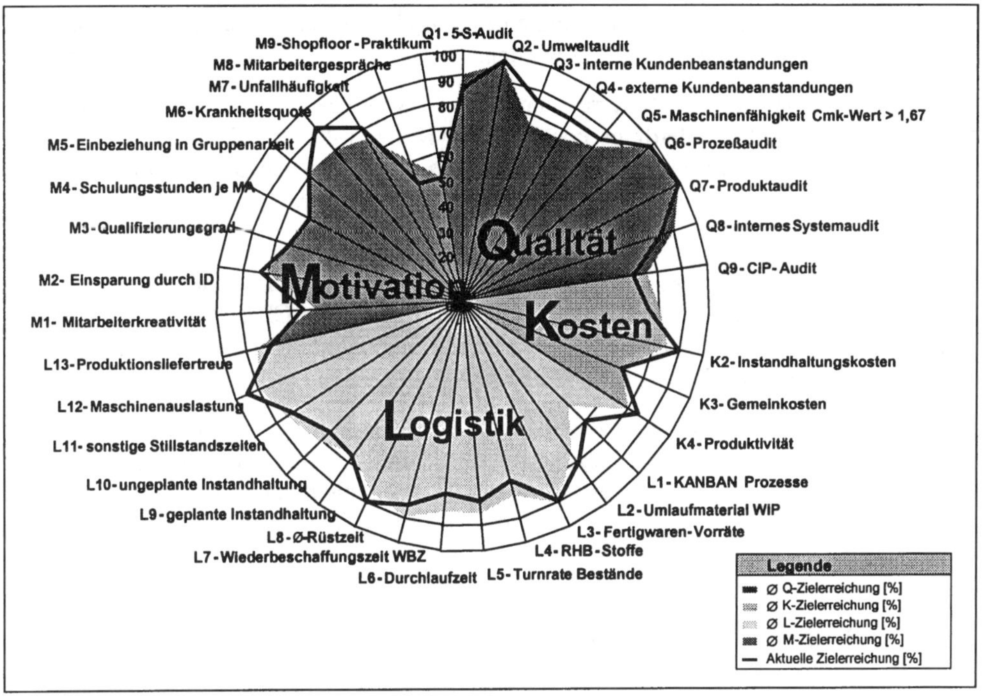

Abbildung 1: FAG-CIP-Diagramm zur Kontrolle der Zielerreichung

2.3.4 Resultate aus der Umstellung auf ein dezentrales System am Beispiel aktueller Ergebnisse

Wie bereits erwähnt, wurden über das CIP-System Ziele zum Ideenmanagement vereinbart. Für das Jahr 2000 lagen sie bei 18 Verbesserungen und 3.600 DM Einsparungen je Mitarbeiter und Jahr. Die FAG-Mitarbeiter des Teilkonzerns (= 4 deutsche Standorte Schweinfurt, Wuppertal, Elfershausen und Eltmann) haben in diesem Zeitraum 119.597 Verbesserungen eingereicht (vgl. Vorjahr 1999 bei Zielvorgabe 12 waren es noch 71.769 Verbesserungen). Das Einsparvolumen erhöhte sich dabei von 1999 16,9 auf 26.2 Mio. DM im Jahr 2000. Die daraus resultierenden Kennzahlen lagen bei 17,4 Verbesserungen und 3808 DM Einsparungen je Mitarbeiter und Jahr für 2000.

Dieses gute Ergebnis 2000 und die gleichzeitige Steigerung gegenüber dem Vorjahr haben als positiven Nebeneffekt im nationalen Vergleich des Deutschen Instituts für Betriebswirtschaft (dib), Frankfurt, um das beste Ideenmanagement unter 441 Unternehmen aus 16 Branchen zu einem hervorragenden zweiten Platz in der Gesamtwertung über alle Unternehmen geführt. Innerhalb der Metall verarbeitenden Betriebe konnte sogar der

1. Platz erzielt werden, sowie der 1. Platz des Vorjahres nach Betriebsgröße (Gruppe 2, 5001 - 20000 Beschäftigte) verteidigt werden.

Übertroffen wurde die gute Zielerreichung auf Teilkonzernebene bei der Einsparung je Mitarbeiter (3.800 DM) allerdings noch von der Konzern-Kennzahl für 2000 mit 4.487 DM, was ein Gesamteinsparungsvolumen von 64 Mio. DM bedeutete. Zudem hat das Werk von FAG Hanwha in Chonju, Korea, mit 59 Verbesserungen pro Mitarbeiter und Jahr den absoluten Spitzenwert erzielt.

Die genannten Ergebnisse zeigen, daß bei FAG der Prozeß der Einbindung eines unternehmenssteuernden und Kennzahlen gestützten Programms (CIP) exzellent umgesetzt werden konnte und den Erfolg bei der Erzeugung und qualitativen Absicherung von Innovationen möglich macht.

Damit ist der entscheidende Schritt vollzogen, das Mitarbeiterpotential an Innovationen schnellstmöglich in die Realität umzusetzen und damit den Innovationsvorsprung zu sichern, der die Wettbewerbsfähigkeit oder sogar Überlegenheit garantiert.

3 Zusammenfassung und Ausblick

Zusammenfassend wurde hier ein ganzheitliches und stringentes System zur Förderung von Innovationen vorgestellt.

Dieses System ist nicht einzig auf die Produktion beschränkt, sondern kann in allen Bereichen des Unternehmens eingesetzt werden.

Als Differenzierungsfaktor zu anderen Anbietern ist dieses System für FAG von eminenter Bedeutung und ein zentraler Beitrag, durch Qualität im Innovationsprozeß die Wettbewerbsfähigkeit des Unternehmens weltweit nachhaltig zu stärken und zu verbessern.

Zusammenfassend kann man sagen, daß sich Innovationsprozesse weder verordnen noch verschreiben oder gar per Druck einführen lassen. Es muß vielmehr ein Klima des Veränderungswillens in den Unternehmen selbst erzeugt werden. Die hierzu in den Unternehmen vorhandenen Methoden, von der Führung über die verschiedenen Technologien bis hin zu den Prozeßabläufen, reichen im Allgemeinen bei optimaler Koordination für Spitzenleistung der Qualität im Innovationsprozeß aus.

Allerdings entscheidet der methodische Aufbau von Maßnahmen zur Zielerreichung über Erfolg oder Mißerfolg, denn letztlich wird sich das Produkt und das Unternehmen mit den kreativsten Potentialansätzen am Markt erfolgreich durchsetzen.

Teil III

Gestaltung von Produktionsstrukturen und -prozessen

Taylorismus und Technologischer Determinismus

Eduard Gaugler

1 Einleitung

In den Diskussionen der letzten Jahrzehnte, die sich mit dem Technologischen Determinismus und den Ansätzen zu seiner Überwindung beschäftigen, beziehen sich viele Autoren auf Frederick Winslow Taylor und auf den nach ihm benannten Taylorismus. Nicht immer gewinnt man dabei den Eindruck, daß der Hinweis des Amerikaners *Daniel A. Wren* hinreichend beachtet wird: "Um das Leben und die Beiträge von Frederick Taylor ranken sich Dichtung und Wahrheit, und die Wirkung, die er auf früheres und heutiges Denken ausübte, wurde häufig verkannt oder falsch ausgelegt" (1996). Wren konkretisiert seine diesbezüglichen Bedenken so: "Glaubt man einem der Mythen, die mit Taylors Beiträgen verknüpft wurden, so soll er die Arbeit entmenschlicht und ihrer Anforderungen beraubt haben, indem er Tätigkeiten mit Hilfe von Zeitstudien plante. Angeblich brachte Taylor einen Typus "Mensch-Maschine" hervor, der die Arbeiter ihrer Selbständigkeit beraubt und sie zu bloßen Erweiterungen der Maschinen macht, indem er die Arbeit in immer kleinere Bestandteile zerlegt." Wren tritt der Behauptung Warings entgegen, "Taylor habe die Arbeitsgeschwindigkeit beschleunigt, die Selbständigkeit der Arbeiter eingeschränkt, die handwerklichen Fertigkeiten und Hierarchien zerstört, die Produktqualität und die Standards der Verarbeitungsgüte verringert, ein Hinterherhinken der Löhne hinter der Produktivität verursacht und die Arbeiter zu Maschinen degradiert".

2 Taylors Scientific Management

Die Kontroverse um den Taylorismus setzt bereits beim Erscheinen des Hauptwerkes von Taylor mit dem Titel "The Principles of Scientific Management" (1911) ein und verstummt bis zur Gegenwart nicht (*Kieser* 1993, *Todesco* 1994). Dieses grundlegende Werk Taylors enthält Anhaltspunkte insbesondere für jene Kritiker, die sich Jahrzehnte später mit seinem Konzept beschäftigen und darin Anleitungen für das Management der Gegenwart zu gewinnen suchen. Seine Lektüre läßt aber auch die Frage aufkommen, inwieweit sich Taylors Kritiker tatsächlich mit dessen Vorstellungen für ein "Scientific Management" beschäftigt haben.

An der Fortschrittsfähigkeit der menschlichen Vernunft und der naturwissenschaftlichen Methodik seiner Zeit läßt Taylor keinen Zweifel erkennen (*Gaugler* 1996). In diesem Sinn wendet er sich gegen die unreflektierte Anwendung herkömmlicher Arbeitsverfahren und von Faustregeln ("rule-of-the-thumb-methods"); in der Suche nach der "one-best-method" sieht er die Grundlage für die Standardisierung betrieblicher Arbeitsverfahren nach wissenschaftlichen Erkenntnissen. Für die Entwicklung und Einführung der Bestverfahren benötigt er Führungskräfte und Experten. Mit der damit verbundenen Arbeitsteilung folgt Taylor der Tradition der Klassiker der Nationalökonomie, die bekanntlich darin die Basis für die Mehrung des Wohlstandes gesehen haben. Zwar macht *Taylor* keine Aussagen, die auf "Grenzen der Arbeitsteilung" (*Friedmann*) hindeuten; aber man findet in seinem Hauptwerk auch keine Postulate, die etwa auf eine Minimierung von Taktzeiten hinausliefen. Freilich spricht er von einer "equal division of the work and the responsibility between management and the workmen. The management take over all work for which they are better fitted than the workman" (S. 21/22).

Taylor formuliert im ersten Satz seines Hauptwerkes für das Management folgende Aufgabe: "The principal object of management should be to secure the maximum prosperity for the employer, coupled with the maximum prosperity for each employee" (S. 9). Er ist überzeugt, daß "the true interests of the two are one and the same". Über das später von Sozialwissenschaftlern entwickelte Konzept einer antagonistischen Kooperation denkt Taylor nicht nach; vielmehr verneint er mit Entschiedenheit, "that the fundamental interests of employees and employers are necessarily antagonistic": Die Zusammenarbeit der Führungskräfte mit den Arbeitskräften betrachtet er als eine zentrale Komponente seiner Management-Konzeption und umschreibt sie mit unterschiedlichen Adjektiven: "friendly cooperation", "hearty cooperation", "universally friendly cooperation". Den Stellenwert dieser Zusammenarbeit beschreibt *Taylor* so: "... this close, intimate, personal cooperation between management and the men is of the essence of modern scientific or task management" (S. 16).

Manche Kritiker Taylors bringen sein Mitarbeiterbild in die Nähe des Typs X, wie ihn McGregor Jahrzehnte später charakterisiert hat. Hinsichtlich des Scientific Managements geht Taylor von lernfähigen und lernwilligen Arbeitskräften aus, die freilich in erheblichem Ausmaß Objekte des Management sind. Auch wenn er von den Führungskräften verlangt, daß sie ihren Mitarbeitern detaillierte Anweisungen für die Erledigung der ihnen übertragenen Arbeiten geben, erlauben seine Ausführungen nicht die Annahme, er habe die Arbeitskräfte letztlich als Maschinen betrachtet, wie sie Lamettrie bereits im 18. Jahrhundert mit seiner Vorstellung "l'homme machine" auf der Basis eines rein naturwissenschaftlichen Menschenbildes beschrieben hatte.

Die Vorstellungen Taylors zum Scientific Management sind selbstverständlich in den Kontext seiner Zeit eingebunden sowie vom damaligen Denken über ökonomische Fragen und von den konkreten Problemstellungen in Wirtschaft und Gesellschaft beeinflußt. Manche seiner Aussagen in seinem Buch "The Principles of Scientific Management" sind jedoch auch heute noch von Bedeutung (*Gaugler* 1996):

1. Die Management-Konzeption Taylors bezieht sich auf Unternehmen in einer marktwirtschaftlichen Ordnung. Die Sicherung und Stärkung ihrer Wettbewerbsfähigkeit zählen zu den zentralen Aufgaben des Managements. Deshalb sind alle am betrieblichen Leistungsprozeß Beteiligten herausgefordert, die Arbeitsproduktivität zu optimieren.

2. Taylors Konzeption basiert auf der Überzeugung, die er mit Nachdruck vorträgt, daß die unternehmensrelevanten Interessen der Arbeitgeber und Kapitaleigner einerseits und der Arbeitnehmer andererseits übereinstimmen.

3. Die Anwendung und Weitergabe von Faustregeln für Arbeitsverfahren und der Gebrauch unreflektiert übernommener Arbeitsweisen sind Taylor höchst suspekt. Nachdrücklich postuliert er die systematische Entwicklung von Bestverfahren mit Hilfe von Experimenten und die permanente Optimierung derselben.

4. Nach Taylor kommt den mittleren und unteren Führungskräften und den sie unterstützenden Experten eine entscheidende Rolle für eine erfolgreiche Betriebsführung zu.

5. Trotz mancher Anklänge an ein mechanistisches Menschenbild plädiert Taylor für eine intensive Zusammenarbeit zwischen Führungskräften und Arbeitnehmern, die er bei entsprechender Mitarbeiterführung als lernfähig und lernwillig betrachtet.

6. Taylor betont die extrinsische Motivation der Arbeitnehmer, ohne die Förderung der intrinsischen Motivation zu ignorieren. Die Reduzierung der Mitarbeiterführung auf ein einziges Mittel (Arbeitsentgelt) lehnt er ab.

3 Taylorismus - von Taylor entfernt ?

Diese Skizze des Konzepts "Scientific Management" stellt die Frage, warum die Diskussionen über den Technischen Determinismus immer wieder Taylor und den nach ihm benannten Taylorismus thematisieren. Hat sich Taylor selbst - etwa bei der Beratung von Industriebetrieben - von den Basisaussagen seines Management-Konzepts entfernt und so zu einem von Taylor gelösten Taylorismus beigetragen? Haben andere zwar Module des Scientific Managements aufgegriffen, sie aber mutiert und so zu einem von Taylor entfernten Taylorismus beigetragen?

Solche Fragen stellen sich um so mehr, als im deutschen Sprachgebrauch der Begriff "Taylorismus" eher mit den kritischen Seiten von Taylors Ansatz verbunden ist und - wie *Scholz* (1997) feststellt - in der Diskussion "Neo-Taylorismus" zu einem Totschlagsargument geworden ist, so daß man vielfach trotz des starken Einflusses von Taylor auf die Entwicklung der Organisationslehre "Taylorismus" geradezu als Vorwurf versteht.

Frederick Winslow Taylor (1856-1915) hielt Vorträge, publizierte Bücher und Aufsätze und beriet Unternehmen. Offensichtlich hielt sich die Zahl seiner Mandanten in Grenzen (*Kieser* 1993). Soweit bekannt ist, hat er bei der Einführung des Scientific Managements in einigen Fabriken seine Vorstellungen vom "functional management" (Funktionsmeisterprinzip) - einer Komponente seines Konzepts - in Grenzen variiert; auch nach seinem Tod hat die Unternehmenspraxis diesen Bestandteil des Konzepts von Taylor weithin ignoriert und ihn einer vielseitigen Erörterung in der Literatur überlassen. Grundsätzlich hat Taylor aber daran festgehalten, die Aufgaben der unteren Führungskräfte arbeitsteilig auf verschiedene Stellen zu übertragen. Auch sonst gibt es keine Hinweise darauf, daß Taylor in seiner Beratungspraxis das eigene Managementkonzept wesentlich verändert hätte. Demnach gibt es zumindest keine Belege dafür, daß Taylor selbst sein Konzept des Scientific Managements stark modifiziert und so zu einem davon entfernten Taylorismus beigetragen hätte.

In der Diskussion organisatorischer Konzepte für den Fertigungsprozess in Fabriken werden nicht selten Taylor und Ford in einem Atemzug erwähnt. Henry Ford führt in der Massenfertigung von Automobilen das Fließband ein und überträgt dabei wesentliche Komponenten des Scientific Managements, die Taylor noch eher auf eine mehr handwerkliche Produktion bezogen hatte, auf großzahlige und stark vom Technikeinsatz geprägte Herstellungssysteme. Die nahe Verwandtschaft zu zentralen Elementen des Scientific Managements trifft nicht nur für das später getaktete Fließband bei der Automobilherstellung, sondern auch immer mehr auf andere Arten der Fließfertigung in unterschiedlichen Branchen zu. Die starke Trennung der Planungs- und Steuerungsfunktionen von den ausführenden Tätigkeiten im Fertigungsprozess und die fortschreitende Spezialisierung der Arbeitsinhalte an den einzelnen Arbeitsplätzen prägen für lange Zeit die industrielle Massenfertigung. Die Massenerzeugung von Kriegsmaterial während des Zweiten Weltkriegs in den kriegführenden Industrieländern, die weithin mit dafür wenig qualifizierten Arbeitskräften zu organisieren war, und ihre Verwendung in der Nachkriegszeit sowohl in den traditionellen Industriestaaten als auch in den Schwellenländern zeigen in der Linie vom Taylorismus über den sog. Fordismus (*Kieser* 1999) Entwicklungen auf, die weit über Taylors Konzeption des Scientific Managements hinausführen. Seine Kennzeichen sind die industrielle Massenfertigung mit einem intensiven und wachsenden Technikeinsatz sowie mit einer forcierten Arbeitsteilung (*Staehle* 1994).

Die Tendenzen zu einem "harten" Taylorismus (*Schanz* 1993) mit den eben genannten Komponenten zeigen sich insbesondere nach dem Ersten Weltkrieg durch die Anwendung von Arbeitsstudien in Form der Bewegungs- und Zeitstudien, die der Verfeinerung der Methoden zur Bestgestaltung der Arbeitsverfahren in der industriellen Fertigung dienen. Gleichzeitig kommen diese Methoden zur Verbesserung der Leistungsentlohnung zum Einsatz. Einige Ansätze im Konzept Taylors bilden Ausgangspunkte für die Arbeitsstudien und für Leistungslohnformen, wie sie in den Zwanzigerjahren des letzten Jahrhunderts durch den amerikanischen Ingenieur C.E. Bedaux und in Deutschland vor allem durch REFA entwickelt und in Industriebetrieben eingeführt werden. Auch bei den später auftretenden Entgeltsystemen auf der Grundlage vorbestimmter Zeiten (MTM: Methods-Time-Measurement; WF: Work Factor) lassen sich Anklänge an Komponenten des Scientific Managements erkennen. Freilich schwindet deren Bedeutung für die Lohnfindung, weil technische und organisatorische Entwicklungen bestimmte Lohnformen (Stücklöhne, Prämienlöhne) auf der Basis von Mengenleistung in ihrer Wirkung auf das Leistungsverhalten der Mitarbeiter ungeeignet erscheinen lassen.

4 Industrialisierung der Fertigung

Das Konzept des Scientific Managements charakterisiert *Kieser* (1999) so: "Das revolutionär Neue an Taylors Ansatz ist, daß er Organisationsprinzipien zum Teil durch die Vorgabe einer anspruchsvolleren Methode, nämlich durch das Experiment, ersetzt". Dieses Experiment umgibt "ein System strategischer Gestaltungsziele der Prinzipien" (*Kieser*) mit folgenden Komponenten:

1. Trennung von Hand- und Kopfarbeit
2. Vorgabe von Aufgabenvolumina und an deren Erreichung gekoppelte Prämien
3. Systematische Auslese und Anpassung der Arbeiter
4. Versöhnung zwischen Arbeitern und Management durch Herrschaft von Experten

Taylors Konzept für die Arbeitsteilung im Fertigungsprozeß basiert u.a. auf der Trennung der Planungs- und Steuerungsaufgaben (Kopfarbeit) einerseits von den ausführenden Verrichtungen (Handarbeit) andererseits. Damit findet eine Spezialisierung der Arbeitsinhalte an den einzelnen Arbeitsplätzen statt, die die Handlungsspielräume verändert. Bei den Stellen der Experten für Planung und Steuerung konzentrieren sich die dispositiven Aufgaben mit diesbezüglichen Anforderungen an deren Qualifikation. Die Arbeitsplätze der Arbeiter in der industrialisierten Fertigung erfahren - im Vergleich zur handwerklichen Produktion - einen Rückgang der dortigen Anforderungen (Dequalifikation).

Der Übergang von der handwerklichen zur maschinellen Produktion ist mit den Veränderungen in der Arbeitsteilung nur teilweise beschrieben. Von entscheidender Bedeutung für die Industrialisierung im späten 19. Jahrhundert und in der ersten Hälfte des 20. Jahrhunderts ist der Wandel in der Fertigungstechnik. Das Handwerkszeug in vielfältigen Erscheinungsformen ist das Kennzeichen der vorindustriellen Fertigung. Mit fortschreitender Industrialisierung prägen zunehmend Maschinen und komplexe Technik-Systeme die Fabriken, in denen Produkte in großen Mengen und mit standardisierter Qualität hergestellt werden. Die eingesetzte Technik bestimmt weitgehend die Fertigungskapazität. Die Anordnung der Maschinen und der technischen Aggregate dirigiert den Arbeitsprozeß und steuert im Falle der Fließfertigung auch den zeitlichen Rhythmus des Leistungsverhaltens der Arbeitskräfte. Die Investitionen in die Fertigungstechnik erfordern einen hohen Kapitaleinsatz; die damit verbundenen Kapitalkosten und die Abschreibungen auf das fertigungsbezogene Anlagevermögen sind überwiegend fixe Kosten; sie verlangen aus Gründen der Wettbewerbsfähigkeit an den Absatzmärkten hohe Auslastungsgrade der Fertigungskapazitäten. Der Schwerpunkt der Optimierungsanstrengungen zielt auf die Verbesserung der Produktivität der kapitalintensiven Fertigung zur Erzielung von Größendegressionseffekten (*Bühner* 1994).

Man kann daher auch - wie etwa *Staehle* (1994) - von einem ökonomischen Determinismus sprechen, "der die Zwangsläufigkeit bestimmter Arbeitsstrukturen nicht auf die angewandte Technologie zurückführt, sondern von der ökonomischen Notwendigkeit ausgeht, unter den gegebenen arbeitsorganisatorischen Alternativen diejenige auswählen zu müssen, die sich als die effizienteste erweist". Freilich kann man diesbezüglich auch annehmen, daß es bei der Arbeitsstrukturierung einen auch ökonomisch begründbaren Spielraum geben kann.

5 Zwei Stufen des Technologischen Determinismus

Aus der Kombination der Arbeitsteilung mit dem Einsatz maschineller Fertigungstechnik ergeben sich für die betriebliche Arbeitsorganisation Folgerungen, die man als "Technologischen Determinismus" (*Kolb* 1980) bezeichnen kann. Die vorindustrielle Werkstattfertigung hatte eine "offene Aufgabenstruktur" (*Oechsler* 2000). Der damals niedrige Grad der Mechanisierung der Technik bewirkte kaum Restriktionen für die Arbeitsorganisation. Die vielseitig einsetzbaren Handwerkszeuge beließen dem Arbeiter einen großen Tätigkeitsspielraum, über den er weitgehend selbst disponieren konnte. Der Übergang zu industriellen Formen der Fließfertigung engte den Handlungsspielraum stark ein. "Der Tätigkeits- sowie der Entscheidungs- und Kontrollspielraum werden durch vorbestimmte, repetitive Griffolgen und einen hohen Spezialisierungsgrad determiniert. Die Interaktionsstrukur beschränkt sich auf die arbeitsplatzgebundene Kommunikation und den sozialen Kontakt. Mit steigendem Automatisierungs- und Mechanisierungsgrad übernimmt die Technik auch die Arbeitsverrichtungen der bislang menschlichen Kontrolltätigkeit." (*Oechsler* 2000).

Mit dieser Entwicklung bestimmt die Fertigungstechnik zunehmend die betriebliche Arbeitsorganisation. Die dominante Rolle der Technik in dieser Phase der Industrialisierung bringt die Sprache mit der Formulierung zum Ausdruck: "der Mensch bedient die Maschine". In den letzten Jahrzehnten haben neuere Entwicklungen in der Fertigungstechnik und bei der betrieblichen Arbeitsorganisation die These von der partiellen Überwindung des Technologischen Determinismus entstehen lassen. Dabei ignoriert man nicht die Einflüsse, die vom Einsatz der Technik im betrieblichen Leistungsprozeß auf die Arbeitsorganisation und damit auch auf die Arbeitsanforderungen an die Mitarbeiter ausgehen. Die These relativiert aber die Dominanz, die man zuvor vielfach im Verhältnis der Technik gegenüber der Arbeitsorganisation und dem Personaleinsatz angenommen hatte. Die Informations- und Kommunikationstechnologien sind hinsichtlich des Technologischen Determinismus besonders bedeutsam, weil sie relativ früh gewisse Freiheitsgrade bei der arbeitsorganisatorischen Gestaltung zu erkennen gaben. Am Beispiel der Informations- und Kommunikationstechniken hat man gelernt, zwei Stufen des Technologischen Determinismus zu unterscheiden (*Gaugler* 1993).

Die erste Stufe des Technologischen Determinismus bezieht sich auf den Sachverhalt, daß sich die Gestaltung der Technik selbst (Anlagen, Aggregate, Geräte etc.) ausschließlich an funktionsbedingten, technischen Anforderungen auszurichten hat. Dabei lassen sich physisch-psychische Bedingungen und Erwartungen der einzusetzenden Mitarbeiter gar nicht oder nur in engen Grenzen berücksichtigen. Die zweite Stufe des Technologischen Determinismus betrifft die Arbeitsorganisation in ihrer Unterordnung unter die Bedingungen und Vorgaben der zum Einsatz kommenden Technik. Demnach bestimmen die Eigenarten der verwendeten Technik die jeweilige Arbeitsorganisation und damit auch die Anforderungen, die sich daraus für die Mitarbeiter ergeben. Empirische Untersuchungen zur Verwendung von Informations- und Kommunikationstechniken brachten inzwischen Resultate, die die partielle Überwindbarkeit des Technologischen Determinismus auf beiden Stufen bestätigen.

Insbesondere für die partielle Überwindung der zweiten Stufe des Technologischen Determinismus gibt es verschiedene Gründe. Vergleicht man den Einsatz der traditionellen Großmaschinentechnik in der industriellen Fertigung mit den heutigen Informations- und Kommunikationstechniken, dann erkennt man deren relativ geringen Bedarf an Investitionsmitteln. Der zügige Fortschritt beim Angebot immer neuer Informations- und Kommunikationstechniken hat die daraus resultierende Kostenbelastung zunehmend sinken lassen. Daher verliert der Auslastungsgrad dieser Techniken als ökonomisches Kriterium für ihre Verwendung an Bedeutung. Außerdem sind die Informations- und Kommunikationstechniken vielfach mehr- bzw. multifunktional konstruiert (Mehrzweck-, Vielzweck-Geräte). Ihre Verwendungsbreite ermöglicht in ihrem Einsatzbereich unterschiedliche Gestaltungen der Arbeitsorganisation. Ferner gibt es ein ständig wachsendes Angebot unterschiedlicher Geräte und Anlagen zur Informations- und Kommunikationstechnik mit einer breiten Vielfalt an Hardware und Software.

6 Paradigmenwechsel der organisatorischen Gestaltung

Bereits in den Fünfzigerjahren des 20. Jahrhunderts werden erste Ansätze für zwei Trends erkennbar, die unabhängig voneinander dazu beitragen, nach und nach das herkömmliche, zuvor durch die Wehr- und Kriegswirtschaft in Deutschland verfestigte Leitbild für die Gestaltung der industriellen Arbeitsorganisation in der Fertigung zu verändern.

Einer der beiden Ausgangspunkte für diese Entwicklungen ist der Wandel vom Verkäufer- zum Käufermarkt an immer mehr Absatzmärkten. Mit der Überwindung der Mangelwirtschaft treten die Unterschiede in den Nachfragewünschen der Abnehmer deutlich hervor und veranlassen zunehmend mehr Anbieter, die von ihnen hergestellten Produkte abnehmergruppenspezifisch zu differenzieren, um der Individualisierung der Nachfrage besser entsprechen zu können. Damit wächst die Notwendigkeit, variabel nutzbare Fertigungstechniken einzusetzen und den Fertigungsprozeß möglichst weitgehend zu flexibilisieren. Das Konzept der modularen Fabrik zielt daher auf eine "kundennahe Produktion durch Fertigungssegmentierung" (*Wildemann* 1988). Der Käufermarkt zwingt die untereinander im Wettbewerb stehenden Anbieter, ihre Produkte in hoher Qualität nach den differenzierten und im Zeitablauf variierenden Ansprüchen ihrer Abnehmer auszurichten. Formen einer starren Arbeitsorganisation und einer Fertigungstechnik, die eine Variantenherstellung zu marktfähigen Kosten nicht erlaubt, gefährden Erfolg und Existenz des Unternehmens.

Ebenfalls in den Fünfzigerjahren kommen Zweifel an einer fortgeschrittenen Arbeitsteilung auf, wie sie von Taylor und Ford Jahrzehnte zuvor propagiert und praktiziert und in den folgenden Wirtschaftsepochen durch Rationalisierungsschübe in der industriellen Fertigung forciert worden war. Anhand der dysfunktionalen Wirkungen der intensivierten Arbeitsteilung gibt der Franzose Georges Friedmann mit dem Buch "Grenzen der Arbeitsteilung" (dt. 1959) wichtige Impulse für die Reduzierung einer hochgradigen Spezialisierung der Aufgabeninhalte, der Stellenbildung und der Qualifizierung der Aufgabenträger. Die sogenannte Arbeitsstrukturierung mit der Erweiterung des Arbeitsfeldes durch job enlargement, job enrichment, überlappende Arbeitsplätze, teilautonome Arbeitsgruppen etc. wird Ende der Sechzigerjahre zum neuen Paradigma der Arbeitsorganisation im Fertigungsbereich und bei anderen Aufgabenfeldern mit ähnlichen Organisationsbedingungen (*Gaugler* 1991). Mit dem Stichwort "Humanisierung der Arbeit" verbindet man damals in sehr allgemeiner Weise auch Anforderungen an die organisatorische Gestaltung der betrieblichen Arbeitsprozesse (*Gaugler / Kolb / Ling* 1977). Das gleichzeitig novellierte Betriebsverfassungsgesetz 1972 drückt diese Intention mit der Aufforderung an den Arbeitgeber und an den Betriebsrat zur "Menschengerechten Gestaltung der Arbeit" nach den gesicherten Erkenntnissen der Arbeitswissenschaft aus. Insbesondere sind dabei arbeitsorganisatorische Gestaltungen gefordert, die Monotonie, Absentismus, Fluktuation, Leistungszurückhaltung etc. vermeiden helfen. Die angestrebten Organisationsformen sollen den Mitarbeitern Chancen zur Entfaltung und Anwendung breiterer Qualifikationspotentiale geben.

In der Diskussion um die Überwindung der Grenzen der Arbeitsteilung, die zunächst davon ausgeht, daß in der industriellen Produktion die technische Struktur die dominierende Komponente darstellt, spielt in der Folgezeit das Konzept des Handlungsspielraums des Arbeitnehmers eine wichtige Rolle. In der ursprünglichen Beschreibung des Handlungsspielraums verwendet *Ulich* (1973) zwei Dimensionen: den Tätigkeitsspielraum, der die verschiedenartigen, an einem Arbeitsplatz auszuführenden Tätigkeiten umfaßt, und den Entscheidungs- und Kontrollspielraum, der durch den Umfang der Planungs-

und Kontrollbefugnisse am Arbeitsplatz bestimmt wird und einen Maßstab für den Grad des autonomen Handelns des Arbeitnehmers bildet. *Oechsler* (1979) hat dieses Konzept auf drei Dimensionen erweitert: Tätigkeitsspielraum (abhängig von der Aufgabenstruktur), Entscheidungs- bzw. Kontrollspielraum (abhängig von der Einflußstruktur), Interaktionsspielraum (Freiraum zur sozialen Kontaktfähigkeit - abhängig von der Interaktionsstruktur). Mit diesem Konzept des Handlungsspielraums lassen sich unterschiedliche Ausprägungen von Arbeitssituationen differenziert beschreiben und die möglichen Auswirkungen eingeschränkter Handlungsspielräume auf das Arbeitshandeln sowie auf die Arbeitszufriedenheit und auf die Arbeitsleistung erläutern. Die negativen Wirkungen bestimmter Arbeitssituationen, die dabei identifiziert werden, geben indirekt Hinweise auf eine Verbesserung der Arbeitsorganisation und liefern insofern implizit auch Vorstellungen von einem Leitbild, das sich zumindest partiell vom überkommenen Technologischen Determinismus gelöst hat.

Wenn der Technologische Determinismus eine Situation beinhaltet, bei der die betriebliche Arbeitsorganisation im Fertigungsbereich den Bedingungen der eingesetzten Technik untergeordnet ist, dann enthält der Paradigmenwechsel die Intention, die Fertigungsorganisation sowohl an den Herausforderungen der Absatzmärkte als auch am Postulat einer mitarbeiterorientierten Arbeitsgestaltung auszurichten, insoweit dies die Bedingungen der unverzichtbaren Fertigungstechnik zum jeweiligen Zeitpunkt und bei den vom Abnehmer der Produkte akzeptierten Kosten (Preis) ermöglichen. Die Arbeitsgestaltung ist in diesem Sinne als "personenorientierte Gestaltung marktgerechter Arbeitssysteme" (*Bullinger* 1995) zu verstehen. Dieses Konzept geht nicht von der Annahme aus, daß die im Fertigungsprozeß eingesetzte Technik ohne jeden Einfluß auf die Arbeitsorganisation bleibt; die partielle Überwindbarkeit des traditionellen Technologischen Determinismus sieht aber in der Technikdynamik Chancen, den Aspekten der Kunden- und Mitarbeiterorientierung eine stärkere Beachtung zu schenken (*Staehle* 1994, *Scholz* 2000).

7 Reduzierung der Technikdominanz

Nach zwei bis drei Jahrzehnten zieht das *Institut für angewandte Arbeitswissenschaft e.V.* (2000) eine ernüchternde Bilanz: "Nirgendwo ist eine vollständige Abkehr von tayloristischen Gestaltungsgrundsätzen, Organisationsstrukturen und Personaleinsatzformen erreicht worden. Vielmehr werden neue und alte Konzepte nebeneinander und teilweise auch gegeneinander praktiziert. Was auch immer die Gründe sein mögen, die weitreichenden Erwartungen an die neuen Organisationsstrukturen und Arbeitseinsatzformen sind nicht erfüllt worden." Dieser Befund bezieht sich auf die Automobilindustrie und kann daher nicht ohne weiteres verallgemeinert werden. Immerhin kommt dieser kritischen Feststellung insofern eine besondere Bedeutung zu, als gerade in diesem Wirtschaftszweig die besonderen Anstrengungen zur partiellen Überwindung des Technologischen Determinismus seit langem eine große Aufmerksamkeit gefunden haben.

Bereits seit 1972 hat die deutsche Fachliteratur in zahlreichen Publikationen die einschlägigen Aktivitäten der Automobilindustrie in Schweden - insbesondere bei Saab-Scania und Volvo - vorgestellt: Autonome Arbeitsgruppen, modifizierte Montageverfahren, Gruppenarbeit, Job Rotation, Job Enlargement, Job Enrichment etc. (*Gaugler / Kolb / Ling* 1977).

Ähnliche Maßnahmen zur Arbeitsstrukturierung in den Siebzigerjahren wurden aus der Automobilindustrie in Deutschland berichtet (Audi NSU, Ingolstadt, BMW AG, München, Daimler-Benz AG, Stuttgart, Fordwerke, Köln / Saarlouis, Volkswagen AG, Wolfsburg). *Kern / Schumann* (1984) haben ihre bedeutenden Untersuchungen zur Arbeitsorganisation in der Produktion ebenfalls in der Automobilindustrie durchgeführt; ihrer ersten Veröffentlichung von Forschungsergebnissen zur Arbeitsstrukturierung gaben sie den Titel "Das Ende der Arbeitsteilung?".

Auch die stark beachtete Untersuchung des Massachusetts Institute of Technology (MIT), deren Ergebnisse unter dem Slogan "from mass production to lean production" publiziert wurden, basiert auf der Herstellung von Kraftfahrzeugen (Womack / Jones / Roos 1990). Ebenso entstammen einschlägige Innovationen in Japan der Automobilindustrie: "The Japanese production system was born at Toyota Motor Corporation ... often referred to as "Toyotism" ... as an alternative to "Volvoism" in Northern Europe and Germany , or "Fordism" (*Hirasawa* 1997).

Weder die mitarbeiterorientierten noch die absatzmarktgerichteten Bestrebungen zur Überwindung der extremen Arbeitsteilung und des Technologischen Determinismus waren auf die Automobilbranche beschränkt. Außer den genannten sechs Automobilproduzenten in Deutschland hat die Fachliteratur schon Anfang der Siebzigerjahre über weitere zwanzig Firmenbeispiele aus unterschiedlichen Wirtschaftszweigen in Deutschland mit praktizierten Aktivitäten zur Arbeitsstrukturierung berichtet (*Gaugler / Kolb / Ling* 1977). In der Folgezeit hat die Zahl der Firmen und der Ansätze zur Arbeitsstrukturierung beträchtlich zugenommen. Wenn ursprünglich bei vielen Firmen unter dem Postulat der Humanisierung der Arbeit die Ausrichtung der Arbeitsorganisation an den Mitarbeitern im Vordergrund stand, stimulierten immer mehr auch die Herausforderungen an den nationalen und internationalen Absatzmärkten zu Maßnahmen der Arbeitsstrukturierung.

8 Arbeitsstrukturierung mit Gruppenarbeit

Unter der Vielzahl der diskutierten und teilweise auch praktizierten Ansätze zur Änderung der überkommenen Arbeitsorganisation gewann die Gruppenarbeit eine besondere

Bedeutung. Bereits *Hasenack* (1977) sprach hinsichtlich der Arbeitshumanisierung von "Fließband- und Gruppenarbeit im Wettbewerb". *Bühner* (1994) betont, daß "heute zur Erreichung der ökonomischen und sozialen Ziele verstärkt gruppenorientierte Arbeitsstrukturen eingesetzt werden". Er unterscheidet die Arbeitsgruppen nach der zeitlichen Erstreckung ihrer Aufgabenstellung in temporäre und permanente Gruppen sowie nach ihrer inneren Struktur in hierarchisch strukturierte Gruppen und homogene Teams. Als heute in der betrieblichen Praxis relevante Gruppen nennt Bühner Projektgruppen, Problemlösungsgruppen, Qualitätszirkel, die Lernstatt sowie selbststeuernde Arbeitsgruppen. Bei der Einrichtung von Fertigungsinseln in der industriellen Produktion konkretisiert sich das Konzept der selbststeuernden Arbeitsgruppen.

Der unterschiedliche Autonomiegrad von Arbeitsgruppen hat in Verbindung mit variierenden Handlungsspielräumen bei Gruppenarbeit in den Erörterungen zur Veränderung der industriellen Arbeitsstrukturen eine starke Beachtung gefunden. Grundsätzlich kann man von teilautonomen Arbeitsgruppen erst sprechen, wenn man auf eine fixierte, stark spezialisierende Arbeitsteilung verzichtet und wenn die Fertigungstechnik zumindest in Grenzen eine variable Nutzung ohne ökonomische Nachteile ermöglicht, die nicht durch die Vorteile aus einer Aufgabenverteilung, die die Arbeitsgruppe selbst steuert, kompensiert werden. Auf der theoretischen Basis des sozio-technischen Systemansatzes ist in den letzten Jahrzehnten eine erhebliche Vielfalt verschiedenartiger Konzepte für teilautonome Arbeitsgruppen entwickelt und teilweise auch in der betrieblichen Praxis verwirklicht worden (*Hahn* 2000).

Je nach der Definition des Begriffs "Gruppenarbeit" schwankt der Prozentsatz der in Arbeitsgruppen tätigen Mitarbeiter; teilweise geben empirische Erhebungen dafür nur einige Prozent der Arbeitnehmer an. Unabhängig davon verweist die Fachliteratur auf die Attraktivität der Gruppenarbeit und spricht davon, daß sie scheinbar zum "Spitzenreiter neuer Formen der Arbeitsorganisation" avanciert ist (*Senft / Kohlgrüber* 1997). Zwar sieht man in der Gruppen- und Teamarbeit nicht die einzig mögliche Form der Arbeitsorganisation, wertet sie aber auch als die erfolgversprechendste Variante bei der Verteilung von Funktionen und beim Zuschnitt von Verantwortungs- und Entscheidungsstrukturen. Dies trifft vor allem für Aufgaben mittlerer Komplexität und mittleren Schwierigkeitsgrades zu, weil hier das Problemlösungspotential einer Gruppe deutlich größer als jenes von Individuen ist. Dabei sind die Mittel der Arbeitsgruppen Kommunikation, Kooperation und gemeinsame Übernahme von Verantwortung (Hacker 1993).

Teilautonome Arbeitsgruppen benötigen für die eigenverantwortliche Zielerreichung eine umfassende Visualisierung, die ihnen alle für sie wesentlichen Leistungsparameter sichtbar macht. Diese Information bedarf der Ergänzung durch Kommunikation mit den Nachbarbereichen im Fertigungsprozeß (*Institut für angewandte Arbeitswissenschaft e.V.* 2000). Dafür hat *Wildemann* (1996) ein "Visualisierungsinstrumentarium" mit folgenden Komponenten konzipiert:

- Verhaltens- und leistungsbezogene Instrumente

- Steuerungs- und materialflußorientierte Instrumente
- Betriebsmittelbezogene Instrumente
- Instrumente zum Controlling unternehmensspezifischer Programme

Diese Informationen sollen an Informationsständen in die Nähe der Arbeitsplätze der Mitarbeiter gelangen und dort Gruppen- und Abstimmungsgespräche ermöglichen.

9 Segmentierung der Fertigung

Die sich in den Achtzigerjahren ausbreitende Erwartung, der Einsatz von Rechnern in der industriellen Produktion (Computer Integrated Manufacturing) ermögliche nach und nach nicht nur in Spezialfällen sondern allgemein den Übergang zur "Fabrik ohne Menschen", erwies sich relativ bald als eine Vorstellung ohne Realisierungschancen in absehbarer Zeit. Natürlich erübrigte eine Fertigung ohne den Faktor Arbeit sowohl eine Diskussion über den Grad der Arbeitsteilung als auch über einen diesbezüglichen Technologischen Determinismus; das Postulat zur menschengerechten Gestaltung der Arbeit wird dabei obsolet. Inwieweit ein so gearteter Fertigungsprozeß der Dynamik der Absatzmärkte und den daraus herrührenden Anforderungen an die Fertigungstechnik entspricht, hängt dann nahezu ausschließlich vom System und den Aggregaten der Technik selbst ab (*Leidig / Reisser* 1997). Vor diesem Hintergrund stoßen in den Neunzigerjahren produktionsorganisatorische Themen wie die Modularisierung bzw. Segmentierung des Ausführungs- und des Planungsprozesses der Produktion auf wachsende Resonanz (*Hoitsch / Akin* 1999).

Im letzten Jahrzehnt stellten *Warnecke* (1993) und *Wildemann* (1988, 4. Auflage 1994) ihre Konzepte vom "Fraktalen Unternehmen" bzw. von der "Modularen Fabrik" vor; letztere umschrieb Wildemann mit dem Untertitel "Kundennahe Produktion durch Fertigungssegmentierung": Ähnlich wie das Konzept des Fraktalen Unternehmens, das Warnecke als einen Managementansatz mit systemhaftem, ganzheitlichem Denken in Geschäftsprozessen versteht, soll auch die Fertigungssegmentierung einer hohen Strukturdynamik der Umwelt eines Betriebes entsprechen (*Leidig / Reisser* 1997).

Fertigungssegmente in Wildemanns Konzept der Modularen Fabrik stehen in bezug zu sog. Fertigungsinseln, wie sie der *Ausschuß für wirtschaftliche Fertigung e.V. (AWF)* 1984 definiert hat. Danach haben diese die Aufgabe, innerhalb des Gesamtsystems der Fertigung unter dem Aspekt der Flexibilisierung der Fertigung Produkte oder Produktteile vom Ausgangsmaterial ausgehend möglichst vollständig herzustellen. Die erforderlichen Betriebsmittel sollen räumlich und organisatorisch in der Fertigungsinsel nach dem Objektprinzip konzentriert werden. Die überschaubare Arbeitsgruppe in einer Fertigungsinsel ist gekennzeichnet durch weitgehende Selbststeuerung der Arbeits- und Kooperationsprozesse (einschließlich von Planungs-, Entscheidungs- und Kontrollfunktionen bei vorgegebenen Rahmenbedingungen) sowie durch Verzicht auf eine starre Arbeitsteilung mit einer entsprechenden Erweiterung des Dispositionsspielraums für die einzelnen Mitglieder der Gruppe (*AWF* 1984). Fertigungsinseln integrieren also auch planende und indirekte Funktionen in die Arbeitsgruppe (*Corsten* 1990).

Im Konzept der Modularen Fabrik Wildemanns sind Fertigungssegmente produktorientierte Organisationseinheiten der Produktion, die ablauforientiert jeweils spezifische Wettbewerbsstrategien verfolgen. Sie sind durch fünf Merkmale charakterisiert:

- Markt- und Zielausrichtung
- Produktorientierung
- mehrere Stufen der logistischen Kette des Produkts
- Übertragung indirekter Funktionen
- Kosten-/Ergebnisverantwortung

Die Organisation der Fertigung in Segmenten läßt die spezifischen Stärken und Schwächen der Produktion identifizieren sowie Engpässe erkennen. Damit besitzt die Modulare Fabrik im Vergleich zu anderen Systemen der Fertigungsorganisation besondere Chancen, der Marktdynamik folgen und den Erwartungen der Kunden entsprechen zu können.

Das Konzept der Fertigungssegmente im beschriebenen Sinn bzw. der Fertigungsinseln zielt nicht allein auf die Anforderungen der Absatzmärkte; es enthält auch Potentiale hinsichtlich der Arbeitszufriedenheit der dort beschäftigten Mitarbeiter. *Bühner* (1994) konstatiert das weitgehende Fehlen von Fremdbestimmung und Fremdkontrolle. Vorgaben an die Arbeitsgruppe beschränken sich auf das Produktionsvolumen, das bis zu einem bestimmten Termin herzustellen ist. Die Vorgehensweise innerhalb der Gruppe obliegt ihrer Selbststeuerung. Die mechanistische, stark arbeitsteilige Arbeitsorganisation ersetzt also eine Form, die durch Erweiterung des Handlungs- und Entscheidungsspielraums der einzelnen Mitarbeiter und die Zusammenführung der Verantwortung für den ganzen Leistungsprozeß in der Gruppe gekennzeichnet ist.

Anwendungsbeispiele des Konzepts der Fertigungsinseln bzw. der Fertigungssegmentierung in Verbindung mit selbststeuernden Arbeitsgruppen in der Automobilindustrie und in anderen Wirtschaftszweigen bestätigen die zumindest partielle Überwindung der negativen Auswirkungen stark arbeitsteiliger Fertigungssysteme. Es liegt nahe, daß das Ausmaß solcher Effekte eine Reihe von Faktoren beeinflussen:

- Aufgabenbreite und -vielfalt der Arbeitsgruppe
- Kompetenzinhalte und -umfang der Arbeitsgruppe (Autonomiegrad)
- Qualifizierung der Gruppenmitglieder
- Verantwortungsbereitschaft der Gruppenmitglieder

Diese Einflußgrößen bei der Realisierung des Konzepts der Fertigungssegmentierung deuten darauf hin, daß seine Umsetzung in der betrieblichen Praxis die Beteiligung der betroffenen Mitarbeiter erfordert (*Wildemann* 1991). Ohne ihre Mitwirkung läßt sich ihre Arbeitszufriedenheit auch mit teilautonomen bzw. selbststeuernden Arbeitsgruppen kaum verbessern.

Ob und inwieweit auch der Technologische Determinismus zumindest partiell überwunden wird, ist in zweifacher Richtung zu beantworten. Bei dem oben skizzierten Aufgabenzuschnitt der Fertigungssegmente bzw. der Fertigungsinseln verbieten sich herkömmliche Technikformen von selbst; lange, getaktete Fließbänder mit einer Miniaturisierung der Arbeitsverrichtungen für die dort eingesetzten Mitarbeiter scheiden prinzipiell aus. Ob die auch bei den einzelnen Fertigungseinheiten nötigen Anlagen und technischen Aggregate die Einrichtung überschaubarer Fertigungsinseln und -segmente erleichtern, hängt nicht zuletzt von der Entwicklungsdynamik der Technik selbst ab; variabel verwendbare Technikkomponenten entfernen sich vom Technologischen Determinismus in dem Maße, wie sie gleichzeitig dazu beitragen, die Herstellkosten zu reduzieren. In diesem Sinne kann der technische Fortschritt bei den Betriebsmitteln den technischen und den ökonomischen Determinismus verringern helfen.

10 Literatur

Ausschuß für wirtschaftliche Fertigung e.V. (AWF) (Hrsg.) (1984): *Flexible Fertigungsorganisation am Beispiel von Fertigungsinseln*, Eschborn

Bühner, R. (1994): *Personalmanagement*, Landsberg

Bullinger, H.-J. (1995): *Arbeitsgestaltung. Personalorientierte Gestaltung marktgerechter Arbeitssysteme*, Stuttgart

Corsten, H. (1990): *Produktionswirtschaft*, München-Wien

Ford, H. (1922): *My Life and Work*, New York

Friedmann, G. (1959): *Grenzen der Arbeitsteilung*, Frankfurt

Gaugler, E. (1991): *Humanisierung der Arbeit*, Köln

Gaugler, E. (1993): *Paradigmenwechsel in der Organisation und Qualifizierung der Mitarbeiter*, in: Strukturwandel in Management und Organisation, hrsg. von Scharfenberg, H., Baden Baden, S. 91; ebenso in: Innovative Arbeitssysteme, hrsg. von Bubb, H.; Eiff, W.v. , Köln 1992, S. 177 ff

Gaugler, E., (1996): *"The Principles of Management" - Bedeutung und Nachwirkungen*, in: Vademecum zu dem Klassiker der wissenschaftlichen Betriebsführung, hrsg. von Hax, H. u.a., Düsseldorf, S. 25 ff

Gaugler, E.; Kolb, M.; Ling, B. (1977): *Humanisierung der Arbeitswelt und Produktivität*, 2. Auflage, Ludwigshafen

Hacker, W. (1993): *Erwerbsarbeit der Zukunft*, Dresden

Hahn, T. (2000): *Die Einführung von Gruppenarbeitsstrukturen, Kontinuierlichem Verbesserungsprozeß und dezentralem Betrieblichem Vorschlagswesen zur Förderung mitarbeitergetragener Systemoptimierungen*, München und Mering

Hasenack, W. (1977): *Arbeitshumanisierung und Betriebswirtschaft*, München-Wien

Hax, H. u.a. (Hrsg.) (1996): *Vademecum zu dem Klassiker der wissenschaftlichen Betirebsführung*, Düsseldorf

Hirasawa, K., (1997): *"Japanese Management" under Megacompetition*, in: The Study of Business and Industry, hrsg. von Research Institute of Commerce, Nihon University, Tokyo, No. 14, S. 25 ff

Hoitsch, H.-J.; Akin, B. (1999): *Geschichte der Produktionswirtschaft*, in: 100 Jahre Betriebswirtschaftslehre in Deutschland, hrsg. von Lingenfelder, M., München, S. 93 ff

Institut für angewandte Arbeitswissenshaft e.V. (Hrsg.) (2000): *Arbeitsorganisation in der Automobilindustrie*, Köln

Kern, H.; Schumann, M. (1984): *Das Ende der Arbeitsteilung?*, München

Kieser, A. (1993): *Managementlehre und Taylorismus*, in: Organisationstheorien, hrsg. von Kieser, A., Stuttgart-Berlin-Köln, S. 63 ff

Kieser, A. (1999): *Geschichte der Organisationslehre*, in: 100 Jahre Betriebswirtschaftslehre in Deutschland, hrsg. von Lingenfelder, M., München, S. 107 ff

Kolb, M. (1980): *Gestaltung von Arbeitsstrukturen*, Ludwigshafen

La Mettrie, J.O. de (1748): *L'homme machine*, Leiden

Lay, G.; Mies, C. (Hrsg.) (1997): *Erfolgreich reorganisieren*, Berlin, Heidelberg

Leidig, F.; Reisser, M. (1997): *Neue Organisation mit alter Technik?* in: Erfolgreich Reorganisieren, hrsg. von Lay, G.; Mies, C., Heidelberg, S. 159

Lingenfelder, M (Hrsg.) (1999): *100 Jahre Betriebswirtschaftslehre in Deutschland*, München

Oechsler, W.A. (1979): *Konfliktmanagement*, Wiesbaden

Oechsler, W. A. (2000): *Personal und Arbeit*, 7. Auflage, München-Wien

Schanz, G. (1993): *Personalwirtschaftslehre*, 2. Auflage, München

Scholz, Chr. (1997): *Strategische Organisation*, Landsberg

Scholz, Chr. (2000): *Personalmanagement*, 5. Auflage, München

Senft, S.; Kohlgrüber, M. (1997): *Arbeitsorganisation - Das Ganze ist mehr als die Summe seiner Teile!*, in: Erfolgreich Reorganisieren, hrsg. von Lay, G.; Mies, C., Heidelberg, S. 91 ff

Staehle, W.H. (1994): *Management*, 7. Auflage, München

Taylor, F.W. (1903): *Shop Management*, New York

Taylor, F.W. (1911): *The Principles of Scientific Management*, New York, London

Todesco, R. (1994): *Der rationale Kern im Taylorismus*, in: Zeitschrift für Arbeits- und Organisationspsychologie, 38. Jg., (N.E. 12) 3, S. 123-125

Ulich, E.; Großkurth, P.; Bruggemann, A. (1973): *Neue Formen der Arbeitsgestaltung*, Frankfurt

Warnecke, H.-J. (1993): *Das Fraktale Unternehmen*, Berlin, Heidelberg u.a.

Wildemann, H. (1991): *Personalaspekte bei der Einführung neuer Technologien in Produktion und Logistik*, in: Personalhandbuch, hrsg. von Bühner, R., 2. Auflage, München

Wildemann, H. (1994): *Die modulare Fabrik*, München 1988, 4. Auflage

Wildemann, H. (1996): *Visualisierung als Controlling-Instrument*, in: Neue Organisationsformen im Unternehmen, hrsg. von Bullinger, H.-J.; Warnecke, H.-J., Berlin, Heidelberg u.a., S. 946 ff

Womack, J.P.; Jones, D.T.; Roos, D. (1990): *The machine that changed the world*, New York

Wren, D.A. (1996): *Frederick Winslow Taylor: Mythos und Wirklichkeit*, in: Hax, H. u.a., Vademecum zu dem Klassiker der wissenschaftlichen Betriebsführung, Düsseldorf

Die Bedeutung des Nachhaltigkeitsprinzips für die strategische Produktionsplanung

Hartmut Kreikebaum

1 Aufgaben der strategischen Produktionsplanung

Die strategische Produktionsplanung behandelt als Teilbereich der strategischen Unternehmensplanung alle Fragen, die mit der Suche nach und Durchführung von Produktionsstrategien verbunden sind. Das Interesse Horst Wildemanns an Planungsproblemen aus dem Produktionsbereich läßt sich bis in seine Assistententätigkeit bei unserem gemeinsamen akademischen Lehrer Theodor Ellinger zurückverfolgen (vgl. *Ellinger / Wildemann* 1977 und *Ellinger / Wildemann* 1984). Schon früh griff der Jubilar japanische Ansätze zu Qualitätssicherungsstrategien und zur Strategie der flexiblen Werkstattsteuerung auf. In späteren Arbeiten stehen die Strategien zur Optimierung der „logistischen Kette" zwischen Abnehmern, Produzenten und Zulieferern im Mittelpunkt (siehe bereits *Wildemann* 1985). Die genannten Strategieprobleme haben bis heute ihre Aktualität nicht nur behaupten können, sondern angesichts der im folgenden beschriebenen Entwicklungstrends noch zu steigern vermocht.

An aktueller Bedeutung gewonnen haben inzwischen auch die Fragen einer nachhaltigen Entwicklung, nicht zuletzt dokumentiert durch das neue Kreislaufwirtschaftsgesetz. Die Voraussetzungen der Anwendung und die Konsequenzen des Nachhaltigkeitsprinzips für die strategische Produktionsplanung sollen im Mittelpunkt dieses Beitrags stehen (siehe dazu *Wagner* 1996). Dabei geht es jedoch in erster Linie nicht um die Auswirkungen einer gesetzlichen Regulierung des Umweltschutzes auf die Produktionsstrategien. Vielmehr wollen wir untersuchen, welchen Beitrag zum Umweltschutz das Unternehmen freiwillig durch die Anwendung des Nachhaltigkeitsgrundsatzes auf die strategische Produktionsplanung leisten kann (vgl. auch *Hinterhuber* 1997, S. 55).

Ausgehend von einer Analyse der gegenwärtigen Umweltbedingungen und einer Prognose zukünftiger Möglichkeiten werden unternehmerische Absichten bzw. strategische Ziele als Ausgangsbasis für die Entwicklung von Strategien für den Produktionsbereich formuliert. Ebenso wie für andere Strategien empfiehlt sich auch für Produktionsstrategien die Ausrichtung an den nachstehenden Leitlinien (vgl. *Welge / Al-Laham* 1992, S. 172-178):

- Aufbau von langfristigen Stärken, Vermeidung von akuten und latenten Schwächen,
- Konzentration der Kräfte auf Beiträge zur Wertschöpfung des Unternehmens und zur Erlangung von Wettbewerbsvorteilen,
- Ausnutzung von unternehmensinternen und -externen Synergievorteilen, insbesondere in Verbindung mit Wachstums- und Kooperationsstrategien.

Als Aufgabenbereich der strategischen Produktionsplanung gelten neben der Planung grundlegender Produktionsziele insbesondere die geschäftsfeldorientierte Kapazitäts-, Layout- und Standortplanung sowie die Planung der Arbeitskräfte und der Produktionsorganisation (vgl. *Hahn* 1996, Sp. 1524-1529). Als Erfolgsträger mit eigenen Chancen und Risiken sind die strategischen Geschäftsfelder zuständig für die strategische Programmplanung des Absatz- und Fertigungsprogramms, d.h. die Festlegung von Art und Menge der zu produzierenden Güter (vgl. *Schweitzer* 1994, S. 655-662 und *Zäpfel* 1989).

Die Orientierung an den Kundenwünschen bietet einen ersten Anknüpfungspunkt für die Berücksichtigung von Umweltschutzüberlegungen. Die hier eingetretenen Veränderungen während der beiden letzten Jahrzehnte dokumentieren eindrucksvoll die Geschäftsberichte und eigene Umweltschutzberichte der Unternehmen in den ökologisch sensiblen Branchen Chemische Industrie und Automobilindustrie. Diesem Wandel haben sich auch die zuständigen Verbände angeschlossen und durch eigene Initiativen zum weiteren Nachdenken und zur Verbreitung des Umweltschutzgedankens beigetragen.

Wir wollen im folgenden zunächst skizzieren, welche ökologischen Konsequenzen sich in einigen aktuellen Entwicklungstrends des Produktionsbereichs abzeichnen. Anschließend gehen wir auf die Sustainable Development-Bewegung als Auslöser von Produktionsveränderungen ein. Im Mittelpunkt stehen die Überlegungen zur Verwirklichung des Nachhaltigkeitsprinzips in der strategischen Produktionsplanung. Unser Interesse gilt hier dem Konzept des Produktionsintegrierten Umweltschutzes sowie den Produktionsnetzwerken und den unternehmensüberschreitenden Verwertungsnetzen.

2 Aktuelle Entwicklungstrends im Produktionsbereich

Die aktuelle Entwicklung der Produktionsstrategien kommt in einigen Trends zum Ausdruck, die für unser Thema relevant sind. Sie sollen hier kurz skizziert werden.

Als wichtigste Triebkräfte für die Auflösung alter und die Suche neuer Standorte gelten die Miniaturisierung der Informations- und Kommunikationstechnik infolge zunehmender Integration von Komponenten bei den Mikroprozessoren, der Kostenverfall in den Bereichen Verarbeitungsleistung und Informationsspeicherung sowie die flächendeckende Ausbreitung von Telekommunikationsnetzen. Die Telekommunikation ist mit einer weitgehenden Entmaterialisierung von Produkten und Prozessen verbunden. An die Stelle des Versands von Papierdokumenten tritt die elektronische Informationsübermittlung, die Entwicklung realer Prototypen wird durch eine virtuelle Erstellung neuer Produkte am Computer ersetzt, die mobile Telekooperation und Telearbeit reduziert den realen Pendlerverkehr (siehe dazu ausführlich *Picot / Reichwald / Wigand* 1996, S. 362-369). Alle diese Maßnahmen tragen unmittelbar (z.B. durch Einsparung von Rohstoff- und Energieressoucen) oder mittelbar (z.B. durch geringe Belastung der ökologischen Umwelt generell) zum Ziel der Nachhaltigkeit bei.

Die arbeitsteilige Kooperation zwischen Produzenten und Lieferanten nimmt an Intensität weiter zu und verändert gleichzeitig ihre Richtung. Eine wachsende Intensität der

Verflechtung durch steigenden Wettbewerbsdruck verbindet sich mit einem neuen Nachdenken über eine Optimierung der Leistungstiefe (siehe dazu ausführlich *Picot / Reichwald / Wigand* 1996, S. 254-266). Das früher häufig anzutreffende Streben nach einer möglichst hohen Leistungstiefe wird wegen der damit notwendigen umfangreichen Bindung von Kapital, Know-how und Managementkapazitäten zunehmend kritischer beurteilt. Die Unternehmen schränken ihre Leistungstiefe ein, um die frei werdenden Ressourcen flexibler einsetzen zu können und dadurch Wettbewerbsvorteile zu erzielen. Diese Tendenz kommt in der Forderung nach einer Rückbesinnung auf die unternehmerischen Kernkompetenzen prägnant zum Ausdruck. Diese sollen den Zugang zu potentiellen Märkten erschließen, einen wesentlichen Beitrag zum Kundennutzen durch das Endprodukt beisteuern und für die Wettbewerber schwer nachzuahmen sein (vgl. *Hamel / Prahalad* 1995, S. 307 ff und *Prahalad / Hamel* 1990).

In der Automobilindustrie wird eine Kernkompetenz beispielsweise in der Zusammenführung von Modulen gesehen, die durch kompetente Lieferanten in Systembauweise erstellt werden. Die Lieferanten müssen dafür über Komplementärkompetenzen verfügen, die ihnen Spezialisierungs-, Größen- und Integrationsvorteile gegenüber dem Endprodukthersteller garantieren. Diese Zusammenarbeit verändert sich durch den Übergang zur Systembeschaffung oder zu Vollsortimentern in qualitativer und quantitativer Weise. Der durch Einbeziehung der Lieferanten in den Prozeß der Produktentstehung entstehende Wettbewerb um Konzepte reduziert erheblich die Anzahl der Zulieferer. Gleichzeitig kommt es zu einer Bündelung von Entwicklungs-, Produktions-, Vertriebs- und Managementressourcen bis auf die Prozeßebene, mit der Konsequenz von Kostenpotentialen und Synergievorteilen (vgl. *Wildemann* 1999, S. 255 f).

Auch die hier geschilderten Veränderungen beeinflussen die ökologische Situation sowohl indirekt als auch direkt. Die Bündelung von Aktivitäten und Reduzierung der Lieferantenzahl bedeutet gleichzeitig auch eine Verringerung der Umweltbelastung. Die Transaktionskosten reduzieren sich in sichtbarer Weise, wenn die Zulieferer in unmittelbarer Nähe des Herstellerbetriebs ansässig sind. Bei Neugründungen machen die Hersteller eine solche Standortwahl in der Regel zur Bedingung für eine Zusammenarbeit.

Das Beispiel der Automobilindustrie läßt erkennen, in welchem Umfang und mit welcher Intensität die Fortschritte in der technologischen Entwicklung dem Umweltschutzbereich zugute kommen (siehe dazu *DaimlerChrysler AG* 1999, S. 12-29; *Adam Opel AG* 2001, S. 25-41). Alternative Antriebe auf der Grundlage der Brennstoffzelle gelten inzwischen bei den meisten Herstellern als ein erfolgversprechendes Zukunftskonzept. Die Entwicklung synthetischer Dieselkraftstoffe („Syntroleum“) eröffnet nicht nur neue Möglichkeiten im Motorenbau („Selbstzünder-Motoren“), sondern hinterläßt beim Verbrennen auch weniger Rußpartikel und Kohlendioxyd. Getrennte Antriebsstränge für den Elektromotor und den Verbrennungsmotor sollen dafür sorgen, daß die umweltfreundlichen Hybridantriebe in Zukunft marktfähig werden und dem Kunden einen Zusatznutzen verschaffen.

3 Der Grundsatz der nachhaltigen Entwicklung

Es kann kein Zweifel daran bestehen: „Nachhaltige Entwicklung“ ist zu einem Modewort, ja zu einer „Passepartout-Vokabel“ geworden, deren Gebrauch durch Beliebigkeit bestimmt wird. Der Begriff gleicht einem „typischen Produkt der Diplomatensprache“, wie es Heinrich von Lersner, ehemaliger Präsident des Umwelt-Bundesamtes, zutreffend formulierte (*Vorholz* 2000, S. 32). Unter Leitung der ehemaligen norwegischen Ministerpräsidentin Gro Harlem Brundtland veröffentlichte die UN-Weltkommission für Umwelt und Entwicklung 1987 nach mehrjähriger Arbeit die häufig zitierte Definition: „Dauerhafte Entwicklung ist Entwicklung, die die Bedürfnisse der Gegenwart befriedigt, ohne zu riskieren, daß künftige Generationen ihre eigenen Bedürfnisse nicht befriedigen können.“ (*Weltkommission* 1987, S. 46).

Die Forderung nach einer dauerhaften Entwicklung geht auf die Forstwirtschaft zurück, die im 19. Jahrhundert mit der Festlegung des „Hiebwerts“ dem Raubbau in den Wäldern (mit der Konsequenz einer Lähmung der Wirtschaft durch Holzknappheit) entgegenwirkte. Als besonderes Kennzeichen des Sustainability-Ansatzes ist demgegenüber die Verknüpfung von ökologischen und sozialen Aspekten zu sehen. Zur Durchsetzung des Konzeptes werden drei Strategieoptionen vorgeschlagen: die Effizienz-, Konsistenz- und Suffizienzstrategie (vgl. dazu *Siebenhüner* 2000, S. 109-114). Die Berücksichtigung der Effizienz beinhaltet die Suche nach ökonomisch und ökologisch vorteilhaften Lösungen für Produkt- und Prozeßinnovationen (z.B. durch Senkung des Energieverbrauchs und Stoffdurchsatzes). Unter Konsistenz ist die Forderung zu verstehen, daß sie entweder im wirtschaftliche Kreislauf bleiben oder aber stets biologisch verarbeitbar, d.h. erdkrustenähnlich sind (vgl. *Zabel* 1997). Eine Suffizienzstrategie berücksichtigt eine gerechte intragenerative Verteilung der Umweltnutzungen durch Überprüfung des Konsumentenverhaltens anhand von Kriterien wie Bescheidenheit und Genügsamkeit. Hier geht es beispielsweise um eine Dezentralisierung und Regionalisierung der Produktion, aber auch um die Forderung, einen kritischen natürlichen Ressourcenbestand aus Gründen der intergenerativen Gerechtigkeit niemals zu unterschreiten (vgl. *Radke* 1995).

Nach Matten und Wagner übernimmt das Sustainable Development-Konzept eine Leitbildfunktion im Rahmen der Betriebswirtschaftlichen Umweltökonomie (siehe dazu im einzelnen *Matten / Wagner* 1998 und *Matten* 1998). Indem ein „gerechter“ Ausgleich an Verfügungsrechten über natürliche Ressourcen innerhalb der jetzigen Generation und gegenüber den zukünftigen Generationen angestrebt wird, erfolgt ein Brückenschlag zwischen dem Verantwortungsprinzip als Kern des Sustainable Development-Ansatzes und der Property-Rights-Theorie (vgl. dazu *Matten / Wagner* 1999, S. 586-588).

4 Die Berücksichtigung des Nachhaltigkeitsprinzps in der strategischen Produktionsplanung

Die Forderung und Verfolgung einer nachhaltigen Entwicklung stellt die gemeinsame Ausgangsbasis von umweltpolitischen Programmen dar, wie sie beispielsweise von der Enquête-Kommission formuliert wurden und auch in die Umweltpolitik der Europäischen Union eingegangen sind. Die Übertragung dieser ökologischen Vorgaben auf die strategische Produktionsplanung bedeutet eine für die Unternehmen keineswegs einfache Transferleistung. Wir wollen zunächst untersuchen, welche Konsequenzen sich daraus für ein offensives Umweltmanagement im Rahmen des produktionsorientierten Umweltschutzes ergeben. Dem ökonomischen und ökologischen Lebensweg von Produkten und Dienstleistungen folgend betrachten wir hier die Produktgestaltung und -entwicklung sowie das Stoffstrommanagement. Daran anschließend gehen wir auf die Fragen der Entsorgung bzw. Abfallwirtschaft ein, und zwar differenziert nach internem Recycling in Form von Produktionsnetzwerken und externen Verwertungsnetzen.

4.1 Das Konzept des produktionsintegrierten Umweltschutzes

Die Auseinandersetzung mit dem produktionsorientierten Umweltschutz beginnt mit einer Kontroverse zwischen nachgeschalteten Technologien ('end-of-pipe-technologies') und integrierten Technologien ('clean technologies'). Während erstere Umweltschutzgesichtspunkte erst nach dem Produktionsprozeß berücksichtigen, also Entsorgungsstrategien verfolgen, geht es bei integrierten Technologien um eine vorsorgende Vermeidung etwaiger Umweltbelastungen, d.h. um die Einbeziehung von Umweltschutzüberlegungen in den Produktionsprozeß selbst (vgl. dazu im einzelnen *Kreikebaum* 1992, S. 5-13). Als Vorreiter der Praxis gilt die Chemische Industrie, die infolge ihrer umweltschädigenden Produktionsbedingungen in die Kritik von Umweltschützern geriet. Sie reagierte darauf mit der Verpflichtung, „durch chemische, physikalische, biologische und verfahrenstechnische Verbesserungen im Prozeßverbund den Anfall von nicht weiter verwendbaren Substanzen auf ein Minimum zu reduzieren" (*Lipphardt* 1989, S. 855). Durch verfahrensmäßige Umstellungen der Prozeßabläufe und eine Optimierung der Reaktionsführung soll nicht nur der Primärenergie- und Rohstoffeinsatz reduziert, sondern auch die Wiederverwertung von Reststoffen in anderen Prozessen angestrebt werden (vgl. dazu die Praxisbeispiele in *DECHEMA* 1990. Zu einem Beispiel aus der Automobilindustrie (Umstellung auf wasserlösliche Lacke) siehe *Steger* 1991, S. 38-43).

Nach Strebel zeichnet sich eine integrierte Umweltschutzpolitik durch folgende Merkmale aus (vgl. *Strebel* 1991, S. 4-5):

1. Erfassung aller stofflichen und energetischen Inputs und Outputs von Prozessen durch komplette Stoff- und Energiebilanzen.
2. Einbeziehung der Vorstufen (Inputs) eines Prozesses.
3. Erfassung der Folgestufen eines Prozesses (Produktion und Konsum) und der Entsorgung von Alterzeugnissen.
4. Vorsorge statt Nachsorge sowie weitgehender Verzicht auf End-of-pipe-Technologien.
5. Beeinflussung umweltrelevanter Effekte von Vor- und Folgestufen; Suche nach pareto-optimalen Lösungen.
6. Kooperationen mit Lieferanten, produzierenden und konsumierenden Abnehmern sowie Entsorgern.

Ziel ist das vorsorgliche Vermeiden anstelle des nachträglichen Verminderns von Umweltbelastungen, und zwar bereits bei der Vorbereitung und Planung von Produkten und Verfahren, d.h. eine ökologische Modernisierung der Produktion. Sie findet ihren Ausdruck in einem Stoffstrommanagement, für das sich nach Auffassung der Enquête-Kommission grundlegende ökologische Regeln anbieten, die sich am Prinzip der Nachhaltigkeit orientieren (*Enquête-Kommission* 1998, S. 46., vgl. dazu auch die Vorarbeiten in *Enquête-Kommission* 1994).

Vom Arbeitskreis „Ressourcenschonung" des Bundesministeriums für Umwelt, Naturschutz und Reaktorsicherheit (BMU) werden zusammenfassend fünf Möglichkeiten genannt, die einer nachhaltigen Schonung von Ressourcen dienen (vgl. *Bundesministerium für Umwelt, Naturschutz und Reaktorsicherheit* 1997, S. 64-65):

1. Reduzierung des Verbrauchs nicht nachwachsender Rohstoffe (inkl. Energie).
2. Reduzierung des Verbrauchs und der Verschmutzung natürlicher Ressourcen bei Produktionsverfahren.
3. Verminderung des Rohstoff- und Energiebedarfs sowie des Schadstoffgehaltes von Produkten.
4. Reduzierung der Schadstoffbelastung der Lebensumwelt.
5. Kreislaufführung von Wertstoffen.

Im Vordergrund produktionsorientierter Umweltstrategien steht folglich die Erhöhung der Ressourcenproduktivität durch Verringerung des Stoffdurchsatzes sowie eine längere und intensivere Nutzung von Gütern. Ergänzend sind ökologisch bedenkliche Stoffe durch umweltverträglichere zu ersetzen (z.B. durch Einsatz von nachwachsenden Rohstoffen), toxikologische Stoffe in Produktsystemen zu reduzieren und umweltbelastende Stoffe auch bei der Rohstoffextraktion und Vorproduktion zu vermeiden bzw. zu verringern (vgl. dazu die Fallbeispiele bei *Rubik / Hoffmann / Simshäuser* 2000, S. 58-72).

4.2 Die Produktionsprogrammplanung unter Nachhaltigkeitsüberlegungen

Die Planung des Produktionsprogramms umfaßt die Produkt- und Erzeugnisprogrammplanung sowie die Produktionsmengen- und Fertigungsprogrammplanung (siehe zum folgenden *Strebel* 1994, S. 780-784). Im Rahmen der Produkt- und Erzeugnisprogrammgestaltung konzentrieren sich die Nachhaltigkeitsüberlegungen auf umweltschonende Erzeugnisse, bei deren Entwicklung, Herstellung, Gebrauch und Entsorgung die Umweltbelastungen insgesamt minimiert werden. Voraussetzung dafür ist die Kenntnis der ökologischen Wirkungen alternativer Produktgestaltung (vgl. *Türck* 1991). Anzustreben ist die Gestaltung der Produkte im Rahmen eines integrierten Umweltschutzkonzeptes (siehe dazu u.a. *Kreikebaum* 1992, S. 21-49). Von der Produktgestalt in Form von Konstruktionszeichnungen, Stücklisten, Rezepturen und chemischen Analyseergebnissen gehen ökologisch relevante Wirkungen auf Input und Output der Produktion aus. Die Orientierung an Nachhaltigkeitsgesichtspunkten in der Erzeugnisprogrammplanung bedingt ein offensives Umweltmanagement. Im Gegensatz zum rein defensiven Reagieren auf staatliche Umweltschutzanforderungen geht es hier darum, daß die Unternehmen den Umweltschutz als eine betriebswirtschaftliche Herausforderung ansehen, neue Technologien und Verfahren einsetzen und den Produktionsprozeß unter Einbeziehung ökologischer Kriterien insgesamt verbessern (vgl. *Pieroth / Wicke* 1988, S. 23 und *Wicke* 1993). Ein Modell für ein offensives Umweltmanagement ist dadurch gekennzeichnet, daß die Umweltbelastungen U durch Emissionen (Abluft, Abwasser, Abfälle und Lärm) minimiert werden (siehe dazu im einzelnen *Hansmann* 1998, S. 107).

Im Unterschied zum Katalog potentieller Produktartenziele des Erzeugnisprogramms bestimmt das Fertigungsprogramm Art und Ausmaß der tatsächlichen Produktion in einer Planperiode. Daraus ergibt sich auch der Umfang der effektiv entstehenden Umweltbelastung einer Produktion. Sie ist abhängig von den Rückstands- und Schadstoffkoeffizienten einer Produktart und der Erzeugnismenge im Produktionszeitraum sowie von den Umwandlungs- und Wiederverwendungsraten (vgl. *Strebel* 1994, S. 783-784). Emissionen unterschiedlicher Schadstoffe sind durch Äquivalenzkoeffizienten gleichrangig zu machen (siehe dazu den Vorschlag von *Müller-Wenk* 1978 und *Müller-Wenk* 1986). Die Berücksichtigung ökologischer Zielfunktionen in Entscheidungsmodellen gewinnt ihre Bedeutung insbesondere angesichts der hohen Umweltbelastung in industriellen Ballungsräumen.

Die systematische Suche nach Produkten, die Vorbereitung der Produktionsaufgaben und der Maßnahmen zur Durchsetzung unternehmerischer Ziele und Strategien erfolgt mit Hilfe von Systemen der Produktionsplanung und -steuerung (PPS). An die Stelle der auf strikter Sukzessivplanung beruhenden konventionellen Systeme sind inzwischen neuere PPS-Konzepte getreten. Dazu zählen beispielsweise die Organized Production Technology, das Manufacturing Resource Planning, das Kanban-Konzept sowie das Fortschrittszahlenkonzept. Da es sich hier um vorwiegend dezentralisierte PPS-Systeme handelt, bieten sie sich im Prinzip als eine erfolgversprechende Unterstützung eines Umweltmanagements an, das ebenfalls auf dezentralisierte Entscheidungen abstellt (vgl. dazu *Kaluza / Dullnig / Goebel* 2001, S. 44; *Haasis* 1996, S. 209). Die Integration des Recyclings in die Systeme der Produktionsplanung und -steuerung bedingt jedoch die Erweiterung von Modulen traditioneller PPS-Systeme. Wir gehen darauf im nächsten Abschnitt näher ein.

4.3 Verwertungs- und Entsorgungsprobleme einer Kreislaufwirtschaft

Die strategische Produktionsplanung wird unter Nachhaltigkeitsgesichtspunkten eine geschlossene Kreislaufführung von Produktentwicklung, Produktion, Vertrieb / Verbrauch und Entsorgung anstreben. Aus technisch-wirtschaftlichen und energetischen Gründen ist jedoch keine vollständige Geschlossenheit des Systems zu erreichen (vgl. *Wildemann* 1997, S. 243). Beispielsweise lassen sich bestimmte Fertigungshilfsstoffe wie Kühlschmierstoffe, Reinigungsmittel oder Schleifmittel, die nach dem Wasserhaushaltsgesetz von 1994 als wassergefährdend eingestuft werden, nur mit hohem technischen und wirtschaftlichen Aufwand aus dem Wasser lösen (vgl. dazu im einzelnen *Drosten* 2001, Kapitel 4). Gerade angesichts solcher produktionstechnologischer Beschränkungen erscheint es wichtig, sich Gedanken zu machen über eine Prioritätenskala des produktionsorientierten Umweltschutzes. In deren Rahmen fallen folgende strategische Maßnahmen des Recyclings (siehe dazu den Vorschlag bei *Bästlein* 1991, S. 124):

- Stoffliche Verwertung von Reststoffen (Wertstoffgewinnung)
- Verbrennung von organischen Reststoffen mit hohem Heizwert (thermische / energetische Verwertung)
- Additive Abgasreinigung, Abwasserbehandlung und Abfallbeseitigung
- Verwertung von Produktresten der Konsumtion durch Rezyklierung im Produktionsprozeß (z.B. Vermeidung von Reststoffen durch Kreislaufführung)

Es ist davon auszugehen, daß die Probleme der Entsorgung von Rückständen in Zukunft weiter zunehmen werden. Dies gilt für Verpackungen, Produktionsrückstände und - in besonderem Maße - für die Entsorgung von rückgeführten Produkten. Die Entsorgung im engeren Sinne umschließt die Abfallbeseitigung in Form der Deponierung, Verbrennung und Kompostierung (vgl. dazu *Wagner / Fichtner* 1992, S. 558). Dem Prinzip der Nachhaltigkeit entspricht die Wiederverwendung der Ressourcen. Wie im Kreislaufwirtschafts- und Abfallgesetz und nachfolgenden Verordnungen vorgesehen, ist jedes Güter herstellende oder vertreibende Unternehmen dafür verantwortlich, daß die Produktionsabfälle und nach dem Gebrauch entstehenden Rückstände möglichst vermieden, verwertet und umweltverträglich entsorgt werden (§§ 22-26 KrW-(AbfG)). Aufbereitung und Wiedereinsatz von Abprodukten in der Produktion sowie die Redistribution von Konsumtionsrückständen erfordern zusätzliche Planungsaktivitäten, insbesondere im Bereich des Logistikmanagements, um den geforderten Übergang von der traditionellen Abfallwirtschaft zur Kreislaufwirtschaft zu bewältigen. Die Konsequenzen hinsichtlich der strategischen Produktionsplanung sollen aus der Sicht eines Unternehmens betrachtet werden, das den Übergang vom „Ökologie-Push“ zum „Ökologie-Pull“ vollzogen hat und nicht auf Rückzugs- und Widerstandsstrategien setzt (nach *Kirchgeorg / Meffert* gehören zu dieser Gruppe vorwiegend die „ökologieorientierten Innovatoren“ sowie die „innengerichteten Aktiven“ vgl. *Kirchgeorg / Meffert* 1999, S. 501). Eine solche Grundhaltung stellt die Voraussetzung für die Lösung von Verwertungs- und Entsorgungsproblemen im Sinne einer Kreislaufwirtschaft dar.

Die Zielbeziehungen zwischen Recycling- und Produktionsstrategien müssen nicht notwendig konfliktär sein. Bei den PPS-Zielen Durchlaufzeitreduzierung, Kapazitätserhöhung und Sicherung der Termintreue ergeben sich im Vergleich zu den Mengenzielen des Recyclings komplementäre Beziehungen. Eine Konfliktsituation besteht dagegen bei der Lagerbestandsreduzierung (vgl. zum folgenden *Rautenstrauch* 1997, S. 50). In Anbetracht der teilweise hohen Kosten für Recyclingmaßnahmen - Franze nennt beispielsweise Kosten in Höhe von DM 12,5 % bei Haushaltsgeräten und 26 % bei Kraftfahrzeugen (vgl. *Franze* 1997, S. 305) - empfiehlt sich die Entwicklung integrierter Recyclingplanungs- und -steuerungssysteme, wobei der Produktions- und Recyclingprozeß miteinander zu verknüpfen sind. Ein solches produktionsorientiertes Recycling ermöglicht nicht nur die Zuführung von Sekundärmaterial an die Produktion und ein (un)-mittelbares Reststoff- und Ausschußrecycling, sondern auch eine gemeinsame Nutzung von Ressourcen.

Im Hinblick auf die Integration der Planung und Steuerung des Recyclings in die PPS-Systeme besteht offensichtlich ein großer Nachholbedarf. Beim integrierten Umweltschutz ergeben sich Planungsaufgaben vor allem im Zusammenhang mit der Werkstoffauswahl, den Montageverfahren sowie bei Konstruktion und Arbeitsvorbereitung (vgl. zum folgenden *Kaluza / Dullnig / Goebel* 2001, S. 47-67). Die Einbeziehung des Recyclings umfaßt die Ebene der Prozesse und der Informationen. Zum einen leitet sich die Planung des Recyclingprogramms aus der Programm- und Mengenplanung ab. Auf der anderen Seite wirkt die Recyclingmengenplanung unmittelbar auf die Materialbedarfsplanung für die Produktion ein. Falls die Produktions- und Recyclingaufträge auf dieselben betrieblichen Kapazitäten zurückgreifen, ist eine Integration der Ressourcenplanung und Fertigungssteuerung anzustreben.

Der genannte Nachholbedarf betrifft jedoch nicht nur die Produktionsprogrammplanung, sondern auch das von der Umweltbelastung her besonders sensible Modul der Beschaffungsmenge. Das traditionelle PPS-System ist deshalb zu modifizieren: Reststoff- und Ausschußmengen verringern als Lagerzugang den Nettobedarf. Schwierigkeiten ergeben sich allerdings bei der Ermittlung der tatsächlichen Menge des Reststoffanfalls sowie den Unterschieden in den Prozeßstrukturen von Fertigungs- und Rezyklierungsprozessen (lineares versus zirkulares Ablaufprinzip). Als Informationsgrundlage für die umweltbedingte Erweiterung der Produktionsplanung bieten sich Umweltstücklisten an, welche die Entstehung und Beeinflußbarkeit von Umweltbelastungen aufzeigen (vgl. dazu *Steven / Letmathe* 1996, S. 172f).

Erweiterungsbedarf besteht ferner bei dem Modul Termin- und Kapazitätsplanung. Zusätzlich auftretende Energie- und Emissionsaspekte sind in einer Nebenbedingung zu berücksichtigen. Zu beachten sind insbesondere eine gleichmäßige Kapazitätsbelegung (um emissionsintensive Transporte zu vermeiden) und eine Reihenfolgeplanung, die ablaufintensive Umrüstungsmaßnahmen reduziert (vgl. *Haasis / Rentz* 1992, S. 236f).

Außerdem ist zu berücksichtigen, daß begrenzt lagerfähige Rezyklate zuerst verbraucht werden sollten (darauf verweist *Corsten* 2000, S. 567). Die in einer „throughput economy" geltenden Maßstäbe wirtschaftlicher Leistungsfähigkeit sind in einer „spaceship economy" nur noch in Verbindung mit einer Verbesserung der Ressourceneffizienz oder zusammen mit Substitutionsprozessen vertretbar.

5 Der Grundsatz der Nachhaltigkeit bei der Gestaltung strategischer Entsorgungsnetzwerke

Die Berücksichtigung von Nachhaltigkeitsaspekten macht nicht Halt an den Unternehmensgrenzen. Die konsequente Anwendung des Prinzips einer kreislaufwirtschaftlichen Prozeßorientierung schließt notwendigerweise potentielle Partner jenseits der eigenen Organisation und auch über die nationalen Grenzen hinaus ein. Je umfassender und intensiver kooperative und netzwerkartige Lösungen angestrebt werden, desto mehr steigen die Anforderungen an die interorganisatorische Koordination der beteiligten Partner.

Das Konzept der strategischen Netzwerke geht auf einen Vorschlag Jarillos zurück (*Jarillo* 1988. Zu Begriff und Aufgaben siehe u.a. *Sydow* 1993 und *Winkler* 1999, S. 19-60). Nach Wildemann bedingt gerade die Entwicklung der Abfallwirtschaft zur Kreislaufwirtschaft den Aufbau von Unternehmensnetzwerken, die den Produktlebenszyklus um den Entsorgungszyklus erweitern (vgl. *Wildemann* 1996, S. 309). Neben den Lieferanten, Herstellern und Absatzmittlern sind auch (Entsorgungs-) Logistikdienstleister und Verwertungsbetriebe durch den lokalen Akteur in die Zusammenarbeit zu integrieren. Das Entsorgungsnetzwerk ist durch eine zwischenbetriebliche Organisation der Entsorgung gekennzeichnet. Die Rückstände aus der Produktion eines Unternehmens (Rückstandsquelle) gehen dabei als Input in den Produktionsprozeß eines anderen Unternehmens ein. Der Nachhaltigkeitsaspekt zeigt sich formal wie inhaltlich im Modell des logistischen Kreislaufs von Entsorgungs- und Verwertungskreisläufen. Er ergibt sich aus den Prozessen der Redistribution, der Aufbereitung und des Wiedereinsatzes von Produktions- und Konsumtionsrückständen (zum folgenden vgl. *Wildemann* 1996, S. 314-324).

Bei der Redistribution der Konsumtionsrückstände entsteht ein logistischer Kreislauf von den Verbrauchern zu den Aufbereitungsbetrieben. Dessen Elemente sind die Sammlung, die Sortierung und der Transport der Gütermengen und -sorten. Die physischen Redistributionsprozesse werden unterstützt durch Informationsprozesse über Ort, Menge und Qualität der Rückstände (zur Entwicklung wissensinduzierter Unternehmensnetzwerke vgl. *Weissenberger-Eibl* 2000). Als zentraler Koordinator ist der lokale Akteur für eine effiziente Aufteilung der Redistributionsprozesse verantwortlich.

Die Aufbereitung der Produktionsrückstände sowie ehemaliger Produkte und Produktbestandteile aus der Konsumtion kann entweder beim Hersteller, aber auch in eigenen Aufbereiter- und Verwerterbetrieben erfolgen. Eine Aufbereitung beim Produzenten bietet den Vorteil, daß die Baugruppen und -teile parallel zur Montage umgearbeitet und direkt wiederverwendet werden können. In diesem Falle müssen in der strategischen Produktionsplanung zusätzliche Investitionen für die Aufbereitungsanlagen, personellen Kapazitäten und logistischen Prozesse berücksichtigt werden. Sind mehrere Unternehmen in das Entsorgungsnetzwerk eingebunden, entsteht ein höherer logistischer Aufwand und zusätzlicher Koordinationsbedarf für die produkt- oder typenbezogene Aufbereitung gleichartiger Konsumtionsrückstände.

Der Wiedereinsatz von Wertstoffen verläuft in idealer Weise im Kreislauf, wenn der Ort des Wiedereinsatzes von Werkstoffen, d.h. die Senke des Rückstandsflusses, mit der unternehmensinternen Quelle des Güterversorgungsflusses identisch ist. Allerdings sind außer dem Hersteller auch noch Zulieferer, Absatzmittler und Sekundärmärkte zu berücksichtigen. Unter ökonomischen und ökologischen Gesichtspunkten erscheint eine Prozeßintegration von Aufbereitung und Wiedereinsatz sinnvoll (siehe dazu die Fallstudien zum Entsorgungskonzept der BMW AG und Siemens Nixdorf Recycling-Konzept bei *Wildemann* 1996, S. 324-326).

Entscheidend für die synergienutzende Koordination und Abstimmung zwischen den Beteiligten ist das Netzwerkmanagement bzw. der lokale Akteur. Nur dann kann das Kreislaufwirtschaftsprinzip gesichert und stetig weiterentwickelt werden. Nach den vorliegenden Erfahrungen empfiehlt es sich, ein Entsorgungsnetzwerk nicht auf ein Produktionsnetzwerk „aufzusetzen“, sondern ein eigenes Entsorgungsnetzwerk zu errichten. Wie die Entwicklungsgeschichte der „Industrial Symbiosis Kalundborg“ zeigt, hat sich dieses aus einer Erdölraffinerie, einem Kohlekraftwerk, einer Gipskarton- und Biotechnikfabrik sowie der Kommune Kalundborg auf Seeland gebildete Netzwerk erst über die Jahre formiert (vgl. dazu *Schwarz* 1996, S. 362-368). Auch ein evolutorisch ablaufender Prozeß der Verknüpfung von unabhängigen Verwertungszellen kommt aber nicht ohne strategische Planungsüberlegungen aus, wenn er auf Kontinuität und Wandel setzt.

6 Literatur

Adam Opel AG (Hrsg.) (2001): *Umweltbericht 2000/2001*, Rüsselsheim

Bästlein, S. (1991): *Die Feasibility-Studie unter qualitativen Aspekten - Produktionsintegrierter Umweltschutz und Anlagensicherheit bei der Projektbewertung im Chemieanlagenbau*, Ludwigsburg-Berlin

Bundesministerium für Umwelt, Naturschutz und Reaktorschutz (1997): *Schritte zu einer nachhaltigen, umweltgerechten Entwicklung*, Bericht der Arbeitskreise anläßlich der Zwischenbilanzveranstaltung am 13. Juni 1997, Bonn

Corsten, H. (2000): *Produktionswirtschaft - Einführung in das industrielle Produktionsmanagement*, 9. Aufl., München-Wien

DaimlerChrysler AG (1999): *Hightech Report 1999*, Stuttgart

DECHEMA (1990): *Produktionsintegrierter Umweltschutz in der chemischen Industrie*, Frankfurt

Drosten, C. (2001): *Produktionsintegrierter Umweltschutz in der metallverarbeitenden Industrie unter besonderer Berücksichtigung der spanenden Bearbeitung, unveröffentlichtes Manuskript*, Schleißheim

Ellinger, T.; Wildemann, H. (1977): *RKM - Schriftenreihe Produktionsplanung und Produktionssteuerung*, Frankfurt

Ellinger, T.; Wildemann, H. (1984): *Planung und Steuerung der Produktion aus betriebswirtschaftlich-technologischer Sicht*, 2. Aufl., Wiesbaden

Enquête-Kommission "Schutz des Menschen und der Umwelt" des 13. Deutschen Bundestags (1998): *Konzept Nachhaltigkeit. Vom Leitbild zur Umsetzung*, Deutscher Bundestag, Zur Sache 4/98, Bonn

Enquête-Kommission "Schutz des Menschen und der Umwelt" des Deutschen Bundestags (1994): *Die Industriegesellschaft gestalten. Perspektiven für einen nachhaltigen Umgang mit Stoff- und Materialströmen*, Bonn

Franze, H. A. (1997): *Recycling von Kraftfahrzeugen*, in: Unternehmung und Umwelt, hrsg. von Kaluza, B., 2. Aufl., Hamburg, S. 291-316

Haasis, H. D. (1996): *Betriebliche Umweltökonomie: Bewerten-Optimieren-Entscheiden*, Berlin et al.

Haasis, H.-D.; Rentz, O. (1992): *Umwelt-PPS - Ein weiterer Baustein einer CIM-Architektur?*, in: Information als Produktionsfaktor, hrsg. von Görke, W.; Rininsland, H.; Syrbe, M., Berlin et al

Hahn, D. (1996): *Produktionsplanung, strategische*, in: Handwörterbuch der Produktionswirtschaft, hrsg. von W. Kern; H.-H. Schröder; J. Weber, 2. Auflage, Stuttgart, Sp. 1521-1534

Hamel, G.; Prahalad, C. K. (1995): *Wettlauf um die Zukunft*, Wien

Hansmann, K.-W. (1998): *Umweltorientierte Produktionsplanung und -steuerung*, in: Umweltorientierte Betriebswirtschaftslehre, hrsg. von Hansmann, K.-W., Wiesbaden, S. 77-139

Hinterhuber, H. (1997): *Strategische Unternehmensführung*, Bd. II, Strategisches Denken, 6. Aufl., Berlin-New York

Jarillo, J. (1988): *Strategic Networks*, Oxford, London et al.

Kaluza, B.; Dullnig, H.; Goebel, B. (2001): *Überlegungen zur Konzeption eines Produktionsplanungs- und Recyclingplanungs- und Steuerungssystems für Verwertungs- und Entsorgungsnetzwerke*, Diskussionsbeiträge des Instituts für Wirtschaftswissenschaften der Universität Klagenfurt, Nr. 2001/01, Klagenfurt

Kirchgeorg, M.; Meffert, H. (1999): *Ziele und Strategien des betrieblichen Umweltmanagements im Wandel*, in: Unternehmung, Ethik und Umwelt. Hartmut Kreikebaum zum 65. Geburtstag, hrsg. von Wagner, G. R., Wiesbaden, S. 491-508

Kreikebaum, H. (1992): *Umweltgerechte Produktion. Integrierter Umweltschutz als Aufgabe der Unternehmensführung im Industriebetrieb*, Wiesbaden

Lipphardt, G. (1989): *Produktionsintegrierter Umweltschutz - Verpflichtung der chemischen Industrie*, in: Chemie-Ingenieur-Technik, 61. Jg., S. 855-860

Matten, D. (1998): *Sustainable Development als betriebswirtschaftliches Leitbild*, in: Betriebliches Umweltmanagement 1998, hrsg. von Albach, H.; Steven, M., Ergänzungsheft 1/98 der Zeitschrift für Betriebswirtschaft, Wiesbaden, S. 1-33

Matten, D.; Wagner, G. R. (1998): *Konzeptionelle Fundierung und Perspektiven des Sustainable Development-Leitbildes*, in: Umwelt und Wirtschaftsethik, hrsg. von Steinmann, H.; Wagner, G. R., Stuttgart, S. 51-79

Matten, D.; Wagner, G. R. (1999): *Zur institutionenökonomischen Fundierung der Betriebswirtschaftlichen Umweltökonomie*, in: Unternehmung, Ethik und Umwelt. Hartmut Kreikebaum zum 65. Geburtstag, hrsg. von Wagner, G. R., Wiesbaden, S. 576-610

Müller-Wenk, R. (1978): *Die ökologische Buchhaltung - Ein Informations- und Steuerungsinstrument für umweltkonforme Unternehmenspolitik*, Frankfurt-New York

Müller-Wenk, R. (1986): *Ökologische Buchhaltung - Eine Einführung*, in: Ökonomie und Ökologie. Auswege aus einem Konflikt, hrsg. von Simonis, U. E., 4. Aufl., Karlsruhe, S. 13-30

Picot, A.; Reichwald, W.; Wigand, R. (1996): *Die grenzenlose Unternehmung*, Information, Organisation und Management, Wiesbaden

Pieroth, E.; Wicke, L. (1988): *Chancen der Betriebe durch Umweltschutz: Plädoyer für ein offensives, gewinnorientiertes Umweltmanagement*, Freiburg

Prahalad, C. K.; Hamel, G. (1990): *The Core Competence of the Corporation*, in: Harvard Business Review, Vol. 68 (1990), No. 7, pp. 79-91

Radke, V. (1995): *Sustainable Development - Eine ökonomische Interpretation*, in: Zeitschrift für Umweltpolitik und Umweltrecht, 8. Jg. Heft 4, S. 532-543

Rautenstrauch, C. (1997): *Fachkonzept für ein integriertes Produktions- Recyclingsplanungs- und steuerungssystem*, Berlin et al.

Rubik, F.; Hoffmann, E.; Simshäuser, U. (2000): *Innovationen durch die Umweltpolitik (IPP) in Deutschland*, Vorschläge des Instituts für ökologische Wirtschaftsforschung, Heidelberg

Schwarz, E. J. (1996): *Industrielle Verwertungsnetze - Ein Beitrag zur Integration ökologischer Aspekte in die Produktionswirtschaft*, in: Management von Unternehmensnetzwerken, hrsg. von Bellmann, K.; Hippe, A., Wiesbaden, S. 349-377

Schweitzer, M. (1994): *Industrielle Fertigungswirtschaft*, in: Industriebetriebslehre, hrsg. von M. Schweitzer, 2. Aufl., München, S. 569-746

Siebenhüner, B. (2000): *Normierte Umweltmanagementsysteme und deren Weiterentwicklung im Rahmen einer nachhaltigen Entwicklung unter besonderer Berücksichtigung der Öko-Audit-Verordnung und der ISO 14001*, Diss. Halle

Steger, U. (1991): *Integrierter Umweltschutz als Gegenstand eines Umweltmanagements*, in: Integrierter Umweltschutz, hrsg. von Kreikebaum, H., Wiesbaden, S. 33-43

Steven, M.; Lethmathe, P. (1996): *Umweltstücklisten als Datengrundlage für umweltorientierte PPS-Systeme*, in: ZfB-Ergänzungsheft 2/1996, S. 165-182

Strebel, H. (1991): *Umweltschutz. Merkmale, Voraussetzungen, Chancen*, in: Integrierter Umweltschutz , hrsg. von Kreikebaum, H., Wiesbaden, S. 3-16

Strebel, H. (1994): *Industrie und Umwelt*, in: Industriebetriebslehre. Das Wirtschaften in Industrieunternehmungen, hrsg. von Schweitzer, M., 2. Aufl., München, S. 747-848

Sydow, J. (1993): *Strategische Netzwerke: Evolution und Organisation*, Wiesbaden

Türck, R. (1991): *Das ökologische Produkt. Eigenschaften, Erfassung und wettbewerbsstrategische Umsetzung ökologischer Produkte*, 2. Aufl., Ludwigsburg-Berlin

Vorholz, Fritz (2000): *Schröders grüner Modegag. Nachhaltigkeit, das Glaubensbekenntnis aller Umweltbewegten, soll zum Motto des Regierungshandelns werden*, in: DIE ZEIT, Nr. 21, vom 18.05.2000, S. 32-33

Wagner, G. R. (1996): *Regulierungsauswirkungen aktueller Umweltschutzgesetze und -verordnungen*, in: Regulierung und Unternehmenspolitik, hrsg. von Sadowski, D.; Czap, H.; Wächter, H., Wiesbaden, S. 126-142

Wagner, G. R.; Fichtner, S. (1992): *Unternehmerische Abfallwirtschaft*, in: Handbuch des Umweltschutzes. Anforderungs- und Leistungspolitik von Unternehmen und Gesellschaft, hrsg. von Steger, U., München, S. 557-580

Weissenberger-Eibl, M.-A. (2000): *Wissensmanagement als Instrument der strategischen Unternehmensführung in Unternehmensnetzwerken*, München

Welge, M. K.; Al-Laham, A. (1992): *Prozesse-Strategien-Maßnahmen*, Wiesbaden

Weltkommission für Umwelt und Entwicklung (1987): *Unsere gemeinsame Zukunft. Der Brundtland-Bericht*, Geven

Wicke, L. (1993): *Umweltökonomie*, 4. Aufl., München

Wildemann, H. (1985): *Produktionssynchrone Steuerung von Zulieferungen*, in: Industriebetriebslehre in Wissenschaft und Praxis. Festschrift für Theodor Ellinger zum 65. Geburtstag, hrsg. von H. Kreikebaum; G. Liesegang; S. Schaible; H. Wildemann, Berlin, S. 179-195

Wildemann, H. (1996): *Entsorgungsnetzwerke*, in: Management von Unternehmensnetzwerken, hrsg. von Bellmann, K.; Hippe, A., Wiesbaden, S. 305-348

Wildemann, H. (1997): *Logistik Prozeßmanagement*, München

Wildemann, H. (1999): *Entwicklungsnetze als strategischer Erfolgsfaktor*, in: Unternehmung, Ethik und Umwelt. Hartmut Kreikebaum zum 65. Geburtstag, hrsg. von Wagner, G. R., Wiesbaden, S. 252-270

Winkler, G. (1999): *Koordination in strategischen Netzwerken*, Wiesbaden

Zabel, H.-U. (1997): *Entropie und Kreislaufwirtschaft*, in: Wirtschaft, Wissenschaft und Umwelt, hrsg. von VDI-Forschungsberichte, Reihe 15, Nr. 180, Essen, S. 55-97

Zäpfel, G. (1989): *Strategisches Produktions-Management*, Berlin-New York

Erfolgreich Planen - Fabrikstrukturierung und Logistikkonzeption im Einklang

Hans-Peter Wiendahl, Thomas Harms, Jens Lopitzsch

1 Einleitung

Produzierende Unternehmen agieren mit ihren Fabriken heutzutage in einem Umfeld, das vom Wandel geprägt ist. Gesellschaftliche Veränderungen und weltweite Produktpräsenz verändern das Käuferverhalten und wecken individuelle Kundenwünsche. Neben klassischen kaufentscheidenden Faktoren wie Preis, Funktionalität und Qualität gewinnen auch logistische Aspekte wie Liefertreue, Lieferzeit und Verfügbarkeit sowie ein zuverlässiger und schneller Produktservice immer mehr an Bedeutung. Die sich daraus ergebenden Anforderungen an die Fabrik (vgl. Abbildung 1) sind sehr vielfältig und verlangen nach einer Hochleistungsorganisation und -logistik mit qualifizierten, motivierten Mitarbeitern zur Beherrschung einer maximalen Variantenvielzahl. Flexibilität beim Einsatz von Ressourcen und Fertigungstechnologien, Minimierung von Rüstzeiten und konsequente Vermeidung von Fehlern vervollständigen die Anforderungen an die Produktion.

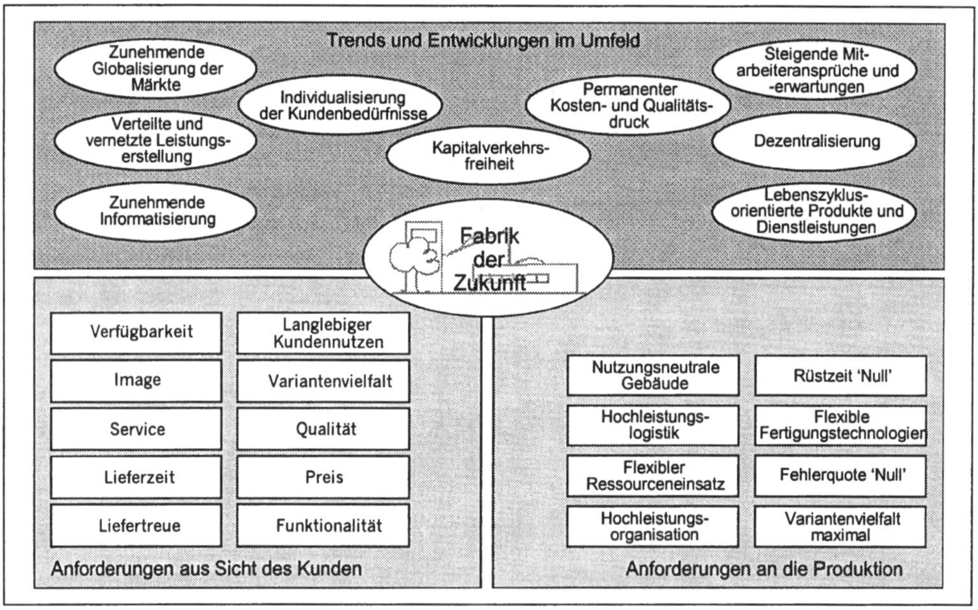

©IFA G7320

Abbildung 1: Trends und Entwicklungen im Umfeld der Produktion

Die Erwartungen der Kunden unterliegen jedoch einem kontinuierlichen Wandel, dem sich die erfolgreiche Fabrik anpassen muß. Es lassen sich daher eine Vielzahl an Trends im Umfeld von Produktionsunternehmen identifizieren. Zu diesen dynamischen Entwicklungen gehört die Globalisierung ebenso wie der damit einhergehende Wettbewerbsdruck durch die Zunahme potentieller Wettbewerber. Die rasante Entwicklung in der Informations- und Kommunikationstechnologie (I&K) tut ihr übriges.

2 Veränderungen in der Fabrikplanung

Im Rückblick auf die letzten 20 Jahre zeichnen sich drei grundsätzliche Entwicklungsstufen von Fabriken ab.

Die funktionale Fabrik operierte noch in einem Markt, dessen Absatzzahlen stabil und leicht vorhersagbar waren. Um die hoch standardisierten Produkte kostengünstig produzieren zu können, wurde Know-how in abgegrenzten Abteilungen zusammengefaßt. Diese Funktionsorientierung schaffte klar abgegrenzte Aufgabengebiete, in denen sich Fachwissen gewissermaßen bündeln und damit einfach überblicken ließ. Insbesondere die Forderung nach höherer Flexibilität und funktionsübergreifender Zusammenarbeit hat die Entwicklung hin zu kleineren Organisationseinheiten angestoßen. Hier werden nach technologischen oder produktbezogenen Kriterien Einheiten gebildet, die teilweise selbständig agieren können und als Fertigungsinseln bezeichnet werden. Grundgedanke bei der Implementierung dieser Fertigungsinseln ist die Komplexitätsreduktion durch die Schaffung von Einheiten, die auch indirekte Aufgaben (z.B. Qualitätskontrolle, Auftragssteuerung, Materialbeschaffung, Urlaubsplanung) übernehmen.

Die Weiterführung dieses Gedanken resultierte in der segmentierten Fabrik, die insbesondere durch Wildemann wesentliche Impulse erhielt (vgl. *Wildemann* 1988). In sog. Fertigungssegmenten werden produktorientierte Einheiten der Produktion zusammengefaßt, die mehrere Stufen der Wertschöpfungskette eines Produktes umfassen und mit denen eine spezifische Wettbewerbsstrategie verfolgt wird. Segmenten werden lediglich übergeordnete Ziele vorgegeben und zur Zielerreichung neben der Planung und Steuerung weitere Aufgaben, wie z.B. Arbeitsvorbereitung und Qualitätssicherung, übertragen. Besondere Beachtung findet in diesem Zusammenhang das Konzept der Fraktalen Fabrik, das erstmals 1991 von Warnecke publiziert wurde und seit dem weite Verbreitung gefunden hat (vgl. *Warnecke* 1992, 1995). Auf den ersten Blick dem Segmentgedanken ähnlich, sieht das Konzept die Bildung von selbständig agierenden Fraktalen (von lat. fractus = gebrochen, fragmentiert) vor, die in der Lage sind, sich dynamisch an veränderte Kundenanforderungen anzupassen.

Prägendste Entwicklung im Bereich der Unternehmensorganisation ist seit den späten 1990er Jahren die zunehmende Beteiligung von Betrieben an unternehmensübergreifenden Beschaffungs-, Produktions- und Lieferkooperationen. Dies soll die Fabrik effizienter machen und besser den Anforderungen des Marktes anpassen. Um die Vorteile solcher Wertschöpfungspartnerschaften voll auszunutzen, werden Produktionsnetze geschaffen, die als „sich dynamisch rekonfigurierende Verbünde mehrerer Unternehmen auf Zeit“ verstanden werden können (vgl. *Mertens* 1994). Insbesondere neue Formen der I&K-Technologie machen dies möglich. Durch die unternehmensübergreifende Zusammenarbeit der Partner, die sich jeweils auf ihre Kernkompetenzen konzentrieren, wird ein „Verbund der Besten“ aufgebaut. Die erweiterten Möglichkeiten, situationsabhängig Prozesse neu zu konfigurieren, eröffnen zudem neue Dimensionen hinsichtlich Wandlungsfähigkeit und Schnelligkeit am Markt (vgl. *Luczak* 1998). Die Fähigkeit von Fabriken, diese verschiedenen Formen von Kooperationen eingehen zu können, wird als Vernetzungsfähigkeit bezeichnet.

Unabhängig von diesen Ausprägungsformen decken Fabriken immer einen Teil der Wertschöpfungskette unter einheitlicher technischer, wirtschaftlicher und organisatorischer Leitung in einem Unternehmen ab. Die Aktivitäten eines Unternehmens selbst lassen sich dabei entlang der Hauptgeschäftsprozesse erfassen. Diese gliedern sich in Markterschließung / Produktentwicklung, Auftragsgewinnung, Auftragserfüllung und einer den Produktlebenszyklus komplettierenden Phase für produktnahe Dienstleistungen und Kundenbetreuung. Die Hauptgeschäftsprozesse sichern den definierten Output des Unternehmens an Sachgütern oder Dienstleistungen. Die Markterschließung/ Produktentwicklung beinhaltet die Aufgaben von der eigentlichen Produktidee bis zur Serienreife. Die Auftragsgewinnung umfaßt alle notwendigen Schritte von ersten Marketingaktivitäten bis zum Eingang des kundenindividuellen Auftrags. In die Auftragserfüllung sind alle Aufgaben vom Auftragseingang über die Auftragsfreigabe und die Auftragsüberwachung bis hin zu einer möglichen Inbetriebnahme des gelieferten Produktes inbegriffen. Die Service-Phase schließlich umfaßt die weitere Kundenbetreuung nach dem eigentlichen Verkauf des Produktes.

Ein erweitertes Verständnis des Kunden-Lieferanten-Verhältnisses, die gestiegenen Kundenanforderungen sowie die damit einhergehende betriebliche Komplexitätssteigerung haben Produktionsunternehmen aller Branchen genutzt, um sich von der zentralen Planung und Steuerung aller Prozesse zu lösen. Die Auslegung und Gestaltung von Fabriken muß infolgedessen von der ersten Strategieüberlegung bis hin zur operativen Auftragsabwicklung systematisch geplant werden. Der Gestaltung der Prozesse im Einklang mit deren Management ist somit als Befähiger für die erfolgreiche Auftragserfüllung in der Fabrik zu sehen (vgl. Abbildung 2).

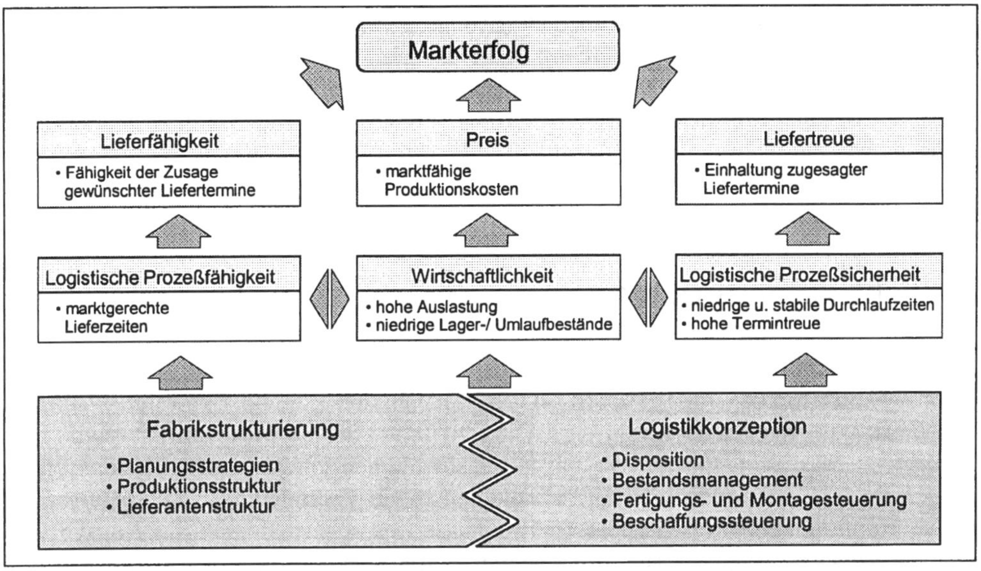

©IFA C1389

Abbildung 2: Befähiger der Auftragserfüllung

Die Faktoren für den Markterfolg lassen sich für die Produktion neben dem Preis und der Qualität im wesentlichen über die Logistikziele Lieferfähigkeit und Liefertreue beschreiben. Zur Sicherstellung und zum Ausbau einer hohen Lieferfähigkeit müssen Produkt-, Produktions- und Lieferantenstrukturen geschaffen werden, die unter Anwendung ebenfalls zu planender produktionslogistischer Konzepte die Realisierung marktgerechter Lieferzeiten ermöglichen. Auf diese Weise wird die logistische Prozeßfähigkeit des Unternehmens gewährleistet. Ist es aufgrund der realisierten Strukturen prinzipiell möglich, eine gewünschte Lieferfähigkeit zu erreichen, besteht die weitere Aufgabe darin, im Rahmen der Disposition, des Bestandsmanagements, der Produktionssteuerung und der Beschaffungssteuerung das vorhandene logistische Potential auszuschöpfen und eine hohe logistische Prozeßsicherheit zu realisieren. Die aufgrund der Produktionsprozeß- und Produktstruktur realisierbaren Durchlaufzeiten sollen im laufenden Betrieb erreicht und möglichst auf einem stabilen Niveau gehalten werden, so daß eine kontinuierlich hohe Liefertreue gewährleistet wird. Ein einfach strukturiertes und effektives Produktionscontrolling unterstützt diese Zielsetzung durch die ständige Überprüfung der logistischen Kenngrößen.

Um die Wirtschaftlichkeit der Produktion sicherzustellen, sind sowohl bei der Strukturierung als auch bei der Konzeption von Produktionsabläufen stets die Wechselwirkungen zwischen den leistungsbezogenen und den kostenbezogenen Zielen zu beachten. Die Planung marktgerechter Fabriken basiert damit auf zwei Grundpfeilern: der Fabrikstrukturierung und der Logistikkonzeption. Während sich die Fabrikstrukturierung schwerpunktmäßig mit der Struktur- und Layoutkonzipierung der Fabrik beschäftigt, ist die Logistikkonzeption auf die Planung und Auslegung der logistischen Abläufe sowie die Entwicklung eines geeigneten logistischen Controllingsystems fokussiert. Der Erfolg eines Fabrikplanungsprojektes hängt somit maßgeblich von dem harmonischen Zusammenspiel von Fabrikstrukturierung und Logistikkonzeption ab.

3 Fabrikstrukturierung

Bei der Fabrikstrukturierung werden im wesentlichen drei Zielfelder verfolgt: Flexibilität, Wirtschaftlichkeit und Attraktivität. Die Flexibilität des entwickelten Fabrikkonzeptes versetzt das Unternehmen in die Lage, sich sowohl den schwankenden Marktanforderungen als auch neuen Produkten, Technologien sowie Veränderungen in Abläufen der Organisation möglichst rasch anpassen zu können. Wirtschaftlich muß das Konzept sowohl in der Umsetzung als auch im späteren Betrieb der Fabrik sein. Das gilt bei der Umsetzung insbesondere für neu zu beschaffende Betriebsmittel, die Realisierung der Infrastruktur und den Bau der umgebenden Gebäudehülle. Im Betrieb muß das Konzept gewährleisten, daß alle Mitarbeiter und Prozesse auf die wertschöpfenden Tätigkeiten konzentriert sind und daß bei Bedarf Veränderungen aufwandsarm möglich sind. Schließlich ist die Attraktivität der Fabrik durch eine motivierende Arbeitsplatzgestaltung sowie durch eine geringe Umweltbelastung zu steigern. Ergänzt werden die Bemühungen durch das äußere Erscheinungsbild der Fabrik, wie beispielsweise die Architektur, aber auch eine dem Produkt und Prozeß entsprechende Arbeitsumgebung hinsichtlich Raumaufteilung, Beleuchtung, Farbgebung, Luftaustausch usw..

Derart komplexe Problemstellungen wie die Strukturierung einer Fabrik lassen sich mit Hilfe der Systemtheorie in vereinfachte Modelle zerlegen und abbilden. Der Systemansatz besagt, daß sich jedes System aus Elementen zusammensetzen läßt, die zueinander in Beziehung stehen. Besitzt das System Verbindungen zu seiner Umwelt, wird von einem offenen System gesprochen. Ein System kann somit ein Teil eines übergeordneten Systems sein sowie selbst über Subsysteme verfügen. Dieses Systemverständnis läßt sich auf die Grundstruktur eines Produktionssystems übertragen. Ein Produktionssystem besteht dann aus den Systemelementen Mensch und Betriebseinrichtung, die - miteinander räumlich und zeitlich auf einer Fläche verknüpft - aus den Eingangsgrößen Rohmaterial, Energie und Information als gewünschte Ausgangsgröße Produkte erzeugen. Unerwünschte, nicht vermeidbare Ausgangsgrößen sind darüber hinaus Kosten sowie Abfälle. Das System ist mit seinem Markt, dem rechtlichen Umfeld und mit der übrigen Umwelt verbunden. Um produzieren zu können, bedarf es zusätzlich des Know-hows und des Kapitaleinsatzes.

Für die Entwicklung und Gestaltung komplexer Systeme stellt die Systemtheorie ein Hilfsmittel bereit: den Problemlösungszyklus (Abbildung 3). Der Problemlösungszyklus beschreibt eine systematische Vorgehensweise zur Lösung von Problemen. Dieses Vorgehen bedeutet, der Lösungssuche eine Situationsanalyse und eine eindeutige Zielformulierung vorzuschalten. Damit wird vermieden, daß sich die Projektbeteiligten ohne genaue Kenntnis des Problems sofort auf die Lösungssuche begeben. Erst nach der detaillierten Problembeschreibung und einer exakten Zieldefinition wird eine Lösung des Problems erarbeitet. Die Lösungsfindung selbst kann analytisch und synthetisch im Wechsel erfolgen und generiert meist mehrere Lösungsvarianten.

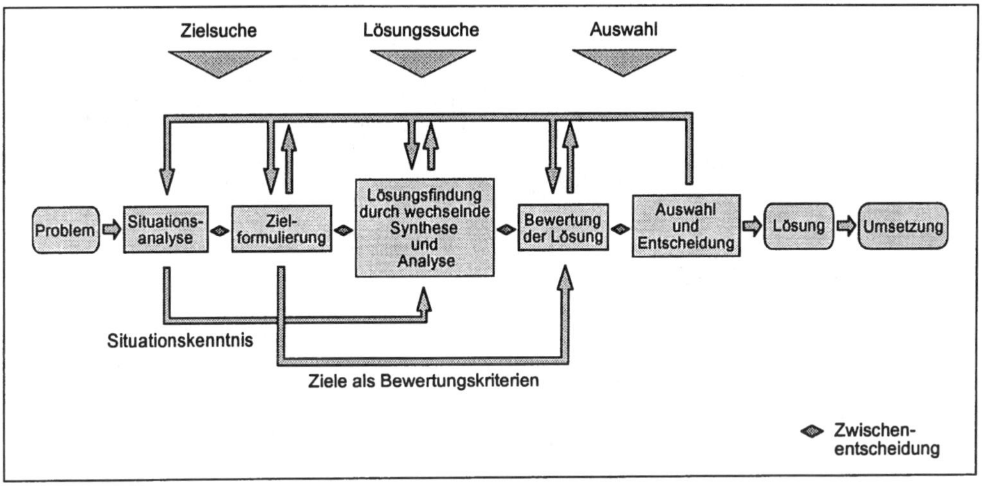

©IFA G3310a

Abbildung 3: Problemlösungszyklus (vgl. Daenzer / Huber 1992)

In einer Bewertung mit Rückkopplung zu Problem und Ziel wird die umzusetzende Lösung ausgewählt. Insbesondere bei zeitkritischen Problemen wird mit Hilfe des Problemlösungszyklus eine konsequente und zielgerichtete Lösungssuche unterstützt. Reiner Aktionismus wird damit vermieden. Der Problemlösungszyklus läßt sich auf alle Gestaltungsfelder der Fabrik anwenden. Als Gestaltungsfelder sind im wesentlichen die Bereiche Technik, Organisation und Mitarbeiter zu nennen. Der Standort und die Gebäude bilden die Basis für gestalterische Maßnahmen in diesen Bereichen. Zusätzliche Kriterien sind die Kultur und die Nachhaltigkeit. Insbesondere die Kultur eines Unternehmens, die sich auch über die Gestaltung der Fabrik ausdrückt, hat stark an Gewicht gewonnen. Fabriken sind vielerorts zu Vorzeigeobjekten geworden. Kunden werden durch die Produktion geführt, und Seminare mit ihnen in Räumen in der Produktion durchgeführt. Dabei kann sich der Kunde einen sehr guten Eindruck von der Kultur eines Unternehmens machen. Eine weitere Folge davon ist, daß die Bedeutung der Fabriken und der Produktion innerhalb der Unternehmen selbst steigt. Alle diese Gestaltungsfelder einer Fabrik werden über die Prozesse miteinander verbunden. Diese Prozesse umfassen sowohl den Material, den Arbeits-, den Energie- und Medienfluß als auch den Personal- und Kommunikations- bis hin zum Kapitalfluß. Alle Gestaltungsfelder sind auf die Erbringung der Marktleistung (Produkte und Dienstleistungen) auszurichten.

Basierend auf dem Problemlösungszyklus und vor dem Hintergrund der verschiedenen Gestaltungsfelder hat es sich für Fabrikstrukturierungsprojekte als notwendig erwiesen, vier wesentliche Planungsphasen unterschiedlicher Genauigkeit zu definieren (Abbildung 4).

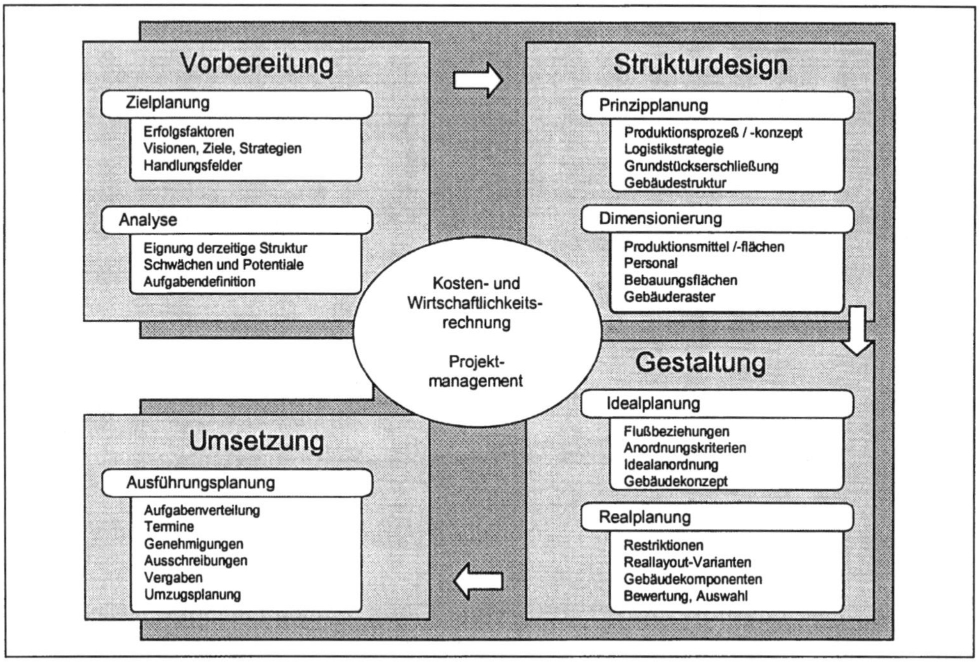

©IFA G8966

Abbildung 4: Systematische Vorgehensweise der Fabrikstrukturierung

Die Vorbereitungsphase beginnt mit der Zielplanung, bei der die grobe Zielsetzung der Planungsaufgabe in Abstimmung mit den Unternehmenszielen festgelegt wird. Die Betriebsanalyse der zu betrachtenden Unternehmensbereiche dient der Identifikation derzeitiger Schwachstellen und liefert die Basis für die nächsten Planungsschritte. Abschließend sollte die Aufgabenstellung konkretisiert werden. In der Phase des Strukturdesigns werden alternative Strukturkonzepte entwickelt und dimensioniert. Aufbauend auf dem Arbeitsablaufschema werden Fertigungs- und Montagestrukturen sowie logistikgerechte Lager- und Transportstrukturen festgelegt. Parallel dazu werden für die Strukturkonzepte die Art und Anzahl der erforderlichen Betriebsmittel, der Personalumfang sowie die Flächen ermittelt. In der dritten Phase steht die Gestaltung der Layouts im Vordergrund. Ausgehend von einem idealen Flußschema des entwickelten Strukturkonzepts wird ein flächenmaßstäbliches Ideallayout erstellt. Unter Berücksichtigung der betrieblichen Restriktionen wird das Ideallayout in ein Reallayout überführt. Den Abschluß der Fabrikplanung bildet die Umsetzung mit den Ausführungsunterlagen sowie der Zeit- und Kostenplanung.

Gerade die Entwicklung von Strukturkonzepten ist eine grundlegende und zugleich sehr kreative Phase der Fabrikplanung. Dabei können Strukturkonzepte für verschiedene Strukturebenen von der Standort- über die General-, Gebäude, Bereichs- und Betriebsmittelstruktur mit jeweils steigenden Detaillierungsgrad entwickelt werden. Das endgültige Strukturkonzept einer Fabrik ist immer eine Überlagerung einer räumlichen und einer organisatorischen Struktur. Die Entwicklung des Strukturkonzeptes ist dabei ein iterativer Prozeß. Zur Unterstützung können Schaubilder verschiedener Strukturierungsprinzipien dienen, wie sie Abbildung 5 beispielhaft zeigt.

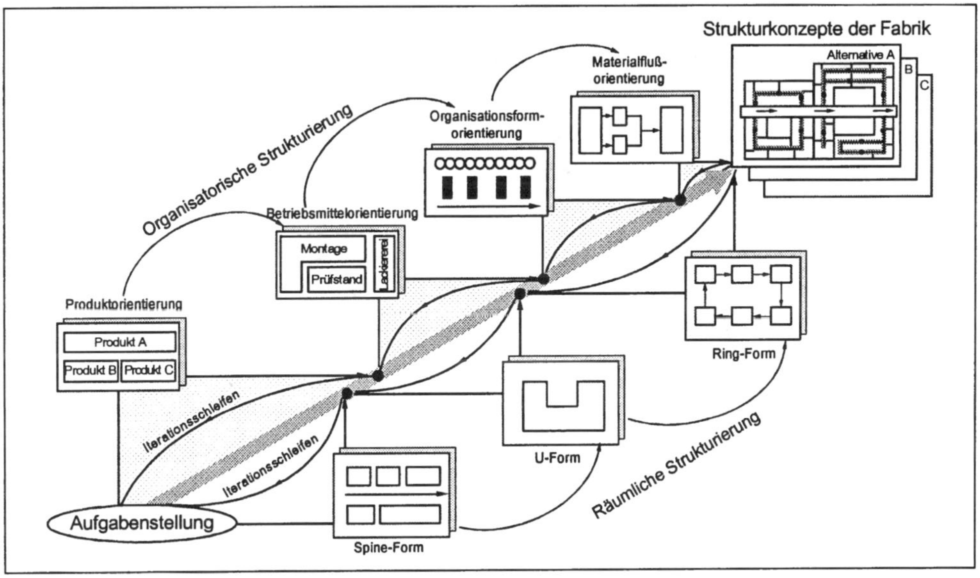

©IFA C2537

Abbildung 5: Entwicklung von Strukturkonzepten [Vollmer, IPA]

Ein Unternehmen kann die Struktur der Fabrik auf den verschiedenen Strukturierungsebenen nach verschiedenen Prinzipien planen. Beispielsweise besteht für ein Unternehmen die Möglichkeit, sich auf der Gebäudestrukturebene nach dem Kunden auszurichten. Eine Ebene weiter, also in der Bereichsstruktur, wird die Struktureinheit eines Kunden anhand der Produkte in weitere Struktureinheiten aufgeteilt. Diesen einzelnen Struktureinheiten, die jeweils für ein Produkt eines Marktes verantwortlich sind, werden anschließend aufgrund der Stückzahl einem Fertigungsprinzip zugewiesen. Handelt es sich dabei beispielsweise um eine Inselfertigung, so wird dem organisatorischen Strukturierungsprinzip ein räumliches Strukturierungsprinzip, wie z.B. die Ring-Form, für die Anordnung der Betriebsmittel überlagert. Das Ergebnis der Fabrikstrukturierung ist das Fabrikkonzept.

4 Logistikkonzeption

Die strategische Bedeutung der Produktionslogistik für den Unternehmenserfolg ist unbestritten. Insbesondere der Einfluß der produktionslogistischen Zielgrößen Lieferzeit, Liefertreue und Bestand wird durch Untersuchungen führender Forschungsinstitute und Beratungsunternehmen herausgestellt (vgl. *Baumgarten* 1997). Umso wichtiger ist es folglich, im Rahmen von Fabrikplanungsprojekten den Grundstein für ein angepaßtes, leistungsfähiges System der innerbetrieblichen Logistik zu legen.

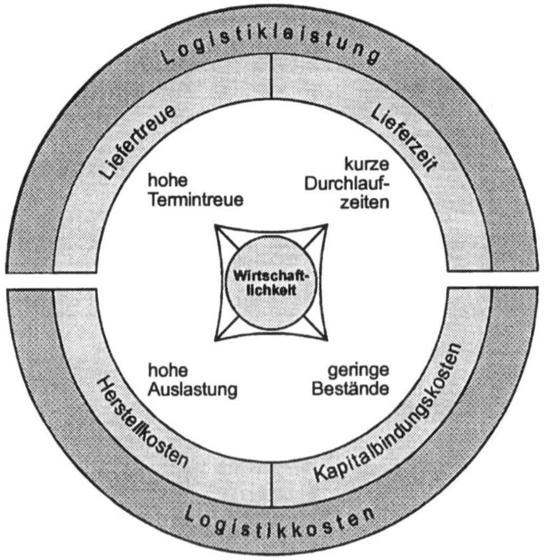

©IFA D4046A

Abbildung 6: Zielsystem der Produktionslogistik

Die zentrale Aufgabe der Logistikkonzeption ist dabei, die Erfüllung der produktionslogistischen Zielsetzungen unter Berücksichtigung ihrer gegenseitigen Abhängigkeiten zu ermöglichen. Besonders das Kriterium der wirtschaftlichen Fertigung ist zu berücksichtigen. Das zugrunde liegende Zielsystem wird dabei im wesentlichen über die Begriffe Logistikleistung und Logistikkosten beschrieben (Abbildung 6).

Die Logistikleistung wird über die erreichte Liefertreue und die Lieferzeit bzw. die Lieferfähigkeit bewertet. Eine hohe Lieferfähigkeit bzw. kurze Lieferzeiten bedingen kurze Durchlaufzeiten in allen Produktionsbereichen. Eine hohe Liefertreue erfordert eine gute Termineinhaltung bei der Auftragsabwicklung. Der Logistikleistung stehen Logistikkosten gegenüber, die sich aus Kapitalbindungskosten und Herstellkosten zusammensetzen. Über die Logistikkonzeption können die Kapitalbindungskosten durch die Planung zu bevorratender Bestände beeinflußt werden. Die Herstellkosten sind unter anderem abhängig von der Auslastung der eingesetzten Produktionseinrichtungen.

Da ein Unternehmen nur begrenzte Ressourcen besitzt, besteht ein ständiger Wettbewerb der Aufträge um die Kapazitäten. Daraus resultiert ein Zielkonflikt, der sich aus den unterschiedlichen Interessen der Kunden und des Unternehmens ergibt. Aus Kundensicht sollten die Aufträge in möglichst kurzer Zeit durch das Unternehmen fließen, damit das bestellte Produkt schnellstmöglichst zur Verfügung steht (Ziel: kurze Durchlaufzeiten). Weiterhin legen die Kunden großen Wert auf die pünktliche Einhaltung der zugesagten Liefertermine (Ziel: geringe Terminabweichung). Aus Sicht des Unternehmens sollten die Kapazitäten hoch und gleichmäßig ausgelastet sein, um Stillstandskosten zu vermeiden (Ziel: hohe Auslastung). Weiterhin sollten die Bestände an Rohmaterial, Halbfabrikaten und Fertigwaren möglichst gering sein, um die Zinsen für Umlaufvermögen niedrig zu halten und den logistischen Aufwand für die Lagerung, den Transport und die Handhabung zu minimieren (Ziel: niedrige Bestände).

In der Praxis beklagen viele Unternehmen eine ungenügende Verfolgung dieser Ziele. Durchlaufzeiten der Fertigung sind zu lang, die Termintreue ist unbefriedigend und auch die Bestände sind wesentlich höher als erforderlich. Ein Grund dafür sind PPS-Systeme, die Unternehmen nur unzureichend darin unterstützen, eine stabile Bestands-, Durchlaufzeit- und Terminsituation in der Fertigung zu erreichen (vgl. *Hopp* 1996). Viele Unternehmen können daher auch nach der Einführung eines PPS-Systems weder die Liefertermine im erstrebten Umfang einhalten noch die Lieferzeiten in nennenswertem Umfang reduzieren (vgl. *Suri* 1993). Als weitere, grundlegende Ursache sind konzeptionelle Schwächen in dem der Produktion zugrundeliegenden Logistikkonzept zu nennen (vgl. *Hackman* 1989). Durch mangelnde Flexibilität in bezug auf Veränderungen des Produktionsprogramms sowie durch unzureichende Berücksichtigung logistischer Gesetzmäßigkeiten behindern viele Konzepte den wirtschaftlichen Erfolg.

Folglich müssen es die vorrangigen Ziele einer effektiven Logistikkonzeption sein, das Unternehmen durch eine angepaßte und solide Planung des Logistiksystems zu einer hohen logistischen Leistungsfähigkeit zu befähigen sowie durch die Integration eines einfachen Systems zum Produktionscontrolling diese Leistung dauerhaft zu sichern.

4.1 Planung des Logistiksystems

Die Produktion muß logistisch leistungsfähig, kostengünstig und flexibel sein. Das Überwachen und Steuern muß unmittelbar und einfach erfolgen können. Zudem soll das Logistikkonzept ein robustes und weitgehend selbstregelndes Produktionscontrolling ermöglichen.

Der Erfüllungsgrad für die Befriedigung dieser Kriterien hängt unmittelbar von der Art des Steuerungsprinzips ab. Beim Push-Verfahren würde die Fertigung entsprechend der eingehenden Kundenaufträge angestoßen. Eine hohe Mindestlieferzeit, die größtenteils der Auftragsdurchlaufzeit entspricht, und hohe Kapitalbindungskosten entsprechend des eingelasteten Materials wären die Folge. Im Gegensatz dazu erfordert das Pull-Prinzip (Supermarktprinzip) einen Lagerbestand aller Pull-gesteuerten Produkte (zusätzliche Kapitalbindung) und bietet den Vorteil kürzester Lieferzeiten, da Kundenaufträge direkt aus dem Lager befriedigt werden können. Es ist folglich zunächst der Punkt in der Produktion zu ermitteln, ab dem der nachfolgende Prozeß durch einen Kundenauftrag ausgelöst wird und somit kundenspezifisch abläuft. Die Definition dieses sogenannten Kundenentkopplungspunktes hängt dabei von drei Haupteingangsgrößen ab (Abbildung 7):

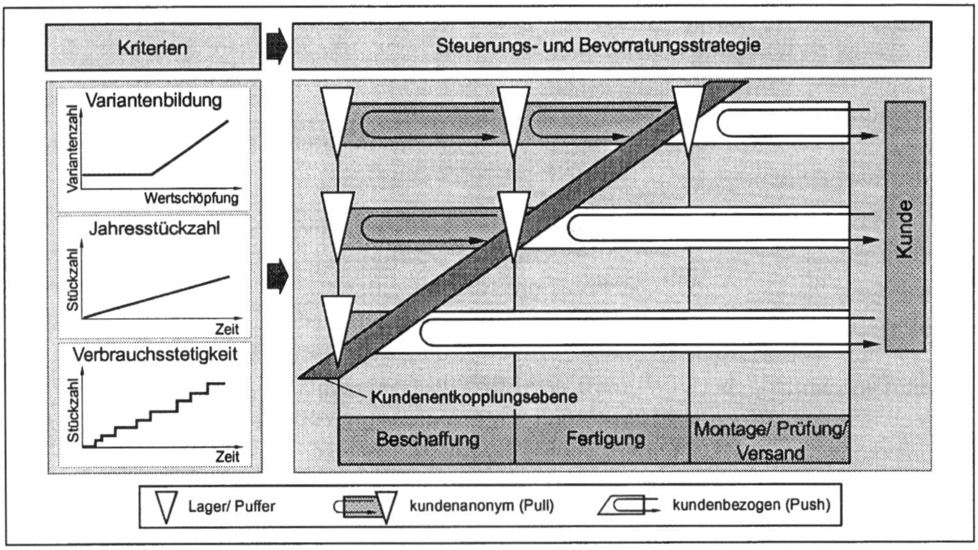

©IFA G9647

Abbildung 7: Systematik zur Konzeption von Steuerungs- und Bevorratungsstrategie (vgl. Eidenmüller 1995)

1. Variantenentstehungspunkt
2. Bauteil-Jahresstückzahl
3. Verbrauchsstetigkeit

Je nach Ausprägungen dieser Haupteingangsgrößen kann der Kundenentkopplungspunkt für unterschiedliche Produkte an unterschiedlichen Stufen im Herstellprozeß definiert werden.

Aus der Berücksichtigung aller Einflußgrößen sowie weiterer Planungszielsetzungen ergibt sich eine detaillierte Strategie der Kundenentkoppelung. Aufbauend darauf werden Informations- und Materialflüsse so geplant, daß ein konstantes Durchlaufzeitniveau und damit eine gleichbleibend hohe Termin- bzw. Liefertreue gesichert sind. Von ausschlaggebender Bedeutung ist in dieser Hinsicht eine Regelung zur Begrenzung der maximal freigegebenen Aufträge. Dabei ist eine dezentrale einer zentralen Begrenzung vorzuziehen, da die Variabilität des Bestandsniveaus und damit der Durchlaufzeit arbeitssystembezogen limitiert wird.

4.2 Integration des Produktionscontrollings

In zahlreichen Industrieprojekten hat sich das logistische Produktionscontrolling als wirksames Instrument erwiesen, um auf der Grundlage logistischer Grundgesetze eine kontinuierlich hohe Systemleistung hinsichtlich der logistischen Zielgrößen Termintreue, Durchlaufzeit und Bestand zu sichern, so daß das logistische Controlling mittlerweile fester Bestandteil moderner PPS-Modelle, wie z. B. des Aachener PPS-Modells ist (vgl. *Baker* 1994). Abbildung 8 zeigt den Regelkreis eines logistischen Produktionscontrollings.

Der zu ermöglichende Prozeß läßt sich in sechs aufeinander abgestimmte Einzelschritte unterteilen (vgl. *Hautz* 1992):

1. Zielsetzung: Die verschiedenen Zielgrößen müssen innerhalb des Zielsystems unter Beachtung der gegenseitigen Abhängigkeiten quantifizierbar sein (Zielkonsistenz).
2. Sollwertermittlung (Zielwerte operationalisieren): Sollwerte dienen als Führungsgrößen. Dem Controlling kommt die Aufgabe zu, deren Ermittlung durch eine zielorientierte Ableitung von Steuerungsparametern zu unterstützen. Eine besondere Bedeutung für die Zielsetzung niedriger Bestände und Durchlaufzeiten sowie einer hohen Termintreue kommt den Soll-Durchlaufzeiten bzw. Soll-Übergangszeiten zu. Diese werden in aller Regel arbeitssystemspezifisch festgelegt. Dabei sind die durch die Logistikkonzeption festgelegten Werte zu berücksichtigen.
3. Ist-Werterfassung: Das Prozeßverhalten ist im Betrieb auf der Basis aktueller Rückmeldungen festzustellen. Die Festlegung der Meßpunkte, der Meßgrößen und der

Meßverfahren muß sich an den verwendeten Planungsgrößen orientieren können und ist bei der Logistikkonzeption zu berücksichtigen.

4. Soll-Ist-Vergleich: Durch einen Soll-Ist-Vergleich können im Betrieb unzulässige Abweichungen des Ist-Prozesses festgestellt werden.
5. Abweichungsanalyse: Beim Auftreten unzulässiger Abweichungen muß eine Analyse der Abweichungsursachen erfolgen, um korrigierend in den Prozeß eingreifen zu können.
6. Maßnahmenableitung: Das Controlling sollte Unterstützung bei der Ableitung geeigneter Korrekturmaßnahmen bieten. Wesentlich ist in diesem Zusammenhang eine Priorisierung der Maßnahmen entsprechend dem günstigsten Nutzen / Aufwand-Verhältnis.

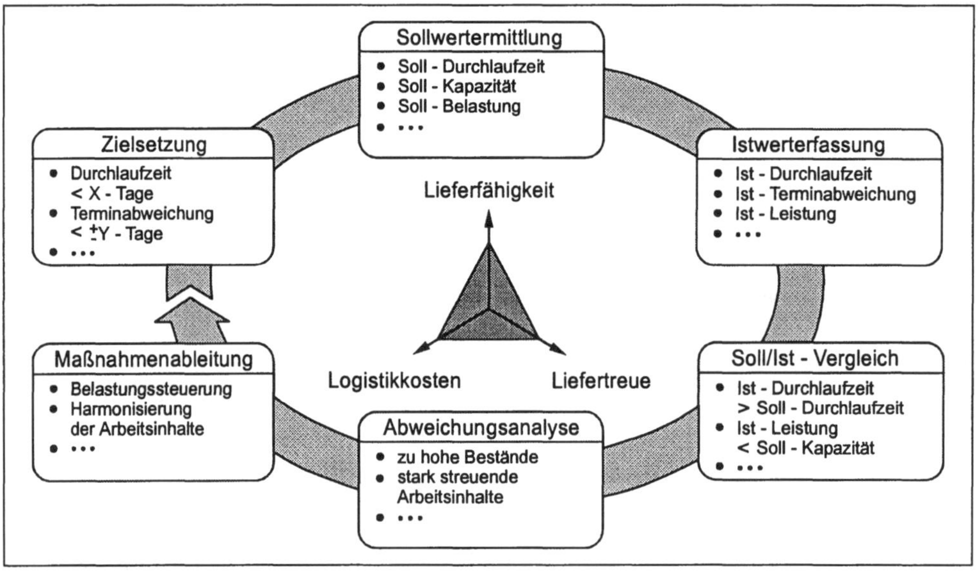

©IFA G2006

Abbildung 8: Controlling - Regelkreis mit Beispielen (vgl. Hautz 1992)

Durch die Integration eines effektiven Instruments des Produktionscontrollings in das Gesamtlogistikkonzept ist der Grundstein dafür gelegt, die durch das Konzept implementierte logistische Leistungsfähigkeit um die logistische Prozeßsicherheit zu ergänzen.

Das Ergebnis der Logistikkonzeption trägt somit ebenso wie die zuvor beschriebene Fabrikstrukturierung zur erfolgreichen Fabrikplanung bei. Für den größtmöglichen Erfolg eines Projektes müssen jedoch die Fabrikstrukturierung und die Logistikkonzeption bereits von Projektbeginn an sorgfältig miteinander verzahnt und in Einklang gebracht werden.

5 Integrativer Planungsansatz

Ein jedes Fabrikplanungsprojekt verfügt über seine eigene Charakteristik. So kann ein Projekt aus den verschiedensten Anlässen initiiert werden. In den häufigsten Fällen sind dies die Erweiterung, die Schrumpfung oder aber die Rationalisierung. Demgegenüber ist ein Neubau als Anlaß eines Fabrikplanungsprojektes eher seltener. Die geforderte Genauigkeit im Projekt kann von einer groben Vorstudie über eine umfassende Planung bis hin zur detaillierten Ausführungsplanung reichen. Im engen Zusammenhang mit der Genauigkeit eines Fabrikplanungsprojektes steht die Ergebnisdarstellung, die sich von einem eher strategischen Standortplan bis hin zu einem detailgetreuen Einrichtungsplan erstrecken kann. Genauigkeit und Ergebnisdarstellung sind maßgeblich vom Verwendungszweck abhängig. Dieser kann die strategische Planung betreffen, aber auch eine Investitionsplanung, eine Investitionsfreigabe oder eine Ausschreibung fordern. Auch muß ein Fabrikplanungsprojekt nicht die gesamte Fabrik umfassen. Vielmehr können hierbei auch nur einzelne Bereiche als Subsystem des Hauptsystems Fabrik betrachtet und geplant werden. Trotz der unterschiedlichen Charakteristik der Fabrikplanungsprojekte orientieren sich alle Projekte an den Unternehmenszielen und den daraus abgeleiteten Strategien für die Produktion, die Logistik sowie die Beschaffung.

Ausgehend von diesen Strategien ist eine umfangreiche Datenaufnahme und -analyse grundlegend für die Erstellung und Bewertung möglicher Planungsalternativen. In enger Kooperation sind die sowohl für die Fabrikstrukturierung als auch für die Logistikkonzeption notwendigen Informationen zu erheben und aufzubereiten (Abbildung 9). Erstes Zwischenergebnis ist die Fabrikstruktur, die funktionale Zusammenhänge und Funktionsbereiche der zu planenden Fabrik visualisiert. Die Logistikkonzeption erfolgt aufbauend auf dieser Struktur. Steuerungsprinzipien, Bevorratungsstrategien und Kundenentkoppelungspunkte werden festgelegt. Wichtig für die weitere Planung ist die Ermittlung von Höhe und Anordnung von Lager- sowie Pufferbeständen. Diese Angaben werden seitens der Fabrikstrukturierung zur Flächendimensionierung und im folgenden zur Planung des Groblayouts genutzt. Planungsabschließend ist das Feinlayout zu entwickeln, in das unter anderem Maschinen- und Lagergrundrisse eingezeichnet sein können.

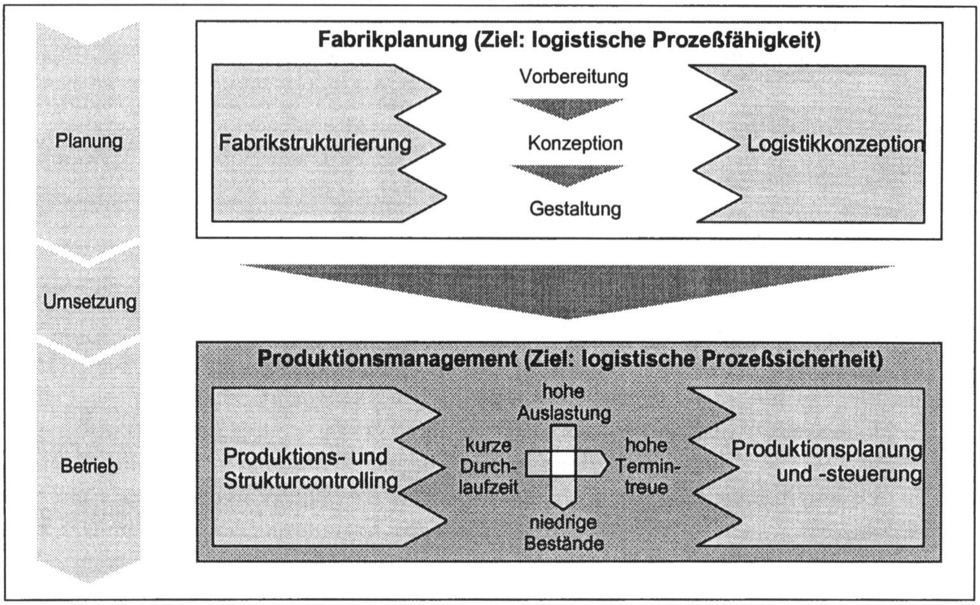

©IFA G9698

Abbildung 9: Integrierte Aufgabenbereiche von Fabrikplanung und Produktionsmanagement

In Abbildung 9 wird das Zusammenspiel von Fabrikplanung und Produktionsmanagement deutlich. Für den Erfolg einer Fabrik ist es bereits in der Planung erforderlich, daß die Fabrikstrukturierung und die Logistikkonzeption aufeinander abgestimmt werden. Sie gestalten die Prozesse, die später in die Realität umgesetzt werden. In der Betriebsphase sorgt dann das Prozeßmanagement für die Auftragserfüllung in der Fabrik. Die Produktionsplanung und -steuerung sowie das Produktions- und Strukturcontrolling gewährleisten die Logistikleistung und überwachen die Logistikkosten. Der Grundstein dafür wurde bereits in der Fabrikplanung gelegt.

6 Anwendungsbeispiel des integrativen Planungsansatzes

Im Jahr 2000 belebte sich der Markt für zivile Verkehrsflugzeuge nach einer mehrjährigen Rezession wieder. Die Unternehmen der Luftfahrtindustrie standen während dieser Zeit vor der Aufgabe, die Produktionsstückzahlen jährlich um zweistellige Zuwachsraten zu erhöhen. In dieser Situation entschied sich ein Unternehmen dieser Branche für ein umfangreiches Fabrikplanungsprojekt, das in Zusammenarbeit mit dem Institut für Fabrikanlagen (IFA) der Universität Hannover sowie weiteren Partnern durchgeführt wurde (vgl. *Wiendahl* 2000). Bei der Planung sollte insbesondere der Anlauf neuer Produktfamilien berücksichtigt werden. Ziel des Projektes war daher die Entwicklung eines wandlungs- und damit zukunftsfähigen Fabrik- und Logistikkonzepts.

Die Vorgehensweise des IFA bei der Projektdurchführung gliederte sich in drei Phasen:

1. Zielfindung: Definition der Ziele im Rahmen eines Projektdefinitionsworkshops.
2. Analyse: Untersuchung des Ist-Zustandes zur Ermittlung vorhandener Rationalisierungspotentiale und zur Ableitung von Maßnahmen zu deren Erschließung.
3. Konzeption und Auslegung: Entwicklung eines Struktur- und Layout- sowie eines Logistikkonzeptes und anschließende Auslegung und Dimensionierung.

Die Ziele des Teilprojektes Fabrikstrukturierung waren, ausgehend von einem Projektdefinitionsworkshop, die Schaffung einer atmenden und wandlungsfähigen Werksstruktur zur nachhaltigen Effizienzsteigerung am Standort. Ausgangspunkt war eine wandlungsträge und zergliederte Werksstruktur. Darauf aufbauend wurde im Rahmen der Strukturplanung eine von Segmenten geprägte Struktur geschaffen, die den Anforderungen der Zukunft nach Atmungsfähigkeit, Flexibilität und Wandlungsfähigkeit gerecht wird. In der anschließenden Layoutplanung konnten die Ziele des Projektes untermauert werden, die sich durch eine Verbesserung der Transparenz, eine Erhöhung der Flächenproduktivität und verbesserte Materialflüsse charakterisieren lassen. Diese Vorteile erforderten monetäre Aufwendungen für Neuanschaffungen, Umstellungen oder Hallenneubauten. Weiterhin war der mit dem Planungsergebnissen zwangsläufig verbundene kontinuierliche Philosophiewechsel im Werk mit großen Anstrengungen auf allen Ebenen verbunden.

Als Ziele der Logistikkonzeption wurden eine hohe Prozeßtransparenz, eine hohe Termintreue hinsichtlich interner und externer Kunden sowie kurze und sichere Durchlaufzeiten bei gleichzeitig niedrigen Beständen durch einfache Regelmechanismen definiert. Nach Ermittlung der Bestands- und Durchlaufzeitpotentiale aller Arbeitssysteme und deren Bewertung je Kostenstelle wurden die zum Teil enormen Potentiale in diesem Projekt erkennbar. In mehrere Kostenstellen ließen sich Bestände um mehr als 80% reduzieren. Unter der Voraussetzung einer 98%igen Auslastung aller Arbeitsysteme ließ sich weiterhin das Rationalisierungspotential hinsichtlich der Durchlaufzeiten berechnen: Die Auftragsdurchlaufzeiten konnten im Mittel um etwa 60% reduziert werden.

Für die Erschließung der Potentiale wurde die in der Fabrikstrukturierung erarbeitete Segmentierung aufgegriffen, die jeweils die Fertigung einer vollständigen Teilefamilie zusammenfaßt und die dezentral mit einem einfachen und robusten Verfahren gesteuert werden kann. Um dem sehr ungleichmäßigen Absatz der Varianten gerecht zu werden, wurde eine kombinierte Fertigungssteuerung eingeführt: Die „Renner"-Varianten (hohe Stückzahlen) wurden nach dem japanischen Kanban-Prinzip gesteuert, die „Exoten" (geringe Stückzahlen) mit der von Spearman und Hopp konzeptionierten Conwip-Steuerung (vgl. *Hopp* 1996). Dadurch wurden die Vorteile beider Steuerungsverfahren kombiniert: Die „Renner" profitierten von der direkten Kundenorientierung der Kanban-Steuerung; gleichzeitig führte die hohe Variantenvielfalt im Unternehmen jedoch nicht zu einer Erhöhung der Bestände, da die „Exoten" mit dem Conwip-Verfahren gesteuert wurden. Da der Gesamtbestand in der Fertigung durch die Anzahl der Kanban- bzw. Conwip-Karten begrenzt wurde, konnten zudem kurze und sichere Durchlaufzeiten erzielt werden.

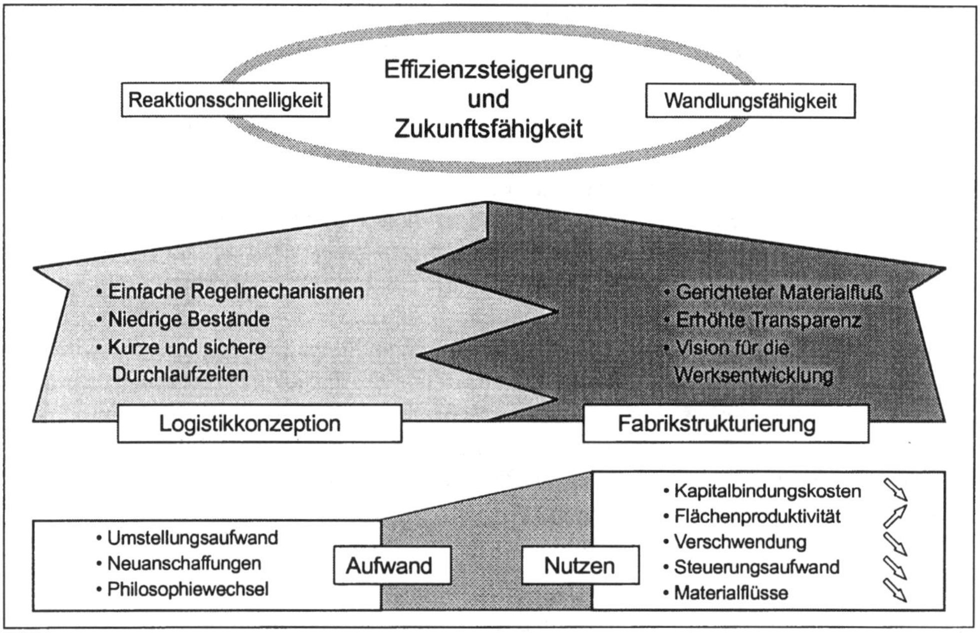

©IFA 7961

Abbildung 10:Ziele und Ergebnisse der durchgeführten Fabrikplanung (vgl. Wiendahl / Hernandez 2000

Aus den Ergebnissen der Logistikkonzeption, zum Beispiel hinsichtlich maximal möglicher Lager- und Pufferbestände, konnten erforderliche Veränderungen im Fabriklayout abgeleitet werden. Aufgabe für die Fabrikstrukturierung war es somit, aus dem Bestandsniveau Lager- bzw. Pufferflächen zu errechnen und in das Layout zu integrieren. Mit den Ergebnissen aus beiden Teilprojekten konnten die Ziele der Fabrikreorganisation, Effizienzsteigerung und Zukunftsfähigkeit durch Wandlungsfähigkeit und Reaktionsschnelligkeit, erreicht werden (Abbildung 10). Die enge Verzahnung der fabrikplanerischen Teilaufgaben Fabrikstrukturierung und Logistikkonzeption konnte in diesem Projekt erfolgreich umgesetzt werden und war ein Garant für den Erfolg im Projekt.

7 Literatur

Baker, W. M.; Fry, T. D.; Karwan, K. (1994) : *The Rise and Fall of Time-Based Manufacturing*, in: Management Accounting, S. 56-59

Baumgarten, H.; Wiegand, A (1997): *Managementtrends und Strategien in der Logistik - Ergebnisse der Untersuchung Trends und Strategien in der Logistik 2000*, Berlin

Breithaupt u. a. (2000): *Fit für den Wettbewerb - Gestaltung eines innovativen Logistikkonzepts für Flugzeugbauteile*, in: wt Werkstattstechnik 90 /6, Seiten 239-242

Daenzer, W. F.; Huber, F. (1992): *Systems Engineering*, Verlag Industrielle Organisation Zürich, Zürich

Eidenmüller, B. (1995): *Die Produktion als Wettbewerbsfaktor*, Hrsg. TÜV Rheinland, Köln

Hackman, S.; Leachman, R. (1989): *A General Framework for Modeling Production*, in: Management Science 35 (4), S. 478-95

Hautz, E. (1992): *Logistik-Controlling - Voraussetzung für eine konsequente Nutzung logistischer Potentiale*, in: VDI Bericht 994. VDI-Verlag, Düsseldorf

Hopp, W. J.; Spearman, M. L. (1996): *Factory physics - Foundation of manufacturing management*, Irwin, Chicago

Luczak, H.; Eversheim, W. (1998): *Produktionsplanung und -steuerung - Grundlagen und Konzepte*, Hrsg. Springer Verlag, Berlin

Mertens, P. (1994): *Virtuelle Unternehmen*, in: Wirtschaftsinformatik 36, S. 162-172

Suri, R.; Sanders, J.; Kamath, M. (1993): *Performance Evaluation of Production Networks*, in: Handbooks in Operations Research an Management Science, Vol. 4, Amsterdam, S. 199-286

Warnecke, H.-J. (1992): *Die Fraktale Fabrik - Revolution der Unternehmenskultur*, hrsg. Springer Verlag, Berlin

Warnecke, H.-J. (1995): *Aufbruch zum Fraktalen Unternehmen - Praxisbeispiele für neues Denken und Handeln*, Hrsg. Springer Verlag, Berlin, Heidelberg, New York

Wiendahl, H.-P.; Hernandez, R. (2000): *Bausteine der Wandlungsfähigkeit zur Planung wettbewerbsfähiger Fabrikstrukturen*, in: Tagungsband zur 2. Deutschen Fachkonferenz Fabrikplanung, Verlag Moderne Industrie, Stuttgart

Wildemann, H. (1988): *Die modulare Fabrik - Kundennahe Produktion durch Fertigungssegmentierung*, Hrsg. Gmft-Verlag, München,

Vollmer, E. (1996): *Ein simulationsgestütztes Verfahren zur Wirtschaftlichkeitsbestimmung von Fertigungsprozessen mit Stückgutcharakter*, in: Schriftenreihe IPA-IAO-Forschung und Praxis 238

Pay-as-Built - Innovative Organisationsmodelle in der Automobilproduktion

Klaus Bellmann

1 Produktion als technische Dienstleistung

1.1 Insourcing betrieblicher Funktionen

Die gegenwärtigen Gegebenheiten des europäischen wie auch des deutschen Markts für Personenkraftwagen erfordern eine ausgeprägte Marktorientierung der Hersteller, denn die Märkte haben sich zu einer 'personalized economy' entwickelt: Nachfrage nach mehreren Modellvarianten in unterschiedlichen Klassen, ausgestattet nach individuellem Kundenwunsch, lieferbar in kurzer Zeit nach Wunschtermin zu einem sehr günstigen Preis bei hohen Anforderungen an die Produktqualität. Die Produktion mutiert zur kundenindividuellen Dienstleistung. Technische Fortschritte und Verbesserungen in kurzer Abfolge induzieren in Verbindung mit volatilen Märkten zudem die Verkürzung von Modellzyklen. Auf die Synchronisation von Produktion und kundenindividueller Nachfrage sind die Automobilhersteller - traditionell von der Großserienfertigung kommend - organisatorisch nicht oder nur unzulänglich ausgerichtet. Hohe Varianz und kleine Serien stehen den Forderungen nach wirtschaftlicher Fertigung diametral entgegen.

Der Marktdruck und der international intensiv geführte Wettbewerb in der Automobilindustrie sind die wesentlichen Treiber dafür, daß diese Branche an vorderster Front bei der Erfindung und Umsetzung innovativer Organisations- und Managementansätze steht. Die Ziele und Strategien, die mittels derartiger Ansätze verfolgt werden, sind aus den Forderungen der Absatzmärkte und den diesbezüglichen Wettbewerbssituationen abzuleiten: Hohe Mengen- und Variantenflexibilität, kurze Durchlaufzeiten und niedrige 'Total Life Cycle Costs' (TLCC) bei hoher Produktivität sowie hohem Technologie- und Qualitätsstandard sind die wesentlichen Anforderungen an die Automobilhersteller (OEM).

Aufgrund des intensiven globalen Wettbewerbs werden die durchsetzbaren Produktpreise in dieser Branche mehr oder weniger durch die Marktgegebenheiten limitiert. Bei vergleichbarer Marktattraktivität von Produkten sind die TLCC eines OEM diejenigen (unabhängigen) Variablen, die den ökonomischen Erfolg determinieren. Da die TLCC sämtliche Aufwendungen umfassen, die in der Entwicklungs-, Produktions- und Nachsorgephase für ein Fahrzeugmodell anfallen, bestimmt deren Höhe in Verrechnung auf die abgesetzte Menge letztlich die Selbstkosten des Herstellers. Für Automobilhersteller leiten sich daraus die Forderungen nach technisch-organisatorischen Maßnahmen ab, die flexibilitäts- und produktivitätssteigernd sowie kapital- und kostensparend wirken.

Welche zielführenden produktionswirtschaftlich-logistischen Ansätze sich unter diesen Anforderungen realisieren lassen, hängt in hohem Maße von den Gegebenheiten und Entwicklungsmöglichkeiten der Beschaffungsmärkte für Güter-, Dienst- und Arbeitsleistungen ab. Unter den vorgenannten Anforderungen zeichnet sich als emergente Strategie von Automobilherstellern die Verlagerung von Wertschöpfungsaktivitäten zu Dritten ab. Die unternehmensextern für den OEM erbrachten Leistungen nehmen somit ebenfalls den Charakter von Dienstleistungen an. Vier strategische Ansatzpunkte für die Fremdvergabe produktiver und produktionsnaher Leistungen lassen sich unterscheiden. Dergestalt fremd erstellte Leistungen werden im weiteren zusammenfassend als produktionsbezogene Dienstleistungen bezeichnet:

- Entwicklung:
  Modullieferanten, Systempartner und Ingenieurdienstleister kooperieren in der Konzept-, System- und Modulentwicklung mit dem OEM sowie miteinander und führen eigenständig Entwicklungsaufgaben durch.
- Produktion:
  Produktive und logistische Leistungsumfänge werden Modullieferanten und Systempartnern als operative Dienstleistung übertragen.
- Ausrüstung:
  Ausrüstungslieferanten realisieren allein oder in Kooperation mit weiteren Ausrüstungslieferanten und Ingenieurdienstleistern die Projektierung und schlüsselfertige Übergabe von Produktionsanlagen. Ausrüster bieten an, Betriebsführung von Fertigungs- und Montageanlagen zu übernehmen und/oder diese selbst zu betreiben.
- Service:
  Spezialisierte Servicepartner übernehmen operative und Managementaufgaben, wie bspw. Betriebsführung, Logistik, Energieversorgung, Facility Management, Auslieferung u.a.m..

Die vorgenannten Handlungsfelder betreffen Entscheidungen bezüglich der Gestaltung der Leistungstiefe. Handelt es sich um strategische oder operative Leistungen, die der OEM an Dritte außer Haus vergibt, so wird diese Beanspruchung externer Ressourcen als Outsourcing (Outside Ressource Using) charakterisiert. Wenn bei diesen Arrangements die Leistungserstellung auf dem betrieblichen Areal oder direkt an dieses angrenzend erfolgt, wie dies aus ökonomischen und logistischen Gründen insbesondere mit Systempartnern häufig realisiert wird, liegt eine räumliche Lieferantenintegration vor, die mit Insourcing (Inside Ressource Using) bezeichnet wird (vgl. *Freiling / Sieger* 1999).

Die Aussagen von OEM zur zukünftigen Gestaltung der Leistungstiefe lassen darauf schließen, daß sie die Zahl der zu koordinierenden Schnittstellen und den Umfang der abzustimmenden Aufgaben bei Entwicklung, Investment und Produktion weiter reduzieren wollen. Dieser Absicht kommen Angebote von Ausrüstungs- und auch Systemlieferanten entgegen, in der Entwicklungs-, Investitions- und Produktionsphase Projektierungs-, Finanzierungs-, Fertigungs- und Montageaufgaben ganz oder teilweise zu übernehmen, die gegenwärtig überwiegend noch der OEM erbringt.[1] Aus produktionswirtschaftlicher Sicht sind in diesem Kontext insbesondere innovative automobilwirtschaftliche Betriebsmodelle praktisch und theoretisch von großem Interesse. Derartige Arrangements von OEM mit Insourcingpartnern, auf die die weiteren Ausführungen fokussieren, eröffnen völlig neue Potentiale für das Sourcing produktionsbezogener

Dienstleistungen mit Wirkungen auf Produktivität, Flexibilität, Kosten, Kompetenz, Organisation und Management sowohl beim OEM wie auch bei den Partnern.[2]

1.2 Insourcingziele und -wirkungen

Der vergangenheitlich in Reaktion auf marktliche Anforderungen eingeschlagene Weg der Automobilindustrie läßt sich aus Sicht der Hersteller in verkürzter Form als "Rationalisierung durch Reduzieren der Umweltkomplexität" qualifizieren. Die Zahl der innerbetrieblichen Schnittstellen bei Entwicklungs- und Produktionsprozessen wird reduziert, indem Engineering-, Fertigungs-, Montage- und Logistikaufgaben ausgewählten externen Auftragnehmern und spezialisierten Partnern als produktionsbezogene Serviceleistung übertragen werden.

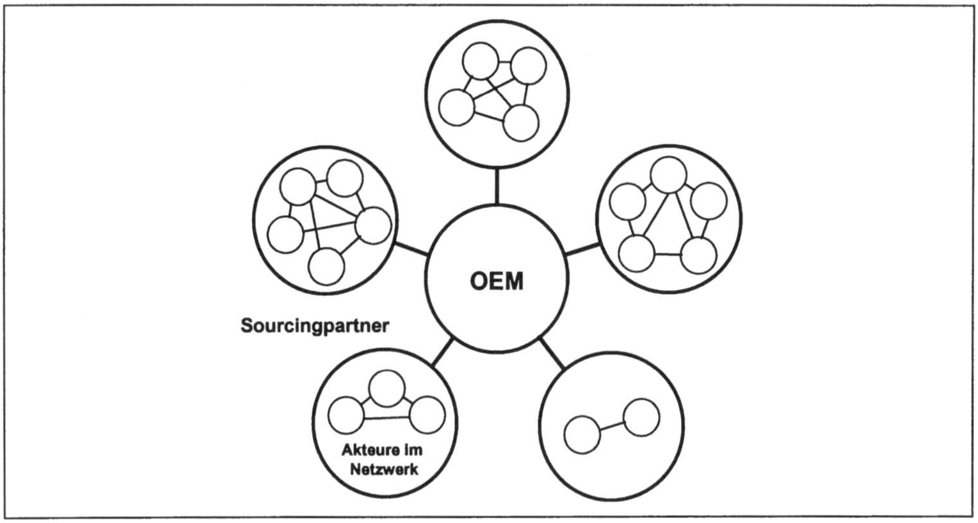

Abbildung 1: Kooperationsverbund aus OEM und Netzwerken als Sourcingpartnern

Die Kooperation mit spezialisierten Sourcingpartnern in einem modularisierten Verbund mit klar definierten Schnittstellen zum OEM - nach Möglichkeit unter Vermeidung von Schnittstellen zwischen den Sourcingpartnern - reduziert für jeden Verbundpartner die Umweltvarietät, so daß dessen Komplexitätsgefälle zu seiner Umwelt abnimmt. Die Sourcingpartner verkörpern häufig ein Netzwerk mit Akteuren, die sich auf ihre besonderen Fähigkeiten spezialisieren und diese zu Kernkompetenzen kombinieren, so daß jedes Einzelnetzwerk eine höhere Eigenkomplexität entwickelt, wodurch dessen Problemlösungsfähigkeit zunimmt (Abbildung 1).

Gleicherweise steigt die Problemlösungsfähigkeit des Kooperationsverbunds, so daß auf Veränderungen in der Umwelt effektiver und effizienter reagiert werden kann, was sich in Kosten-, Zeit-, Qualitäts- und Flexibilitätsvorteilen niederschlägt. Zwischen den Verbundpartnern können Vorteile und Nachteile der Kooperation nach Art und Umfang sehr unterschiedlich verteilt sein. Die Kooperation wird jedoch nur dann erfolgreich sein, wenn jeder Partner sich in einer win-Situation sieht.

Da die kooperierenden Akteure als eigenständige Partner für die Bereitstellung der erforderlichen Produktionsmittel selbst die Verantwortung tragen, werden die Risiken des OEM auf die Sourcingpartner bzw. die dahinter stehenden Netzwerkakteure verlagert. Diese werden jedoch nur dann akzeptiert, wenn sich zugleich Erfolgschancen mit einem entsprechenden Anreiz eröffnen, oder aber Marktdruck dazu zwingt. Außer der Senkung von Wertschöpfungskosten und der Gewinnung von Zeitvorteilen durch Rationalisierung treten weitere Effekte auf, die miteinander verzahnt und indirekt erfolgswirksam sind.

- Risikoteilung:
  Abhängig davon, in welchem Umfang ein Kooperationspartner produktive Leistungen erbringt oder sich an investiven Maßnahmen sowie deren Finanzierung beteiligt, partizipiert er an den Markt-, Investitions-, Finanz- und Betriebsrisiken oder muß diese sogar vollständig tragen.

- Flexibilität:
  Für den OEM ist von hoher Bedeutung, sich einer nach Umfang und Art schwankenden Nachfrage flexibel und effizient anpassen zu können. In dem Maße, wie der OEM im Rahmen vereinbarter Verträge Leistungen nur bei aktuellem Bedarf abrufen kann, um Lagerkosten zu vermeiden, gewinnt er Volumenflexibilität (quantitative Elastizität). In gleicher Weise wird er auch versuchen, Variantenflexibilität (qualitative Elastizität) zu erreichen. In beiden Fällen hat der Sourcingpartner Flexibilitätskosten und Risiken zu übernehmen.

- Kostenstruktur:
  Um die nachteiligen Wirkungen schwankender Beschäftigung auf die Herstellkosten abzufedern, bemühen sich die Automobilhersteller, fixe Kosten teilweise oder vollständig zu variablen Kosten werden zu lassen. Diese strukturelle, aus betriebswirtschaftlicher Sicht ideal erscheinende Veränderung setzt voraus, daß dem OEM ein Vertragsabschluß mit Sourcingpartnern dergestalt gelingt, daß nur einwandfrei erbrachte und auch abgenommene Leistungen mit einem konstanten Stückpreis zu vergüten sind. Auch dies bedingt die Bereitschaft des Sourcingpartners, weitere erhebliche Risiken zu übernehmen.

- Kapitalstruktur:
  Insourcingentscheidungen der vorgenannten Art vermindern seitens des OEM das anlagengebundene Kapital, das nunmehr der Sourcingpartner aufbringen und finanzieren muß. Die bilanziellen und erfolgswirksamen Konsequenzen bei OEM und Sourcingpartner können von sehr vielfältiger Art sein. Im allgemeinen dürfte seitens

des OEM davon c.p. eine positive Wirkung auf Rentabilitätskennzahlen ausgehen (bspw. ROI). Auf der anderen Seite besteht die Gefahr, daß Insourcingentscheidungen von größerem Ausmaß negativ auf den Unternehmenswert des OEM wirken.

2 Insourcingmodelle in der Automobilproduktion

2.1 Insourcingpotentiale

Nach dem gegenwärtigen Entwicklungsstand des Insourcing sind Preßwerk, Rohbau, Lackiererei, Montage Fahrwerk mit Antriebsstrang sowie Endmontage diejenigen Systemfunktionen, die von den OEM mit eigenen Anlagen und überwiegend in eigenständiger Durchführung erbracht werden. Das Preßwerk nimmt eine gewisse Sonderstellung ein, weil die räumliche Integration mit den anderen Anlagen nicht zwingend erforderlich ist, während Rohbau, Lackiererei und Endmontage aus ökonomischen Gründen in räumlicher Nähe betrieben werden müssen. Zwecks hoher Auslastung werden Preßteile häufig in Serien für unterschiedliche Modelle und für europaweit verteilte Werke gefertigt, so daß eine zentrale Aufstellung und Belieferung von Vorteil sein kann. Die logistische Anbindung an die Werke läßt sich dann über Just-in-Time-Konzepte aufgrund der Kompaktheit der Preßteile kostengünstig per Schiene realisieren.

Das Paradigma des Insourcing im Kontext der vorgenannten Anlagen impliziert, daß produktionsbezogene Leistungen, die aus techno-ökonomischen Gründen nur in räumlicher Integration zu erbringen sind, ganz oder teilweise an einen oder mehrere Dritte vergeben werden. Um das Potential für Entscheidungen zu erfassen, die Insourcing rational erscheinen lassen, ist es zweckmäßig, die strategischen Funktionen in der Entwicklungs- und Investitionsphase sowie die operativen Funktionen in der Serienanlauf- und Produktionsphase zu analysieren, die bezüglich Preßwerk, Rohbau, Lackiererei, Montage Fahrwerk mit Antriebsstrang und Endmontage derzeit i.d.R. in der Hand des OEM liegen. Tabelle 1 vermittelt hierzu einen Überblick.

Ausgehend von der Intention der OEM, die Zahl der Schnittstellen weiter zu verringern, um den Transaktionsaufwand und somit die Transaktionskosten zu senken, und angesichts des bisher wenig genutzten Angebots von Ausrüstungslieferanten, strategische und operative Aufgaben zu übernehmen, eröffnen sich innovative Potentiale für produktionsnahe Dienstleistungen. Eine derartige Insourcing-Kooperation kann sich ausschließlich auf Ausrüstungspartner beschränken. Bei Kompetenzdefiziten, Zeit- oder Kapitalengpässen könnte es jedoch zweckmäßig sein, auch Entwicklungspartner und Servicepartner als Dritte einzubeziehen.

- Ausrüstungspartner
  könnten außer Konzeptentwicklung, Projektierung und Realisierung von Produktionsanlagen auch deren Finanzierung und Betriebsführung mit produktionsvorbereitenden sowie betriebstechnischen und -wirtschaftlichen Teilfunktionen übernehmen. Sofern der Ausrüstungspartner nicht über die erforderlichen Kompetenzen verfügt, ließen sich diese durch die Kooperation mit Entwicklungs- und Servicepartnern oder durch Akquisitionen verfügbar machen.

Entwicklungs- und Investitionsphase	Entwicklung	▪ Konzeptentwicklung Anlagen ▪ Projektierung Anlagen
	Investition	▪ Realisierung Anlagen ▪ Anlagenfinanzierung
Serienanlauf- und Produktionsphase	Produktionsvorbereitende Funktionen	▪ Auftragsverwaltung ▪ Arbeitsvorbereitung
	Betriebstechnische Funktionen	▪ Operativer Betrieb ▪ Wartung ▪ Instandhaltung ▪ Reparatur ▪ Werkzeugwesen ▪ Qualitätswesen
	Betriebswirtschaftliche Funktionen	▪ Einkauf ▪ Materialwirtschaft ▪ Personalwirtschaft ▪ Buchhaltung ▪ Abrechnung ▪ Controlling

Tabelle 1: Dispositionsrahmen für strategische und operative Insourcingentscheidungen bezüglich Preßwerk, Rohbau, Lackiererei, Montage Fahrwerk mit Antriebsstrang und Endmontage

- Entwicklungspartner
  stecken in einer weitaus weniger komfortablen Situation als Ausrüster. Aufgrund der Fokussierung auf ingeniöse Entwicklungsleistungen fehlt diesen gewöhnlich durchweg die Kompetenz, autonom betriebstechnische und -wirtschaftliche oder auch Servicefunktionen zu erbringen. Sofern es Entwicklungsdienstleistern nicht gelingt, entsprechende Kompetenzen aufzubauen oder zu akquirieren, bietet sich nur die Kooperation oder das Zusammengehen mit geeigneten Partnern an.

- Servicepartner
  könnten bei Spezialisierung auf Teilfunktionen produktionsnachgelagerte Aufgaben (z.B. Auslieferung, Transportmittelmanagement, Vertriebssystem u.a.m.) und indirekte Funktionen (z. B. Informations- und Kommunikationsmanagement, EDV-Management, Energieversorgung, Facility Management, Verwaltung u.a.m.) übernehmen. Da diese Aufgaben aber keinen direkten Bezug zum Anlagen- und Produktionsmanagement haben, sollen sie hier nicht in Rede stehen. Von größerer Bedeutung sind hingegen produktionsvorbereitende sowie betriebstechnische und -wirtschaftliche Kompetenzen, die partnerschaftlich in ein Netzwerk eingebracht werden könnten.

2.2 Betriebsmodelle

Der störungsarme Betrieb einer Anlage als integraler Teil eines Produktionssystems erfordert außer den direkt operativen Funktionen die Erfüllung weiterer betriebstechnischer Funktionen (bspw. Wartung , Instandhaltung, Reparatur, Werkzeugwesen, Qualitätswesen u.a.m.) und betriebswirtschaftlicher Funktionen (bspw. Einkauf, Materialwirtschaft, Personalwirtschaft, Buchhaltung, Abrechnung, Controlling u.a.m.). Dem operativen Betrieb der Produktionsanlage vorgelagert ist die Anlagenerstellung mit Projektierung, Finanzierung und Realisierung. Die vorgenannten operativen, technischen, ökonomischen, ingeniösen und finanziellen Aufgaben könnten von einzelnen Sourcingpartnern oder kooperativen Arrangements erbracht werden. Wenn mehrere Partner Teilaufgaben übernehmen, darf unter dem Primat der Schnittstellenreduktion nur ein Ansprechpartner das Netzwerk gegenüber dem OEM vertreten.

Je nachdem, in welcher Eigenschaft eine Funktion bei der kooperativen Leistungserbringung ausgeübt wird, lassen sich charakteristische Interorganisationsmodelle typisieren, die als Betriebsmodelle der Produktion bezeichnet werden. Betriebsmodelle sind im Rahmen der Privatisierung als typische Ausprägungen für privatwirtschaftliche Bereitstellungsformen öffentlicher Leistungen seit längerer Zeit realisiert oder in der Diskussion. Begriffe wie Leasing-, Contracting-, Betriebsführungs-, Kooperations-, Konzessions- und Betreibermodell charakterisieren Kooperationsformen in 'Public-Private-Partnership' (PPP) wie bspw. in der Ver- und Entsorgungswirtschaft oder bei der Bereitstellung von Infrastrukturleistungen. Nicht alle der vorgenannten PPP-Modelle sind jedoch auf privatwirtschaftliche Kooperationen direkt zu übertragen. Bei rein privatwirtschaftlichen Betriebsmodellen ist der Immobilien- und Anlagenwirtschaft mit Leasing-, Contracting-, Betriebsführungs- und Betreibermodell gegenüber anderen Branchen eine gewisse Vorreiterrolle zuzuerkennen.

Als die klassischen Formen für Betriebsmodelle in der Industrie können die 'Verlängerte Werkbank' und das 'Contractingmodell' gelten. Bei dem Modell Verlängerte Werkbank werden Arbeiten auf niedriger Wertschöpfungsstufe und meist nur kurzzeitig an einen

Auftragsfertiger vergeben, der Teile, Komponenten oder auch Endprodukte nach den Spezifikationen des Abnehmers herstellt oder montiert. Während für die betriebstechnischen Funktionen der Auftragsfertiger verantwortlich ist, können die betriebswirtschaftlichen Funktionen ebenfalls in dessen Hand liegen, aber auch ganz oder teilweise von dem OEM wahrgenommen werden. Eine besondere Ausprägung hat dieses Betriebsmodell dadurch erfahren, daß in den 60er und 70er Jahren des letzten Jahrhunderts in der Automobilindustrie und auch anderen Branchen der OEM dem (meist kapitalschwachen) Auftragsfertiger die Werkzeuge und häufig auch die Fertigungsanlagen zur Verfügung stellte. Das Verfügungsrecht des OEM über Werkzeug- und Anlagenausstattung und die meist exklusive Lieferbeziehung haben eine enge wirtschaftliche Abhängigkeit des Zulieferers zur Folge, wodurch das Ziel der starken vertikalen Integration realisiert wird. Diese, den Auftragnehmer nahezu 'versklavende' Integration in die Wertschöpfungskette ist heutzutage zumindest bei Unternehmen in hoch industrialisierter Länder nicht mehr gebräuchlich.

Das Outsourcingmodell hat seit etwa 1980 bis heute als typisches Contractingmodell eine starke Verbreitung gefunden. Ein Lieferunternehmen fertigt eigenständig für einen OEM nach dessen Vorgaben Teile, Komponenten, Module oder komplette Systeme und liefert diese zu. Der Transaktionsaufwand beschränkt sich im wesentlichen auf das Aushandeln von Menge, Preis, Termin und weitere Vertragskonditionen. Wenn aus logistischen und wirtschaftlichen Gründen, insbesondere im Fall hoher Wertschöpfung die räumliche Integration mit den Produktionsanlagen des OEM indiziert erscheint, dann mutiert Outsourcing zum Insourcing.

Die Fertigung kompletter Fahrzeuge von Valmet Automotive für die Porsche AG verkörpert als Extremfall die Kombination der beiden Modelle 'Verlängerte Werkbank' und 'Outsourcing'. Der Partner tätigt sämtliche Investitionen für die Produktion und übernimmt auch das Risiko aus Auftragsschwankungen, da die Vollauslastung des eigenen Werkes vorgeht und nur in Engpaßsituationen externe Fertigungsaufträge vergeben werden. Das als Virtuelle Fabrik bezeichnete Kooperationsmodell mit der Leistungsvergütung zu einem konstanten Preis realisiert das produktionswirtschaftliche Idealziel 'Pay-as-Built'.

Da im weiteren nur Betriebsmodelle für Produktionsanlagen unter dem Fokus Insourcing in Rede stehen sollen, bei denen der OEM nach derzeitiger Provenienz Eigentümer und Betreiber ist (bspw. Preßwerk, Rohbau, Lackiererei, Montage Antriebsstrang mit Fahrwerk sowie Endmontage), werden die drei vorgenannten Modelle nicht weiter diskutiert. Ebenso sind produktionsnachgelagerte und indirekte Funktionen, die auch von Servicepartnern erbracht werden könnten, sowie produktbezogene Modul- oder Systemleistungen kein Gegenstand der weiteren Diskussion.

Unter dem Ziel, die Zahl der Schnittstellen bei Errichtung, Bau und Betrieb von Anlagen auf den Prozeßstufen hoher Wertschöpfung zu reduzieren, sind die Funktionen Projektierung, Herstellung, Finanzierung und Betriebsführung hinsichtlich potentieller Insourcingpartner und übertragbarer Aufgaben zu analysieren.

- Projektierung:
  Die Projektierung einer Anlage (incl. Konzeptentwicklung) ist eine Aufgabe, bei der typischerweise der Ausrüstungspartner federführend ist und die sich in enger Abstimmung mit dem OEM vollzieht. Im Fall unzureichender Kompetenzausstattung des Ausrüsters kann ein spezialisierter Ingenieurdienstleister als Entwicklungspartner hinzugezogen werden. Die Interaktionen des OEM lassen sich auf die Schnittstelle mit dem Ausrüster reduzieren, wenn letzterer die Anlage eigenständig mit dem Entwicklungspartner projektiert. Vice versa ist auch denkbar, daß statt des Ausrüsters ein Entwicklungspartner zum fokalen Partner in der Projektierung avanciert.
- Herstellung:
  Für die Herstellung einer Anlage ist gewöhnlich der Ausrüstungspartner zuständig, der Subunternehmen einbeziehen kann. Vielfach bieten Ausrüstungsunternehmen an, Anlagen schlüsselfertig incl. Inbetriebnahme zu liefern, wodurch der Transaktionsaufwand des OEM erheblich reduziert werden kann. Auch in diesem Fall ist denkbar, daß ein Entwicklungspartner in Kooperation mit Herstellern federführend agiert und für Errichtung und Anlauf die Verantwortung trägt.
- Finanzierung:
  Betriebswirtschaftlich besonders attraktive Potentiale zeichnen sich bei der Finanzierung von Anlageninvestitionen ab. In Anbracht oftmals hoher Investitionsvolumina sind Kooperationslösungen denkbar, bei denen sich neben dem OEM auch Ausrüstungspartner und/oder Entwicklungspartner an der Finanzierung beteiligen. Besonders vorteilhaft wäre es für den OEM, wenn einer oder mehrere der vorgenannten Sourcingpartner die Finanzierung vollständig übernähmen.
- Betriebsführung:
  Die Betriebsführung mit einer Vielzahl betriebstechnischer und betriebswirtschaftlicher Einzelaufgaben (vgl. Tabelle 1) könnten spezialisierte Dritte als produktionsbezogene Dienstleistung ausüben, wobei die beiden Funktionen auch in getrennter Hand liegen können. Sehr unterschiedliche Gestaltungsmöglichkeiten sind hierbei denkbar, die jedoch durch Sachzwänge, insbesondere im Personalbereich, häufig eingeschränkt werden. So kann ein externer Partner diese Aufgaben mit eigenem Personal oder mit dem (gut ausgebildeten) Personal des OEM durchführen. Andererseits kann der Externe auch lediglich Personal zur Verfügung stellen. Als Sourcingpartner kommen primär Ausrüstungs- und Servicepartner in Frage; Entwicklungspartner dürften hingegen der Ausnahmefall bleiben.

Bei der Erstellung und dem Betrieb stationärer Produktionsanlagen sind die Verteilung der Verfügungsrechte, die Beteiligung an der Finanzierung sowie die Wahrnehmung technischer und kaufmännischer Betriebsaufgaben die wesentlichen Variablen der Modellgestaltung, die ökonomische Vorteile in einer win-all-Situation generieren sollen. Im Falle der Automobilindustrie sind insbesondere das Leasing-, Betriebsführungs- und Betreibermodell als innovative Organisationskonstrukte in den Grundformen und in Modifikationen von besonderem Interesse, weil diese ökonomische Vorteile versprechen.

Vertragspartner des OEM kann einer der oben genannten Insourcingpartner oder eine zwischengeschaltete Gesellschaft sein, an der sich auch Dritte finanziell und funktional beteiligen können.

- Leasingmodell:
  Das Leasingmodell besitzt insbesondere in der Variante des operating lease für OEM eine hohe Attraktivität (s. Abbildung 2). Der Sourcingpartner oder eine zwischengeschaltete Leasinggesellschaft ist wirtschaftlicher Eigentümer der Anlage und trägt die Risiken aus Investition, Finanzierung und Vertragskündigung. Der Leasingnehmer betreibt die Anlage und leistet für die Nutzung – je nach Vertragsgestaltung – Zahlungen in gleichbleibenden Raten oder proportional zur Inanspruchnahme. Das Leasingobjekt ist beim Leasinggeber zu bilanzieren, die Zahlungen des Leasingnehmers sind aufwandswirksam.

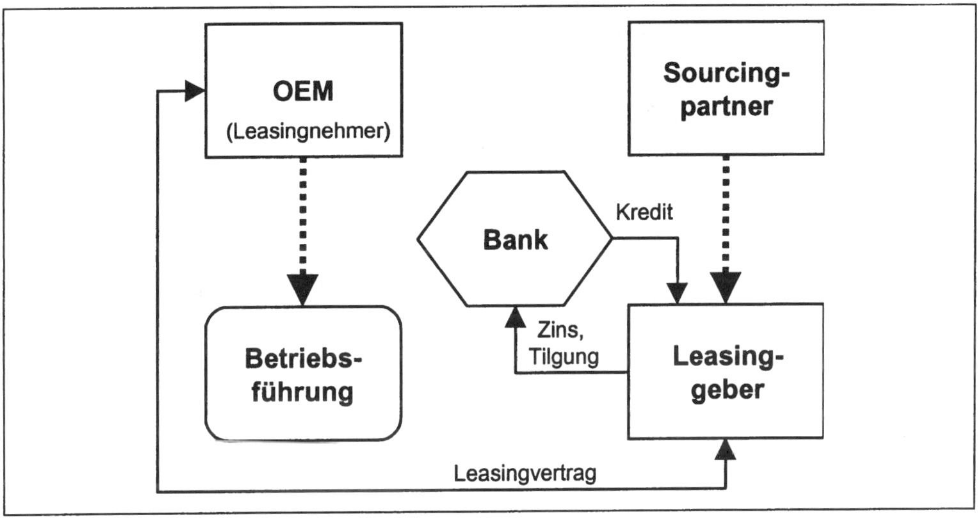

Abbildung 2: Leasingmodell (operating lease)

Während der OEM Investitions- und Finanzierungsrisiken vermeidet, muß er das Betriebsrisiko und im Falle konstanter Leasingzahlungen und schwankender Nachfrage auch das Marktrisiko tragen. Bei Leasingraten proportional zur Inanspruchnahme bleiben die Stückkosten konstant und auch das Marktrisiko wird auf den Leasinggeber überwälzt. Die Vorteile des Leasinggebers bestehen im wesentlichen in der Inanspruchnahme der Abschreibungen. Die Kuka Roboter GmbH bietet bspw. Industrieroboter zu einem symbolischen Preis und mit monatlich konstanter Leasingrate incl. Wartung und Instandhaltung an, die sich im Rohbau einsetzen lassen. Ein anderes Beispiel für dieses Modell ist das Preßwerk, das die Ford-Werke Köln AG im operating lease betreibt.

- Betriebsführungsmodell:
  Quasi spiegelbildlich zum operating lease stellt sich das Betriebsführungsmodell dar (s. Abbildung 3). Der OEM ist wirtschaftlicher Eigentümer der Anlage und bilanziert diese. Der Sourcingpartner oder eine zwischengeschaltete Betriebsführungsgesellschaft betreibt die Anlage und übernimmt das Betriebsrisiko. Der Umfang der Betriebsführung kann nur technische, nur kaufmännische oder beide Teilaufgaben umfassen. Besonders attraktiv sind vertragliche Regelungen, die Zahlungen an die Betriebsführungsgesellschaft proportional zur Beschäftigung vereinbaren, so daß auch ein Teil des Marktrisikos von der Betriebsführungsgesellschaft zu tragen ist.

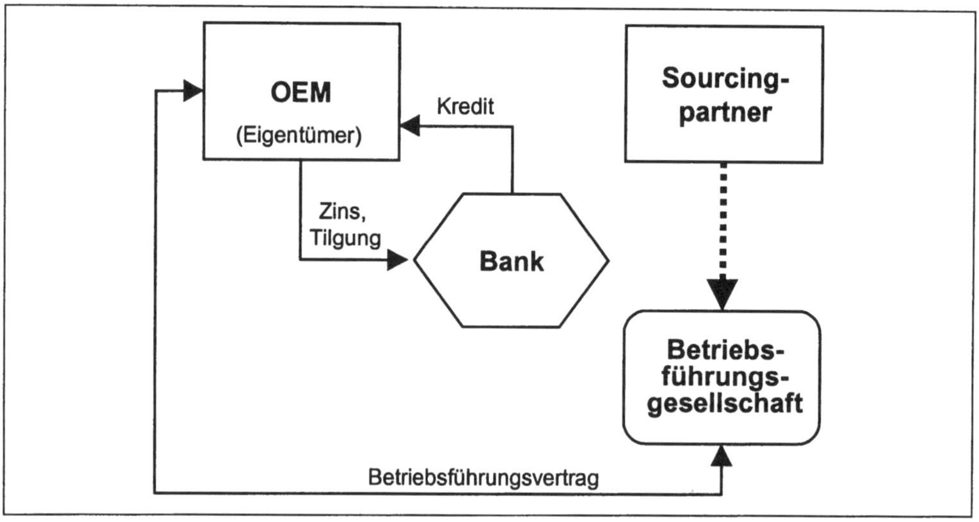

Abbildung 3: Betriebsführungsmodell

- Betreibermodell:
  Sind umfassende Kompetenzen verfüg- oder akquirierbar, dann kann ein Sourcingpartner oder eine dazwischengeschaltete Betriebsgesellschaft als komplette Serviceleistung die Produktionsanlage projektieren, errichten, finanzieren und betreiben. Bei enger räumlicher Integration bleibt die Anlage im Eigentum des Sourcingpartners. Das derart gestaltete Insourcing-Modell wird als Betreibermodell (verschiedentlich auch als Eigentümermodell) bezeichnet (s. Abbildung 4).

  Im Vergleich zu dem Modell des operating lease übernimmt die Betriebsgesellschaft neben den vorgenannten Risiken somit auch das Betriebsrisiko. Bei der Gestaltung des Betreibervertrags wird gewöhnlich seitens des OEM angestrebt, Zahlungen nur für die abgenommenen und in der vereinbarten Qualität gelieferte (Zwischen-) Produkte zu leisten. Ein Beispiel hierfür ist die Firma Varema, Tocher der Firma Eisenmann, die für SEAT in Matorell die Lackieranlage betreibt. Auch bei MCC in Hambach wurde für die SMART-Produktion ein ähnliches Konzept übernommen.

Wenn die Betriebsform bei einer Fertigungsanlage verändert wird, können betriebliche Sachzwänge zu berücksichtigen sein, denen durch gewisse Modifikationen des Modells Rechnung zu tragen ist. Die Ford-Werke Köln AG wird für die Endmontage des neuen Fiesta das Modell 'Pay-on-Production' realisieren, das als Variante des Betreibermodells derartige Sachzwänge berücksichtigt. Auch bei der Produktion des neuen Focus wird die Einführung dieses Modells in der Endmontage und eventuell auch für andere Anlagen erwogen.

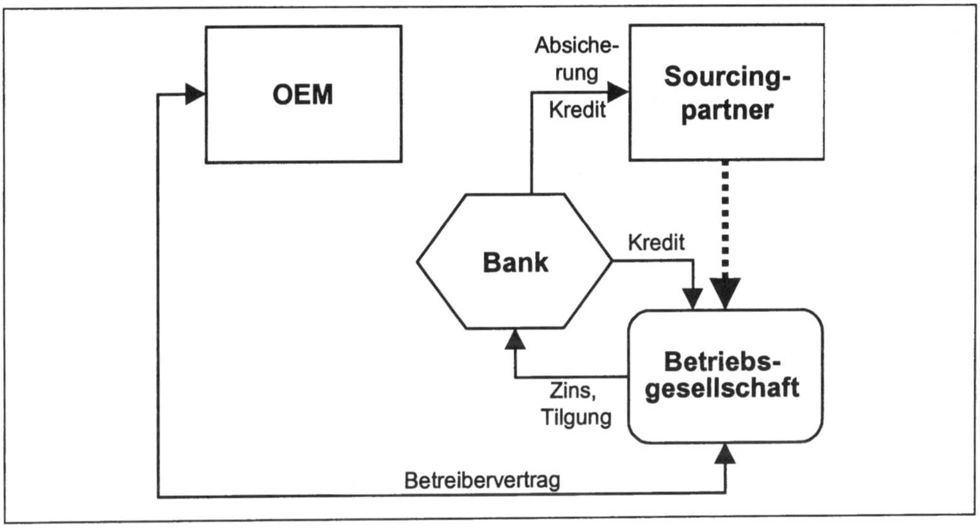

Abbildung 4: Betreibermodell

- Pay-on-Production:
  Der für dieses Modell geprägte, selbsterläuternde Begriff legte das Ziel dar, das verfolgt wird: Zahlung des vereinbarten Preises für jedes abgenommene, einwandfreie Fahrzeug. Die Fa. Eisenmann als Sourcingpartner der Ford-Werke AG Köln gründet eine Betriebsgesellschaft, die Eigentümerin und Betreiberin von zwei Endmontagelinien ist (s. Abbildung 5). Auf beiden Montagelinien können alle Modellvarianten montiert und unterschiedliche Schichten gefahren werden, wodurch eine hohe Volumen- und Variantenflexibilität gewährleistet ist. Mit der Betriebsgesellschaft schließt der OEM einen Vertrag über die Lieferung der montierten Fahrzeuge. Die Kündigungsfrist beträgt seitens des OEM 12 Monate. Der Berechnung der Leistungsvergütung (Stückpreis) liegt das für den Marktzyklus von zehn Jahren geplante gesamte Absatzvolumen zugrunde. Wird dieses früher erreicht, so entfällt für die restliche Nutzungszeit bis zu zehn Jahren jede Zahlung. Der Sourcingpartner muß

die Anlage jedoch nutzbar halten. Würde das geplante Absatzvolumen erst später erreicht, so erhält die Fa. Eisenmann außer der Nutzungsvergütung keine weitere Vergütung.

Der OEM stellt das Personal für die Endmontage. Diese Variante ist für beide Seiten vorteilhaft: Der OEM muß kein qualifiziertes Personal entlassen, so daß Sozialpläne entfallen und auch der Betriebsfrieden nicht gefährdet wird. Zum anderen dürfte es gerade in der heutigen Arbeitsmarktsituation für den Sourcingpartner schwierig sein, fachkundiges Personal zu rekrutieren. Zugleich entfällt bei diesem auch das Risiko, im Falle einer Vertragskündigung seitens des OEM unbeschäftigtes Personal entlassen zu müssen. Um das Risiko der Bank als Kapitalgeber abzusichern, zahlt der OEM das Entgelt für die abgenommenen Fahrzeuge auf ein von der Bank festgelegtes Konto des Betreibers.

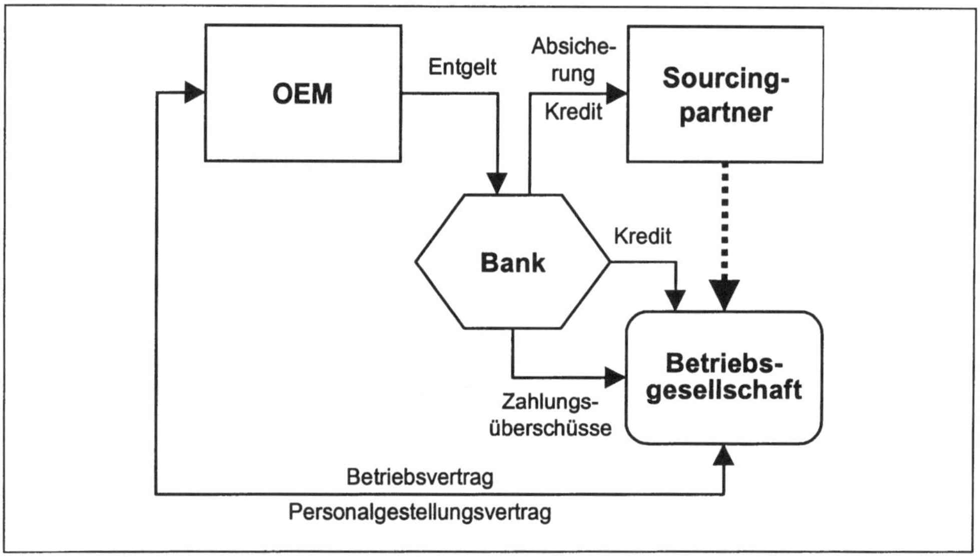

Abbildung 5: Modell Pay-on-Production

Mit Ausnahme des Personalrisikos sind bei diesem Modell alle Risiken von der Betriebsgesellschaft zu tragen, während der OEM lediglich das Personalrisiko trägt und für die Endmontage nur variable Kosten entstehen. Inwieweit in diesem Fall und ähnlichen Modellen eine win-win-Situation realisiert werden kann, wird im nächsten Abschnitt thematisiert.

3 Konklusionen und theoretischer Bezugsrahmen

3.1 Konklusionen

Nachdem im letzten Jahrzehnt Insourcingentscheidungen - von wenigen Ausnahmen abgesehen - auf die räumliche Integration der Produktionsanlagen von System- und Modullieferanten fokussierten, zeichnet sich als neue Möglichkeit ab, Fertigungs- und Montageaufgaben, die derzeit überwiegend noch von dem OEM betrieben werden, Ausrüstungslieferanten oder Serviceleistern zu übertragen. Dabei steht unter dem Aspekt des Insourcing nicht nur das Errichten und Betreiben einzelner Produktionsanlagen, sondern auch das Errichten und Betreiben kompletter Produktionssysteme zur Disposition. Zugleich stellen sich die Fragen, über welche Kompetenzen ein Automobilhersteller im Zuge einer derartigen Entwicklung letztlich noch verfügen wird und welche Kompetenzanforderungen an potentielle Insourcingpartner zu stellen sind.

Aus übergreifender Sicht der Leistungserstellung setzt der Abbau von Kompetenzen beim OEM voraus, daß Sourcingpartner bereit sind, die potentielle Lücke zu schließen. Die Verlagerung der Kompetenzen ist deshalb ein interdependenter Prozeß, den Marktkräfte und Kooperationsbeziehungen steuern. Kompetenzen, auf die ein OEM verzichtet, können aus dynamischer Sicht wohl nicht als dessen Kernkompetenzen gelten. Letztlich werden als Kernkompetenzen solche Kompetenzen verbleiben, mit deren Hilfe eine Wertschöpfung erbracht wird, die der Markt in identischer oder besserer Qualität nicht kostengünstiger leisten kann. In projektivem Ausblick dürften vermutlich Teilbereiche der Forschung u. Entwicklung, Design, Markenpflege und die Vermarktung von Lösungen zur Erfüllung von Mobilitätsbedürfnissen zu den Kernkompetenzen eines OEM zählen.

Sourcingpartner, die diese Herausforderung annehmen wollen, könnten sich auf eine oder mehrere Prozeßstufen spezialisieren, aber auch die gesamte Prozeßkette zwischen Rohbau und Endmontage abdecken. Mit zunehmender Breite der Sourcingleistungen steigen die Anforderungen an die Innovations- und Integrationsfähigkeiten von Sourcingpartnern überproportional. Insourcingpartner müssen in der Lage sein, Vorwärtsstrategien zu entwickeln und sich global auszurichten, um Kompetenzen aufzubauen. Denn nur ausnahmsweise haben Ausrüstungslieferanten oder andere Sourcingdienstleister das Potential, die erforderlichen Kompetenzen aus eigener Kraft zu entwickeln. Sie dürften deshalb überwiegend auf Kooperation, (Mehrheits-)Beteiligung und Akquisition angewiesen sein. Diese sind jedoch national und auch international nur begrenzt verfügbar.

Die dominierenden Vorteile der diskutierten Organisationsmodelle liegen offensichtlich in der Hand des OEM durch Reduktion von Kosten und von wirtschaftlichen Risiken sowie der Verbesserung der Kostenstruktur durch Senkung des fixen Anteils. Potentielle

Konsequenzen für den Unternehmenswert und damit für die Marktkapitalisierung dürfen jedoch nicht außer Acht gelassen werden. Denn um die Abnahme des Anlagevermögens zu kompensieren, müßte der (nicht bilanzierbare) Wert des immateriellen Vermögens ansteigen, soll der Unternehmenswert nicht sinken. Es kann deshalb nicht verwundern, daß OEM vor diesbezüglichen Entscheidungen die Beurteilung von Finanzanalysten einholen. So würde bspw. bei dem Modell Pay-on-Production eine direkte Zahlungsverpflichtung des OEM auf ein Konto des Kapitalgebers nach Wertung von Analysten (und nach US GAAP) eine Liability bedingen, die in das Rating eingeht und somit dieses Modell unwirksam werden ließe.

Bei derartigen Modellen ist von herausragender Bedeutung, daß die Ausstattung der Fahrzeuge im Werk des OEM und mit eigenem Personal erfolgt, um die Identifikation der Mitarbeiter mit dem Produkt und der Marke sicherzustellen. Firmenfremdes oder gemischtes Betreiberpersonal könnte in nicht abgeschlossenen Fertigungsbereichen die gebotene Identifikation nicht entfalten. Ferner darf auch nicht übersehen werden, daß gegen derartig häufig revolutionär anmutende Entscheidungen unternehmensintern gewöhnlich erhebliche Vorbehalte und Widerstände bestehen, die erst nach langer Überzeugungsarbeit zu überwinden sind. Der raschen Ausweitung von Insourcing-Modellen dürften derartige Bedenken wie auch die nicht einschätzbaren Reaktionen der Finanzmärkte auf virtuelle und somit tendenziell "kapitallose" OEM entgegenwirken.

Die Vorteile seitens des Sourcingpartners werden in einer verbesserten Wirtschaftlichkeit und steigenden Wettbewerbsvorteilen gesehen und können in Analogie mit dem "Lopez-Effekt" des Insourcing begründet werden. Da der Angebotspreis für das Investment seine Entscheidungsrelevanz verliert, wird der Sourcingpartner zu seinem eigenen Vorteil bemüht sein, eine Anlage konstruktiv so auszulegen, daß durch hohe Verfügbarkeit und hohe Qualität eine verbesserte Wirtschaftlichkeit erreicht wird. Die als Betreiber selbst gesammelten Erfahrungen unterstützen diesen Prozeß. Zugleich steigern die erworbenen Kompetenzen global die Marktchancen für weitere derartige Geschäfte, wie sich am Beispiel von Modul- und Systemlieferanten empirisch belegen läßt.

Vorteilhaft sind für den Sourcingpartner die Abschreibungen auf das aktivierte Anlagevermögen. Andererseits übernehmen Sourcingpartner bei einer Anlagenfinanzierung von bis zu 100 % und dem Vergütungsmodell 'Pay-on-Production' in ganz erheblichem Umfang Markt- und Kapitalrisiken, so daß die Kapitalkosten steigen dürften. Denn potentielle Sourcingpartner sind überwiegend mittelständische Unternehmen und verfügen vergleichsweise über wenig Eigenkapital. Ein Insourcing-Investment muß deshalb überwiegend mit Fremdkapital finanziert werden. Für die Kreditgeber vergrößert sich bei diesem Modell das Ausfallrisiko, das sich in erheblich höheren Kreditkosten, forciert auch durch die neuen Kreditbestimmungen (Basel II), niederschlagen wird. Daraus ergibt sich die Notwendigkeit, neue Finanzierungsquellen zu erschließen und die Eigenkapitalbasis zu verbessern. Verbunden damit dürfte eine Tendenz zur Konzentration sein, wie die aktuellen Aktivitäten von mittelständischen Ausrüstungslieferanten bestätigen.

3.2 Theoretischer Bezugsrahmen

Wird versucht, die zuvor diskutierten Organisationsmodelle und die treibenden Prozesse in einen theoretischen Bezugsrahmen einzuordnen, so sind insbesondere die 'Theorie dynamischer Kompetenzen' und die 'Theorie technologischer Paradigmen' als Erklärungsansätze hilfreich.

Im (statischen) Kompetenzansatz verschmelzen der 'market-based-view' und der 'resource-based-view' zu einer umfassenderen Sicht (vgl. *Prahalad / Hamel* 1990). Im Fokus stehen Kompetenzen, die eine Organisation befähigen, qua Kombination bestimmter Ressourcen Marktchancen besser zu nutzen als die Wettbewerber. Der dynamische Kompetenzansatz überwindet den Gegenwartsbezug der ersten Arbeiten. Denn die Dynamik im Wandel der Märkte impliziert, daß die Kompetenzausstattung eines Unternehmens kein statisches Konstrukt sein darf, weil Kompetenzen am unteren Ende der Wertigkeit im Wettbewerb infolge von Lerneffekten eine Entwertung erfahren. Kompetenzen sind deshalb fortlaufend in geeigneter Weise weiterzuentwickeln, neue sind zu erwerben und obsolete müssen rechtzeitig aufgegeben werden, um Wettbewerbsvorteile nachhaltig zu sichern (vgl. *Bellmann / Hippe* 1996 und *Teece / Pisano / Shuen* 1997). Die Aufgabe des strategischen Managements besteht deshalb gerade darin, durch wegweisende Entscheidungen die evolutionäre Entwicklung von Kompetenzen voranzutreiben.

Kompetenzentwicklung ist ein Prozeß mit interaktiver Dynamik. Bezogen auf das Thema Insourcing bedeutet das, daß ein OEM erst dann auf Kompetenzen verzichten kann, wenn Insourcingpartner mit adäquaten Kompetenzen präsent sind. Der Markt für Ausrüstungsgüter der Automobilindustrie ist jedoch vergleichsweise klein und umfaßt nur wenige (bspw. für Anlagen des Rohbaus) bis einige Lieferanten (bspw. Endmontagelinie), so daß im eigentlichen Sinne nicht von einem Markt gesprochen werden kann. Im Falle zunehmender Konzentration wird sich die Positionierung von Sourcingpartnern gegenüber den OEM weiter verbessern. Es ist deshalb verständlich, daß die OEM versuchen werden, eine starke einseitige Abhängigkeit durch eine entsprechende Vertragsgestaltung (bspw. kurze Kündigungsfristen) zu begegnen. Die enge bilaterale, vertrauensvolle Zusammenarbeit und die Pflege dieser Beziehung gewinnt deshalb eine überragende Bedeutung (vgl. *Bellmann* 1999, S. 210).

Die Theorie der technologischen Paradigmen unterstellt, daß ein technologischer Entwicklungsprozeß sich nach bestimmten Prinzipien und Vorgehensweisen vollzieht (vgl. *Dosi* 1982). Das technologische Paradigma stellt ein Leitmuster dar, das die relevanten techno-ökonomischen Probleme sowie das zur ihrer Lösung erforderliche spezifische Wissen definiert.[3] Innerhalb des Paradigmas stehen zunächst verschiedene Entwicklungsmöglichkeiten im Rahmen der Suche nach geeigneten Problemlösungen im Wettbewerb miteinander, bis schließlich eine Entwicklung als dominante sich durchsetzt. Das Paradigma bewirkt somit eine gewisse Parallelisierung von Prozessen, die für die Ausschöpfung von Entwicklungspotentialen eine wichtige Voraussetzung darstellt. Zugleich wird dadurch jedoch auch der Raum für stärker abweichende Veränderungen eingegrenzt.[4]

Der techno-ökonomische Entwicklungspfad ist demzufolge nicht beliebig, sondern folgt nach Dosi einer "technologischen Trajektorie". In dieser stabilen Phase werden Entwicklungen bis zu einem gewissen Grad prognostizierbar. Die stabile Phase kann jedoch durch eine technologische Diskontinuität aufgebrochen werden, so daß die Diversität wieder zunimmt und ursächlich für einen erneuten Paradigmawechsel wird.

Der Terminus "Technologie" läßt sich erweitern, indem nicht nur technischen Technologien, sondern gleichermaßen ökonomische, soziale und auch politische Technologien subsumiert werden. Insourcing verkörpert in dieser Interpretation des Modells von Dosi und übertragen auf die Automobilherstellung ein ökonomisch-organisatorisches Paradigma. In der zeitlichen Entwicklung des Sets an Kompetenzen der OEM manifestiert sich die technologische Trajektorie, die gegenwärtig den sukzessiven Abbau von originären Kompetenzen widerspiegelt. Sofern Diskontinuitäten den Entwicklungspfad nicht aufbrechen, führt die Trajektorie zu einem Attraktor hin, der das Set der verbleibenden Kernkompetenzen markiert.

Anmerkungen

1 Beispielsweise bieten die Firmen Bosch, Dörr, Eisenmann, Kuka, Pico Comau, Siemens u.a.m. derartige technische Dienstleistungen in unterschiedlichem Umfang an.

2 Zu den Wirkungsdimensionen des Insourcing siehe *Wildemann* (1993, S. 71 ff) sowie verschiedene Veröffentlichungen des Jubilars.

3 Der Begriff "technologisches Paradigma" lehnt sich an den Terminus "wissenschaftliches Paradigma" in der Wissenschaftstheorie an (vgl. *Kuhn* 1976).

4 Ähnlich auch die Sicht der neueren sozialen Systemtheorie (vgl. *Bellmann / Mildenberger* 1996, S. 140 ff und *Mildenberger* 1998, S. 103-131).

4 Literatur

Bellmann, K.; Hippe, A. (1996): *Kernthesen zur Konfiguration von Produktionsnetzwerken*, in: Management von Unternehmensnetzwerken - Interorganisationale Konzepte und praktische Umsetzung, hrsg. von Bellmann, K.; Hippe, A., Wiesbaden, S. 55-85

Bellmann, K.; Mildenberger, U. (1996): *Komplexität und Netzwerke*, in: Management von Unternehmensnetzwerken - Interorganisationale Konzepte und praktische Umsetzung, hrsg. von Bellmann, K.; Hippe, A., Wiesbaden, S. 121-156

Bellmann, K. (1999): *Produktion im Netzwerkverbund - Strategischer Faktor im globalen Wettbewerb*, in: Produktionswirtschaft 2000 - Perspektiven für die Fabrik der Zukunft, hrsg. von Nagel, K.; Erben, R.; Piller, F., Wiesbaden, S. 195-215.

Dosi, G. (1982): *Technological Paradigms and Technological Trajectories: A Suggested Interpretation of Determinants and Directions of Technical Change*, in: Research Policy, 11, S. 147-162

Freiling, J.; Sieger, C. A. (1999): *Insourcing als räumliche Lieferantenintegration - Eine Betrachtung aus Sicht des Ressourcenansatzes*, Arbeitsbericht Nr. 75, Ruhr-Universität Bochum

Kuhn, T. S. (1976): *Die Struktur wissenschaftlicher Revolutionen*, Frankfurt a.M.

Mildenberger, U. (1998): *Selbstorganisation von Produktionsnetzwerken. Erklärungsansatz auf Basis der neueren Systemtheorie*, Wiesbaden

Prahalad, C. K.; Hamel, G. (1990): *The core competence of the corporation*, in: Harvard Business Review, 68, S. 79-93

Teece, D. J.; Pisano, G.; Shuen, A. (1997): *Dynamic Capabilities and Strategic Management*, in: Strategic Management Journal, 18, S. 509-533

Wildemann, H. (1993): Insourcing - ein Konzept zur Reintegration von Leistungsumfängen, in: Westkämper, E.; Wildemann, H. (Hrsg.): Make or Buy & Insourcing, München 1993, S. 47-80

Prozeßorientierte Reorganisation von Auftragsabwicklungsprozessen

Stefan Frings

1 Reorganisationsbedarfe in der betrieblichen Praxis

Genau wie Produkte erreichen auch Organisationsstrukturen das Ende ihres Lebenszyklus. Dies ist wenig problematisch, wenn rechtzeitig ein Organisationsentwicklungsprozeß mit dem Ziel einsetzt, die Strukturen an geänderte marktliche Rahmenbedingungen anzupassen. Bei der Neuausrichtung der Organisationsstrukturen lassen sich aber in der Praxis sowohl Erfolgsmuster als auch Fehlentwicklungen beobachten. So wurde in der Vergangenheit allzuoft übersehen, daß der bloße Abbau von Kostennachteilen noch lange nicht in verteidigungsfähige Wettbewerbsvorteile mündet. Die Unternehmen wurden durch drastische Kostensenkungen, vor allem in indirekten Bereichen, oft schlanker, aber nicht unbedingt erfolgreicher. Vielfach wurden Symptome kuriert, statt die Ursachen von hohen Kosten, langen Durchlaufzeiten und mangelnder Kundenorientierung zu beseitigen. So richtig in manchen Fällen die Konzentration auf die Kosten gewesen sein mag, viel wichtiger ist aber die Schaffung organisatorischer Voraussetzungen, um Kostensenkung und profitables Wachstum gleichermaßen zu realisieren. Die Ausrichtung aller Aktivitäten des Unternehmens auf die Bedürfnisse des Kunden ist eine wichtige Stellschraube, um Differenzierungspotentiale durch gezielte Organisationsveränderungen zu erschließen. Wenn man bedenkt, daß ein Wiederholungskauf bei zufriedenen Kunden sechsmal wahrscheinlicher ist als bei unzufriedenen und daß ein negatives Kundenerlebnis erst durch zwölf positive Wahrnehmungen kompensiert wird, so wird die Bedeutung der Kundenorientierung als Erfolgskriterium einer systematischen Organisationsentwicklung deutlich. Unter der Annahme eines marktfähigen Produktportfolios ist der Prozeß der Auftragsabwicklung von überragender Bedeutung für den marktlichen Erfolg eines Unternehmens. Zu den Erfolgsfaktoren der Auftragsabwicklung von Industriebetrieben gehören bei einer zunehmenden Integration des Kunden in den Leistungserstellungsprozeß Lieferflexibilität, Lieferqualität und absolute Termintreue. Neben der Fertigung sind vor allem die indirekten Bereiche der Auftragsabwicklung von besonderer Bedeutung für den marktlichen Erfolg des Unternehmens. Die in indirekten Bereichen verborgenen Potentiale werden deutlich, wenn man bedenkt, daß der Anteil der dort anfallenden Gemeinkosten bis zu 75% der Wertschöpfung beträgt. 60% der Gesamtdurchlaufzeit eines Auftrages wird in den der Fertigung vor- und nachgelagerten sowie begleitenden Prozessen beansprucht. (vgl. *Wildemann* 1997, S. 16). Vor diesem Hintergrund erfordern wettbewerbswirksame Verbesserungen der am Markt relevanten Erfolgskriterien Kosten, Qualität und Zeit eine Fokussierung der Reorganisationsmaßnahmen auf die indirekten Bereiche der Auftragsabwicklung. So wundert es nicht, daß die organisatorische Neugestaltung der Auftragsabwicklung vielfach die Keimzelle einer umfassenden Reorganisation bildet. Aufgrund der unmittelbaren Kundenmerklichkeit führen Erfolge zu schnell wirksamen Verbesserungen auf der Kosten- und der Volumenseite. Aus Fehlentwicklungen resultieren aber nicht selten existenzbedrohende Krisen. Dies bedeutet, daß besonders hier sorgfältig abgestimmte Reorganisationsstrategien zu verfolgen und die Methoden und Vorgehensweisen unternehmensindividuell auszuwählen und anzuwenden sind. Nur wenn es gelingt, Mitarbeiter und Führungskräfte gleichermaßen zu überzeugen, können Reorganisationsvorhaben erfolgreich abgeschlossen werden.

2 Leitlinien einer prozeßorientierten Reorganisation der Auftragsabwicklung

Als "Auftragsabwicklung" läßt sich der kundeninduzierte Leistungserstellungsprozeß definieren, der sämtliche Entscheidungs- und Realisationshandlungen zur Planung, Steuerung, Durchführung und Kontrolle vom Auftragsanstoß bis zur Vetragserfüllung gegenüber dem Kunden umfaßt (vgl. *Wildemann* 1987, S. 7). Die Auftragsabwicklung beinhaltet sowohl die Erstellung von Angeboten als auch die Bearbeitung von verbindlichen Aufträgen (vgl. *Noetel* 1993, S. 158). Die Analyse von Auftragsabwicklungsprozessen und deren organisatorische Gestaltung in der betrieblichen Praxis weist vielfach ein einheitliches Bild von Schwachstellen auf (vgl. *Fuhrberg / Baumann* 1994, S. 3):

Arbeitsteilung und sequentielle Abläufe: Die innerbetriebliche Arbeitsteilung ist vielfach durch Funktionsspezialisierung gekennzeichnet. Abteilungsschnittstellen bedeuten Unterbrechungen des Bearbeitungsflusses. Die Folge sind Reibungsverluste aufgrund von Doppelarbeit, Liege- und Transportzeiten. Durch den Wechsel des Bearbeiters fallen geistige Rüstzeiten zur Einarbeitung, Nachfragen zur Beschaffung nicht oder nur unzureichend dokumentierter Informationen sowie Prozeßschleifen an.

Funktionale Verantwortungsbereiche: Die Ausrichtung der Prozesse an der Organisationsstruktur führt zu funktionalen Verantwortungsbereichen im Unternehmen. Ausgeprägte Bereichsegoismen, gegenseitige Schuldzuweisungen und eigenständige Kommunikationswelten sind das Ergebnis einer mangelnden Ausrichtung der Organisation am Prozeß und vor allem am Kunden.

Fehlendes Prozeßcontrolling: In den meisten Unternehmen ist die Planung, Kontrolle und Steuerung des Auftragsdurchlaufs auf die Fertigung beschränkt. Kapazitätsplanung, Auftragsfortschrittskontrolle, Identifikation von Zeittreibern in der Prozeßkette sowie Analysen zeitlicher Abweichungen sind in den übrigen Bereichen, wenn überhaupt, nur ansatzweise vorhanden. Signifikante Verkürzungen der Durchlaufzeit und Transparenz über den Auftragsstatus erfordern die Implementierung eines systematischen und methodischen Prozeßcontrollings.

2.1 Prozeßorientierung als Betrachtungsperspektive von Organisationsstrukturen

Für die organisatorische Gestaltung bedeuten die Defizite traditioneller Organisationsformen in der Auftragsabwicklung die Abkehr von Funktionen und die Betonung von Prozessen bei gleichzeitiger Übertragung von ganzheitlichen Aufgaben, Kompetenzen und Verantwortlichkeiten. Hieraus resultiert die Forderung einer prozeßorientierten Organisationsgestaltung. Seit der Veröffentlichung von Hammer und Champy (vgl. *Hammer / Champy* 1994) ist die Diskussion in organisationswissenschaftlicher Literatur und betrieblicher Praxis von der Auseinandersetzung mit der heterogenen Begriffswelt des „Business Reengineering“ geprägt. Im Kern wird die Überwindung von funktionaler Arbeitsteilung und einer hohen Aufgaben- und Funktionenspezialisierung gefordert (vgl. *Gaitanides* 1998, S. 370) An die Stelle der Funktions- und Abteilungsspezialisierung sollen Funktions- und Organisationseinheit übergreifende Geschäftsprozesse treten. Somit erfordern erfolgreiche Reengineeringprojekte die Meisterung des Übergangs von der funktionalen zur prozeßorientierten Organisation. Der Gedanke einer Ausrichtung der Organisation an Prozessen ist trotz aller Modeerscheinungen keineswegs neu. Die Prozeßorientierung findet ihre Vorläufer bereits in der frühen deutschsprachigen Organisationslehre (vgl. *Nordsieck* 1931). Faßt man die vielfältigen Definitionsansätze zusammen, so läßt sich jede Arbeit, Aktivität oder Aufgabe als ein Prozeß definieren, der aus einem definierten Anfang und aus einem definierten Ende besteht. Ein Prozeß besteht aus einer Abfolge von Tätigkeiten, die ein Ergebnis hervorbringen, das einen Nutzen für einen internen oder externen Kunden bringt. Prozesse sind durch ein systematisches Fließen von Material und Informationen gekennzeichnet. Einzelne Tätigkeiten werden dabei zu Prozessen verkettet (vgl. *Wildemann* 1997, S. 18) Dieser ganzheitliche, fließsystemorientierte und damit in Analogie zu den Prinzipien der Logistik abgeleitete Prozeßbegriff steht damit im Gegensatz zum organisationsbezogenen Funktionsbegriff, der einseitig auf Bereichs- und Abteilungsperspektiven abstellt und Schnittstellen zu vor- und nachgelagerten Wertschöpfungsstufen vernachlässigt.

2.2 Die Modulare Organisation als struktureller Gestaltungsrahmen zur Reorganisation

Die Strategie der Markt- und Kundenorientierung erfordert die Schaffung von zeitsensiblen, flexiblen Strukturen, die Wege zur Mobiliserung und Motivation der Mitarbeiter aufzeigen sowie die konsequente Kundenorientierung als Wettbewerbsstrategie mittels eines ganzheitlichen prozeßorientierten Ansatzes umsetzen. Dies wird durch die Einführung einer Modularen Organisation mit einer strukturierten Vernetzung von weitgehend autonomen Segmenten nach föderalistischen Prinzipien ermöglicht. Das Konzept der Modularen Organisation von Wildemann stellt ein ganzheitliches Organisationskonzept für die Fertigung und die indirekten Bereiche eines Unternehmens dar und bietet eine geschlossene Darstellung der Aufbau- und Ablaufstruktur (vgl. *Wildemann* 1998a). Es kann als das am weitesten operationalisierte Konzept zur Schaffung von Unternehmen im Unternehmen bezeichnet werden (vgl. *Drumm* 1996). Das wesentliche Gestaltungselement ist hierbei die Bildung von kleinen eigenständig agierenden und autonom handelnden Einheiten. Eine Modulare Organisation läßt sich allgemein durch folgende Merkmale charakterisieren:

Internalisierung kritischer Interdependenzen: Der Modularen Organisation liegt die Annahme zugrunde, derzufolge sich die Koordination in einem Teilbereich leichter vollzieht als zwischen Teilbereichen. Aus diesem Grunde zielt die Modularisierung auf die Zuweisung ganzheitlicher Aufgabenumfänge, um die Entstehung strategisch sensitiver und abstimmungsintensiver Schnittstellen zu vermeiden.

Fokussierung der Prozeßperspektive: Im Mittelpunkt der Organisationsentwicklung im Sinne einer Modularen Organisation steht die Fokussierung der Prozeßperspektive. Dies wird durch eine Aufgabenzuordnung erreicht, die strategisch sensitive Schnittstellen innerhalb eines Prozesses vermeidet. Eine Modulare Organisation ähnelt daher zwar der Spartenorganisation; neu und ein definitorisches Merkmal modularer Organisationsstrukturen ist aber die konsequente Anwendung des Objektprinzips auf allen Ebenen des Unternehmens (vgl. *Picot / Reichwald / Wigand* 1996, S. 203). Als Segmentierungskriterium kommen aber nicht nur marktfähige Endprodukte in Frage. Interne Zwischenprodukte, Kundengruppen, Renner- und Exotenprodukte oder regionale Aspekte sind denkbare Gliederungskriterien für die Organisation.

Kundenorientierung: Unternehmen erreichen dann Wettbewerbsvorteile, wenn sie sich an marktliche Veränderungen schneller anpassen als ihre Mitwettbewerber (vgl. *Wildemann* 1996, S. 29 f). Bei der Organisationsgestaltung muß die Frage des Kundennutzens einer Aktivität im Mittelpunkt aller wertanalytischen Betrachtungen stehen (vgl. *Wildemann* 1998b, S. 259 f). Die Frage nach dem Nutzen einer Aktivität für den externen und internen Kunden wird dabei zu einem dominierenden Gestaltungselement für die Organisation. Wenn der Nutzen für den Kunden nicht eindeutig belegbar ist, ist eine Aktivität in Frage zu stellen.

Bildung kleiner Einheiten: Die Modulare Organisation basiert auf der Hypothese, daß durch die Überschaubarkeit kleiner Einheiten Effizienzvorteile auch in Großunternehmen realisiert werden können. Hierbei handelt es sich um eine aktuelle aber keineswegs neue Vermutung (vgl. *Frese* 1993, S. 1000). Im Kern zielt die Modularisierung der Organisationsstruktur auf die Übertragung der marktlichen und zeitlichen Flexibilität kleiner Unternehmen auf Großunternehmen.

Autonomie: Eng verbunden mit der Bildung kleiner Einheiten und der Übertragung eines abgeschlossenen Aufgabenkomplexes an eine relativ kleine Anzahl von Personen ist die Einräumung von Autonomie. Die horizontale Autonomie stellt auf den Aufgabeninhalt einer Einheit und auf die Intensität der Interdependenzbeziehungen zu anderen organisatorischen Einheiten ab. Mit der vertikalen Autonomiedimension wird der Handlungsspielraum einer organisatorischen Einheit bestimmt. Die vertikale Autonomiedimension wird durch die Strukturierungskomponente erfaßt und schlägt sich in einem weitgehenden Entscheidungskompetenzinhalt nieder (vgl. *Frese* 1993, S. 1005).

Fokussierung auf den Faktor Zeit: Die Geschwindigkeit mit der Unternehmen auf marktliche Veränderungen reagieren wird zum entscheidenden Differenzierungskriterium, wenn sich Produkte und Dienstleistungen immer mehr angleichen. Immer kürzere Produktlebenszyklen und stetig steigende Anforderungen an Lieferzeit, -qualität und -service, die besonders hohe Anforderungen an die Auftragsabwicklung stellen, erfordern deshalb eine am Faktor Zeit ausgerichtete Organisationsstruktur (vgl. *Wildemann* 1998c, S. 12).

Rekursivität: Rekursivität ist ein in der Betriebswirtschaftslehre eher selten verwendeter Begriff (vgl. *Schiemenz* 1997, S. 113). In der Informatik wird der Begriff "Rekursivität" als Konzept zur Modellierung und Problemlösung verwendet. "Ein Objekt heißt rekursiv, wenn es sich selbst als Teil enthält oder mit Hilfe von sich selbst definiert ist" (vgl. *Wirth* 1983, S. 149). Die Umsetzung dieses Merkmals der Modularen Organisation impliziert eine Reproduzierbarkeit von Prozessen und Strukturen. Das Merkmal der Rekursivität stellt nicht auf Strukturen ab, sondern auch auf Prozesse. So können Teile von Prozessen oder Aufgaben wieder als Teilprozesse oder Teilaufgaben aufgefaßt werden (vgl. *Schönsleben* 1997, S. 30). Besondere Beachtung findet das Merkmal der Rekursivität im Konzept von Wildemann. Jedes Modul ist so mit Ressourcen auszustatten, daß die Erfüllung der Segmentaufgabe möglich ist.

Die Modularisierung von Organisationsstrukturen kann prinzipiell auf verschiedenen Ebenen erfolgen. Picot / Reichwald / Wigand schlagen die Mikroebene, die Mesoebene und die Makroebene als Gliederungssystematik vor (*Picot / Reichwald / Wigand* 1996, S. 214 ff). Die Makroebene umschreibt die Sphäre des Gesamtunternehmens. Die Modularisierung der Mikroebene vollzieht sich auf der Ebene der Arbeitsorganisation und -platzgestaltung in Fertigung und in indirekten Bereichen (vgl. *Behme / Roth* 1997, S. 21). Konzeptschwerpunkte sind Formen der Gruppenorganisation und Nutzung der Potentiale der Informations- und Kommunikationstechnologie. Die Modularisierung der Mesoebene setzt bei der Gestaltung funktionsübergreifender Prozeßketten an.

2.3 Mitarbeiterorientierung als Erfolgskriterium

Die prozeßorientierte Reorganisation erfordert ein hohes Maß an Simultanität von Personal- und Organisationsentwicklung. Die Einführung teamorientierter Formen der Arbeitsorganisation ist nicht nur ein Hygienefaktor zur mitarbeiterorientierten Arbeitsgestaltung, sondern ein wichtiger Baustein im Konzept der Auftragsabwicklung. Die Interdependenz zu den organisatorischen Gestaltungsparametern wird deutlich, wenn man sich vor Augen führt, daß die Potentiale eines erweiterten horizontalen Autonomiegrades nur erschlossen werden können, wenn die Qualifikation der Mitarbeiter den Anforderungen entspricht. So zielt die Erweiterung des horizontalen Autonomiegrades auf die Realisierung schnittstellenarmer Prozesse. Nur wenn es gelingt, durchgängige Prozesse im Sinne einer Komplettbearbeitung innerhalb eines Segmentes zu realisieren, wird die Entstehung von Schnittstellen zwischen einzelnen Arbeitsplätzen innerhalb des Segmentes verhindert. Wenn die fachliche, methodische und soziale Kompetenz nicht den Anforderungen entspricht, kann zwar ein Auftragsabwicklungssegment implementiert werden, die Potentiale prozeßorientierter Organisationseinheiten können aber nur schwer erreicht werden. Ähnlich verhält es sich mit der Anwendung mitarbeiterorientierter Reorganisationskonzepte. Werden die Mitarbeiter bei der Reorganisation nicht in hohem Umfang in die Konzepterarbeitung involviert, besteht die Gefahr, daß die neue Organisationsform nicht akzeptiert wird. Auch in diesem Fall ist die Erreichung der mit der Reorganisation verbundenen Ziele fraglich. Vor diesem Hintergrund ist die gleichgewichtige Berücksichtigung der personellen Gestaltungsparameter bei der Realisierung von Auftragsabwicklungssegmenten erforderlich.

3 Das Konzept der Auftragsabwicklungssegmente

3.1 Merkmale von Auftragsabwicklungssegmenten

Auftragsabwicklungssegmente lassen sich als prozeßorientierte und auf Dauer oder befristet eingerichtete indirekte Segmente definieren, die sachlogisch zusammenhängende Planungs-, Steuerungs- und Realisationsaufgaben der Auftragsabwicklung ganzheitlich und eigenverantwortlich bearbeiten (vgl. *Frings* 2001, S. 12f). Alle zur Durchführung der Segmentaufgaben notwendigen Ressourcen sind den Segmenten zugeordnet oder können eigenverantwortlich disponiert und verwaltet werden. Ein wesentliches Merkmal von Auftragsabwicklungssegmenten ist die Integration funktionsübergreifender Aufgaben in einer organisatorischen Einheit. Mit der Bildung der Segmente wird zum einen eine prozeßorientierte Organisationseinheit gebildet und zum anderen führt die Funktionsintegration zum Ausgleich von unter Umständen konkurrierenden Bereichsinteressen. Bei der konkreten Ausgestaltung wird davon ausgegangen, daß Personal- und Organisationsentwicklung als gleichberechtigte Gestaltungsvariablen nebeneinander stehen.

3.2 Umsetzungsstrategien

Die Ausgestaltung von Auftragsabwicklungssegmenten als indirekte Segmente im Rahmen modularer Organisationsstrukturen in der betrieblichen Praxis ist von einer Reihe exogener und endogener Einflußgrößen abhängig. Als relevante Einflußgrößen lassen sich kunden-, produkt-, fertigungs-, beschaffungsmarkt-, absatzmarkt-, unternehmensgrößen- und mitarbeiterbezogene Einflußgrößen identifizieren, die die personelle und organisatorische Gestaltung von Auftragsabwicklungssegmenten determinieren. Die Ausprägung der Einflußgrößen als unabhängige exogen und endogen bestimmte Variablen bildet die Basis zu einer Typologisierung von Auftragsabwicklungsprozessen. Aufbauend auf den in der Literatur vorgeschlagenen Typologisierungsansätzen lassen sich fünf Auftragsabwicklungstypen identifizieren. Hierbei handelt es sich im einzelnen um den Einzelfertiger, den kundenspezifischen Kleinserienfertiger, den Variantenfertiger, den Standardfertiger und um das Zulieferunternehmen mit seinen aus der Kundenstruktur resultierenden spezifischen Koordinationsanforderungen. Die Einführung von Auftragsabwicklungssegmenten beginnt mit der Konzeptionierung der internen Organisationsstruktur und der Wahl des Segmentierungskriteriums. Hier läßt sich zwischen einer einstufigen und einer zweistufigen Sementierung unterscheiden. Eine einstufige Segmentierung liegt vor, wenn ein Auftragsabwicklungssegment als prozeßorientierte Organisationseinheit gebildet wird. Werden mehrere Segmente gebildet, die dann nach Komplexitätsstufen, Produkt- oder Marktsegmenten weiter ausdifferenziert werden, so wird von einer zweistufigen Segmentierung gesprochen. Nach der Wahl des Segmentierungskriteriums ist die Einordnung des Segmentes in die Aufbauorganisation festzulegen. Als wesentliches organisatorisches Gestaltungsprinzip ist der Autonomiegrad der Segmente zu nennen. Hierbei wird zwischen einem horizontalen und einem vertikalen Autonomiegrad unterschieden. Über die Gestaltung des horizontalen Autonomiegrades werden Art und Umfang von internen Leistungsverflechtungen zwischen dem Segment und seiner Umwelt variiert. Im Extremfall können alle Funktionen der Auftragsabwicklung in das Segment integriert werden. In diesem Fall wäre von einer völligen horizontalen Autonomie zu sprechen. Als Maßstab für die Gestaltung des horizontalen Autonomiegrades werden das Ausmaß der schnittstelleninduzierten koordinationsrelevanten Interdependenzen herangezogen. Die Koordinationsrelevanz und die Kritizität der Schnittstellen bietet den Rahmen zur Gestaltung der Funktionsumfänge im Auftragsabwicklungssegment. Über die Gestaltung des vertikalen Autonomiegrades wird der Entscheidungskompetenzspielraum des Segmentes bestimmt. Neben den strukturellen Gestaltungsparametern wird die Prozeßgestaltung als Gestaltungsparameter identifiziert. Dieser Sachverhalt trägt der hohen wechselseitigen Interdependenz von Prozeß und Struktur Rechnung. Die Prozeßgestaltung in Auftragsabwicklungssegmenten folgt allgemeingültigen Leitlinien der Prozeßoptimierung, um das Postulat der Vereinfachung von Ablauf und Struktur realisieren zu können.

Neuordnung der Prozeßschritte: Die Prozeßgestaltung in Auftragsabwicklungssegmenten erfordert die Ausrichtung der Organisation an der Reihenfolge der natürlichen Arbeitsoperationen. Im wesentlichen geht es hier um die Beseitigung typischer Schwachstellen funktionaler Organisationsstrukturen, wie lange Liege-, Transport- und Wartezeiten. Diese Ineffizienzen sind vielfach die Ursachen für Qualitätsmängel, Produktivitätsdefizite und lange Durchlaufzeiten.

Parallelisierung von Prozeßschritten: Die Parallelisierung zielt auf die Reduzierung von sequentiell ablaufenden Prozeßschritten.

Eliminierung nicht-wertschöpfungsrelevanter Prozeßschritte: Die Fokussierung der Wertschöpfungsperspektive rückt den Nutzen einer Aktivität für einen internen oder externen Kunden in den Mittelpunkt wertanalytischer Betrachtungen.

Prozeßsegmentierung: Der Segmentierungsgedanke kommt nicht nur auf der strukturellen Ebene zur Anwendung, sondern auch bei der Prozeßgestaltung. Prozesse sind in der betrieblichen Praxis vielfach am kompliziertesten Fall ausgerichtet, um alle Prozeßtypen abdecken zu können. Eine Identifizierung von Prozeßvarianten zielt darauf ab, Durchlaufzeit- und Produktivitätspotentiale dadurch zu realisieren, daß für jede Prozeßvariante ein bestmöglicher Ablauf festgelegt wird, um ein hohes Maß an Durchgängigkeit zu realisieren. Mögliche Segmentierungskriterien sind kundenbezogene Merkmale oder die Komplexität von Prozessen (vgl. *Osterloh / Frost* 1996, S. 50 ff).

Zum Abschluß der organisatorischen Konzeptionierung wird aufgrund der zunehmenden Bedeutung der Informationstechnologie eine Potentialanalyse des Einsatzes neuer Formen der Informations- und Kommunikationstechnologie in Auftragsabwicklungssegmenten vorgenommen.

Im Mittelpunkt der personellen Gestaltung steht die Einführung einer Teamorganisation und eine mitarbeiterorientierte Organisationsentwicklung. Gerade diese beiden personellen Gestaltungsparameter tragen der überragenden Bedeutung des Produktionsfaktors Mensch bei der Durchführung von prozeßorientierten Reorganisationen und der Arbeit in den Segmenten Rechnung. Die Kombination der personellen und organisatorischen Gestaltungsparameter lassen sich zu einem Vorgehensmodell für eine mitarbeiterorientierte Reorganisation zusammenführen.

3.3 Ausprägungsformen von Auftragsabwicklungssegmenten

Aus der Summe der möglichen Funktionsinhalte läßt sich in Abhängigkeit von Auftragsabwicklungstyp und größenbezogenen Einflußfaktoren unabhängig von unternehmensindividuellen Restriktionen eine Typologisierung der Auftragsabwicklungssegmente vornehmen. Eine Typologisierung dient als Bezugsrahmen für die Umsetzung des Konzeptes der Auftragsabwicklungssegmente. Sie trägt der Tatsache Rechnung, daß Auftragsabwicklungssegmente in der betrieblichen Praxis in unterschiedlicher Ausprägung zu finden sind und erleichtert dem Praktiker die Segmentbildung, da eine kausale Wirkungsbeziehung zwischen Auftragsabwicklungstyp und Segmenttyp vorausgesetzt werden kann. Somit läßt sich aus einer Typologisierung zumindest ein grobes Soll-Konzept zur Ausgestaltung der Segmente entwickeln.

Segmenttyp A: Segmenttyp A beschreibt ein einstufig segmentiertes Auftragsabwicklungssegment für den Einzelfertiger und den kundenspezifischen Kleinserienfertiger. Die Prozeßtypen sind durch einen großen Einfluß des Kunden in die Leistungserstellung charakterisiert, der zu einem hohen Anteil auftragsbezogener Konstruktionsumfänge führt. Dies hat einen intensiven Koordinationsbedarf in allen Phasen der Leistungserstellung zur Folge. Von besonderer Bedeutung ist die hohe Interdependenzintensität zwischen kaufmännischen und technischen Teilprozessen der Auftragsabwicklung. Eine sehr hohe Koordinationsrelevanz besitzt die Schnittstelle zwischen Vertrieb und Auftragskonstruktion. Vor diesem Hintergrund bietet sich eine Integration sämtlicher kaufmännischer Teilprozesse und der Teilaufgaben der Auftragskonstruktion in ein Segment an. Innerhalb der technischen Teilprozesse ist ein hoher Koordinationsbedarf zwischen Auftragskonstruktion und technischer Arbeitsplanung zu erwarten. Eine enge räumliche Nähe im Segment erleichtert die Abstimmung. Bei den beiden Prozeßtypen ist ein hoher Anteil an auftragsbezogenen Einkaufs- und Beschaffungsaktivitäten zu erwarten, so daß eine Integration von Einkaufsfunktionen in Frage kommt. Der große Einfluß des Kunden und der hohe Neuartigkeitsgrad wirkt sich auch auf zeitlich dispositive Entscheidungen aus. Somit wird auch die Integration der Fertigungsplanung und -steuerung in das Segment empfohlen. Im Kern handelt es sich hier um einen Segmenttyp, der in der Maximalausprägung alle Funktionen der Auftragsabwicklung umfaßt. Es liegt auf der Hand, daß die Realisierung dieses Auftragstyps an die Erfüllung restriktiver Voraussetzungen gebunden ist. Akzeptiert man eine Segmentgröße von maximal 20 Mitarbeitern, so wird deutlich, daß es sich hier um einen Gestaltungsvorschlag für kleine und mittelkleine Unternehmen handelt. Der geringere Umfang an Auftragskonstruktion beim kundenspezifischen Kleinserienfertiger im Vergleich zum Einzelfertiger läßt diesen Segmenttyp noch für mittelgroße Unternehmen als geeignete organisatorische Gestaltungskonzeption in Frage kommen. Neben Größenaspekten wird die Realisierungsfähigkeit von Segmenttyp A von marktlichen Anforderungen begrenzt. Ein heterogenes Produktspektrum und diversifizierte Geschäftsfelder erfordern ein hohes Maß an Kundenindividualität, die sich auch in der Organisation der Auftragsabwicklung niederschlägt. In diesem Fall ist ein einstufiges Auftragsabwicklungssegment unter dem Aspekt der Markteffizienz als wenig geeignet zu bezeichnen. Eine Beurteilung von Segmenttyp A im Hinblick auf die Prozeßeffizienz fällt dagegen sehr positiv aus. Die Integration aller zur Auftragsabwicklung relevanten Funktionen in einer organisatorischen Einheit und die räumliche Nähe führt zur Möglichkeit einer unmittelbaren Kommunikation der Aufgabenträger. Transportvorgänge, Fehler und Verzögerungen aufgrund von Unklarheiten entfallen nahezu völlig.

Segmenttyp B: Ausgehend von den Defiziten eines einstufigen Segmentierungskonzeptes bei heterogenem Produktspektrum und diversifizierten Geschäftsfeldern basiert Segmenttyp B auf einer zweistufigen Segmentierung. Diese Anwendung des Segmentierungskonzeptes führt zur Bildung von mehreren Auftragsabwicklungssegmenten, die sich an Produkten, Kundengruppen, Anwendungsfeldern oder strategischen Geschäftsfeldern orientieren. Bei größeren Unternehmen können Arbeitsgruppen gebildet werden, die sich an funktionalen Kriterien orientieren. So können innerhalb der Segmente beispielsweise Konstruktions- oder Vertriebsgruppen bilden. Auch hier handelt es sich um eine Gestaltungsoption für den Einzelfertiger oder den kundenspezifischen Kleinserienfertiger. Infolgedessen sind hier die gleichen Funktionsinhalte wie beim Segmenttyp A zu erwarten. Eine differenzierte Betrachtung ist hier jedoch für die Fertigungsplanung und -steuerung erforderlich. Die Integration der Aufgaben der Fertigungsplanung und -steuerung für die zeitlich kapazitätsmäßigen Entscheidungen ist von der Organisation der Fertigung abhängig. Bei einer durchgängigen Segmentierung von Fertigung und Auftragsabwicklung können die Funktionen der Fertigungsplanung und -steuerung ins Auftragsabwicklungssegment integriert werden. Wenn aber die Fertigungssegmente und Auftragsabwicklungssegmente nicht nach dem gleichen Kriterium segmentiert werden, so entsteht zwischen den Auftragsabwicklungssegmenten eine Ressourceninterdependenz im Hinblick auf die Fertigungsressourcen. Dies erfordert die Bildung einer zentralen Koordinationsinstanz für die Fertigungsplanung und -steuerung. Segmenttyp B umfaßt im wesentlichen die kaufmännischen Teilprozesse und die Aufgaben der Auftragskonstruktion. Die Bildung dieses Segmenttyps erfordert die Bildung weiterer Segmente zur Durchführung der technischen Teilprozesse der Auftragsabwicklung, wenn Fertigung und Auftragsabwicklung nicht nach gleichen Kriterien segmentiert werden.

Segmenttyp C: Segmenttyp C ist ein Auftragsabwicklungssegment, daß schwerpunktmäßig Teilprozesse der Fertigungsplanung und -steuerung sowie die der operativen Beschaffung umfaßt. Dieser Segmenttyp als Ergebnis eines einstufigen Segmentierungsprozesses beinhaltet demzufolge alle Aufgaben, die zur logistischen Abwicklung eines Auftrages erforderlich sind. Betrachtungsgegenstand ist daher die interne Sphäre der Leistungserstellung. Insbesondere bei einer variantenreichen Produktion, in der logistische Probleme im Mittelpunkt der Auftragsabwicklung stehen, kann durch die Bildung eines Auftragsabwicklungssegmentes vom Typ C eine Verbesserung des logistischen Leistungsniveaus erreicht werden. Mögliche Zielgrößen liegen in der Verbesserung von Lieferqualität, -flexibilität, Beständen und Kapazitätsauslastung. Es handelt sich bei dieser Lösungskonzeption um die Zentralisierung der beschriebenen Auftragsabwicklungsaufgaben in einer Organisationseinheit. Dieser Segmenttyp ist prinzipiell für alle Auftragstypen und Unternehmensgrößen relevant, wenn Segmenttyp A nicht gebildet werden kann. Eine schwerpunktmäßige Anwendung dürfte aber beim Varianten- und beim Standardfertiger zu erwarten sein, wo auftragsspezifische Konstruktionsumfänge und auftragsbezogene Aufgaben der technischen Arbeitsplanung eine untergeordnete Rolle spielen.

Segmenttyp D: Segmenttyp D trägt auf der Vertriebsseite der Tatsache Rechnung, daß die Integration aller Aufgaben der Auftragsabwicklung in einem Segment nicht immer möglich und notwendig ist. Vor diesem Hintergrund besteht die Möglichkeit auf der Marktseite des Unternehmens, Auftragssegmente für die Vertriebsfunktionen zu bilden.

Die Funktionszuordnung ist hier vom Auftragstyp und von der Unternehmensgröße abhängig. Hier handelt es sich um eine Gestaltungsoption für Varianten- und Standardfertiger. Wegen der fehlenden Auftragskonstruktion sind keine koordinationsrelevanten Schnittstellen zur Auftragskonstruktion zu erwarten. Der Aufgabenschwerpunkt liegt daher auf den kaufmännischen Teilprozessen der Auftragsabwicklung. Im Kern handelt es sich um Auftragsabwicklungssegmente für die Vertriebsfunktionen. In Abhängigkeit von Produktspektrum und Unternehmensgröße können von diesem Segmenttyp ein oder mehrere Segmente nebeneinander existieren. Segmenttyp D ist in hohem Maße komplementär zu Segmenttyp C. Diese Komplementarität führt zu einem oder mehreren Segmenten auf der Vertriebsseite und einem Segment zur Koordination der eher technischen Teilprozesse der Auftragsabwicklung. Segmenttyp D mit den Schwerpunkten der kaufmännischen Teilprozesse der Auftragsabwicklung kann auf einer einstufigen oder auf einer mehrstufigen Segmentierung basieren. Bei einer einstufigen Segmentierung umfaßt das Segment alle kaufmännischen Teilprozesse für das Gesamtunternehmen oder den betrachteten Geschäftsbereich. Bei einer mehrstufigen Segmentierung werden die Segmente nach Produkten, Kundengruppen, Regionen, Anwendungsfeldern oder strategischen Geschäftsfeldern gebildet.

Segmenttyp E: Segmenttyp E beschreibt eine idealtypische Gestaltungsoption für Zulieferunternehmen. Als Haupterfolgsfaktor für Zulieferunternehmen kann eine hohe logistische Leistungsfähigkeit vermutet werden. Hierzu kann in der Praxis auch die Fertigung nach Hauptkunden segmentiert werden. Eine kundenbezogene Ressourcenzuordnung garantiert bei allen Risiken im Hinblick auf eine gleichmäßige Kapazitätsauslastung ein Höchstmaß an Flexibilität und Kundenorientierung. Vor diesem Hintergrund können den Fertigungssegmenten mehrstufig gebildete Auftragsabwicklungssegmente mit den Funktionsinhalten Auftragsbearbeitung sowie Fertigungsplanung und -steuerung zugeordnet werden. Der Fokus der Auftragsabwicklungssegmente liegt eindeutig auf der termin- und mengenmäßigen Sicherstellung der Abrufe. Aufgaben der Akquisition und Kundenbetreuung sowie der Auftragskonstruktion sind keine Funktionsinhalte der Segmente, da sie nur in der Phase der Projektierung und Rahmenvertragsanbahnung stattfinden. Bei hinreichender Auslastung können für diese Aufgabeninhalte Kundeteams gebildet werden, die vom Aufgabencharakter mit Segmenttyp B vergleichbar sind.

Die Bildung idealtypischer Segmente aus der nahezu unbegrenzten Kombinationsmöglichkeit von Funktionen zu einer prozeßorientierten Organisationseinheit liefert vor dem Hintergrund von Plausibilitätsüberlegungen praktische Gestaltungshilfe bei der Einführung von Auftragsabwicklungssegmenten, auch wenn unternehmensindividuelle Parameter zu berücksichtigen sind. Wichtig ist aber die Abkehr von den eher klassischen Auftragszentren, die oft den Charakter eines Klärungsteams haben und nicht die Funktion einer Entscheidungsinstanz mit umfangreicher Prozeßverantwortung im Rahmen eines organisatorischen Gesamtkonzeptes.

Es ist sicher problematisch, Verbesserungspotentiale auf einzelne organisatorische Veränderungen zurückzuführen. Wenn aber die Einführung von Auftragsabwicklungssegmenten mit umfassenden Maßnahmen zur Optimierung des Auftragsabwicklungsprozesses einhergeht, so lassen sich in der Praxis zweistellige Produktivitätssteigerungen und Durchlaufzeitverkürzungen von mehr als 40% beobachten.

4 Literatur

Behme, A.; Roth, W. (1997): *Organisation und Steuerung dezentraler Unternehmen*, in: Behme, A.; Roth, W. (Hrsg.): Organisation und Steuerung dezentraler Unternehmen. Konzepte, Instrumente, Erfahrungsberichte. Wiesbaden 1997, S. 17-39

Drumm, H. J. (1996): *Das Paradigma der neuen Dezentralisation*, in: Die Betriebswirtschaft, 56. Jg. 1996, S. 7-20

Frese, E. (1993): *Geschäftssegmentierung als organisatorisches Konzept. Zur Leitbildfunktion mittelständischer Strukturen für Großunternehmungen*, in: ZfbF 45 Jg. 1993 Nr. 12, S. 999-1024

Frings, S. (2001): *Das Konzept der Auftragsabwicklungssegmente aus personeller und organisatorischer Sicht. Eine theoretische und empirische Analyse*, München 2001

Fuhrberg-Baumann, J.; Müller, R. (1994): *Marktorientierte Auftragsabwicklung*, Renningen-Malmsheim 1994

Gaitanides, M. (1998): *Business Reengineering / Prozeßmanagement - von der Managementtechnik zur Theorie der Unternehmung*, in: DBW Jg. 58, 1998, Nr. 3, S. 369-381

Hammer, M.; Champy, J. (1994): *Business Reengineering. Die Radikalkur für das Unternehmen*, Frankfurt a.M. 1994

Noetel, W. (1993): *Geschäftsfeldstrategie und Fertigungsorganisation. Eine Analyse der Fertigungsplanung*, Wiesbaden 1993

Nordsieck, F. (1931): *Grundlagen der Organisationslehre*, Stuttgart 1931

Osterloh, M.; Frost, J. (1996): *Prozeßmanagement als Kernkompetenz. Wie Sie Business Reengineering strategisch nutzen können*, Wiesbaden 1996

Picot, A.; Reichwald; R.; Wigand R. T. (1996): *Die grenzenlose Unternehmung. Information, Organisation, Management*, 2. Aufl. Wiesbaden 1996

Schiemenz, B. (1997): *Die Komplexität von Geschäftsprozessen und Möglichkeiten zu deren Handhabung*, in: Wildemann, H. (Hrsg.): Geschäftsprozeßorganisation, München 1997, S. 103-126

Schönsleben, P. (1997): *Geschäftsprozeß-Engineering - Worauf kommt es an?*, in: IO Management, Nr. 11 1997, S. 28-33

Wildemann, H. (1987): *Auftragsabwicklung in einer computergestützten Fertigung (CIM)*, in: ZfB, Jg. 57 1987 Nr. 1, S. 6-31

Wildemann, H. (1996): *Innovation und Kundennähe. Wachstumsstrategien im Wettbewerb*, in: Wildemann, H. (Hrsg.): Innovation und Kundennähe. Wachstumsstrategien im Wettbewerb. München 1996, S. 1-43

Wildemann, H. (1997): *Geschäftsprozeßorganisation in indirekten Bereichen*, in: Wildemann, H. (Hrsg.): Geschäftsprozeßorganisation, München 1997, S. 13-41

Wildemann, H. (1998a): *Die modulare Fabrik. Kundennahe Produktion durch Fertigungssegmentierung*, 5. Aufl., München 1998

Wildemann, H. (1998b): *Kundenorientierung durch modulare Organisationsstrukturen und segmentierte Auftragsabwicklungsprozesse*, in: Hinterhuber, H. H.; Matzler, K. (Hrsg.): Kundenorientierte Unternehmensführung. Kundenorientierung, Kundenzufriedenheit, Kundenbindung, Wiesbaden 1998, S. 257-287

Wildemann, H. (1998c): *Revitalisierung von Unternehmen durch Geschäftsprozeßoptimierung: Leitlinien und Umsetzung*, in: Becker, M.; Kloock, J.; Wäscher, G. (Hrsg.): Unternehmen im Wandel und Umbruch. Transformation, Evolution und Neugestaltung privater und öffentlicher Institutionen. Stuttgart 1998, S. 75-96

Wirth, N. (1983): *Algorithmen und Datenstrukturen*, 3. Aufl., Stuttgart 1983

Produktionsfunktionen als Modelle für produktionswirtschaftliche Mikro- und Makrosysteme

Dietfried Günter Liesegang

1 Einleitung

Produktionsfunktionen sind Modelle für einen produktionsbezogenen Sachverhalt, der in einem zu definierenden Realitätsausschnitt anzutreffen ist und den es zu beschreiben, zu erklären und nach Möglichkeit in Hinblick auf Zielfunktionen auch zu gestalten gilt. Produktionsfunktionen sollen es vor allem ermöglichen, die Beziehungen zwischen Input und Output in einem Produktionssystem zu erklären. Produktionsfunktionen bilden den Kern der Produktionstheorie, aus der sich durch die Bewertung der Inputfaktoren eine Kostentheorie entfalten kann.

Die Anfänge der Produktionstheorie können u.a. zurückgeführt werden auf die Formulierung eines ertragsgesetzlichen Zusammenhangs zwischen Bodenertrag und eingesetzter Arbeitskraft durch Turgot, der als Finanzminister des französischen Königs zur Zeit der Aufklärung eine rationale Ausnutzung der Landwirtschaft anstrebte. Diese ertragsgesetzliche Funktion (nach Gutenberg Produktionsfunktion vom Typ A) war Ausgangspunkt für substitutionale Produktionsfunktionen, welche auch die Verhältnisse der industriellen Produktion beschreiben sollten, nur mit dem Unterschied, daß statt einem abnehmenden Grenzertrag zumeist mit zunehmenden Grenzerträgen in der Industrie zu rechnen sei.

Erst mit den Engineering production functions von Chenery (1949) und den limitationalen Produktionsfunktionen vom Typ B nach Gutenberg anfang der 50er Jahre wurden spezifische Modelle für die Beschreibung der Input-Output-Relationen für innerbetriebliche Transformationsprozesse bereitgestellt.

Damit stehen sich als Protagonisten der Produktionstheorie stellvertretend die Produktionsfunktion vom Typ A und die Produktionsfunktion vom Typ B gegenüber. Die meisten Autoren der Lehrbücher zur betriebswirtschaftlichen Produktions- und Kostentheorie kommen von der allgemeinen Behandlung der Produktionsfunktion vom Typ A über den Weg der partiellen Faktorvariation zu einer Darstellung eines S-förmigen Verlaufes der Kostenfunktion in Abhängigkeit der Ausbringungsmenge x, wenden sich dann aber - man möchte meinen, etwas achselzuckend - von der ertragsgesetzlichen Produktionsfunktion ab, um sich dann der Produktionsfunktion vom Typ B und ihren Spielarten zuzuwenden, wenn es darum geht, die konkreten betrieblichen Transformationsprozesse zu modellieren.

Lediglich die Aktivitätsanalyse gibt einen schwachen Hinweis, wie man aus einzelnen linear-limitationalen Produktionsprozessen einen quasi-substitutionalen kombinierten Produktionsprozeß erreichen kann. In die Prozeßkombination werden jedoch nur effiziente Prozesse einbezogen (vgl. hierzu z. B. *Corsten* 1999, S. 68ff). Es bleibt damit ein theoretisches Konstrukt ohne weitreichendere Konsequenzen für die Modellierung von realitätsnahen Makrosystemen.

Der Beitrag will hier eine Brückenfunktion leisten. Durch eine aggregierte Modellbildung soll eine konstruktive Modellstruktur entstehen, derart daß auch stärker auf die Belange der Entscheidungsträger auf der Makro-Ebene eingegangen werden kann. Dazu soll zunächst der mögliche Zusammenhang zwischen Makro- und Mikro-Strukturen in Produktionssystemen etwas besser ausgeleuchtet werden.

2 Die Erklärung von Mikro- und Makrostrukturen in unterschiedlichen Systemzusammenhängen

Gutenberg (vgl. *Gutenberg* 1968, S. 292) zieht interessanterweise zur Erklärung der Wirkungsweise einer substitutionalen Produktionsfunktion ein Beispiel aus der Naturwissenschaft und hier spezieller aus der Thermodynamik, heran. Das Volumen eines Gases ist eine Funktion der Größen Druck und Temperatur. Dieser Zusammenhang zeigt die Wirkung eines Faktors auf die übrigen und soll auf die Möglichkeiten der substitutionalen Beziehungen hinführen.

Betrachten wir dieses Beispiel, welches Gutenberg fast entschuldigend kommentiert, weil es „aus einer der ökonomischen Theorie fremden Disziplin" gewählt wurde, nun etwas genauer. Es wird hier ein Makrosystem in seinen Makrostrukturen beschrieben, wobei man stetige funktionale Beziehungen antrifft. Wie sieht es aber mit der Erklärung der Wirkbeziehungen aus. Was bedeutet z. B. der Begriff der Temperatur. Die Beobachtung von feinsten Rauchpartikeln unter dem Mikroskop zeigt die sogenannte Brownsche Bewegung. Dies ist ein Hinweis auf die Inhomogenität der Druck- und auch der Temperaturbeziehungen innerhalb der Mikrobereiche des Gases. Die kinetische Gastheorie geht noch einen großen Schritt (in Richtung Mikrostrukturen) weiter und erklärt die Temperatur als die Summe der kinetischen Energie der einzelnen Gasmoleküle pro Raumeinheit. In einem idealen Gas werden die Gasmoleküle als Kugeln in einem dreidimensionalen Billiardspiel gesehen. Aus den stochastischen Eigenschaften dieses Billardspieles der Mikroebene kann das Verhalten des Makrosystems abgeleitet werden.

Wie sieht es nun mit dem Modell von Turgot zur Beschreibung einer landwirtschaftlichen Produktionsfunktion aus. Wieder wird eine Black-Box-Betrachtung angestellt: der Output (nehmen wir einmal an, es seien die Rüben auf einem Rübenacker) kann in Abhängigkeit von Einflußgrößen wie z.B Arbeitseinsatz, Wasserzufuhr, Dünger und Bodenqualität gesehen werden. Genauer müßten auch die Temperatur und der Lichteinfall berücksichtigt werden (In Gärtnereien werden auch künstliche Beleuchtungsphasen eingeschaltet). Die angewandte Botanik hat sich nun mit dem Pflanzenwachstum jeder einzelnen Pflanze beschäftigt. Man könnte also hier von der Produktionsfunktion jeder einzelnen Pflanze sprechen. Letzten Endes gelten in den einzelnen Zellen chemisch-physikalische stöchiometrische Beziehungen für die Transformationsprozesse, und damit herrschen auch hier gewissermaßen limitationale Verhältnisse, wobei allerdings ein Überschuß an Inputfaktoren sich durchaus schädigend auswirken kann. Die einzelnen Pflanzen stehen nun noch untereinander im Wechselspiel insofern als sie um Licht, Wasser usw. konkurrieren. Damit könnte man auch theoretisch die Transformationsbeziehungen des gesamten Feldes simulieren und zur aggregierten Produktionsfunktion hochrechnen.

Was können wir nun daraus auf die betriebliche Produktion übertragen. Ganz im Gegensatz zum thermodynamischen Beispiel kennen wir in der Produktion eigentlich am besten die Mikrostrukturen, d.h. die Betriebsmittel und ihre Transformationsbeziehungen. Dennoch wurden historisch ohne einen Rückgriff auf Mikrostrukturen Makro-Produktionsfunktionen (aggregate production functions) erforscht, indem mittels ökonometrischer Verfahren die Input-Output-Beziehungen der Black Box geschätzt wurden. Stellvertretend seien hier genannt *Solow* (1957) und *Kurz / Salvadori* (1995). In einer Art von scholastischer Tradition wurden die ersten Grundmodelle immer weiter verfeinert, ohne jedoch die Grundannahmen in Frage zu stellen. Man spricht von aggregierten Strukturen, ohne aber die Aggregationsprozedur intensiv zu hinterfragen. Stattdessen werden mit ökonometrischen Verfahren der Black-Box geschlossene funktionale Zusammenhänge mit einer großen Unschärfe entlockt.

Hingegen gehen die Ansätze der betrieblichen Produktionsfunktionen seit etwa 1950 mit Gutenberg den zweiten Weg, nämlich den Versuch der Abbildung direkt meßbarer Produktionszusammenhänge in möglichst praktikablen Modellen, wenngleich auch hier der Prozeß der scholastischen Verfeinerung und Verästelung weit vorangeschritten ist, so daß die Umsetzung in die Praxis dem kaum nachkommen kann. Wenn wir die Möglichkeit der intensitätsmäßigen Anpassung außen vor lassen, so können wir für die Mikroprozesse, d.h. die Produktionsfunktionen der Betriebsmittel in erster Näherung linear-limitationale Produktionsverhältnisse annehmen. Die an sich auch sehr bedeutungsvolle Problematik der Kuppelproduktion sei auch zum Zwecke der Durchschaubarkeit der Argumentation hintangestellt.

Die Betriebsmittel sind nun in aller Regel nicht rein zufällig, sondern zweckbezogen für eine gewisse antizipierte Transformationsleistung unter Ausnutzung der einsetzbaren Technologien und unter Kenntnis oder Antizipation der Kostenstrukur für die während der Laufzeit einzusetzenden Produktionsfaktoren konstruiert worden. Dabei haben die Betriebsmittel aufgrund von Verschleißerscheinungen und technologischer Obsoleszenz nur eine begrenzte wirtschaftlich vertretbare Lebensdauer, so daß in dem Betriebsmittelbestand sporadisch Einheiten ausgemustert werden und auch andere hinzukommen, sofern die Prognosen der zukünftigen Absatzchancen und Gewinnerwartungen eine Erneuerung bzw. Aufstockung der vorhandenen Kapazitäten unterstützen. Es lassen sich dann zwei Faktorinputströme in den Betriebsmittelbestand unterscheiden: a) der schnelle Materialfluß der Ausgangsmaterialien, der Repetierfaktoren, für die jeweilig in der Fertigungsperiode herzustellenden Produkte in den geplanten Mengen und b) der langfristige Fluß der Potentialfaktoren zur Bestandserhaltung und -erneuerung des Betriebsmittelbestandes, des Kapitalstocks.

Wie kann nun aus den einigermaßen bekannten, d.h. durch realitätsnahe Modelle beschreibbaren Produktionsfunktionen der einzelnen Betriebsmittel eine Produktionsfunktion für den gesamten Betriebsmittelbestand gewonnen werden? Wenn wir es mit dem thermodynamischen Beispiel vergleichen, dann kennen wir in Analogie dazu die Mikroprozesse, sehen aber zunächst noch die Makroprozesse als Black-Box-Modelle. Hier soll nun an einer möglichst einfachen Grundstruktur der Aggregationsprozeß nachvollzogen und erklärt werden.

3 Ein Modell für die aggregierte Produktionsfunktion des Betriebsmittelbestandes

Hierzu gehen wir von dem Modell eines Einproduktunternehmens aus, welches unterschiedliche Betriebsmittel (Produktionsprozesse) P_1, P_2 bis P_n zur Verfügung hat, um das Zielprodukt zu fertigen. Jeder Prozeß P_j, $j=1,...,n$ gehorche einer linear limitationalen Produktionsfunktion bezüglich des Verzehrs an Inputfaktoren r_1 bis r_m. Die Produktionskoeffizienten der einzelnen Prozesse können jedoch gemäß den jeweiligen Eigenschaften der Betriebsmittel durchaus unterschiedlich sein. Der Vektor der Produktionskoeffizienten eines Prozesses sei als seine Faktorinputnorm bezeichnet.

Die Gesamtproduktion des aggregierten Produktionssystems sei nun mit $\underline{x}$ bezeichnet,

d. h. $$\underline{x} = x_1 + x_2 + \ldots\ldots + x_n \, .$$

Wie steht es nun mit den benötigten Inputfaktoren? Die Gesamtmenge eines spezifischen Inpuktfaktors ist die Summe der von dieser Faktorart benötigten Inputs über alle Prozesse, d.h. alle Betriebsmittel des Betriebmittelbestandes. Nur welche Betriebsmittel werden in welcher Höhe benötigt?

Die ganze Betrachtung sei hierzu auf eine Planungsperiode fixiert. Es ist plausibel, anzunehmen, daß die einzelnen Prozesse, d.h. Betriebsmittel, nur eine gewisse, beschränkte Maximalkapazität aufweisen. Um zu einer aggregierten Produktionsfunktion zu kommen, sollten plausible Annahmen über den Selektionsmechanismus gemacht werden. So wie sich bei dem Beispiel des Rübenackers die einzelnen Mikroproduktionsfunktionen in wechselseitigem Wettbewerb befinden und diejenigen mit einer zufällig besseren Position in Bezug auf den Lichteinfall einen günstigeren Wachstumsverlauf erwarten lassen und damit auch einen höheren Anteil am Gesamtertrag haben werden, so wird die Selektion in einer Marktwirtschaft mit rationalen Entscheidungsträgern nicht willkürlich sein.

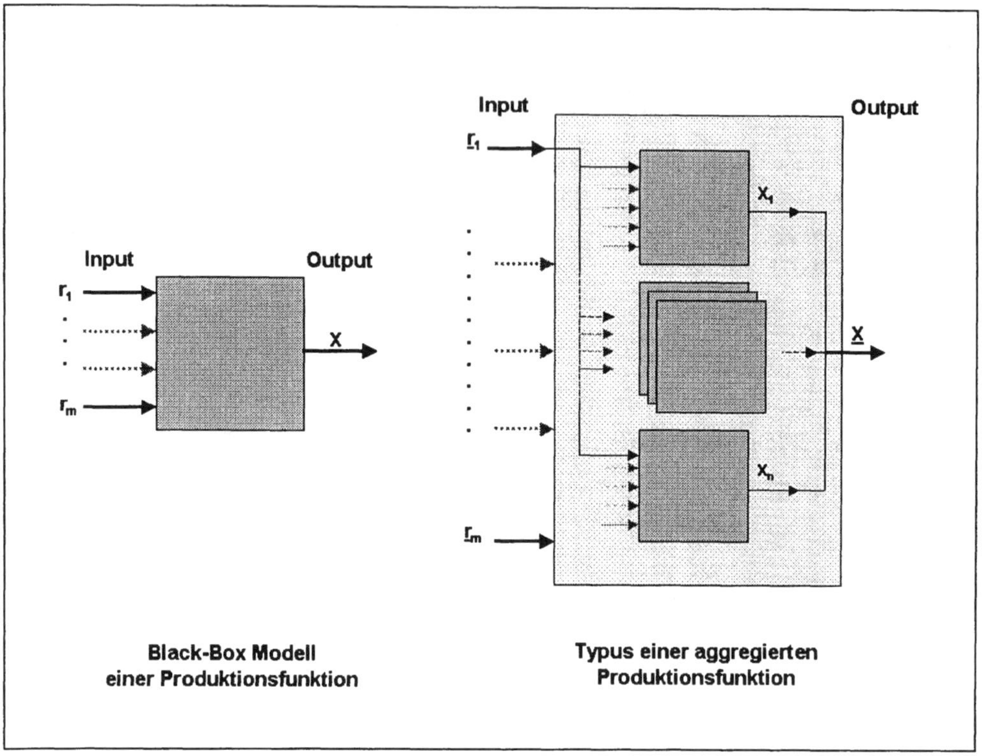

Abbildung 1: Die Systemgrenzen einer Produktionsfunktion für ein Betriebsmittel versus der aggregierten Produktionsfunktion des Betriebsmittelbestandes

Stehen wir vor einer innerbetrieblichen Situation, so kann damit ganz nach dem Modus der selektiven Anpassung (vgl. *Gutenberg* 1968, S. 374f) vorgegangen werden. Die selektive Anpassung erfordert jedoch die Kenntnis der Kosten der Inputfaktoren, um daraus über die Faktorinputnorm (den Vektor der Produktionskoeffizienten) der jeweiligen Betriebsmittel deren variable Kosten ermitteln zu können. Daraufhin kann die Bewertung und Auswahl der zu aktivierenden Betriebsmittel vorgenommen werden. Dies bedeutet aber, daß die Auswahl der den aggregierten Prozeß bestimmenden Betriebsmittel nicht unbedingt Effizienzgesichtspunkten unterliegt, sondern daß alle diejenigen Betriebsmittel aktiviert werden, welche notwendig sind, um die geforderte Menge x unter geringsten variablen Kosten, d. h. Kosten für die Repetierfaktoren, in der Planungsperiode herzustellen.

Stehen wir vor einer volkswirtschaftlichen Situation, etwa der Versorgung der Bauindustrie mit Zement oder des Flugverkehrmarktes über eine Flugzeugflotte mit Passagiermeilen, so haben Beschäftigung und Kostenstrukturen einen Einfluß auf die mittelfristig am Markt bestehenden Betriebsmittel. Unter dem Rückgang der Nachfrage nach Flugbe-

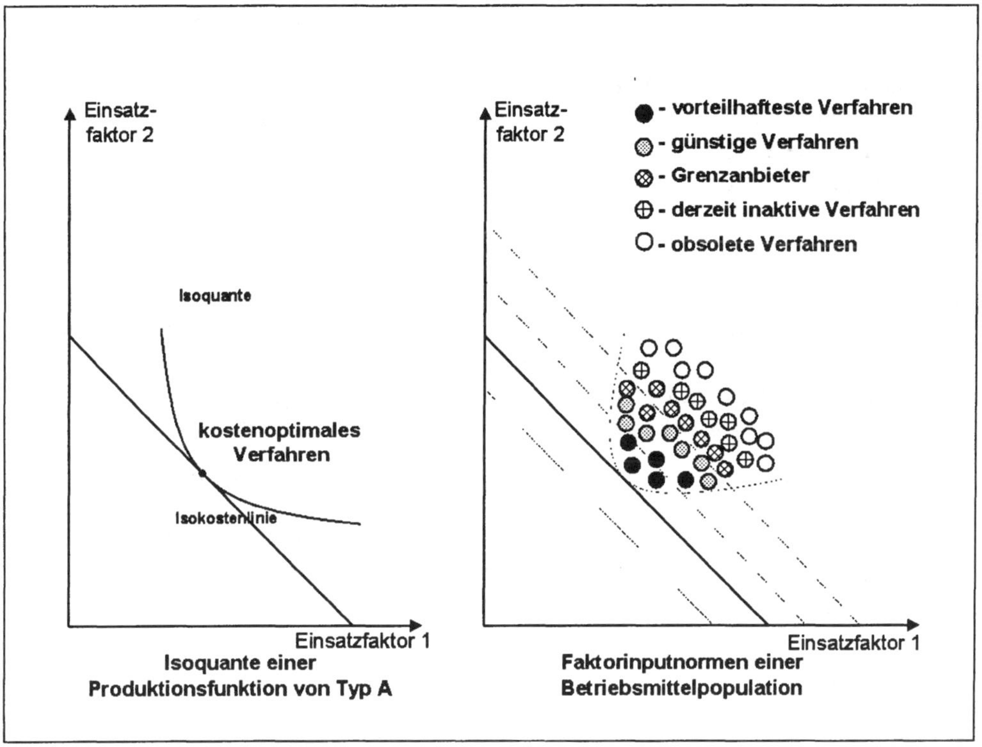

Abbildung 2: Produktionsfunktion vom Typ A versus Betriebsmittelbestand

wegungen und möglicherweise steigenden Kerosinpreisen werden wahrscheinlich diejenigen Flugzeuge „eingemottet", welche die höchten Kosten je Transportleistungseinheit aufweisen. Die Reaktionen des Marktes werden nicht sofort erfolgen, jedoch den Beschäftigungsrückgang begleiten. Insofern werden Selbstorganisationskräfte der „invisible hand" des Marktes aktiv, um bei einer gegebenen Beschäftigung und einer gewissen Kostenstruktur der Beschaffungsmärkte eine mittelfristige Bereinigung auf dem Bereich der angebotenen Produktionsmittel auszulösen.

Es bleibt festzuhalten, daß die Kostenstruktur der Inputfaktoren in Abhängigkeit der erforderlichen bzw. nachgefragten Ausbringungsmenge des Gesamtsystems Anpassungsprozesse in der Auswahl der Betriebsmittel induziert. Hier können also im Gegensatz zur gängigen Tradition der Produktions- und Kostentheorie produktionswirtschaftliche und kostenmäßige Aspekte nicht voneinander getrennt werden, wenn es darum geht, eine aggregierte Produktionsfunktion zu beschreiben. Kurz- und mittelfristig kann das aggregierte Produktionssystem lediglich über das selektive Aktivieren und Deaktivieren von günstigen bzw. ungünstigen Betriebsmitteln auf veränderte externe Konstellationen von Beschäftigung und Beschaffungskosten der Inputfaktoren reagieren.

Geschieht die Selektion rein nach Kostengesichtpunkten, so gibt allein die Position der Faktorinputnorm eines Betriebsmittels bezüglich der Schar der Isokostenlinien (Isotimen) die Priorität der Auswahl eines Betriebsmittels an. So kann man auch grob unterscheiden in vorteilhafteste und günstige Verfahren, sowie Grenzanbieter, derzeit Deaktivierte und obsolete Verfahren. Auch im Agrarbereich spricht man von Grenzböden, die in Abhängigkeit von der Nachfrage unter den Pflug genommen bzw. zeitweilige Brache sind. Im Agrarbereich ist die Kapazitätsbegrenzung der Böden (sprich Betriebsmittel) besonders deutlich.

Der Vektor der induzierten Inputs (Gütervektor) für das Gesamtsystem ergibt sich dann bei fester Kostenstruktur für einen fest vorgegebenen Gesamtoutput $\underline{x}$ als die Summe der Faktorinputnormen, jeweils gewichtet mit der aktivierten Produktionsmenge x_j des Produktionsmittel P_j, $j=1,...,n$. Da sukzessive bei steigendem $\underline{x}$ ungünstigere Verfahren einbezogen werden müssen, haben wir es hier mit abnehmenden Grenzerträgen zu tun.

Ändert sich die Kostenstruktur, dann wird sich selbst bei dem fest vorgegebenen Betriebsmittelbestand eine andere Kombination der aktiven Betriebsmittel einstellen, und damit wird sich auch der Gütervektor ändern. Insofern kann durch parametrische Veränderung der Kostenstruktur eine Isoquante bezüglich einer festen Ausbringungsmenge erzeugt werden.

Es bleibt festzuhalten, daß hier die aggregierte Produktionsfunktion nicht losgelöst von der Kostenstruktur gesehen werden kann. Es sind gerade die Kosten, induziert durch die Beschaffungsmärkte, welche eine betriebswirtschaftlich oder marktwirtschaftlich Reaktion im Rahmen der kurzfristig verfügbaren Spielräume, nämlich der selektiven Aktivierung des verfügbaren Kapitalstocks, veranlassen und damit ausgehend vom gefordertem Gesamtoutput den hierzu wirtschaftlich begründeten Input induzieren.

4 Langfristige Reaktionen des aggregierten Systems

In einer mittel- bis eher langfristigen Betrachtung ist der Kapitalstock des betrachteten aggregierten Produktionssystems einem allmählichen Wandel unterworfen, indem die durch Alterung oder technologische Obsoleszenz in den ungünstigen Bereich gewanderten Betriebsmittel ausgeschieden werden und je nachdem neue durch Investitionsmaßnahmen hinzukommen. Hier spielt jetzt der Faktor Zeit und der damit einhergehende technologische Wandel eine entscheidende Rolle.

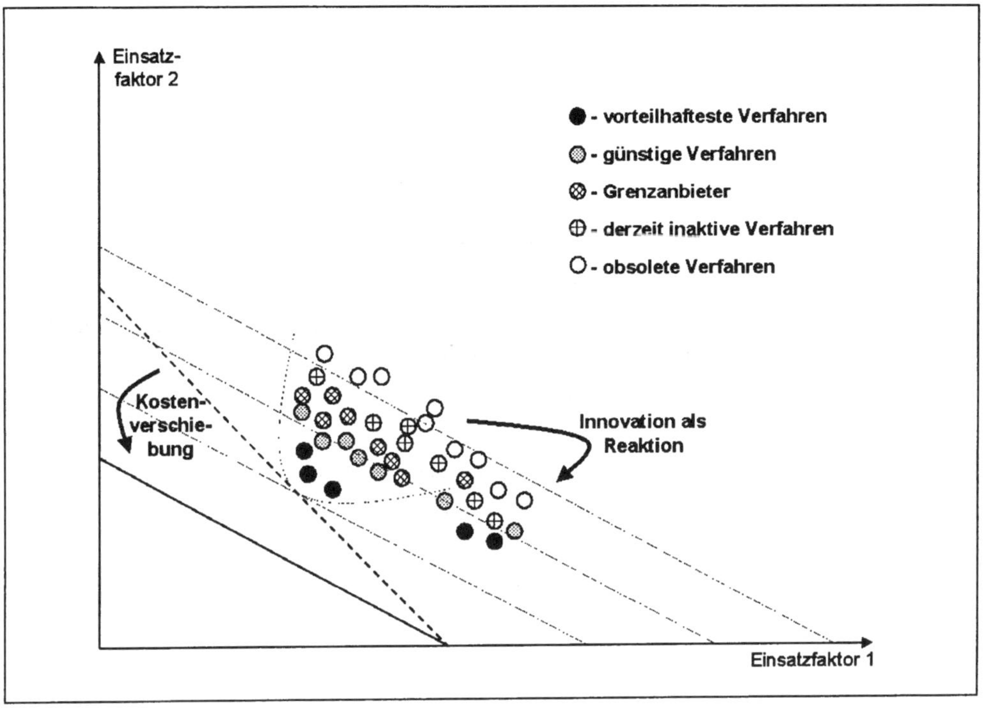

Abbildung 3: Der Einfluß einer Kostenverschiebung auf Innovationsaktivitäten

Bei gleichbleibender Kostenstruktur sollten die technologischen Verbesserungen in aller Regel zu Kosteneinsparungen führen. Insofern sollte, nur unter variablen Kosten betrachtet, die Population der Betriebsmittel allmählich in Richtung niedrigerer Kostenschichten wandern, wobei aber bei einer gewissen Reife einer Technologie nur noch inkrementelle Verbesserungen zu erwarten sind. Zusätzlich werden auch immer stärker die besten Lösungen kopiert, so daß ein gewisser Konvergenzeffekt in Hinblick auf die Position der Faktorinputnormen der vorteilhaftesten Verfahren zu verzeichnen sein sollte. Unter dem Aspekt extern induzierter, langfristiger Veränderungen in der Kostenstruktur wäre es interessant, in diesem Modellgerüst die durch Innovation ausgelösten erneuten „Wanderungsbewegungen" einer zukünftigen Betriebsmittelpopulation zu prognostizieren und zu verfolgen.

5 Literatur

Behrens, S. (1999): *Grundlagen der prozeßorientierten Produktionstheorie*, in: Die Theorie der Unternehmung in Forschung und Praxis, hrsg. von Albach, H.; Eymann, E.; Luhmer, A. und Steven, M., Heidelberg, S.297-312

Corsten, H. (1999), *Produktionswirtschaft*, 8. Aufl., München-Wien

Ellinger, T.; Haupt, R. (1982): *Produktions- und Kostentheorie*, Stuttgart

Gutenberg, E. (1968): *Grundlagen der Betriebswirtschaftslehre*, Erster Band, Die Produktion, 14. Aufl., Berlin-Heidelberg-New York

Kurz, H. D.; Salvadori, N. (1995): *Theory of production - A long-period analysis*, Cambridge

Solow, R. M. (1957): *Technical Change and the Aggregate Production Function*, in: The Review of Economics and Statistics, Vol. XXXIX, S. 312-320

Teil IV

Management vernetzter Wertschöpfungsketten

Wertgenerierung in Netzwerken

Erich Zahn, Stefan Foschiani

1 Allgegenwart von Netzwerken

Netzwerke sind ein ubiquitäres Phänomen der wirtschaftlichen Realität. Unternehmen sind eingebettet in ein mehr oder weniger dichtes Netzwerk von Beziehungen mit Kunden, Lieferanten, Komplementoren, Konkurrenten und anderen Institutionen. Sie selbst lassen sich ebenfalls als Netzwerke von Beziehungen zwischen Geschäftseinheiten, Abteilungen, formellen und informellen Gruppen sowie Individuen interpretieren. Unternehmenshandeln impliziert mithin Aktionen in internen und externen Netzwerken.

Trotz der Allgegenwart unternehmensbezogener Netzwerke kann dennoch von einer entstehenden Netzwerkära gesprochen werden. Treiber dieser Entwicklung sind die Globalisierung der Märkte, die Intensivierung des Wettbewerbs, zunehmende technische Komplexität und beschleunigter technologischer Wandel, die Emergenz elektronischer Märkte und die neuen Möglichkeiten elektronischer Verbindungen sowie die dadurch induzierte Konnektivität und Interdependenz im Verhalten der ökonomischen Akteure (vgl. *Zahn / Foschiani* 2001).

Das vermehrte Auftreten von Unternehmensnetzwerken in Gestalt von Joint Ventures, Wertschöpfungspartnerschaften, strategischen Allianzen und anderen Formen unternehmensübergreifender Kooperation ist eine Antwort auf Veränderungen in den Wettbewerbslandschaften (vgl. *Doz / Hamel* 1997; *Nohria / Eccles* 1992). Stärkere Turbulenzen in diesen neuen Geschäftsumwelten fordern seitens der Unternehmen eine höhere Responsefähigkeit. Netzwerkorganisationen und Unternehmensnetzwerke sind hier offenbar besser gerüstet. Sie besitzen größere Potentiale an Flexibilität (vgl. *Birkinshaw / Hagström* 2000; *Volberda* 1998) und Wandlungsfähigkeit (vgl. *Zahn / Gagsch / Herbst* 2000). Zudem bieten sie die Möglichkeit der Poolung und gemeinsamen Nutzung von Informationen, Wissen und Ressourcen (vgl. *Gulati / Nohria* 2000). Sie eröffnen Chancen zum gemeinschaftlichen Erlernen neuer Fähigkeiten (vgl. *Anand / Khanna* 2000; *Dussauge / Garrette / Mitchell* 2000) und zur Entdeckung neuer Geschäftschancen (vgl. *Cooper* 2001). Sie können Tore zu neuen Märkten öffnen und es Unternehmen erlauben, in solchen Märkten zu operieren, ohne bereits über alle dazu erforderlichen Ressourcen zu verfügen. Letzeres ist insbesondere für junge Unternehmen bedeutsam, die ihre Überlebenschance durch eine Mitgliedschaft in Netzwerken verbessern können (vgl. *Baum / Calabrese / Silverman* 2000).

Zur Erlangung solcher Vorteile haben Unternehmen unterschiedlicher Größe und in den verschiedensten Branchen in jüngerer Zeit verstärkt Anstrengungen zur Netzwerkbildung unternommen. Während kleine Unternehmen in externen Netzwerken mehr Marktmacht suchen, ohne dabei ihre Flexibilität aufzugeben, streben große Unternehmen mit der Gestaltung interner Netzwerke mehr Flexibilität ohne den Machtverlust der Größe an. Im Zuge von Netzwerkformierungen entstehen virtuelle Unternehmen, die sich auf wenige Kernaktivitäten konzentrieren und die übrigen Wertschöpfungsaktivitäten über Outsourcing-Partnerschaften managen. Hersteller verringern ihre Fertigungstiefe und kooperieren im Up-Stream-Geschäft vermehrt mit ausgesuchten Lieferanten (vgl. *Wildemann* 1996). Gleichzeitig gehen sie Partnerschaften im Down-Stream-Geschäft ein, um über Serviceleistungen unter anderem eine Mass Customization ihrer Marktleistungen und damit eine bessere Differenzierung im Wettbewerb zu erreichen (vgl. *Reichwald / Piller* 2000).

Allem Anschein nach werden Netzwerke im post-industriellen Zeitalter die Rolle einnehmen, welche die Hierarchie im Industriezeitalter inne hatte. Netzwerke sind hybride Organisationsformen mit hierarchischen und marktlichen Elementen. Sie bieten viele Vorteile marktlicher Transaktionen, ohne alle deren Kosten (vgl. *Hennart* 1993). Ihre Überlegenheit gegenüber traditionellen Organisationsformen ist damit allerdings noch nicht bewiesen. Auch Netzwerke wollen gut gemanagt sein. Ihre relative Effizienz ist an bestimmte Voraussetzungen geknüpft.

2 Beziehungskapital als Kernkompetenz

Unternehmen sind mit ihren Organisationsformen effizient und effektiv, wenn sie das Beste aus ihren Möglichkeiten machen und damit relative Wettbewerbsvorteile sowie überdurchschnittliche Gewinne erzielen. Durch koopkurrentes Verhalten in Netzwerken im Sinne sog. „Win-Win-Gemeinschaften" lassen sich Möglichkeiten für Zusatzrenditen erschließen (vgl. *Lado / Boyd / Hanlon* 1997; *Zahn / Foschiani* 2000).

Die Ergründung von Ursachen für die Überlegenheit von Unternehmen im Wettbewerb ist das zentrale Anliegen der Strategieforschung. Diese hat ihren Blick bislang auf das Unternehmen als autonome Einheit konzentriert. Dabei werden zwei Sichtweisen eingenommen: die Marktperspektive, die Wettbewerbsvorteile mit attraktiven Wettbewerbspositionen, also externen Quellen erklärt (vgl. z.B. *Porter* 1985) und die Ressourcenperspektive, nach der Wettbewerbsvorteile aus überlegenen Ressourcen und damit internen Quellen resultieren (vgl. z.B. *Barney* 1991). Beide Sichtweisen, von denen die Ressourcenperspektive in jüngerer Zeit dominiert, sind atomistisch und verzichten auf die Erklärung von Wettbewerbsvorteilen aus Netzwerkeffekten. Zu einer umfassenderen Erklärung von Wettbewerbsvorteilen wird deshalb als Ergänzung eine relationale Sicht, die auf die internen und externen Netzwerkbeziehungen von Unternehmen fokussiert, gefordert (vgl. *Gulati / Nohria / Zaheer* 2000). Aus dieser Perspektive wird eine bislang übersehene Quelle für Wettbewerbsvorteile erkennbar: das interne und externe Beziehungskapital.

Beziehungskapital ist Sozialkapital. Es entsteht aus intensiven Interaktionen und engen Beziehungen auf der Ebene von Individuen. Diese erfahrungsbasierte Ressourcen-Akkumulation benötigt Zeit, basiert auf Vertrauen und fördert Vertrauen. Neben dieser relationalen Komponente des Sozialkapitals im Sinne von vertrauensvollen Beziehungen zwischen Netzwerkpartnern hat Sozialkapital auch eine strukturelle Komponente, die sich auf die Eigenschaften der Netzwerkposition eines Partners bezieht (vgl. *Tsai / Ghoshal* 1998).

Sozialkapital schafft die Grundlage für nachhaltig effektive Partnerbeziehungen und erklärt die Formierung von Netzwerken. Einen Nachweis führt *Tsai* (2000), der feststellt, daß Netzwerkzentralität und Vertrauenswürdigkeit, die zwei Komponenten von Sozialkapital, einen signifikanten Einfluß auf die Bildung neuer intraorganisationaler Verbindungen haben, vor allem, wenn die Unternehmenseinheiten strategisch ähnlich sind und Gelegenheiten zur gemeinsamen Nutzung strategischer Ressourcen bieten.

Beziehungskapital, das den Fluß von Informationen und die Integration von Wissen im Unternehmen erleichtert, hat indirekt einen nachhaltig positiven Einfluß auf die Unternehmensperformance. Es ist im Sinne der Ressourcenperspektive wertvoll und kaum imitierbar. Ebenso bedeutsam wie für die interne Netzwerkbildung ist Beziehungskapital für die Formierung externer Netzwerke (vgl. *Gulati / Gargiulo* 1999), vor allem, wenn sich diese als Lerngemeinschaften verstehen (vgl. *Zahn* 2000). So haben *Kale / Singh / Perlmutter* (2000) festgestellt, daß die Existenz von Beziehungskapital auf der individuellen Ebene zwischen Allianzpartnern die Basis für Wissenstransfer und gemeinsames Lernen ist. Gleichzeitig erschwert es opportunistisches Verhalten und verhindert so einseitigen Wissensabfluß. Diese Effekte können noch durch ein umsichtiges Konfliktmanagement abgesichert werden. Derartige Befunde stützen die Vermutung, derzufolge vertrauensbasierte Governance eine wichtige Quelle für „interorganizational rents“ (vgl. *Dyer / Singh* 1998) ist - wichtig insofern, als Beziehungskapital einen Schutz vor Imitation bildet.

Beziehungskapital hat jedoch auch eine Schattenseite. Nachteile für die Netzwerkbildung können sich aus der Pfadabhängigkeit der Entwicklung sozialer Beziehungen ergeben, derzufolge frühere Verbindungen die Entstehung neuer Verbindungen beeinflußt (vgl. *Gulati* 1995). Dieser Effekt kann dazu beitragen, daß Unternehmen in weniger attraktive Allianzen eingeschlossen und damit aus attraktiveren Allianzen ausgeschlossen werden. Ein verkrustetes Beziehungsgefüge kann Innovationskraft schwächen. So läßt sich häufig beobachten, daß Innovationen weniger im beziehungsdichten Kern des Unternehmens, sondern mehr an seinen autonomen, oft geographisch entfernten Rändern generiert werden.

3 Wertgenerierung in internen Netzwerken

Innovationsgetriebener Erfolg hängt nicht zuletzt von der Qualität der Netzwerkbeziehungen eines Unternehmens ab. Die Verschmelzung technischer Kompetenzen, die Integration von Wissen über Kunden und von Lieferanten sowie die Abstimmung von F&E,

Produktion, Marketing und Beschaffung sind kritische Erfolgsfaktoren bei der Entwicklung und Vermarktung neuer Produkte. Sie betreffen Aktivitäten, deren Dauer und Ergebnisse von der Art der Beziehungen zwischen den involvierten Personen und Abteilungen bestimmt werden.

Eine kardinale Herausforderung von Unternehmen mit mehreren Geschäftseinheiten ist die synergetische Nutzung der in den einzelnen Geschäftseinheiten vorhandenen und entwickelten Ressourcen und Kompetenzen. Diese betreffen zum großen und wahrscheinlich wertvollsten Teil implizites Wissen, was deren Austausch erschwert. Der Austausch selbst findet über formale und informale Beziehungen statt, die in einem sozialen Kontext entstehen. Er stellt hohe Anforderungen an die Integrations- und Netzwerkkompetenz eines Unternehmens.

Integration kann auf operativer und strategischer Ebene erfolgen. Während in jüngerer Vergangenheit die operative Integration in Gestalt von Reengineering-Aktivitäten zur Verbesserung von Schnelligkeit, Qualität und Effizienz dominierte, wendet sich die Aufmerksamkeit der Unternehmen inzwischen mehr der strategischen Integration zu.

Strategische Integration betrifft die weitestgehende Ausbeutung der Wachstumspotentiale eines Unternehmens durch die geschickte Kombination der Ressourcen und Kompetenzen seiner Geschäftseinheiten einerseits und der gleichzeitigen Ausrichtung der Geschäftseinheiten auf neue Geschäftschancen andererseits. *Burgelman / Doz* (2001) fordern in diesem Zusammenhang eine „complex strategic integration“, die unter Berücksichtigung externer Zwänge (z.B. rechtlicher, technologischer und marktlicher Kräfte) und interner Beschränkungen (z.B. bei Ressourcen und Kompetenzen) das Beste aus bestehenden und entstehenden Geschäftspotentialen macht. Diese Integration impliziert einen Balanceakt zwischen der Ausbeutung bestehender und der Entdeckung neuer Geschäfte (vgl. *March* 1991), manifestiert sich in strategischem Unternehmertum im Sinne von unternehmerischem Handeln mit strategischer Perpektive (vgl. *Hitt et.al.* 2001), bedingt ein visionsgeleitetes Management der Ressourcenallokation und erfordert die Entwicklung von Integrationsfähigkeit.

4 Wertgenerierung in externen Netzwerken

Vor dem Hintergrund der verschiedenen theoretischen Erklärungsansätze für Netzwerke - wie etwa der Neuen Institutionenökonomie sowie der marktbasierten und der ressourcenbasierten Perspektive der Strategieforschung, die allesamt durch die Netzwerkperspektive befruchtet werden können (vgl. *Zahn / Foschiani* 2000; *Zahn / Foschiani* 2001) - lassen sich eine ganze Reihe von Ansatzpunkten und Quellen der Wertgenerierung in externen Unternehmensnetzwerken anführen, die sich letztlich weitgehend mit den generellen Motiven für kooperative Verhaltensweisen von Unternehmen decken (vgl. z.B. *Zahn / Foschiani* 2000; *Struthoff* 1999; *Child / Faulkner* 1998):

Wertgenerierung durch Kostenvorteile

Kostenvorteile zählen zu den am häufigsten genannten Motiven für Allianzen zwischen Unternehmen. Dabei stehen oft Skaleneffekte im Vordergrund, welche die einzelnen Partner von Unternehmensnetzwerken als autonome Einheiten nicht realisieren könnten (vgl. *Zahn* 1996; *Balling* 1998). Aus Sicht der Transaktionskostentheorie ist es von Bedeutung, daß interorganisationale Zusammenarbeit jedoch häufig auch mit hohen Transaktionskosten verbunden ist (vgl. *Williamson* 1991). Um der latenten Gefahr der Wertvernichtung zu begegnen, sind zum einen fundierte ex ante-Analysen unerläßlich. Zum anderen können über die Investition in Beziehungskapital Transaktionskosten gesenkt und gleichzeitig Transaktionsnutzen geschaffen werden (vgl. *Dyer* 1999).

Wertgenerierung durch Flexibilitätsvorteile

Die Wertgenerierung durch Flexibilitätsvorteile zielt zum einen auf eine Erweiterung der Bandbreite strategischer Optionen, die sich Unternehmen durch und in Unternehmensnetzwerke(n) schaffen können (vgl. *Kogut* 1991). Zum anderen fördert kooperatives Verhalten die zeitliche Flexibilität der Partner, indem z.B. durch die Beschleunigung von Entwicklungs- und Produktionsprozessen die Responsefähigkeit auf Umfeldveränderungen verbessert wird.

Wertgenerierung durch Risikoreduzierung

Vor allem in Situationen, die durch hohe ökonomische Unsicherheit bzw. schwer kalkulierbare Risiken unternehmerischen Handelns gekennzeichnet sind, bieten Unternehmensnetzwerke die Möglichkeit der Reduzierung von Unsicherheit und Risiko durch die Verminderung des Ressourceneinsatzes der Netzwerkmitglieder sowie die bewußte Streuung der aufgrund von Kooperationen frei gewordenen Mittel (vgl. *Gerybadze* 1991). Auf diese Weise kann insbesondere die Gefahr, Wert durch Fehlallokation von Ressourcen zu vernichten, für die einzelnen Unternehmen eingedämmt werden.

Wertgenerierung durch Eintritt in neue Märkte

Ein zentraler Aspekt der Wertgenerierung in Unternehmensnetzwerken ist der schnelle und kostengünstige Eintritt in Märkte, der sich für die Partner als autonome Einheiten gewöhnlich nur erheblich zeit- und kostenintensiver bewerkstelligen läßt oder ihnen auch ganz verwehrt bleibt. Diese Option gewinnt für viele Unternehmen gerade vor dem Hintergrund der Globalisierungstendenzen in nahezu allen Branchen, der Entstehung völlig neuer Industrien und der Auflösung traditioneller Branchengrenzen eine zunehmende Bedeutung.

Wertgenerierung durch Reduzierung der Wettbewerbsintensität

Eine Möglichkeit, ökonomische Rente zumindest temporär zu erhöhen, besteht für Unternehmen darin, den (Hyper-)Wettbewerb in ihrer Branche oder ihrem Branchensegment zu blockieren. Durch die Abstimmung ihrer Aktivitäten in Unternehmensnetzwerken können die bislang autonomen Wettbewerber die Wettbewerbsintensität oft in weitaus größerem Umfang beeinflussen, als dies z.B. durch Akquisitionen, denen oft enge rechtliche Grenzen gesetzt sind, möglich wäre.

Wertgenerierung durch Ressourcen-, Wissens- und Lerneffekte

Ein ganzes Bündel von Optionen zur Wertgenerierung in Unternehmensnetzwerken fokussiert auf die Ressourcen der Netzwerkpartner, wobei in diesem Zusammenhang insbesondere der Wissenstransfer zwischen sowie das Lernen von und mit den Partnern im Vordergrund steht. Wesentliche Aspekte einer ressourcenorientierten Wertgenerierung sind im einzelnen die Zusammenführung komplementärer Ressourcen zum Ausbau vorhandener Stärken ebenso wie zum Ausgleich bestehender Schwächen, die verstärkte Konzentration auf die jeweiligen Kernkompetenzen der einzelnen Partner sowie die Entwicklung gemeinsamer Wissensbasen. Aus dieser Perspektive stellen gerade die „Economies of Competence and Learning" (vgl. *Zahn* 2001) eine zentrale Voraussetzung für eine überlegene Wertschöpfung und die Erzielung von nachhaltigen Wettbewerbsvorteilen dar.

5 Entwicklung von Netzwerkfähigkeiten

Der Vormarsch der Netzwerke gibt Anlaß, die Annahmen der Ressourcenperspektive zu hinterfragen. Netzwerke sind Quellen für wertgenerierende Ressourcen und Kompetenzen. Diese entstehen in den Beziehungen intra- und interorganisationaler Kooperationen. Im Interesse eines umfassenderen Verstehens der Treiber von Wettbewerbsvorteilen und nachhaltiger Wertgenerierung muß die Ressourcenperspektive erweitert werden vom Analyseobjekt Unternehmen zum Analyseobjekt Netzwerk. Wertvolle Ressourcen und Kompetenzen entstehen nicht nur in internen, sondern auch in externen Netzwerkbeziehungen des Unternehmens. Für ein erfolgreiches Netzwerkmanagement im Sinne der Wertgenerierung gilt es mithin, die erfolgskritischen Ressourcen und Kompetenzen umfassend zu indentifizieren, systematisch zu entwickeln und gezielt zu nutzen.

Netzwerkfähigkeiten entstehen gewissermaßen im Verborgenen, sind also schwer zu kopieren und deshalb interessante Quellen für Wettbewerbsvorteile. Netzwerkfähigkeiten manifestieren sich in Beziehungskapital. Investitionen in internes Sozialkapital zahlen sich aus, und zwar zunächst in Form engagierter und kooperationswilliger Mitarbeiter. Unternehmen, die über ein Klima verfügen, das Zusammenarbeit fördert, die reiche Erfahrungen mit internen Kooperationen besitzen und die Anreize für strategische Integration zur geschäftseinheitsübergreifenden Ressourcenbündelung und -nutzung geben, demonstrieren interne Netzwerkfähigkeit. Der Besitz solcher Fähigkeiten in Form laufend weiter entwickelter Routinen im Sinne von „dynamic capabilities" - Mechanismen, mit denen Unternehmen Kompetenzen aufbauen und zerstören (*Teece et.al.* 1997) - erleichtert Unternehmen die Bildung externer Netzwerkbeziehungen.

Die Wertgenerierung in Allianzen darf also nicht als eine Art Automatismus verstanden werden, der allein auf der (unbestreitbar notwendigen) Kooperationsbereitschaft aller Beteiligten basiert und durch das bloße Initiieren von Unternehmensnetzwerken in Gang gesetzt wird. Vielmehr gilt es für die betroffenen Unternehmen - für die das Eingehen kooperativer Beziehungen immer weniger den isolierten Einzelfall als vielmehr den Regelfall darstellt - spezielle Fähigkeiten oder Kompetenzen zum Aufbau und Betreiben von Unternehmensnetzwerken zu entwickeln (vgl. *Harbinson / Pekar* 1998). Derartige „Relational Capabilities", „Alliance Formation Capabilities" oder „Netzwerkkompetenzen" (vgl. z.B. *Pfohl / Buse* 1999) stellen, nicht zuletzt auch mit Blick auf die Vielzahl gescheiterter Kooperationsprojekte, eine kardinale Voraussetzung für eine nachhaltige Wertgenerierung in Unternehmensnetzwerken dar.

Diese These wird durch die Ergebnisse einer ganzen Reihe von empirischen Untersuchungen, deren Gegenstand die Relevanz solcher Fähigkeiten ist, gestützt. Sie kommen zu dem Ergebnis, daß die Entwicklung und Pflege von Netzwerkfähigkeiten einen positiven Einfluß auf die Nutzung der potentiellen Vorteile von Kooperationen, auf das Wachstum und den Innovationserfolg von Netzwerkunternehmen und Netzwerken haben (vgl. z.B. *Harbinson / Pekar* 1998; *Gulati* 1998; *Lorenzoni / Lipparini* 1999).

Wesentliche Faktoren, welche die Netzwerkfähigkeit von Unternehmen beeinflussen und denen Unternehmen, die mit Hilfe von Netzwerken Wettbewerbsvorteile generieren wollen, ihre Aufmerksamkeit schenken sollten, sind (vgl. *Herbst* 2002; *Ritter* 1998)

- die unabdingbare fachliche Kompetenz und vor allem auch die sozialen Fähigkeiten der Mitarbeiter, die sich nicht zuletzt in einer zwingend erforderlichen Kommunikationsfähigkeit zwischen den Partnern niederschlagen,
- ein Vertrauen förderndes Kooperationsverhalten, das insbesondere vor dem Hintergrund des Risikos opportunistischer Handlungsweisen der Partner und ihrer gegenseitigen Abhängigkeit in Allianzen von größter Bedeutung ist,
- bereits in früheren Kooperationen gewonnene Netzwerkerfahrungen, die sich sowohl auf die Erfolgswahrscheinlichkeit in aktuellen als auch auf die Möglichkeiten der Teilnahme an zukünftigen Netzwerken positiv auswirken,
- eine sogenannte „absorptive capacity" (vgl. *Cohen / Levinthal* 1990) der einzelnen Netzwerkunternehmen, die eine grundlegende Voraussetzung für erfolgreiches externes Lernen ist und durch welche erst die effiziente Aufnahme und Verarbeitung von externem Wissen ermöglicht wird, sowie
- das Vorhandensein von geeigneten Routinen zur Integration verteilter Wissensbasen, die es erlauben, das in den Partnerorganisationen vorhandene Wissen mit den Netzwerkpartnern zu teilen.

6 Literatur

Anand, B. N.; Khanna, T. (2000): *Do Firms Learn to Create Value? The Case of Alliances*, in: Strategic Management Journal, Vol. 21, Special Issue, S. 295-315

Balling, R. (1998): *Kooperation - Strategische Allianzen, Netzwerke, Joint-Ventures und andere Organisationsformen zwischenbetrieblicher Zusammenarbeit*, in Theorie und Praxis, 2. Aufl., Frankfurt a.M. u.a.

Barney, J. B. (1991): *Firm Resources and Sustained Competitive Advantage*, in: Journal of Management, Vol. 17, S. 99-120

Baum, J. A. C.; Calabrese, T.; Silverman, B. S. (2000): *Don't Go it Alone: Alliance Network Composition and Startups' Performance in Canadian Biotechnology*, in: Strategic Management Journal, Vol. 21, Special Issue, S. 267-294

Birkingshaw, J.; Hagström, P. (2000): *The Flexible Firm*, New York

Burgelman, R. A.; Doz, Y. L. (2000): *The Power of Strategic Integration*, in: Sloan Management Review, Vol. 41, Spring, S. 28-38

Child, J.; Faulkner, D. (1998): *Strategies of Cooperation. Managing Alliances, Networks, and Joint Ventures*, New York

Cohen, W. M.; Levinthal, D. A. (1990): *Absorptive Capacity - A New Perspective on Learning and Innovation*, in: Administrative Science Quarterly, Vol. 35, S. 128-152

Cooper, A. C. (2001): *Network Alliances and Entrepreneurship*, in: Hitt, M. A.; Ireland, R. D.; Camp, S.M.; Sexton, D. L. (Eds.): Strategic Entrepreneurship: Creating a New Mindset, Oxford

Dyer, J. (1999): *Effective Interfirm Collaboration: How Firms Minimize Transaction Costs and Maximize Transaction Value*, in: Strategic Management Journal, Vol. 18, S. 535-556

Dyer, J.; Singh, H. (1998): *The Relational View: Cooperative Strategy and Sources of Interorganizational Competitive Advantage*, in: Academy of Management Review, Vol. 23, S. 660-679

Doz, Y; Hamel, G. (1997): *Alliance Advantage*, Cambridge, Mass.

Dussauge, P.; Garrette, B.; Mitchell, W. (2000): *Learning From Competing Partners: Outcomes and Duration of Scale and Link Alliances in Europe, Northamerica and Asia*, in: Strategic Management Journal, Vol. 21, S. 99-126

Gerybadze, A. (1991): *Innovatives Unternehmertum im Rahmen internationaler Joint Ventures. Eine kritische Analyse*, in: Laub, U.; Schneider, D. (Hrsg.): Innovation und Unternehmertum: Perspektiven, Erfahrungen, Ergebnisse, Wiesbaden, S. 137-166

Gulati, R. (1998): *Alliances and Networks*, in: Strategic Management Journal, Vol. 19, S. 293-317

Gulati, R.; Gargiulo, M. (1994): *Where Do Interorganizational Networks Come From?*, in: American Journal of Sociology, Vol. 99, S. 177–231

Gulati, R.; Nohria, N.; Zaheer, A. (2000): *Strategic Networks*, in: Strategic Management Journal, Vol. 21, Special Issue, S. 203-215

Harbinson, J. R.; Pekar, P. (1998): *Institutionalising Alliance Skills: Secrets of Repeatable Success*, in: Strategy & Business, Vol. 4, No. 2, S. 79-98

Hennart, J. F. (1993): *Explaining the „Swollen Middle": Why Most Transactions Are a Mix of „Market" and „Hierarchy"*, in: Organization Science, Vol. 4, S. 529-549

Herbst, C. (2002): *Interorganisationales Schnittstellenmanagement. Ein Konzept zur Unterstützung des Managements von Transaktionen* (Veröffentlichung in Vorbereitung)

Hitt, M. A.; Ireland, D. R.; Camp, A. S.; Sexton, D. L. (2001): *Strategic Entrepreneurship: Entrepreneurial Strategies for Wealthcreation*, in: Strategic Management Journal, Vol. 22, Special Issue, S. 479-491

Kale, P.; Singh, H.; Perlmutter, H. (2000): *Learning and Protection of Proprietary Assets in Strategic Alliances: Building Relational Capital*, in: Strategic Management Journal, Vol. 21, S. 217-237

Kogut, B. (1991): *Joint Ventures and the Option to Expand and Acquire*, in: Management Science, Vol. 37, S. 19-42

Lorenzoni, G.; Lipparini, A. (1999): *The Leveraging of Interfirm Relationships as a Distinctive Organizational Capability: A Longitudinal Study*, in: Strategic Management Journal, Vol. 20, S. 317-338

March, J. G. (1991): *Exploration and Exploitation in Organizational Learning*, in: Organization Science, Vol. 2, S. 71-87

Nohria, N.; Eccles, R. G. (1992): *Networks and Organizations: Structure, Form and Action*, Cambridge, Mass.

Pfohl, H.-C.; Buse, H. P. (1999): *Organisationale Beziehungsfähigkeiten in komplexen kooperativen Beziehungen*, in: Engelhard, J.; Sinz, E. J. (Hrsg.): Kooperation im Wettbewerb. Neue Formen und Gestaltungskonzepte im Zeichen von Globalisierung und Informationstechnologie, Wiesbaden, S. 268-300

Porter, M. E. (1980): *Competitive Advantage*, New York

Reichwald, R.; Piller, F. T. (2000): *Produktionsnetzwerke für Mass Customization - Potentiale und Implementation*, in: Kaluza, B.; Blecker, Th. (Hrsg.): Produktions- und Logistikmanagement in Virtuellen Unternehmen und Unternehmensnetzwerken, Berlin u.a., S. 599-628

Ritter, T. (1998): *Innovationserfolg durch Netzwerk-Kompetenz*, Wiesbaden

Struthoff, R. (1999): *Führung und Organsiation von Unternehmensnetzwerken: Ein Konzeptentwurf am Beispiel intraorganisatorischer Netzwerke in der Automobilzulieferindustrie*, Göttingen

Teece, D.; Pisano, G.; Shuen, A. (1997): *Dynamic Capabilities and Strategic Management*, in: Strategic Management Journal, Vol. 18, S. 509-533

Tsai, W.; Ghoshal, S. (1998): *Social Capital and Value Creation: The Role of Intra-Firm Networks*, in: Academy of Management Journal, Vol. 41, S. 464-476

Tsai, W. (2000): *Social Capital, Strategic Relatedness and the Formation of Intraorganizational Linkages*, in: Strategic Management Journal, Vol. 21, Special Issue, S. 925-939

Volberda, H. W. (1998): *Building the Flexible Firm*, New York

Williamson, O. E. (1991): *Comparative Economic Organization: The Analysis of Discrete Structural Alternatives*, in: Administrative Science Quarterly, Vol. 36, S. 269-296

Wildemann, H. (1996): *Produktions- und Zuliefernetzwerke*, München

Zahn, E. (1996): *Führungskonzepte im Wandel*, in: Bullinger, H.-J.; Warnecke, H.-J. (Hrsg.): Neue Organisationsformen für das Unternehmen: Ein Handbuch für das moderne Management, Heidelberg u.a., S. 279-296

Zahn, E. (2001): *Lernen in Allianzen*, in: Bellmann, K. (Hrsg.): Kooperations- und Netzwerkmanagement, Berlin, S. 11-29

Zahn, E.; Foschiani, S. (2000): *Wettbewerbsfähigkeit durch interorganisationale Kooperation*, in: Kaluza, B.; Blecker, Th. (Hrsg.): Produktions- und Logistikmanagement in Virtuellen Unternehmen und Unternehmensnetzwerken, Heidelberg, S. 493-532

Zahn, E.; Foschiani, S. (2001): *Logik und Dynamik von Unternehmensnetzwerken*, in: Wirth, S. (Hrsg.): Verteilt entwickeln und produzieren (Veröffentlichung in Vorbereitung)

Zahn, E.; Gagsch, B.; Herbst, C. (2000): *Strategische Optionen zur Führung wandlungsfähiger Produktionsnetzwerke*, in: Industrie Management, 16. Jg., Nr. 6, S. 24-28

Die Orchestrierung virtueller Wertschöpfungsketten

Andreas Hinterhuber, Hans H. Hinterhuber

1 Einführung

Die Erfindung des Problems ist wichtiger
als die Erfindung der Lösung.
Walther Rathenau

Hinter jeder Theorie der Strategie steht eine Theorie über Wachstum: sei es Steigerung des Unternehmenswertes, die Anreicherung der organisationalen Wissensbasis oder der Gewinn von Marktanteilen. Jede Theorie über Strategie beantwortet die Frage, wie Unternehmen oder strategische Geschäftseinheiten entlang einer als erfolgskritisch wahrgenommenen Dimension Wachstum erzielen können. Wachstum wird von den Kapitalmärkten honoriert. In einem Umfeld, in dem das durchschnittliche Wachstum der meisten Branchen sich zwischen 2% und 4% pro Jahr bewegt, wird überdurchschnittliches Wachstum überproportional honoriert. Unternehmen wie Cisco, Dell oder Microsoft, die ihren Umsatz und Gewinn jährlich über 30% steigerten, waren in der Lage, ihre Marktkapitalisierung in den letzten sechs Jahren im Schnitt alle zwei bis drei Jahre zu verdoppeln.[1]

Nicht weniger spektakulär werden Unternehmen bestraft, wenn Wachstumsversprechen nicht erfüllt werden: Unternehmen wie Compaq, Pfizer oder Apple verloren etwa die Hälfte ihres Börsenwertes, nachdem bekanntgegeben wurde, daß die Gewinnerwartungen nicht erfüllt werden können.

Die akademische Literatur hat sich intensiv mit dem Thema „Wachstum in stagnierenden Märkten" auseinandergesetzt (vgl. *Baden-Fuller / Stopford* 1994, S. 86 ff; *Kim / Mauborgne* 1999, S. 83 ff; *Kim / Mauborgne* 1997, S. 103 ff; *Stalk / Pecaut / Burnett* 1996, S. 75 ff; *Hamel* 2000, S. 241 ff). Der Schwerpunkt der meisten Ansätze unterstreicht die zentrale Rolle der Innovation, um Wachstumsdynamik zu generieren. Kim und Mauborgne betonen dabei die Notwendigkeit, konventionelle Annahmen zu hinterfragen, um neue Dimensionen der Kundenzufriedenheit zu entdecken und in diesem Prozeß die Wettbewerbsdimensionen der Branche neu zu definieren.

Andere Autoren betonen die Rolle von Produktinnovationen (vgl. *Baghai u.a.* 1996, S. 4 ff), von überlegener operationeller Effizienz (vgl. *Avila / Mass / Turchan* 1996, S. 202 ff) oder Marktsegmentierung (vgl. *Charan / Tichy* 1998. S. 144 ff) als Voraussetzung, um Wachstumspotentiale, die Wettbewerber möglicherweise übersehen haben, zu realisieren.

Die zentrale Rolle der Innovation wird auch im Rahmen dieser Arbeit hervorgehoben, allerdings aus einem unterschiedlichen Betrachtungswinkel (Tabelle 1). Die Rolle der Innovation wird nicht nur im Hinblick auf das Angebot von Produkten und Dienstleistungen des Unternehmens untersucht und interpretiert, sondern dahingehend erweitert, daß die Wertschöpfungsketten der vorgelagerten und nachgelagerten Branchen mitberücksichtigt und abgedeckt werden. Hierzu sind die Wertschöpfungsketten einer großen Anzahl von verbündeten Unternehmen in einem dichten Netzwerk von Allianzen zu koordinieren. Das Konzept der „Orchestrierung virtueller Wertschöpfungsketten“, das diesen Prozeß beschreibt, wird in dieser Arbeit vorgestellt und anhand konkreter Beispiele illustriert.

	Konventionelle Sichtweise	Orchestrierung virtueller Wertschöpfungsketten
Wachstum in stagnierenden Märkten	Innovation oder Effizienzverbesserung	Schaffung neuer Märkte
Implizite Annahme	Wettbewerb basiert auf bestehenden Werttreibern	Fundamentale Änderung existierender Werttreiber
Stellhebel für zukünftiges Wachstum	Radikale Innovation Kostenführerschaft durch permanente Effizienzsteigerungen	Potentielle Gemeinsamkeiten bislang getrennter Branchen entlang der erweiterten Wertschöpfungskette
Kritische Fragen	Gewinnung neuer Kunden; Identifizierung von Ansätzen, bestehende Produkte zu redefinieren Implementierung	Aufbau eines „virtuellen“ Netzwerkes entlang der erweiterten Wertschöpfungskette Orchestrierung des Netzwerkes Auswahl und Steuerung der Allianzpartner
Beispiele	Swatch, Virgin Atlantic	Novartis, Aventis, DuPont

Tabelle 1: Konventionelle Ansätze und Orchestrierung virtueller Wertschöpfungsketten

Der Beitrag beginnt mit einem kurzen Überblick über Netzwerke und Allianzen als den Ausgangspunkten für die Orchestrierung von Wertschöpfungsketten. Anschließend werden exemplarisch die mit Netzwerken und Allianzen in der globalen agrochemischen und Biotech-Industrie verbundenen Probleme aufgezeigt und für diese Lösungsvorschläge entwickelt. Die Lösungsvorschläge werden modellhaft anhand von sechs Schritten zur Orchestrierung virtueller Wertschöpfungsketten dargestellt. Die kritischen Fähigkeiten zur Orchestrierung virtueller Wertschöpfungsketten werden in der Folge so herausgearbeitet, daß sie als theoriegeleitete Handlungsempfehlungen für Unternehmen dienen können, die neue Wachstumspotentiale erschließen wollen. Die Ausführungen enden mit einem Ausblick auf die Entwicklungsperspektiven unterschiedlicher Branchenmodelle.

2 Netzwerke und Allianzen als Ausgangspunkte für die Orchestrierung von Wertschöpfungsketten

Wir sind für das Zusammenarbeiten geboren,
so wie unsere Füße, unsere Hände,
unsere Augenlider und unsere Kiefer.
Marc Aurel

In den vergangenen Jahren kam es zu einem nie dagewesenen Anstieg an Unternehmenszusammenschlüssen und anderen Formen der externen Kollaboration (vgl. *Gulati* 1995, S. 85 ff). Vertikal stark integrierte Unternehmen begannen graduell, sich zu entflechten - getrieben durch die Einsicht, daß Kontrolle und Einflußnahme auch ohne Eigentum der betroffenen Struktur möglich und wesentlich ökonomischer sind. Konglomerate zerfielen, wobei flexible Formen externer Zusammenarbeit an die Stelle rigider Strukturen diversifizierter Konzerne traten.

Kooperation zwischen Unternehmen tritt in vielerlei Erscheinungsformen auf: strategische Allianzen, Joint Ventures, Kreuzbeteiligungen bis hin zu anderen, komplexeren Formen. Als Beweggründe werden genannt: Flexibilität, Risikominderung, Zugang zu neuem Wissen bzw. die Möglichkeit, organisatorische Kompetenzen auszuweiten, sowie Zugang zu neuen Märkten und Vertriebskanälen (vgl. *Powell* 1998, S. 228 ff).

Die Netzwerkorganisation wird so als Organisationsform angesehen, die als überlegene Form und in der Entwicklungsgeschichte nach der funktionalen, divisionalen und Matrix-Organisation deren Schwachpunkte zu überwinden in der Lage ist (vgl. *Miles / Snow* 1994, S. 90 ff; *Hinterhuber / Levin* 1994, S. 43 ff; *Wildemann* 1997, S. 417 ff; *Sydow* 1999, S. 279 ff; *Sydow / Windeler* 2000).

Die Entwicklung von Netzwerken aus strategischen Gruppen oder Zuliefernetzwerken ist Gegenstand einer Reihe von Arbeiten (vgl. *Sydow* 1992 u. 1999; *Nohria / Garcia-Pont* 1991; *Jarillo* 1988 u. 1995; *Wildemann* 1996; *Albach* 2000, S. 125 ff; *Steven* 2001, S. 86 ff). In der jüngeren, insbesondere amerikanischen Literatur finden sich dementsprechend Hypothesen, nach denen die Netzwerkposition eines Unternehmens besser in der Lage sei, Profitabilitätsunterschiede zwischen Unternehmen zu erklären als die Marktposition des betreffenden Unternehmens (vgl. *Gulati / Nohria / Zaheer* 2000, S. 203 ff). Letztere Autoren leiten daraus die konzeptionelle Überlegenheit eines relationalen Ansatzes – anstelle des aus dem I/O-Paradigma stammenden atomistischen Ansatzes – zur Untersuchung des strategischen Verhaltens von Unternehmen ab.

Theoretische und praktische Untersuchungen bestätigen, daß Wissen nicht nur innerhalb von Unternehmen identifizierbar ist, sondern auch innerhalb von Unternehmensnetzwerken (vgl. *Kogut* 2000, S. 405 ff). Der Zugang zu Unternehmensnetzwerken wird als eine Form von sozialem Kapital angesehen, das an Wert durch späteren Gebrauch gewinnt. Es wurde festgestellt, daß Netzwerkerfahrung – verstanden sowohl im Sinn von Wissen über interorganisatorische Zusammenarbeit als auch im Sinn von dem aus dieser Zusammenarbeit gewonnenem Wissen – in positiver Korrelation zu Umsatzwachstum (vgl. *Powell u.a.* 1999, S. 129 ff), Innovationsraten (vgl. *Hagedorn / Schakenraad* 1994, S. 291 ff) und anderen Leistungsindikatoren (vgl. *Chung* 1996, S. 121 ff) steht.

Die bestehende Literatur über Netzwerke und strategische Allianzen untersucht den Zusammenhang zwischen Merkmalen kollaborierender Unternehmen und Unternehmenserfolg, jedoch ausschließlich in Bereichen, die kritisch für den Erfolg am heutigen Markt sind (siehe z.B. *Stuart* 2000, S. 791 ff; *Backhaus* 1993, S. 330 ff; *Bellmann / Hippe* 1996, S. 3 ff).

Im Rahmen dieser Arbeit werden Netzwerke aus einer anderen Perspektive heraus beleuchtet: Wir werden untersuchen, wie Unternehmen in einem strukturierten Prozeß Netzwerke gestalten, die das Ziel verfolgen, die Werttreiber in existierenden Branchen fundamental zu ändern und dadurch Branchen schaffen, die zuvor nicht existierten.

3 Netzwerke und Allianzen in der globalen agrochemischen und Biotech-Industrie

Das Haupthindernis ist, daß wir zu
schnell mit uns zufrieden sind.
Seneca

3.1 Begriffsbestimmung

Als Branchenkontext wird die globale agrochemische und biotechnologische Industrie gewählt. Diese Branche stellt geradezu einen idealen Rahmen für unsere Zwecke dar, da strategische Allianzen im Bereich Agrochemie und Biotechnologie besonders zahlreich sind (vgl. *Powell u.a.* 1996, S. 116 ff).

Die agrochemische Industrie ist in jeder Hinsicht ein reifer, gesättigter und stagnierender Markt: Wachstumsraten fluktuieren je nach Jahr stark, wobei ein Wachstum von mehr als 4% eine Seltenheit ist, negative Wachstumsraten aber nicht. Der Markt ist zunehmend preissensitiv, und dementsprechend wendet sich die strategische Ausrichtung der Wettbewerber zunehmend in Richtung Kostensenkung und Effizienzverbesserung hin. Dazu gesellt sich eine in den letzten Jahren stark steigende Konsolidierung unter Branchenwettbewerbern: Unter den Top 10 Unternehmen im Jahr 1998 haben sich bislang 6 zusammengeschlossen, wobei Experten schätzen, daß dieser Prozeß noch lange nicht abgeschlossen ist.

In diesem Umfeld läge es nahezu vermuten, daß die langfristig erfolgreichsten Unternehmen diejenigen wären, die den höchsten Grad an relativer Kostendegression aufweisen würden. Im Rahmen unserer extensiven empirischen Studien zu strategischen Erfolgsfaktoren dieser Branche kommen wir jedoch zu einem gegenteiligen Schluß (vgl. *Hinterhuber* 2001, S. 139 ff).

Die Art, in der die erfolgreichsten Unternehmen dieser Branche – Dupont, Syngenta und Aventis – ihr klassisches chemisches Grundgerüst mit einer Reihe von Biotech-Unternehmen in einem dichten Netz an Allianzen und Partnerschaften verweben, wollen wir in dieser Arbeit als "Orchestrierung virtueller Wertschöpfungsketten" bezeichnen.

Unter Orchestrierung virtueller Wertschöpfungsketten verstehen wir den Prozeß der Strukturierung, der Koordination und der Integration der Aktivitäten vormals nur lose verbundener Branchen, der das Ziel verfolgt, durch die Schaffung eines branchenübergreifenden Netzwerks aktuelle Wertreiber fundamental neu zu definieren.

Anstelle Produkteigenschaften inkremental zu verbessern oder Prozeßkosten um ein bestimmtes Ausmaß zu senken, werden im Prozeß der Orchestrierung virtueller Wertschöpfungsketten kritische Erfolgsfaktoren der Vergangenheit plötzlich obsolet sowie das Spielfeld – und die Spielregeln – neu bestimmt.

Die langfristige Natur dieses Prozesses macht es nahezu unmöglich, die Effektivität dieser Strategie – und: warum nicht, die Reaktion der Kapitalmärkte – heute korrekt zu beurteilen. Dennoch ist es unsere Überzeugung, daß die Praxis der Orchestrierung virtueller Wertschöpfungsketten als stimulierendes Beispiel einer Wachstumsarchitektur in stagnierenden oder rückläufigen Branchen dienen kann. In anderen Worten: auch wenn die zitierten Beispiele aus einer stark eingegrenzten und sehr spezifischen Industrie stammen, lassen sich nach unserer Meinung die Lektionen aus unserer Untersuchung auf eine breite Anzahl von Industriezweigen anwenden.

Als allgemeines Modell zur Neugestaltung von Industriezweigen anhand eines branchenübergreifenden Netzwerkes von Allianzpartnern schlagen wir die in Abbildung 1 dargestellte Vorgehensweise vor.

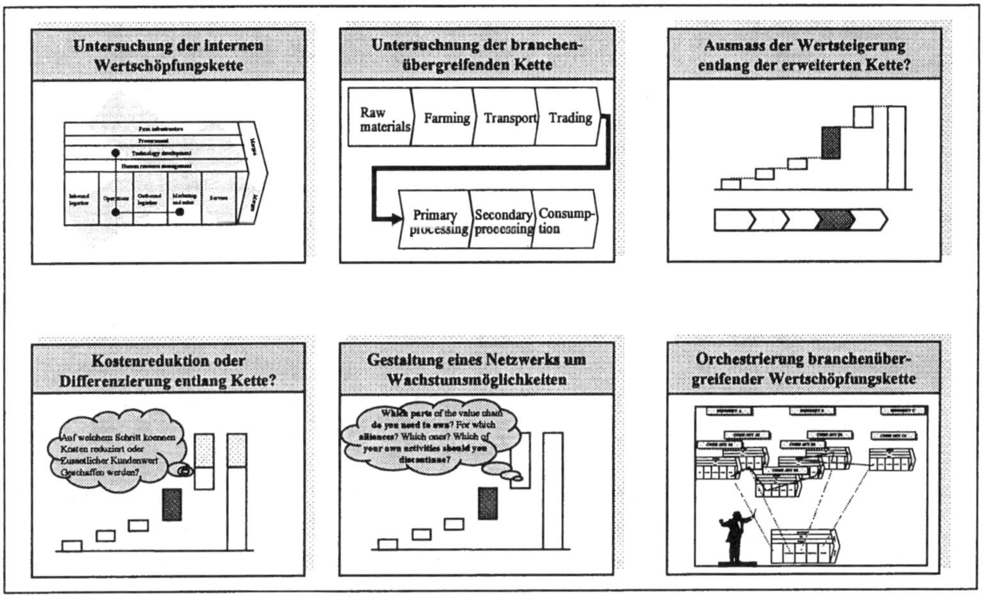

Abbildung 1: Die Orchestrierung virtueller Wertschöpfungsketten

3.2 Die Hauptschritte zur Orchestrierung virtueller Wertschöpfungsketten

Die sechs Hauptschritte zur Orchestrierung virtueller Wertschöpfungsketten werden in der Folge kurz erläutert (Abbildung 1).

Schritt 1: Untersuchung der internen Wertschöpfungskette des Unternehmens sowie der auf den unterschiedlichen Stufen generierten Gewinnmargen. In einem ersten Schritt ist die interne Wertschöpfungskette des Unternehmens genau zu untersuchen. Umsatz, Gewinnmargen, Wachstum sind zu ermitteln und mit führenden Wettbewerbern zu vergleichen. Normalerweise lassen sich Schlußfolgerungen über aktuelle Wettbewerbsfähigkeit und künftige Entwicklungsperspektiven relativ schnell ziehen. Während diese Untersuchung eine Routine im toolkit der meisten Berater ist, ist es lange nicht hinreichend, es hier damit bewenden zu lassen.

Schritt 2: Untersuchung des Warenflusses der verarbeiteten Güter von der Quelle bis zum Endkonsumenten (branchenübergreifende Wertschöpfungskette). Künftige Wachstumspotentiale lassen sich, so die Auffassung hier, auch jenseits der Branchengrenzen identifizieren: häufig nicht dadurch, daß in völlig fremde Bereiche diversifiziert wird, sondern dadurch, daß die Bedürfnisse vor- und nachgelagerter Branchen identifiziert und auf einzigartige Weise erfüllt werden. In unserem Beispiel führt diese Untersuchung zu folgender Erkenntnis: die Unternehmen, die den Weg landwirtschaftlicher Güter, für die sie chemische Inputs lieferten, vom ersten Produzenten in der Kette bis zum Endkonsumenten untersuchten, entdeckten, daß die Bedürfnisse und Anforderungen an Wertschöpfungsstufen weit hinter der Wertschöpfungskette ihrer Branche radikal unterschiedlich von den Bedürfnissen ihrer unmittelbaren Kunden waren. In dieser Hinsicht stellt die branchenübergreifende Wertschöpfungskette ein wichtiges Instrument dar, um Werttreiber, Wertsteigerungspotentiale und Bedürfnisse auf nachgelagerter Ebene zu erkennen.

Schritt 3: Untersuchung des Ausmaßes an Wertschöpfung entlang der erweiterten (branchenübergreifenden) Kette. Unterschiedliche Branchen, die gemeinsam „Vorprodukte" für ein Endprodukt liefern – beispielsweise Weizen oder Zucker, der sich in Backwaren findet, um im Feld der agrochemischen Industrie zu bleiben – partizipieren in sehr unterschiedlichem Ausmaß am Wert, der für den Endkunden geschaffen wird. Zurück zu unserem Beispiel: empirische Untersuchungen der amerikanische Lebensmittelindustrie ergaben, daß die erweiterte Wertschöpfungskette insgesamt eine Wertschöpfung von 130 Milliarden US $ erzeugte, wovon die agrochemische Industrie jedoch mit weniger als 10% beteiligt war. Der Löwenanteil der gesamten Wertschöpfung lag beim Handel und bei Lebensmittelherstellern. Der Grund dieser ungleichen Verteilung lag auch im unterschiedlichem Ausmaß, in dem Produktdifferenzierung in nachgelagerten Branchen möglich war und honoriert wurde. Im Fall der agrochemischen Industrie etwa gilt, daß die hier untersuchten Unternehmen Inputs für Produkte beisteuerten, die seit Jahrhundertern im Wesentlichen als Commodities angesehen wurden. Praktisch bedeutet das, daß es heute sehr wohl unterschiedliche Qualitäten und Märkte für Brot gibt, daß der Markt für Mehl und viel mehr noch für Getreide der ein den Regeln für Commodities folgender Weltmarkt ist. Wesentlich hier ist, daß die beobachteten Tatbestände – d.h. die erst in sehr (end-) kundennahen Branchen gegebenen Möglichkeiten der Angebotsdifferenzierung – zwar historisch korrekt waren, daß es aber Unternehmen wie DuPont oder Syngenta gibt, die das Ziel verfolgen, gerade diese unumstößliche Wahrheit zu ihren Gunsten zu verändern.

Schritt 4: Suche nach Wegen, Kosten- und Ergebnisstruktur vor/nachgelagerter Branchen durch Differenzierung oder Kostensenkung an einem beliebigen Punkt der erweiterten Wertschöpfungskette zu beeinflussen. Traditionell wurden die unterschiedlichen Märkte und Branchen entlang der erweiterten branchenübergreifenden Wertschöpfungskette zwar „lokal" optimiert, es fehlte aber an Versuchen, den gesamten Prozeß aus übergeordneter Perspektive zu optimieren.

Das bedeutete, daß jeder Wettbewerber seine eigene Wertschöpfungskette zwar weitgehend optimiert hatte, sich dann aber lediglich darum bemühte, die Bedürfnisse seiner eigenen direkten Kunden zu erfüllen, ohne Erwartungen und Ansprüche von Kunden seiner Kunden (oder Kunden von Kunden von Kunden seiner Kunden) zu kennen und zu erfüllen. Die Konsequenz hier – und vermutlich in einer weiten Reihe von Märkten, in denen Produkte mehrere unterschiedliche Branchen „durchqueren", bevor sie in die Hände des Endabnehmers geraten – war, daß Differenzierung erst relativ spät in der Kette ansetzte. Der Wunsch von Endkunden nach gesundheitsfördernder Ernährung oder nach vitaminhaltigeren Nahrungsmitteln, beispielsweise, wurde traditionell erst von der Nahrungsmittelindustrie selbst erfüllt, nicht aber von Saatgutfirmen.

Die Total Quality Management (TQM) Praxis lehrt jedoch, daß die Kosten für Qualität proportional zur Entfernung der Behebung der Ursache in der Wertschöpfungskette ansteigen bzw. proportional sinken, je früher in der Kette Probleme identifiziert und gelöst werden. Diese Erkenntnis kann durchaus auch auf Differenzierungspotentiale branchenübergreifender Wertschöpfungsketten angewandt werden. In unserem Beispiel erlaubt der Durchbruch der Biotechnologie die Einflußnahme auf Strukturen sukzessiver Wertschöpfungsketten: Heute können Gene, die beispielsweise für einen erhöhten Vitamingehalt oder geringeren Fettgehalt verantwortlich sind, direkt in das Saatgut gebracht werden, um auf diese Art den Kundenwünschen nach gesundheitsfördernder Ernährung nachzukommen. Analysten schätzen, daß die Gesamtwertschöpfung in der Nahrungsmittelindustrie dadurch um einen Faktor von 10 (auf insgesamt 600 Milliarden US $ in den USA allein) ansteigen wird, wenn in einem Zeitraum von 5 bis 10 Jahren Produkte wie biologisch abbaubares Plastik, gesundheitsfördernde Nahrungsmittel („nutraceuticals") und andere marktreif sein werden (vgl. *Furmann Selz* 1998).

Das Wissen um einen Goldtopf am fernen Ende des Regenbogens ist jedoch nicht ausreichend, um dessen alleinigen Besitz auch effektiv beanspruchen zu können. Es geht in einem nächsten Schritt darum, sicherzustellen, daß das eigene Unternehmen – oder auch die eigene Branche – zu einem möglichst hohen Teil an diesem signifikanten Wertsteigerungspotential partizipiert, das eigentlich allen Unternehmen entlang der erweiterten Kette offenstehen würde.

Schritt 5: Etablierung eines Netzwerkes von Allianzpartnern um die identifizierten Wertsteigerungspotentiale. Hier sind zwei Aspekte zu beachten: (1) Auswahl der geeigneten Partner (Membership-Kriterien) und (2) Definition der geeigneten Kooperationsform (Ownership-Kriterien).

Wenn Strategie – im Sinn von Andrews – als die Suche nach dem Abgleich zwischen Kompetenzen des Unternehmens und (Gewinn-) Möglichkeiten am Markt (matching environmental opportunities with firm specific strenghths) verstanden wird und wenn Allianzen als Mittel zur Strategie angesehen werden, sollten Allianzen entweder das Spektrum der verfügbaren Möglichkeiten erweitern oder die organisatorische Kompetenzbasis erhöhen. Neben diesem theoretischen Postulat wirkten in unserem Fallbeispiel noch einige branchenspezifische Gegebenheiten entscheidend auf die Auswahlkriterien für Partnerunternehmen (Membership-Kriterien) ein.

Die traditionelle Ansicht von technologischer Entwicklung und Branchenstruktur behauptet, daß Technologien einem bestimmten Lebenszyklus folgen, dessen Verlauf einen entscheidenden Einfluß auf die Branchenstruktur hat. Untersuchungen zeigen, daß technologischer Wandel einen Einfluß auf die Branchenstruktur hat, der, unabhängig ob es sich um Konsumgüter, Dienstleistungen oder Industriegüter handelt, relativ uniform ist (vgl. *Tushman / Anderson* 1986, S. 439 ff).

In der frühen Entwicklungsphase einer Branche stehen Unternehmen auch in einem heftigen Technologie-Wettbewerb und scheiden in großer Zahl aus. Erst später, wenn sich eine Technologie als dominant durchsetzt, wandelt sich der Wettbewerb in Richtung eines Wettbewerbs um höhere Effizienz und geringere Kosten, so daß Markteintrittsbarrieren entstehen und weniger effiziente Wettbewerber aus dem Markt gedrängt werden.

Unter Bedingungen jedoch, unter denen neue Entdeckungen radikale technologische Umbrüche von vormals dominanten Methoden schaffen, können marktbeherrschende Firmen ihre Führungsposition plötzlich verlieren, wenn sie durch das Auftauchen einer überlegenen Technologie den Anschluß verlieren (vgl. *Powell / Koput / Smith-Doerr* 1996, S. 116 ff). Die Branche der Biotechnologie ist durch radikalen, diskontinuierlichen Wandel gekennzeichnet. "Biotechnology represents a competence-destroying innovation because it builds on a scientific basis that differs significantly from the knowledge base (organic chemistry) of the more established [chemical] industry" (vgl. *Powell / Koput / Smith-Doerr* 1996, S. 116).

Man kann deshalb vermuten, daß das traditionelle Modell des technologischen Wandels hier seine Gültigkeit verliert und daß Unternehmen selbst in der Reifephase der Branche ihre (technologischen) Optionen zu maximieren versuchen und sich nicht an eine potentiell rasch obsolete Technologie binden.

Empirische Untersuchungen in der Biotechnologie- und Pharmaindustrie fanden, daß alle erfolgreichen Firmen Teil eines dichten Netzwerks an Allianzen waren und daß isoliert operierende Firmen wesentlich geringere Überlebenschancen hatten.[2]

Ähnliche Entwicklungslinien lassen sich auch in unserer Untersuchung beobachten. Die führenden Unternehmen versuchen nicht, das Partnerunternehmen mit der „richtigen" Technologie zu identifizieren und an sich zu binden, sondern bauen sich im Lauf der Zeit ein immer dichteres, komplexeres, aber auch flexibleres Netzwerk an sehr heterogenen Partnerschaften auf (Abbildung 2 und Abbildung 3).

DIE ENTWICKLUNG VON MONSANTO

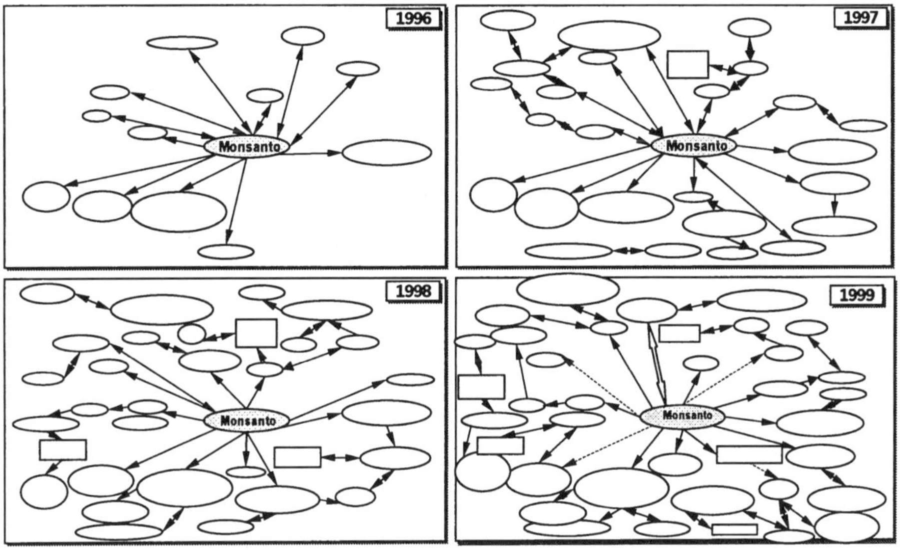

Included: Acquisitions, joint ventures and alliances;

Quelle: Monsanto 2000/1999/1998/1997/1996 Jahresbericht

Abbildung 2: Monsantos Netzwerk in der agrochemischen und Biotech-Industrie

Wesentlichen Einfluß auf die Struktur des Netzwerkes hat die zugrundeliegende Logik der Orchestrierung virtueller Wertschöpfungsketten. Partnerunternehmen werden nicht nur aufgrund der Ressourcen und potentiellen Möglichkeiten in das Netzwerk miteinbezogen; wesentlich ist, daß die branchenübergreifende Wertschöpfungskette und das Ziel, die kritischen Erfolgsfaktoren der Branche fundamental zu verändern, den Rahmen bilden, anhand dessen potentielle Partner ausgewählt, bewertet und eingebunden werden. Das führt dazu, daß führende Unternehmen alle Schritte der erweiterten Wertschöpfungskette durch ein dichtes Netzwerk an F&E Partnerschaften, Joint ventures, strategischen Allianzen und Akquisitionen „abdecken".

Die Frage nach der geeigneten Form für unterschiedliche Arten der Zusammenarbeit (Ownership-Kriterien) beschäftigt die akademische Forschung, insbesondere die Transaktionskostentheorie, schon lange (vgl. *Williamson* 1975). Die neueste Literatur betont die Vorteile strategischer Allianzen gegenüber Akquisitionen als potentielle Lernplattformen (vgl. *Inkpen* 1996, S. 53 ff; *Sydow* 1999, S. 279 ff; *Vicari / Bertoli* 2000, S. 75 ff), als Weg zur Kompetenzerweiterung (vgl. *Lorenzoni / Baden-Fuller* 1995, S. 146 ff) und als Mittel, um organisatorische Flexibilität unter sich rasch wandelnden Umfeldbedingungen zu erhöhen (vgl. *Bahrami* 1992, S. 53 ff; *Saxenian* 1990, S. 53 ff).

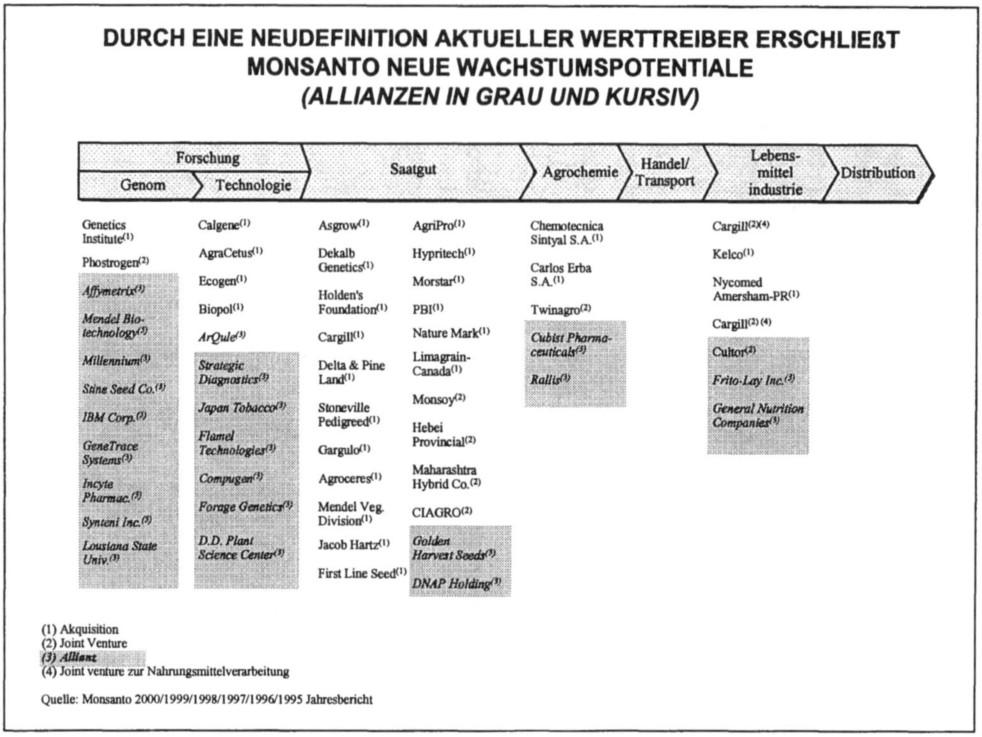

Abbildung 3: Monsantos virtuelle Wertschöpfungskette in der agrochemischen und Biotech-Industrie

Wir fanden, daß strategische Allianzen die bei weitem bevorzugte Option für Partnerschaften waren. Von der explorativen Forschung (Genomforschung, target identification, testing), über Entwicklung, bis zum Saatgutgeschäft und den komplett verschiedenen Branchen des Handels und das Transports bis hin zur Nahrungsmittelverarbeitung und dem Detailhandel werden strategische Allianzen benutzt, um gezielt Kompetenzen zu erweitern und neue Märkte zu erschließen (Abbildung 4 und Abbildung 5).

Während die Vorteile geringerer Ausgaben und erhöhter Flexibilität kritisch für den Aufbau eines expandierenden Netzwerks an Allianzpartnern aus einer Vielzahl höchst unterschiedlicher Branchen sind, erlaubt die formelle Unabhängigkeit den Partnerunternehmen, ihre Aktivitäten in der für kleine Unternehmen typischen unbürokratischen und innovativen Atmosphäre fortzusetzen.

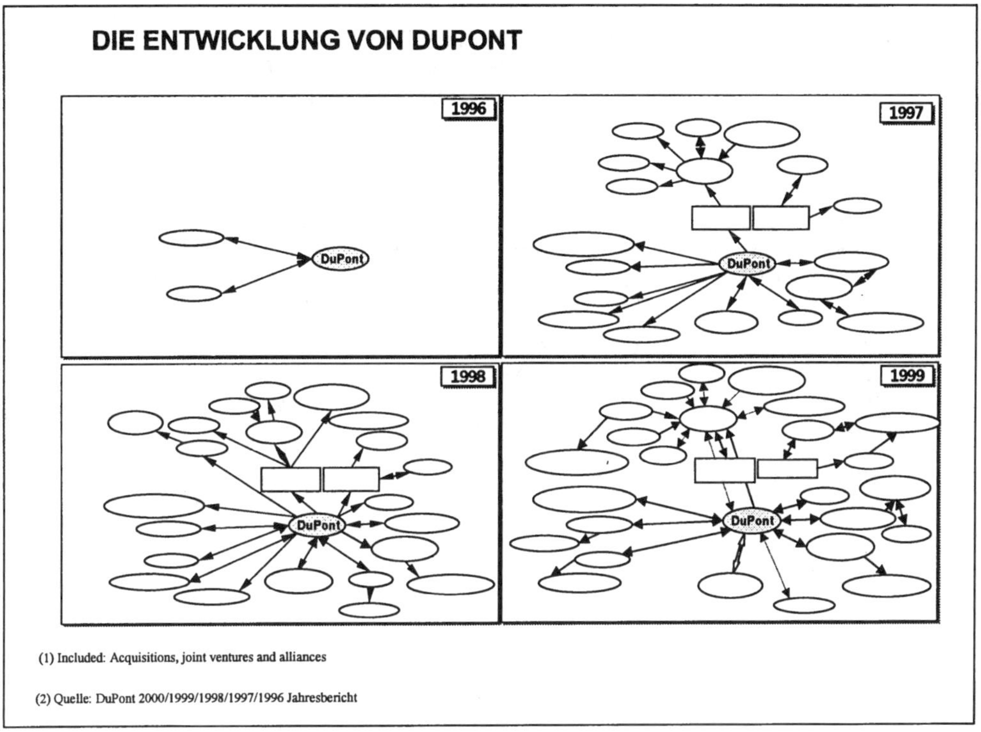

Abbildung 4: DuPont's Netzwerk in der agrochemischen und Biotech-Industrie

Der größte Nachteil strategischer Allianzen liegt darin, nicht die Verfügungsrechte über das Output der Kooperation zu besitzen. Meistens überwiegen die Vorteile strategischer Allianzen – geringere Ressourcenbeanspruchung, Flexibilität und Wahrung der formellen Unabhängigkeit – bei weitem deren Nachteile. In einem Punkt entlang der Kette sind jedoch die Verfügungsrechte über den Output von entscheidender Voraussetzung: am kritischen Schritt der Wertschöpfungskette. Peter Drucker behauptet, daß der größte Gewinn dem Unternehmen zufließen würde, das das fehlende kritische Element in einem System zu Verfügung stellt (vgl. *Gilder* 2000, S. 186).

In unserem Fallbeispiel ist der kritische Schritt der erweiterten Wertschöpfungskette im Saatgutgeschäft anzusiedeln. Das Saatgut ist der Punkt, an dem die Gene, die anschließend für die Expression der gewünschten Eigenschaften verantwortlich sind, in die entsprechende Kultur eingebracht werden. Neben der Fülle an potentiellen Kooperationspartnern entlang der Kette werden Saatgutunternehmen so zum knappen Gut, die diejenige Komponente liefern, die von allen anderen zur Realisierung des geschaffenen Wertsteigerungspotentials dringend benötigt wird.

DURCH EINE NEUDEFINITION AKTUELLER WERTTREIBER ERSCHLIEẞT DUPONT NEUE WACHSTUMSPOTENTIALE
(ALLIANZEN IN GRAU UND KURSIV)

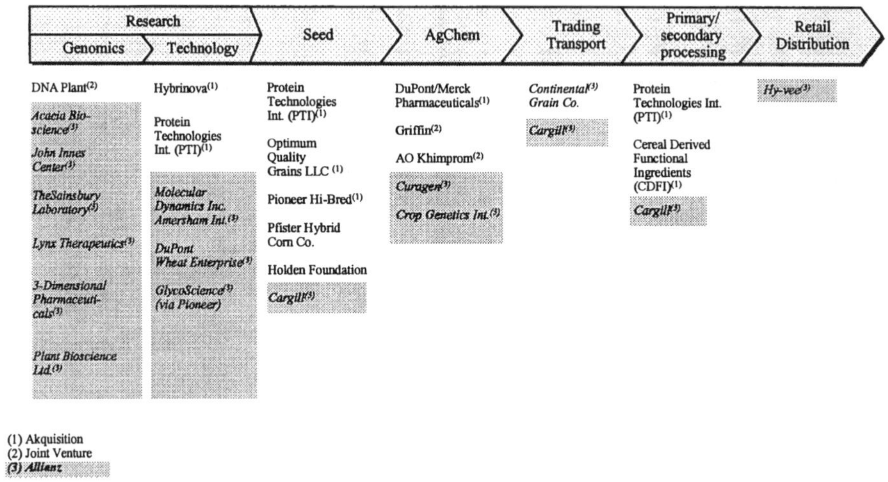

Quelle: DuPont 2000/1999/1998/1997/1996 Jahresbericht

Abbildung 5: DuPonts virtuelle Wertschöpfungskette in der agrochemischen und Biotech-Industrie

Am kritischen Schritt der Wertschöpfungskette sind deshalb auch Lizenzabkommen sehr schwierig, da Unklarheit darüber herrscht, wie und zu welchen Teilen der gemeinsam geschaffene Wert zwischen den Lizenzpartnern zu teilen ist. In unserem Fallbeispiel wird das an der hohen Anzahl der Rechtsstreite zwischen Agrochemieunternehmen und Saatgutherstellern deutlich, bei denen jeweils mehrere hundert Millionen $ involviert sind. Diese Erkenntnisse führten schließlich dazu, daß heute nahezu die gesamte Saatgutindustrie der Vereinigten Saaten in den letzten Jahren von agrochemischen Unternehmen aufgekauft wurde. Noch einmal: Direktes Eigentum am kritischen Schritt der erweiterten Wertschöpfungskette ist wesentliche Erfolgsvoraussetzung in der Orchestrierung virtueller Wertschöpfungsketten.

Schritt 6: Die Orchestrierung virtueller Wertschöpfungsketten wird im nächsten Abschnitt behandelt.

4 Die Orchestrierung virtueller Wertschöpfungsketten

Werde nicht müde, dir selbst zu nützen,
indem du anderen nützest.
Marc Aurel

4.1 Die effektive Nutzung des Wissens als unternehmerische Ressource

Nachdem ein Netzwerk von Allianzpartnern, Joint ventures und Eigenkapitalbeteiligungen aufgezogen wurde, ist dieses Netzwerk entsprechend der Logik der Wertsteigerung und Wertrealisierung zu führen: Es geht um die Koordination der Aktivitäten einer grossen Anzahl von Partnerunternehmen und um deren Integration mit der eigenen Wertschöpfungskette mit dem Ziel, die kritischen Erfolgsfaktoren der Branche neu zu definieren.

Als Beispiel kann untersucht werden, wie ein Unternehmen Reis mit erhöhtem Vitamin A-Gehalt entwickelt und auf den Markt gebracht hat. Das Beispiel ist deshalb interessant und wichtig, da dieses Produkt einen erheblichen Einfluß auf die Nahrungskette in Ländern der dritten Welt haben könnte, wo jährlich Tausende von Kindern an Vitamin A-Mangel sterben. Die entsprechenden Gene wurden von einem unabhängigen Forschungslaboratorium identifiziert, welches diese einer Biotechnologie-Firma weitergab, die dann nach Möglichkeiten suchte, diese Gene in das Erbmaterial von Reis zu übertragen. Ein Saatgutunternehmen und hundertprozentige Tochter des Unternehmens führt die Rückkreuzung mit traditionellen Sorten durch. Parallel dazu sucht ein weiteres Biotechnologie-Unternehmen nach Genen, die für einen erhöhten Pro-Hektar Ertrag verantwortlich sind, um diese Gene eines Tages ebenfalls in das Erbmaterial einzukreuzen.

Darüber hinaus wurden bereits Verträge mit Vertriebspartnern und Lebensmittelkonzernen abgeschlossen, um den höherwertigen Reis über die gesamte Nahrungsmittelkette hinweg von dem undifferenzierten Produkt zu trennen.

Die Orchestrierung virtueller Wertschöpfungsketten umfaßt alle vorhin beschriebenen Aktivitäten: Identifikation potentieller Allianzpartner, Steuerung des resultierenden Netzwerks an kooperierenden Unternehmen, Management der Beziehungen innerhalb des Netzwerks und das Steuern einer Idee oder eines Produkts durch das Netzwerk mit dem Ziel der Wertsteigerung und Wertrealisierung.

Kritisches Element dieses Prozesses ist die effektive Nutzung des Wissens als unternehmerische Ressource: Spezifisches Wissen, das aus der Kooperation mit einem Unternehmen des Netzwerks entsteht, wird gezielt eingesetzt, um Zugang zu spezifischem Wissen anderer Unternehmen zu erhalten (vgl. *Powell* 1998, S. 228 ff). In diesem Sinn sind es nicht nur finanzielle Investitionen oder Eigenkapitalbeteiligungen allein, die als Ressourcen zur Erhöhung der aktiven Wissensbasis verwendet werden, sondern auch Wissen selbst, das als Tauschgegenstand verwendet werden kann.

Eine Führungskraft formulierte dies folgendermaßen: „Es ist wichtig, ein aktives Element in Spitzendisziplinen der Wissenschaft zu sein. Technologische Führungsstrategien verlangen, daß auch Industrieunternehmen über eine eigene Grundlagenforschung verfügen, ….., deren Ergebnisse dann als Tauschwährung eingesetzt werden können" (vgl. *Pake* 1986, S. 35 ff).

4.2 Die kritischen Fähigkeiten zur Orchestrierung virtueller Wertschöpfungsketten

Die Ausführungen zeigen auf, daß es möglich ist, Industriestrukturen tiefgreifend zu verändern, indem Querverbindungen zwischen vormals getrennten Branchen geschaffen werden.

Die Schaffung dieser Querverbindungen, die zu einem neuen Mosaik an vertikalen und horizontalen Brücken zwischen branchenübergreifenden Wertschöpfungsketten führt, verlangt nach gewissen Fähigkeiten, die im folgenden näher beschrieben werden:

1. Vision und Implementierung: Eine Vision und die Fähigkeit, diese auch umzusetzen, sind die ersten Bausteine einer erfolgreichen Orchestrierung virtueller Wertschöpfungsketten. Die ursprüngliche Vision von Agrochemie-Unternehmen umschrieb ihren Beitrag zur „Ernährung von Menschen" durch effektiven und sicheren Pflanzenschutz. Heute beschreiben führende Unternehmen wie Aventis ihre Vision zunehmend in Form von „Vorbeugung von Krankheiten" oder „Erhaltung der menschlichen Gesundheit" durch die Erzeugung von Produkten mit gesundheitsfördernden Eigenschaften. Es ist offensichtlich, daß Visionen dieser Art ein sehr verschiedenes Gerüst an Fähigkeiten bzw. Ressourcen verlangen und eine deutlich ausgeprägtere Toleranz für Risiko und Unsicherheit voraussetzen als die Realisierung einer bereits „umgesetzen" Vision wie der, „Menschen zu ernähren".

   Fundamental ist auch die Fähigkeit und das Commitment zur Umsetzung. „Umsetzung" meint hier wesentlich mehr als das Abarbeiten eines vorgegebenen Plans. Mit „Umsetzung" ist hier die Fähigkeit gemeint, trotz eines bisweilen beachtlichen Widerstandes und ohne kurzfristigen Gewinn eine langfristige Wachstumsstrategie zu verfolgen, deren Nutzen Analysten, Aktionären und dem weiteren Umfeld heute nicht immer ganz klar ist.

   Tom McKillop, CEO von Syngenta, bemerkte in einem Interview mit der Financial Times, daß Biotechnologie nicht vor "Ende dieses Jahrzehnts" (vgl. *Financial Times*,

4 August 1999) einen sichtbaren Beitrag zum Betriebsergebnis seines Unternehmens leisten würde. Dennoch investierten die Unternehmen in unserer Studie Milliarden von US $ in den Aufbau eines Netzwerks an Allianzpartnern und nahmen dabei die kurzfristige und extrem skeptische Reaktion von Aktienmärkten in Kauf. Während viele Unternehmen geneigt sind, im schwierigen Balanceakt zwischen kurzfristigem Erfolg für Aktionäre und langfristigem Wachstum des Unternehmens das Schwergewicht auf ersteren zu legen, bewiesen die Unternehmen in unserer Studie den Mut, die zweite Option zu verfolgen.

2. Integrative Fähigkeiten: Folgende Aktivitäten sind hiermit verbunden: Identifizierung, Evaluierung, Koordinierung von Allianzpartnern und Integration dieser Aktivitäten mit In-house Operationen und Operationen anderer Netzwerkmitglieder. Wie im erwähnten Beispiel geht es darum, den für bestimmte Aktivitäten besten Partner im Netzwerk zu finden und dessen Aktivitäten intern oder mit anderen Unternehmen zu vernetzen. Gleichzeitig geht es darum, die Grenzen des eigenen Unternehmens kontinuierlich zu überdenken. J. Bryan, Vorstandsvorsitzender von Sara Lee, spricht hier von "De-Vertikalisierung": „Im Zuge unserer Strategie, eine stark horizontale Unternehmung zu werden", sagt er, „werden wir in Zukunft verstärkt Partnerschaften, Joint ventures und Allianzen einsetzen und kritisch über unsere eigenen Grenzen nachdenken". Sein Ruf nach einer horizontalen Unternehmung spiegelt die Grundausrichtung der in unserer Studie untersuchten Unternehmen gut wider.

3. Direktes Eigentum am kritischen Schritt der Kette: Peter Drucker legte es nahe, das kritische Element in einem System zu bestimmen, um so das langfristig profitabelste Unternehmen zu finden. Auf die Theorie der Orchestrierung virtueller Wertschöpfungsketten übertragen, bedeutet diese Aussage, daß Eigentum am kritischen Schritt notwendige Voraussetzung zur Realisierung des geschaffenen Wertsteigerungspotentials ist. In unserer Studie ist dies, wie erwähnt, das Saatgutgeschäft.

4. Wertsteigerung und Wertrealisierung: Eine Frage, die es zu beantworten gilt, lautet: Wer sind die Wettbewerber, wenn es um die Realisierung des gemeinsam geschaffenen Wertsteigerungspotentials geht? Und weiter: Wie stark ist hier die Position des Unternehmens gegenüber möglichen Wettbewerbern entlang der erweiterten Kette? Wie aus den Fallbeispielen hervorgeht, ist die Schaffung eines Wertsteigerungspotentials nicht gleichzusetzen mit der Realisierung dieses Potentials. Dieser Punkt läßt sich auch weiter anhand anderer Beispiele illustrieren: Im Zuge der Internet-Revolution wurden substantielle Werte geschaffen – und vernichtet. Paradoxerweise waren diejenigen Unternehmen, die scheinbar in der besten Ausgangsposition waren, um hiervon zu profitieren, dazu oft am wenigsten in der Lage. Barnes&Noble etwa, erlebte einen deutlichen Umsatz- und Ergebnisrückgang seit dem kometenhaften Aufstieg von Amazon.com und war unfähig, auch nur im geringsten von den signifikanten Wertsteigerungsmöglichkeiten, die das Internet bot, zu profitieren. Nicht unähnlich erging es den US-Telekomgesellschaften, die nicht in der Lage waren, start-ups wie Yahoo oder AOL aufzuhalten.

Wertrealisierung bedeutet in unserem Beispiel Eigentum am kritischen Schritt sowie Marketing- bzw. Distributionskompetenzen, um das Produkt effektiv und zeitgerecht an den Endkonsumenten bringen zu können. Ein Analyst einer US-Investmentbank faßt dieses Argument folgendermaßen zusammen: „Ein neues Gen ist wertlos, wenn der Zugang zu hochwertigem Saatgut und die Infrastruktur zur Vermarktung fehlen." (vgl. *Furmann Selz* 1998)

5. Geschwindigkeit: Unternehmen, die als erste am Markt sind, haben die Möglichkeit, Kunden permanent an sich zu binden („Lock-in" Effekte) und neue Produktentwicklungen aus dem Gewinn bestehender Kundenbeziehungen zu finanzieren. Je eher eine loyale Kundengruppe etabliert wird, desto schwieriger wird es für potentielle Eintrittskandidaten, in das entsprechende Segment einzubrechen. Zusätzlich können Loyalitätsmechanismen und rasche Produktinnovationen es kleineren Wettbewerbern nahezu unmöglich machen, je einen signifikanten Marktanteil zu erlangen. In stark expandierenden Märkten, wo positive Feedback-Mechanismen (vgl. *Arthur* 1990, S. 92 ff) und Netzwerkeffekte (vgl. *Chakravarthy* 1997, S. 69 ff) auftreten können, ist Geschwindigkeit und die rasche Bildung einer loyalen Kundengruppe eine kritische Erfolgsvoraussetzung.

6. Überzeugende Wertsteigerung für Kunden: Quantifizierbare und überragende Wertsteigerung für die Kunden ist ein weiterer Baustein, auf dem Strategien der Orchestrierung virtueller Wertschöpfungsketten beruhen. Als Beispiel kann Monsantos erste Generation gentechnisch veränderter Sojabohnen genannt werden: Für den Kunden, d.h. den amerikanischen Farmer, brachte dieses Produkt erhebliche Kostenvorteile durch einen stark reduzierten Aufwand für Pflanzenschutzprodukte mit sich. Monsanto gestaltete den Preis so, daß der ökonomische Wert des Produktes im Verhältnis von 4 zu 1 zwischen Kunden und Monsanto aufgeteilt wurde: Für jede 100$ an Kosteneinsparung, die der Kunde durch das Produkt realisierte, behielt Monsanto nicht mehr als 20$ in Form von Lizenzgebühren für das Saatgut für sich, wobei die restlichen 80% dem Kunden als Reingewinn zuflossen. Obwohl Monsanto in diesem Markt zuvor überhaupt nicht präsent war, lag der Marktanteil bereits drei Jahre nach Markteinführung bei über 50%.

7. Starke interne Wissensbasis: Eine tiefgreifende und weit ausgeprägte interne Kompetenzbasis, die alle Aktivitäten des Netzwerks abdeckt, ist notwendig, um die unterschiedlichen Wertschöpfungsketten koordinieren und integrieren zu können. Wie aus den Beispielen unserer Studie hervorgeht, beruht die Orchestrierung virtueller Wertschöpfungsketten zu einem guten Teil auf Aktivitäten, die von Drittunternehmen durchgeführt werden, wobei das Ausmaß der Inhouse-Aktivitäten dementsprechend reduziert ist (kritischer Schritt und andere wesentliche Funktionen). Wie Miles und Snow feststellen, trägt exzessive Spezialisierung auf ein eng abgegrenztes Feld das Risiko, daß das Unternehmen „ausgehöhlt" wird und zu „einer Firma, ohne klar definierten, essentiellen Beitrag zum Erfolg im Netzwerk" wird (vgl. *Miles / Snow* 1994, S. 108 ff). Eine stark ausgeprägte interne Kompetenzbasis, wesentlich zur Evaluierung potentieller Allianzpartner und zur Weiterentwicklung des Netzwerks,

stellt hier jenen nicht-delegierbaren, essentiellen Beitrag des Orchestrators zum Erfolg des Netzwerks dar.

Das emergente Modell der Orchestrierung virtueller Wertschöpfungsketten könnte auch das Verhältnis von Markt und Organisation neu definieren. Dieser Frage wird im folgenden Absatz nachgegangen.

5 Branchenmodelle im Übergang

Beachte immer, daß nichts bleibt, wie es ist,
und denke daran, daß die Natur immer
wieder ihre Formen wechselt.

Marc Aurel

Hedberg, Nystrom und Starbuck (vgl. *Hedberg / Nystrom / Starbuck* 1976, S. 41 ff) beschreiben sehr anschaulich Palast- und Zeltorganisationen in Abhängigkeit von der Umweltsituation des Unternehmens.

Unsere Studie zeigt, daß es heute eine Reihe flexibler, zeltförmiger Unternehmen gibt, die ihre Strategie nach einer sehr spezifischen Logik ausrichten, die hier als Orchestrierung virtueller Wertschöpfungsketten bezeichnet wird (Tabelle 2).

Damit sehen Organisationen heute einem Netz ähnlicher als einem Zelt oder einem Palast, mit wesentlich flexibleren Strukturen, wobei der Mangel an Rigidität kompensiert wird durch einen feinen Sinn für effektive Strategie, und wobei Unternehmen auf mehreren Ebenen/Stufen der Wertschöpfungskette miteinander zusammenarbeiten und gleichzeitig untereinander in Wettbewerb stehen.

Die Orchestrierung virtueller Wertschöpfungsketten	
Inhalt	Schaffung, Gestaltung und Steuerung eines Netzwerks von Allianzpartnern, Joint ventures und akquirierten Unternehmen
Zugrundeliegende Logik	Wertschaffung und Wertrealisierung entlang der branchenübergreifenden Wertschöpfungskette
Herausforderungen	Gestaltung und Steuerung sowohl des Netzwerks *(direkte Verbindungen)* als auch kritischer Verbindungen *im* Netzwerk
Rolle des Orchestrators	Architekt des Netzwerks – ohne deshalb notwendigerweise immer eine aktive Führungsrolle übernehmen zu müssen (Weitergabe der Führungsrolle an kleinere Einheiten, die temporär das gesamte Netzwerk steuern, bspw. in der Definition von Forschungszielen) Aktiver Einsatz von Wissen als Ressource, um Wissen über das Netzwerk und innerhalb des Netzwerkes zu erhöhen
Schwierigkeiten	Evaluierung von Fähigkeiten, Ressourcen und Möglichkeiten, um eine Idee durch das Netzwerk zu steuern

Tabelle 2: Die Rolle des Orchestrators virtueller Wertschöpfungsketten

6 Zusammenfassung und Ausblick

Wenn du über dünnes Eis läufst, liegt
die Sicherheit in deiner Geschwindigkeit.
Ralph Waldo Emerson

"Wenn Märkte nicht wachsen, muß unsere Vorstellungskraft wachsen", wiederholte Larry Bossidy, vormals CEO von AlliedSignal, wenn er mit seinen Abteilungsleitern Wachstumsziele verhandelte. Was wir heute sehen, sind Unternehmen, die aus der Zwangsjacke stagnierender Märkte ausbrechen, indem sie Märkte und Branchen den eigenen Kompetenzen und Strategien entsprechend neu definieren.

Die Kapitalmärkte honorieren Wachstum. Überdurchschnittliches Wachstum wird überproportional honoriert. Vor allem die Unternehmen, die in gesättigten oder stagnierenden Märkten operieren, suchen nach Möglichkeiten, ihren Wert überdurchschnittlich in einer Langzeitperspektive zu erhöhen. Die Ausführungen unterstreichen die zentrale Rolle der Innovation für die Wachstumsprozesse der Unternehmen; sie gehen allerdings über den traditionellen Begriff der Innovation hinaus, indem sie die Wertschöpfungsketten der vor- und nachgelagerten Branchen in die Schaffung von Wachstumspotentialen miteinbeziehen.

Das in dieser Arbeit vorgestellte Konzept der Orchestrierung virtueller Wertschöpfungsketten beschreibt den Prozeß der Strukturierung, Koordination und Integration der wertschöpfenden Tätigkeiten vormals nur lose zusammenhängender Branchen; das Ziel ist, durch die Schaffung eines branchenübergreifenden Netzwerks aktuelle Werttreiber fundamental neu zu definieren und dadurch Branchen zu schaffen, die zuvor nicht existierten und neue Wachstumspotentiale eröffnen. Die wichtigsten Ergebnisse sind:

- Ein allgemeines Modell zur Neugestaltung von Industriezweigen anhand eines branchenübergreifenden Netzwerks von Allianzpartnern wird vorgestellt.
- Die sechs Hauptschritte zur Orchestrierung virtueller Wertschöpfungsketten werden definiert und anhand von Beispielen erläutert.
- Die Orchestrierung virtueller Wertschöpfungsketten wird exemplarisch mit Beispielen aus der agrochemischen und Biotech-Industrie demonstriert.
- Die kritischen Fähigkeiten bei der Orchestrierung von Wertschöpfungsketten sind: Vision und Implementierung, De-Vertikalisierung, direktes Eigentum am kritischen Schritt der Wertschöpfungskette, Wertsteigerung und Wertrealisierung, Geschwindigkeit, überzeugende Wertsteigerung für den Kunden sowie starke interne Wissensbasis.
- Virtuelle Wertschöpfungsketten signalisieren den vorläufigen Endpunkt moderner Organisationsformen komplexer Produktionstätigkeiten.

- Wachstumspotentiale werden in dem Maß geschaffen, wie die kritischen Erfolgsfaktoren bestehender Branchen neu definiert und dadurch neue, zuvor nicht existierende Branchen aufgebaut werden. Wettbewerber, die sich lediglich auf Innovationen und Verbesserungen in ihrer spezifischen Wertschöpfungskette konzentrieren, nehmen die neuen Wachstumspotentiale häufig nicht einmal wahr.

Anmerkungen

[1] Trotz des Einbruchs in jüngerer Zeit wuchs die Börsenkapitalisierung von Microsoft im Schnitt um 145% pro Jahr in den letzten 5 Jahren, die von Dell und Cisco um 160% bzw. 180% pro Jahr.

[2] Powell, Koput und Smith-Doerr untersuchten die Netzwerkaktivitäten von Biotechunternehmen, die auf dem Gebiet der pharmazeutischen Forschung tätig waren. Sie kamen zu folgenden Mortalitätsraten für Unternehmen mit und ohne Verbindungen im Forschungsnetzwerk: 5,9% für Unternehmen mit Netzwerkverbindungen und 8,7% ohne Verbindungen (1988), 3,5% für Unternehmen mit Netzwerkverbindungen und 23% für Unternehmen ohne Verbindung (1990). 8,6% mit bzw. 17% ohne (1991) und 1992 schließlich gaben 4,2% der Unternehmen mit Netzwerkverbindungen und 5,3% der Unternehmen ohne Verbindung ihre Aktivität auf.

7 Literatur

Albach, H. (2000): *Allgemeine Betriebswirtschaftslehre*, 2. A., Wiesbaden

Arthur, W. B. (1990): *Positive Feedbacks in the Economy*, in: Scientific American, 262. Jg., Heft 2, S. 92-99

Avila, J.; Mass, N.; Turchan, M. (1996): *Keys to Profitable Growth*, in: The McKinsey Quarterly, Nr. 1, S. 202-206

Backhaus, K.; Meyer, M. (1993): *Strategische Allianzen und strategische Netzwerke*, in: WiSt, 22. Jg., Heft 7, S. 330-534

Baden-Fuller, C.; Stopford, J. M. (1994): *Rejuvenating the Mature Business – The Competitive Challenge*, Boston

Baghai, M. et al. (1996): *Staircases to Growth*, in: The McKinsey Quarterly, Nr. 4, S. 4-21

Bahrami, H. (1990): *The Emerging Flexible Organization – Perspectives from Silicon Valley*, in: California Management Review, 34. Jg., Heft 2, S. 53-73

Bellmann, K.; Hippe, A. (1996): *Netzwerkansatz als Forschungsparadigma im Rahmen der Untersuchung interorganisationaler Unternehmensbeziehungen, in: Management von Unternehmensnetzwerken*, hrsg. von K. Bellmann; A. Hippe, Wiesbaden, S. 3-20

Chakravarthy, B. (1997): *A New Strategy Framework for Coping with Turbulence*, in: Sloan Management Review, 38. Jg., Heft 2, S. 69-92

Charan, R.; Tichy, N. M. (1998): *Every Business Is A Growth Business – How Your Company Can Prosper Year After Year*, New York

Chung, S. (1996): *Performance effects of cooperative strategies among investment banking firms – a loglinear analysis of organizational exchange networks*, in: Social Networks, 18. Jg., S. 121-148

Furmann Selz (1998): *The Agbiotech and Seed Industry*, New York

Gilder, G. (2000): *Telecosm – How Infinite Bandwith Will Revolutionize Our World*, New York

Gulati, R.; Nohria, N.; Zaheer, A. (2000): *Strategic Networks*, in: Strategic Management Journal, 21. Jg., Heft 3, S. 203-215

Gulati, R. (1995): *Does Familiarity Breed Trust? The Implications of Repeated Ties for Contractual Choice in Alliances*, in: Academy of Management Journal, 38. Jg., Heft 1, S. 85-112

Hagedorn J.; Schakenraad, J. (1994): *The effect of strategic technology alliances on company performance*, in: Strategic Management Journal, 15. Jg., Heft 4, S. 291-309

Hamel, G. (2000): *Leading the Revolution*, Boston

Hedberg, B.; Nystrom, P.; Starbuck, W. (1976): *Camping on Seasaws: Prescriptions for a Self-designing Organization*, in: Administrative Science Quarterly, 21. Jg., Heft 1, S. 41-65

Hinterhuber, A. (201): *Achieving Growth in a Stagnating Market – The Case of the Global Biotech and Agrochemical Industry*, in: E-Business-Management, hrsg. R. Berndt, Berlin, Heidelberg, New York, S. 139-157

Hinterhuber, H. H.; Levin, B. M. (1994): *Strategic Networks – The Organization of the Future*, in: Long Range Planning, 27. Jg., Heft 3, S. 43-53

Inkpen, A. C. (1996): *Creating Knowledge through Collaboration*, in: California Management Review, 3. Jg., Heft 1, 53-73

Jarillo, J. (1988): *On strategic networks*, in: Strategic Management Journal, 9. Jg., Heft 1, S. 31-41

Jarillo, J. (1995): *Strategic Networks. Creating the Borderless Organization*, 2. A., Oxford

Kim, W. C.; Mauborgne, R. (1999): *Creating New Market Space*, in: Harvard Business Review, 77. Jg., Heft 1, S. 83-93

Kim, W. C.; Mauborgne, R. (1997): *Value Innovation: The Strategic Logic of High Growth*, in: Harvard Business Review, 75. Jg., Heft 1, S. 103 –112

Kogut, B. (2000): *The network as knowledge – generative rules and the emergence of structure*, in: Strategic Management Journal, 21. Jg., Heft 3, S. 405-425

Lorenzoni, G.; Baden-Fuller, C. (1995): *Creating a Strategic Center to Manage a Web of Partners*, in: California Management Review, 37. Jg., Heft 1, S. 146-163

Miles, R.; Snow, C. (1994): *Fit, Failure, and the Hall of Fame: How Companies Succeed or Fail*, New York

Nohria, N.; Garcia-Pont, C. (1991): *Global strategic linkages and industrial structure*, in: Strategic Management Journal, 12. Jg., Summer Special Issue, S. 105-124

Powell, W. (1998): *Learning from Collaboration – Knowledge and Networks in the Biotechnology and Pharmaceutical Industries*, in: California Management Review, 40. Jg., Heft 3, S. 228–240

Powell, W. u.a. (1999): *Network Position and Firm Performance – Organizational Returns to Collaboration in the Biotechnology Industry*, in: Research in the Sociology of Organizations, 16. Jg., S. 129-159

Powell, W.; Koput, K.; Smith-Doerr, L. (1996): *Interorganizational Collaboration and the Locus of Innovation: Networks of Learning in Biotechnology*, in: Administrative Science Quarterly, 41. Jg., Heft 1, S. 116-145

Pake, G. (1986): *Business payoff from basic research at Xerox*, in: Research Management, 29. Jg., S. 35-40

Stalk, G.; Pecaut, D.; Burnett, B. (1996): *Breaking Compromises – Breakaway Growth*, in: Harvard Business Review, 74., Jg., Heft 5, S. 75-85

Steven, M. (2001): *Produktionsmanagement in virtuellen Unternehmen*, in: Zeitschrift Führung + Organisation, 70. Jg., Heft 2, S. 86-92

Stuart, T. (2000): *Interorganizational alliances and the performance of firms – a study of growth and innovation rates in a high-technology industry*, in: Strategic Management Journal, 21. Jg., Heft 8, S. 791-811

Sydow, J.; Windeler, A. (Hrsg.) (2000): *Steuerung von Netzwerken*, Wiesbaden

Sydow, J. (1999): *Management von Netzwerkorganisationen – Zum Stand der Forschung*, in: Management von Netzwerkorganisationen, hrsg. von J. Sydow, Wiesbaden, S. 279-314

Sydow, J. (1992): *Strategische Netzwerke. Evolution und Organisation*, Wiesbaden

Tushman, M.; Anderson, P. (1986): *Technological Discontinuities and Organizational Environments*, in: Administrative Science Quarterly, 31.Jg., Heft 3, S. 439-465

Vicari, S.; Bertoli, G. (2000): *Die diversifizierte Unternehmung als lernende Organisation*, in: Die Zukunft der diversifizierten Unternehmung, hrsg. von H. H. Hinterhuber, St. A. Friedrich, K. Matzler, H. Pechlaner, München. S. 75-104

von Stengel, R. (1999): *Gestaltung von Wertschöpfungsnetzwerken*, Wiesbaden

Wildemann, H. (1998): *Wissensmanagement in Unternehmensnetzwerken*, in: Perspektiven im Strategischen Management, hrsg. von G. Handlbauer, K. Matzler, E. Sauerwein, M. Stumpf, Berlin-New York, S. 403-418

Wildemann, H. (1997): *Koordination von Unternehmensnetzwerken*, in: Zeitschrift für Betriebswirtschaft, 67. Jg., Heft 4, S. 417-439

Wildemann, H. (1996): *Entwicklungsstrategien für Zulieferunternehmen*, 3. A., München

Wildemann, H. (1996): *Management von Produktions- und Zuliefernetzwerken*, in: Produktions- und Zuliefernetzwerke, hrsg. von H. Wildemann, München, S. 13-45

Williamson, O.E. (1975): *Markets and Hierarchies*, New York

The A-B-Cs of Supply Chain Relationships

Robert W. Hall

1 Introduction

Broadly interpreted as all interactions between companies in a complex global economy, supply chain management is an impossibly big topic. Limiting discussion to manufacturing supply chains doesn't diminish the scope of the subject very much. Manufacturers don't limit themselves to making artifacts, and for several years, they have attempted to improve customer-supplier working relationships.

Figure 1 is one way to represent so large a subject. In quadrant 1, most start-up companies begin merely by adopting formal business methods to purchase what they need. In quadrant 2, where supplier qualifications are a minimal concern, purchasing shifts to bidding and price comparisons. However, as shown in quadrant 3, companies also retain architects, attorneys, auditors and other professional advisors. Here selection and interaction is based on professional relationships, with competence and confidentiality considered more important than price. Quadrant 4 encompasses the newer venturing in supply management, in which collaboration between companies is considered necessary to improve operating efficiency in all of them as a whole.

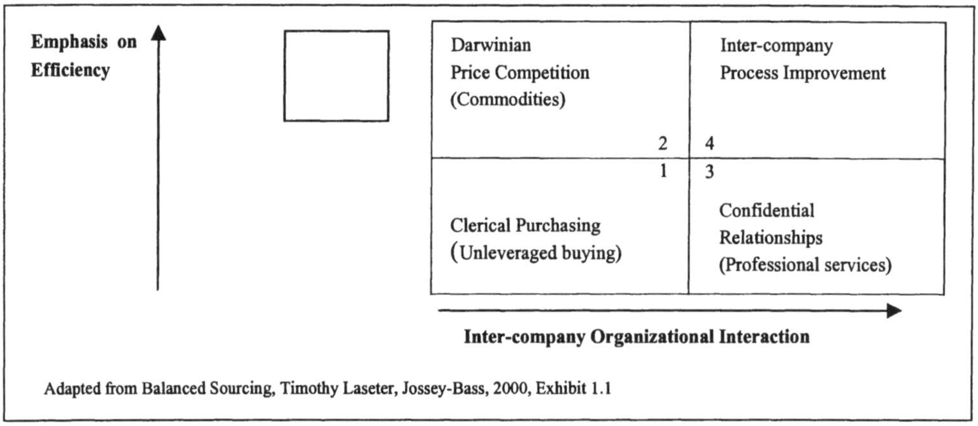

Figure 1: Suppler Relationship Model

In the United States developments in quadrant 4 have about a twenty-year history. In addition, rapid technological advances present more opportunities to alter 20th century business models. However, people knowledgeable of supply chain management regard human change as the biggest challenge. Without it, the technical advances will only make minor efficiency improvements in traditional ways of doing business.

2 History of Supply Chain Evolution in North America

Japanese Lessons: Around 1980 Americans and Europeans awakened to the industrial system developed by number of Japanese companies, especially Toyota Motor Company. Simple pull systems for material transport linked networks of suppliers with customer plants. Almost all factories in the network had become adept in what we now call lean manufacturing. While these operations covered a small geography, not a global one, the Japanese provided lessons in organizing production and logistics flows that are still being absorbed.

However, from a Western view, a remarkable aspect of the Japanese system was the web of relationships among suppliers. They collaborated at many contact points.

For example, among the Toyota "family" of suppliers, young men were often assigned for several months to multi-company kaizen improvement teams that went from company to company executing projects to eliminate waste. The immediate payoff from these projects was small. The big one came a few years later when team members were in key positions in their companies. When hard pressed on a new model introduction, for instance, the working relationships formed earlier made collaboration across the companies much easier.

The strength - and the weakness - of the Japanese supplier system is that it depends on close personal interaction. Many Westerners studied keiretsu financial structures, but the tacit understanding and simple action message that smooth collaboration does not depend on ownership structure. Japanese still regard a company more as people than as a financial entity.

The system worked well in Japan among Japanese, who have a more high-context work culture than Germans or Americans. High context means that Japanese are socially expected to know well the people with whom they work, and to be aware of the situation around them. Developing context is slow, because it is the work of life. Changing everyone's understanding of context also makes direction-changing decisions very slow. However, once a common context is established, execution is fast, and usually simple.[1]

As Japanese industry advanced in technology and expanded globally, the weaknesses appeared. High-context communication doesn't work as well advancing technology as refining it. Scattered among foreign locations, Japanese had less face-to-face time. They worked more with low-context Westerners. Decision delays increased. To compensate, Japanese companies had to become a little more "Western."

Xerox: In 1980 this company suddenly awakened to find that it paid more to suppliers for the parts in a copier than Japanese competitors were charging customers for a comparable model. No amount of internal improvement could bridge this gap. To survive, it had to work with suppliers. Xerox became a pioneer of many practices that other companies, including small ones, now use to improve the effectiveness of their work with suppliers. Among them:

- Regular benchmarking to identify best practices for supplier operations anywhere in the world: Best cost, best quality, shortest lead times, and so on.
- Xerox broadened the management of suppliers from a purchasing function to a multi-functional activity.
- Categorization of suppliers into red, yellow, and green categories. Red ones either had hopeless operations or the management had a bad attitude toward improvement. Yellow was marginal; operations might be bad, but management attitude was promising. Green suppliers were competitive in operations at the time and disposed toward partnership with Xerox.
- Xerox reduced the number of suppliers by ninety percent, dropping the red ones, and concentrating on the green ones and a few yellow ones.
- Improvement teams visited the promising suppliers, demonstrating how to set up what we now call lean operations. Several of the suppliers credit their beginning in manufacturing excellence to these Xerox teams.
- Xerox engineers began to redesign new copier models. They learned the suppliers' processes. Suppliers were invited to contribute ideas to reduce the cost of Xerox products. Redesign of products and processes had the desired effect on costs. All the preceding steps were enablers.

Today, many American companies emulate some or all these practices even if they don't know where they originated. As it turned out, many of the companies that copied Xerox's methods enjoyed more long-term success than Xerox.

By the end of the 1980s, Xerox had regained competitiveness, but now it is once again in perilous financial condition. The technology shifted to digital printers. Xerox's attempt to remake itself as a field service company was less successful than hoped.

Honda of America Manufacturing: This transplant company has influenced supplier relations thinking in the United States as much as Toyota, perhaps because Honda operated more "American" and widely shared how its system works. Three features characterize Honda:

- Each supplier receives a monthly scorecard signed by a senior Honda executive.
- Honda has promoted a program of supplier development called "Best Practice." A staff attached to purchasing consists of manufacturing consultants that go live with a supplier for at least three months. Some Honda advisors stay with a supplier for two years or more. The objectives are to teach process improvement methodology and to

seed a process improvement culture, leaving behind personnel that Honda can continue to work with (many companies now interchange personnel on temporary assignments).

- "Jikon" meetings with suppliers to review target costs using detailed process cost tables. Honda does not demand cost reductions and let the supplier figure how to accomplish them. The companies jointly review costs and savings opportunities. When achieved, savings are split between Honda, the supplier, and the customer. Honda is widely quoted as having "saved" nineteen percent of materials costs over five years, with the savings thus split (Jikon is extremely difficult for other companies to adopt because the trust necessary for it does not form).

Jikon is particularly important in new model design. About half of Honda's purchasing department consists of engineers that work with suppliers during design and continue to make sure that the supplier is on schedule until issues are resolved at model launch. Their objective is to achieve very rapid model introductions with no snags.[2]

The Honda model of supplier relations has moved to Deere & Company and Harley-Davidson, where ex-Honda managers are developing similar systems. Most other companies only copy parts of the Honda model. The major challenge of the Honda model is developing trust between customer and supplier. Indeed, it appears to be the Achilles heel of almost all customer-supplier relations.

Other Pioneers: Most companies that are beyond purchasing on pure price do nothing more than select qualified suppliers as best they can. ISO9000 certifications are a basic indicator for this purpose, but insufficient, so companies look for more. The most influential corporate supplier assessment system is the Chrysler (now DaimlerChrysler) SCOR model, now being promoted by the Supply Council.

On the distribution side of supply management, the pioneer is the everyday-low-price retailer, Wal-Mart. Its system is now known as Efficient Customer Response (ECR). In brief, Wal-Mart each day downloads to suppliers a record of sales by SKU by store - how much has been withdrawn from the pipeline to each store.

Suppliers feed packages into the distribution pipeline to replace withdrawals. Packages ready for the store shelf and shipping cases are marked with bar codes identifying each item and its store destination. The shipments marked for each store "cross dock" at Wal-Mart warehouses. That is, why they are removed from one truck and immediately put on another to go straight to a store. Wal-Mart warehouses operate somewhat like UPS overnight package delivery terminals.

Other retailers' versions of Wal-Mart's ECR have usually met less success, but any of them competing on price have been forced to try. The total effect of this system on retailing has also forced manufacturers to respond. All have had to modify shipping. To the more astute, the system clarifies the value of small lot sizes, low inventories and rapid set up flexibility, leading the to become more efficient internally.

Several of the pioneer companies belong to a small group called the National Initiative for Supply Chain Integration (NISCI). Thus the best practices of each of them are well known to key managers of the others. However, business tradition and human nature are change slowly, not by a sudden revolution.

A NISCI-sponsored experiment at Harley-Davidson illustrates the difficulties. Harley's chrome-plated aluminum castings come from three companies, not counting the aluminum manufacturer: The chrome plating company, the die caster and the die caster's tool maker. These companies formed a "mandate team," consisting of key people from each company. This team first attacked the problem of high scrap rates on parts having very demanding cosmetic requirements. After nearly a year of meetings, on-line communication, and trial and error, this team discovered the cause of the problems - using the molds too long.

Seemingly, such a problem should be quickly solved. However, the time delays between each party seeing defects confounded the analysis until all members of the team looked at consistent, traceable trend data assembled into one package.

They felt a bit stupid. How could this incident and a few lesser ones occur? Their conclusion: When people work remotely, it is very easy to make an innocent change not knowing that two tiers away in the supply chain something will be drastically affected.

The major problems are not technical - not analysis methods, software, or data kept in inconsistent formats. They are basic problems of human organization and human trust.

3 Outsourcing

This movement began in the 1980s when IBM outsourced production of its personal computer to SCI, the first large Electronics Manufacturing Services provider. In the past five years, outsourcing of electronics manufacturing has exploded. The impetus came from surface-mount printed circuit board technology. Companies with modest volumes found themselves unable to afford the equipment or the technical talent to keep up. When contract plants with high volumes organize efficient pipelines for incoming electronic components and strike global pricing deals, the cost reduction for the components can be as much as 15-20 percent. In addition, a printed circuit manufacturer in the business daily is more like to quickly build prototypes that will work in production, very important for the rapid lifecycles characteristic of electronics.

In the past two years outsourcing became a major global movement. Cisco Systems is famous for relying on it. Motorola and Hewlett-Packard, to name only two companies, both outsourced billions of dollars to contract manufacturers. In the year 2000, the total value of Electronic Manufacturing Services (EMS) is estimated to be between $112-115 billion.[3]

The top ten EMS companies with higher volume production account for $80 billion of the total. Veiled by much discussion of core competencies, companies divest their high-volume manufacturing to contractors to reduce costs. Afterward, negotiated margins are tight. For instance, margins are as low as five percent above the material cost if the only service provided is conversion of materials.

To earn a profit, EMS companies increasingly add services. They advise on product design manufacturability (DFM and DFT) and selection of components. They manage engineering changes and traceability of components. They manage end-of-life repair issues as old products age in the field. Even electronics distributors, like Avnet and Arrow, provide on-line database services advising customers of component reliability and availability. They tout various B2B capabilities; their motivation is maintaining a healthy margin.

Beyond the electronics build, hundreds of small contractors provide manufacturing services that require collaboration. For example, Gregory & Associates is a small Silicon Valley firm that refines the design of complex production equipment for equipment OEMs, and they actually build it. Such companies are one of the "hidden" reasons why high-tech companies have been able to maintain a frenetic pace of development. To function with ultra-short lead times, these little second-tier companies must have "extra-cozy" relationships with engineers both at their OEM equipment customer and with their customer's customer.

EMS is faster paced and less stable than supplier relations in most other industries. For example, suppliers to a number of companies have had "partnerships" with them until the company outsourced production to an EMS. Since the EMS had sources of supply elsewhere, it dropped them. Such an experience is particularly painful if the supplier had made a special investment to serve the partner customer. One example is a plastics molder, Nypro, which built a plant that served a Hewlett Packard location until the plant's production was outsourced.

Despite such incidents, suppliers continue to seek the stability of a steady partnership with major companies. An example is FlexTek, which recently built a plant in New Mexico to supply metal stampings to Thomson and other high volume electronics plants just across the border in Mexico. They classify customers as red, yellow, and green, just as Xerox did with suppliers. They are gambling that not all their green customers would outsource manufacturing at once, and that any EMS taking over a customer's facility would find it most convenient to continue them as a reliable, low-cost, JIT source of stampings.

Financially based decisions to outsource to EMS's have been at variance with the partnership approaches developed earlier. On the positive side, some of the EMS operations have developed path-breaking applications for internet and other broadband communications. For instance, Gregory & Associates maintains a closed-circuit television camera on the final assembly area for equipment. The customer, or others with vital interest in their progress on a machine build, can look at the scene from a remote location at any time. This visual aid eliminates the need for time consuming interruptions on calls about simple issues, such as "Are you working on it?".

The EMS companies must typically manage complex flow requirements with short lead times on a variety of product mix. For example K*TEC sometimes builds a short run of product for company A, but sends it to Company B in a box with Company C's logo on it. Work varies in volume, complexity, and timing. K*TEC was an early user of i2's Rhythm Factory Planner to simulate in considerable detail how to adjust both the schedules inside their plant and the flow of inbound materials to meet difficult customer requirements.

Recently, however, the computing industry and several of the larger EMS providers found themselves in an old-fashioned bind. Despite all the work streamlining production inside plants and all the work developing tools to manage a complex flow of work, lead times remained too long, and the market was over-forecast just before it leveled off. Now they are stuck with excess inventory. And in the computing world, excess inventory does not age gracefully. On average, its value depreciates by 1-2 percent a month, and it chunks of it may suddenly become worthless. This has contributed to the recent downturn in U.S. high-tech stocks.

A common problem is to belatedly recognize how much collaboration is required with manufacturing service providers. To do a great job on product design, a design team needs to include personnel from the contract manufacturer. Otherwise, design problems that should have been seen early are left to be resolved late and under pressure. Outsourcing does not eliminate all problems experienced when work was done internally, and on-line technology cannot help when it is not used. The human side of outsourcing needs more attention.

4 On-Line Commerce

Auction companies such as Ariba, CommerceNet and FreeMarkets gained attention for simple auctions based mostly on price. Many manufacturers avoid such auctions because they prefer price competition from known, qualified suppliers. The auction houses have made an effort to qualify bidders, but problems remain. The open auction has received some scathing criticism.[4]

The problem with auctions is that many manufactured parts are engineered, and the big target for cost reduction and operations improvement is in design. So much interaction with suppliers is necessary for design and operations that early commentators on Covisint, the automotive exchange, thought that only 10-15 percent of the total buy might be auctioned in a traditional manner. After a shaky start, Covisint moved to incorporate features that would add services in collaborative product development, collaborative forecasting, and coordination of materials management and transportation.

Most of this is still building. In the meantime, many stand-alone software packages have appeared to improve on-line communication. One called EasyMap permits people at remote locations to flow chart a common process. Most of the major ERP houses are now offering or developing "bolt ons" to enable easy visibility of data across the boundaries between corporations. Observers cannot keep up with the number of such tools emerging.

Some of the most useful services have appeared to help manage the buy of "incidentals" such as office supplies and MRO. One of these is Works.com, an on-line ordering service for office supplies and incidentals. Sign up for the service, and employees order what they want when they want. Delivery is by schedule. Regular summaries of buying transactions go to the member company's accounting department, so buying can be audited. The main advantage is relieving a company from trivial buying, which usually saves money. About 1800 companies now use the service.

Elsewhere, B2B web sites have usually attracted more shoppers than buyers. That may be a benefit if it prevents customers from telephoning service departments with simple requests. Companies do not consider such web sites useless. One for example is Avnet, the electronics distributor. It notes that only 1-2 percent of orders are actually placed on the web site, but the total number of hits has remained about equal to the total number of purchase orders placed by other means.

The conclusion is that so far E-Commerce development has made a difference in commodity buying (quadrant 2 in Figure 1). It has barely addressed the difficult issues of creating or sustaining the level of trust needed to advance collaboration between companies.

5 The Human Factor

A rather mundane observation is that a collaborative culture inside a company is a prerequisite to developing one with outside companies. If internal work cultures are bound up in functional silo conflicts, the functional departments are seldom of the same mind dealing with suppliers.

For example, Ford's departments' objectives differ when dealing with suppliers. Engineers may be eager to cooperate on design, but purchasing is less collaborative when seeking leverage to negotiate contracts.

On the other hand, Honda tries to be consistent dealing with each supplier. They use an analogy to illustrate consistency. If a supplier were to slice a well-made cake at any position, the cross-section of any slice should look like every other one.

Striving for such an ideal is critical to sustaining trust. The few companies that try to be consistent with suppliers internally refer to it as being a "best customer," deserving of the best suppliers. Honda is one of only a few companies that regularly have suppliers rate their performance as a customer, and they do attempt to take corrective action.

Every company that has made a serious attempt to collaborate with suppliers has found that change begins internally. Any company dedicated to teaching lean manufacturing to its suppliers has found that to be successful, it needed to have lean operations itself.

6 The A-B-C Operations Rating System

The A-B-C system is an extension of a rating system that Toyota has informally used to rate the performance of their operations and those of suppliers.[5] A-B-C classifies work culture development, not the operations themselves, so it does not substitute for measurements such as lead-time, defects, on-time delivery, inventory levels, time-to-market, and so on. However, without the development of work culture, progress as measured by operating measurements or costs does not advance as far as C-Class.

The system may be better thought of as C-B-A. Companies enter at the C level.

Pre-C Class: These companies merely experiment with various techniques. They have not gained the confidence to change an entire organization or even an entire plant.

C-Class: These organizations are above average. C is a passing grade. At a minimum, the organization is attempting to integrate process changes at the total factory level. Some C-Class improvements, such as a 10X reduction in inventories, are remarkable.

Most companies dedicated to lean manufacturing are C-Class. Usually they mark their progress by the techniques successfully adopted, process results, and awards or certifications obtained. Often they compare their performance with the Pre-C state.

If factory work can be done in a flow, an uninstructed observer can generally see the primary material flows. However, detailed flows are less clear. The discipline for standard work has not developed.

To achieve C-Class, the work culture has begun to change, but not enough to promote extensive collaboration with suppliers. Process changes are more directed than led. Many processes are still managed by bureaucracy, meaning that decisions are either directed or they require departmental approvals. Improvement is not self-sustaining. A different management could quickly eliminate the gains because the work culture has not yet matured.

In particular, C-Class processes are company centered. Functional silos frequently inhibit development of customer-centered process flows. A C-Class company's objective is to maximize its own welfare. Process thinking doesn't extend very far outside its own boundaries. For competitive advantage, it may not even want others to learn about it.

B-Class: Process thinking advances to tying supplier operations to customer needs through its own operations. This is a huge expansion in operating excellence, a major change in working culture, and a big change from functional department organization.

Freudenberg-NOK (FNOK) is an example of a company progressing toward B-Class. The primary product line is mechanical seals. At its LaGrange plant, FNOK developed modules, or collections of work cells, in production areas. Functional departments were dispersed. All that remains of them are technical advisors. A cross-functional office team supports each module.

Using the plant modules and their support teams, the FNOK connects suppliers, internal processing, and customer needs. People are expected to know the applications of their customers for seals. They are expected to know the suppliers that make the raw material. Internally, all processes from raw material to shipping are highly visible. Operating results jumped another 2-3X. All this required another big change in work culture.

Today, FNOK can quickly design a new seal for a customer application and be sure that it will "work", both for suppliers and in their internal processes. Both products and processes are designed from scratch by lean manufacturing principles. This capability was the reason overall performance made a big jump from C-Class.

In the B-Class organization, excellent internal processes are no longer novel, but a way of life. The organization is much better equipped to collaborate with external operations.

Toyota regards most of its operations as B-Class. They are able to work closely with both customers and suppliers. Today, larger B-Class organizations, like Honda or Toyota, are usually leaders in developing the operations capability of their suppliers. The B-Class culture prevents it from being secretive about much more than specific technologies or specific marketing plans.

A-Class: At a minimum, this is B-Class with innovation. For example, Toyota regards its Kyushu operations (home of the Lexus) as A-Class because it pioneered flexibility (quick response to changes) to guide kaizen improvement rather than cost, quality, delivery and lead time. Kyushu is also a technology leader, and a leader coping with environmental problems.

But A-Class should be more than this. Some of the most promising broadband technical innovations remain limited in use because work cultures remain too inward looking.

One of those is remote process monitoring. An early example is Pyramid Operating Systems thermoplastic molding using computer-metered shots and hydrostatic molds. This is a big advance in part precision, cost, and environmental emissions. Pyramid, the process technical expert, can monitor the molding processes on-line, advising on technical issues as they arise.

As might be guessed, Pyramid has had trouble selling this idea, not because it has technical flaws, but because customer departments are reluctant to yield process control in any form. However, more ideas like Pyramid's molding process are in development. To make them more acceptable, organizations will have to start thinking of themselves as "nodes in a network" rather than as stand-alone empires.

This is a broader version of a B-Class work culture. It's the concept of operating excellence as a networked operation. To have an A-Class network, the organizational nodes have to advance beyond B-Class - quite a stretch.

Pre-C	Experimentation. Try it; you'll like it. No serious organizational change. Results are fragmented. Little overall benefit.
C-Class	A comprehensive effort covering at least one complete operating organization. The focus is on technique adoption and development. Have results to demonstrate, and they may be substantial. Operational links to customers and suppliers are inconsistent. Still directing change more than leading it. Sometimes distracted by competing initiatives or techniques. The cultural change is incomplete, so measurements used and status systems may conflict with support of process compression. Not yet self-sustaining, so may be quickly blown away.
B-Class	The culture is maturing. The total unit organizes to support compression of value-adding processes. Changes are now more led than directed. Leaders emphasize vision, mission, goals, and values. Work more by "principles" than by emulation of techniques. Have more and closer linkages to customers and suppliers. Measurements and rewards support the system. Improvement is self-sustaining. Changing this culture would take time, so it's not easily dispelled. But if the organization becomes obsessed with process improvement, it may not be as innovative as it could be - lose sight of objectives of processes because of the dedication to their improvement
A-Class	Both innovative and operationally efficient. Extend the "principles" or expand "excellence" across more goals and in new directions. Able to integrate new technology into the "excellence philosophy." May no longer be a single, conventional organization, but a flexible coalition of working partners, an organizational "node in an operating network." Experiments with new business models.

Figure 2: Summary of the A-B-C Organizational Culture Classifications

Interestingly, A-Class organization seems to be easier to conceptualize by someone outside an industry. An example of this is from the "parable" of the three-day car.

This story originated with Nissan in the late 1980s when a couple of Nissan representatives participated in a Japanese project to imagine manufacturing in the 21st century. They concocted a scenario of a vehicle, built to customer order with some special engineering, delivered within three days after the customer placed the order.[6]

This scenario was an immediate hit, picked up by other study groups and enhanced as the auto industry mulled how to remain competitive in a high-tech future. A three-day car scenario is still referenced several times a year in futuristic projections of the industry. The scenario helps visualize how auto designs, manufacturing techniques, or software developments might improve competitiveness.

However, observers outside the auto industry and outside manufacturing see the three-day car differently. It prompts them to imagine different business models. Why sell a vehicle if the manufacturer must take it back for environmental reasons? Why not let a customer use a type of vehicle needed at the time it is needed? Why not monitor the vehicle remotely and suggest repair or service when it is needed? Indeed, why not?

This is outside-in thinking. B-Class is still inside-out thinking. A-Class recognizes that the company should serve a social purpose and serve "real" customer needs.

The phrase outside-in design is so far used mostly for B2C web pages. Even if the content is good, a visitor will not return if a site is hard to navigate. One reason B2C pages are hard to navigate is that their design must cope with internal processes designed for internal efficiency (or bureaucratic control), not for the customer's efficiency.

An anomaly is that broadband communications are an enabler of excellent operations over a much wider geographic range. However, they imply that work cultures should migrate toward becoming outside-in rather than inside out. The A-Class frontier, most of it unexplored, is the capacity for humans to radically change their business models and their organizations.

Notes

1 An American anthropologist, Edward T. Hall, developed the concepts of high-context and low-context cultures. His ideas and research became standard in many anthropology and sociology classes. Perhaps his best-known book is Beyond Culture, Anchor Books/Doubleday, and New York, 1976.

2 Jikon is briefly described in The Purchasing Machine; Nelson, Moody, and Stegner, Free Press, New York, 2001, pp. 122-128.

3 Figures are from Manufacturing Market Insider, www.mfgmkt.com

4 One negative study on reverse auctions is by M.L. Emiliani and D.J. Stec of the RPI Center for Lean Business Management, as reported by Manufacturing News, May 31, 2001, p. 1 (Online at www.manufacturingnews.com.).

5 Toyota's original classification system and an initial modification of it are described in "Counterintuitive Principles of the Toyota Production System," Robert W. Hall, Target, Vol. 17. No. 1, First Quarter, 2001, pp. 6-11.

6 The original scenario is in the Manufacturing 21 Report, The Association for Manufacturing Excellence, Wheeling, Illinois, USA (www.ame.org), pp. 23-27.

Erweiterung des strategischen Supply Chain Management um betriebliche Funktionen der Wertschöpfung

Günter Fandel, Markus Stammen

1 Einleitung

Im Rahmen der Gestaltung logistischer Prozesse haben sich in den letzten Jahren aufgrund des zunehmenden Wettbewerbs, der Fortschritte in der Informationstechnologie und der einsetzenden Globalisierung die Untersuchungsschwerpunkte verschoben. Während Unternehmungen ihre logistischen Prozesse in der Beschaffung, der Produktion und der Distribution lange Zeit funktional und organisatorisch unabhängig voneinander geführt haben, sind vor allem global agierende Konzerne dazu übergegangen, diese Prozesse aufeinander und mit ihren Lieferanten und Kunden abzustimmen sowie neue Geschäftsfelder und Wertschöpfungsstufen zu erschließen. Diese Abstimmung nennt man im Englischen Supply Chain Management, das im Deutschen als Management logistischer Netzwerke bezeichnet werden kann.

Ziel dieses Beitrages ist es, für das strategische Supply Chain Management die Geschäftsprozesse der Entwicklung, der Beschaffung, der Produktion, der Distribution, des Verkaufs und der Entsorgung zu analysieren und sie durch die Formulierung eines allgemeinen Modells optimal aufeinander abzustimmen.

2 Strategisches Supply Chain Management

2.1 Definitionen

Gegenstand der betrieblichen Tätigkeit ist die Herstellung von Produkten und die optimale Gestaltung der damit verbundenen Geschäftsprozesse in Unternehmungen. Unter einem Prozeß wird dabei eine Folge von Aufgaben und Funktionen verstanden, die in einem bestimmten Ablauf abgewickelt werden und zu einem Ergebnis oder einer Zustandsänderung führen (vgl. *Thaler* 1999, S. 17ff). Aus der Kombination mehrerer Prozesse entstehen Schlüssel- oder Geschäftsprozesse, die unmittelbar zur Wertschöpfung beitragen (vgl. *Schönsleben* 1998, S. 24).

Das Supply Chain Management umfaßt die kurz- und langfristige Zusammenarbeit einer Unternehmung mit anderen Unternehmungen zur Entwicklung und Herstellung von Produkten mit der notwendigen inner- und überbetrieblichen Organisation, Planung und Steuerung der Material-, Wert- und Informationsflüsse entlang der Geschäftsprozesse der Leistungserstellung (vgl. *Stadtler* 2000, S. 9 und *Schönsleben* 1998, S. 7). Dabei ist die Leistungserstellung nicht nur auf die Geschäftsprozesse der Beschaffung, der Produktion, Distribution und des Vertriebs beschränkt, sondern wird auch auf die betrieblichen Funktionen der Entwicklung und Entsorgung ausgedehnt (vgl. *Fleischmann u.a.* 2000, S. 62 f). Die Geschäftsprozesse mehrerer Unternehmungen sind über ihre Material-, Wert- und Informationsflüsse miteinander verbunden. Aus den Verbindungen der Geschäftsprozesse entstehen Netzwerke, in denen Güter, Werte und Informationen unternehmungsübergreifend versendet und ausgetauscht werden. Diese Netzwerke sollen als Supply Chain Network bezeichnet werden. Wesentliche Elemente des Supply Chain Network sind neben den Produkten die Entwicklungszentren, Lieferanten, Produktionszentren, Distributionszentren, Vertriebszentren, Kunden, Absatzgebiete und Entsorgungszentren sowie die Transportwege zwischen den Elementen.

2.2 Ziele und Aufgaben

Das strategische Supply Chain Management orientiert sich an den Zielen und Aufgaben der Unternehmungspolitik und ist Bestandteil der strategischen Planung. Die Ausrichtung der Unternehmenstätigkeiten auf den Kunden besitzt im strategischen Supply Chain Management eine große Bedeutung, so daß im ersten Schritt die Strategien und Zielvorgaben zur bestmöglichen Erreichung der Kunden entwickelt werden müssen (vgl. *Ballou* 1999, S. 35). Ausgehend von den kundenbezogenen Strategien müssen beim Aufbau des Supply Chain Network als wesentliche Aufgaben das Produkt- und Dienstleistungsprogramm und die strategischen Vorgaben für die einzelnen Geschäftsprozesse ermittelt werden. Das Ergebnis dieser Planung besteht in der Definition der geplanten Produkte, der belieferten Kunden und Absatzgebiete sowie der Anzahl, der Standorte, der Kapazität und der Art der möglichen Entwicklungs-, Produktions-, Distributions-, Vertriebs- und Entsorgungszentren. Des weiteren sind aus der Menge der möglichen Bezugsquellen die strategisch verfügbaren Lieferanten auszuwählen und die von ihnen zu beziehenden Materialbedarfe zu bestimmen. Bei einer detaillierten Analyse kann außerdem die Festlegung der Transportwege, der Transportmittel und der minimalen und maximalen Transportmengen zwischen den Elementen des Supply Chain Network notwendig sein (vgl. *Fleischmann u.a.* 2000, S. 62f; *Vidal / Goetschalckx* 1997, S. 2).

2.3 Geschäftsprozeßübergreifende und geschäftsprozeßbezogene Elemente

Als geschäftsprozeßübergreifende Elemente werden diejenigen Elemente bezeichnet, die in mehr als einem Geschäftsprozeß der Leistungserstellung auftreten. Diese Elemente können sowohl aus dem logistischen Bereich als auch aus dem finanzwirtschaftlichen Bereich sein. Güter stellen die wichtigsten geschäftsprozeßübergreifenden Elemente des strategischen Supply Chain Management dar. Aus logistischer Betrachtung besitzen sie physikalische Eigenschaften wie Gewicht, Größe und Volumen.

Prozeßübergreifender Materialfluß

Zu den prozeßübergreifenden Elementen des Materialflusses gehören neben den Gütern die Transportwege und Läger. So müssen unterschiedliche Transportzeiten der Transportmittel und -wege beachtet werden (vgl. *Kasilingam* 1998, S. 51). Verbrauch und Herstellung der Güter werden über eine Bevorratung in einem oder mehreren Lägern synchronisiert (vgl. *Schönsleben* 1998, S. 8).

Prozeßübergreifender Wertfluß

Zur Bestimmung des Wertflusses müssen Güter mit Preisen und Kosten bewertet werden. Des weiteren sind in den einzelnen Geschäftsprozessen auch Zölle und Wechselkurse aufzunehmen (vgl. *Arntzen u.a.* 1995, S. 76f und S. 86ff). Bei allen Geschäftsprozessen besteht die Möglichkeit, diese vollständig innerhalb einer Währungsunion oder einer Steuerunion durchzuführen. Finden die Geschäftsprozesse dagegen in Ländern statt, in denen unterschiedliche Formen von Unternehmungssteuern oder verschiedene Steuersätze anfallen, so sind für jedes Element steuerliche Abgaben zu berücksichtigen. Falls die Geschäftsprozesse nicht auf eine Währungsunion begrenzt werden sollen, müssen die finanzwirtschaftlichen Größen auf eine Bezugswährung vereinheitlicht werden.

Produktentstehungs- und Entwicklungsprozeß

Den Ausgangspunkt der Leistungserstellung bildet der Produktentstehungs- und Entwicklungsprozeß. Aufbauend auf den Anforderungen der Kunden müssen in Zusammenarbeit mit den Lieferanten die Planung und Entwicklung der Neuprodukte durchgeführt, die technische und wirtschaftliche Machbarkeit geprüft sowie die potentiellen neuen Produkte kalkuliert werden (vgl. *Thaler* 1999, S. 81ff). Wesentliche Elemente dieses Geschäftsprozesses sind einerseits die Entwicklungsprojekte, aus denen die neuen marktfähigen Produkte entstehen, andererseits die Entwicklungszentren, an denen die Entwicklungsprojekte durchgeführt werden. Beiden Elementen können personelle oder technische Ressourcen sowie Entwicklungskosten zugerechnet werden.

Beschaffungsprozeß

Im Beschaffungsprozeß werden die Materialien bezogen, die zur Durchführung des nachfolgenden Produktionsprozesses benötigt werden. Als zentrale Elemente werden die Lieferanten betrachtet, welche die Materialien in der geforderten Zeit und Qualität liefern können. Die Grundlage der Lieferbeziehungen bilden langfristige Rahmenvereinbarungen mit den Lieferanten, in denen die Materialpreise mit minimalen und maximalen Bestellmengen festgelegt sind (vgl. *Schönsleben* 1998, S. 51). Bei der Auswahl der Lieferanten stehen verschiedene Beschaffungsstrategien zur Verfügung, wobei aus strategischer Perspektive insbesondere Strategien zur Bestimmung der Anzahl der Bezugsquellen und der Herkunft der Lieferanten eine hohe Bedeutung besitzen (Multiple Sourcing, Single Sourcing, Local Sourcing, Global Sourcing; vgl. *Kuhl* 1998, S. 183ff).

Produktionsprozeß

Im Produktionsprozeß wird die Umwandlung oder Kombination von Inputgütern zu Produkten durchgeführt. Dazu werden die im Beschaffungsprozeß bezogenen Materialien verwendet, welche den in den Produktionsprozeß eingehenden Materialfluß bilden. Die Produkte repräsentieren den ausgehenden Material- und Güterfluß, der in den Distributionsprozeß eingeht. Als zentrale Elemente gelten die Produktionszentren, welche je nach gewählter Ausprägung sowohl komplette Produktionsfabriken als auch kleinere Produktionssegmente wie Fertigungslinien oder Fertigungsanlagen darstellen können (vgl. *Kasilingam* 1998, S. 51).

Distributionsprozeß

Die wichtigsten Aufgaben im Distributionsprozeß bestehen in der Aufnahme und der Verteilung der Produkte an die Kunden entsprechend ihrer Nachfrage. Zentrale Elemente dieses Geschäftsprozesses sind die Distributionszentren. Restriktionen können bezüglich Anzahl, Gewicht und Volumen einzelner Produkte wie auch für den gesamten Materialfluß an einem Distributionszentrum aufgestellt werden. Eine große Bedeutung bei der Zuteilung der Distributionszentren zu den nachfolgenden Verkaufszentren sowie den Kunden und Absatzgebieten besitzen die aus dem Beschaffungsprozeß bekannten Strategien (vgl. *Erengüç u.a.* 1999, S. 221f).

Vertriebsprozeß

Im Vertriebsprozeß sind aus strategischer Sicht die Voraussetzungen für einen optimalen Absatz der Produkte zu schaffen. Die Aufgaben des Vertriebsprozesses umfassen die Einteilung der Absatzgebiete, die Planung der Vertriebszentren in den Absatzgebieten und die Erstellung der Absatzprognosen für die einzelnen Produkte. In diesem Zusammenhang sind auch für jedes Absatzgebiet die Verkaufspreise der Produkte festzulegen. Zentrale Elemente des Vertriebsprozesses sind die Vertriebszentren, entweder in Form selbständiger Verkaufs- und Serviceniederlassungen oder in Form von Kooperationen mit anderen Unternehmungen. In enger Verbindung mit dem Distributionsprozeß muß im Vertriebsprozeß die Definition der Vertriebs- und Serviceziele erfolgen.

Verkaufsprozeß

An den Vertriebsprozeß schließt sich der Verkaufsprozeß an, über den der Verkauf der Produkte an die Endkunden erfolgt. Die zentralen Elemente des Geschäftsprozesses sind die Kunden und die Absatzgebiete. In diesem Beitrag wird nicht der in der Literatur verbreiteten Auffassung gefolgt, den Verkaufsprozeß als Bestandteil des Vertriebsprozesses anzusehen, da der Verkauf der Produkte an die Kunden als Bestandteil der Leistungserstellung betrachtet werden soll.

Entsorgungsprozeß

Bestehen beim Kunden keine Möglichkeiten zur weiteren Verwendung der Sachgüter, so müssen die Produkte dem Entsorgungsprozeß zugeführt werden. Im Gegensatz zu den bisher betrachteten Geschäftsprozessen muß der Entsorgungsprozeß nicht zwingend mit dem vorgelagerten Materialfluß verbunden sein, da die Entsorgungsmenge und der Entsorgungszeitpunkt maßgeblich von der erwarteten Lebensdauer der Produkte abhängen. Die wesentlichen Elemente im Entsorgungsprozeß sind die Entsorgungszentren, an denen die Sammlung, Verwertung und umweltgerechte Entsorgung der Produkte stattfinden kann. Hier könnte auch ein Recycling erfolgen, bei dem Bestandteile der Produkte wiederverwendet oder verkauft werden können (vgl. *Thaler* 1999, S. 187).

3 Modellierung des Problems der Optimierung einer strategischen Supply Chain

Auf der Basis der aufgeführten Geschäftsprozesse wird in den folgenden Abschnitten ein lineares einperiodiges Optimierungsmodell für die strategische Supply Chain formuliert. Die Überlegungen beziehen sich auf die Geschäftsprozesse einer Unternehmung, welche die Logistikkette dominiert und alle Entscheidungsgewalt über die Planung der Tochterunternehmungen besitzt. Die Ausführungen können auch auf kooperierende Organisationsformen übertragen werden, wenn zur Bewertung der Logistikkette alle kooperierenden Unternehmungen zu einer (virtuellen) Unternehmung zusammengefaßt werden.

3.1 Annahmen

In den Modellen des strategischen Supply Chain Managements werden zur Verringerung der Komplexität verschiedene Annahmen getroffen. Die Unternehmungen ermitteln in einer vorgelagerten Absatzplanung differenziert nach Absatzgebieten die Absatzmengen und die Absatzpreise der Produkte. Der Absatzpreis geht in die Optimierungsmodelle als Datum ein. Auf die Bewertung der Lagerbestände wird in den meisten einperiodigen Modellen verzichtet und von der Annahme ausgegangen, daß die Anfangsbestände der Güter in den Geschäftsprozessen den Endbeständen entsprechen und keine Mengenverluste zwischen den Geschäftsprozessen auftreten. Im strategischen Supply Chain Management werden für die Elemente der Geschäftsprozesse variable und fixe Kosten angegeben. Die Zuordnung der variablen Stückkosten erfolgt zu einem Gut und zu den Entwicklungszentren, Lieferanten, Produktionszentren, Distributionszentren, Vertriebszentren und Entsorgungszentren. Weiterhin entstehen mit dem Betrieb eines Elementes fixe Kosten. Als Preise werden die im Vertriebsprozeß geplanten Nettopreise sowie die für die Erlöse aus der Entsorgung erwarteten Nettopreise verwendet. Für die Ermittlung der Nettoeinnahmen ist die Berücksichtigung der meist auf Länder bezogenen Unternehmungssteuern notwendig, die in dem jeweiligen Land abzuführen sind. In den Optimierungsmodellen bietet sich die Vereinfachung aller relevanten Steuern zu einer zentralen Größe an, die entweder auf ein Element oder ein Land bezogen wird. Da sämtliche Prozesse in unterschiedlichen Währungsgebieten stattfinden können, müssen in den Modellen für eine internationale Supply Chain die aufgeführten Preise und Kosten für alle Elemente über einen Wechselkurs oder einen Wechselkursfaktor auf eine einheitliche Bewertungsbasis bzw. Währung normiert werden. Die Zölle können über die Transportstückkosten für den Transport des Gutes zwischen den Elementen oder wie in dem nachfolgenden Modell über eine produktbezogene Abgabe aufgenommen werden (vgl. *Cohen u.a.* 1989, S.77).

3.2 Modellbeschreibung

Zur Abbildung des gesamten Leistungsprozesses der Produkterstellung wird ein allgemeines Grundgerüst eines linearen Optimierungsmodells für eine strategische Supply Chain entwickelt. Das Grundgerüst beruht auf Komponenten der Modelle von *Arntzen u.a.* (1995, S. 69 ff), *Cohen u.a.* (1989, S. 67 ff), *Huchzermeier / Cohen* (1996, S. 100 ff) sowie auf der Darstellung zur strategischen Distribution von *Geoffrion / Graves* (1974, S. 822 ff). Deren Formulierungen werden um neu entwickelte Komponenten ergänzt, damit die Geschäftsprozesse mit ihren Charakteristiken umfassend abgebildet werden können.

Die Beschreibung der Leistungserstellung mit ihren Geschäftsprozessen erfolgt in Form eines statischen, gemischt-ganzzahligen Mehrprodukt-Modells. Das Ziel dieses strategischen Supply Chain-Modells besteht in der Berechnung eines maximalen Unternehmungsergebnisses und der damit verbundenen Ermittlung der aktiven als auch inaktiven Güter und Elemente der Geschäftsprozesse. Während in der Zielfunktion der Wertfluß berechnet wird, können für jeden Geschäftsprozeß die Materialflüsse in Form von Nebenbedingungen wie Mengen- und Kapazitätsrestriktionen sowie Parametern dargestellt werden. Aus strategischer Perspektive werden die Geschäftsprozesse zentral von einer Unternehmung geplant. Die Indizes, Mengen, Parameter und Variablen dieses Modells sind nachfolgend aufgeführt.

Indizes:

c	Absatzgebiete
d	Distributionszentren
e	Entwicklungszentren
i, j	Güter
p, q	Produktionszentren

r	Entsorgungszentren
s	Lieferanten
t	Länder
v	Vertriebszentren

Mengen:

C	Menge der Absatzgebiete
C_t	Menge der Absatzgebiete in dem Land t, $C_t \subset C$
D	Menge der Distributionszentren
D_t	Menge der Distributionszentren in dem Land t, $D_t \subset D$
E	Menge der Entwicklungszentren
E_t	Menge der Entwicklungszentren in dem Land t, $E_t \subset E$
J	Menge der Güter
J_c	Menge der verkaufsfähigen Produkte und Serviceleistungen, $J_c \subset J$
J_{cs}	Menge der verkaufsfähigen Serviceleistungen, $J_{cs} \subset J$
J_e	Menge der Produkte, die aus Entwicklungsprojekten entstehen, $J_e \subset J$
J_p	Menge der am Produktionszentrum p produzierten Güter, $J_p \subset J$
J_s	Menge der von den Lieferanten beziehbaren verschiedenen Materialien, $J_s \subset J$
O	Vereinigungsmenge sämtlicher Supply Chain-Elemente $O = (E \cup S \cup P \cup D \cup V \cup C \cup R)$
P	Menge der Produktionszentren
P_i	Menge der Produktionszentren, an denen das Gut i produziert werden kann
P_t	Menge der Produktionszentren in dem Land t, $P_t \subset P$
$Pre(j)$	Menge der für die Herstellung des Produktes j benötigten Güter
R	Menge der Entsorgungszentren
R_t	Menge der Entsorgungszentren in dem Land t, $R_t \subset R$
S	Menge der Lieferanten

S_t Menge der Lieferanten in dem Land t, $S_t \subset S$

T Menge der Länder

V Menge der Vertriebszentren

V_t Menge der Vertriebszentren in dem Land t, $V_t \subset V$

Logistische Parameter:

a_{ij} Produktionskoeffizient, der die Einheiten des Gutes i angibt, die zur Herstellung einer Einheit des Gutes j benötigt werden

B Große Zahl

b_{di} Distributionskoeffizient, der angibt, wie viele Zeiteinheiten am Distributionszentrum d benötigt werden, um eine Mengeneinheit des Produktes i zu verteilen

b_{ei} Entwicklungskoeffizient, der angibt, wie viele Ressourceneinheiten am Entwicklungszentrum e benötigt werden, um das Produkt i zu entwickeln

b_{pi} Produktionskoeffizient, der angibt, wie viele Zeiteinheiten am Produktionszentrum p benötigt werden, um eine Mengeneinheit des Gutes i herzustellen

$\underline{C}_l$ Minimale Kapazität des Elements $l \in O$ (in ZE)

$\overline{C}_l$ Maximale Kapazität des Elements $l \in O$ (in ZE)

$\overline{D}_{ic}$ Maximale Nachfrage nach Produkt i im Absatzgebiet c (in ME)

$\underline{D}_{il}$ Minimaler Durchsatz des Gutes i am Element $l \in O$ (in ME)

$\overline{D}_{il}$ Maximaler Durchsatz des Gutes i am Element $l \in O$ (in ME)

s_c Kundenservicegrad, der den Anteil an den zu erfüllenden Produktmengen im Absatzgebiet c angibt

Kosten, Preise und finanzwirtschaftliche Parameter:

α_t Minimaler prozentualer Anteil der Erträge in dem Land t, die für die Beschaffung und Produktion in diesem Land aufgewendet werden

dut_{lm} Aufschlag für Import- und Exportzölle, der für den Transport der Güter vom Element $l \in O$ zu dem Element $m \in O, m \neq l$ zu entrichten ist

e_{0t} Wechselkursfaktor für die Umrechnung der Kosten und Preise des Landes t auf die Normierungswährung

e_{lm}	Wechselkursfaktor für die Umrechnung der Kosten und Preise des Elements $l \in O$ auf das Element $m \in O, m \neq l$
K_l	Fixe Betriebskosten für das Element $l \in O$ (in GE)
K_{ie}	Fixe Entwicklungskosten für das Produkt i am Entwicklungszentrum e (in GE)
k_{il}	Variable Stückkosten für das Produkt i am Element $l \in O$ (in GE pro Stück)
M_{id}	Verrechnungspreis des am Distributionszentrum d verteilten Produktes i (in GE pro Stück)
M_{ip}	Verrechnungspreis des am Produktionszentrum p hergestellten Produktes i (in GE pro Stück)
m_p	Anteil der fixen Beschaffungskosten, die dem Produktionszentrum p zugerechnet werden
p_{ic}	Absatzpreis für das Produkt i im Absatzgebiet c (in GE pro Stück)
p_{ir}	Preis für die Entsorgung des Produktes i am Entsorgungszentrum r (in GE pro Stück)
T_{lm}	Fixe Betriebskosten für die Nutzung des Transportweges vom Element $l \in O$ zu dem Element $m \in O, m \neq l$ (in GE)
$Taxes_t$	Prozentualer Unternehmungssteuersatz im Land t
t_{ilm}	Variable Transportstückkosten für den Transport des Gutes i vom Element $l \in O$ zu dem Element $m \in O, m \neq l$ (in GE pro Stück)

Variablen:

$INet_{D,t}$	Ergebnis vor Steuern des Distributionsprozesses im Land t (in GE)
$INet_{E,t}$	Ergebnis vor Steuern des Entsorgungsprozesses im Land t (in GE)
$INet_{W,t}$	Ergebnis vor Steuern des Entwicklungsprozesses im Land t (in GE)
$INet_{P,t}$	Ergebnis vor Steuern des Produktionsprozesses im Land t (in GE)
$INet_t$	Ergebnis vor Steuern im Land t (in GE)
$INet_{V,t}$	Ergebnis vor Steuern des Vertriebsprozesses im Land t (in GE)
$Loss_t$	Verlust vor Steuern im Land t (in GE)

$Profit_t$ Gewinn vor Steuern im Land t (in GE)

x_{ilm} Menge des Gutes i, die vom Element $l \in O$ zu dem Element $m \in O, m \neq l$ transportiert wird

y_{lm} Binärvariable, die anzeigt, ob über den Transportweg zwischen den Elementen $l \in O$ und $m \in O, m \neq l$ ein Materialfluß stattfindet ($y_{lm} = 1$) oder nicht ($y_{lm} = 0$)

y_l Binärvariable zur Darstellung der aktiven ($y_l = 1$) und inaktiven ($y_l = 0$) Elemente l

z_{isp} Binärvariable für die materialbezogene Zuordnung der Lieferanten zu den Produktionszentren mit $z_{isp} = 1$, falls der Lieferant s das Produktionszentrum p mit dem Material i beliefert, und $z_{isp} = 0$ sonst

z_{dv} Binärvariable für die Zuordnung der Distributionszentren zu den Vertriebszentren mit $z_{dv} = 1$, falls das Distributionszentrum d das Vertriebszentrum v beliefert, und $z_{dv} = 0$ sonst

z_{vc} Binärvariable für die Zuordnung der Vertriebszentren zu den Absatzgebieten mit $z_{vc} = 1$, falls das Vertriebszentrum v das Absatzgebiet c beliefert, und $z_{vc} = 0$ sonst

3.3 Modellformulierung

(3.1) $z = \max \sum_{t \in T} e_{0t} (INet_t - Taxes_t)$

mit den Gleichungen

(3.2) $Profit_t - Loss_t = INet_t$, $t \in T$,

(3.3) $Taxes_t = tax_t \; Profit_t$, $t \in T$,

(3.4) $INet_t = INet_{W,t} + INet_{P,t} + INet_{D,t} + INet_{V,t} + INet_{E,t}$, $t \in T$,

(3.5) $INet_{W,t} = \sum_{e \in E_t} \sum_{i \in J_e} (K_{ie} y_i - K_e y_e)$, $t \in T$,

$$
\begin{aligned}
(3.6)\quad INet_{P,t} = \sum_{p\in P_t} (-K_p y_p &+ \sum_{i\in(J\cap J_s)} \sum_{q\in P_i, q\neq p} (M_{ip} - k_{ip}) x_{ipq} \\
&+ \sum_{d\in D} \sum_{i\in J_c} (M_{ip} - k_{ip}) x_{ipd} \\
&- \sum_{i\in(J\cap J_s)} \sum_{q\in P_i, q\neq p} ((e_{qp}(1+dut_{qp}) M_{iq} + t_{iqp}) x_{iqp} + T_{qp} y_{qp}) \\
&- \sum_{s\in S} \sum_{i\in J_s} ((e_{sp}(1+dut_{sp}) k_{is} + m_p K_s y_s + t_{isp}) x_{isp} + T_{sp} y_{sp})), \qquad t\in T,
\end{aligned}
$$

$$
\begin{aligned}
(3.7)\quad INet_{D,t} = \sum_{d\in D_t} (-K_d y_d &+ \sum_{i\in J_c} (\sum_{v\in V} (M_{id} - k_{id}) x_{idv} \\
&- \sum_{p\in P_i} ((e_{pd}(1+dut_{pd}) M_{ip} + t_{ipd}) x_{ipd} + T_{pd} y_{pd})), \qquad t\in T,
\end{aligned}
$$

$$
\begin{aligned}
(3.8)\quad INet_{V,t} = \sum_{v\in V_t} (-K_v y_v &+ \sum_{c\in C} \sum_{i\in J_c} ((e_{cv}(1-dut_{vc}) p_{ic} - k_{iv}) x_{ivc}) \\
&- \sum_{d\in D} ((e_{dv}(1+dut_{dv}) M_{id} + t_{idv}) x_{idv} + T_{dv} y_{dv})), \qquad t\in T,
\end{aligned}
$$

$$
\begin{aligned}
(3.9)\quad INet_{E,t} = \sum_{r\in R_t} (-K_r y_r &+ \sum_{c\in C} \sum_{i\in J_c} (e_{cr}(1+dut_{cr}) p_{ir} x_{icr} - k_{ir} x_{icr} \\
&- t_{icr} x_{icr} - T_{cr} y_{cr})), \qquad t\in T,
\end{aligned}
$$

unter den Nebenbedingungen

$$(3.10)\quad \sum_{i\in J} x_{ilm} \le B\, y_{lm}, \qquad l,m\in O,\ l\neq m,$$

$$(3.11)\quad \underline{C}_e y_e \le \sum_{i\in J_e} b_{ei} y_i \le \overline{C_e}\, y_e, \qquad e\in E,$$

$$(3.12)\quad \underline{D}_{is} y_s \le \sum_{p\in P} x_{isp} \le \overline{D_{is}}\, y_s, \qquad i\in J_s,\ s\in S,$$

$$(3.13)\quad x_{isp} = x_{isp} z_{isp}, \qquad i\in J_s,\ s\in S,\ p\in P,$$

$$(3.14)\quad \sum_{s\in S} z_{isp} \ge \underline{s_i}, \qquad i\in J_s,\ p\in P,$$

(3.15) $\underline{D}_{ip} y_p \leq \sum_{q \in P_i, q \neq p} x_{ipq} + \sum_{d \in D} x_{ipd} \leq \overline{D_{ip}}\ y_p$, $\quad i \in J,\ p \in P_i,$

(3.16) $\underline{C}_p y_p \leq \sum_{q \in P, q \neq p} \sum_{i \in J} b_{pi} x_{ipq} + \sum_{d \in D} \sum_{i \in J} b_{ip} x_{ipd} \leq \overline{C_p}\ y_p$, $\quad p \in P,$

(3.17) $\sum_{s \in S} x_{isp} = \sum_{j \in J_c} a_{ij} \sum_{d \in D} x_{jpd}$, $\quad i \in J_s,\ p \in P,$

(3.18) $\sum_{i \in Pre(j)} \frac{1}{a_{ij}} (\sum_{s \in S} x_{jsp} + \sum_{q \in P, q \neq p} x_{jqp}) = \sum_{d \in D} x_{ipd} + \sum_{q \in P, q \neq p} x_{jpq}$, $\quad p \in P,\ j \in J_p,$

(3.19) $\underline{D}_{id} y_d \leq \sum_{v \in V} x_{idv} \leq \overline{D_{id}} y_d$, $\quad i \in J_c,\ d \in D,$

(3.20) $\underline{C}_d y_d \leq \sum_{i \in J_c} \sum_{v \in V} b_{di} x_{idv} \leq \overline{C_d} y_d$, $\quad d \in D,$

(3.21) $x_{idv} = x_{idv} z_{dv}$, $\quad i \in J_c,\ d \in D,\ v \in V,$

(3.22) $\sum_{d \in D} z_{dv} = 1$, $\quad v \in V,$

(3.23) $\sum_{p \in P} x_{ipd} = \sum_{v \in V} x_{idv}$, $\quad i \in J_c,\ d \in D,$

(3.24) $\sum_{v \in V} x_{ivc} \geq s_c \overline{D_{ic}}\ y_i$, $\quad i \in J_c,\ c \in C,$

(3.25) $\sum_{v \in V} x_{ivc} \geq s_c \overline{D_{ic}}$, $\quad i \in (J_c \cap J_e),\ c \in C,$

(3.26) $\sum_{d \in D} x_{idv} = \sum_{c \in C} x_{ivc}$, $\quad i \in J_c,\ v \in V,$

(3.27) $\underline{D}_{iv} y_v \leq \sum_{c \in C} x_{ivc} \leq \overline{D_{iv}}\ y_v$, $\quad i \in J_c,\ v \in V,$

(3.28) $x_{ivc} = \overline{D_{ic}}\ z_{vc}$, $\quad i \in J_c,\ v \in V,\ c \in C,$

(3.29) $\sum_{v \in V} z_{vc} = 1$, $\quad c \in C,$

(3.30) $\sum_{v \in V} x_{ivc} = \sum_{r \in R} x_{icr}$, $\quad i \in J_c,\ c \in C,$

(3.31) $\underline{D}_{ir} y_r \leq \sum_{c \in C} x_{icr} \leq \overline{D_{ir}}\ y_r$, $\quad i \in J_c,\ r \in R,$

(3.32) $x_{ilm} \geq 0$, $\quad i \in J,\ l, m \in O,$

(3.33) $Loss_t, Taxes_t, Profit_t \geq 0$, $\quad t \in T,$

(3.34) $y_i, y_e, y_s, y_p, y_d, y_v, y_r \in \{0,1\}$, $i \in J$, $e \in E$, $s \in S$, $p \in P$, $d \in D$, $v \in V$, $r \in R$,

(3.35) $y_{lm} \in \{0,1\}$, $l, m \in O$, $l \neq m$,

(3.36) $z_{isp} \in \{0,1\}$, $i \in J_s$, $s \in S$, $p \in P$,

(3.37) $z_{dv} \in \{0,1\}$, $d \in D$, $v \in V$,

(3.38) $z_{vc} \in \{0,1\}$, $i \in J_c$, $v \in V$, $c \in C$,

3.4 Supply Chain Network

Zur Veranschaulichung des Supply Chain Network wird eine graphische Netzwerkdarstellung gewählt, in der die Knoten sämtliche Elemente der verschiedenen Geschäftsprozesse der strategischen Supply Chain im Leistungsprozeß symbolisieren, in denen eine Transformation der Material-, Wert- und Informationsflüsse stattfindet. Die Kanten verdeutlichen bei der hier verwendeten Notation die Richtung der Materialflüsse auf den Transportwegen bzw. die Richtung der Wertflüsse zwischen den Elementen der Geschäftsprozesse. Im Gegensatz zu den Materialflüssen kann den Wertflüssen nicht unbedingt eine eindeutige Richtung zugeordnet werden, da sie beispielsweise wegen des Entsorgungsprozesses nicht immer entgegengesetzt zu den Materialflüssen verlaufen. Die wesentliche Struktur des Supply Chain Network ist in Abbildung 1 dargestellt, auf die Beschreibung der Informationsflüsse wird hier verzichtet. Im oberen Bereich wird die Abgrenzung der Geschäftsprozesse nach produktbezogenen Leistungsbereichen verdeutlicht. Daran schließt sich die Darstellung des Materialflusses über die verschiedenen Elemente der Geschäftsprozesse an, der ausgehend vom Beschaffungsprozeß bis zum Entsorgungsprozeß verläuft. Im mittleren Bereich sind die Elemente der Geschäftsprozesse benannt. Der untere Bereich zeigt den Wertfluß im Supply Chain Network.

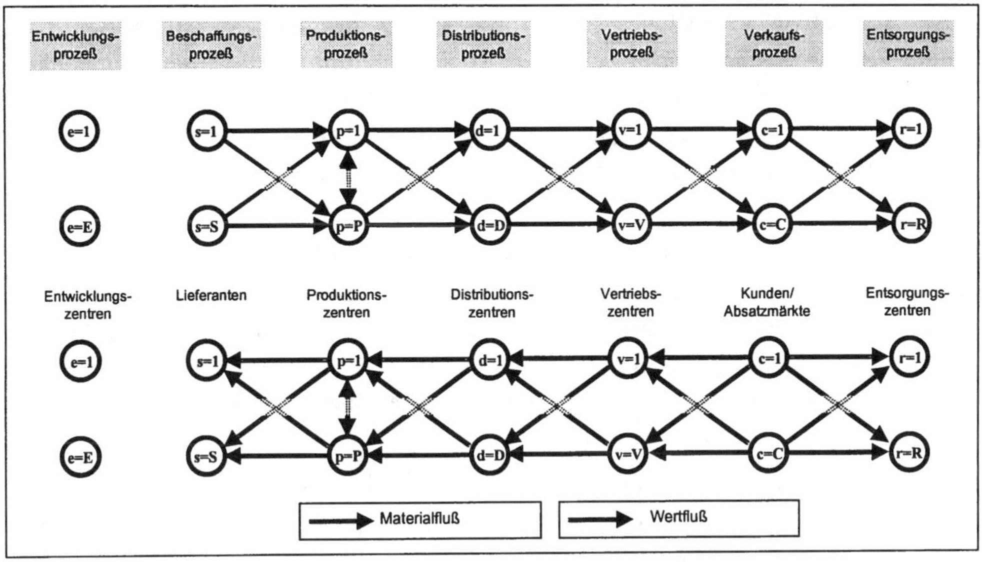

Abbildung 1: Graphische Netzwerkdarstellung des Supply Chain Network

3.5 Strukturelemente des Modells und ihre Inhalte

In den Definitionen zur Zielfunktion (3.1) bis (3.9) finden die Zusammenführung der prozeßbezogenen Ergebnisse für einen internationalen Anwendungsfall ergänzt um Wechselkurse, Zölle und Steuerabgaben und die Ermittlung des zu maximierenden Gesamtergebnisses nach Steuern statt. Die Maximierung des Betriebsergebnisses wird über die aggregierte Zielfunktion in Gleichung (3.1) erzielt, bei der die länderspezifischen Ergebnisse abzüglich der jeweiligen Steuern aggregiert und auf eine Bezugswährung normiert werden. In diesem Modell wird der steuerlichen Praxis gefolgt, daß Unternehmungen bei einem Gewinn innerhalb eines Landes Abgaben entrichten, während bei einem Verlust für sie keine Abgaben anfallen (vgl. *Huchzermeier / Cohen* 1996, S. 103). Mit den Beziehungen (3.2) und (3.33) erfolgt diese Berechnung, indem entweder die Variable $Profit_t$ für ein positives Ergebnis oder die Variable $Loss_t$ für ein negatives Ergebnis ungleich Null werden und dem Ergebnis vor Steuern $INet_t$ in dem Land *t*, $t \in T$, entsprechen. Das Steueraufkommen $Taxes_t$ kann über eine einfache Multiplikation des positiven Ergebnisses $Profit_t$ mit dem Steuersatz tax_t in dem Land *t* in der Gleichung (3.3) ermittelt werden. Die prozeßbezogenen Ergebnisse eines Landes werden in der Gleichung (3.4) zu einem landesspezifischen Ergebnis zusammengefaßt.

Die länderspezifischen Kosten für den Entwicklungsprozeß in der Gleichung (3.5) ergeben sich aus den fixen Kosten K_{ie} der aktiven Entwicklungsprojekte *i*, $i \in J_e$, und den

Kosten der aktiven Entwicklungszentren K_e, $e \in E_t$. Für den Produktionsprozeß bestimmt sich das Ergebnis vor Steuern in der Gleichung (3.6) für alle Produktionszentren in dem Land t, $t \in T$, aus den mit den Verrechnungspreisen M_{ip} bewerteten hergestellten Gütermengen, welche abzüglich der Produktions- und Beschaffungskosten inklusive der jeweiligen Transportkosten aufzunehmen sind (vgl. *Cohen u.a.* 1989, S. 78). Die Produktionskosten setzen sich aus den Fixkosten K_p für den Betrieb der aktiven Produktionszentren p, $p \in P_t$, und den variablen Produktionsstückkosten k_{ip} für jede produzierte Einheit des Produktes i, $i \in J$, zusammen, das an weitere Produktionszentren q, $q \in P_i, q \neq p$, oder an die Distributionszentren d, $d \in D$, geliefert wird. Bei mehrstufiger Produktion tragen die Produktionszentren p, die von anderen Produktionszentren q Güter empfangen, die Kosten der Lieferung. Diese ergeben sich aus den mit den Verrechnungspreisen M_{iq} und den variablen Transportstückkosten t_{ipq} bewerteten Gütermengen und aus den fixen Transportkosten T_{pq}. Die Beschaffungskosten der von den Lieferanten s, $s \in S$, zu den Produktionszentren p gelieferten Materialien i, $i \in J_s$, setzen sich aus der mit dem Materialstückpreis k_{is} und dem Transportstückpreis t_{isp} bewerteten zugeführten Materialmenge zusammen. Falls ein Lieferant s aktiviert ist $(y_s = 1)$ und mehrere Produktionszentren beliefert, ist die Zuordnung der fixen Beschaffungskosten zu den empfangenden Produktionszentren nicht eindeutig möglich. Für diese Konstellation wird daher über den Parameter m_p die Verteilung der fixen Beschaffungskosten K_s vorgenommen, wobei über die Beziehung $\sum_{p \in P} m_p = 1$ die Zuordnung sämtlicher fixer Beschaffungskosten sichergestellt werden kann. Die fixen Transportkosten T_{sp} für den Betrieb des Transportweges in der Materialbeschaffung können dagegen wieder direkt einem Produktionszentrum zugewiesen werden. Die eingehenden Wertflüsse des Beschaffungsprozesses und anderer Produktionszentren sind mit den Wechselkursfaktoren e_{sp} und e_{qp} zu multiplizieren sowie um die Zollabgaben dut_{sp} und dut_{qp} zu ergänzen.

Zur Bestimmung des Ergebnisses für den Distributionsprozeß in der Gleichung (3.7) liefern die von den Distributionszentren d, $d \in D_t$, an die Verkaufszentren v, $v \in V$, verteilten und mit ihren Verrechnungspreisen M_{id} bewerteten Produkte i, $i \in J_c$, den positiven Beitrag. Dagegen reduzieren die Distributionsfixkosten K_d für den Betrieb der aktiven Distributionszentren und die variablen Distributionsstückkosten k_{id} für jede an die Vertriebszentren verteilte Einheit des Produktes i das Ergebnis. Das zu den Distributionszentren gelieferte Produkt i wird zu dem Verrechnungspreis M_{ip} vom Produktionszentrum p, $p \in P$, bezogen, in dem das Produkt hergestellt wird. Für den Transport der Produkte von den Produktions- zu den Distributionszentren werden die fixen Kosten für den Betrieb des Transportweges T_{pd} und die variablen Transportstückkosten t_{ipd} für jede transportierte Einheit eingeplant. Weiterhin muß der Wertfluß des Produktionsprozesses mit den Wechselkursfaktoren e_{pd} multipliziert und um die Zollabgaben dut_{pd} erweitert werden.

Das länderspezifische Ergebnis vor Steuern des Verkaufsprozesses des Landes t, $t \in T$, errechnet sich aus Gleichung (3.8). Der positive Beitrag zum Ergebnis ist durch die im Vertriebsprozeß mit den Verkaufspreisen p_{ic} bewerteten Absatzmengen gegeben. Auf der Kostenseite sind die fixen Verkaufskosten für den Betrieb der aktiven Vertriebszentren K_v und die variablen Vertriebsstückkosten k_{iv} für den Absatz der Produkte i, $i \in J_c$, aufzunehmen. Weiterhin mindern die mit dem Verrechnungspreis der Distributionszentren M_{id} bewerteten zugeführten Produkte, die variablen Transportstückkosten t_{idv} für die Versorgung der Vertriebszentren und die fixen Kosten für den Betrieb des Transportweges T_{dv} das Ergebnis. Außerdem müssen für die Bestimmung des Ergebnisses im Vertriebsprozeß der eingehende Wertfluß des Distributionsprozesses und der durch den Absatz der Produkte verursachte Wertfluß mit den Wechselkursfaktoren e_{dv} und e_{cv} bewertet sowie um Zollabgaben dut_{dv} und dut_{vc} vermindert werden. Zu beachten ist, daß der ausgehende Wertfluß mit dem Wechselkursfaktor e_{cv} auf die Währung des Vertriebszentrums umgerechnet wird.

Das Ergebnis für den Entsorgungsprozeß ergibt sich pro Land t, $t \in T$, aus der Beziehung (3.9). Einerseits kann im Entsorgungsprozeß über den Verkauf der Entsorgungsdienstleistung von den Entsorgungszentren r, $r \in R$, an die Kunden c, $c \in C$, ein positiver Beitrag pro Produkt zum Ergebnis erzielt werden. Andererseits reduzieren die Entsorgungskosten und die Transportkosten das Ergebnis. Bei den Entsorgungskosten sind die variablen Entsorgungsstückkosten k_{ir} und die fixen Kosten für den Betrieb der aktiven Entsorgungszentren K_r zu beachten. Die Transportkosten setzen sich aus den variablen Transportkosten t_{icr} und den fixen Betriebskosten der Transportwege T_{cr} zusammen. Das Ergebnis des Entsorgungsprozesses ist ebenfalls mit dem Wechselkursfaktor e_{cr} zu bewerten und um die Zollabgaben dut_{cr} zu reduzieren.

Zur Berechnung der Variablen des Material- und Wertflusses sind prozeßübergreifend verschiedene Nebenbedingungen aufzustellen. Für die den Materialfluß zwischen zwei Elementen kennzeichnenden Mengenvariablen x_{ilm} gilt die Nichtnegativitätsbedingung (3.32). Des weiteren werden durch die Nebenbedingungen (3.34) und (3.35) die verschiedenen Binärvariablen aufgenommen. Mit Hilfe der Restriktion (3.10) erfolgt die Modellierung des Materialflusses über die Transportwege und des Zustandes der Transportwege (vgl. *Huchzermeier/Cohen* 1996, S. 103).

Der Produktentstehungs- und Entwicklungsprozeß ist in den bisher in der Literatur existierenden Modellen des strategischen Supply Chain Management nicht berücksichtigt worden. Mit der Restriktion (3.11) kann der Ressourcenverbrauch der Entwicklungsprojekte i, $i \in J_e$, am Entwicklungszentrum e, $e \in E$, über den Entwicklungskoeffizienten b_{ei} erfaßt und durch die geplanten Entwicklungskapazitäten begrenzt werden.

Zur Modellierung des Beschaffungsprozesses sind Restriktionen zur Liefermengenbegrenzung ((3.12)), zur Beschaffungsstrategie des „Single Sourcing" und des „Multiple Sourcing" ((3.13), (3.14), (3.36)) sowie zur Beschaffungsstrategie des „Local Sourcing" und des „Global Sourcing" aufzustellen. Die minimalen und maximalen Liefermengen eines Materials sind durch langfristige Rahmenvereinbarungen mit den Lieferanten festgelegt, die über die Beziehung (3.12) abgebildet werden (vgl. *Cohen u.a.* 1989, S. 81). Die Beschaffungsstrategien zum „Local Sourcing" und „Global Sourcing" sind über eine Eingrenzung der verfügbaren Lieferanten umzusetzen.

Der strategische Produktionsprozeß wird über die Mengen- und Kapazitätsrestriktionen der Produktionszentren ((3.15), (3.16)) und die Materialbedarfsrechnung dargestellt. Bei der einstufigen Produktion kann die Menge der benötigten Materialien aus Gleichung (3.17) bestimmt werden (vgl. *Cohen u.a.* 1989, S. 81). Die Gleichung verbindet für jedes Material i, $i \in J_s$, die Materialflußerhaltung an einem Produktionszentrum p, $p \in P$, mit der programmgebundenen Materialbedarfsrechnung.

Für den Fall der mehrstufigen Produktion über mehrere, auch alternative Produktionszentren und für den Fall des Transportes der Produkte zwischen verschiedenen Produktionszentren ist die Gleichung (3.18) aufzunehmen (vgl. *Arntzen u.a.* 1995, S. 85ff). Auf der linken Seite der Gleichung sind für jedes Produktionszentrum die eingehenden Materialien und Zwischenprodukte angegeben, auf der rechten Seite stehen die zu den Distributionszentren und weiteren Produktionszentren ausgehenden Produkte.

In die Modellierung des strategischen Distributionsprozesses können die Mengen- und Kapazitätsrestriktionen der Distributionszentren analog zum Produktionsprozeß über die Beziehung (3.19) und (3.20) abgebildet werden. Die Restriktionen (3.21), (3.22) und (3.37) markieren die Distributionsstrategie des „Single Sourcing". Die Materialflußerhaltung in den Distributionszentren wird mit der Gleichung (3.23) modelliert. Der Beschreibung des Vertriebsprozesses und des Verkaufsprozesses dienen die Nebenbedingungen zur Nachfrageerfüllung, zur Materialflußerhaltung, zum „Single Sourcing" und zur Mengenbegrenzung. Die Restriktion zur Nachfrageerfüllung besitzt in den Modellen zum strategischen Supply Chain Management eine große Bedeutung und wird in unterschiedlichen Formen verwendet (vgl. *Cohen u.a.* 1989, S. 82 und *Arntzen u.a.* 1995, S. 88). Zur Modellierung der Nachfrageerfüllung sollen zwei Möglichkeiten benutzt werden. Für die Produkte, die aus dem Entwicklungsprozeß entstehen können, bietet sich die Nebenbedingung (3.24) an. Bei den bereits entwickelten, verkaufsfähigen Produkten kann die Nachfrageerfüllung über die Restriktion (3.25) modelliert werden. Die benötigten Produktmengen sind über die Nebenbedingung (3.26) zur Materialflußerhaltung zu bestimmen. Zu beachten ist, daß im Vertriebsprozeß auch Serviceprodukte i, $i \in J_{cs}$, angeboten werden können, die nicht der Materialflußerhaltung unterliegen. Die Nebenbedingung (3.27) limitiert den minimalen und maximalen Materialfluß der Produkte in den aktiven Vertriebszentren. Im Vertriebsprozeß kann vergleichbar zum Distributionsprozeß die Vertriebsstrategie des „Single Sourcing" dargestellt werden, falls Kunden nur von einem Vertriebszentrum versorgt werden sollen. Über die Nebenbedingungen (3.28), (3.29) und (3.38) erfolgt die Zuordnung eines Vertriebszentrums zu einem Absatzgebiet nach derselben Systematik wie im Distributionsprozeß.

Die Beschreibung des Entsorgungsprozesses kann über die Nebenbedingungen zur Materialflußerhaltung und zur Mengenrestriktion erfolgen. Aufgrund der Ausrichtung auf den produktbezogenen Leistungsprozeß von Produkten soll in diesem Modell angenommen werden, daß im Sinne der Materialflußerhaltung der Restriktion (3.30) die gesamten produzierten Mengen nach der Produktnutzung in den Entsorgungsprozeß eingehen. Alternativ könnte vergleichbar zu der Restriktion (3.24) für den Entsorgungsprozeß eine Nachfrage nach der Entsorgung eines Produktes bestimmt werden, über die der Materialfluß in den Entsorgungsprozeß ermittelt wird. Als begrenzende Komponente ist die Mengenrestriktion der Entsorgungszentren zu berücksichtigen, welche die Produkte zur Entsorgung aufnehmen ((3.31)).

4 Ausblick

Die Anwendungsmöglichkeiten dieses Modells sind vielfältig, da die Auslegung bewußt auf den produktbezogenen Leistungsprozeß und die betrieblichen Funktionen der Wertschöpfung erfolgt und für konkrete Anwendungsfälle auf die jeweils benötigten Geschäftsprozesse begrenzt werden kann. So können Investitionsentscheidungen bei Auswahl alternativer Produkte abgeleitet und daraus die kostenoptimalen Produktkombinationen bestimmt werden. Auch könnten die minimalen Absatzmengen für die gewählten Produktkombinationen ermittelt werden. Weiterhin bestehen umfangreiche Erweiterungsmöglichkeiten, wobei die wichtigsten in der Einbeziehung stochastischer Größen für die Prognose der Kundennachfrage und der Wechselkurse sowie in der Ausdehnung auf mehrperiodige Betrachtungen liegen. Außerdem können einige Komponenten des Modells ausgebaut werden, wie die detailliertere Modellierung der Steuer- und Zollabgaben und des Transportwesens. Darüber hinaus ist die Erweiterung des Grundgerüstes um absatzpolitische Entscheidungen denkbar. Ein zusätzlicher Schwerpunkt könnte ebenfalls in der Optimierung und verursachungsgerechten Zuordnung der Ergebnisse von unternehmungsübergreifenden Logistikketten liegen.

Insgesamt stellt das strategische Supply Chain Management eine neue, erweiterte Perspektive im Rahmen der strategischen Planung dar, die für global agierende Unternehmungen immer bedeutender wird. Die logistischen Materialflüsse und die finanzwirtschaftlichen Wertflüsse können sowohl innerhalb einer Unternehmung als auch in Verbindung mit anderen Unternehmungen ebenso wenig unabhängig voneinander optimiert werden wie die einzelnen Geschäftsprozesse der Produktentwicklung, Produktherstellung und Produktentsorgung. Aufgrund der heutigen Fortschritte in der Informationstechnologie ist die Berechnung selbst umfangreicher Optimierungsmodelle möglich. Daher wird sich die Fähigkeit zur Aufstellung und Lösung von Modellen des strategischen Supply Chain Management für global agierende Unternehmungen zu einem wichtigen Bestandteil der strategischen Planung entwickeln.

5 Literatur

Arntzen u. a. (1995): *Global Supply Chain Management at Digital Equipment Corporation*, in: Interfaces, Vol. 25, No. 1, 1995, S. 69-93

Ballou, R. H. (1999): *Business Logistic Management*, 4. Ed., New Jersey 1999

Cohen, M. A.; Fisher, M.; Jaikumar, R. (1989): *International Manufacturing and Distribution Networks: A Normative Model Framework*, in: Ferdows, K. (Ed.): Managing International Manufacturing, Amsterdam 1989, S. 67-93

Erengüc, S. S.; Simpson, N. C.; Vakharia, A.J. (1999): *Integrated Production / Distribution Planning in Supply Chains: An Invited Review*, European Journal of Operational Research, Vol. 115, 1999, S. 219-236

Fleischmann, B.; Meyr, H.; Wagner, M. (2000): *Advanced Planning*, in: Stadtler, H., Kilger, C. (Ed.): Supply Chain Management and Advanced Planning - Concepts, Models, Software and Case Studies, Berlin et al. 2000, S. 57-71

Geoffrion, A. M.; Graves, G. W. (1974): *Multicommodity Distribution System Design by Benders Decomposition*, in: Management Science, Vol. 20, No. 5, 1974, S. 822-844

Huchzermeier, A.; Cohen, M. A. (1996): *Valuing Operational Flexibility under*

Exchange Rate Risk, in: Operations Research, Vol. 44, No. 1, 1996, S. 100-113

Kasilingam, R. G. (1998): *Logistics and Transportation - Design and Planning*, Dordrecht et al. 1998.

Kuhl, M. (1998): *Wettbewerbsvorteile durch kundenorientiertes Supply Management*, Wiesbaden et al. 1998.

Schönsleben, P. (1998): *Integrales Logistikmanagement: Planung und Steuerung von umfassenden Geschäftsprozessen*, Berlin et al. 1998

Stadtler, H. (2000): *Supply Chain Management - An Overview*, in: Stadtler, H., Kilger, C. (Ed.): Supply Chain Management and Advanced Planning - Concepts, Models, Software and Case Studies, Berlin et al. 2000, S. 7-29

Thaler, K. (1999): *Supply Chain Management, Prozessoptimierung in der logistischen Kette*, Köln 1999

Vidal, C. J.; Goetschalckx, M. (1997): *Strategic Production-Distribution Models: A Critical Review with Emphasis on Global Supply Chain Models*, in: European Journal of Operational Research, Vol. 98, 1997, S. 1-18

Strategische Netzwerkplanung für Logistikdienstleister im Sammelgutverkehr

Günther Zäpfel, Michael Wasner

1 Einführung

Als Folge der Deregulierung im Güterverkehr innerhalb der Europäischen Union haben sich die Wettbewerbsbedingungen für die Spediteure bzw. Logistikdienstleister erheblich verschärft. Besonders mittelständische Speditionsunternehmen, die eine Vielzahl von kleinen Sendungen zu kompletten Ladungen (Sammelgutverkehr) und damit die Transportökonomie ausnutzen, müssen sich im Wettbewerb neu positionieren. Dies wird nicht nur dadurch angestrebt, daß über das klassische Arbeitsgebiet als Mittler in der Konstituierung von Logistikketten hinausgegangen wird und zusätzliche Dienstleistungen angeboten werden (z.B. Preisauszeichnung von Waren für Kunden, Rückführung von Behältern etc.) und Unternehmen zu Logistikdienstleistern werden, sondern auch dadurch, daß durch Kooperationen oder Fusionen mit anderen Logistikdienstleistern versucht wird, wettbewerbsfähige Preise und Belieferungszeiten zu erreichen. Logistikdienstleister müssen daher ihre Netzwerkkonfigurationen neu überdenken und Ineffizienzen bei der Produktion von Verkehrsleistungen beseitigen. Das hat zur Folge, daß flächendeckende Transportnetzwerke zu schaffen sind, die in einer geographischen Region eine Belieferung innerhalb einer bestimmten Lieferzeit garantieren, z.B. 24-Stunden-Service innerhalb jedes Punktes in einer Region, und dabei die Kosten möglichst gering bleiben. Die Wettbewerbsfähigkeit der logistischen Dienstleister wird daher bereits entscheidend durch den Entwurf des Transportnetzwerkes - dem sog. Netzwerkdesign - bestimmt. Diese Aufgabe ist im Rahmen der strategischen Netzwerkplanung zu lösen.

Die strategische Netzwerkplanung für Logistikdienstleister im Sammelgutverkehr ist dadurch charakterisiert, die langfristig wirkenden Grundsatzentscheidungen über das flächendeckende Transportnetzwerk zu fällen, das die Wettbewerbsfähigkeit garantiert bzw. Wettbewerbsvorteile schafft. Im einzelnen umfassen diese Grundsatzentscheidungen:

- Bestimmung der Anzahl von Konsolidierungspunkten und geografischen Einzugsbereichen (Region) innerhalb des Transportnetzwerkes, von denen die Waren vom Verlader eingesammelt und den Empfängern in der Region ausgeliefert werden und die eine ökonomische Bündelung der Materialströme ermöglichen sollen. Man spricht in diesem Zusammenhang von der Anzahl der (Versand- und Empfangs-)Depots, auch Spediteurterminals genannt
- Festlegung der Lage der geografischen (Versand- und Empfangs-)Depots
- Dimensionierung der (Versand- und Empfangs-)Depots
- Bestimmung über die Netzwerkstruktur, d.h. die Art der Transportverbindungen zwischen diesen Depots. Man unterscheidet direkte Verbindungen (Direktverkehre) und indirekte Verbindungen. Indirekte Verbindungen entstehen dadurch, daß weitere Konsolidierungspunkte geschaffen werden, die die Möglichkeit bieten, Material- und Warenströme von und nach Depots erneut zu bündeln. Diese Konsolidierungstermi-

nals werden auch als zentrale Umschlagpunkte (ZUP`s) bzw. Hubs bezeichnet. Die Bestimmung der Netzwerkstruktur macht daher erforderlich, die Anzahl und Lage der Hubs zu bestimmen und führt zu einer bestimmten Stufigkeit des Transportnetzes

- Dimensionierung und technische Ausstattung (z.B. Automatisierungsgrad der Umschlag- und Sortieranlagen) der Hubs
- Zeitliche Abstimmung der Transportverbindungen zwischen den Depots, sog. Hauptläufe, wobei zwei grundlegende Formen (gleichzeitig) auftreten können: Direktverkehre, d.h. unmittelbare Verbindungen zwischen jeweils zwei Depots bzw. Hubverkehre, d.h. die Transportverbindungen zwischen je zwei Depots laufen mindestens über einen Hub
- Zeitliche Abstimmung zwischen den Einsammel- und Auslieferungstouren für jedes Depot (sog. Nebenläufe)
- Auswahl der Verkehrsträger (z.B. unimodale versus multimodale Verkehre)

Zur Veranschaulichung dieser Problemstellungen ist in Abbildung 1 ein kleines Beispiel skizziert. Es soll in Österreich ein flächendeckendes Netzwerk errichtet werden, wobei ein 24-Stunden-Lieferservice gewährleistet werden soll und das erwartete (prognostizierte) Mengenaufkommen durch die obere Skizze der Abbildung gegeben ist. Zwei mögliche Lösungen sind darunter dargestellt, eine mit Rastersystem (4 Depots), d.h. es existieren nur Direktverkehre zwischen den Depots, und eine mit Hubstruktur (8 Depots). Die Depoteinzugsgebiete wurden ebenso festgelegt.

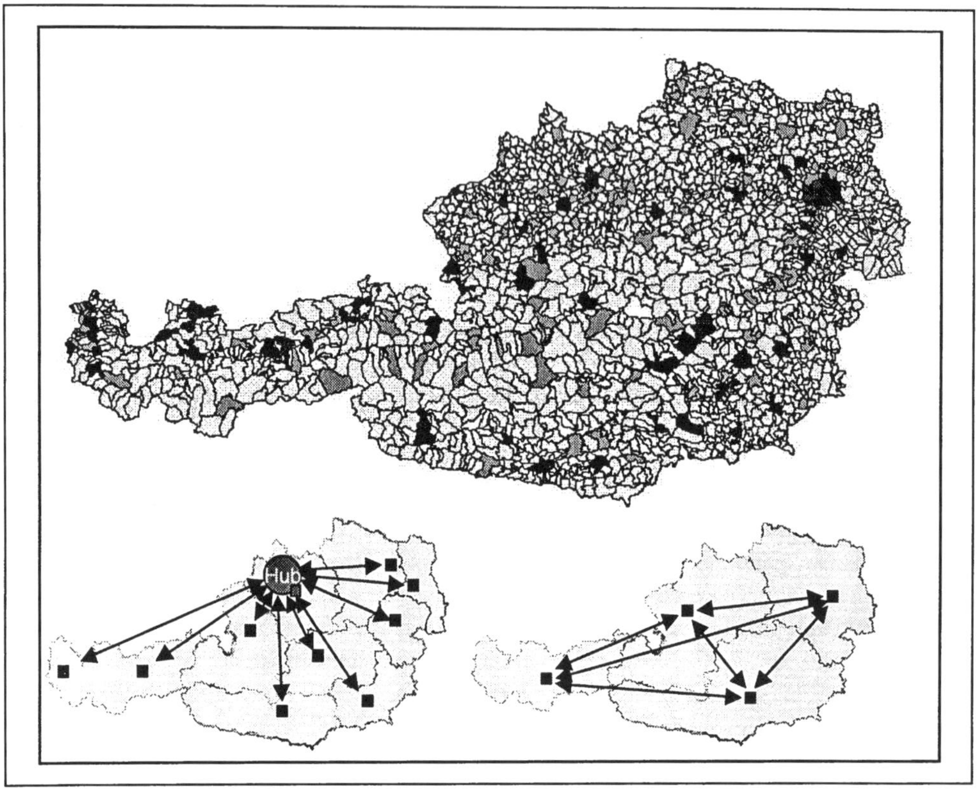

Abbildung 1: Visualisierung der Problemstellung: Gegeben ist ein prognostiziertes Mengenaufkommen (Bild oben; dunklere Flächen entsprechen einem höheren Aufkommen) und die optimale Netzwerkstruktur ist gesucht. 2 mögliche Varianten sind exemplarisch dargestellt

Es handelt sich wie ersichtlich bei der Problemstellung um eine Designentscheidung eines Transportsystems, da eine Reihe von Strukturen (Depotanzahl, Depotstandort, Einzugsgebiet) festgelegt werden müssen. Dieses Design des Netzwerkes basiert bei den meisten bestehenden Sammelgutspeditionen auf gewachsenen Strukturen.

Entwurf, Anpassung bzw. Erweiterung der Struktur werden von den Verantwortlichen meist auf Basis ihrer Intuition und aus Erfahrung getroffen. Fundierte wissenschaftliche Methoden gelangen selten zum Einsatz - vor allem deshalb, weil keine standardisierte Planungssoftware existiert, die den Planungsprozeß der Netzwerkkonfiguration unterstützt (vgl. *Wlcek* 1998, S. 37).

Im folgenden wird ein entscheidungsunterstützendes Instrument entwickelt, welches dem verantwortlichen Netzwerkplaner - insbesondere der Unternehmensführung - bei der Konfigurationsentscheidung Hilfestellung leistet. Das Instrument unterstützt folgende Fragestellungen:

- Wie schaut die optimale Netzwerkstruktur aus, wenn nur das erwartete Mengenaufkommen im Betrachtungsgebiet bekannt ist, und die Depots irgendwo auf der „grünen Wiese" neu errichtet werden können? In diesem Fall der völligen Neukonfigurierung eines Systems ist also u.a. über Anzahl, Standort und Einzugsgebiet der Depots und Hubstruktur zu entscheiden, was der eigentlichen Problemstellung von oben entspricht.
- Ist es aus Kostensicht zweckmäßig, ein Depot in einem bestehenden Netzwerksystem zu schließen bzw. welche Kostenersparnisse würde das bringen? Diese Fragestellung ist für die Praxis dann relevant, wenn z.B. ein Paketdienstleister in einer bestimmten Region Nachfragerückgänge zu verzeichnen hat, oder ein unmittelbar benachbartes Depot aufgrund höherer Automatisierung wirtschaftlicher betrieben werden kann als das zu schließende Depot.
- Ist es sinnvoll, in einem bestehenden Sammelgutsystem ein neues Depot zu errichten, und wo wäre der ideale Standort dafür? Diese Fragestellung tritt dann auf, wenn aufgrund eines höheren Mengenaufkommens oder neuer „Ballungsräume" die Netzwerkstruktur überdacht werden soll.
- Sind die Depoteinzugsgebiete eines bestehenden Systems ideal bzw. welche Kostenersparnis kann durch Verschiebung der Depotgrenzen aus Systemsicht erreicht werden?
- Welches Einsparungspotential könnte in einem bestehenden System realisiert werden, wenn die Depotstandorte und -grenzen optimal angeordnet wären? Diese Frage entspricht in geringfügiger Abwandlung wieder der eigentlichen Problemstellung.

Aus dem Umfang der Entscheidungsunterstützung lassen sich auch jene Unternehmen ableiten, für die diese Arbeit von besonderer Relevanz ist: Neben Kurier-, Expreß- und Paketdiensten (z.B. UPS, DPD, DHL, GPA, Quick Step, 24-Plus) sind es vor allem Stückgutdienstleister (Systempo, Star, Schenker) und alle in der flächendeckenden Versorgung tätigen Betriebe (z.B. die Frachtgut bzw. Personen befördernden Airlines, Essen auf Räder, Tankstellenversorger). Weitere Beispiele finden sich in *Wlcek* (1998, S. 37).

2 Bisherige Lösungsansätze und Defizite

Lösungsansätze zur Standortoptimierung finden sich in der Literatur in beinahe unbegrenzter Anzahl. Sie stehen seit jeher im Interesse der Wirtschaft und auch der Wissenschaft, wobei sich die Fragestellungen auf betriebliche Themen ebenso beziehen wie auf volkswirtschaftliche. *Domschke / Drexl* (1996) unterteilen die Standortplanung in drei Teilgebiete - die volkswirtschaftliche, die betriebliche und die innerbetriebliche (Abbildung 2):

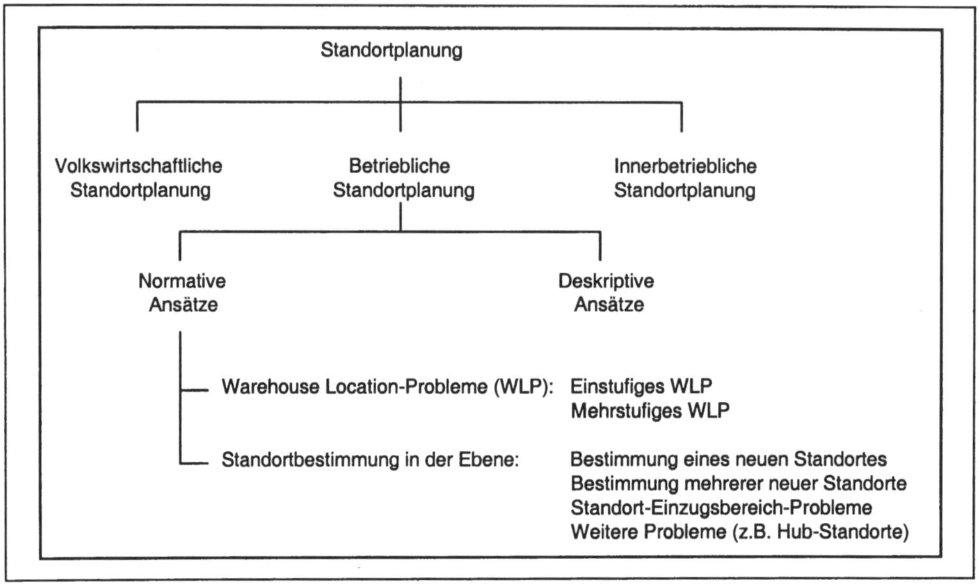

Abbildung 2: Systematisierung der Standortmodelle in der Literatur

Alle hier behandelten Modelle zur strategischen Netzwerk- und operativen Ablaufgestaltung weisen zwar einige Ähnlichkeiten zu der in dieser Arbeit betrachteten Problemstellung auf, eine direkte Übertragung ist dennoch nicht möglich. Betrachten wir nochmals die Problemstellung aus Kapitel 1, so ist für den flächendeckenden Sammelgutverkehr zumindest gefordert, daß im Zuge der strategischen Standortplanung (Netzwerkkonfiguration) die Anzahl der Hubs und deren Standorte, die Anzahl der Depots und deren Standorte sowie das Depoteinzugsgebiet festgelegt werden müssen. Dabei sind - aufgrund der hohen Nebenlaufkosten - auch die spezielle Ablauforganisation (24-h Zustellservice, Zustellung und Abholung), die Tourenplanung, die Infrastruktur (speziell für Österreich: Alpen, Flüsse, Täler, Autobahnen, Mautkosten) und verschiedenste Kostenarten (u.a. Fixkosten für Depots und Hubs bzw. Fixkosten der Nebenläufe) zu berücksichtigen. Die folgende Tabelle 1 gliedert die zuvor behandelten Ansätze nach dem Erfüllungsgrad der soeben angesprochenen Anforderungen:

BESTIMMUNG von ...	Warehouse Location-Problem	Standortbestimmung in der Ebene	Steiner-Weber-Ansatz	p-hub location problem	Location routing problem	Tourenplanung
Anzahl der Hubs	●			○		
Hubstandorte	●	○	○	●		
Anzahl der Depots					●	
Depotstandorte					●	
Depoteinzugsgebiet					●	
unter BERÜCKSICHTIGUNG der ...						
Ablauforganisation						○
Tourenplanung					○	●
Infrastruktur						○
diversen Fixkosten	○			○	○	○

● erfüllt
○ tw. erfüllt

Tabelle 1: Systematisierung der bestehenden Lösungsansätze nach deren Erfüllungsgrad von Teilproblemen

Man erkennt, daß sich die Literatur[1] zwar mit der Optimierung der Teilaufgaben befaßt, eine simultane Betrachtung der einzelnen Entscheidungsprobleme gibt es jedoch nicht. Dies ist zum einen auf die hohe Komplexität der gemeinsamen Modellierung und Optimierung zurückzuführen, zum anderen auf die Tatsache, daß es zunächst nicht naheliegend ist, operative Kosten in strategische Entscheidungen einzubinden. In einer umfassenden Sichtweise kann aber auf die gemeinsame Betrachtung der Teilprobleme nicht verzichtet werden, da eine Reihe von Wechselwirkungen bestehen: Die Anzahl und die Standorte der Depots beeinflussen das optimale Netzwerk und haben somit Einfluß auf die Hubanzahl und deren Standorte. Andererseits bestimmen Depotzahl bzw. Depotstandorte die Nebenläufe maßgeblich, da die Anzahl der innerhalb einer Tour zu bedienenden Kunden wesentlich von den Anfahrzeiten (vom und zum Depot) abhängt. Diese Anfahrzeiten bzw. Fahrzeiten allgemein hängen wiederum von der Ablauforganisation und der Infrastruktur ab. Von der Zuordnung der Kunden zu den Depots (Bestimmung des Depoteinzugsgebietes) hängt wiederum die Nebenlaufgestaltung und das Mengenaufkommen des Depots ab, was wiederum die Hauptläufe und somit die optimale Hubanzahl sowie deren Standorte beeinflußt.

Im folgenden Kapitel wollen wir das Problem des Netzwerkdesigns für ein Transportsystem für Sammelgutverkehre präzisieren und ein Lösungskonzept entwerfen.

3 Modellierung des Problems

Bei der Optimierung der Netzwerkstruktur (Standortoptimierung) ist es - wie bei jedem Optimierungsproblem - erforderlich, alternative Gestaltungsmöglichkeiten mit Kosten bewerten zu können. Zu diesem Zweck müssen die ökonomischen Zusammenhänge in den Netzen erfaßt und in Kostenmodellen abgebildet werden, wobei die Bewertungsfunktionen die realen Kostenstrukturen möglichst genau widerspiegeln sollten. Inhalt dieses Kapitels ist es, ein Werkzeug zu entwickeln, mit dem beliebige Standortvarianten - wie jene zwei von Abbildung 1 - evaluiert und somit verglichen werden können.

Wie in der Problemstellung definiert, wird die Standortentscheidung vor allem aus Kostengesichtspunkten getroffen. Betrachtet man die Kernprozesse im flächendeckenden Sammelgutverkehr, so lassen sich daraus die zu berücksichtigenden Kostenarten ableiten. Neben den Hauptlaufkosten sind dies vor allem die Nebenlaufkosten und die Depotkosten bzw. Kosten für Hubs.

Die Nebenlaufkosten resultieren aus dem Zustellen bzw. Abholen der Pakete zwischen den Kunden und dem Depot. Die Hauptlaufkosten sind Transportkosten für die Linienverkehre, die zwischen den Dcpots, zwischen den Hubs bzw. zwischen Depots und Hubs anfallen. Aufgrund der starken Bündelung der Warenströme im Hauptlauf sowie der damit verbundenen Einsatzmöglichkeit größerer Transportmittel sind die Hauptlaufkosten im Vergleich zu den Nebenlaufkosten entsprechend niedriger. Unter den Depotkosten bzw. Hubkosten sind die Kosten im Zusammenhang mit dem Depotbetrieb zu sehen, die zur Aufrechterhaltung und Abwicklung der Depotaktivitäten notwendig sind. Als Beispiele seien hier Energiekosten, Personalkosten (sowohl im Umschlag als auch im Management) oder Instandhaltungskosten genannt.

Für die Modellierung sind also vor allem die Kernprozesse der Hauptläufe, Nebenläufe und Depots (Umschlag) relevant, wobei es darum geht, die Realität möglichst genau nachzubilden. Man bewegt sich dabei stets im Spannungsfeld der Faktoren Detailliertheit und Lösbarkeit. Der Versuch, ein komplexes Problem wie die Standortplanung exakt abzubilden, führt zwangsweise zu Kompromissen bei dessen Lösung, weil nur mehr Näherungsverfahren eingesetzt werden können. Andererseits verleihen exakte Lösungsverfahren lediglich den Schein von Optimalität, wenn die Realität nur unzureichend modelliert wird. Ziel muß es daher sein, die wesentlichsten Kostenfaktoren und Nebenbedingungen herauszufinden und in der Modellierung zu berücksichtigen.

Neben der Festlegung des Detailliertheitsgrades geht es aber auch darum, diesen in den einzelnen Teilbereichen anzupassen. Es macht beispielsweise keinen Sinn die Hauptläufe exakt nachzubilden und damit den Eindruck einer künstlichen Genauigkeit zu vermitteln, wenn die Kosten im Vergleich zum Nebenlauf vernachlässigbar gering sind. Der erste Schritt besteht somit darin, den prozentuellen Anteil von Hauptlauf-, Nebenlauf- und Depotkosten an den Gesamtkosten abzuschätzen. Folgende grobe Kostenverteilung liegt beispielsweise flächendeckenden Paketdienstleistern zugrunde:

- Hauptlaufkosten 15-25 %
- Nebenlaufkosten 35-60 %
- Depotbetriebskosten 25-45 %

Eine entscheidende Rolle für die gesamte Modellierung spielt die Infrastruktur. Erst wenn sie bestimmt ist, lassen sich die Hauptlaufkosten (abhängig von der Entfernung der Depots sowie eventueller Mautgebühren) und die Nebenlaufkosten (abhängig von der Topographie, der Kundenanzahl im Depotgebiet oder der notwendigen Nebenlauftouren) ermitteln.

3.1 Infrastrukturmodellierung

Sollen zwei verschiedene Netzwerkstrukturen miteinander verglichen werden, so müssen aus den gegebenen Depotstandorten und dem Mengenaufkommen Kosten für beide Varianten abgeleitet werden. Ein nicht unerheblicher Teil dieser Kosten ist entfernungsabhängig - dieser soll aus der Infrastruktur ableitbar sein. Für die Infrastrukturmodellierung stehen mehrere Alternativen zur Auswahl. Drei davon sind die Modellierung auf Basis von Kunden, Orten und Postleitzahlen.

Bei der Infrastrukturmodellierung auf Basis von Kunden sind alle möglichen potentiellen Standorte der Kunden anzugeben und die Entfernungen zwischen je zwei Kunden zu ermitteln. Bedenkt man, daß ein mittelständisches Unternehmen täglich bis zu 50 000 Kunden versorgt, so können die daraus resultierenden Probleme erahnt werden. Geht man von 100 000 potentiellen Kunden aus, so sind für die Entfernungsmatrix 10 Milliarden Einträge zu ermitteln und abzuspeichern, was zu kaum lösbaren Rechen- und Speicherplatzproblemen führt. Bei der Standortoptimierung handelt es sich zudem um eine strategische Fragestellung und zum Zeitpunkt der Planung sind nur grobe Schätzungen über Mengenaufkommen und die Kundenstandorte vorhanden.

Eine weitere Möglichkeit der Modellierung bietet die Infrastrukturmodellierung auf Basis von Orten. Dabei wird ein Graph konstruiert, der alle Orte des Gebietes (z.B. Österreich) als Knoten umfaßt und Kanten dann einfügt, wenn zwei Orte durch eine Straße verbunden sind. Die Kante wird dann entsprechend der Entfernung der Orte bewertet. Der Vorteil dieser Methode liegt darin, daß man die Genauigkeit und damit das Aggregationsniveau leicht anpassen kann, indem man mehr oder weniger Orte für die Graphenbildung heranzieht. Auch die Entfernungen zwischen zwei Orten können (im Vergleich zu den Kunden vorher) leicht mittels Internet-Routenplanern ermittelt werden. Bei dieser Modellierungsalternative können als potentielle Depot- und Hubstandorte alle Knoten, d.h. Orte herangezogen werden. Jeder Kunde wird einer Ortschaft zugeordnet bzw. aus Planungssicht muß für jeden Ort ein erwartetes Mengenaufkommen prognostiziert werden.

Eine dritte Möglichkeit der Modellierung basiert auf der Diskretisierung des Gebietes, etwa auf Basis von Postleitzahlen. Abbildung 3 teilt beispielsweise Österreich in 2042 Postleitzahlen. Daraus kann wiederum ein Graph abgeleitet werden, indem jede PLZ einen Knoten repräsentiert und zwei Knoten dann miteinander verbunden werden, wenn sie benachbart sind und eine direkte Straßenverbindung besteht.

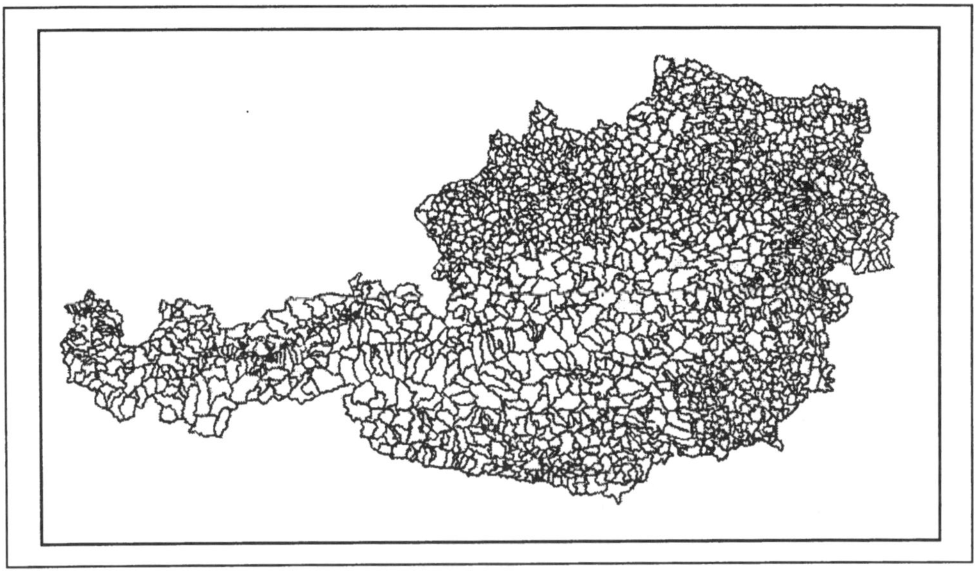

Abbildung 3: Diskretisierung Österreichs in 2042 flächenüberdeckende Postleitzahlen

Jeder Kunde wird bei dieser Modellierungsart einer PLZ zugeordnet, ebenso wie jede Postleitzahl einen potentiellen Depot- und Hubstandort repräsentiert. Die Entfernungen zwischen den Postleitzahlen können durch mehrere Vorgehensweisen ermittelt werden. Entweder man definiert in jeder PLZ eine Ortschaft und berechnet die Entfernung zwischen zwei PLZ (Orten) mittels Tourenplaner oder man wählt eine andere, eigens dafür entwickelte Abschätzung: Die Berechnung basiert auf der Idee, daß die Größe (Fläche) von Postleitzahlen zur Entfernungsmessung herangezogen werden kann (Abbildung 4). Ist nämlich die Größe zweier benachbarter PLZ bekannt, so können diese vereinfacht als sich tangierende Kreise angesehen werden. Als Schätzwert für die Entfernung der zwei Postleitzahlen dient der Abstand zwischen den zwei Kreismittelpunkten - das ist die Summe beider Radien - multipliziert mit einem Korrekturfaktor, den es empirisch zu erheben gilt und der für Österreich bei 1,37 liegt (vgl. *Wasner* 2001, S. 50ff).

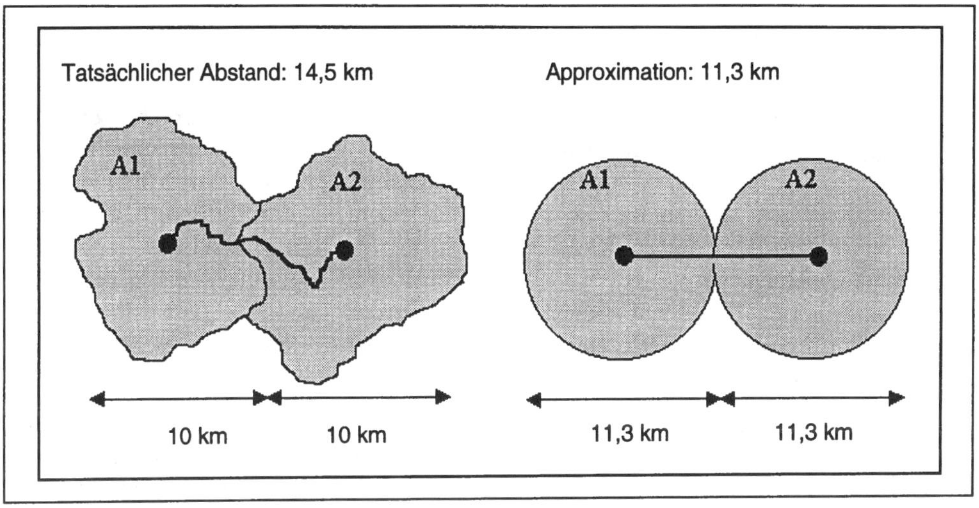

Abbildung 4: Idee der Entfernungsberechnung: Die Entfernung der Mittelpunkte zweier benachbarter Postleitzahlen kann aus den Größen der Postleitzahlen abgeleitet werden, indem die Gebiete als Kreise interpretiert werden

Da die durchschnittliche Abweichung der tatsächlichen Werte von den Näherungswerten fast Null ist und sich auch die absolute Abweichung in Grenzen hält, kann diese Art der Infrastrukturmodellierung als überaus brauchbar und konkurrenzfähig zur Modellierung auf Basis von Orten eingestuft werden. Die beiden letzten Modellierungsvarianten sind sich sehr ähnlich und besitzen ähnliche Vor- und Nachteile. In der Praxis wird die Form des vorliegenden Datenmaterials (sind die Kunden- bzw. Sendungsschätzungen auf Basis von Orten oder PLZ vorhanden?) den Einsatz der einen oder anderen Alternative bestimmen.

Als prinzipielle Modellierungsidee wurde in dieser Arbeit gewählt: Das Gebiet (z.B. Österreich) wird diskretisiert und zerfällt dadurch in Teilgebiete (hier: 2042 flächenüberdeckende Postleitzahlen). Daraus wird ein Graph („Infrastrukturnetz") abgeleitet, indem benachbarte Teilgebiete verbunden und entsprechend der Entfernung bewertet werden.

Aus der damit definierten Infrastruktur lassen sich bei gegebenen Depotstandorten die Haupt- und Nebenläufe modellieren. Die Hauptläufe sind dabei problemlos, weil die Linienverkehre durch das Netzwerk fast vollständig festgelegt sind. Aufwendiger sind die Nebenläufe: Es werden einzelne Touren durch Zusammenfassen von mehreren Postleitzahlen gebildet und auf Kapazitäts- und Zeitrestriktionen geprüft. Anzahl und Größe der Touren bestimmen dann die Nebenlaufkosten. Der dritte Kostenblock, die Depot- und Hubkosten, wird empirisch erhoben.

3.2 Hauptlaufmodellierung

Für die gebündelten Depot-Depot-, Depot-Hub- bzw. Hub-Hub-Linienverkehre kann davon ausgegangen werden, daß für den Transport externe Frächter herangezogen werden. Diese rechnen vor allem im Sammelgutbereich mit einem gewissen km-Schlüssel (z.B. 1.Euro/km/LKW) ab, der von Parametern wie der Gesamtzahl der Transporte, den regionalen Preisniveaus oder der zurückgelegten Wegstrecke abhängt. Sind die Depot- und gegebenenfalls Hubstandorte vorgegeben, so können die Hauptlaufkosten aus der Infrastrukturmodellierung direkt und einfach abgeleitet werden, indem die Kosten für die einzelnen Linienverkehre als entfernungsproportional angesetzt und mit der Anzahl der notwendigen Transportmittel multipliziert werden.

Ist die Netzwerkstruktur des Hauptlaufes noch nicht bekannt, und sind nur die Depotstandorte und deren Mengenaufkommen gegeben, so ist zunächst über Anzahl und Ort(e) der Hubs zu entscheiden und anschließend sind die - wiederum an der Infrastruktur ableitbaren - Hauptlaufkosten zu ermitteln.

3.3 Depotmodellierung

Die Depotkosten machen einen nicht unbeträchtlichen Anteil der Gesamtkosten in einem flächendeckenden Sammelgutsystem aus. Diese betragen je nach Branche (Paket- oder Stückgut), Unternehmen und Netzwerkstruktur zwischen 25% und 45% der Gesamtkosten. Zur Modellierung kann von einer empirisch zu ermittelnden Stufenfunktion ausgegangen werden. Ein größeres Depoteinzugsgebiet, d.h. ein größeres, über das Depot abzuwickelndes Paketvolumen, wird mehr Personal, höhere Investitionskosten in die Depoterrichtung und die benötigten (Sortier)Anlagen und damit höhere tägliche Betriebskosten mit sich bringen. Diese Funktion ist je nach Dienstleistungsbetrieb individuell anzupassen und am besten empirisch zu ermitteln, wobei es sich nicht notwendigerweise um eine Stufenfunktion handeln muß, sondern auch lineare und nichtlineare Verläufe unterstellt werden können. Eine ähnliche Funktion ist auch für den bzw. die Hubs aufzustellen.

3.4 Nebenlaufmodellierung

Der wohl anspruchsvollste Teil der Modellierung betrifft die Nebenläufe. Da sie einen hohen Anteil an den Gesamtkosten ausmachen, der bis zu 60 % betragen kann, müssen sie dementsprechend genau betrachtet werden. Die simultane Berücksichtigung wirft aber auch einige Probleme auf, die mitverantwortlich dafür sind, daß den Nebenläufen in der Vergangenheit eher wenig Beachtung geschenkt wurde: Zum einen ist dieser doch eher operative Teil in die strategische Planung einzubinden, und das in einer Phase wo über das Mengenaufkommen in den einzelnen Gebieten möglicherweise relativ wenig bekannt ist. Zum anderen ist die Aufgabe der Nebenlaufmodellierung für sich alleine gesehen schon überaus komplex, so daß man bald an die Rechnergrenzen bezüglich Laufzeit und Speicherplatzkapazität stößt. Soll die Nebenlaufmodellierung deshalb in das Problem der Standortplanung eingebunden werden, so gilt es besonders hier den Spagat zwischen möglicher und ausreichender Genauigkeit zu finden. Die letztlich durchgeführte Nebenlaufmodellierung geht von folgenden Überlegungen aus:

Die wichtigsten Kostenkomponenten sind:

- Fixkosten pro Tour
- variable, entfernungsabhängige Kosten pro Tour

Die wesentlichen Nebenbedingungen sind:

- Zeitrestriktion: Jede Tour darf eine gewisse Fahrzeit nicht überschreiten
- Kapazitätsrestriktion: Das Fassungsvermögen der Fahrzeuge ist begrenzt
- Zustellen und Einsammeln der Pakete erfolgt hintereinander

Geht man von einer Infrastrukturmodellierung auf Postleitzahlenbasis aus (also einer diskreten, vollständigen Gebietsüberdeckung), so ist es Aufgabe der Nebenlaufmodellierung, jede Postleitzahl einer bestimmten Tour zuzuordnen, so daß schließlich ein bewertbarer und zulässiger, d.h. alle Nebenbedingungen erfüllender Tourenplan resultiert. Dazu ist es notwendig, für jede Tour deren Länge (kostenproportional), Zeitbedarf (Zeitrestriktion) und mengenmäßige Auslastung (Kapazitätsrestriktion) abschätzen zu können.

Die Modellierungsidee ist folgende: Bei vorgegebenem Depotstandort werden sukzessive solange Postleitzahlen in eine Tour zusammengefaßt, bis eine Restriktion nicht mehr erfüllbar ist. Dann wird mit der nächsten Tour begonnen und zwar solange, bis alle Postleitzahlen einer Tour zugeordnet sind. Diese Idee ist in Abbildung 5 dargestellt.

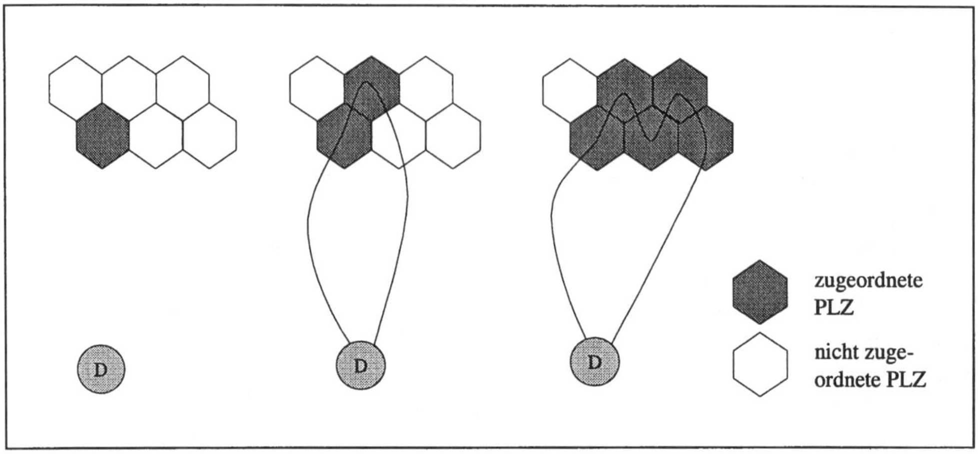

Abbildung 5: Modellierungsidee: Es werden solange Postleitzahlen zu einer Tour zusammengefaßt, solange keine Restriktion verletzt wird

Die Abschätzung der Wegstrecke einer Tour basiert auf der Überlegung, daß sich der zurückgelegte Weg aus den Teilen

- Weg vom Depot zu PLZ 1,
- Weg von PLZ 1 zu PLZ 2, von PLZ 2 zu PLZ 3, ..., von PLZ (n-1) zu PLZ n,
- Weg von PLZ n zu Depot und
- Weg, der innerhalb von PLZ 1, PLZ 2, ..., PLZ n zurückgelegt wird,

zusammensetzt. Die ersten drei Wegkomponenten können dabei direkt aus dem Graphen der Infrastrukturmodellierung abgeleitet werden, wobei als „Referenzpunkt" der PLZ-Mittelpunkt herangezogen wird. Die vierte Komponente muß empirisch ermittelt werden, wobei diese stark von der Größe der PLZ und von der Kundenanzahl in der PLZ abhängig ist (vgl. Abbildung 6) - ein geringer Teil auch von den Infrastrukturverhältnissen wie Topologie, Straßen-, Bevölkerungs- und Ortsdichte.

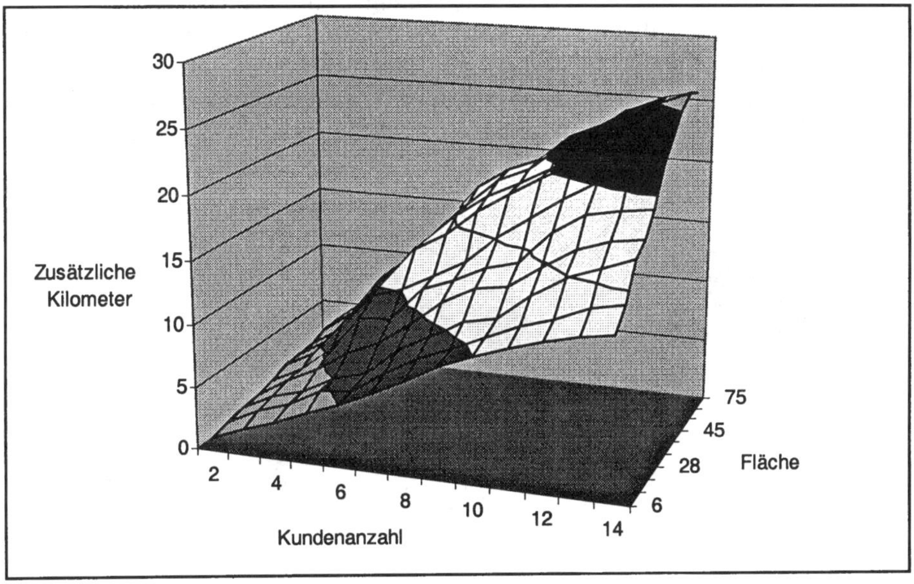

Abbildung 6: Die innerhalb einer PLZ zurückzulegende Strecke kann aus Kundenanzahl und Gebietsgröße abgeleitet werden. (Quelle: Wasner *2001, S. 61)*

Der Vorteil dieser Modellierungsmethode liegt darin, daß keine Tourenplanung auf Kundenbasis, sondern eine auf PLZ-Basis erfolgt, wobei sich die Postleitzahlen (im Gegensatz zu den Kunden) auch bei saisonalen Schwankungen nicht ändern. Geht man von der realen Situation aus, daß die Touren auch in auftragsschwächeren Monaten nur marginal verändert werden (bzgl. Gebiet und PLZ), so läßt sich aufgrund des konstanten Wertes der ersten 3 Komponenten und der empirisch erhobenen Funktion der 4. Komponente in kürzester Zeit die Weglänge in schwachen Monaten ableiten - ebenso die Auslastung der Touren und daraus das resultierende, theoretische Einsparungspotential an Fixkosten (Fahrer + Fahrzeuge).

Das einzige Problem, das es auf PLZ-Basis noch zu lösen gilt, ist ein Travelling Salesman Problem. In jedem Schritt der Tourenkonstruktion, in dem sukzessive eine neue PLZ zu den bisherigen hinzugefügt wird, stellt sich die Frage, in welcher Reihenfolge die einzelnen PLZ angefahren werden sollen, damit möglichst wenig Kilometer zurückgelegt werden müssen.

Mit dem Wissen über die einzelnen Tourenlängen lassen sich die entfernungsproportionalen Kosten leicht ableiten. In der Modellierung noch nicht berücksichtigt ist jedoch die Restriktion, nach der die Zustellung und Abholung der Sendungen zeitversetzt, d.h. hintereinander erfolgt. Dieser Nebenbedingung kann insofern entsprochen werden, als Postleitzahlen, in denen zugestellt und abgeholt werden muß, zweimal angefahren werden. Dabei werden alle PLZ einer Tour am Vormittag im Zuge der Zustellung und am Nachmittag im Zuge der Abholung angefahren - jedoch in genau umgekehrter Richtung. Erfolgt in einer PLZ keine Abholung, so wird diese nur vormittags angefahren. Abbildung 7 stellt diesen Ablauf graphisch dar. Dunkle Waben entsprechen dabei PLZ in denen zugestellt und abgeholt wird, in hellen Waben erfolgt nur eine Zustellung.

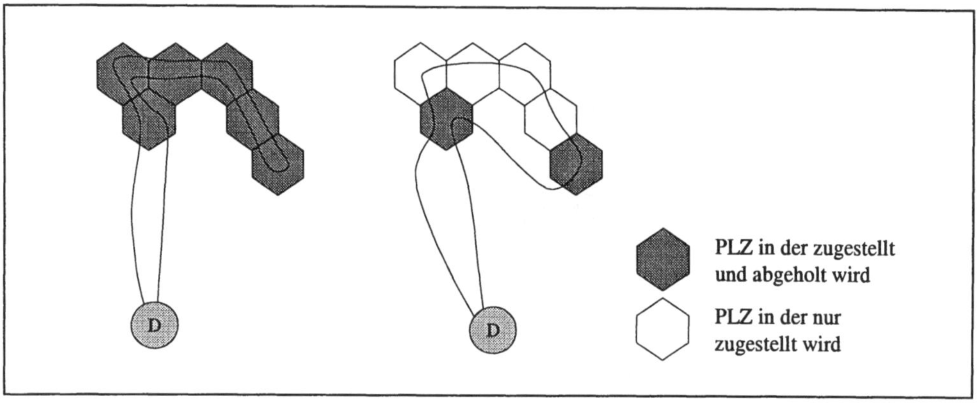

Abbildung 7: Aufgrund der zeitversetzten Zustellung und Abholung muß im Extremfall jede Postleitzahl zweimal angefahren werden.

Bis jetzt wurde die Nebenlaufmodellierung unter dem Aspekt der Abschätzung von Tourenlängen gesehen, aus denen Kosten abgeleitet werden können. Außer der zeitversetzten Zustellung und Abholung wurden aber noch keine Restriktionen betrachtet und somit die Tour nicht auf deren Zulässigkeit geprüft. Der Prozeß der sukzessiven Erweiterung einer Tour um eine Postleitzahl muß stets von der Überprüfung auf die zeitliche Durchführbarkeit begleitet sein. Zunächst gilt es jedoch zu klären, aus welchen Faktoren sich die Fahrzeit zusammensetzt. Die Überlegungen dazu sind ähnlich zu vorher und gehen davon aus, daß sich die Zeit aus der Summe von (1) Anfahrzeit vom Depot zu PLZ 1, (2) Zeit von PLZ 1 zu PLZ 2, von PLZ 2 zu PLZ 3, ..., von PLZ (n-1) zu PLZ n, (3) Rückfahrzeit von PLZ n zum Depot, (4) Zeit, die innerhalb von PLZ 1, PLZ 2, ..., PLZ n benötigt wird und (5) Stehzeit (für Ent- und Beladung) bei jedem Kunden ergibt.

Der Vorteil dieser Zeitfunktion liegt wiederum darin, daß sie sehr schnell berechnet und upgedated werden kann. Dies ist auch notwendig, da in jedem Erweiterungsschritt einer Tour um eine Postleitzahl die Zulässigkeit aufs neue überprüft werden muß. Die ersten drei Zeitkomponenten können aus dem Infrastrukturgraphen abgeleitet werden, wobei die Postleitzahlen in jener Reihenfolge angefahren werden, die der Lösung des oben genannten Travelling Salesman Problems (unter Berücksichtigung des getrennten Abholens und Zustellens) entsprechen. Die benötigte Zeit innerhalb eines Gebietes kann ebenso schnell aus der Wegstrecke darin ermittelt werden wie die fünfte Komponente aus der

Anzahl der Stopps multipliziert mit der Stoppzeit. Daß die approximierte Zeitfunktion die tatsächliche Fahrzeit ausreichend gut widerspiegelt, zeigen empirische Studien.

Als letzte wesentliche Restriktion gilt es noch, die Kapazitätsrestriktion der Fahrzeuge und damit der Touren zu berücksichtigen. Diese einfach zu überprüfende Restriktion ist dann erfüllt, wenn sowohl bei der Zustellung als auch bei der Abholung der Grenzwert nicht überschritten wird. Mithilfe dieser Modellierung können nun beliebige Netzwerke bewertet werden. Sie dient auch als Ausgangspunkt eines Lösungsverfahrens, das für gegebene Rahmenbedingungen ein optimales Netzwerk entwirft und das im folgenden Kapitel skizziert wird.

4 Lösungskonzept

Die in *Wasner* (2001, S 81 ff) durchgeführte mathematische Formulierung des Problems zeigt, welchen Umfang das Modell haben kann. Geht man von 2000 Postleitzahlen und erwarteten 200 Nebenlauftouren aus (was für die in Kapitel 5 dargestellte Fallstudie charakteristisch ist), so beträgt alleine die Anzahl an zu bestimmenden binären Variablen mehr als 800 000 000. Angesichts der großen Zahl an Entscheidungsgrößen (Variablen) und zu berücksichtigenden Nebenbedingungen muß für die Lösung ein Näherungsverfahren entwickelt werden. Dieses wird in der folgenden Abbildung 8 dargestellt und entspricht einem, in ein Local-Search-Konzept eingebetteten hierarchischen Verfahren mit einer Reihe von Rückkopplungen. Die Heuristik löst in diesem Sinn das zugrundeliegende Problem nicht simultan, sondern arbeitet sich sukzessive durch die verschiedenen Problemkreise. Ist ein Teil des Gesamtproblems gelöst, wird an den nächsten Abschnitt herangegangen, wobei die Ergebnisse der bereits gelösten Teilprobleme als Rahmenbedingungen eingehen.

Zunächst werden die Anzahl der Depots und deren Standorte festgelegt. Als nächstes erfolgt eine (vorläufige) Zuordnung der einzelnen Postleitzahlen zu den Depotstandorten. Mit dieser Festlegung ist aber gleichzeitig das Sendungsvolumen zwischen den einzelnen Standorten eindeutig determiniert, so daß die optimale Hauptlaufstruktur ermittelt werden kann (z.B. Rastersystem oder Hubsystem). Ebenso ist das Mengenaufkommen in den einzelnen Standorten bekannt, so daß die resultierenden Depotkosten abgeleitet werden können.

Der wohl komplexeste und schwierigste Teil der gesamten Optimierung liegt in der Bestimmung der Nebenlauftouren, der als nächstes folgt. Da es auch hierfür keine exakten Verfahren gibt, die das Problem in vernünftiger Zeit lösen, wird vorerst eine „ausreichend gute“ Lösung ermittelt und anschließend versucht, durch gezielte Maßnahmen diese noch weiter zu verbessern. Damit sind die verschiedenen Teilprobleme gelöst, und es können die Gesamtkosten des Systems ermittelt werden. Um die Suboptimalität der Lösungen einzuschränken, sind diverse Rückkopplungen vorgesehen.

Bei der Implementierung des Lösungskonzepts treten einige Fragen auf - vor allem dort, wo eine Reihe von Freiheitsgraden vorliegen und dadurch die Vorgehensweise nicht eindeutig determiniert ist. Besonders die Einteilung in Touren birgt viele Fragen in sich, wie etwa die Ermittlung des Startknotens, die Definition von Nachbarschaft, die Auswahl der Nachbarknoten oder die Überprüfung der Tourenzulässigkeit. Aber auch Abbruchkriterien für die Rückkopplungen oder die Einbettung der Heuristik in ein Ganzes sind festzulegen. Eine genaue Beschreibung des eingesetzten Verfahrens findet sich in *Wasner* (2001, S. 83 ff).

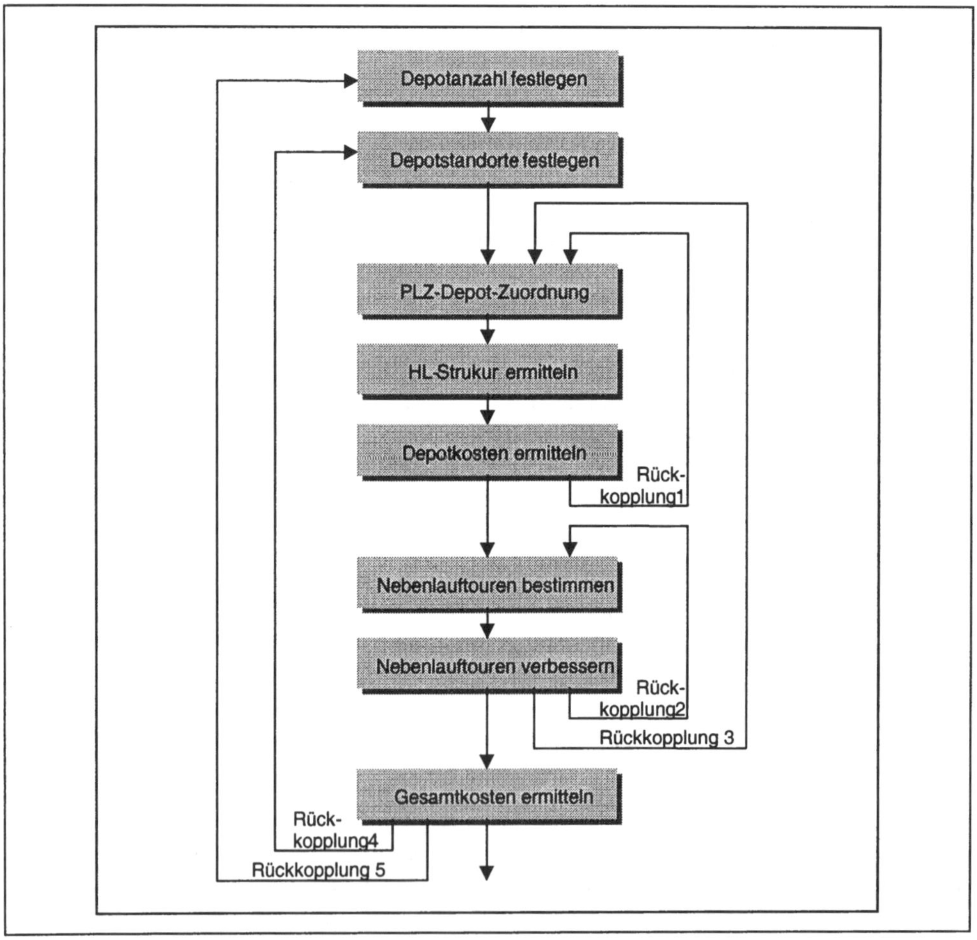

Abbildung 8: Prinzipieller Aufbau des entwickelten Lösungsverfahrens

5 Praktische Fallstudie

Im folgenden werden relevante Fragestellungen behandelt, die mit der erörterten Modellierung aus Kapitel 3 und dem Lösungskonzept aus Kapitel 4 behandelt und unterstützt werden können. Die Fragestellungen decken dabei ein weites Spektrum ab. Sie reichen von der eingangs angesprochenen Aufgabe der Ermittlung der optimalen Standorte -was einem strategischen Problem entspricht -, bis hin zu operativen Wirtschaftlichkeitsanalysen eines bestehenden Systems, etwa im Bereich der Nebenläufe oder der Depoteinzugsgebiete. Um die Ergebnisse visuell faßbar zu machen und die Größenordnung des möglichen Einsparungspotentials abschätzen zu können, wurde als Untersuchungsgegenstand ein reales Unternehmen, ein mittelständischer, österreichischer Paketdienstleister, herangezogen. Dessen Netzwerk ist durch 10 Depots und einen Hub gegeben, das tägliche Paketaufkommen beträgt etwa 40 000 Pakete. Die gegenwärtige Systemstruktur ist in Abbildung 9 oben dargestellt. Die Höhe der mittels Lösungsverfahren berechneten Kosten von 1 000 000 GE (aufgrund der Datensensibilität wurden die Ergebnisse normiert) entspricht dabei annähernd den tatsächlichen. Somit zeigt sich, daß die in Kapitel 3 vorgestellte Modellierungsidee die Realität recht gut widerspiegelt.

Depotgrenzen eines bestehenden Systems optimieren

Mit der entwickelten Theorie ist es möglich, bei gegebenen Depotstandorten die resultierenden, optimalen Einzugsgebiete zu ermitteln. Oft resultieren bestehende Depotgrenzen aus der historischen Entwicklung und werden nur dann verändert, wenn neue Depots errichtet oder alte Depots geschlossen werden. Daß eine kontinuierliche Anpassung der Grenzen durchaus Sinn macht, zeigen die Simulationsergebnisse. Die Kosten können um 2,3 % gesenkt werden, wenn die Einzugsgebiete entsprechend der mittleren Graphik von Abbildung 9 verändert werden.

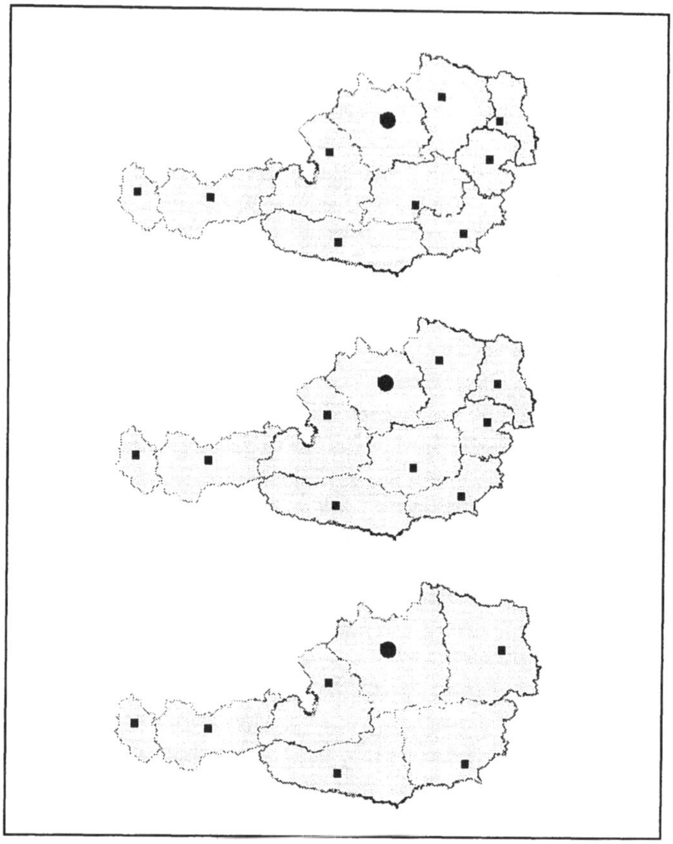

Abbildung 9: oben: Ist-Situation Kosten: 1.000.000,-GE
mitte: Optimierung des Einzugsgebietes Kosten: 977.000,-GE
unten: Schließung von 3 Standorten Kosten: 892.000,-GE

Schließung bestehender Depots

Ebenso kann mit der entwickelten Theorie über die Sinnhaftigkeit von Depotschließungen in einem bestehenden Netzwerksystem nachgedacht werden. Nicht selten tritt der Fall ein, daß im Zuge von Fusionen bzw. Kooperationen die Handlungsspielräume der beteiligten Partner steigen und aufgrund der veränderten Rahmenbedingungen (Mengenströme verlagern sich) die bestehende Depotstruktur auf deren Effizienz untersucht werden soll. Sind Depots nicht (mehr) ausgelastet oder befindet sich in unmittelbarer Nähe ein anderes Depot, so kann die Schließung eines oder mehrerer Depots durchaus überlegenswert sein. Wie Simulationen zeigen, ist durch die Schließung von drei Depots und eine Anpassung bzw. Veränderung der Depotgrenzen ein Einsparungspotential von 10,8% realisierbar (vgl. Abbildung 9 unten).

Errichtung neuer Depots

In analoger Weise zur Schließung von Depotstandorten kann es innerhalb eines bestehenden Netzwerksystems gegebenenfalls auch sinnvoll sein, einen neuen bzw. mehrere neue Depotstandorte zu errichten. In diesem Fall kann mit der entwickelten Theorie sowohl die Entscheidung unterstützt werden, ob ein neuer Standort sinnvoll ist bzw. wo genau das Depot errichtet werden soll.

In der gegenwärtigen Situation (bei bestehendem Mengenaufkommen) ist die Errichtung eines zusätzlichen Depots bei dem untersuchten Paketdienstleister nicht sinnvoll. Die Simulationen zeigen jedoch, daß sich bei einem Anstieg des Paketaufkommens um etwa 40 % die Errichtung eines elften Standortes (im Bereich Niederösterreich / Steiermark) als vorteilhaft erweist.

Völlige Neustrukturierung eines Netzwerkes - tabula rasa

Nachdem in den bisherigen Ergebnissen eigentlich nur die „Ausflüsse" der in den Kapiteln 5 und 6 entwickelten Theorie behandelt wurden, wird nun die eigentliche, dieser Arbeit zugrundeliegende Fragestellung der Standortoptimierung eines völlig neuen Systems behandelt. Diese Aufgabenstellung liegt dann vor, wenn alles in Frage gestellt werden soll, wenn also vorurteilsfrei über die Anzahl der Depots, deren Standorte und deren Einzugsgebiete entschieden werden darf. Eine solche Fragestellung tritt beispielsweise dann auf, wenn ein neues Netzwerksystem - ohne historische „Altlasten" wie bestehende Depots - irgendwo auf der grünen Wiese (tabula rasa) aufgebaut werden soll.

Die optimale Netzwerkstruktur für das untersuchte Unternehmen besteht in einem Hub-and-Spoke-System mit sieben Depots und Einzugsgebieten, die in Abbildung 10 dargestellt sind. Die minimalen Systemkosten liegen bei 853.000,- GE, was einem Einsparungspotential von 14,7 % zur gegenwärtigen Situation entspricht.

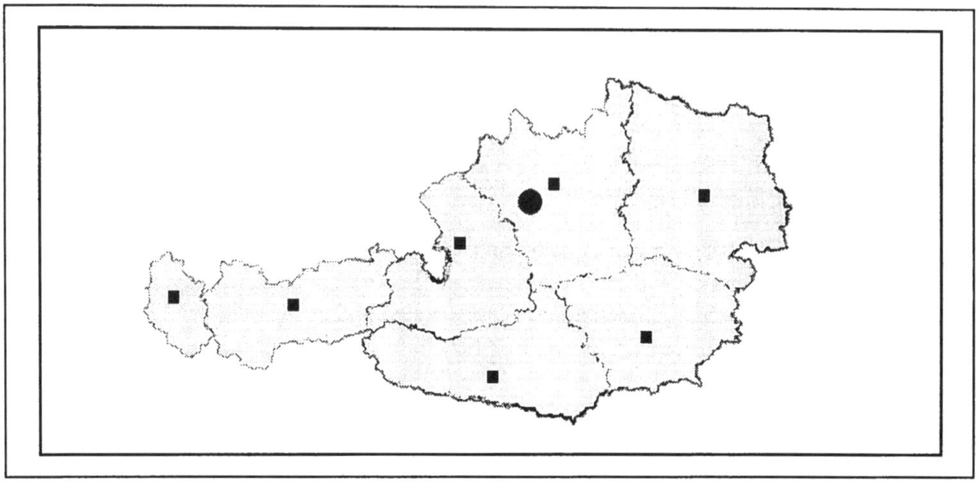

Abbildung 10: Die optimale Netzwerkstruktur für GPA ist eine Hubstruktur mit sieben Depots. Die Kosten können damit gegenüber der Ist-Situation um 14,7 % gesenkt werden.

6 Zusammenfassung und Ausblick

Diese Arbeit beschäftigt sich mit der strategischen Aufgabe der Standortplanung im flächendeckenden Sammelgutverkehr. Es wird ein entscheidungsunterstützendes Instrument entwickelt, das für vorgegebene Rahmenbedingungen wie Mengenaufkommen, Versorgungsgebiet oder erwarteter Lieferservice, Aussagen über die optimale Netzwerkgestaltung - bezüglich Anzahl und Standorte der Depots und Hubs, Depotgrenzen oder Netzwerktyp (Raster- oder Hubsystem) - liefert. Das Instrument stellt in diesem Sinne ebenso ein Handwerkszeug dar, mit dem die Qualität von Standortentscheidungen bewertet werden kann.

Daß der praktische Einsatzbereich dieser Arbeit entsprechend groß und bedeutungsvoll ist, zeigen die Entwicklungen der letzten Jahre. Gerade Paket- und Stückgutdienstleister (z.B. DPD, UPS, DHL, 24-Plus, Online), die meist aus dem Zusammenschluß mehrerer Partner zu einem unter einheitlichem Namen tätigen Unternehmen entstehen, erfreuen sich eines ständig steigenden Wachstumsmarktes. Dementsprechend nimmt die Anzahl der Konkurrenten in diesen Segmenten zu und die Wettbewerbsbedingungen verschärfen sich zusehends. Um mittel- bis langfristig am Markt bestehen zu können, ist es notwendig, die gesamte Ablaufstruktur so wirtschaftlich wie möglich zu gestalten und Ineffizienzen möglichst früh zu erkennen und auszumerzen.

Ein besonderes Interesse im Rahmen des Netzwerkdesigns gilt weiters der Robustheit einer Lösung bzw. der Frage, wie sensibel das optimale Netzwerk auf Änderungen in den Rahmenbedingungen reagiert. Gerade von der Praxis wird oft eine Variante präferiert, die zwar bei den unterstellten Mengenaufkommen geringfügig höhere Kosten als eine optimale verursacht, die dafür aber robuster gegenüber Mengenschwankungen ist. Besonders in diesem Bereich eröffnet sich ein erheblicher Forschungsbedarf.

Eine ebenso große Bedeutung mißt die Praxis der Erweiterung des Modells zur Abbildung internationaler Güterverkehrsnetze bei. Besonders der Trend zur zunehmenden Internationalisierung des Transportmarktes zwingt die Netzwerkbetreiber zur Ausdehnung über die Landesgrenzen hinweg (vgl. *Zäpfel / Wasner* 2001). Gegenüber dem hier betrachteten Problem müssen jedoch einige wesentliche Unterschiede berücksichtigt werden. Zunächst ist beim Lieferservicegrad zu unterscheiden, für welche Destinationen eine 24-Stunden-, eine 48-Stunden- oder eine 72-Stundenzustellung erfolgen soll. Damit steigt aber auch der Handlungsspielraum bezüglich der einzusetzenden Verkehrsträger - vor allem die Bahn wird mit zunehmender Länge der Transportstrecke konkurrenzfähiger. Im Gegenzug dazu erschwert sich aber die Koordination der Linienverkehre, insbesondere dann, wenn einzelne Relationen mit unterschiedlichen Frequenzen bedient werden.

Anmerkungen

1 Ein Überblick über Ansätze zur Lösung von Warehouse Location Problemen findet sich in *Wlcek* (1998), die Standortbestimmung in der Ebene und der Steiner-Weber-Ansatz werden in *Domschke / Drexl* (1996) behandelt. p-hub location Probleme wurden erstmals von *O'Kelly* (1986) vorgestellt. Eine Übersicht über verschiedenste Ausprägungen und Lösungsansätze des Problems findet sich in *Wlcek* (1998) bzw. *Mayer* (2001). Das Location routing Problem wird in *Laporte / Norbert / Taillefer* (1988) oder *Chan / Carter / Burnes* (2001) erörtert, zur Tourenplanung betrachte man *Laporte* (1992) bzw. *Golden / Assad* (1988).

7 Literatur

Chan, Y.; Carter, W. B.; Burnes, M. D. (2001): *A multiple-depot, multiple-vehicle, location-routing problem with stochastically processed demands*, in: Computers & Operations Research, vol. 28, S. 803-826

Domschke, W.; Drexl, A. (1996): *Logistik: Standorte*, 4. Auflage, R. Oldenbourg Verlag, München

Golden, B. L.; Assad, A. A. (Eds.) (1988): *Vehicle Routing: Methods and Studies*, North Holland, Amsterdam et al.

Laporte, G.; Norbert, Y.; Taillefer, S. (1988): *Solving a family of multi-depot vehicle routing and location-routing problems*, in: Transportation Science, vol. 22/3, S. 161-172

Laporte, G. (1992): *The vehicle routing problem: An overview of exact and approximate algorithms*, in: European Journal of Operational Research, vol. 59, S. 345-358

Mayer, G. (2001): *Strategische Logistikplanung von Hub&Spoke-Systemen*, Gabler Edition Wissenschaft : Produktion und Logistik, Deutscher Universitäts-Verlag, Wiesbaden

O'Kelly, M. E. (1986): *The location of interacting hub facilities*, in: Transportation Science, vol. 29, S. 92-106

Wasner, M. (2001): *Standortmodellierung und -optimierung im flächendeckenden Sammelgutverkehr*, Dissertation, Johannes Kepler Universität Linz

Wlcek, H. (1998): *Gestaltung der Güterverkehrsnetze von Sammelgutspeditionen*, Gesellschaft für Verkehrsbetriebswirtschaft und Logistik (GVB)e.V., Nürnberg

Zäpfel, G. ; Wasner, M. (2001): *Internationale Logistiknetzwerkkooperation für den flächendeckenden Stückgutverkehr*, in: Trends im internationalen Management. Strategien, Instrumente und Methoden, hrsg. von S. Grabner-Kräuter, G. A. Wührer, Universitätsverlag Rudolf Trauner, Linz, S. 651-668

Interdependenzen zwischen Marketing, Produktion und Logistik in internationalen Wertschöpfungsketten

Helmut Schulte Herbrüggen

1 Einführung

Weltweit verändern sich die Rahmenbedingungen der Industrie- und Handelsunternehmungen erheblich. Dies gilt selbst für solche Unternehmungen, die bisher nur national und in Nischenmärkten operierten. Einerseits haben sich aus der zunehmenden Globalisierung neue Chancen für profitable internationale Industrie- und Handelsbeziehungen ergeben. Andererseits haben die Risiken für Unternehmungen durch die Erhöhung des internationalen Konkurrenzdrucks erheblich zugenommen. Dies bedeutet, daß es für Unternehmungen zunehmend darauf ankommt, dauerhaft komparative Konkurrenzvorteile (vgl. *Backhaus* 1990, S. 7) bzw. „Sustainable Competitive Advantage" (*Aaker* 1988, S. 46) durch Schaffung einer „Unique Selling Proposition" zu erreichen.

Ziel dieses Beitrags ist eine exemplarische Analyse von wesentlichen Interdependenzen zwischen internationalem Marketing und internationaler Produktion und Logistik. Dabei werden Optionen erläutert, wie Anforderungen aus dem internationalen Marketing durch innovative Produktions- und Logistikkonzepte gelöst werden können. Auf andere Unternehmungsfunktionen wie Forschung & Entwicklung und Einkauf, die sicher ebenfalls in ein durchgängiges Logistikkonzept einzubinden sind, wird in diesem Beitrag nicht tiefergehend eingegangen.

Ausgangspunkt dieses Beitrags ist die Erläuterung internationaler Trends, die sich wesentlich auf Marketing, Produktion und Logistik auswirken. Auf dieser Basis werden operative wertschöpfungsrelevante Gestaltungsoptionen der Internationalisierung getrennt und dann hinsichtlich ihrer Interdependenzen analysiert.

Nicht zuletzt durch Internationalisierung und Globalisierung muß der ursprünglich vorwiegend produktionsorientierte Begriff der Wertschöpfung im Sinne von „Umsatzerlöse minus Vorleistungen" deutlich erweitert werden. Als funktionsübergreifender Terminus bedingt Wertschöpfung eine integrative Betrachtung der gesamten logistischen Kette. In diesem Beitrag wird „Wertschöpfung im Sinne von Kundennutzen" verstanden (vgl. *Kamiske / Brauer* 1999, S. 23). Dadurch soll deutlich werden, daß es sinnvoll ist, alle Aktivitäten einer Unternehmung auf ihre direkte oder indirekte Kundenfokussierung hin zu analysieren und möglichst „Nicht-Wertschöpfung" zu vermeiden.

2 Kausalkette der Globalisierung

Ursache des raschen internationalen Wandels der Wettbewerbsbedingungen sind Trends, von denen einige der wichtigsten im „Kausalkreis der Globalisierung" (Abbildung 1) zusammengefaßt sind. Globalisierung wird hier als weltweite Internationalisierung aufgefaßt. Die im Kausalkreis der Globalisierung enthaltenen Trends werden im folgenden kurz erläutert.

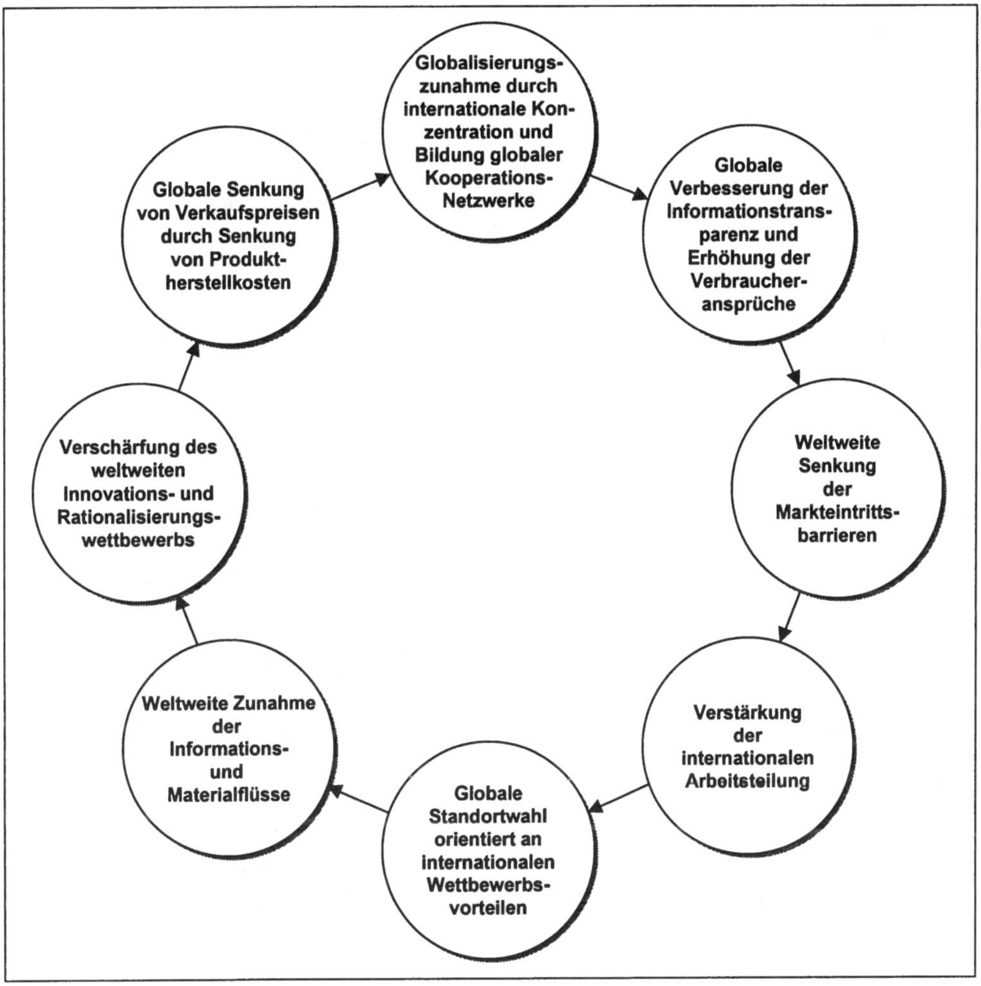

Abbildung 1: Kausalkette der Globalisierung

Basis der zunehmenden Globalisierung ist die weltweit verbesserte Informationstransparenz durch die Entwicklung und Verbreitung des Internets mit den Möglichkeiten des sekundenschnellen globalen Informationsaustauschs, bei dem die Grenzkosten gegen Null laufen (vgl. *Wildemann* 2000a, S. 29). Dies hat zur Erhöhung der Verbraucheransprüche hinsichtlich der gewünschten Produkte und Serviceleistungen geführt.

Die Verbesserung der globalen Informationstransparenz hat zur Folge, daß weltweit die Markteintrittsbarrieren sinken und eine zunehmende Ausweitung der internationalen Arbeitsteilung erfolgt. Dadurch wird die globale Standortwahl, orientiert an internationalen komparativen Wettbewerbsvorteilen hinsichtlich Kosten, Qualität, Zeit und Flexibilität gefördert. Die Informations- und Materialflüsse zwischen den internationalen Standorten nehmen konsequenterweise weltweit erheblich zu.

Die daraus resultierende Konkurrenz der weltweiten Standorte um Ansiedlungen von Industrie- und Handelsunternehmungen führt zu einer Verschärfung des globalen Innovations- und Rationalisierungswettbewerbs mit deutlich verkürzten Produktlebenszyklen. Der weltweite Innovationsdruck führt zu einer Konzentration der Unternehmungen auf ihre Kernkompetenzen. Weltweit geht diese Entwicklung mit der Senkung der Produktherstellkosten einher, denn Unternehmungen müssen sich heute an den Leistungen der Wettbewerber in ihren jeweiligen Zielmärkten messen lassen. Die globale Informationstransparenz zwingt die Unternehmungen dazu, ihre Verkaufspreise weltweit zu senken.

Bei global agierenden Unternehmungen ist in der Folge eine Zunahme der kritischen Größe festzustellen. Da das interne Wachstum zur Erreichung der kritischen Unternehmungsgröße kurzfristig meist recht niedrig ist, wird zunehmend Wachstum durch Beteiligungen, Übernahmen und Fusionen angestrebt. Dies führt weltweit zu erheblichen Konzentrationsprozessen innerhalb von Branchen. Sie werden ergänzt durch den Aufbau weltweiter informatorischer und physischer Kooperationsnetzwerke, wodurch die Globalisierung weiter zunimmt.

Der Kreis schließt sich und beginnt von neuem, denn das Überleben der globalen Unternehmungen und Netzwerke hängt von ihrer Konkurrenzfähigkeit im weltweiten Wettbewerb ab. Die zunehmend anspruchsvolleren und kritischeren Verbraucher erzwingen durch ihr Kauf- und Konsumverhalten eine erhöhte Informationstransparenz seitens der Unternehmungen.

Der dargestellte Kausalkreis verdeutlicht, daß die resultierende Globalisierung der Informationsströme zu einer Erhöhung des Innovations- und Rationalisierungsdrucks führt. Vor dem Hintergrund der Notwendigkeit komparativer Wettbewerbsvorteile ist die Frage der internationalen Standortwahl deshalb immer wieder neu zu prüfen.

3 Wertschöpfungsrelevante Gestaltungsoptionen in internationalen Logistikketten

Ausgangspunkt der Überlegungen zu wertschöpfungsrelevanten Gestaltungsoptionen der Internationalisierung ist die Analyse des Anforderungsspektrums internationaler Kunden. Anschließend wird getrennt auf wertschöpfungsrelevante Gestaltungsoptionen des internationalen Marketing und der internationalen Produktion und Logistik eingegangen.

3.1 Anforderungsspektrum internationaler Kunden

Eine Unternehmung, die potentielle internationale Kunden erreichen und für sich gewinnen will, muß im wesentlichen soziologische, kulturelle, psychologische, politische und gesetzliche Einflüsse, Beschaffungsrisiken, technische und ökonomische Einflüsse, Marktbedingungen und situative Einflüsse beachten (vgl. *Mahefa* 1998, S. 505). Diese Haupteinflußfaktoren internationaler Kundenanforderungen sind für zahlreiche und oft sehr unterschiedliche Zielmärkte zu erfassen und bei der Marktbearbeitung zu berücksichtigen.

Das Anforderungsspektrum internationaler Kunden zeigt Abbildung 2. Produkte und Dienstleistungen international agierender Unternehmungen müssen quantitativ, qualitativ, kulturadäquat, ökologisch, ökonomisch, zeitlich, räumlich, personell, multimedial und individuell den Kundenanforderungen entsprechen.

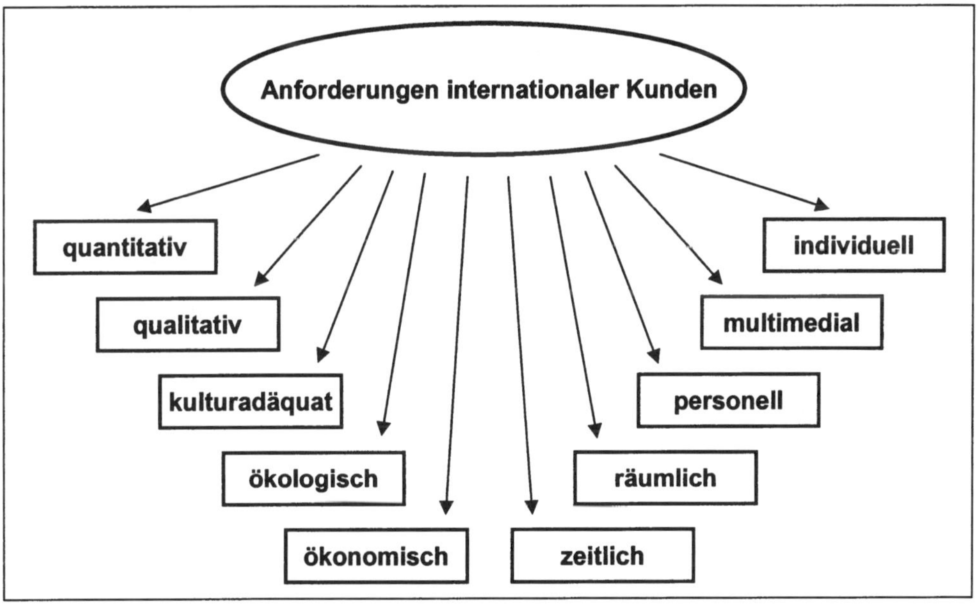

Abbildung 2: Anforderungsspektrum internationaler Kunden

Quantitative Anforderungen der Kunden beziehen sich vor allem auf Angebotsbreite und Bedarfsmengen. Qualitativ können Kunden Wert auf Innovationsgüte, Funktionsqualität sowie Anmutungs- bzw. Designqualität legen. Kulturadäquate Gestaltung erfordert die Ermittlung der unterschiedlichen kulturellen Wertvorstellungen in potentiellen Zielmärkten und die Berücksichtigung beim Produkt- und Serviceangebot (vgl. *Usunier / Walliser* 1993, S. 135-146).

In ökologischer Hinsicht können Ressourcenschonung und Emissionsminimierung während der Produktion und beim Einsatz der Produkte erfolgskritisch sein. Bedenkt man, daß zur Herstellung von einem Kilogramm Produkt im Durchschnitt 80 Kilogramm Material eingesetzt werden, wird die zumindest teilweise mögliche Kongruenz zwischen ökologischen und ökonomischen Anforderungen deutlich (vgl. *Arthur D. Little* 1995, S. 167-168). Bei ökonomischen Kundenanforderungen ist zudem zwischen absolutem Preisniveau und relativem Preisniveau im Verhältnis zum verfügbaren Einkommen zu unterscheiden.

Zeitliche Kundenanforderungen können sich auf die Produktentwicklungs- und Produkteinführungszeiten (time-to-market) und auf Durchlauf- bzw. Lieferzeiten beziehen. Die Unterschiedlichkeit der Zeitbegriffe in verschiedenen Ländern (vgl. *Usunier / Walliser* 1993, S. 251-255) erfordert eine entsprechende international differenzierte Erfassung der Kundenanforderungen. Räumliche und personelle Kundenanforderungen hängen eng zusammen. Sie betreffen die Erreichbarkeit von Ansprechpartnern, die bei Fragen und Reklamationen engagiert, kompetent und freundlich Hilfestellung geben.

Multimediale Anforderungen beziehen sich auf die vielfältigen Ausgestaltungsformen von Kommunikationsmedien, die dem Kunden den Erhalt von gewünschten Informationen, z.B. über das Internet, ermöglichen. Die Inhalte sollen aktuell, transparent (durch anwenderfreundliche Navigationssysteme), akkurat und nützlich, schnell zugänglich, unterhaltsam, flexibel an Kundenerfordernisse anpaßbar, mit hohem, möglichst individualisiertem Zusatznutzen ausgestattet sein und zu Rückkopplungen durch interaktives Hinterfragen einladen (vgl. *Krause* 2000, S. 490). Da die Kundenanforderungen weltweit sehr unterschiedlich sind, fordern Kunden von international agierenden Unternehmungen vor allem Anpassungsfähigkeit an ihre individuellen Wünsche durch Flexibilität in quantitativer, qualitativer, zeitlicher, räumlicher und personeller Hinsicht. Dies hängt - wie im Kausalkreis der Globalisierung (vgl. Abbildung 1) dargestellt - mit der zunehmenden Individualisierung und dem gestiegenen Anspruchsniveau zusammen.

3.2 Wertschöpfungsrelevante Gestaltungsoptionen im internationalen Marketing

Wesentliche Gestaltungsmöglichkeiten des operativen Marketing ergeben sich durch den Einsatz des marketingpolitischen Instrumentariums, das Abbildung 3 im Überblick zeigt.

Zwischen nationalem und internationalem Marketing ist ein wesentlicher Unterschied festzustellen: Marketinginstrumente, die national nur von untergeordneter Bedeutung sind, können international absatzentscheidende Bedeutung haben. So kann beispielsweise die Verpackungsgestaltung entscheidend für Erfolg und Mißerfolg im Ausland sein. Farben haben - um nur auf ein Merkmal einzugehen - in verschiedenen Ländern sehr unterschiedliche Bedeutungen. So ist „grün" in den USA eine bevorzugte Farbe für Frische und Gesundheit, die in anderen Ländern Assoziationen mit Dschungel und Krankheit hervorruft. Die Farbe ist bei Arabern beliebt, in Teilen Indonesiens aber verboten. In Japan ist „grün" eine High Tech-Farbe, während Amerikaner grüne High-Tech-Produkte eher meiden würden (vgl. *Copeland / Griggs* 1986, S. 63).

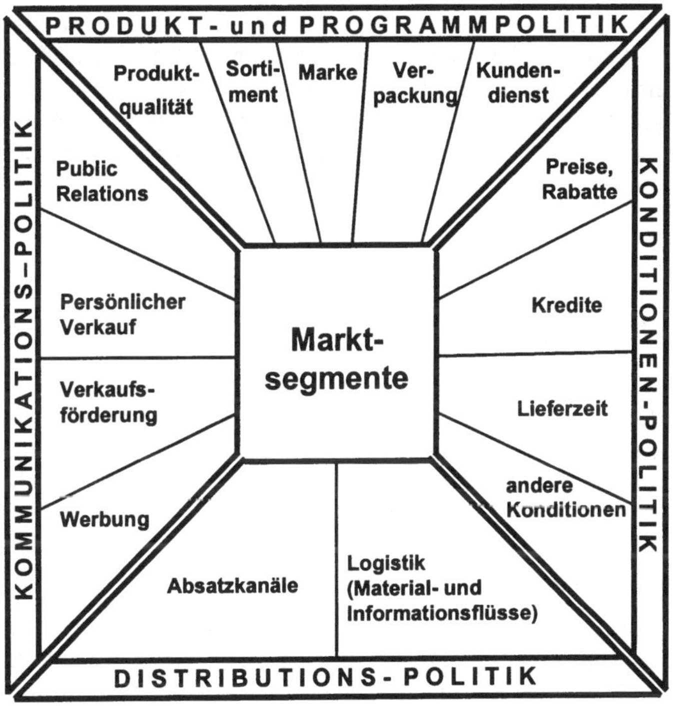

Abbildung 3: Marketingpolitisches Instrumentarium (vgl. Meffert 1998, S. 868)

Das gesamte marketingpolitische Instrumentarium kann im operativen Tagesgeschäft wertschöpfungsrelevant gestaltet werden. Während beim Einsatz der kommunikationspolitischen Marketinginstrumente vor allem indirekte Wertschöpfungswirkungen erzielt werden können, lassen sich produkt- und programmpolitische, konditionenpolitische sowie distributionspolitische Marketinginstrumente direkt gestalten (vgl. auch *Schulte Herbrüggen* 2001, S. 485-488).

Die Produkt- und Programmpolitik wird vor allem im Zusammenhang mit der internationalen Differenzierungs- bzw. Präferenzstrategie eingesetzt. Die Konditionenpolitik hat, was die monetären Gestaltungsparameter anbelangt, vor allem bei Anwendung der Preis-Mengen-Strategie bzw. beim Anstreben internationaler Kostenführerschaft Bedeutung. Einziger bei beiden Strategien gleichermaßen bedeutsamer Gestaltungsparameter ist die Lieferzeit. Die Lieferzeit wird zudem stark beeinflußt durch die Gestaltung der Distributionssysteme, insbesondere durch die Anzahl der Handelsstufen und durch die material- und informationsflußbezogene Ausgestaltung der Distributionskette. Die Kommunikationspolitik hat die Aufgabe, die Vorzüge der Unternehmung, der Produkte und der Dienstleistungen den Kunden und anderen Stakeholdern zu vermitteln. Sie steht folglich in einer großen Abhängigkeit zur Produkt- und Programmpolitik, zur Konditionenpolitik und zur Distributionspolitik.

Die zunehmende Wertschöpfungsfocussierung im Marketing wird durch proaktives Marketing, Key Account Management und Customer Relationship Management deutlich. Die Gemeinsamkeit dieser Konzepte ist das sorgfältige Eingehen auf Kundenwünsche unter möglichst weitgehender Einbeziehung der Leistungspotentiale der gesamten internen und externen Wertschöpfungspartner in der logistischen Kette der internationalen Unternehmung.

3.3 Wertschöpfungsrelevante Gestaltungsoptionen in der internationalen Produktion und Logistik

Im Sinne einer Mehrwertoptimierung verfolgt die internationale Produktion und Logistik marketingorientierte Ziele wie Qualitätsoptimierung, Kostenminimierung, Zeitoptimierung und Flexibilitätsoptimierung (quantitativ, qualitativ, zeitlich, räumlich und personell). Diese Ziele sind bereits bei der strukturellen Gestaltung der Produkte und der internationalen Produktions- und Logistiksysteme zu berücksichtigen, da hierdurch die Freiheitsgrade der ablauforganisatorischen Optimierung erheblich beeinflußt werden.

Um die genannten Ziele zu erreichen, muß für die internationale Produktion und Logistik ein Leistungsprofil gestaltet werden, das auch bei veränderten Kundenanforderungen in internationalen Märkten ein schnelle, flexible und zugleich ökonomisch sinnvolle Reaktion gestattet. Die Leistungsattribute einer solchen international wertschöpfungsoptimalen Produktion und Logistik sind in Abbildung 4 dargestellt und werden im folgenden erläutert.

International wertschöpfungsoptimale Produktions- und Logistiksysteme müssen einerseits den Anforderungen der internationalen Kunden gerecht werden und andererseits auf die Unternehmungsressourcen und -interessen abgestimmt sein. Sie sind integrativ, interdisziplinär, interkulturell abgestimmt, retrograd, engpaßfocussiert, wertschöpfungspartnerschaftlich, flexibel, einfach, transparent, modular, möglichst autonom und motivierend ausgerichtet. Die mit diesen Adjektiven verbundenen Konzepte und Lösungsansätze sind als Methodenmix zur Optimierung der gesamten logistischen Kette einzusetzen.

Internationale Produktions- und Logistiksysteme sind integrativ zu gestalten. Dies bedeutet, daß eine ganzheitliche Vorgehensweise anzustreben ist. Durch ihre Anordnung in der Unternehmung zwischen Marketing und Beschaffung kommt der Produktion und Logistik eine integrierende Bedeutung zu. Wildemann betont die Notwendigkeit der Flußoptimierung, die nur durch die Schaffung einer durchgängigen logistischen Kette von den Kunden bis hin zu den Zulieferanten zu erreichen sei (vgl. *Wildemann* 1988a, S. 11-13).

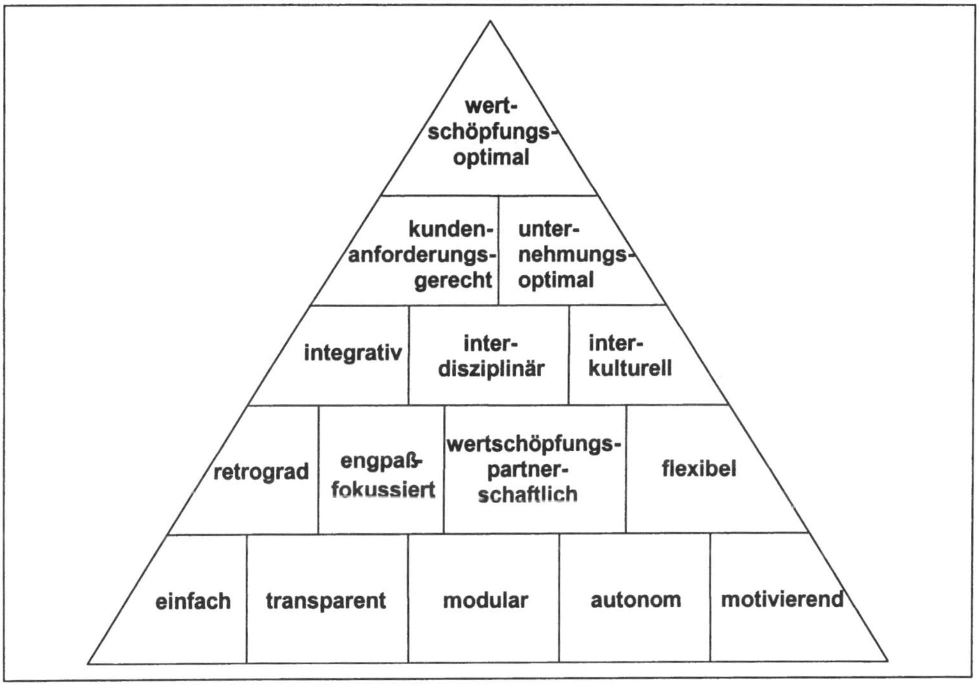

Abbildung 4: Leistungsattribute international wertschöpfungsorientierter Produktions- und Logistiksysteme

Zur integrativen Gestaltung gehört auch, eine Trennung direkter und indirekter Arbeiten zu vermeiden. So sollen insbesondere Aufgaben wie Qualitätssicherung, Werkzeugwechsel und Betriebsdatenerfassung in die Abläufe auf der operativen Betriebsebene integriert werden, um so eine Flußoptimierung zu erreichen (vgl. *Wildemann* 1988b, S. 161-167). Integrierend wirkt auch die im Konzept der Fertigungssegmentierung vorgesehene „Komplettbearbeitung von Teilen und Baugruppen" (*Wildemann* 1988b, S.

232), oft verbunden mit Mehrmaschinenbedienung, durch die eine deutliche Verringerung der Anzahl der Schnittstellen im Materialfluß erreicht wird.

Internationale Produktions- und Logistiksysteme sind interdisziplinär zu gestalten. Über Funktionsbereichs- und Abteilungsgrenzen hinweg ist daher eine enge Zusammenarbeit erforderlich. Folglich sollen Funktionsbereiche wie Marketing, Produktion, Forschung und Entwicklung, Einkauf / Beschaffung und Finanzen Bereichsegoismen vermeiden und - orientiert an Kundenwünschen und Unternehmungsinteressen - eng kooperieren. Aber auch innerhalb der Funktionsbereiche ist eine enge Zusammenarbeit wichtig. So sind in der Produktion Fabrik- und Layoutplanung, Anlagenwirtschaft, Materialwirtschaft, Personalwirtschaft und Informationswirtschaft (Produktionsplanung und -steuerung) sorgfältig miteinander zu koordinieren.

In international wertschöpfungsorientierten Produktions- und Logistiksystemen ist eine interkulturelle Abstimmung unabdingbar. Die Begründung ergibt sich - wie in der Kausalkette der Globalisierung (vgl. Abbildung 1) erläutert - aus dem globalen Innovations- und Preisdruck. Die Ermittlung der branchenübergreifend weltweit besten Praktiken und Problemlösungen durch Benchmarking läßt sich nur mit interkultureller Offenheit realisieren. Dies erfordert eine Bewußtseinsbildung der Mitarbeiter, Ideen von Menschen anderer Länder und Kulturen vorurteilslos zu prüfen. Zugleich ist erforderlich, das „Not invented here“ - Syndrom, durch das Ideen nur deshalb abgelehnt werden, weil sie aus einem anderen Land oder einer anderen Abteilung stammen, zu vermeiden bzw. zu überwinden (vgl. *Perlitz* 1997, S. 547). In der Praxis zeigt sich, daß gerade eine interdisziplinär und interkulturell abgestimmte Kooperation einerseits hohe Rationalisierungspotentiale birgt, andererseits aber auch außerordentlich schwierig zu realisieren ist. Ein wesentlicher Grund sind Kulturkonflikte, die durch „Culture Shock“ (*Hofstede* 1991, S. 209-211) und „Clash of Cultures“ (*Funakawa* 1997, S. 7) ausgelöst werden können. Ihre Lösung ist eine der Hauptaufgaben des interkulturellen Managements.

International wertschöpfungsorientierte Produktions- und Logistiksysteme sind retrograd zu gestalten. Ursache für dieses Postulat ist der weltweite Wandel der Märkte von Verkäufer- zu Käufermärkten, auf denen die Nachfrage größer ist als das Angebot. Beispielsweise sollen Produkte, Konzepte und Systeme nicht mehr aus den Unternehmungen heraus vorwärts, d.h. kundenwunschfern, konzipiert werden. Ausgangspunkt der Überlegungen müssen vielmehr die Wünsche der unterschiedlichen Kunden weltweit sein, von denen aus rückwärts Produkte, Strukturen und Abläufe in der internationalen Unternehmung zu gestalten sind. Dies erfordert eine grundlegende Umkehrung der Denkweise, da auch in der Fertigungssteuerung möglichst das Bringprinzip durch das Holprinzip zu ersetzen ist (vgl. *Wildemann* 1984, S. 33-34) und dadurch oft über Jahrzehnte fixierte Verhaltensweisen verändert werden müssen.

International wertschöpfungsorientierte Produktions- und Logistiksysteme müssen strukturell und ablauforganisatorisch engpaßfocussiert gestaltet werden, d.h. der Vermeidung von Engpässen eine hohe Priorität einräumen. Wie das schwächste Glied in einer Kette die Haltbarkeit der gesamten Kette determiniert, bestimmen Engpässe die Leistungsfähigkeit der gesamten Produktion und Logistik. Dabei können Engpässe ganze Werke bzw. Fabriken oder auch einzelne Produktionsanlagen, Mitarbeiter und Materialien sein. Aufgrund der zahlreichen Gestaltungsoptionen, zwischen denen in der internationalen Produktion und Logistik gewählt werden kann, haben internationale Unternehmungen gegenüber nationalen Unternehmungen deutlich bessere Möglichkeiten, Engpässe zu kompensieren. Sie können zwischen den sachlichen internationalen Marktbearbeitungsalternativen Export, Lizenzvergabe, Franchising, Zusammenarbeit mit ausländischen Partnerunternehmungen, Strategischen Allianzen, Neubau „auf der grünen Wiese", Übernahme von ausländischen Unternehmungen, Joint Ventures und internationaler Fusion wählen. Konzepte für die Lösung von Engpaßproblemen bietet die aus dem OPT - Konzept (vgl. *Fox* 1983 und *Goldratt* 1984) entwickelte „Theory of Constraints" und das „Constraint Management" (*Gaither / Frazier* 1999, S. 343).

Internationale Produktions- und Logistiksysteme sind - unabhängig von den oben genannten sachlichen internationalen Marktbearbeitungsalternativen - wertschöpfungspartnerschaftlich zu gestalten (vgl. *Wildemann* 1999, S. 50). Eine Zusammenarbeit ist mit allen Stakeholdern, besonders mit den eigenen Mitarbeitern und den Lieferanten im Sinne von Wertschöpfungspartnerschaften anzustreben. Die Entscheidung zwischen Eigenproduktion und Fremdbezug wird heute stärker um die Option der Kooperation erweitert (vgl. *Perlitz* 1997, S. 530-532). Bei dieser Entscheidung von Unternehmungen zwischen Insourcing und Outsourcing ist ein wesentliches Kriterium die Konzentration auf Kernkompetenzen. Zahlreiche Unternehmungen wie beispielsweise die Unternehmung MCC France SAS (Micro Compact Car France Sociètè par Actions Simplifée) im lothringischen Hambach, zuständig für die Produktion der Smart-Autos, haben sich für den Aufbau von Systempartnerschaften entschieden. Die Systempartner erstellen - entsprechend ihrer Kernkompetenz - komplett vormontierte Teilsysteme, die im Montagewerk von MCC zusammengebaut werden. Dadurch liegt die Fertigungstiefe bei unter zehn Prozent.

Internationale Produktions- und Logistiksysteme müssen eine hohe Flexibilität (quantitativ, qualitativ, zeitlich, räumlich und personell) aufweisen. Flexibilität als Ziel setzt die Realisierung von Flexibilisierungsmaßnahmen voraus. Die Gestaltungsmöglichkeiten reichen von der Standortflexibilität (international, national und lokal) über Betriebsmittelflexibilitätsarten (vgl. *Scharf* 1976, S. 109) bis hin zur Mitarbeiterflexibilität bezüglich zeitlicher und intensitätsmäßiger Anpassung. KAIZEN bzw. Continuous Improvement sind Methoden, die eine Anpassung der Unternehmungen an veränderte Marktkonstellationcn sicherstellen.

Internationale Produktions- und Logistiksysteme sollen einfach und transparent gestaltet sein. Einstein wird der Satz zugeschrieben „Alles Geniale ist einfach." Simplifizierung bedeutet Reduzierung von Komplexität. Dies bedeutet nicht, daß nicht Endprodukte weiterhin kompliziert sein können. Ein Beispiel hierfür ist die Plattformstrategie in der Automobilindustrie, bei der markenübergreifend eine hohe Gleichteileverwendung angestrebt wird (vgl. *Wildemann* 2000b, S. 20-21). Eine weitgehende Standardisierung von

Teilen und Baugruppen sowie eine möglichst späte Variantendifferenzierung in der Wertschöpfungskette ermöglichen, Synergieeffekte und in der Folge steigende „Economies of Scale" zu erzielen. Durch eine ablauforientierte Parzellierung der Produktion im Sinne der Fertigungssegmentierung nach dem Objekt- statt Funktionsprinzip lassen sich organisatorische Abläufe einfacher und transparenter gestalten als dies beispielsweise in Werkstattfertigungen der Fall ist (vgl. *Wildemann* 1988b, S. 37).

Zur Transparenz können auch Visualisierungshilfsmittel beitragen, wie sie zunächst überwiegend in Japan, inzwischen aber zunehmend auch in Europa und den USA eingesetzt werden. Beispiele sind Bestandsflächen- und Bestandshöhenmarkierungen, durch die eine physische Teilebestands- und Teileflußkontrolle ermöglicht wird (vgl. *Wildemann* 1983, S. 75-76). Zudem können Schautafeln in der Produktion, die beispielsweise Übersichten über die Realisierung der gesetzten Ziele, Arbeitsicherheitsmaßnahmen sowie Verbesserungsvorschläge geben, zur Transparenz beitragen. Andon-Ampelsysteme informieren auf einen Blick über den Verfügbarkeitszustand der Produktion und ersparen so aufwendigere Betriebsdatenerfassungssysteme.

Internationale Produktions- und Logistiksysteme sollen die Vorteile der Modularisierung nutzen. Modularisierung kann sich auf Produkte, Maschinen, Systeme, Abläufe und Lieferumfänge beziehen. Gemeinsam ist diesen sehr unterschiedlichen Modularisierungsobjekten, daß durch eine klare Schnittstellendefinition folgende Vorteile gegeben sind: Verkleinerbarkeit, Vergrößerbarkeit, sequentielle Modifizierbarkeit, Substituierbarkeit durch gleichartige oder andersartige Module sowie Kombinierbarkeit von Grund- mit Aufbaumodulen (vgl. *Schulte Herbrüggen* 1991, S. 276-280). Durch Modularisierung gerade international angebotener Produkte können steigende „Economies of scale" bei gleichen Modulen und Verbundeffekte durch steigende „Economies of scope" bei variablen Modulen erzielt werden.

Internationale Produktions- und Logistiksysteme sind möglichst autonom zu gestalten, da hieraus sowohl Modularisierungsoptionen als auch Flexibilitätsgestaltungsmöglichkeiten resultieren. Erst Autonomisierungsbestrebungen ermöglichen die Integration indirekter Funktionen wie Qualitätssicherung und Materialflußsteuerung in den Ort der Leistungserstellung. Dadurch werden Mitarbeiter sensibilisiert, sich für eigen- statt fremdkontrollierte Qualität einzusetzen und selbst für die rechtzeitige Beschaffung der in der Produktion benötigten Teile und Materialien Sorge zu tragen (vgl. *Wildemann* 1984, S. 33-60).

Die Autonomisierung von Bereichen kann dazu führen, daß vormals konsekutiv ablaufende Prozesse zeitlich und räumlich parallelisiert werden. Dadurch können oft wettbewerbsfördernde Leistungsvergleiche, auch zwischen internationalen Betrieben, vorgenommen werden.

Internationale Produktions- und Logistiksysteme sollen sich motivierend auf die Mitarbeiter und Führungskräfte auswirken. Transparenz und die eindeutige Zuordnung von erbrachten Leistungen zu autonomen Bereichen können motivationsfördernde Wirkungen haben. Interdisziplinäre, interkulturelle sowie wertschöpfungspartnerschaftliche Zusammenarbeit können ebenfalls motivationssteigernd sein.

Elemente, die das Leistungsprofil einer internationalen Produktion und Logistik weitgehend determinieren, faßt Abbildung 5 zusammen und differenziert dabei zwischen strukturell-langfristigen und kurz- bis mittelfristig modifizierbaren Systembestandteilen. Die strukturellen Entscheidungen haben erheblichen Einfluß auf die Freiheitsgrade bei der Realisierung der kurz- bis mittelfristigen Gestaltungsvarianten.

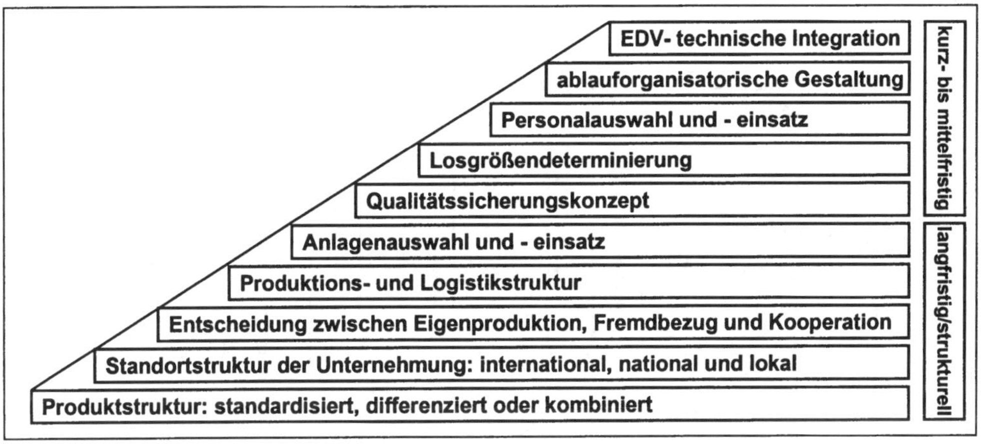

Abbildung 5: Leistungsprofil internationaler Produktion und Logistik

Internationale Produktions- und Logistiksysteme unterscheiden sich von entsprechenden nationalen Systemen durch ihre höhere Komplexität und das erheblich vergrößerte Spektrum der Gestaltungsoptionen. Mit der Zielsetzung, eine internationale Mehrwertlogistikkette zu schaffen, sind daher ausgehend von der Produktstruktur chronologisch oder sogar simultan die Entscheidungen bis hin zur EDV-technischen Integration zu treffen.

4 Methodenmix zur wertschöpfungsinterdependenten Gestaltung von internationalem Marketing und internationaler Produktion und Logistik

Zur wertschöpfungsinterdependenten Gestaltung von internationalem Marketing und internationaler Produktion und Logistik stehen mehrere Methoden zur Verfügung, die sich gut kombinieren lassen. Abbildung 6 zeigt wesentliche Konzepte im Überblick.

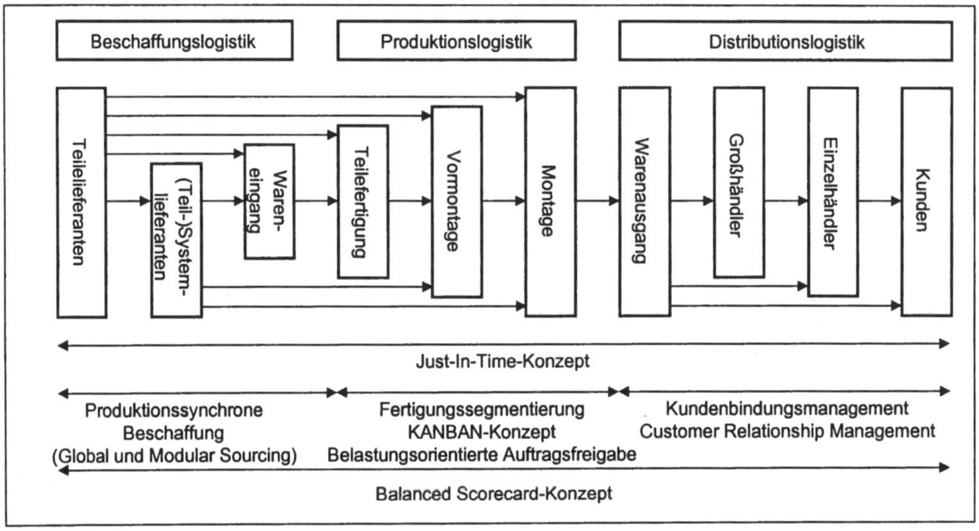

Abbildung 6: Methodenmix zur wertschöpfungsinterdependenten Gestaltung von internationalem Marketing und internationaler Produktion und Logistik

Die logistische Kette einer Unternehmung läßt sich grob in Distributions-, Produktions- und Beschaffungslogistik untergliedern. Das Just-In-Time-Konzept ist eine Produktions- und Logistikstrategie mit dem Ziel der Kundenbedarfserfüllung „zum richtigen Zeitpunkt, in richtiger Qualität und Menge am richtigen Ort" (*Wildemann* 1988a, S. 11). Dies erfordert die kombinierte Realisierung verschiedener Einzelkonzepte wie „Produktionssynchrone Beschaffung" (*Wildemann* 1988c, S. 3), die strukturelle Gestaltung der Produktion nach „Prinzipien der Fertigungssegmentierung" (*Wildemann* 1988b, S. 226) und die ablauforganisatorische Steuerung der Produktion mit selbststeuernden Regelkreisen nach KANBAN-Prinzipien (vgl. *Wildemann* 1984, S. 33-36) oder mit Hilfe der belastungsorientierten Auftragsfreigabe (vgl. *Wiendahl* 1997, S. 284-303). Eine sinnvolle Ergänzung kann durch Kundenbindungsmanagement erreicht werden (vgl. *Zentes /*

Swoboda 2000, S. 173-200), das auch als Customer Relationship Management bezeichnet wird.

Die produktionssynchrone Beschaffung ist durch die zunehmende Erschließung globaler Beschaffungsquellen (Global Sourcing) und die Reduzierung der Fertigungstiefe durch Übertragung der Kompletterstellung ganzer Baugruppen und Teilsysteme auf Zulieferanten (Modular Sourcing) gekennzeichnet (vgl. *Wildemann* 1998, S. 2-3)

Ein Ansatz, der zur logistikkettenübergreifenden Optimierung der genannten Konzepte eingesetzt werden kann, ist das Balanced Scorecard-Konzept. Aus der Verhaltenswissenschaft ist bekannt, daß Meßsysteme das Verhalten von Managern und Mitarbeitern erheblich beeinflussen können. Diese Erkenntnis nutzt das Balanced Scorecard-Konzept, um durch einen ausgewogenen Berichtsbogen Kennzahlen gezielt zu erfassen und so kontinuierlich Verbesserungen und Innovationen zu bewirken (vgl. *Kaplan / Norton* 1992, S. 71-79 und *Kaplan / Norton* 1997, S. 7-30):

Kaplan / Norton schlagen vor, die Balanced Scorecard unter vier Visions- bzw. Strategieperspektiven einzusetzen, wie Abbildung 7 verdeutlicht. Dabei werden entsprechend der Unternehmungsvision bzw. -strategie Bestlösungen aus Kundenperspektive, interner Geschäftsperspektive, Innovations- und Lernperspektive und Finanzperspektive angestrebt. Die Geschäftsleitung hat die wichtige Aufgabe, realistische und von Führungskräften bzw. Mitarbeitern beeinflußbare Ziele, Kennzahlen, Termine, Budgets und Maßnahmen festzulegen. Eine gute Balanced Scorecard soll eine ausgewogene Auswahl von „leading indicators" (Leistungstreibern) und von „lagging indicators" (Ergebniskennzahlen) aufweisen, da zwischen beiden ein enger Ursache-Wirkungs-Zusammenhang besteht. Als Ergebniskennzahlen kommen Gewinn im Marketing und Kosten in der Produktion und Logistik in Betracht. Als Leistungstreiber können (niedrige) Reklamationszahlen im Marketing und Durchlaufzeiten sowie Parts-per-million-Fehlerquoten in der Produktion und Logistik eingesetzt werden.

Im Bereich des internationalen Marketing können sich die Ziele an den internationalen Kundenanforderungen und den Gestaltungsoptionen des internationalen Marketing (vgl. Kapitel 3.1 und 3.2) orientieren. Für den Inhalt der Balanced Scorecard hinsichtlich der internationalen Produktion und Logistik können die in Kapitel 3.3 dargestellten Gestaltungsoptionen als Richtschnur dienen. Unternehmungen können durch gezielte Marktforschung für sie selbst besonders relevante Maß- und Kennzahlen ermitteln und durch die entsprechende Berücksichtigung in ihrer Balanced Scorecard dem Postulat der Kundenzufriedenheit noch besser Rechnung tragen (vgl. *Kaplan / Norton* 1992, S. 74).

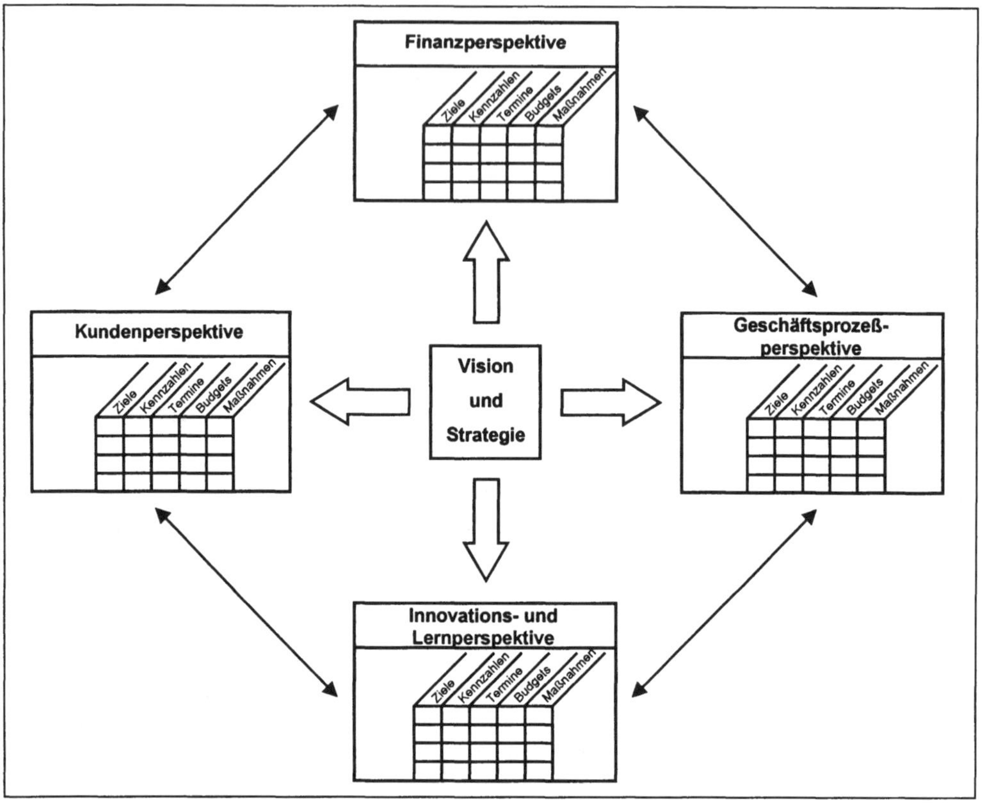

Abbildung 7: Perspektiven der Balanced Scorecard (vgl. Kaplan / Norton 1992, S. 72 und Kaplan / Norton 1996, S. 76)

Die Balanced Scorecard ermöglicht eine eindeutige Operationalisierung visionärer und strategischer Ziele über Maß- und Kennzahlen, eine unternehmungszielfokussierte Verhaltensbeeinflussung und Steuerung der Führungskräfte und Mitarbeiter jeder einzelnen Geschäfteinheit und die flexible Anpassung an veränderte Anforderungen. Durch die Erstellung der Balanced Scorecard auf Unternehmungsleitungsebene können Interdependenzen zwischen Unternehmungsbereichen ausgewogen bei der Festlegung von Zielen, Kennzahlen, Terminen, Budgets und Maßnahmen berücksichtigt und sichergestellt werden. Große Bedeutung kommt dabei der Wertschöpfungsrelevanz der eingesetzten Kennzahlen zu.

5 Ausblick

International ist eine zunehmende Individualisierung der Kundenwünsche festzustellen. Dieser Entwicklung begegnen Unternehmungen zunehmend durch einzelkundenfokussierte Marketingkonzepte wie Clienting (vgl. Geffroy 2000) „One - to - One - Marketing", „Customer Relationship Management" und „Segment of One-Marketing" (*Wildemann* 2000a, S. 31). Absehbar ist, daß künftig durch „Direct One-to-One-Internet-Marketing" eine direkte Durchstellung der im Internet von Kunden geäußerten Wünsche an Forschung & Entwicklung, Produktion und Logistik und andere Funktionsbereiche in der Unternehmung erfolgen könnte.

Die Betriebswirtschaftslehre wird sich in die Lehre vom „Value Added Management" bzw. „Value Creation Management" entwickeln, um den Herausforderungen der Zukunft Rechnung tragen zu können. Alle Unternehmungsaktivitäten werden auf ihre direkte oder indirekte Kundenfokussierung untersucht werden und alles, was nicht direkt oder indirekt den Kundennutzen fördert, wird in Zukunft als Verschwendung betrachtet und vermieden werden.

Die informationstechnologische Entwicklung wird durch Gestaltung elektronischer mobiler Systeme geprägt, die ein hohes Integrationspotential aufweisen. Sie werden die heute noch bestehenden Lücken in der Gestaltung der Informationsflüsse, insbesondere zwischen dem Marketing- und Vertriebsbereich und anderen Funktionsbereichen wie der Produktion schließen helfen sowie die Kommunikation über Unternehmungsgrenzen hinweg erleichtern.

Nichts ist so konstant wie der Wandel. Deshalb wird die Entwicklung flexibler Systeme, die eine Anpassung an sich schnell ändernde Umweltkonstellationen gestatten, zu einem der wichtigsten Merkmale für die Überlebensfähigkeit von Unternehmungen werden.

Die Unternehmung der Zukunft ist kundenfokussiert, flexibel und international ausgerichtet.

6 Literatur

Aaker, D. A. (1988): *Kriterien zur Identifikation dauerhafter Wettbewerbsvorteile*, in: Wettbewerbsvorteile und Wettbewerbsfähigkeit, hrsg. von H. Simon, Stuttgart, S. 37-46

Arthur D. Little (1995): *Management der Lernprozesse im Unternehmen*, Wiesbaden

Backhaus, K. (1990): *Investitionsgütermarketing*, 2. Auflage, München

Copeland, L.; Griggs, L. (1986): *Going international*, New York

Fox, R. E. (1983): *OPT vs. MRP, Thoughtware vs. Software Part I*, in: Sonderdruck, Inventories & Production Magazine, Vol. 3, Nr. 6, November - December, o.S.

Funakawa, A. (1997): *Transcultural Management: A New Approach for Global Organizations*, San Francisco

Gaither, N.; Frazier,G. (1999): *Production and Operations Management*; 8. Auflage, Cincinnati (Ohio)

Geffroy, E. K. (2000): *Clienting: Kundenerfolge auf Abruf jenseits des Egoismus*, 6. Auflage, Landberg / Lech

Goldratt, E. M. (1984): *Devising a Coherent Production-Finance-Marketing Strategy Using The OPT Rules*, Vortrag auf der Tagung: 27th Annual International Conference and Technical Exhibit, Las Vegas (Nevada), 9.-12.10.1984, S. 1-18

Hofstede, G. (1991): *Cultures and Organizations: Software of the mind*, London u.a.O.

Kamiske, G. F.; Brauer, J.-P. (1999): *Qualitätsmanagement von A bis Z: Erläuterungen moderner Begriffe des Qualitätsmanagements*, 3. Auflage, München; Wien

Kaplan, R. S.; Norton, D. P. (1992): *The Balanced Scorecard – Measures That Drive Performance*, in: Harvard Business Review, Vol. 70, January-February, S. 71-79

Kaplan, R. S.; Norton, D. P. (1996): *Using the Balanced Scorecard as a Strategic Management System*, in: Harvard Business Review, Vol. 74, January-February, S. 75-85

Kaplan, R. S.; Norton, D. P. (1997): *Balanced Scorecard: Strategien erfolgreich umsetzen*, aus dem Amerikanischen von Horváth, P. u.a., Stuttgart

Krause, J. (2000): *E-Commerce und Online-Marketing: Chancen, Risiken und Strategien*, 2. Auflage, München; Wien

Mahefa, A. (1998): *Internationales Marketing-Management*, in: Kompendium der Internationalen Betriebswirtschaftslehre, hrsg. von S. G. Schoppe, 4. Auflage, München; Wien, S. 503-563

Meffert, H. (1998): *Marketing: Grundlagen marktorientierter Unternehmensführung*, 8. Auflage, Wiesbaden

Perlitz, M. (1997): *Internationales Management*, 3. Auflage, Stuttgart

Scharf, P. (1976): *Strukturen flexibler Fertigungssysteme*, Diss. Mainz

Schulte Herbrüggen, H. (1991): *Modellanalyse von Materialflußsystemen für eine kundennahe Produktion: eine empirische Untersuchung*; Bergisch Gladbach; Köln

Schulte Herbrüggen, H. (2001): *Marketing, internationales*, in: Management-Lexikon, hrsg. von R. Bühner, München; Wien, S. 485-488

Usunier, J.-C.; Walliser, B. (1993): *Interkulturelles Marketing: Mehr Erfolg im internationalen Geschäft*, Wiesbaden

Wiendahl, H.-P. (1997): *Fertigungsregelung: Logistische Beherrschung von Fertigungsabläufen auf Basis des Trichtermodells*, München; Wien

Wildemann, H. (1983): *Logistik-Konzeptionen: Materialflußsteuerung zwischen Lieferant und Abnehmer am Beispiel japanischer Unternehmen*, in: Logistik, 4. Jg., Nr. 3, S. 73-76

Wildemann, H. (1984): *Flexible Werkstattsteuerung nach KANBAN-Prinzipien*, in: Flexible Werkstattsteuerung durch Integration von KANBAN-Prinzipien, hrsg. von H. Wildemann, München, S. 33-99

Wildemann, H. (1988a): *Das Just-In-Time Konzept: Produktion und Zulieferung auf Abruf*, Frankfurt am Main

Wildemann, H. (1988b): *Die Modulare Fabrik: Kundennahe Produktion durch Fertigungssegmentierung*, München

Wildemann, H. (1988c): *Produktionssynchrone Beschaffung: Einführungsleitfaden*, München

Wildemann, H. (1998): *Entwicklungs-, Produktions- und Vertriebsnetzwerke in der Zulieferindustrie: Ergebnisse einer Delphi-Studie*, München

Wildemann, H. (1999): *Einkaufserfolgsmessung: Wirkungsanalysen von Einkaufspotentialen*, in: Beschaffung Aktuell, Heft 9, S. 46 - 52

Wildemann, H. (2000a): *E-Technologien als Enabler der Globalisierung*, in: Industrie Management, 16. Jg., Heft 6, S. 29-32

Wildemann, H. (2000b): *Komplexitätsmanagement: Vertrieb, Produkte, Beschaffung, F & E, Produktion und Administration,* TCW-report Nr. 20, München

Zentes, J.; Swoboda, B. (2000): *Kundenbindung im vertikalen Marketing*, in: Handbuch Kundenbindungsmangement: Grundlagen - Konzepte - Erfahrungen, hrsg. von M. Bruhn und Chr. Homburg, 3. Auflage, Wiesbaden, S. 173-200

Teil V

Wertschöpfung im Electronic Business

Zur strategischen Bedeutung von Software in der Wirtschaft

Manfred Broy

Kurzfassung

Informations- und Kommunikationstechnik dominieren immer stärker die Fähigkeiten von Wirtschaftsunternehmen in Hinblick auf ihre Konkurrenzfähigkeit, Effizienz, Flexibilität, Anpassungsfähigkeit und Innovationsstärke. Dies betrifft mittlerweile alle Prozesse der Unternehmen. Dabei kommt der Software als entscheidende Schnittstelle zu der Anwendung und als Diensterbringer eine Schlüsselstellung zu. Die Software bestimmt in weiten Teilen die Qualität der IT-Unterstützung. Dringend erforderlich ist deshalb für alle Wirtschaftsunternehmen eine umfassende Kompetenz in Software und ein strategisches Konzept.

1 Einleitung: Zur historischen Entwicklung der Informatik

Zunächst war die Informatik vornehmlich Rechentechnik und ausschließlich auf technische Anwendungen, insbesondere in Labors, beschränkt. Wissenschaftlich-technische Rechnungen, Simulationen und Anwendungen, insbesondere im Zusammenhang mit militärischen Fragestellungen, standen im Vordergrund. Nur wenige Spezialisten kamen überhaupt mit dieser Technologie direkt in Berührung. Ziel der wissenschaftlichen Arbeiten war insbesondere die technische Verbesserung und Weiterentwicklung der Hardware, um mehr Leistung zu bekommen. Themen der Software, der Anwendungsmodellierung oder der Nutzerinteraktion waren von stark untergeordneter Bedeutung.

In der nächsten Stufe wurden Informatiksysteme im wesentlichen für Massendatenverarbeitungsaufgaben eingesetzt. Dies führte zu einer stärkeren Beziehung zwischen Informatik und einer Reihe charakteristischer Anwendungsgebiete. Immer noch aber war die Informatik im wesentlichen auf Fachleute bezogen, die in Rechenzentren tätig waren, auf Spezialisten eben und kaum in Berührung mit nicht spezialisierten Anwendungsfachleuten.

Doch eine Reihe von Gründen führte schnell dazu, daß immer mehr Menschen unmittelbar mit der Informatik, der Kommunikations- und Informationstechnik zu tun hatten. Hauptursachen waren die erstrebenswerte Vereinfachung von Prozeßabläufen beim Zugriff auf Daten, bei der Durchführung von Transaktionen und bei der Eingabe von Daten. Vorläufer und frühe Nutzer waren neben den typischen militärischen, klassische Anwendungen im Bereich der Finanzinformatik in Banken und Versicherungen aber auch Anwendungen zur technischen Unterstützung von Entwicklungs- und Produktionsabläufen.

Schnell wurde auch das Thema Kommunikation aktuell. Mit dem Entstehen von Datenbanken, von Transaktionssystemen, von Mehrbenutzersystemen und schließlich dem

Personal-Computer - kurz PC - sprang die Informatik über eine weitere Stufe ihrer Nutzung. Mit dem PC wird Informatik-Technologie allgegenwärtig. In nahezu allen Berufen haben Menschen direkt oder indirekt mit dem Computer und seinem Einsatz zu tun. Sie sind mit Informationsinhalten konfrontiert, müssen sich mit Informatikkonzepten vertraut machen, müssen ihre Fragestellungen mit Hilfe von Informatiksystemen bearbeiten. Es entsteht eine umfangreiche technische Infrastruktur, die die Voraussetzung schafft, nahezu alle Prozesse und Prozeßabläufe schnell und grundlegend zu verbessern.

Die nächste Stufe des Einsatzes von Informatik kommt aber für viele unerwartet. Das eigentlich aus militärischen Überlegungen entstandene Internet, das später schnell von Wissenschaftsorganisationen für den unkomplizierten Nachrichtenaustausch zwischen Wissenschaftlern genutzt worden war, wird mit Einführung der Web-Technologien schlagartig entdeckt für die ungehinderte verteilte Bereitstellung von Daten und den Zugriff auf große Datenbestände in einem internationalen Maßstab. In manchen Bereichen fast spielerisch entstanden, werden schnell die kommerziellen Möglichkeiten des Internets entdeckt, zunächst unterschätzt, aber dann im Gegenzug zwangsläufig auch überschätzt. Die offensichtlichen Vorteile des Internets führen aufgrund der vielfältigen Möglichkeiten zu dem fast explosionsartigen Anwachsen seiner Nutzung.

Mit den weltumspannenden Netzen steht das Thema Kommunikation, Verteilung, Interaktion und globaler Datenzugriff plötzlich ganz im Vordergrund. Die Konvergenz der rechnerbasierten Kommunikationsnetze und der klassischen Kommunikationsnetze,wie Telefon- und Videosysteme, ist heute in vollem Gange. Es entsteht eine gigantische, weltumspannende Dienstinfrastruktur, durch die die vielfältigen Möglichkeiten der Informatik fast grenzenlos und überall zur Verfügung stehen. Wer sich dieser Infrastrukturen zu bedienen weiß, schafft sich weitreichende Informationsvorsprünge, beschleunigt seine Prozesse und sichert sich Wettbewerbsvorteile.

Getragen und beschleunigt wird dieser Effekt insbesondere von der immer noch schnellen Leistungszunahme der Elektronik, die uns in fast allen Anwendungen des Rechnens, der Speicherung und der Kommunikation nach dem Mooreschen Gesetz einen Leistungszuwachs von bis zu Faktor 2 im Zeitraum von nur 1,5 Jahren beschert. Dies multipliziert sich zu einer Leistungsverbesserung um den Faktor 100 in nur 10 Jahren. Wie man leicht nachrechnet, bedeutet das in 20 Jahren einen Leistungszuwachs um den Faktor 10 000 - für andere technische Gebiete eine völlig unvorstellbare Leistungssteigerung.

Aber entscheidend ist heute nicht so sehr die Leistungssteigerung der Elektronik und die immer raffinierteren elektronischen Geräte, die uns Zugang zu dieser Leistung verschaffen. Dies bildet natürlich die Basis für die Schnelligkeit der Entwicklung. Viel bedeutsamer sind die vielfältigen Möglichkeiten der Softwaretechnik, die das entscheidende Bindeglied herstellt zwischen dem Informationsverarbeitungspotential und der Leistung der Hardware und den Anwendungsgebieten.

Noch nachhaltiger, wenn auch weniger offensichtlich, ist die Rolle der Informatik in ihren zahllosen Anwendungsgebieten. Die Informatik mit ihren Modellen greift tief in die Begriffsfelder anderer Anwendungsgebiete ein, verändert diese und schafft neue, im Zusammenhang mit der vorhandenen Infrastruktur effizientere Möglichkeiten. Dies erschließt neue Märkte, schafft neue Produkte, erlaubt neue Entwicklungsprozesse. In vielen Gebieten ist die Informatik bereits heute die beherrschende technische Disziplin. Die Informatik, Informations- und Kommunikationstechnik werden zur klassischen „Enabling Technology". Durch die Synergie und die Vernetzung von Applikationen entstehen völlig neue Möglichkeiten, aber auch Risiken und Herausforderungen für unsere Wirtschaftsunternehmen.

2 Konsequenzen für die Informatik

Die atemberaubende Entwicklung der Informatik, Informations- und Kommunikationstechnik kennzeichnet nicht nur eine unglaubliche technische Entwicklung. Dahinter steht auch eine starke Veränderung der soziologischen und kulturellen Rolle der Informatik in unserer Gesellschaft. Ursprünglich eher als rein technische Disziplin entstanden, mit einer Beschränkung auf eine Reihe klassischer Kerninhalte, die heute immer noch große Bedeutung haben, hat die Informatik mit ihren starken Beziehungen in die anderen Disziplinen, wie etwa die Biologie, die Gentechnik und das ganzen Spektrum der Betriebswirtschaften und in das Management heute eine so übergreifende Bedeutung, daß diese Disziplin ihr Selbstverständnis gründlich überdenken muß. Neben den Kerninformatikern sind eine Vielzahl angewandter Informatiker mit Spezialwissen und Mischwissen in den Anwendungsgebieten tätig.

Ein weiteres Merkmal moderner Informatik ist ihre stark unternehmerische Prägung. Die sprichwörtliche New Economy ist nur ein Anzeichen dafür, daß durch die starke Synergie zwischen technischen Inhalten und den Möglichkeiten, diese unternehmerisch umzusetzen, inzwischen eine so enge Beziehung entstanden ist, daß unternehmerische Erfolge auf fast allen Gebieten mehr und mehr hybride Manager und Unternehmer erfordern, solche, die die Technologie kennen, einschätzen, übersehen und beherrschen, aber auch die Möglichkeiten des unternehmerischen Handelns, der Anwendung und des Marktes ganz und gar verstehen.

3 Die Situation in Europa

Üblicherweise wird heute Nordamerika als die Hochburg der Informations- und Kommunikationstechnik angesehen. Zweifellos stimmt das, wenn man sich auf die klassischen Gebiete der Informations- und Kommunikationstechnik konzentriert, wie die Rechnertechnik, Betriebssysteme und alle technischen Geräte darum herum sowie die systembezogene und anwendungsunspezifische Software.

Diese Ansicht stimmt allerdings nicht mehr, wenn man die Kommunikationstechnik, insbesondere die Themen der mobilen Kommunikation hinzu nimmt und das Gebiet der angewandten Softwaresysteme sowie der eingebetteten Softwaresysteme. In diesem Gebiet hat Europa eine ganze Reihe wichtiger Entwicklungsbeiträge geliefert und in manchen Bereichen sogar technologische Vorsprünge aufzuweisen. Gerade in diesem Zusammenhang ist es erforderlich, daß wir in Europa diese Fähigkeit der Verknüpfung von unternehmerischem Handeln, Anwendungswissen und technischer Kompetenz in einer Art und Weise so weiterentwickeln, daß es uns gelingt, diese Vorsprünge auszubauen und in der in Zukunft erwarteten Konvergenz der Geräte und Netze in Hinblick auf Rechnertechnik und Telekommunikation die technologischen und auch unternehmerischen Vorteile voll in die Waagschale zu werfen. Interessant ist dabei die Feststellung, daß gerade einmal 2 % aller heute gefertigten Prozessoren in PCs eingebaut werden. 98 % sind eingebettete Systeme.

4 Technology Forecast

Die schnellen Wandlungsprozesse im Bereich der Informatik, Informations- und Kommunikationstechnik führen immer wieder zu dramatischen Umbrüchen am Markt. Dies ist über die letzten Jahrzehnte gut beobachtbar gewesen. Marktführer von heute sind sehr schnell die Verlierer von morgen, wenn eine neue technologische Welle die alte ablöst und die Unternehmen - zu selbstsicher und träge durch ihre alte Stärke - zu spät reagieren.

Es ist allerdings ungeheuer schwierig, in den nach wie vor schnellen Wellen der Technologie rechtzeitig zu erkennen, daß das noch so erfolgreiche Produkt von heute durch neuartige Produkte morgen abgelöst wird und daß es Zeit ist, eine entsprechende Umstellung in Angriff zu nehmen. Aus diesem Grunde ist es heute wichtiger denn je, die Entwicklung der Technologie abzuschätzen.

In diesen Fragen der Zukunftsabschätzung hat Europa noch eine Menge zu lernen von der Art und Weise, wie dies in den USA mit größter Professionalität auf breiter Front passiert. Dort sind eine ganze Reihe einschlägiger Institute fast ausschließlich damit befaßt, abzuschätzen, wie sich die Technologien entwickeln werden, und auf dieser Basis Szenarien für den Einsatz von Technologien zu entwickeln. Hier müssen die Hochschulen in Europa, aber auch die Unternehmen noch gewaltig ihr Engagement und ihre Fähigkeiten steigern, um in diesem Bereich international konkurrenzfähig zu werden. Das strategische Potential der Software Kommunikations- und Informationstechnik kann nur dann voll zur Wirkung gebracht werden, wenn die Entwicklung der Technologie nüchtern und zuverlässig eingeschätzt wird.

5 Von der Hardware- zur Software-Orientierung

Wie schnell sich die Technologie wandelt und welche ungeheuren Veränderungen dies für die Unternehmen bedeutet, erkennt man an dem Umbruch von der Hardware- zur Softwareorientierung, der noch heute vielen technologieorientierten Unternehmen zu schaffen macht. Waren viele technische Unternehmen bis vor kurzem eindeutig hardwareorientiert und haben sie ihre Hauptkompetenz beispielsweise in der Produktion und Entwicklung von Elektronik oder Mechanik gesehen, so dominiert in fast allen Gebieten heute immer viel stärker die Software. Ihr konsequenter Einsatz erfordert eine schnelle und konsequente Umstellung der Unternehmenskulturen auf eine sehr viel stärker softwareorientierte Vorgehensweise.

In anderen Unternehmen tritt plötzlich der ganze Komplex der Software-, Informations- und Kommunikationstechnik dominierend in den Vordergrund. Typische Beispiele sind in der Vergangenheit die Avionik, die heute in weiten Bereichen eindeutig softwarelastig ist („Fly-by-wire") und aktuell die Automobiltechnik, in der Elektronik und Software inzwischen zu beherrschenden Innovationstreibern geworden sind. Hier sind genau die angesprochenen Fähigkeiten für das Management von großer Bedeutung, nämlich die Einschätzung der Entwicklung und Potentiale der Technologie und die Fähigkeit, auf dieser Basis die technische Kompetenz in erfolgreiche Produkte umzusetzen.

6 Kompetenzprofile

Die stark gewachsene Bedeutung der Informatik, der Informations- und Kommunikationstechnik hat zwangsläufig zur Folge, daß sich Management und strategische Unternehmensplanung auf dieses Gebiet stärker ausrichten müssen. Dies bedeutet zum einen, daß sehr viel mehr Kompetenz in Hinblick auf Software Kommunikations- und Informationstechnik in der Unternehmensleitung repräsentiert sein muß. Dies bedeutet, daß die Unternehmen entschlossen Manager in die Unternehmensleitung aufnehmen müssen, die die Informatik, Informations- und Kommunikationstechnik professionell und umfassend beherrschen. Dies gelingt natürlich nur, wenn entsprechende Fachkräfte tatsächlich am Arbeitsmarkt zur Verfügung stehen. Hier gibt es viele Defizite, da die Ausbildungsgänge der Informatik in vieler Hinsicht heute noch viel zu technisch ausgerichtet sind und bei weitem zu wenig Absolventen hervorbringen, die diese Fähigkeiten der Unternehmensführung mit ihrer technischen Kompetenz vereinen können.

Neben und mit Hilfe der Kompetenz im Top-Management ist es wichtig, das ganze Unternehmen auf die neuen Technologien und ihre Potentiale auszurichten. Dazu gehört eine gelebte IT-Organisation ebensogut wie eine entschlossene Umsetzung und konsequente Ausnutzung der Synergie zwischen IT, Organisation und Business.

Von immer stärkerer Bedeutung wird dabei, daß heute viele Unternehmen mehr und mehr wissensorientiert und wissensbasiert sind. Dies zeigt sich darin, daß ihr wichtigstes Gut ihr Know-how ist und die Möglichkeiten, dieses Know-how schnell zur Wirkung zu bringen. Auch hier setzen Informatikmodelle erfolgreich auf. Unter dem Stichwort „Knowledge-Management" können Unternehmen ihre inzwischen wettbewerbsentscheidenden Wissensressourcen in einer viel konsequenteren Art organisieren als das früher der Fall war. Dabei kommt dem geschickten, zielgerichteten Einsatz von Software eine Schlüsselstellung zu.

Ein besonderes Kapitel ist dabei die IT-Teamfähigkeit, das heißt die Bildung von teamorientierten Organisationen in Unternehmen, die IT-Kompetenz schaffen und zur Wirkung bringen. IT-Strukturen bestimmen und durchdringen immer stärker die Organisation der Unternehmen. Dies erfordert eine ganzheitliche Entwicklung der IT- und der Geschäftsprozesse in den Unternehmen. Dazu sind übergreifende Datenmodelle zu entwickeln und diese mit den Prozessen des Knowledge-Managements abzustimmen.

7 Schlüssel- und Kernstrategiethemen der Software - nichts für Laien

Für Unternehmen ist die Fähigkeit, die eigene IT-Organisation auf die Bedürfnisse auszurichten, immer entscheidender. Dies bedeutet in vielfacher Hinsicht die Fähigkeit zur Gestaltung der IT-Infrastruktur und die Entwicklung von Software, sei es als eigene Software, sei es als Fremdentwicklung oder sei es durch den Zukauf vorgefertigter Software. In diesem Zusammenhang ist es unabdingbar, daß die Unternehmen sich konsequent auf die Schlüsselthemen der Software ausrichten. Im Vordergrund steht dabei die

Fähigkeit, umfassende Modellierungsparadigmen einzusetzen, um die eigenen Strukturen im Unternehmen und in Geschäftsprozessen optimal abzubilden.

Der nächste konsequente Schritt für die Unternehmen ist das Erkennen der eigenen Bedürfnisse und die Umsetzung in entsprechende Anforderungen an die Software-Systeme in einem konsequenten Prozeß des Requirements Engineering. Dabei ist es besonders wichtig, die Nutzer an dem Prozeß partizipieren zu lassen, so daß Systeme entstehen, die in jeder Hinsicht den Bedürfnissen der Anwender entsprechen. Optimale Systeme in diesem Sinn entstehen kaum in einem Schritt. Erforderlich ist vielmehr eine stufenweise Entwicklung und beständige Verbesserung.

Die heute so entstehenden IT-Systeme müssen aber besonders langlebig und langfristig wartbar sein. Software überlebt dabei bedeutend länger als beispielsweise Hardware.

Deshalb sind Entscheidungen für den Einsatz langlebiger Software-Architekturen erforderlich, die Abstützung auf Entwurfsmuster und die Entwicklung von Produktlinien für Softwaresysteme. Die Fähigkeiten, vorgefertigte Softwaresysteme einzubinden und über komponentenbasiertes Entwickeln die unterschiedlichen Softwaresysteme zu verbinden, bedeutet ein übriges.

In vielen Fällen wird das Erreichen dieser Ziele nur über die Schaffung von Prototypen und die Techniken inkrementeller Entwicklung möglich sein. Dabei müssen Altsysteme, Stichwort: „Legacy Software", eingebunden werden, ohne dabei die Chancen moderner Informatikinfrastrukturen zu verbauen. Die wachsenden Möglichkeiten, mobile IT-Systeme einzurichten, die eine umfassende allgegenwärtige Unterstützung der Mitarbeiter im Betrieb sicherstellen, ist einer der wichtigsten Trends für eine schlagkräftige Informatikinfrastruktur der Zukunft.

Von besonderer Bedeutung ist dabei, daß die Unternehmen ihre eigenen Fähigkeiten und Potentiale auf dem Gebiet der Software-, Informations- und Kommunikationstechniken nüchtern einschätzen. Dazu bieten sich Software-Reifegradmodelle, wie das in den USA entwickelte Capability-Maturity-Model oder Best-Practice-Modelle an, die allerdings bewußt und systematisch ausgebaut und angepaßt werden müssen.

8 Informatik als "Enabling Technology"

Bisher fällt es offenbar vielen Managern gerade in Europa immer noch schwer zu erkennen, daß die Software-, Kommunikations- und Informationstechnik inzwischen so eng mit den Fragestellungen der Unternehmensführung, des Managements, seiner Prozesse und Produkte verbunden sind, daß ein Manager, der dieses Gebiet nicht umfassend kennt und beherrscht oder zumindest doch einschätzen kann, kaum noch erfolgreich tätig sein kann. Hinzu kommt, daß Unternehmen verstärkt ihre Organisation und ihre Führungsstruktur auf diese Potentiale ausrichten müssen.

Software-, Kommunikations- und Informationstechnik werden mehr und mehr zur beherrschenden „Enabling Technology", die die Wettbewerbsfähigkeit der Unternehmen der Zukunft entscheidend bestimmen wird. Themen wie Electronic Commerce sowie Electronic Business auf Basis des Internets, der Einsatz mobiler Geräte und SmartCards, drahtloses Network Computing, vernetzte eingebettete Sensor / Aktor-Systeme und die Entwicklung digitaler Produkte werden den Markt von morgen prägen. Die anfängliche Internet-Euphorie und die schnelle Ernüchterung sind nur ein Indikator für fehlende Professionalität und technische Kompetenz in vielen Etagen des Top-Managements.

9 Abschließende Bemerkungen

Software-, Kommunikation- und Informationstechnik sind - wie in den vergangenen Abschnitten dargestellt - heute eine der entscheidenden, vielleicht die entscheidende Fähigkeit der Unternehmen, um im Markt wettbewerbsfähig zu bleiben. In diesem Zusammenhang ist der Aufbau von Kompetenz wohl die entscheidendste Aufgabe. Dies ist nicht einfach in einer Situation, wo qualifizierte Fachleute auf diesem Gebiet Mangelware sind und - wie bereits angesprochen - die Universitäten immer noch Schwierigkeit haben, den richtigen Typus von Manager auszubilden, der sowohl in der Lage ist, die technischen Zusammenhänge ausreichend einzuschätzen und auch diese in einem unternehmerischen Umfeld zur Wirkung zu bringen. Dabei werden sich nicht nur die Unternehmen entscheidend verändern müssen, auch die Universitäten und Ausbildungsgänge müssen sich auf diese Herausforderung stärker einstellen.

Wenn es aber gelingt, auf diesem Feld die richtigen Weichen zu stellen, so sind die Möglichkeiten nahezu unbegrenzt. Eine Verbesserung der Leistungsfähigkeit der Elektronik um den Faktor 10 000 als Leistungssteigerung in der Hardware in den nächsten 20 Jahren, eine Steigerung unserer Fähigkeiten Informatikmodelle auf die entsprechenden Anwendungsgebiete adäquat zuzuschneiden werden Möglichkeiten für Prozesse, Produkte und Märkte schaffen, die weit über das hinausgehen, was heute bereits sichtbar und vorstellbar ist.

10 Literatur

M. Broy (2000): *New Economy - Digitale Revolution Schlagwort oder Wirklichkeit*, BMW Group, Vortrag aus Anlaß der 7. Verleihung des Herbert Quandt Ehrenrings, 14. Dezember 2000

M. Broy; H. Ehler; B. Paech; B. Rumpe; V. Thurner (2000): *Software Engineering: Schlüssel zu Prozeßbeherrschung und Informationsmanagement*, TCW-Report 24, 2000

M. Broy; H.-G. Hegering; A. Picot; A. Buttermann, M.; Garschhammer, R.; Hauck, S. Vogel (2000): *Kommunikations- und Informationstechnik 2010 - Trends in Technologie und Markt*, SecuMedia Verlag 2000

Produktionsdienstleistung per Mausklick - E-Business in kompetenzzentrierten Unternehmensnetzwerken

Gunther Reinhart, Welf Broser, Florian von der Hagen,
Siegfried Suchanek, Volker Weber

1 Einleitung

1.1 Trends: Steigender Bedarf an kundenindividuellen Produkten - Neue Herausforderungen für den produzierenden Mittelstand

Das unternehmerische Umfeld hat sich in den letzten Jahren tiefgreifend verändert. Die Unternehmen müssen zunehmend kundenindividuelle Produkte und Leistungen anbieten (vgl. Abbildung 1), um am Markt bestehen zu können. Und dieser Trend ist nicht nur im Consumer-Bereich festzustellen, sondern auch immer stärker in der Investitionsgüterindustrie.

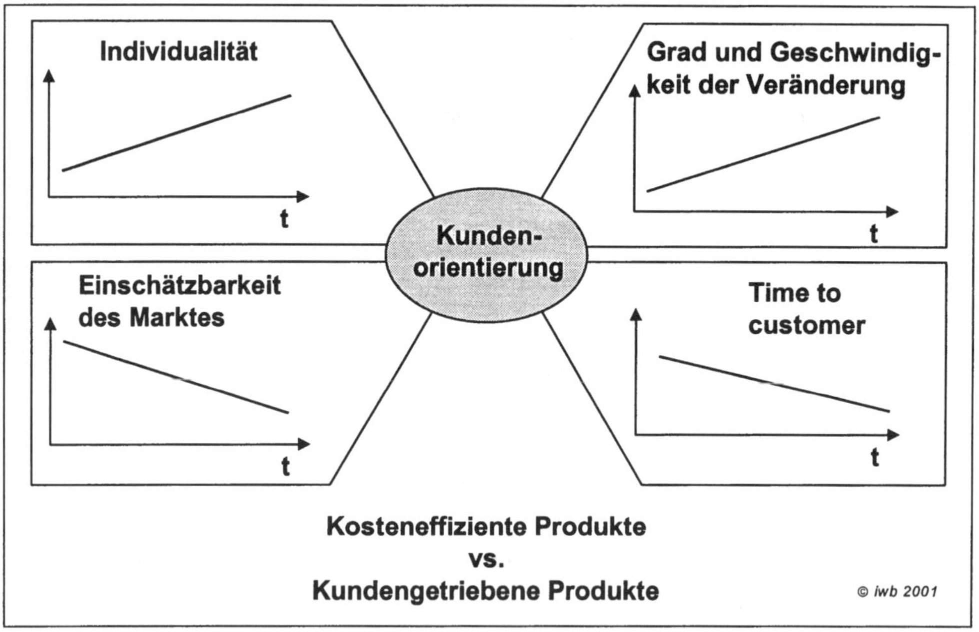

Abbildung 1: Anforderungen durch Kundenorientierung (Rudorfer 2001, S. 1)

Unternehmen müssen sich diesen neuen Anforderungen stellen, zumal die Geschwindigkeit und der Grad der Veränderung des unternehmerischen Umfeldes zugenommen haben und damit die Einschätzbarkeit der Marktsituation dramatisch zurückgegangen ist (*Reinhart* 1999, S. 14). Diese Entwicklung wird widergespiegelt durch eine prognostizierte Verkürzung der Time-to-Customer um 50% sowie durch eine generell steigende Variantenanzahl in vielen Unternehmen (*Rudorfer* 2001, S. 1).

Damit stehen viele Unternehmen vor dem Dilemma nach wie vor kosteneffiziente Standardprodukte anbieten zu wollen, gleichzeitig aber immer stärker und öfter auf kundenspezifische Marktanforderungen durch eine erhöhte Wandlungsfähigkeit reagieren zu müssen. Die Möglichkeit, durch wandlungsfähige Produktionsstrukturen auf die Turbulenz des Umfeldes zu reagieren, besteht aufgrund ihrer begrenzten Ressourcen und ihrer Fokussierung auf Kernkompetenzen für KMU nur beschränkt. Der für KMU weitreichendere Ansatz ist das Erhöhen der Wandlungsfähigkeit durch unternehmensübergreifende Kooperationen.

Beide Ansätze verfolgen das Ziel, mehr Gewinn durch Steigerung der Wettbewerbsfähigkeit zu erwirtschaften. Diese Formen der Wandlungsfähigkeit erlauben es Unternehmen in Zukunft noch stärker, von Kundenwünschen getriebene Produkte zu erstellen ohne gleichzeitig existenzgefährdende Wirtschaftlichkeitseinbußen hinnehmen, ein nicht mehr tragbares unternehmerisches Risiko eingehen zu müssen oder Kunden nicht beliefern zu können.

1.2 E-Business - Unterstützung von unternehmensübergreifenden Wertschöpfungsketten durch das Internet

Unter den Schlagworten E-Commerce und E-Business werden derzeit vor allem von Großunternehmen, wie z. B. General Motors oder der Deutschen Telekom, Projekte initiiert, die sich mit dem Aufbau von sogenannten Internet-Portalen, also zentralen Anlaufstellen zur Beschaffung von Gütern und Dienstleistungen, beschäftigen. Dabei steht der Einkauf von „Katalogware" wie beispielsweise Bürobedarf oder Mobiliar im Vordergrund. Diese Unternehmen haben die Potentiale des Internets der industriellen Beschaffung bereits erkannt.

Um nicht nur den Einkauf von „Katalogware" effizienter gestalten zu können, muß das Internet in Zukunft für die „Beschaffung" von kundenspezifischen Produktionsdienstleistungen nutzbar gemacht werden.

Dem E-Business und speziell dem Business-to-Business-(B2B-)Bereich wird ein starkes Wachstum in den nächsten Jahren prognostiziert. Die Entwicklung der Aktienmärkte spricht dagegen eine andere Sprache. Durch das Fallen der Kurse und die ersten Konkurse der Internet-Start-Ups an den neuen Märkten hat sich eine Trendwende von Euphorie und übersteigerten Gewinnerwartungen hin zur Ernüchterung und der Besinnung auf objektive Bewertungen vollzogen (*Reinhart / Broser* 2001, S. 164). Die neuesten Schlagworte in diesem Zusammenhang heißen P2P (Path to Profit) und R2R (Return to Rationality). Es galten somit schon immer die Gesetze der Old Economy auch für die New Economy. Diese werden inzwischen auch konsequent angewendet.

Die sich auf Kundenwunsch individuell (und unternehmensübergreifend) bildenden Wertschöpfungsketten in Unternehmensnetzwerken gehen mit wechselnden Produktionspartnern, sich rasch ändernden Produktionsstückzahlen, immer neuen Varianten sowie häufigen Änderungen nach Produktionsanlauf einher. Dazu sind geeignete Methoden und Werkzeuge erforderlich, damit Transaktionskosten und Durchführungszeit minimal gehalten werden.

Um diese Anforderungen zu erfüllen, wurden bestehende Netzwerkformen auf ihre organisatorischen Eigenschaften und ihre Internettauglichkeit überprüft. Die Unterstützung von häufig wechselnden, kundenindividuellen, unternehmensübergreifenden Wertschöpfungsketten bildet dabei die größten Herausforderungen.

2 Netzwerke

Aktuell können folgende Formen von Unternehmensnetzwerken unterschieden werden (*Schliffenbacher / Rudorfer / Reinhart* 1999, *Schliffenbacher* 2000):

- Strategische Netzwerke,
- Verbundnetzwerke,
- Operative Netzwerke oder
- Virtuelle Unternehmen

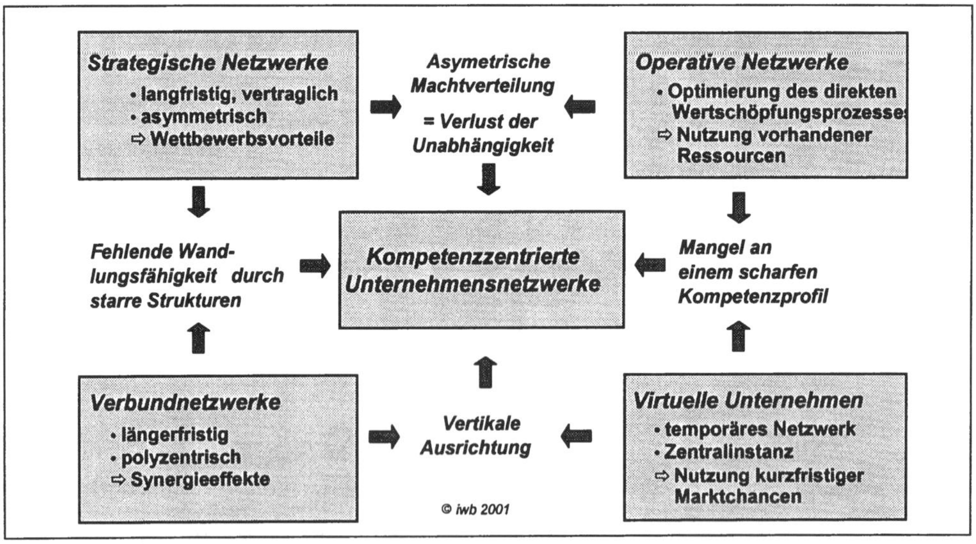

Abbildung 2: Unterschiedliche Netzwerktypen und ihre Unterschiede

Jedes der aufgeführten Netzwerkkonzepte weist gewisse Schwachstellen auf. Die strategischen Netzwerke und Verbundnetzwerke sind durch relativ starre Beziehungen gekennzeichnet. Ihnen fehlt vielfach die Wandlungsfähigkeit, um in einem turbulenten Umfeld schnell auf Veränderungen reagieren zu können. Den operativen Netzwerken und virtuellen Unternehmen wiederum mangelt oft es an einem scharfen Kompetenzprofil in der Außenwirkung. Für KMU bringen diese Netzwerktypen ferner zumeist einen Verlust ihrer Unabhängigkeit durch Unterordnung einer Zentralinstanz. Um diese Defizite zu beseitigen, wurde am iwb das Modell des sogenannten „Kompetenznetzwerks“ entwickelt (vgl. Abbildung 2).

2.1 Definition von Kompetenznetzwerken

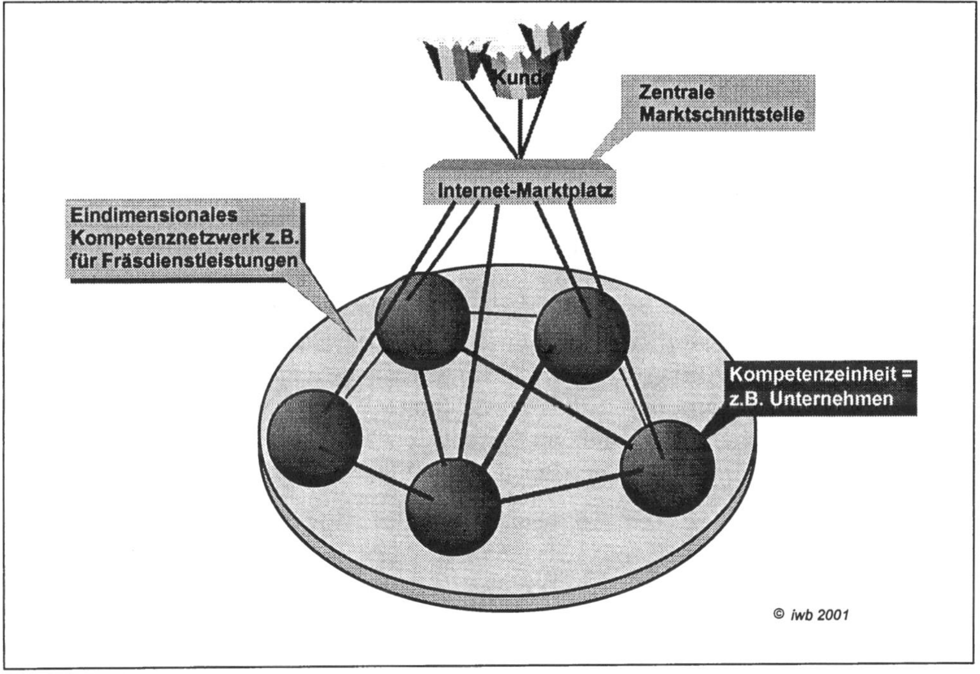

Abbildung 3: Das Strukturkonzept eindimensionaler Kompetenznetzwerke

Ein Kompetenznetzwerk besteht aus unterschiedlichen singulären Kompetenzeinheiten (vgl. Abbildung 3). Als Kompetenzeinheiten können Einzelpersonen, Institutionen, Unternehmen oder Unternehmensteile mit einem eindeutig definierten und transparenten Kompetenzprofil im Kompetenznetzwerk agieren. Dieses Kompetenzprofil beschreibt in standardisierter Form, durch welche Fähigkeiten die einzelnen Kompetenzeinheiten charakterisiert werden bzw. für welche zur Produkterstellung notwendigen Leistungen sie sich als Spezialisten auszeichnen. Das Kompetenzprofil stellt damit die mittel- bis langfristigen, von einem bestimmten Auftrag unabhängigen Fähigkeiten einer Kompetenzeinheit dar. Im Vergleich zu den anfangs beschriebenen Netzwerkformen unterscheiden sich Kompetenznetzwerke zum einen durch einen bewußt geförderten Wettbewerb innerhalb des einzelnen Netzwerkes und zum anderen durch den Verzicht auf eine weisungsbefugte Zentralinstanz wie bei Virtuellen Unternehmen.

2.2 Aufbau- und Ablauforganisation in Kompetenznetzwerken

Kompetenznetzwerke lassen sich aufbauorganisatorisch je nach spezifischen Fähigkeiten der Kompetenzeinheiten in ein- oder mehrdimensionale Kompetenznetzwerke einteilen. Die Dimension bezeichnet dabei die Anzahl verschiedenartiger Fähigkeiten im Netzwerk. Unternehmen mit ähnlichen Fähigkeiten werden in eindimensionale „Kompetenznetzwerke" zusammengefaßt. Dagegen entstehen mehrdimensionale Kompetenznetzwerke aus der organisatorischen und informationstechnischen Verknüpfung eindimensionaler Kompetenznetzwerke (*Schliffenbacher* 2000, S. 37). Am Markt können mehrdimensionale Kompetenznetzwerke dem Anwender gegenüber als „Portal" für unterschiedliche eindimensionale Kompetenznetzwerke auftreten.

Die einzelnen Kompetenzeinheiten im Netzwerk verfügen über vergleichbare oder zumindest ähnliche Fähigkeiten. Aufgrund der in hohem Maße substituierenden Kompetenzen besteht eine ausgeprägte und erwünschte Konkurrenzsituation zwischen den einzelnen Kompetenzeinheiten. Lediglich für den Fall, daß eine Kompetenzeinheit einen Kundenauftrag aus z.B. kapazitiven Gründen nicht alleine durchführen kann oder will, bindet sie weitere Kompetenzeinheiten in die Projektabwicklung ein. Fehlen dagegen Technologien oder Know-how kann der Auftrag in anderen dementsprechend spezialisierten Kompetenznetzwerken unternehmensübergreifend abgewickelt werden.

Die einzelnen Kompetenznetzwerke treten als Ganzes mit einem fokussierten Kompetenzprofil für die unterschiedlichen Leistungen am Markt auf. Für den Betrieb der Netzwerke ist eine Aufgabenteilung zwischen Netzbetreiber, Anbieter und Kunden notwendig. Dabei existieren keine zentralen, weisungsbefugten Kontrollinstanzen. Vielmehr stehen Eigenverantwortlichkeit und Selbständigkeit der Unternehmen im Vordergrund. Der Netzwerkbetreiber als koordinierende Instanz sichert den operativen Betrieb durch ein Angebot an unterschiedlichen Dienstleistungsfunktionen gegenüber den Unternehmen. Dazu gehören zum Beispiel der Aufbau und Betrieb der Informations- und Kommunikations-Infrastruktur, die Definition und Unterstützung von Standardabläufen sowie die Entwicklung einer netzwerkweiten Marketing- und Vertriebsstrategie. Das Internet bietet den Usern eine ubiquitate Kommunikationsumgebung. Es stellt die für eine globale Datenkommunikation erforderliche Infrastruktur allen Beteiligten durch bedienerfreundliche Oberflächen bzw. Standardformulare zur Verfügung.

Die Ablauforganisation spielt in den Kompetenznetzwerken erst beim Anbahnen und Zustandekommen einer unternehmensübergreifenden Wertschöpfungskette eine übergeordnete Rolle, da es sich ohne Kundenauftrag um passive Netzwerke handelt. Erst durch eine Kundenanfrage kommt es zu marktwirtschaftlichen Anfrage- und Angebotsprozessen. Bei der Vergabe eines Auftrages entsteht aus Teilen eines oder mehrerer Netzwerke eine unternehmensübergreifende Wertschöpfungskette (sog. Virtuelle Fabrik, vgl. *Schuh / Millarg / Göransson* 1998).

Das iwb betreibt als mehrdimensionale Plattform das Portal Virtueller-Markt.de. Dieses integriert drei eindimensionale Kompetenznetzwerke (vgl. Abbildung 4):

- Engineering-Net.de (Produktentwicklung und Produktionsplanung),
- RP-Net.de (Rapid Prototyping und Rapid Tooling),
- Produktionnetz.de (Mechanische Bearbeitung, Montage und Stahlhandel).

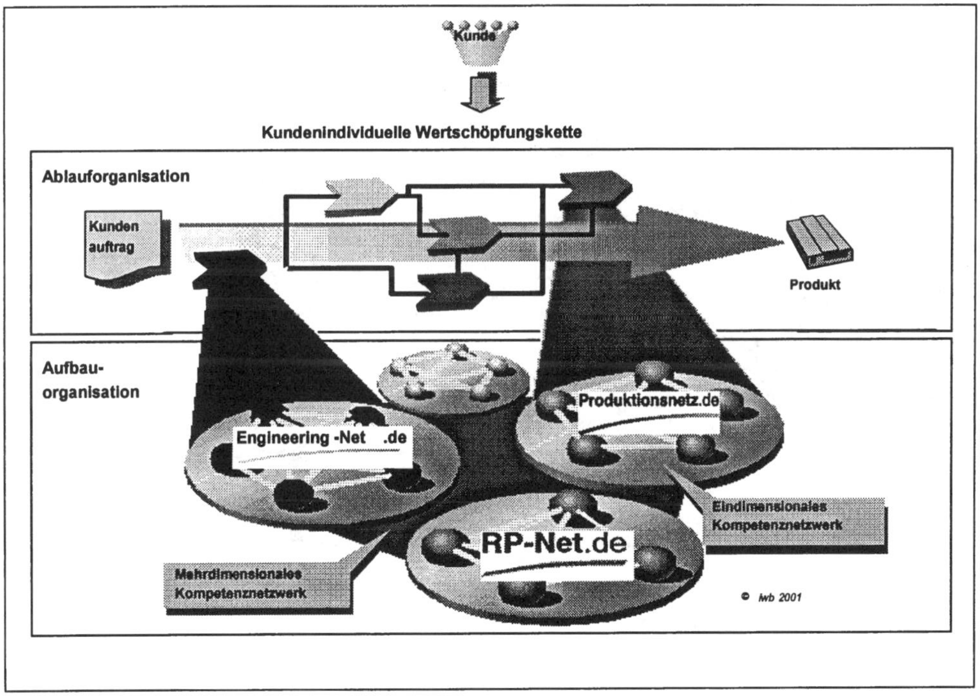

Abbildung 4: Die eindimensionalen Kompetenznetzwerke am iwb: Engineering-Net.de, RP-Net.de und Produktionsnetz.de unter dem mehrdimensionalen Kompetenznetzwerk Virtueller-Markt.de

Diese ermöglichen es, kundenindividuell unternehmensübergreifende Wertschöpfungsketten aufzubauen. Durch die Kompetenzen im Engineering-Net können Produkte entwickelt sowie deren Produktion geplant werden, die in einem zweiten Schritt durch Firmen des RP-Net als Prototypen erstellt werden, um anschließend in Einzelfertigung oder Kleinserie durch Unternehmen des Produktionsnetz hergestellt zu werden.

2.3 Aufbau und Ablauf von Wertschöpfungsketten in Kompetenznetzwerken

Über das anfangs beschriebene Portal www.Virtueller-Markt.de oder auch direkt über die Einzelnetzwerke kann der Kunde seine problemspezifischen Wünsche als Anfrage in eines der vom iwb betriebenen Kompetenznetzwerke einlasten. Dabei kann er derzeit seinen Partner aus dem Kompetenznetzwerk Engineering-Net.de, dem RP-Net.de und dem Produktionsnetz.de aus fast 80 Unternehmen auswählen. Der Prozeß der internetbasierten Auftragsanbahnung ist durch netzwerkspezifische Web-Formulare standardisiert und benutzerfreundlich automatisiert.

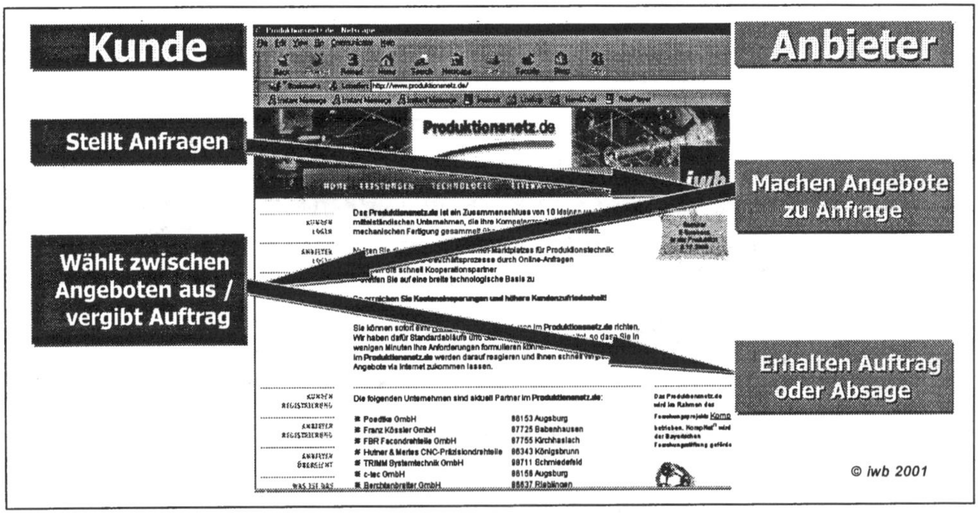

Abbildung 5: Standardisierte, internetbasierte Abläufe und Formulare für den Anfrage-Angebotsprozeß

Die vom Kunden ausgewählten Firmen im Kompetenznetzwerk erhalten via E-Mail eine Benachrichtigung über den Eingang einer Kundenanfrage (vgl. Abbildung 5). Diese können mittels Zugangspaßwort die Anfrage einsehen und entsprechende Angebote erstellen. Die Angebotserstellung erfolgt durch die direkte Weiterverarbeitung der Anfrage innerhalb des Internet-Frontends, wobei ein telefonischer Kontakt für klärende Fragen nicht ausgeschlossen wird. Der Kunde wird wiederum per E-Mail informiert, sobald ein Angebot für ihn vorliegt. Er kann die Angebote vergleichen und den Auftrag an den ihm am besten geeigneten Anbieter vergeben. Nach der Auftragsvergabe wird den verbleibenden Partnern im Kompetenznetzwerk auf elektronischem Wege eine Absage erteilt.

Neben der Auftragsanbahnung wird gegenwärtig die anschließende Auftragsabwicklung in einer direkten Kunden-Hersteller-Kommunikation umgesetzt, d.h. nach erfolgreicher Auftragsvergabe wird das Produkt oder die Dienstleitung traditionell über die sich im Einsatz befindlichen Geschäftsprozesse im Unternehmen erstellt. Im Netzwerk müssen zur Unterstützung des Wertschöpfungsprozesses Methoden und Softwarewerkzeuge zur unternehmensübergreifenden Auftragsabwicklung zur Verfügung gestellt werden.

Die Organisation der Netzwerke und die Software stellen die Basis für kompetenzzentrierte Unternehmensnetzwerke dar. Entscheidend für den Erfolg der Netzwerke sind jedoch die Unternehmen und ihre Leistungen im Netzwerk.

2.4 Potentiale von kompetenzzentrierten Unternehmensnetzwerken

Eine Vielzahl von Vorteilen, die sich durch kompetenzzentrierte Unternehmensnetzwerke ergeben, kann wie folgt zusammengefaßt werden (*Rudorfer / Brandner / Schliffenbacher* 2000):

- Kunden können schnell und effizient Anfragen, inklusive Zeichnungen, über das Kompetenznetzwerk formulieren und an selektierte Unternehmen weiterleiten. Durch standardisierte Formulare werden alle notwendigen Informationen zur Angebotserstellung abgefragt; dies erspart somit aufwendige Rückfrageaktionen.
- Kunden erhalten mit einmaligem Aufwand optimal vergleichbare Angebote bezüglich Technologie, Liefertermin, Preis und haben somit effizienten Zugriff auf externe Kapazitäten. Diese Dienstleistung seitens des Netzwerkbetreibers erstreckt sich von der Anfrage bis hin zur Konfiguration der gesamten Wertschöpfungskette.
- Anbieter in Netzwerken können Effizienzsteigerungen dadurch erzielen, daß sie die Kernkompetenzen, d. h. die Kompetenzen, die vom Kunden besonders honoriert werden und gleichzeitig Alleinstellungsmerkmale gegenüber dem Wettbewerber darstellen (*Prahalad u. Hamel* 1990), besonders fördern.
- Für Anbieter ergeben sich aus einer Untersuchung der Auslastungssituation von Kompetenzen Möglichkeiten, in einem anderen Markt oder in einer anderen Branche diese Fähigkeiten anzubieten, um so beispielsweise saisonale Schwankungen in der Kapazitätsauslastung ausgleichen zu können. Dies führt zu einer Vergrößerung des Kundenkreises und eine Verteilung des Risikos auf mehrere „Standbeine".

- Eigene Investitionen in neue Technologien sind für Anbieter in Netzwerken weniger risikobehaftet, wenn der Nutzen dieser Technologien anderen Unternehmen zur Verfügung gestellt werden kann und somit leichter eine wirtschaftliche Auslastung erreicht wird (*Reinhart / Rudorfer / Lulay 1998*, S. 8).
- Durch andere Anbieter im eigenen Netzwerk oder in einem anderen Netzwerk stehen Firmen neue Technologien zur Verfügung, die ohne eigene Investitionen genutzt werden können, was maßgeblich zur Flexibilitätssteigerung des Unternehmens beiträgt (*Quiring* 1998).

Neben all diesen Vorteilen sind dieser Organisationsform auch Nachteile inhärent. Sie ist generell nicht für alle Produkt-Markt-Kompetenz-Kombinationen geeignet. Zudem wurde sie speziell für kurzfristige, nicht oft wiederkehrende, kundenindividuelle Produkte vom Einzelteil bis zur Kleinserie entwickelt. Somit ist sie nicht für C-Teile oder für A-Teile mit regelmäßigem Bedarf geeignet. Ferner ergeben sich im Ablauf der Wertschöpfungskette folgende Nachteile:

- Sowohl Kunde als auch Anbieter brauchen einen Internetzugang und müssen im Umgang mit dieser Technik vertraut sein.
- Durch die unternehmensübergreifende Wertschöpfungskette entstehen erhöhte Transaktionskosten im Vergleich zu einer Fertigung innerhalb eines Unternehmens.
- Der Aufbau von Vertrauen zu einem neuen Lieferanten ist durch das Medium Internet erschwert, wie auch rechtliche und sicherheitstechnische Fragen noch nicht ganz geklärt sind.
- Die Unternehmen in einem Netzwerk können sich bei einem einzelnen Auftrag opportunistisch verhalten, und die Chance, daß sich die Vorteile einzelner bei dem kurzfristigen Projektgeschäft ausgleichen, ist nicht gesichert.
- Fragen der Produkthaftung, des After-Sales-Service und der Termineinhaltung sind bei Auftragsvergabe vertraglich zu regeln.

Der Vergleich von Vor- und Nachteilen zeigt deutlich, welche Verbesserungspotentiale sich in bestimmten Anwendungsfeldern durch internetgestützte Geschäftsprozesse realisieren lassen und erlauben auch die Schlußfolgerung, daß produzierende Unternehmen zukünftig immer stärker die Anbahnung und Abwicklung kurzfristiger, unternehmensübergreifender Wertschöpfungsketten mit Hilfe von Internettechnologien realisieren werden.

3 Praxisbeispiele

3.1 Methoden und Werkzeuge zum Aufbau und Betrieb von Kompetenznetzwerken

Unternehmen erkennen zunehmend, daß aufgrund der gegenwärtigen turbulenten wirtschaftlichen Entwicklung kurzfristige Unternehmenskooperationen einen Lösungsansatz zur Steigerung der Wettbewerbsfähigkeit bieten. Dazu wurde vom iwb im Rahmen des Verbundforschungsprojektes „Auftragsabwicklung in dezentralen dynamischen Kompetenznetzwerken - KompNet^{n}“ (gefördert von der Bayerischen Forschungsstiftung) das Organisationsmodell der internetbasierten, dezentralen, dynamischen, heterarchischen und kompetenzzentrierten Unternehmensnetzwerke enwickelt. Für den Aufbau und den Betrieb von Kompetenznetzwerken wurden folgende drei Methoden und zwei Werkzeuge erarbeitet:

- Die erste Methodik dient zur Bewertung geeigneter Anwendungsfelder - Überprüfung von Produkt-Markt-Kompetenz-Kombinationen - für Kompetenznetzwerke. Beim Aufkommen von einer Netzwerkgründungsidee werden Netzwerkbetreiber in die Lage versetzt, die Langfristigkeit und Tragfähigkeit der Gründungsidee am Markt zu prüfen. Dazu wird in einer ersten Phase der Methode die Produkt-Markt-Kompetenz-Kombination einer Machbarkeitsanalyse unterzogen, indem die Bereiche Produkt, Markt und Kompetenz jeweils anhand geeigneter Beschreibungsparameter auf ihre Netzwerktauglichkeit geprüft werden. Bei bestandener Machbarkeitsanalyse wird das Anwendungsfeld einer Wirtschaftlichkeitsanalyse unterzogen. Dazu wird die Veränderung der strategischen Erfolgsfaktoren bei Netzwerkproduktion im Vergleich zu der Herstellung in einem Standardunternehmen ermittelt. Nur Unternehmensnetzwerke mit geeigneter Produkt-Markt-Kombination sollen gegründet werden und ihre Fähigkeiten über das Internet den Kunden anbieten. Bei einem positiven Ergebnis kommt es zu einer Netzwerkgründung. Dabei stellt der Netzwerkbetreiber die nötige Hard- und Software bereit und beginnt, Anbieter im Netzwerk zu akquirieren.
- Eine weitere Methode ermöglicht es Unternehmen, die sich als Anbieter in einem Kompetenznetzwerk beteiligen wollen, ihre Kooperationsfähigkeit zu analysieren. Dabei werden zuerst die Kernkompetenzen in einem Unternehmen ermittelt. Anschließend wird die Ausprägung netzwerkrelevanter Faktoren innerhalb des Unternehmens überprüft. Die Ergebnisse können mit den Durchschnittswerten der anderen Netzwerkunternehmen verglichen werden und führen zu einer unternehmensspezifischen Optimierung der internen Organisationsstruktur in bezug auf die Teilnahme in einem Kompetenznetzwerk. Die Anbieter in einem Kompetenznetzwerk bilden die

Basis, an die Kunden mittels der standardisierten Prozesse im Internet Online-Anfragen stellen können.

- Die dritte Methode unterstützt die Auswahl einer an dem Kundenzielsystem ausgerichteten optimalen Kombination von Anbietern durch den Kunden, um daraus eine unternehmensübergreifende Wertschöpfungskette zu konfigurieren. Der Kunde kann dazu ein auftragsspezifisches Zielsystem für den Gesamtauftrag oder für die einzelnen Wertschöpfungsstufen vorgeben. Die eingehenden Angebote werden erfaßt und werden durch einen Rechenlauf des entsprechenden Werkzeugs in allen möglichen Kombinationen zu einer unternehmensübergreifenden Wertschöpfungskette zusammengesetzt, anhand der Zielkriterien bewertet und verglichen. Die möglichen Kombinationen werden in der Reihenfolge der Zielerfüllung angezeigt, so daß der Kunde leicht die für ihn optimale Wertschöpfungskette auswählen kann.
- Ein noch in der Entwicklung befindliches internetbasiertes Werkzeug soll die Auftragsbearbeitung und das -controlling der unternehmensübergreifenden industriellen Wertschöpfungskette ermöglichen. Es wird die Funktionen eines PPS-Systems für unternehmensübergreifende Wertschöpfungsketten haben. So kann der Generalunternehmer für einen kundenspezifischen Auftrag schnell und einfach die Auftragsplanung und -steuerung durchführen. Für die anderen an der unternehmensübergreifenden Wertschöpfungskette beteiligten Unternehmen besteht die Möglichkeit, sich über den aktuellen Stand des Auftrags zu informieren und zeitliche Verschiebungen einzuplanen.
- Das Grundwerkzeug, eine internetbasierte Software zum Aufbau eines Markplatzes und der Abwicklung von Anfrage- und Angebotsprozessen wurde im Rahmen dieses Projektes entwickelt. Es ermöglicht auf einer zentralen Web-Page einen Marktplatz für das kompetenzzentrierte Unternehmensnetzwerk zu präsentieren. Von dort aus können Informationen zu Anbietern und der Marktplatzkompetenz im Internet angeboten werden. Ferner können an einem Angebot interessierte Kunden über standardisierte Formulare Anfragen an die Anbieter stellen. Dies ist der Start für die in Abbildung 5 beschriebenen Abläufe. Diese Internetsoftware bildet die Basis für folgende Markplätze.

3.2 Das vernetzte Planungs- und Entwicklungsbüro: "Engineering-Net.de"

3.2.1 Vom "Virtual Prototyping" zum virtuellen Konstruktionsbüro

Durch eine ausschließliche Optimierung von Produkten alleine kann kein Unternehmen mehr wettbewerbsfähig bleiben - es muß auch in der Lage sein, das vom Kunden gewünschte Produkt flexibel, schnell und preisgünstig zu produzieren. Diese Anforderungen lassen sich nur dann mit kurzen Entwicklungszeiten vereinbaren, wenn bereits von Beginn an Produktentwicklung und Produktionsplanung parallel betrieben werden (*Gausemeier u.a.* 2000, S. 14; *Ehrlenspiel* 1995, S. 15ff). Bereits heute stehen auf Basis sogenannter virtueller Produkt- und Prozeßprototypen geeignete Methoden und Werkzeuge zur Verfügung, alle wesentlichen Merkmale künftiger Produkte und Produktionsabläufe anhand rein digitaler Rechnermodelle frühzeitig zu ermitteln. Aufgrund der hierfür erforderlichen hohen Aufwendungen in Form von Hard- und Software bzw. für die Einführung und Schulung im Unternehmen ist es jedoch speziell für kleine und mittlere Unternehmen in diesem Zusammenhang oft nicht sinnvoll, Planungs- und Entwicklungsressourcen für alle beschriebenen Teilprozesse permanent bereitzuhalten, wenn diese unter Umständen nur für ein einzelnes kundenspezifisches Projekt erforderlich sind (*Reinhart / v. der Hagen* 2001, S. 117).

Die sich hieraus abzeichnende Notwendigkeit, fehlende Kapazitäten oder Kompetenzen der Planung und Entwicklung kurzfristig kompensieren zu müssen, führt - vergleichbar mit dem Umfeld der Produktionsdienstleistungen - zur Bildung kurzfristiger Planungs- und Entwicklungskooperationen (*Gausemeier u.a.* 2000, S. 185ff).

Hierbei werden die bereits genannten rein virtuellen Prototypen der Produktentwicklung und Produktionsplanung als Basis verteilter, kooperativer Engineeringprozesse genutzt, so daß sich hierdurch - ähnlich zu virtuellen Fabriken - virtuelle Konstruktionsbüros bilden.

Für die Abwicklung derartiger Kooperationen bietet die jüngste Generation der sogenannten Produktdaten-Management (PDM)-Systeme eine geeignete informationstechnische Grundlage. Diese Systeme basieren auf Internet-Technologien (in Form von Java-Applets) und dienen der strukturierten Speicherung von Produktdaten und der Koordination der Abläufe, in denen diese erstellt und verändert werden. Durch eine Server-basierte Systemarchitektur können Unternehmen dabei ohne eine eigene PDM-Installation auf Basis herkömmlicher HTML-Browser an den Prozessen kurzfristiger Engineering-Kooperationen teilnehmen (*Schöttner* 2000). Dazu müssen sich Firmen in dem Engineering-Net anmelden. Beim Zustandekommen einer unternehmensübergreifenden Engineering-Dienstleistung wird in dem internetbasierten PDM-System ein Bereich für dieses Projekt definiert, auf den nur die beteiligten Unternehmen Zugriff haben. Dort werden die gemeinsamen Daten abgelegt und können nach der Vergabe von Nutzungsrechten von beiden Partnern gleichzeitig genutzt werden. Dadurch sind redundante Datenhaltung oder Verzögerungen beim Übermitteln der Daten eliminiert. Nach Beendigung der Kooperation können die Daten je nach Absprache entweder auf dem Server belassen werden, oder durch einen oder alle Beteiligten gesichert werden.

3.2.2 Kurzfristige Planungs- und Entwicklungskooperationen - das Engineering-Net.de

Die beschriebenen - mit der Planung und Entwicklung eines Produktes und der zugehörigen Produktion verbundenen - Tätigkeiten werden mittlerweile weitgehend unter dem Begriff Engineering zusammengefaßt (*Gausemeier u.a.* 2000, S. 12ff). In der Literatur werden die Tätigkeiten der Planung und Entwicklung aufgrund ihres immateriellen Charakters unter dem Begriff Dienstleistung eingeordnet (*Zapf* 1990, S. 54).

Auch für das Anwendungsfeld der kurzfristigen Kombination unterschiedlicher Engineering-Kompetenzen zu Wertschöpfungsketten der Planung und Entwicklung eignen sich Internetbasierte Unternehmensverbünde in Form kompetenzorientierter Unternehmensnetzwerke (*Schliffenbacher* 2000, S. 48ff; *Reinhart / v. der Hagen* 2001, S. 117). Eine Besonderheit ist hierbei - im Gegensatz zu Produktionsdienstleistungen - daß nicht alle Abläufe deterministisch festgelegt sind, sondern als Entwicklungsprozesse vielmehr iterativ-responsiv anzusehen sind. Kurzfristige Kooperationen bedürfen jedoch stets klar fixierter Abläufe und Zielsetzungen in Form vertraglicher Vereinbarungen (*Mehler* 1999, S. 58ff; *Schliffenbacher* 2000, S. 18).

Die Hauptaufgabe eines kompetenzzentrierten Netzwerks für Engineering-Kooperationen besteht daher darin, Unternehmen durch geeignete Methoden und Werkzeuge dabei zu unterstützen, bereits im Vorfeld der Kooperationsbildung den jeweils in der eigenen Wertschöpfungskette der Planung und Entwicklung fehlenden Kompetenzbaustein in Form einer Kundenanfrage präzise zu beschreiben und auf diese Weise den optimalen Kooperationspartner zu finden. Am iwb wurden für diese Aufgabenstellungen die bereits mit dem Produktionsnetz.de und dem RP-Net.de gewonnenen Erfahrungen in ein speziell für kurzfristige Engineering-Kooperationen im Bereich der Produktentwicklung und Produktionsplanung geschaffenes Engineering-Net.de umgesetzt (vgl. Abbildung 6).

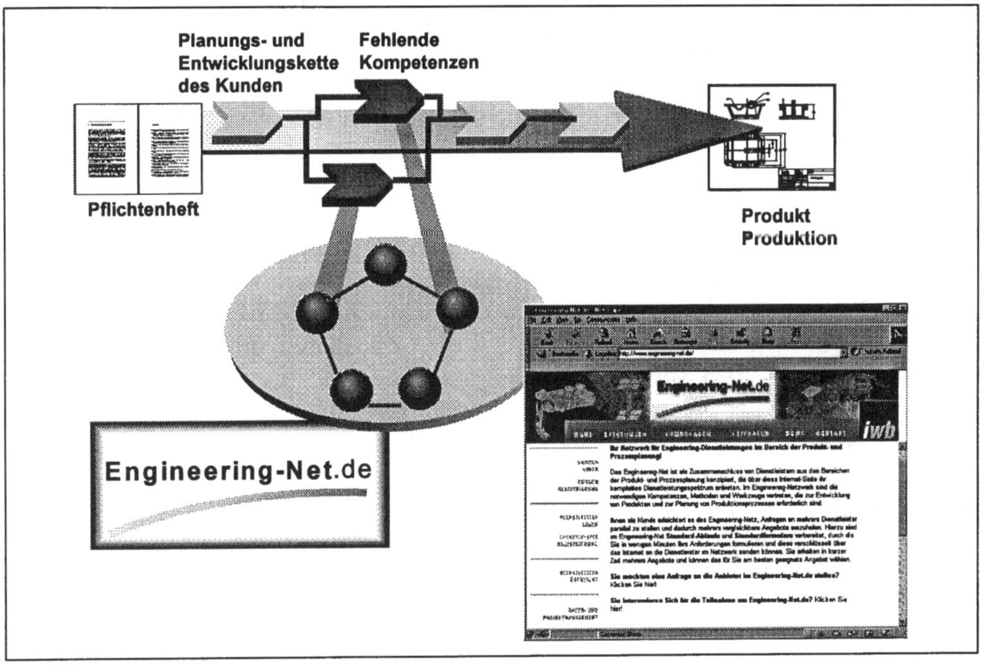

Abbildung 6: Ergänzung eigener Entwicklungsprozesse durch Engineering-Dienstleistungen im Engineering-Net

Über die reine Planung hinaus werden im Engineering-Net.de auch Kompetenzen des Daten- und Projektmanagements angeboten. Dort kann ein Dienstleistungsnachfrager kostenlos mit einer Anfrage mehrere Kompetenzanbieter zugleich erreichen und aus den erhaltenen Angeboten den jeweils optimalen Anbieter auswählen.

Gerade für Engineering-Dienstleistungen bietet ein Kompetenznetzwerk mit gemeinsamer Datenbasis und einem für alle Beteiligten zugänglichen, internetbasierten PDM-System erhebliche Vorteile bei einer Projektabwicklung. Es muß kein eigenes PDM-System angeschafft werden, redundante Datenhaltung und -transferzeiten fallen weg und somit erhält der Kunde schneller und qualitativ hochwertiger die gewünschte Dienstleistung.

Bereits in der Entwicklungsphase kann es notwendig sein, physikalische Prototypen zur Verfügung zu haben, z.B. um physikalische Produkteigenschaften wie Haptik oder Funktionalität bzw. das Design zu verifizieren. Dies kann mit modernen Urformtechnologien1 wie bspw. Rapid Prototyping realisiert werden wie das nachfolgende Beispiel des RP-Net.de zeigt.

3.3 Das Rapid Prototyping Netz: "RP-Net.de"

3.3.1 Kompetenzzentrierte Unternehmensnetzwerke in innovativen Technologiesektoren - das Rapid Prototyping Netzwerk: RP-Net.de

Zur nachhaltigen Sicherung ihrer Wettbewerbsfähigkeit müssen vor allem kleinere und mittlere Unternehmen (KMU) Erfolgspotentiale aus einer rechtzeitigen Beherrschung und wirtschaftlichen Nutzung neuer Technologien erschließen. Besonders in der Produktentwicklung werden verstärkt Rapid Prototyping (RP) und Rapid Tooling (RT) Technologien zur frühen Absicherung von Produkt- und Prozeßeigenschaften verwendet. Unter RP werden alle generativen Verfahren zur Herstellung von Prototypen auf Basis von 3D-CAD-Geometriedaten verstanden. Zu den gängigsten Verfahren gehören die Stereolithographie, das Lasersintern, Fused Deposition Modelling usw. Rapid Tooling bezeichnet die schnelle Herstellung von Werkzeugen für den Spritz- und Druckguß durch die Verwendung von generativen oder innovativen spanabtragenden Verfahren wie z.B. High Speed Cutting (HSC).

Die Fertigungstechnologien sind dabei gekennzeichnet durch einen hohen Innovationsgrad bzgl. Verfahren und Materialien sowie intensiven Einsatz moderner Informations- und Kommunikationsmittel (IuK) und erfordern ein großes Maß an Fach-Know-how und Erfahrung (*Wohlers* 1998, S. 1, *Macht* 1996, S. 2).

Unterschiedlichste Anforderungen an Prototypenbauteile bedingen zudem den Einsatz des jeweils geeignetsten RP-Verfahrens. Damit Unternehmen aber eine große Bandbreite der mittlerweile verfügbaren RP-Verfahren abdecken können, ist eine Zusammenarbeit mit externen RP-Dienstleistungsanbietern sinnvoll und erforderlich.

3.3.2 Time-to-product als kritischer Erfolgsfaktor

Die Suche nach dem geeigneten Kooperationspartner, der kostengünstig, schnell und mit der gewünschten Qualität die RP / RT-Dienstleistung erbringen kann, ist oft mit aufwendigen und langwierigen Anfragezyklen verbunden. Speziell in diesen innovativen Technologiesektoren sind die Zeiten, bis ein gewünschtes Produkt entwickelt (time-to-product) bzw. beim Kunden ist (time-to-customer), kritische Erfolgsfaktoren (*Gausemeier u.a.* 2000, S.139ff).

Zusätzlich handelt es sich bei den abzuwickelnden Aufträgen nicht um sog. "commodities", also Standardgüter z.B. Schrauben oder Bleche, die wie aus einem Katalog bestellt werden können. Vielmehr ist der Anteil an kundenindividuellen, nicht standardisierten Elementen sehr hoch, z.B. Werkzeuge oder Formen.

Um diesen Herausforderungen zu begegnen, sind neue Organisationsmodelle zu entwikkeln, die die Nutzung dieser Potentiale mit Hilfe des Internets erschließen. (*Hoffmann / Hanebeck / Scheer* 1996, S. 35-41; *Picot / Reichwald / Wigand* 1996, S. 1-9; *Picot / Dietl / Franck* 1999, S. 1-2; *Wüthrich / Philipp / Frentz* 1997, S. 54-57).

Durch die organisatorische Verknüpfung von Dienstleistern, die alle über gleiche oder ähnliche Kernkompetenzen im Bereich Rapid Prototyping / Rapid Tooling verfügen, in dem Organisationsmodell des "kompetenzzentrierten Unternehmensnetzwerkes" (*Reinhart u.a.* 1996; *Reinhart u.a.* 1998) können potentielle Kunden durch den Zugang auf dieses Netzwerk aus einem professionellen Kompetenzpool sehr schnell den für ihre jeweilige Aufgabenstellung am besten passenden Dienstleister finden. Ferner können sie sich auf der Internetseite über die rasch wachsende Zahl von RP- und RT-Technologien grundlegend über Vorteile und Einsatzgebiete des jeweiligen Verfahrens informieren. Dienstleister haben die Möglichkeit, fehlende Technologie im eigenen Hause jederzeit kurzfristig über das kompetenzzentrierte Netzwerk zu beschaffen und müssen somit nicht selber durch Anschaffung einer neuen, teuren Technologie das Investitionsrisiko eingehen. Genauso können sie Auslastungsschwankungen der eigenen Anlagen durch das Netzwerk abfangen.

3.3.3 Breites Industrieinteresse

Nachfolgend wird die zahlenmäßige Entwicklung der Anzahl der im RP-Net registrierten Dienstleister sowie der kumulierten Anfragen und Angebote im RP-Net.de seit der Vorstudie des iwb zur Gründung des Marktplatzes bis zum 31.03.2001 (vgl. Abbildung 7) dargestellt.

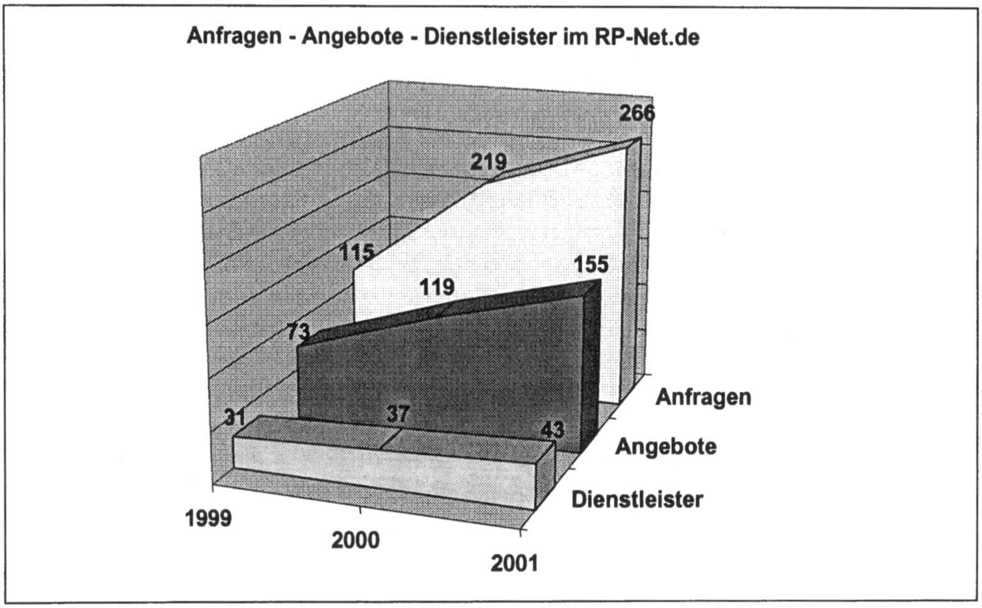

Abbildung 7: Entwicklung der registrierten Dienstleister, Anfragen und Angebote im RP-Net (kumuliert)

Kunden und Dienstleister nutzen mit regem Interesse die Möglichkeit, Auftragsanbahnungsprozesse mit Hilfe des kompetenzzentrierten Unternehmensnetzwerkes für Rapid Prototyping abzuwickeln. Mit Hilfe der RP / RT-Technologien können sich anschließende Serienfertigungsprozesse schneller und kosteneffizienter einleiten lassen. Die Kompetenzen für Serienfertigung sind im Produktionsnetz.de gebündelt, welches nun vorgestellt wird.

3.4 Die vernetzte Fertigung: "Produktionsnetz.de"

3.4.1 Wandlungsfähig produzieren durch kompetenzzentrierte Netzwerke - das Produktionsnetz.de

Gerade im Bereich der Produktion bietet ein Produktionsnetz kleinen und mittleren Unternehmen gute Möglichkeiten schnell und kurzfristig Produktionskapazität und Know-how ohne risikobehaftete Investitionen bei kompetenten Unternehmen zu akquirieren.

Im Rahmen des von der Bayerischen Forschungsstiftung geförderten Projektes „Auftragsabwicklung in dezentralen dynamischen Kompetenznetzwerken KompNet^{n}" entwickelt das iwb Methoden und Hilfsmittel zum Aufbau und Betrieb eines solchen kompetenzzentrierten Netzwerkes. Das Produktionsnetz.de besteht aus derzeit 22 Unternehmen, die über Kompetenzen im Bereich der mechanischen Fertigung verfügen.

3.4.2 Produktionstechnisches Leistungsangebot der Anbieter im Produktionsnetz

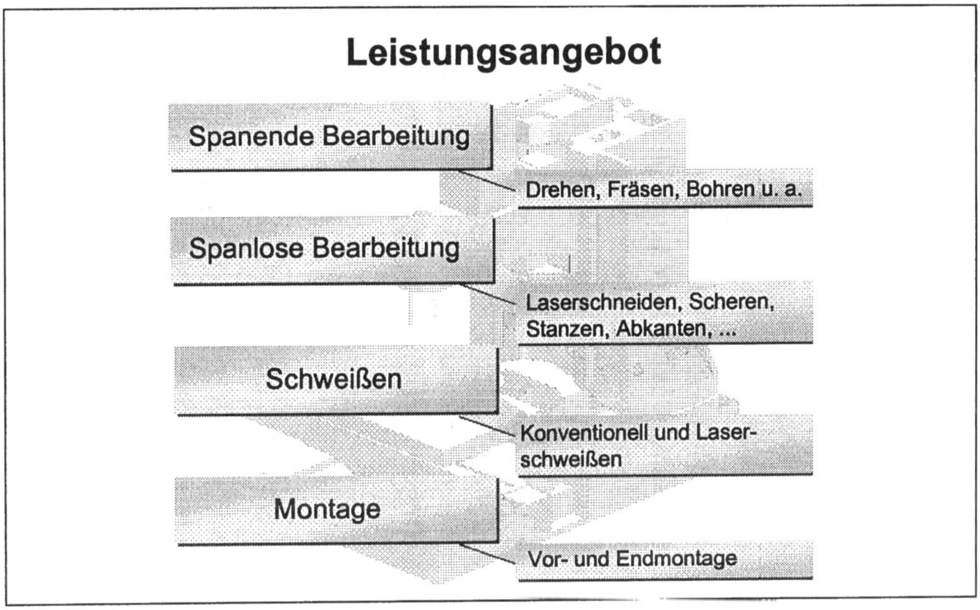

Abbildung 8: Das aktuelle Leistungsangebot der im Produktionsnetz.de beteiligten Unternehmen

Im Produktionsnetz.de stehen neben dem genannten Leistungsangebot (vgl. Abbildung 8) jederzeit neuste Informationen über die im Netzwerk vorhandenen Produktionsverfahren zur Verfügung. Zusätzlich sind komplementäre Kompetenzen in den Bereichen produktionstechnische Beratung, Projektmanagement und Arbeitsvorbereitung vorhanden.

Zur zukünftigen schnellen und effizienten unternehmensübergreifenden Auftragsabwicklung ist aktuell ein standardsoftware-unabhängiges Auftragsabwicklungssystem am iwb in der Entwicklung.

Alle Anfragen und Angebote einschließlich zugewiesener Dateien werden via dem SSL-Verfahren (Secure Socket Layer) verschlüsselt über das Internet übertragen.

Durch die Partizipation an derartigen kompetenzzentrierten Netzwerken werden Unternehmen, insbesondere agile KMU, ihre Wettbewerbsstärke zukünftig steigern können (*Reinhart / Weber / Rudorfer* 2001, S. 40). Die gesammelte Erfahrung im Forschungsprojekt zeigt aber auch, daß für Anbieter im Netzwerk und deren Kunden noch eine Eingewöhnungsphase mit teilweise aktiver Aufklärungsarbeit notwendig ist, bis die Skepsis gegenüber dem neuen Medium überwunden und die internetbasierte Auftragsabwicklung darüber hinaus als gleichberechtigte Alternative zu den bisherigen Geschäftsprozessen akzeptiert wird.

4 Zusammenfassung und Ausblick

Durch diese umfassende Methodenpakete zum Aufbau und Betrieb von Kompetenznetzwerken wurde das Organisationsmodell praxistauglich gestaltet und durch reale Marktplätze - Engineering-Net.de, RP-Net.de und Produktionsnetz.de - validiert. Der gezielte branchen-, produkt- oder kompetenzorientierte Aufbau von Unternehmensnetzwerken ermöglicht eine proaktive Plazierung des Netzwerks am Markt. Es bietet für KMU die Möglichkeit kurzfristig größere Aufträge anzunehmen und neue Märkte zu erschließen, ohne dabei ihre Eigenständigkeit oder Kernkompetenzfokussierung zu verlieren. Die beteiligten Unternehmen können so einen größeren Kundenkreis erreichen, ihre Position gegenüber Wettbewerbern stärken und größere Marktanteile realisieren. Kunden können schnell und einfach zielgrößenoptimierte Wertschöpfungsketten für kundenindividuelle Produkte aufbauen. Somit wird dieses Organisationsmodell im turbulenten Umfeld für produzierende Unternehmen zukünftig deutlich an Bedeutung gewinnen.

5 Literatur

Ehrlenspiel, K. (1995): *Integrierte Produktentwicklung - Methoden für Prozeßorganisation, Produkterstellung und Konstruktion*, München

Gausemeier, J.; Lindemann, U.; Reinhart, G., Wiendahl, H.-P. (2000): *Kooperatives Produktengineering - Ein neues Selbstverständnis des ingenieurmäßigen Wirkens*, HNI-Verlagsschriftenreihe, Band 79, Paderborn

Hoffmann, W.; Hanebeck, C.; Scheer, A.-W. (1996): *Kooperationsbörse - Der Weg zum virtuellen Unternehmen*, in: m&c Management und Computer, Heft 1, S. 35-41.

Macht, M. (1996): *Rapid Prototyping und Rapid Tooling - Schnell zu funktionierenden Prototypen*, iwb Seminarberichte 21, München, S. 1-17

Mehler, B. H. (1999): *Aufbau virtueller Fabriken aus dezentralen Partnerverbünden*, München

Picot, A.; Reichwald, R.; Wigand R. T. (1996): *Die grenzenlose Unternehmung*, Wiesbaden

Picot, A.; Dietl, H.; Franck, E. (1999): *Organisation - Eine ökonomische Perspektive*, Stuttgart

Prahalad, C. K.; Hamel, G. (1990): *The Core Competence of the Corporation*, in: Harvard Business Review, Jg. 68, Heft 3, S. 79-91

Quiring, H. (Red.) (1998): *Virtuelles Unternehmen kann Marktchancen kurzfristig nutzen*, in: Business Global, Heft 1. S. 6-7

Reinhart, G.; Rudorfer, W.; Lulay, W. (1998): *Low-cost made in Germany*, in: Produktion, Jg. 37, Heft 43, S. 8

Reinhart, G. (1999): *Vom Wandel der Zeit*, in: ZWF, 94. Jg., Heft 1-2, S. 14

Reinhart, G.; Hirschberg, A.; Grunwald, S. (1999): *Turbulentes Umfeld zwingt Unternehmen zum Wandel*, in: iwb newsletter, 6. Jg., Heft 4, S. 1-2

Reinhart, G.; Broser, W. (2001): *Systematik zur Bewertung geeigneter Anwendungsfelder für produktionsorientierte Kompetenznetzwerke - Prüfung von Produkt-Markt-Kompetenz-Kombinationen*, in: Vernetzt planen und produzieren - VPP 2001, Tagungsband von 2. Chemnitzer Netztagung 20./21. September 2001, hrsg. von S. Wirth, Chemnitz, S. 163-166

Reinhart, G.; v. der Hagen, F. (2001): *Integrated and distributed product development through paralleled mechanical and electrical design*, CIRP-Seminar Stockholm, Stockholm, S. 115-120

Reinhart, G.; Weber, V.; Rudorfer, W. (2001): *Marktresponsive Supply Chains auf Basis kompetenzzentrierter Unternehmensnetzwerke*, in: industrie management, 17 Jg., Heft 1, S. 35-40

Rudorfer, W.; Brandner, S.; Schliffenbacher, K. (2000): *Kundenfang mit Firmennetzen*, in: Die Neue Fabrik - Produktion im Wandel (2000) mi-Sonderpublikation zum Münchener Kolloquium 2000, hrsg. von G. Reinhart; H. Hoffmann, Landsberg, S. 62-63

Rudorfer, W. (2001): *Eine Methode zur Qualifizierung von produzierenden Unternehmen für Kompetenznetzwerke*, München

Schliffenbacher K.; Rudorfer, W.; Reinhart, G. (1999): *Configuration of Virtual Value Chains*, in: Global Production Management, hrsg. von K. Mertins; u.a., Boston, S. 399-407

Schliffenbacher, K. (2000): *Konfiguration virtueller Wertschöpfungsketten in dynamischen, heterarchischen Kompetenznetzwerken*, München

Schöttner, J. (2000): *Produktdatenmanagement in der Fertigungsindustrie*, München

Schuh, G.; Millarg, K.; Göransson, A. (1998): *Virtuelle Fabrik - Neue Marktchancen durch dynamische Netzwerke*, München

Wohlers, T. (1998): *Rapid Prototyping & Tooling - Weltweite Branchenübersicht*, (Deutsche Übersetzung; zu beziehen über die Firma AlphaCAM), Schorndorf

Wüthrich, H.; Philipp, A. F.; Frentz M. H. (1997): *Vorsprung durch Virtualisierung*, Wiesbaden

Zapf, H. (1990): *Industrielle und gewerbliche Dienstleistungen*, Wiesbaden

Collaboratives Logistikmanagement - Bausteine der logistischen Versorgungskette im Internet-Zeitalter

Michael C. Hadamitzky

1 Logistik im Internet-Zeitalter

Die logistische Kompetenz bestimmt die Wettbewerbsfähigkeit von Unternehmen. Strategische Konzepte wie die Just-In-Time Produktion und Zulieferung oder das Supply Chain Management haben sich aufgrund ihrer zentralen Erfolgsmerkmale Kundenorientierung, Zeiteffizienz und Produktivitätsorientierung als entscheidende Erfolgsfaktoren durchgesetzt. Sie haben deutlich gemacht, wie durch die zielgerichtete Neugestaltung von Material- und Informationsflüssen nachhaltige Wettbewerbspotentiale erschlossen werden können. Mit der Ausbreitung von Internet-Technologien erfährt die Neuausrichtung von Material- und Informationsströmen eine neue Dimension. Traditionelle Beziehungen zwischen Material- und Informationsprozessen brechen auseinander. Gleichzeitig entstehen neue Geschäftsmodelle. Dies führt zu einer Entkopplung von Güterökonomie und Informationsökonomie (vgl. *Evans / Wurster* 2000). Denn herkömmliche Geschäftsmodelle stoßen an Grenzen, wo durch die Koppelung dieser beiden Ökonomien Wert vernichtet oder unterdrückt wird. Entscheidend dabei ist, daß sich herkömmliche Strukturen nicht plötzlich auflösen. Sie werden vielmehr verändert und durch neue, parallele Logistikkonzepte ergänzt. Mit der Ausbreitung von Web-Technologien ergeben sich für die Logistik neue Möglichkeiten, Wettbewerbsvorteile in den Schlüsseldimensionen Zeit, Qualität und Kosten zu erzielen. Denn das Internet trägt dazu bei, traditionelle Zielkonflikte aufzulösen oder zu relativieren. So kann etwa die Lagerverwaltung über das Netz zu erheblichen Effizienzsteigerungen führen, wenn eingehende und ausgehende Waren automatisch registriert, nachbestellt und nachgeliefert werden können. Durch Maßnahmen des elektronischen Einkaufs lassen sich Informations- und Kommunikationskosten ebenso reduzieren wie Material- und Personalkosten. Allerdings schafft das Internet nicht nur neue Realitäten in der Wirtschaft. Es stellt auch vollkommen neue Anforderungen an das Logistikmanagement. Zunehmende Vernetzung, real-time Austausch von Informationen zwischen verschiedenen Marktteilnehmern, die Ausbreitung virtueller Märkte sowie die Neudefinition raum-zeitlicher Disparitäten wirken sich unmittelbar auf etablierte Prozesse, Technologien und Strukturen aus. Wesentliche Treiber für die Veränderungen des logistischen Wettbewerbsumfeldes sind:

1. Höhere Kundenanforderungen: In der digitalen Welt gibt es keine Öffnungszeiten. Das Internet hat weltweit sieben Tage rund um die Uhr 52 Wochen geöffnet und liefert Kunden vor dem eigentlichen Kaufvorgang alle erforderlichen Produktinformationen (vgl. *Modahl* 2000). Schon bald wird jedes digitalisierbare Produkt im Netz real-time erhältlich sein. Dies hat unmittelbare Konsequenzen auf stärker physisch geprägte Logistikkonzepte. Für diese wurde das Anforderungsprofil durch das Just-In-Time Konzept mit der Zielsetzung geprägt, die richtigen Produkte oder Dienstleistungen zum richtigen Zeitpunkt in richtiger Qualität und Menge am richtigen Ort bereitzustellen (vgl. *Wildemann* 1990). Diese Zielsetzung wird im Rahmen eines collaborativen Logistikmanagements substantiell erweitert durch die Forderung, jedes Produkt real-time, zu jedem Zeitpunkt an jedem Ort zur Verfügung zu stellen

(vgl. *Yeh et. al.* 2000). Das Spannungsfeld zwischen real-time Logistik und Just-In-Time Logistik wird deutlich, wenn man die Kundenerwartungen in der Internet-Ökonomie mit der logistischen Leistungsfähigkeit von Unternehmen gegenüberstellt. Es zeigt sich, daß die Kundenerwartungen im e-Business dramatisch gestiegen sind, unabhängig davon, ob sie gegenwärtig schon realisierbar sind, oder als überzogen gelten.

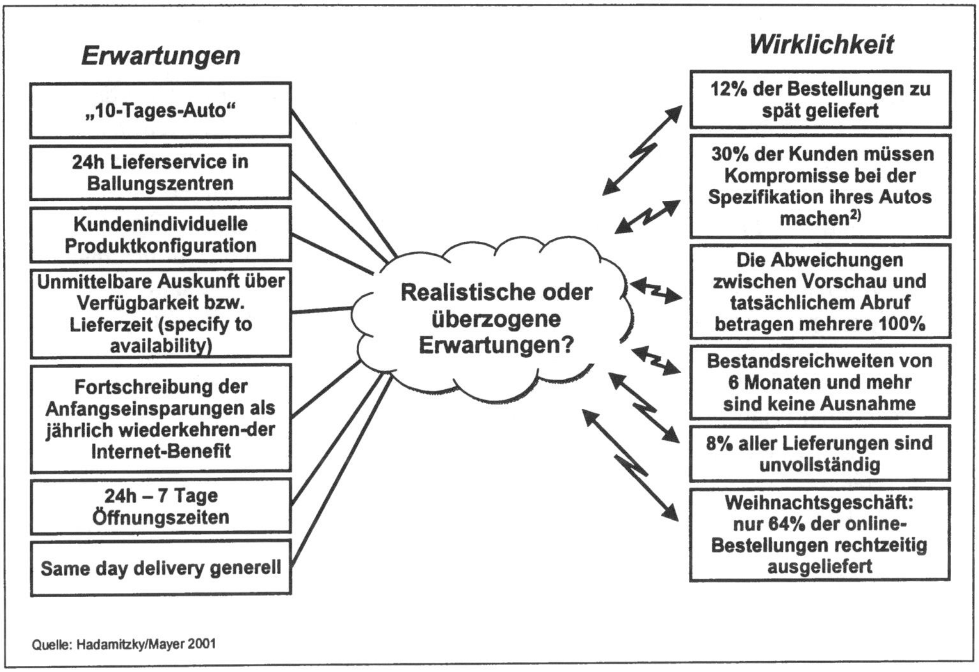

Abbildung 1: Kundenerwartungen im Internet-Zeitalter

2. Neue Balance zwischen Kooperation und Wettbewerb: Durch den zunehmenden Einsatz von Internet-Technologien wird das strategische Dreieck zwischen Unternehmen, Kunden und Konkurrenten neu definiert (vgl. *Dathe* 1999). Grundsätzlich kann jeder Kunde und Konkurrent von jedem werden (vgl. *Staudt* 2000). In zahlreichen Industriezweigen haben sich neue Anbieter als Marktführer etabliert. Branchenfremde Unternehmen steigen in neue Märkte ein. Die Wettbewerbsdynamik nimmt zu. Dies gilt insbesondere vor dem Hintergrund, daß die Informationskomponente im Vergleich zur physischen Komponente weiter in den Vordergrund rückt. Durch die Trennung von Güterströmen und Informationsflüssen versucht man, Plattformen zu schaffen, die ein neues Kräfteverhältnis zwischen Wettbewerb und Kooperation ermöglichen sollen (vgl. *Schneider / Schnetkamp* 2000). Typische Ausprägungen für derartige collaborative Wettbewerbsformen sind elektronische Marktplätze, auf de-

nen traditionelle Konkurrenten eine Handelsplattform schaffen, um gemeinsam und im Wettbewerb Transaktionen durchzuführen. So stellt beispielsweise Covisint ein Handelsnetzwerk von weltweit führenden Automobilherstellern dar, an dem sich neben den Initiatoren DaimlerChrysler, Ford Motors Company und General Motors auch Renault und Nissan sowie namhafte Zulieferanten wie Delphi, Visteon, Lear oder Autoliv beteiligt haben. Covisint steht für „Co" wie Collaboration, Communication und Connectivity, „Vis" wie Vision und Visibility sowie für „Int" wie Internet, Internationality und Integration. Covisint stellt ein eigenständiges Unternehmen, das web-basierte Dienstleistungen, insbesondere aus den Bereichen Einkauf, Logistik und Produktentwicklung, anbietet.

3. Fortschreitende Globalisierung: Collaborative Logistiksysteme werden geprägt durch eine Welt kontinuierlicher Vernetzung. Transaktionen in Form von Dienstleistungen, Gütern oder Wissen erfolgen grenzenlos. Speziell das e-Business hat diese Entwicklung verstärkt. Virtuelle Märkte beseitigen geographische Barrieren und schaffen vollkommen neue Marktzugangsvoraussetzungen. Kennzeichnend für den fortschreitenden Trend zur Globalisierung ist der Abschied vom Konzept des dauerhaften Wettbewerbsvorteils (vgl. *Fine* 2000). Denn wenn sich neue Technologien in eine vollkommen andere Größendimension weiterentwickeln, dann haben Marktführer nicht mehr die Option, sich in Wettbewerbssegmenten mit hohen Gewinnmargen festzusetzen (vgl. *Evans / Wurster* 2000). Speziell Ansätze wie das Global Sourcing oder Global Engineering haben zu einer höheren Markttransparenz beigetragen und ermöglichen einen weltweiten Know-how-Transfer. Weltweite Produktionsnetzwerke stellen sicher, daß komparative Kostenvorteile ausgeschöpft werden. Allerdings führen globalisierte Wertschöpfungsketten auch zu einer höheren Arbeitsteilung und damit zu steigenden Komplexitätsanforderungen an die Logistik. Das Aufgabenprofil des collaborativen Logistikmanagements wird deshalb zunehmend durch die Forderung bestimmt, regionale, nationale und weltumspannende Netzwerke aus Material-, Produkt- und Informationsströmen gleichermaßen effektiv und effizient zu koordinieren.

2 Entwicklungslinien des Managements der logistischen Versorgungskette

Die Logistik hat im Verlauf ihrer Entwicklung unterschiedliche Ausprägungen erfahren. Das in Wissenschaft und Unternehmenspraxis anzutreffende Spektrum an Konzepten und Begriffsauffassungen umfaßt unterschiedliche, teilweise widersprüchliche Auslegungen des Bedeutungsinhaltes der Logistik. Die Definitionen reichen von einem auf Jünemann zurückgehenden wissenschafts-konzeptionellen Logistikverständnis (Logistik als wissenschaftliche Lehre) über eine problembezogene Aufzählung verschiedener Logistikaufgaben bis hin zu Bedeutungsinhalten, die entweder durch einen führungsorientierten Koordinationsansatz (Logistik als materialflußbezogene Koordinationsfunktion) oder durch einen strategieorientierten Erklärungsansatz (Logistik als bereichsübergreifende Strategie zur Optimierung der Produkterstellung) gekennzeichnet sind. Sieht man einmal von der Problematik ab, daß Erkenntnisfortschritt gelegentlich mit der Einführung neuer Schlagwörter rechtfertigt wird, dann besteht grundsätzlich Einigkeit darüber, daß als zentraler Begriffsinhalt der Logistik die zielgerichtete Überbrückung von Raum- und Zeitdisparitäten anzusehen ist. Durch logistische Aktivitäten werden räumlich und zeitlich entkoppelte Prozesse der Konsumtion und Produktion miteinander verbunden, ohne daß diese eine bewußte Veränderung ihrer physischen Eigenschaften erfahren. Hieran anknüpfend kann in Anlehnung an *Kirsch et al.* (1973) Logistik im weitesten Sinn "als Inbegriff aller Prozesse in sozialen Systemen (Gesellschaften, Organisationen) definiert werden, die der Raumüberwindung bzw. Zeitüberbrückung sowie deren Steuerung und Regelung dienen". Die Konzeption der Unternehmenslogistik stützt sich auf systemtheoretisch-kybernetische Erkenntnisse. Sie umfaßt die ganzheitliche, Funktions- und Unternehmensgrenzen überwindende Gestaltung, Steuerung und Koordination der Material- und Produktflüsse sowie der hierzu komplementären Informationsflüsse von den Lieferanten durch das Unternehmen bis hin zu den Kunden. Aus diesem Gegenstandsbereich haben sich vier Konzeptionen der Logistik herausgebildet:

1. Funktionale Logistikkonzeption: Die funktionale Sichtweise betrachtet die Unternehmenslogistik als Aufgabenkomplex, der sich aus sämtlichen zur bedarfsgerechten Ver- und Entsorgung einer Unternehmung erforderlichen operativen, administrativen und dispositiven Aktivitäten zusammensetzt. Die Logistik tritt in dieser Betrachtung als eigenständiges funktionales Subsystem neben traditionelle Unternehmensfunktionen wie Forschung und Entwicklung, Einkauf, Produktion oder Vertrieb.

2. Instrumentelle Logistikkonzeption: Diese Dimension beinhaltet das betriebswirtschaftlich-technologische Instrumentarium, welches zur Durchführung logistischer Aufgaben erforderlich ist. Neben der Entwicklung und Anwendung von Verfahren zur Planung, Steuerung und Koordination logistischer Prozesse befaßt sich der instrumentelle Logistikansatz mit der Entwicklung und Anwendung von Materialflußtechniken. Unter dem Einfluß der Internet-Ökonomie gewinnt die wettbewerbswirk-

same Anwendung von Informations- und Kommunikationstechnologien einen besonderen Stellenwert.

3. Institutionelle Logistikkonzeption: Der institutionelle Logistikansatz behandelt die Einordnung der Unternehmenslogistik in das Organisationssystem und die aufbauorganisatorische Strukturierung der Logistik. Obwohl die primär funktionsintegrierende Sichtweise der Logistik die Bildung eigenständiger organisatorischer Strukturen nicht präjudiziert, wird die Neugestaltung bestehender Organisationsstrukturen als wesentliche Schlüsselgröße zur erfolgreichen Umsetzung der Logistikkonzeption angesehen. Durch die Bündelung von Aufgaben und Kompetenzen in selbständigen Organisationseinheiten sollen die Voraussetzungen für eine ganzheitliche Optimierung der Material- und Informationsflüsse geschaffen werden.

4. Managementorientierte Logistikkonzeption: Die managementorientierte Perspektive betrachtet die Logistik als Führungskonzept und stellt strategische Gestaltungsaspekte in den Vordergrund. Die Logistik wird nicht als eine auf die Steuerung, Abwicklung und Überwachung von Material- und Informationsflußaktivitäten beschränkte Dienstleistungsfunktion angesehen, sondern als querschnittsorientierte Grundhaltung zur zeiteffizienten, kunden- und prozeßorientierten Koordination von Wertschöpfungsaktivitäten. Das managementorientierte Logistikverständnis geht über den eigentlichen Logistikbereich hinaus. Es impliziert logistisches Denken und Handeln in sämtlichen Unternehmenseinheiten und Hierarchiestufen.

Diese konzeptionellen Alternativen spiegeln nicht nur die unterschiedlichen Abgrenzungen des Logistikbegriffs wider. Sie können auch als Stufen eines unternehmensspezifischen Entwicklungspfades oder als Etappen eines wissenschaftlichen Erkenntnisprozesses verstanden werden (vgl. *Hadamitzky* 1994). Zur Untermauerung dieser These sei auf die Entwicklung vergleichbarer Unternehmenskonzepte wie etwa des Controllings oder des Marketings verwiesen. Ebenso wie bei diesen betriebswirtschaftlichen Teildisziplinen gilt auch für die Logistik, daß sich Zielsetzungen aufgrund des akkumulierten Wissens und der gewonnenen Erfahrungen im Zeitverlauf verändern. Während zu Beginn der Auseinandersetzung mit logistischen Phänomenen die Lösung von operativen Transport-, Versorgungs-, sowie Distributionsproblemen im Vordergrund standen, traten mit zunehmendem Erkenntnisfortschritt aufgabenbezogene Gestaltungsaspekte in den Mittelpunkt der Betrachtung. Dabei wurde deutlich, daß zur nachhaltigen Umsetzung wettbewerbswirksamer Logistikkonzepte eine institutionelle Aufwertung logistischer Aufgaben erforderlich ist. Als Weiterentwicklung des organisationsfokussierten Logistikverständnisses kehrt der managementorientierte Logistikansatz den strukturoptimierenden Entwicklungstrend um, indem er darauf abzielt, den institutionellen Einfluß der Logistik auf ein notwendiges Mindestmaß zu beschränken, aber gleichzeitig fordert, daß sämtliche an der Wertschöpfung direkt oder indirekt beteiligte Geschäftsprozesse nach logistischen Prinzipien ausgerichtet werden müssen, wenn ein Gesamtoptimum erreicht werden soll. Für die These einer konzeptionellen Weiterentwicklung der Logistik sprechen außerdem die bei einzelnen Autoren im Zeitverlauf zu beobachtenden terminologischen Differenzierungen. So definiert *Ihde* (1980) Logistik zunächst als "Sammelbegriff für alle ökonomischen Prozesse, die räumliche und zeitliche Verteilung von Realgüterbeständen bestimmen, und zwar von Materialien und Produkten", während er in einem späteren Stadium der wissenschaftlichen Auseinandersetzung mit logistischen Fragestellungen eine von einer Managementkonzeption geprägte Position einnimmt: "Die Logistik ist eine wissenschaftliche Denkhaltung, eine Führungskonzeption, die durch die übergreifende Betrachtung der gesamten unternehmerischen Wertschöpfungskette und - bei konsequenter organisatorischer Umsetzung - die Zuständigkeit für alle damit verbundenen Güterbewegungen und -bestände gekennzeichnet ist" (*Ihde* 1987).

Die collaborative Logistik wird von einem managementorientierten Logistikansatz geprägt. Standen bis Anfang der 90er Jahre Konzepte der Just-In-Time Produktion und Zulieferung im Mittelpunkt der Diskussion (vgl. *Wildemann* 1990), so wurde die Entwicklung der Logistik in jüngster Vergangenheit maßgeblich vom Supply Chain Management bestimmt (vgl. Abbildung 2). Das Supply Chain Management unterscheidet sich vom Just-In-Time Konzept in zweifacher Hinsicht. Zum einen zielt das Supply Chain Management in stärkerem Masse auf eine konsequentere Integration von Herstellern und Lieferanten ab. Im Vordergrund steht nicht nur die Optimierung von unternehmensübergreifenden Schnittstellen über Maßnahmen zur produktionssynchronen Beschaffung, sondern die gemeinsame Neudefinition von Unternehmensgrenzen bis hin zur Einführung von Extended Enterprise Modellen. Zum zweiten bezieht das Supply Chain Management die Gestaltung unternehmensübergreifender Werteflüsse in die logistische Wertschöpfungskette mit ein. Im Vordergrund steht nicht mehr allein das Management von Lieferprozessen ("Order-to-delivery"), sondern die effiziente Gestaltung des gesamten Order-to-Cash-Prozesses von der Auftragserteilung bis hin zum Zahlungseingang. Dieses Prozeßverständnis liegt auch dem collaborativen Logistikverständnis zugrunde. Auch hier wird ein Prozeßansatz verfolgt, der auf die am Unternehmenswert orientierte Wertschöpfungsdimension der Logistik ausgerichtet ist. Dabei werden sämtliche logistische Entscheidungsgrößen berücksichtigt, die positive Auswirkungen auf den Unternehmenswert haben können. Neu ist im Rahmen des collaborativen Logistikmanagements allerdings die Auflösung des traditionellen Logistikketten-Paradigmas. Die Logistik wird nicht mehr als sequentielle Abfolge einzelner Wertschöpfungsstufen verstanden, sondern als ganzheitliches, unternehmensübergreifendes Netzwerk integrierter Logistikbausteine.

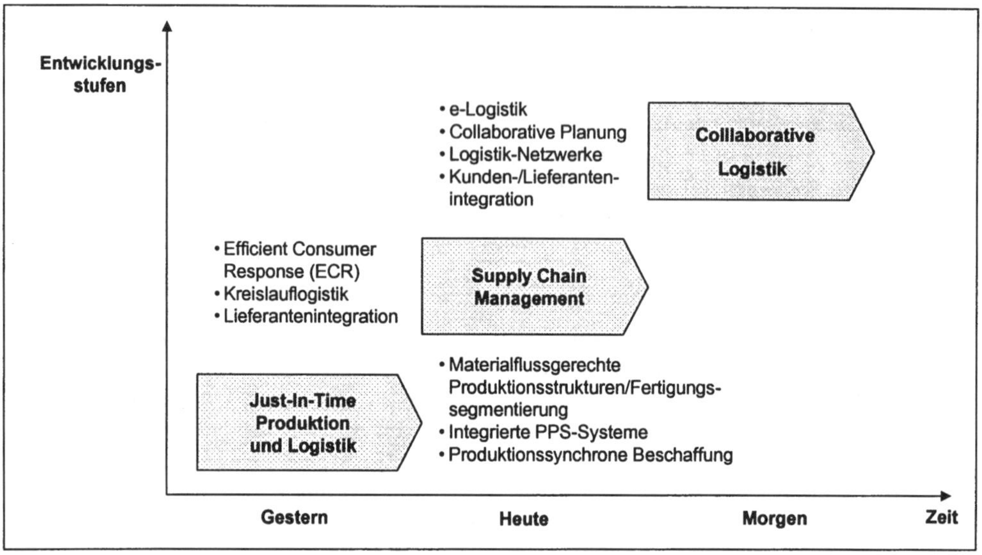

Abbildung 2: Entwicklungsstufen der Logistik

3 Bausteine des collaborativen Logistikmanagements

Die Umsetzung von collaborativen Logistikkonzepten führt zu tiefgreifenden Änderungen in der Wertschöpfungskette von Unternehmen, beginnend bei den Rohstofflieferanten über die Beschaffung, Entwicklung und Produktion bis hin zum Konsumenten. Diese Änderungen betreffen sowohl die Einführung neuer Prozesse und Methoden als auch die Umsetzung neuer Geschäftsformen, Spielregeln und Verhaltensweisen. Das Internet hat über Organisationen und Unternehmen hinweg zu Verbesserungen im Informations- und Kommunikationsaustausch zwischen Herstellern, ihren Partnern und Lieferanten geführt. Gleichzeitig ermöglicht das Internet einen rationelleren Warenfluß über die gesamte logistische Kette. Traditionelle Paradigmen wie "Economies of Scale" oder "Economies of Scope" treffen für neue Konzepte der virtuellen Logistik nicht im selben Maß zu wie für herkömmliche Versorgungsketten. Die traditionelle Betrachtung der logistischen Kette geht von einem linearen Strom von physischen Aktivitäten aus und wird durch die Leitprinzipien der Prozeßorientierung sowie der Integration von Material- und Informationsflüssen bestimmt (vgl. *Evans / Wurster* 2000, S. 22 f). Demgegenüber wird das Konzept der collaborativen Logistik stärker von netzwerkartigen Informationsstrukturen geprägt. Netzwerkgeprägte Logistikkonzepte sind gekennzeichnet durch nicht-lineare Geschäftsprozesse, unternehmensübergreifende Zusammenarbeit und konsequente Kundenintegration. Sie sind hoch flexibel und zeichnen sich vor allem durch eine starke Informationsorientierung aus. Die Gestaltungsansätze, die mit der Einführung von e-Logistikkonzepten verbunden sind, erstrecken sich über die gesamte Wertschöpfungskette. Sie führen im Ergebnis zu niedrigeren Materialkosten, höherer Prozeßqualität in der Planung und Steuerung, reduzierten Lager- und Lagerfehlbeständen, weltweiter Verfügbarkeit, schnelleren Bearbeitungszeiten, kürzeren Produkteinführungszeiten, effizienterem Wissensmanagement sowie erhöhter Kundenzufriedenheit und Kundenbindung. Zu den Bausteinen der collaborativen Logistik gehören die elektronische Beschaffung, collaborative Planungs- und Steuerungsinstrumente sowie modulare Produktionsstrukturen.

3.1 Elektronische Beschaffung

Speziell in der Beschaffung zeigt sich, wie durch eine neue Balance zwischen Wettbewerb und Kooperation die Beziehungen zwischen Herstellern und Zulieferanten signifikant verbessert werden können. Standen in der Vergangenheit einseitig Maßnahmen zur Preisreduzierung im Vordergrund, so ist das neue Anforderungsprofil durch einen ausgewogenen Mix aus Wettbewerb und kooperativer Zusammenarbeit gekennzeichnet (vgl. *Laseter* 1998, S. 3 ff). Kooperationen zwischen Herstellern und Zulieferanten schaffen die Voraussetzungen für Produkt- und Prozeßinnovationen. Sie ermöglichen eine neue Arbeitsteilung zur Sicherung nachhaltiger Wettbewerbsvorteile. Einsatzfelder für das collaborative Logistikmanagement sind neben Web-Katalogen, Online-Auktionen sowie eine neue Art der Lieferantenintegration.

Katalog-Buying: Elektronische Kataloge bieten die Möglichkeit kostengünstiger Kommunikation mit vielen Anbietern. Die Nutzung elektronischer Kataloge reduziert das Papieraufkommen, daß zur Bearbeitung von Anfragen, Angeboten, Aufträgen, Zahlungsverkehr und ähnlichem notwendig ist. Die Nutzung des Internets ist kostengünstiger als herkömmliche Kommunikationsmedien wie Post, Fax oder Telefon. Eine Vielzahl von Firmen führen elektronische Kataloge als Kristallisationskern ein, um Beschaffungsprozesse umfassend zu reorganisieren und damit die Produktivität wesentlich zu erhöhen.

Online-Auktionen: Die Logik von Online-Auktionen im Einkauf beruht auf echtem Wettbewerb und konsequenter Transparenz. Online-Auktionen stellen einen Prozeß dar, bei dem Käufer Produkte oder Dienstleistungen bei mehreren Lieferanten anfragen und dann bei dem Lieferanten kaufen, der die besten Gesamtkonditionen anbietet. Dieser Prozeß basiert auf dem Konzept der reversen Auktion und unterscheidet sich von herkömmlichen Auktionen, bei denen Verkäufer Produkte an mehrere Käufer zu einem möglichst hohen Preis veräußern wollen. Im Rahmen von Einkaufsauktionen eröffnet das Internet nahtlosen Zugang zu Lieferanten weltweit, indem geographische Grenzen traditioneller Beschaffungsmethoden eliminiert werden. Damit wird es möglich, mit einer wesentlich größeren Anzahl von Lieferanten online zu kommunizieren und Geschäftsabschlüsse zu machen, so daß die Wettbewerbssituation insgesamt wesentlich zunimmt. Hinzu kommt, daß durch die geringeren Kosten und die weitverbreiteten Zugangsmöglichkeiten zum Internet auch kleinere Unternehmen in der Lage sind, mitzubieten. Üblicherweise ergeben sich aus Online-Auktionen gegenüber konventionellen Verhandlungsmethoden zusätzliche Preisvorteile zwischen 2% und 15%, eine deutliche Erhöhung der Produktivität sowie eine nachhaltige Beschleunigung der Beschaffungsprozesse.

Lieferantenintegration: Eine stärkere Integration von System- und Unterlieferanten durch Konzepte des Forward Sourcing oder des Innovations- Marketings eröffnet weitere Ansatzpunkte, gemeinsame Verbesserungspotentiale bei den Transaktionskosten und den Bearbeitungszeiten zu erschließen. Darüber schafft eine stärkere Integration der Logistikprozesse die Voraussetzungen zur Reduzierung des in Lagerbeständen gebundenen Kapitals und führt durch ein aggressiveres Bestandsmanagement zu einer Verringerung der Lagerkosten in der gesamten Versorgungskette. Neue Ansätze wie Web-EDI ersetzen das Papieraufkommen und erhöhen Reaktionsgeschwindigkeit und Bearbeitungszeiten innerhalb der Beschaffungsprozesse signifikant.

3.2 Collaborative Planung und Steuerung

In der Internet-Ökonomie erfährt das Zusammenwirken von Wettbewerb und Kooperation eine andere Bedeutung. Elektronische Marktplätze bieten Plattformen für Allianzen, in denen Wettbewerber sowohl Kooperationen eingehen als auch Transaktionen unter Wettbewerbsbedingungen durchführen. Durch die neue Balance zwischen Kooperation und Wettbewerb wird die Zielsetzung verfolgt, mit Hilfe collaborativer Planungs- und Steuerungsinstrumente die Effizienz unternehmensübergreifender Wertschöpfungsketten zu erhöhen. Dementsprechend konzentriert sich der Einsatz derartiger Planungs- und Steuerungsinstrumente im Rahmen einer collaborativen Logistik vor allem auf die wertschöpfungskettenübergreifenden Prozesse der Kapazitätsplanung, der Produktentwicklung und der Auftragsabwicklung.

Collaboratives Kapazitätsmanagement: Collaboratives Kapazitätsmanagement zielt auf die Synchronisation von Kapazitätsangebot und Kapazitätsnachfrage ab. Es basiert auf der bekannten Zielsetzung, strukturelle Mängel in Form von Beständen, Kapazitätsreserven oder Lieferengpässen durch eine bessere Koordination der Informationsströme zu beseitigen. Dementsprechend erfordert collaboratives Kapazitätsmanagement einen intensiveren unternehmens- und funktionsübergreifenden Austausch von Informationen wie Absatzprognosen, Produktprogramme oder Kapazitätsplanungen. Mittels eines elektronischen Marktplatzes werden alle Glieder der Zulieferkette über Informationen verknüpft. Diese Integration vermeidet Peitscheneffekte, indem die Schwankungsbreite von Nachfragegrößen und Beständen entlang der logistischen Kette in Richtung Kunde für alle transparenter wird. Sie führt zu einer Verringerung der Antwortzeiten, einer Reduzierung der Lagerkosten sowie zu einer Minimierung der Leerkapazitäten und Fehlbestände. Weitere Vorteile sind die genauere Vorhersage der Nachfrage, verbesserte Kapazitätsauslastung und Terminplanung sowie frühere und verbindlichere Informationen über das Konsumentenverhalten. Dies führt im Ergebnis zu Kostensenkungen durch geringere Lagerbestände, Ausschußmengen und Abschreibungen sowie zu einem verbesserten Kundenservice durch höhere Produktverfügbarkeit und verbesserte Lieferfähigkeit.

Collaborative Engineering: Für komplexe Prozesse wie der Entwicklung und Konstruktion von Flugzeugen, Großanlagen oder Automobilen ist es wettbewerbsentscheidend, wie gut es Unternehmen gelingt, Kunden und Lieferanten bereits in einem frühen Stadium in den Entwicklungsprozeß mit einzubeziehen. Auch hier bietet ein collaborativer Managementansatz ein umfassendes Spektrum an Lösungsansätzen zur Verbesserung der Netzwerkqualität zwischen Herstellern, Kunden, Lieferanten sowie internen und externen Entwicklungspartnern. So können über das Internet beispielsweise komplexe Dokumente wie technische Zeichnungen oder drei-dimensionale graphische Modelle ausgetauscht und bearbeitet werden, so daß sich die Zusammenarbeit mit Kunden und Lieferanten im Entwicklungsprozeß in erheblichem Umfang erleichtern und beschleunigen läßt. Insbesondere Kunden können einfacher in das Entwicklungsnetzwerk eingebunden werden. Auf diese Weise kann in entwicklungsintensiven Projekten sichergestellt werden, daß Kundenspezifikationen und Produktänderungen vollständig, zeitnah und flexibel durchgeführt werden. Dies führt nicht nur zu einer verbesserten Produktivität, sondern stellt darüber hinaus sicher, daß Kundenanforderungen vollständig und frühzeitig in die Produktentwicklung einbezogen werden und damit die Kundenzufriedenheit gesteigert wird. Bereits heute nutzen einige Hersteller collaborative Entwicklungsinstrumente zur effizienteren Koordination von organisationsübergreifenden Prozessen in der Produktentwicklung und beim Produktanlauf. Damit ermöglicht der Datenaustausch über Intranet eine durchgängige und redundanzfreie Bearbeitung von Projekten, die mit der Definition der Produktstrategie beginnen und sich über die Vorentwicklung, das Produktdesign, die Konzeptentwicklung bis hin zum Produktionsanlauf und der Markteinführung erstrecken.

Web-basierte Auftragsabwicklung: Die Internet-gestützte Auftragsabwicklung stellt ein weiteres Instrument des collaborativen Logistikmanagements dar und umfaßt sämtliche Informationsflußaktivitäten von der Auftragserteilung über die Auftragsverfolgung bis hin zur Auftragserfüllung unter Echtzeitbedingungen. Durch die real-time Auftragssteuerung eröffnet das Internet Kunden völlig neue Wege ihre Waren und Versandgüter zu verfolgen. Mittels offener Systeme, die mit Scannern, drahtlosen Kommunikationsnetzwerken sowie Tracking- und Tracing-Systemen verbunden sind, können Logistikdienstleistungsunternehmen und ihre Kunden online den genauen Aufenthaltsort ihrer Güter jederzeit von jedem Ort der Welt verfolgen. Online-Bestellung und Weiterverfolgung verbessert nicht nur Kundenservice und Kundenbindung, sondern führt zu Einsparungen bei sämtlichen Transaktionskosten. Dabei wird ein Teil der Kosteneinsparungen durch die stärkere Einbeziehung der Kunden in den Wertschöpfungsprozeß erreicht. Speziell

Routineaufgaben, wie das Ausfüllen von Adressfeldern, Lieferzeitpunkten, Avisierungen oder andere Sonderwünsche, werden direkt an die Kunden weitergegeben. So bietet FedEx, weltweit eines der größten Logistikdienstleistungsunternehmen, seinen Kunden einen direkten Zugang zum eigenen FedEx-Netz. Die Kunden geben sämtliche Lieferinformationen online ein, die dann mit einem Laserdrucker auf einen Bar-Code-Aufkleber auf normalem Papier übertragen werden können. Die gesamte Beauftragung wird unmittelbar am Bildschirm ausgeführt. Des weiteren können Kunden per Mausklick die nächstgelegene Paketabgabestelle auswählen oder einen Kurier beauftragen. Indem den Kunden die Möglichkeit gegeben wird, ihre Frachtaufträge direkt über das Internet weiterzuverfolgen, ist FedEx in der Lage, wesentlich mehr Anfragen mit weniger Personal und zu geringeren Kosten zu bearbeiten. Es entfällt die Notwendigkeit, eine große Kunden-Service-Abteilung aufzubauen. Das Leistungsangebot von FedEx umfaßt auch Links zu Internet-Seiten anderer Unternehmen. Waren, die dort gekauft werden, werden dann meist von FedEx befördert. Diese Kundenverbindungen haben die Anzahl der durch das weltweite Logistiknetzwerk fließenden Sendungen in erheblichem Umfang erhöht. Dabei erhält FedEx einen einstelligen Prozentsatz an Gebühren für alle Transaktionen. Als Gegenwert wird den Unternehmen Zugang zu einer breiteren Kundenbasis geschaffen. Dies ist insbesondere für das wachstumsintensive Business-to-Business Geschäft von besonderer Bedeutung.

3.3 Modulare Produktionsstrukturen

Die Anwendung von Internet-Technologien beeinflußt nicht nur die Informationskomponente von Wertschöpfungsaktivitäten. Sie hat auch weitreichende Auswirkungen auf die physischen Bestandteile von Wertschöpfungsprozessen. Im Vordergrund steht die Frage: wie gelingt es Unternehmen die enorm gestiegenen Anforderungen an Geschwindigkeit und Flexibilität in entsprechend wettbewerbsfähige Herstellungsprozesse und Produktionsstrukturen umzusetzen? Dazu reicht der Hinweis auf die wachsende Bedeutung der „fulfilment-Prozesse" nicht aus. Im Gegenteil: Unternehmen erkennen in zunehmendem Maße, daß die Komplexität ihres Produktionsprogrammes sowie ihrer Entwicklungs-, Produktions- und Logistikprozesse derart hoch ist, daß sie überhaupt nicht e-Business fähig sind. Demzufolge sind Maßnahmen zur Neuausrichtung der Produktionsstrukturen und -prozesse erforderlich, die Unternehmen erst in die Lage versetzen, das hohe Wachstumspotential der Internet-Ökonomie zu erschließen. Zwei der wichtigsten Konzepte modularer Produktionsstrukturen sind die kundenindividuelle Maßanfertigung („Mass Customization") und die kundenauftragsbezogene Produktion („Built-to-Order).

Kundenindividuelle Massenproduktion: Eine Reihe von Herstellern hat sich mit Hilfe des Internets von Massenproduzenten zu kundenindividuellen Massenfertigern entwikkelt. So haben Unternehmen wie Dell oder Levis den Nachweis erbracht, daß maßangefertigte Produkte mit Hilfe präziser Logistikprozesse innerhalb von 24 Stunden an Kunden ausgeliefert werden können. Beide Unternehmen verfolgen eine Produktions- und Logistikstrategie, bei der Produkte oder Dienstleistungen so flexibel gestaltet werden, daß sie sich sowohl in Massen herstellen als auch auf die spezifischen Anforderungen einzelner Kunden zuschneiden lassen. Dells flexibles Herstellungsverfahren und das überlegene Logistikmanagement versetzt das Unternehmen in die Lage, schnell auf Kundenaufträge jeder Größe und Komplexität zu reagieren. Dabei bindet Dell seine Lieferanten wesentlich intensiver in die Wertschöpfungskette ein als die Wettbewerber. Sämtliche Informationen über Verkaufsprognosen, Kapazitäten, neue Produkte oder Produktionsprogramme werden unmittelbar über das Internet den Kern- und Schlüssellieferanten zur Verfügung gestellt. Voraussetzung für eine derart kundenindividuelle Massenfertigung ist das Vermeiden der Komplexitätskostenfalle. Hierzu sind modulare Produktarchitekturen erforderlich, die eine hohe Austauschbarkeit auf Komponentenebene, Erweiterbarkeit sowie standardisierte Schnittstellen mit eindeutigen Zuordnungen bei Systemausfällen sicherstellen (vgl. *Fine* 1999, S. 160 ff). Nicht ohne Grund zeichnen sich nachhaltig erfolgreiche Unternehmen wie Scania oder Hewlett Packard vor allem dadurch aus, daß sie im Vergleich zu ihren Wettbewerbern mit extremer Konsequenz modulare Produktstrukturen und Gleichteilestrategien als Rückgrat ihres Produktions- und Logistikkonzepts umgesetzt haben.

Kundenauftragsbezogene Produktion: Erfolgreiche Ansätze einer collaborativen Logistik verfeinern bewährte Konzepte der Pull-Fertigung und nutzen das Internet zur reibungsloseren und effizienteren Abwicklung interner und externer Logistikprozesse. Hierzu gehören beispielsweise die Einführung elektronischer Kanban-Systeme, bei denen Bestellprozesse über das Internet abgewickelt werden, aber auch die flächendeckende Umsetzung von Konzepten der kundenauftragsbezogenen Montage und Vorfertigung. Außerdem versetzt das Internet Unternehmen in die Lage, einen höheren Anteil an Produkten und Fremdbezugsteilen kundenauftragsorientiert zu produzieren oder zu beschaffen. Die höhere Datentransparenz und Reaktionsgeschwindigkeit stellt sicher, daß planungsorientierte Steuerungsverfahren durch Hol-Prinzipien ersetzt werden können. Bestände als Puffer zur Absicherung planerischer und physischer Unwägbarkeiten werden damit obsolet. Vielmehr entsteht die Notwendigkeit, sämtliche Logistik- und Produktionsprozesse kontinuierlich zu verbessern und alle Fehlerquellen und Planungsunsicherheiten auszumerzen. Voraussetzung für die Umsetzung kundenauftragsorientierter Produktionskonzepte ist eine deutliche Steigerung der Flexibilität in der Fabrik. Dies betrifft zum einen die Fähigkeit von Produktionseinheiten, auf Mengenschwankungen reagieren zu können. Zur besseren Synchronisation von Kapazitätsangebot und Kapazitätsnachfrage sind flexible Arbeitszeitkonzepte und Fabrikstrukturen erforderlich, die Kapazitätsschwankungen weitestgehend kostenneutral abfedern. Zum anderen gewinnt die qualitative Flexibilität von Produktionsstrukturen an Bedeutung. Bei steigender Variantenintensität und sinkenden Lieferzeiten werden Fabriken zukünftig von der Zielsetzung geprägt, flexibel und schnell auf Marktveränderungen reagieren zu können. Hierfür ist ein anderes Verständnis von einer kostenoptimalen Betriebsgröße in der Produktion notwendig. Anstelle starrer Produktionsverbundsysteme treten agile Netzwerke mit flexiblen Fabrikmodulen und variablen Layoutkonzepten, einer stärkeren Integration von Lieferanten in den Fertigungsprozeß sowie einer veränderten Arbeitsteilung zwischen Anlagenherstellern und Produzenten.

4 Zusammenfassung und Ausblick

Die Bedeutung der Logistik hat in den letzten zwei Dekaden überproportional zugenommen. Logistikmanagement steht heute im Spannungsfeld weltweiter und lokaler Märkte. Global Sourcing ist auf der Beschaffungsseite ebenso selbstverständlich wie das Management weltumspannender Netzwerke in Produktion, Entwicklung oder Vertrieb. Die zukünftigen Herausforderungen an die Logistik werden durch folgende vier Entwicklungslinien bestimmt:

- Die weltweiten Verflechtungen von Beschaffung, Entwicklung, Produktion und Distribution werden weiter zunehmen. Technologietreiber für diese Entwicklung ist in erster Linie der zunehmende Einfluß von Informations- und Kommunikationstechnologien auf die logistische Versorgungskette.
- Web-basierte Informationstechnologien ermöglichen eine real-time Verfügbarkeit von Informationen und Wissen. Sie haben nicht nur einschneidende Wirkungen auf bekannte Erfolgsfaktoren wie Kosten, Reaktionsgeschwindigkeit oder Kundenservice, sondern stellen darüber hinaus neue, collaborative Verbindungen zwischen Unternehmen her, zwischen denen vorher kaum Geschäftsbeziehungen vorstellbar waren.
- Die Wirtschaftsräume der Welt gruppieren sich neu und verschärfen den internationalen Kostenwettbewerb. Das bedeutet für Unternehmen insbesondere auch das logistische Innovations- und Servicepotential auszuschöpfen und den collaborativen Ansatz der Logistik für die organisatorische Weiterentwicklung wettbewerbswirksam zu nutzen.
- Der wirtschaftliche und technische Wandel wird schneller. Neue Wertschöpfungsketten und Geschäftsmodelle entstehen. Dabei verbindet collaboratives Logistikmanagement die digitalen Phantasien der e-Business Ökonomie mit den realen Werten der „Alten Ökonomie“. Da am Ende eines Geschäftsvorgangs in den überwiegenden Fällen auch zukünftig die Bewegung physischer Güter steht, wird vor allem die Sicherstellung einer schnellen und pünktlichen Lieferung entscheidend zum Wettbewerbserfolg von Unternehmen beitragen.

5 Literatur

Baumgarten, H. (Hrsg.) (2001): *Logistik im E-Zeitalter*, Frankfurt 2001

Bovet, D.; Martha, J. (2000): *Value Nets – Breaking the Supply Chain to Unlock Hidden Profits*, New York et. al. 2000

Dathe, J. (1999): *Coopetition – mehr als eine Mode*, in: Harvard Businessmanager, 6/1999, S. 22-29

Evans, P.; Wurster T. S. (2000): *Web Attack - Strategien für die Internet-Revolution*, München-Wien 2000

Fine, C. (1999): *Clockspeed - wie Unternehmen schnell auf Marktveränderungen reagieren können*, Hamburg 1999

Goldman, R.; Nagel, R.; Priess, K. (1995): *Agile Competition and Virtual Organizations*, New York 1995

Hadamitzky, M. C. (1994): *Analyse und Erfolgsbeurteilung logistischer Reorganisationen*, Wiesbaden 1994

Hadamitzky, M. C.; Mayer, St. (2001): *e-Logistik: Logistikmanagement im e-Business Zeitalter*, in: Krystek / Zur: Handbuch Globalisierung, Berlin et. al. 2001

Hagel, J.; Armstrong, A. G. (1999): *Net Gain*, Wiesbaden 1999

Heskett, J. L. (1977): *Logistics – Essentiell to Strategy*, in: Harvard Business Review 1977, November-December, S. 17-32

Ihde, G. B. (1980): *Logistik, Organisation der*, in: Grochla, E. (Hrsg.): Handwörterbuch der Organisation, 2. Auflage, Stuttgart 1980, Sp. 1224-1234

Ihde, G. (1987): *Stand und Entwicklung der Logistik*, in: DBW, 47(1987)6, S. 703-716

Kirsch, W. et. al. (1973): *Betriebswirtschaftliche Logistik: Systeme, Entscheidungen, Methoden*, Wiesbaden 1973

Laseter, T. M. (1998): Balanced Sourcing – Cooperation and Competition in Supplier Relationships, San Francisco 1998

Modahl, M. (2000): *Der Wettlauf um den Internet-Kunden*, Landsberg / Lech 2000

Porter, M. E. (2001): *Bewährte Strategien werden durch das Internet noch wirksamer*, in: Harvard Businessmanager, 5/2001, S. 64-81

Schneider, D.; Schnetkamp, G. (2000): *E-Markets: B2B-Strategien im Electronic Commerce*, Wiesbaden 2000

Stalk, G. Jr.; Hout, T. (1990): *Competing against Time*, New York 1990

Wildemann, H. (1990): *Das Just-In-Time Konzept: Produktion und Zulieferung auf Abruf*, München 1990

Wildemann, H. (1997): *Logistik Prozeßmanagement*, München 1997
Yeh, R.; Pearlson, K.; Kozmetsky, G. (2000): *Zero Time*, New York 2000
Yu, A. (1998): *Creating the Digital Future*, New York 1998

e-Procurement - Veränderung der Aufgaben, Rollen und Qualifikationsprofile im Einkauf

Claudia Brumberg, Anna Hüttemann

1 e-Procurement - Funktionsweise und Bedeutung

e-Business richtet sich auf die Optimierung der Wertschöpfungskette durch Optimierung aller Geschäftsprozesse innerhalb des Unternehmens sowie der Beziehungen / Transaktionen zu allen Lieferanten und Kooperationspartnern innerhalb von Unternehmensnetzwerken.

e-Procurement beinhaltet die elektronische Abwicklung von Beschaffungsprozessen. Mit der Anwendung von e-Procurement lassen sich an der Schnittstelle zwischen Lieferanten und Unternehmen erhebliche Potentiale hinsichtlich Kosten, Zeit und Qualität realisieren (vgl. *Wildemann* 2000, S. 52). Alle Phasen einer Markttransaktion im Einkauf können durch e-Technologien unterstützt werden.

Die Beschaffung läßt sich dabei nicht für alle Kaufteile gleichförmig abwickeln (vgl. *Simon* 2000, S. 9 ff). Aufgrund der Inhomogenität der Beschaffungsobjekte, der Beschaffungsmärkte und der jeweils adäquaten Beschaffungsstrategie sind verschiedene e-Procurement Lösungen, e-Procurement Channels und Transaktionsmechanismen erforderlich (vgl. *Brumberg* 2000, S. 3 f). e-Procurement Channels sind Direct Purchasing sowie Beschaffung über virtuelle Marktplätze und der Aufbau eigener Marktplätze (vgl. *Mayerhofer* 2000, S. 21). Desktop Purchasing Systeme als Ausprägung des Direct Purchasing unterstützen Beschaffungsprozesse in den Unternehmen elektronisch. Es handelt sich hierbei um Internet-Anwendungen, die insbesondere die Beschaffung von Maintenance-, Repair- und Operation- (MRO-) Gütern optimieren. Kaufteile werden z.B. mittels elektronischer Kataloge direkt vom Arbeitsplatz aus eingekauft. Zusätzliche Funktionalitäten wie Suchmaschinen, Genehmigungsroutinen, Trackingfunktionen sowie automatische Datenübergabe in ERP-Systeme unterstützen die elektronische Abwicklung in der Informations-, Vereinbarungs- und Durchführungsphase. Desktop Purchasing Systeme optimieren zeit- und kostenintensive Beschaffungsprozesse und erzielen hohe Kosteneinsparungen im Einkauf (vgl. *Nenninger* 1999, S. 12 ff).

Neben der direkten Kopplung zwischen Abnehmern und Lieferanten in Form des Direct Purchasing kann die elektronische Beschaffung über Internetmarktplätze, auf denen mehrere Anbieter und Nachfrager von Produkten und Dienstleistungen zusammenkommen oder auf Marktplätzen wie Covisint, bei denen große Produktionsunternehmen wie DaimlerChrysler, GM und Ford mit einer ausgewählten Gruppe von Lieferanten kommunizieren, sogenannte Consortia of Brick- and Mortar-Companies, erfolgen. Wie bei Desktop Purchasing existieren auch hier verschiedene Transaktionsmechanismen und Funktionalitäten (vgl. *Eisenhut* 2000, S. 21 ff).

Diese Veränderung von Liefer- und Leistungsbeziehungen in der Beschaffung durch Anwendung von e-Procurement bewirkt eine Neuausrichtung der Geschäftsprozesse und Organisationsstrukturen. Die Beschaffungsprozesse sind an die veränderten Funktionalitäten und Transaktionsmechanismen anzupassen (vgl. *Wildemann* 2001a, S. 228 ff).

2 Neudefinition der Beschaffungsfunktionen und -prozesse durch e-Procurement

e-Procurement setzt professionelle Einkaufsstrukturen voraus:

- Differenzierung der Aufgaben in operative und strategische Einkaufstätigkeiten,
- Prozeßorientierung,
- Einbeziehung der Lieferanten in den Entwicklungs- und Beschaffungsprozeß (in Abhängigkeit von Beschaffungsobjekt / Sourcing-Konzept),
- differenzierte Beschaffungsstrategien nach Materialien und Lieferanten.

Die Abwicklung der operativen und strategischen Einkaufsaktivitäten mit e-Technologien ermöglicht die Vereinfachung, die Beschleunigung oder die Parallelisierung der Einkaufsprozesse.

e-Procurement eröffnet durch eine völlige Neudefinition der Beschaffungsfunktionen und Beschaffungsprozesse die Erschließung erheblicher Verbesserungspotentiale hinsichtlich der Reduzierung der Prozeßkosten, der Reduzierung der Einstandspreise, der Steigerung der Qualität und der Reduzierung der Wiederbeschaffungszeiten (vgl. *Wildemann* 2000, S. 192 ff, u. vgl. *Soellner / Markham*, 2000, S. 8).

Die konsequente elektronische Abwicklung strategischer Einkaufsfunktionen wie Beschaffungsmarktforschung, Lieferantenbewertung und -auswahl sowie Lieferantencontrolling verändert Einkaufsstrukturen und Beschaffungsstrategien. Die Unterstützung wichtiger operativer Einkaufsaktivitäten durch e-Technologien führt zu einer Eliminierung oder vollständigen Automatisierung verschiedener Prozeßschritte der Beschaffung. Durch neue Funktionsweisen im elektronischen Einkauf wird partiell eine Verlagerung von Einkaufsfunktionen auf Dritte, insbesondere neue Intermediäre wie Marktplatzbetreiber, ausgelöst.

Art und Umfang der Veränderung hängen vom e-Procurement Channel - Direct Purchasing oder Beschaffung über virtuelle Marktplätze - und den gewählten Transaktionsmechanismen, z.B. Exchange über elektronischen Katalog, Reverse Auction oder Aggregation über Power-Buying, ab (vgl. *Brumberg* 2000, S. 19 ff, u. vgl. *Kersten* 2000, S. 3 f).

2.1 Beschaffungsprozeß bei Reverse Auctions über virtuelle Märkte

Bei einer Beschaffung über virtuelle Märkte in Form einer Online-Auktion läuft ein dynamischer, zeitlich begrenzter Angebotsprozeß unter Beteiligung ausgewählter Lieferanten - die Auswahl erfolgt durch Einkäufer oder Marktplatzbetreiber - ab. Hierbei wird für alle Anbieter laufend die Position zum besten Angebot transparent und anonym dargestellt. Zu berücksichtigen ist, daß der Auktion eine Identifikation geeigneter Beschaffungsobjekte, insbesondere Produktauswahl / Bedarfsspezifikation sowie eine Auswahl des geeigneten Marktplatzes vorangeht. Beteiligte sind ein Abnehmer, der auch aus einer Einkaufskooperation bestehen kann, mehrere Lieferanten und ein Auktionator, der die konkrete Abwicklung der Auktion gewährleistet. In der Auktion bewirbt sich eine vorher festgelegte Anzahl an Lieferanten um die Lieferung eines festgelegten Leistungsumfangs an den Käufer. Ziel ist es, für einen spezifizierten Bedarf bei gleichbleibenden Konditionen den günstigsten Lieferanten zu finden (vgl. *Strub* 2000, S. 50, u. vgl. *Wildemann* 2001a, S. 144 ff). Der Transaktionsmechanismus Reverse Auction ersetzt Verhandlung und Nachverhandlung und verändert in Abhängigkeit vom Auftragstyp den Beschaffungsprozeß. Die Reverse Auction bewirkt damit eine Eliminierung von Prozeßschritten - insbesondere Nachverhandlungen. Hinzu kommt eine effizientere Abwicklung von Prozeßschritten mittels Online-Funktionalitäten (z.B. Lieferantenselektion, Dynamic Pricing) sowie eine Unterstützung durch Zusatzservices der Marktplatzbetreiber, z.B. Lieferantenbewertung und inhaltliche Klärung bei der Spezifikation der Bedarfe. Insgesamt verkürzt sich so der Beschaffungsprozeß bei einer Reverse Auction (für den Fall einer Wiederbeschaffung) auf vier Phasen im Vergleich zu sieben Phasen einer traditionellen Ausschreibung . Analog führt auch Desktop Purchasing zum Entfall von Prozeßschritten und zu einer erheblichen Prozeßbeschleunigung (vgl. Abbildung 1).

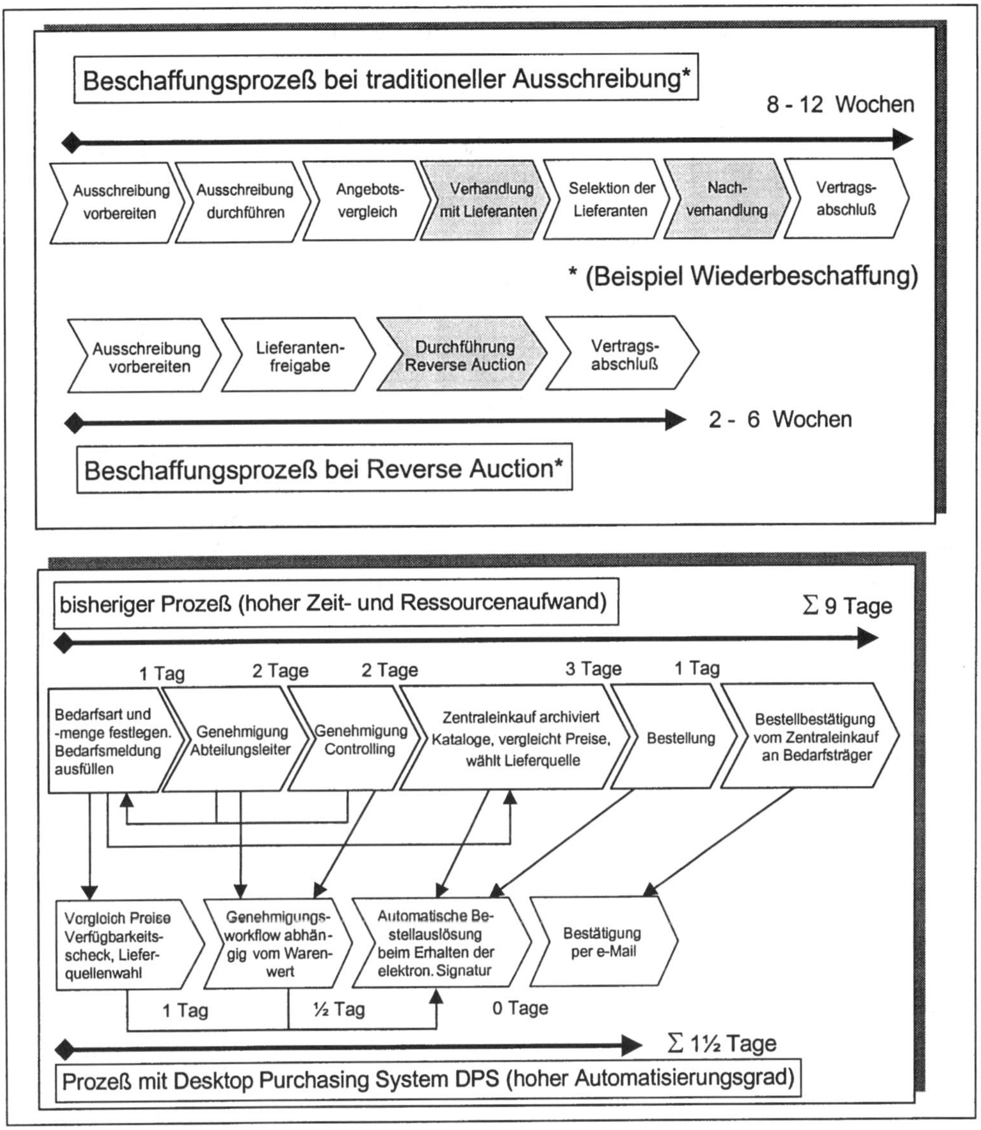

Abbildung 1: Veränderung der Beschaffungsprozesse bei Reverse Auctions und Desktop Purchasing

2.2 Beschaffungsprozeß bei Direct Purchasing

Beim Direct Purchasing mittels Desktop Purchasing Systemen bestellt der Bedarfsträger seinen Bedarf direkt über einen elektronischen Katalog beim Lieferanten. Er bestellt über seinen PC alle MRO-Güter selbst in einem für ihn individuell konfigurierten Katalog, der alle relevanten Daten über Produkte, Lieferzeiten inklusive aller gelisteten Lieferanten und Konditionen enthält. Alle Genehmigungsvorgänge und Beschaffungsvorgänge sind im System hinterlegt. Der Einkäufer sieht nur die genehmigte Vorauswahl an Artikeln, anfallende Genehmigungsworkflows werden automatisch initiiert. Darauf aufbauend erfolgt eine automatische Bestellauslösung sowie die Auftragsbestätigung. Der Bedarfsträger kann somit Beschaffungsvorgänge schnell, effizient und in eigener Verantwortung durchführen (vgl. *Nenninger* 1999, S. 12 ff) (vgl. Abbildung 1).

Beim Abnehmer reduzieren sich die Prozeßkosten erheblich, darüber hinaus wird die Kommunikation mit den Lieferanten qualitativ verbessert. Weitere Vorteile liegen in der Reduzierung von Durchlaufzeiten und Fehlerquoten. Cisco konnte durch die Einführung von Desktop Purchasing Systemen die Beschaffungsprozeßkosten je Vorgang von 130 $ auf 40 $ senken (vgl. *Hartmann / Sifonis* 2000, S. 237 ff).

3 Aufgabeninhalte im strategischen und operativen Einkauf bei e-Procurement

Die elektronische Beschaffung mittels Direct Purchasing, über eigene Marktplätze oder über Marktplätze Dritter, verändert nicht nur die Einkaufsabwicklung. e-Procurement beeinflußt alle Phasen einer Einkaufstransaktion (vgl. *Wildemann* 2000, S. 52). Die Aktivitäten in Informations-, Vereinbarungs- und Abwicklungsphase von Einkaufsprozessen lassen sich drastisch vereinfachen. Hierdurch erfolgt eine deutliche Veränderung der Aufgabeninhalte im operativen und strategischen Einkauf, die mit neuen Rollen und Anforderungsprofilen der Einkäufer einhergehen.

Die Implementierung von e-Procurement erfordert ein Change Management, das sich auf den Kernprozeß Beschaffung bezieht und neben einer Prozeßoptimierung durch eine adäquate Ablauforganisation auch die Neugestaltung der Einkaufsstrukturen hinsichtlich Aufbau- und Arbeitsorganisation umfaßt (vgl. *Brumberg* 2000, S. 34). Die Neugestaltung der Arbeitsteilung zwischen Unternehmen, Dienstleistern und neuen Intermediären ist zu berücksichtigen.

Die Veränderung der Aufgabenstrukturen des Beschaffungsmanagements durch e-Procurement beinhaltet folgende Entwicklungen:

Im operativen Einkauf steigt der Standardisierungsgrad der Einkaufsaktivitäten, z.B. durch standardisierte Abfragemenüs zur Bestellabwicklung, automatisierte Genehmigungsroutinen, Vorselektion von Lieferanten und Artikeln, automatisierte Rechnungsüberprüfung und Abwicklung der Zahlungsvorgänge. Der hohe Standardisierungsgrad in Kombination mit der elektronischen Abwicklung führt zu einer schnellen, kostengünstigen Beschaffung. Entsprechend dem Gedanken der Prozeßorientierung sollten die im Unternehmen verbleibenden operativen Einkaufsaktivitäten wie Materialbedarfsermittlung, Bedarfsanforderung, Bestellung und Wareneingang dezentralisiert und auf die Ebene der Wertschöpfung verlagert werden. Dies trägt zur schnittstellenarmen und durchgängigen Auftragsabwicklung über die Supply Chain bei.

Im strategischen Einkauf werden Analysetätigkeiten und Rechercheaufgaben, die bisher verstärkt durch den strategischen Einkauf wahrgenommen wurden, partiell auf Marktplatzbetreiber übertragen (Informationsbeschaffung und Aufbereitung von Daten über Lieferanten, Märkte, Qualität, Preis und Konditionen). Durch e-Procurement ergeben sich über eine systematische datengestützte Analyse von Bestellvorgängen (Bestellvolumina, Bestelltermine, weitere Bestellcharakteristika), z.B. bei Bestellungen über elektronische Kataloge oder Auswertung des Bieteverhaltens bei Reverse Auctions, Möglichkeiten eines detaillierten Beschaffungscontrollings, die in der Vergangenheit mangels durchgängiger Systemunterstützung nicht vorhanden waren. Zukünftig treten im Rahmen des strategischen Einkaufs analytische Aufgaben wie die Zuordnung der Beschaffungsobjekte auf der Basis von Portfolioanalysen zu den jeweils geeigneten e-Procurement Channels in den Vordergrund. Die Sourcing-Konzepte sind auf e-Procurement abzustimmen, hierbei sind auch Veränderungen beim Management der Lieferantenbeziehungen, beim Risikomanagement und bei der Lieferantenentwicklung zu berücksichtigen. Die Lieferantenbewertung und -auswahl erfolgt zunehmend gemeinsam mit Kooperationspartnern wie Marktplatzbetreibern und Dienstleistern oder wird teilweise auf diese übertragen. Die Neugestaltung der Beschaffungsprozesse ist eine weitere wesentliche Aufgabe des strategischen Einkaufs. So müssen z.B. Genehmigungsroutinen sowie Richtlinien für die Konfigurierung von Multi-Lieferantenkatalogen bis hin zur Freigabe bestimmter Gütergruppen für einzelne Bedarfsträgergruppen vor Anwendung von Desktop Purchasing Systemen entwickelt werden.

4 Veränderte Rollen und Qualifikationsanforderungen bei e-Procurement

Die aufgezeigten Aufgabenverschiebungen - weg von operativen Beschaffungsaufgaben, die teils entfallen, in großem Umfang auf Bedarfsträger übertragen werden und teilweise elektronisch abgewickelt werden - hin zu einer stärkeren strategischen Ausrichtung verändern die Rolle der Einkäufer grundlegend (vgl. *Brumberg u.a.* 2001, S. 45 f) (vgl. Abbildung 2).

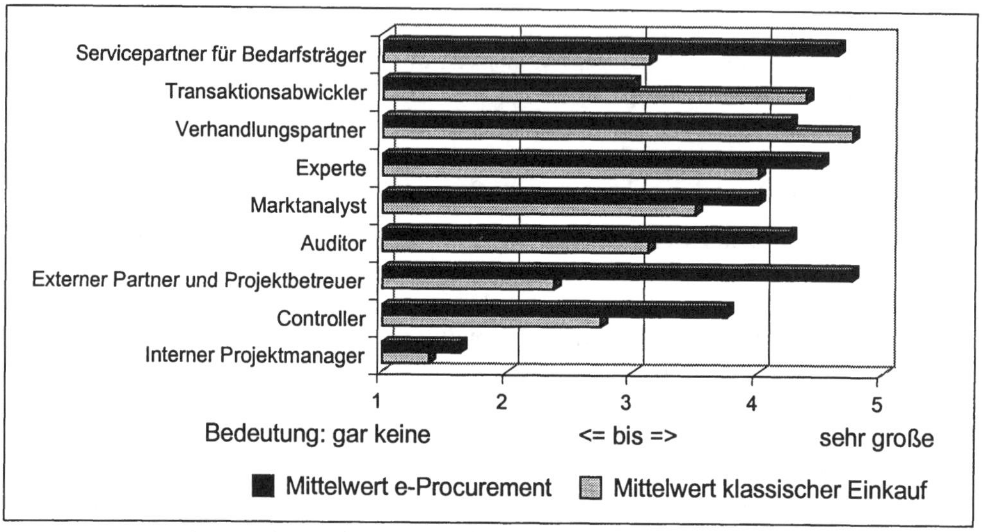

Abbildung 2: Veränderte Rollen des Einkäufers bei e-Procurement

Der Einkäufer übernimmt bei konsequenter Anwendung des e-Procurement die Rolle des Projektmanagers, Controllers und Auditors. Seine Bedeutung als Verhandlungspartner nimmt ab, die Rolle als Servicepartner für Bedarfsträger ist nach wie vor von Bedeutung. Infolge der elektronischen Abwicklung und Unterstützung bisheriger administrativer und nicht primär wertschöpfender Prozesse und Prozeßschritte ist die Funktion als Transaktionsabwickler bei e-Procurement von völlig untergeordneter Bedeutung.

Um die Kapazitäten im strategischen Einkauf optimal zur Entwicklung von Beschaffungsstrategien unter Berücksichtigung der Potentiale des e-Procurement zu nutzen, z.B. bei der konsequenten Formulierung und Umsetzung einer Global Sourcing Strategie, ist gegebenenfalls eine Zentralisierung des strategischen Einkaufs sinnvoll. Der strategische Einkauf bildet die Schnittstelle des Unternehmens zu Lieferanten, Marktplatzbetreibern sowie Dienstleistern und koordiniert und optimiert unternehmensübergreifend die Sourcingprozesse und e-Procurement Aktivitäten. Er übernimmt Beratungsfunktionen für den dezentral zugeordneten operativen Einkauf bei der Realisierung von e-Procurement Lösungen. Der Einkäufer gewährleistet die optimale Abwicklung und reibungslose Umsetzung der verschiedenen e-Procurement Abläufe durch ein systemgestütztes Beschaffungscontrolling, das durch Zielvereinbarungen mit dem Anreizsystem verbunden ist.

Die gewandelte Rolle der Einkäufer bei internetbasierter Beschaffung bedingt eine Veränderung der Qualifikationsanforderungen und erfordert ein erweitertes Kompetenzprofil für Einkäufer. Hinsichtlich der Fachkompetenz steigen die Anforderungen bezüglich der Kenntnisse im e-Business und e-Procurement sowie im Supply Chain Management. Im Rahmen der Methodenkompetenz erhöht sich die Bedeutung von Abstraktionsfähigkeit und analytischem Denken. Darüber hinaus steigen die Anforderungen im Bereich Medien- / IT-Kompetenz, Kenntnisse über IT-Tools und ERP-Systeme sind zu erweitern. Bezogen auf die Sozialkompetenz ergeben sich steigende Anforderungen an die Dynamik und Reaktionsgeschwindigkeit (vgl. Abbildung 3).

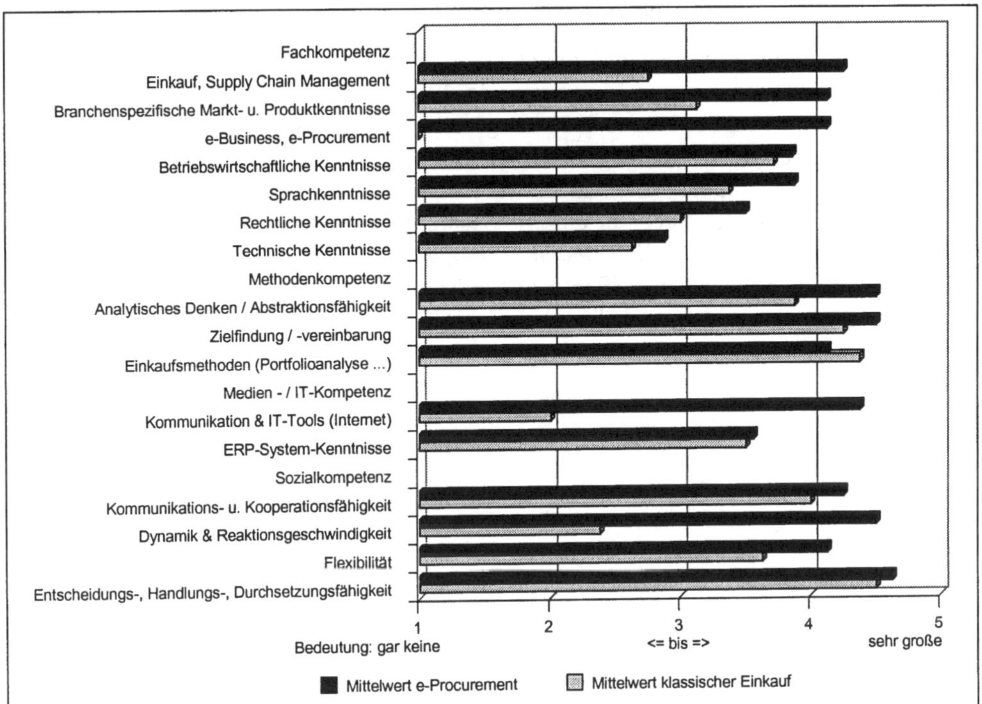

Abbildung 3: Anforderungen an die Einkäufer bei e-Procurement

Zusätzliche Anforderungen durch e-Procurement ergeben sich auch bei Disponenten und Bedarfsträgern. Bei diesen sind Grundkenntnisse im e-Business und e-Procurement erforderlich. Bezogen auf die Medien- und IT-Kompetenz sind funktionsspezifische ERP-System-Kenntnisse und anwendungsbezogene Kenntnisse neue Kommunikations- und Informationstechnologien als Voraussetzung für eine effiziente Nutzung zu berücksichtigen (vgl. Abbildung 3).

Bei der Einführung von e-Procurement reicht es nicht, Prozesse, Strukturen und Arbeitsorganisation neu zu gestalten, im Rahmen eines auf e-Business zugeschnittenen Human Ressource Management ist den geänderten Qualifikationsanforderungen an Einkäufer, Disponenten und andere Beteiligte im Beschaffungsprozeß Rechnung zu tragen. Aufgrund der Rollenveränderung ist mit Widerständen seitens der Einkäufer zu rechnen.

Widerstände gegenüber neuen Geschäftsmodellen und Technologien, Bereichsdenken und Hierarchieorientierung sind zu überwinden. Der Weg zum professionellen, zieladäquaten Einsatz von e-Procurement führt über die Veränderungsbereitschaft der Einkäufer. Wichtige Funktionen des Human Ressource Managements bei der Einführung von e-Procurement sind vor diesem Hintergrund die Informationsfunktion, Qualifikationsfunktion und Coachingfunktion (vgl. *Siedentopf* 2001, S. 7).

Bei der e-Procurement Implementierung sind Mitarbeitern und Führungskräften die notwendigen Informationen durch Medieneinsatz, Präsentationen und Workshops zur Verfügung zu stellen. Darüber hinaus kann ein gezieltes Mentoring Widerstände und Ängste abbauen. Von zentraler Bedeutung ist jedoch eine maßgeschneiderte Qualifizierung; den veränderten Anforderungsprofilen ist im Rahmen einer systematischen bedarfsgerechten Schulung Rechnung zu tragen. In diesem Zusammenhang bietet sich die Methode der Personalauditierung an (vgl. *Wildemann* 2001b, S. 10 ff). Unternehmensspezifisch entwickelten Anforderungsprofilen (Phase 1) werden die Qualifikationsprofile (Phase 2) der Einkäufer gegenübergestellt und abgeglichen (vgl. Abbildung 4).

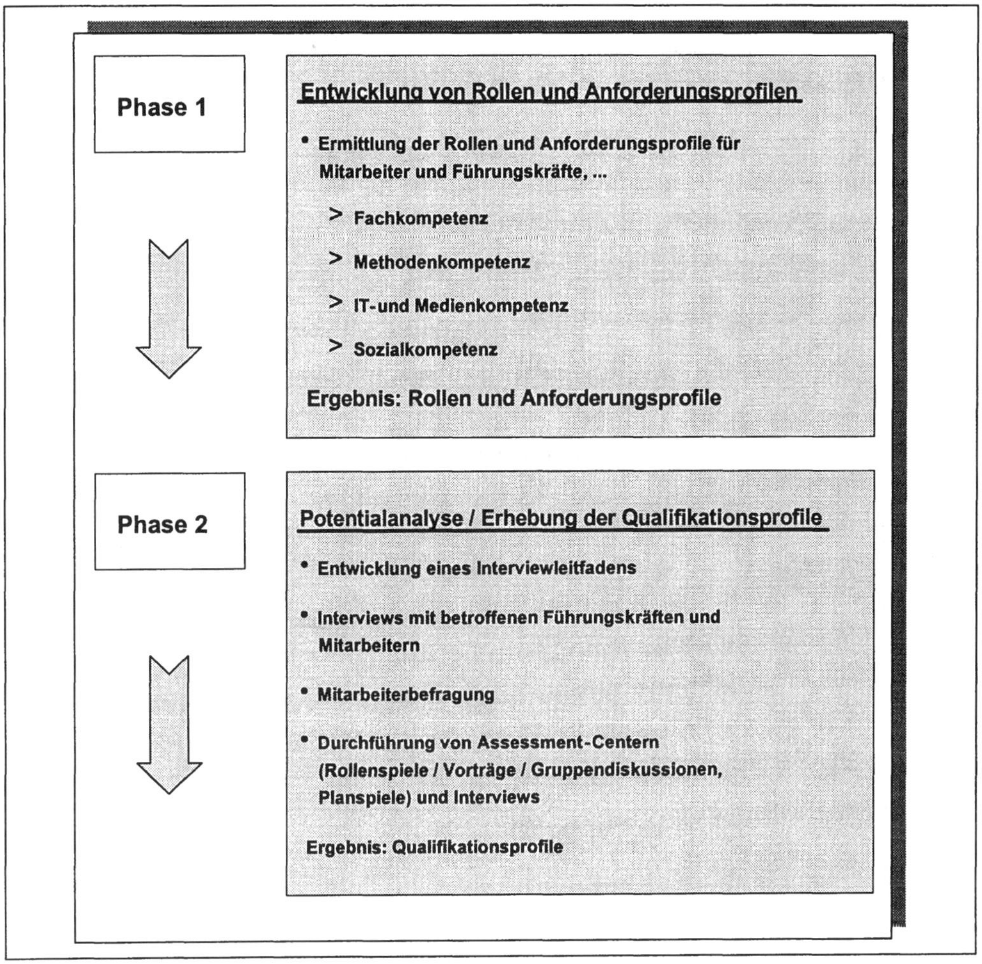

Abbildung 4: Vorgehensweise Personalaudit I

Der auf dieser Basis ermittelte Qualifizierungsbedarf wird im Rahmen eines zielgruppenspezifischen Personalentwicklungs- und Schulungskonzeptes (Phase 3 und Phase 4) umgesetzt (vgl. Abbildung 5). In Phase 1 der Personalauditierung erfolgt die Erarbeitung der Rollen- und Anforderungsprofile auf Basis der neuen Funktionen und Aufgabeninhalte im Einkauf in Workshops und Interviews. Ergebnis sind die neuen Anforderungsprofile, bezogen auf Fachkompetenz, Methoden-, IT- und Medienkompetenz sowie Sozialkompetenz. Im Rahmen der Potentialanalyse (Phase 2) werden die Qualifikationen und Potentiale der Einkäufer mit Hilfe von Interviews, Mitarbeiterbefragungen und As-

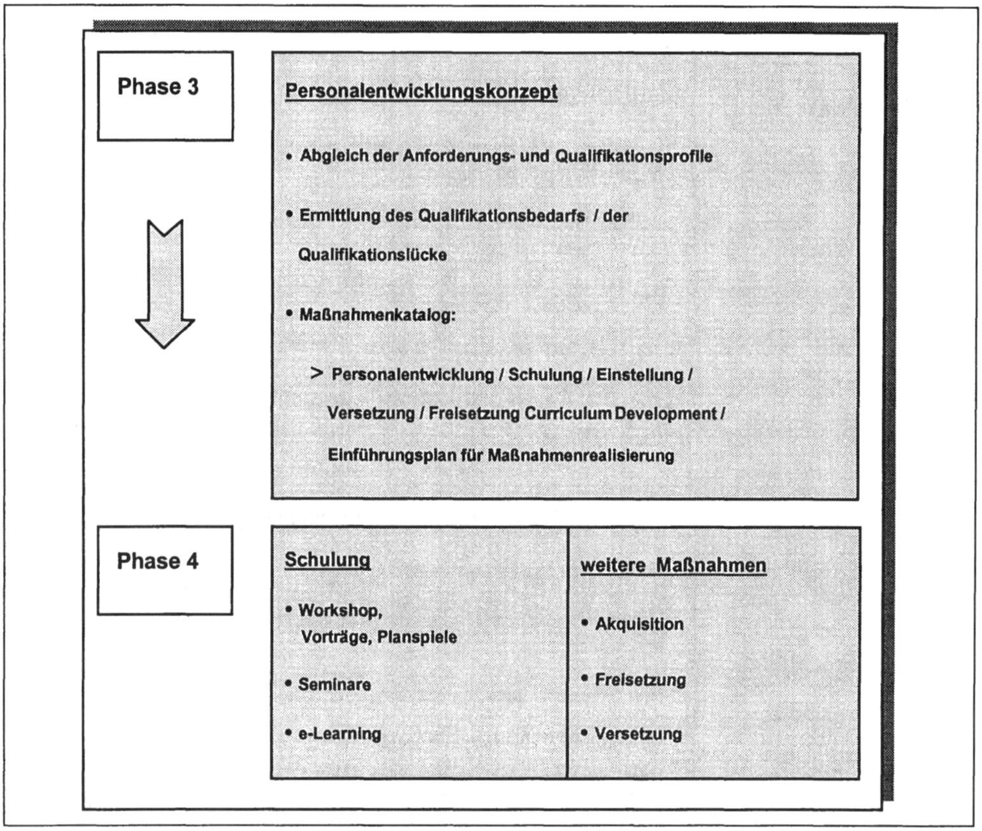

Abbildung 5: Vorgehensweise Personalaudit II

sessment-Centern erhoben und analysiert. Grundlage sind unternehmensspezifisch zusammengestellte Leitfäden für Interviews und Assessment-Center. In Phase 3 erfolgt ein Abgleich von Anforderungs- und Qualifikationsprofilen, dabei werden die IST-Qualifikationsprofile der Mitarbeiter und Führungskräfte, bezogen auf die Fachkompetenz, Methoden-, IT- und Medienkompetenz sowie Sozialkompetenz, den in Phase 1 entwickelten Anforderungsprofilen gegenübergestellt. Ergebnis sind die individuellen Qualifikationslücken, auf deren Basis ein maßgeschneidertes Personalentwicklungskonzept erarbeitet wird. Dies umfaßt die Erarbeitung von funktions- und mitarbeiterspezifischen Schulungskonzepten. Auf Basis eines Curriculum Development werden die jeweils geeigneten Schulungsbausteine wie Workshops, Planspiele, Vorträge und e-Learning zusammengestellt. In Phase 4 erfolgt die Umsetzung des Schulungskonzeptes sowie die Durchführung weiterer Maßnahmen. Akquisition, Freisetzung und Versetzung sind erforderlich, wenn sich in Phase 3 herausstellt, daß die Qualifikationslücken quantitativ oder qualitativ nicht durch Schulungsmaßnahmen gedeckt werden können. Den Abschluß bildet ein Controlling, das den Erfolg der Schulungsmaßnahmen überprüft.

5 Literatur

Brumberg, C. (2000): *e-Procurement: e-Procurement Channels, Entwicklungstendenzen, Supply Chain Integration und Collaboration, Veränderungen in Beschaffungsprozessen und –strukturen*, in: e-Supply: Beschaffung und Vertrieb über virtuelle Märkte, hrsg. von Brumberg, C.; Kersten, W.; Müller, A.; Siedentopf, H.H.: Arbeitsunterlagen zum 3. Arbeitskreisworkshop, Hamburg

Brumberg, C.; Kersten, W.; Müller, A.; Siedentopf, H.H. (2001): *Handbuch e-Supply. Beschaffung und Vertrieb über virtuelle Märkte*, Hamburg

Eisenhut, M. (2000): *Auf dem Weg in die Net-Economy*, Hamburg

Hartman, A.; Sifonis, J. (2000): *Net Ready- Strategies for Success in the E-conomy*, New York u.a.

Kersten, W. (2000): *Kriterien zur Bewertung von Marktplätzen*, in: e-Supply: Beschaffung und Vertrieb über virtuelle Märkte, hrsg. von Brumberg, C.; Kersten, W.; Müller, A.; Siedentopf, H.H.: Arbeitsunterlagen zum 3. Arbeitskreisworkshop, Hamburg

Mayerhofer, E. (2000): *E-Business – Facilitator oder Revolutionstreiber im Engineering & Contracting?*, in: Roland Berger Quarterly, Heft 8, S. 17–25

Nenninger, M. (1999): *Electronic Procurement – Neue Beschaffungsstrategien durch Desktop Purchasing Systeme*, München

Siedentopf, H. H. (2001): *e-Transmission: Programm zur Implementierung von e-Business in Unternehmen bei unterschiedlicher e-Readiness und Strategie*, in: e-Supply: Beschaffung und Vertrieb über virtuelle Märkte, hrsg. von Brumberg, C.; Kersten, W.; Müller, A.; Siedentopf, H.H.: Arbeitsunterlagen zum 5. Arbeitskreisworkshop, Hamburg

Simon, R. (2000): *Neue Wege in der Beschaffung, in: Cybiz*, Jg. 1, Heft 9, 2000, S. 9-16

Soellner, N. F.; Markham, W. (2000): *From Best Practices To Next Practices: Procurement in the Decade Ahead*, in: Executive Agenda, Ideas and insights for business Leaders, Vol. III, Nr. I, S. 5-17

Strub, M. (2000): *E-Procurement - Schritte zur E-Expertise - Einkauf auf dem Weg ins Internet-Zeitalter*, in: Beschaffung aktuell, o.Jg., Heft 6, S. 48-51

Wildemann, H. (2000): *E-Technologien- Leitfaden zum Einsatz von E-Technologien in der Wertschöpfungskette*, München

Wildemann, H. (2001a): *Electronic Sourcing: Leitfaden zur Nutzung von IT-Technologien für die Beschaffung*, 2. Auflage, München

Wildemann, H. (2001b): *Personal- und Führungskräfteaudit, Leitfaden zur Analyse der Problemlösungskapazität der Mitarbeiter sowie des Managementpotentials*, München

Teil VI

Unternehmensführung und Controlling

Aufsichtsrat und Kernkompetenzen

Wolfgang Lück

1 Aufsichtsrat und Kernkompetenzen - eine mehrdimensionale Problematik

Fragen und Probleme der Überwachung von Unternehmen waren in der wissenschaftlichen Diskussion der Vergangenheit eine Domäne der Juristen. Auf der Grundlage der bestehenden gesetzlichen Vorschriften wurden die Anforderungen an den Aufsichtsrat, die Aufgaben des Aufsichtsrats und das Verhältnis zwischen Vorstand und Aufsichtsrat kommentiert. Die börsennotierte Aktiengesellschaft war und ist in der Regel Ausgangspunkt der Überlegungen.

In den letzten Jahren hat sich vermehrt die Betriebswirtschaftslehre mit den Forderungen nach der Entwicklung von „Grundsätzen ordnungsmäßiger Überwachung" beschäftigt und über die gesetzlichen Vorschriften hinaus betriebswirtschaftliche Aspekte der Überwachungstätigkeit konkretisiert. Die Diskussion über wertorientierte Unternehmensführung wird durch Überlegungen zur wertorientierten Unternehmensüberwachung begleitet. Eine gewisse Vorreiterrolle haben dabei Erich Potthoff (vgl. *Potthoff* 1981; *Potthoff* 1982; *Potthoff* 1998; *Potthoff / Trescher* 1993; *Potthoff / Trescher* 2001) sowie der Arbeitskreis „Externe und Interne Überwachung der Unternehmung" der Schmalenbach-Gesellschaft für Betriebswirtschaft e.V. gespielt (vgl. *Lück / Kromschröder* 1998, S. 1573-1576 u.a.).

Die Überwachung des Aufsichtsrats umfaßt nach § 90 Abs. 1 Nr. 1 AktG auch die beabsichtigte Geschäftspolitik und andere grundsätzliche Fragen der Unternehmensplanung. Der Vorstand hat dem Aufsichtsrat u.a. über die Wachstumsziele, die Ziele der Produktivitätsverbesserung, die Finanzierungsziele, die Schrumpfungsziele und über die Konzentration auf Kernfähigkeiten zu berichten (vgl. *Potthoff / Trescher* 2001, S. 208-212).

Der Aufsichtsrat darf hingegen nicht in das operative Geschäft des Unternehmens eingreifen; Ausführungsentscheidungen und die Ausübung des Tagesgeschäfts fallen nicht in den Tätigkeitsbereich des Aufsichtsrats (vgl. *Potthoff* 1998, S. 332). Die Geschäftsführungsfunktion des Vorstands und die Überwachungsfunktion des Aufsichtsrats sind voneinander zu trennen. Legt der Vorstand Kernkompetenzen des Unternehmens fest, handelt es sich um weitreichende Entscheidungen, die vom Aufsichtsrat überwacht werden müssen. Erich Gutenberg (vgl. *Gutenberg* 1962, S. 38) hat bereits mit Nachdruck darauf hingewiesen, daß sich der Aufsichtsrat für diese Überwachungsaufgabe sehr intensiv mit den betrieblichen Vorgängen in dem entsprechenden Unternehmen beschäftigen muß.

Kernkompetenzen ermöglichen nach Prahalad / Hamel (vgl. *Prahalad / Hamel* 1990, S. 83-84) einen Zugang zu einem weiten Spektrum von Märkten, leisten einen wesentlichen Beitrag zu den vom Kunden wahrgenommenen Vorzügen des Endprodukts und sind für Wettbewerber schwierig zu imitieren. Kernkompetenzen sind nicht ausschließlich auf Endprodukte zu beziehen, sondern können z.B. auch in der herausragenden Beherrschung von Prozessen bestehen (vgl. *Wildemann* 2000, S. 59 und *Wildemann* 1995, S. 19).

Die verschiedenen Dimensionen von Aufsichtsrat und Kernkompetenzen lassen sich anhand der folgenden Abbildung verdeutlichen:

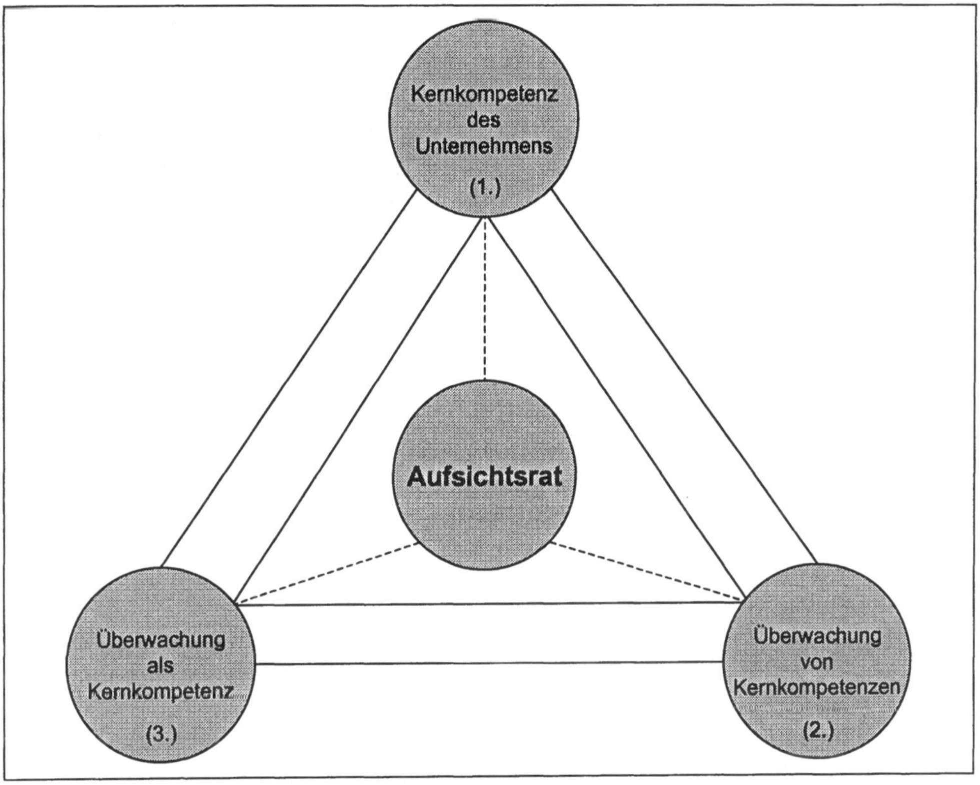

Abbildung 1: Aufsichtsrat und Kernkompetenzen

1. Der Aufsichtsrat ist zentraler Bestandteil der Corporate Governance und selbst Kernkompetenz des Unternehmens.
2. Der Aufsichtsrat muß die Prozesse der Überwachung als eigene Kernkompetenz sichern.
3. Der Aufsichtsrat muß die Kernkompetenzen des Unternehmens überwachen.

2 Corporate Governance - Aufsichtsrat - Kernkompetenz

Die Definition des Begriffs „Corporate Governance" führt zu Schwierigkeiten. Der Grund dafür liegt darin, daß der Begriff einerseits aus der anglo-amerikanischen Rechtssprache und andererseits aus der anglo-amerikanischen Kapitalmarkt-Sprache stammt. Nach diesen verschiedenen Wurzeln hat der Begriff „Corporate Governance" je eine unterschiedliche Bedeutung (vgl. dazu *Schneider* 2000, S. 2413-2417 sowie das Stichwort „Corporate Governance" bei *Lück* 2001, S. 6-7).

Der anglo-amerikanische Rechtskreis verwendet in einem engeren Sinne den Begriff „Corporate Governance" für die zweckmäßige Strukturierung der obersten Leitungsorgane eines Unternehmens (Zuständigkeiten, Aufgaben, rechtliche Entscheidungsorganisation).

„Corporate Governance" geht aus kapitalmarktorientierter Perspektive über die gesetzliche Unternehmensverfassung hinaus. Aus Kapitalmarktsicht umfaßt Corporate Governance

1. die gesamte Organisation der Führung, Verwaltung und Überwachung von Unternehmen,
2. die Orientierung der Führung, Verwaltung und Überwachung von Unternehmen an den maßgeblichen Interessen der Shareholder (Anteilseigner) und der Stakeholder (alle relevanten Bezugsgruppen) sowie
3. neben der Regelungsordnung auch deren Umsetzung in der Praxis.

Nach einem sehr weiten und international akzeptierten Verständnis wird Corporate Governance hier wie folgt definiert:

Corporate Governance umfaßt die grundsätzlichen Ausgestaltungen sowie die speziellen Rahmenbedingungen für die Strukturen und für die Prozesse der Führung, Verwaltung und Überwachung von Unternehmen.

Standards für die Unternehmensführung, Unternehmensverwaltung und Unternehmensüberwachung sind notwendig, um die Ansprüche der Shareholder und der Stakeholder erfüllen zu können.

Die begleitende Überwachung ist eine allen Aufsichtsräten gemeinsame Kernfunktion (vgl. *Potthoff / Trescher* 2001, S. 3). Überwachung teilt sich theoretisch in die prozeßabhängige Kontrolle und die prozeßunabhängige Prüfung. Praktisch umfaßt Überwachung eine Vielzahl von Prozessen, die die Tätigkeit des Geschäftsführungsorgans als Unternehmensleitung umschreiben. Potthoff / Trescher (vgl. *Potthoff / Trescher* 2001, S. 68-95) unterscheiden in konzernfreien Unternehmen die folgenden Prozesse der Geschäftsführung, die der Aufsichtsrat zu überwachen hat:

1. Wahrnehmung der Leitungsaufgabe
2. Wahrnehmung organschaftlicher Treuepflichten im Rahmen der Corporate Governance
3. Wahrnehmung sonstiger gesetzlich verankerter Geschäftsführungsaufgaben
4. Maßnahmen von wesentlicher Bedeutung für das Unternehmen
5. Wahrung der Sorgfaltspflichten
6. Sicherstellung der erforderlichen Eignung

Die Überwachung durch den Aufsichtsrat als zentraler Bestandteil der Corporate Governance hat somit eine hohe ökonomische Bedeutung für ein Unternehmen. Damit der Aufsichtsrat seine ökonomische Bedeutung voll entfalten und die Erwartungen der Shareholder sowie der Stakeholder erfüllen kann, benötigt er ein Instrumentarium, das ihn bei seiner Überwachungstätigkeit unterstützt. Das Konzept der Balanced Scorecard (vgl. zur Thematik der Balanced Scorecard z.B. *Kaplan / Norton* 1996) ermöglicht dem Aufsichtsrat, die aus den Strategien des Vorstands abgeleiteten Ziele systematisch zu erfassen und den Zielerreichungsgrad mit Hilfe von Kennzahlen zu messen. Der Aufsichtsrat kann so den Ergebnisbeitrag der einzelnen Strategien und Maßnahmen des Vorstands regelmäßig ermitteln. Die Einrichtung eines Berichtssystems auf Basis der Balanced Scorecard zur Unterstützung der Überwachungsaufgaben des Aufsichtsrats sollte in den Standards zur Corporate Governance eines Unternehmens verankert werden.

Corporate Governance Standards entwickeln sich unter Berücksichtigung rechtlicher, ökonomischer, sozialer und kultureller Besonderheiten, und zwar auf nationaler Basis, jedoch unter dem Einfluß internationaler Entwicklungstendenzen.

Standards für die Führung, Verwaltung und Überwachung von Unternehmen müssen für die Shareholder und für die Stakeholder transparent gestaltet werden. Nur so können die Corporate Governance Standards eine Ordnungsfunktion, eine Kommunikationsfunktion und eine Wettbewerbsfunktion erfüllen (vgl. Abbildung 2).

Eine Befragung von McKinsey & Company (vgl. *McKinsey & Company* 2000, S. 16) führt zu folgendem Ergebnis: Investoren sind bereit, eine Prämie bis zu 20 % auf die Share Prices bei deutschen Unternehmen zu zahlen, wenn eine effiziente Corporate Governance festgestellt werden kann. Andererseits werden unzureichende Informationen über die Corporate Governance und damit fehlende Transparenz mit Bewertungsabschlägen „bestraft“.

Die Transparenz der Corporate Governance Standards deutscher Unternehmen ist aber einer aktuellen Studie zur Folge ungenügend. Nur gut ein Viertel der Unternehmen, die über Corporate Governance Standards verfügen, macht sie der Öffentlichkeit auch zugänglich (vgl. *Arthur Andersen* 2001, S. 7). Die Corporate Governance deutscher Unternehmen weist nach dieser Studie auch insgesamt noch erhebliche Schwächen auf. Insbesondere die Aufgaben des Aufsichtsrats und die Gestaltung des Aufsichtsrats sind unzureichend geregelt (*o.V.* 2001, S. 24), obwohl der Aufsichtsrat als Kernkompetenz eines Unternehmens einen zentralen Bestandteil seiner Corporate Governance darstellt. Diese Thematik ist ohne Zweifel bisher vernachlässigt worden.

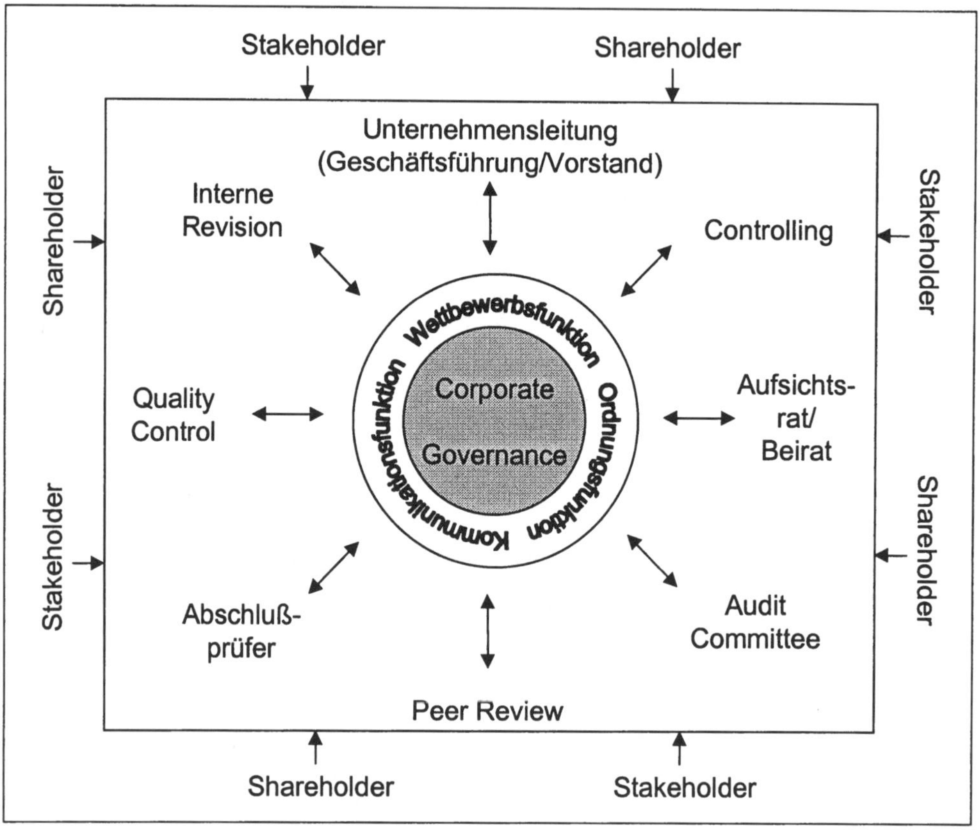

Abbildung 2: Corporate Governance

3 Persönliche Anforderungen an Mitglieder von Aufsichtsräten zur Sicherung seiner Kernkompetenzen

Eugen Schmalenbach (vgl. *Schmalenbach* 1910, S. 275), der Altmeister der deutschen Betriebswirtschaftslehre, stellte schon 1910 die Frage:

„Welche Personen sind besonders fähig, die Überwachung der Gesellschaft vorzunehmen? Man würde vielleicht auch andere Qualitäten verlangen, aber die Qualität für die Ausübung der Überwachungspflicht ist, wie schon der Name des Organs sagt, die wichtigste. Werden die Aufsichtsräte wirklich in diesem Sinne ausgewählt?“

Eugen Schmalenbach (vgl. *Schmalenbach* 1910, S. 275) führte weiter aus:

„Man braucht die Antwort nicht zu geben; jedes Kind weiß, daß es ganz anders ist.“

Die Überwachung durch den Aufsichtsrat ist Bestandteil der Corporate Governance eines Unternehmens. Die Prozesse der Überwachung sind zugleich die Kernkompetenzen des Aufsichtsrats. Der Aufsichtsrat muß die Interessen der Aktionäre wahrnehmen. Um aber die Interessen der Aktionäre wahrnehmen zu können, müssen die Aktionäre vorab prüfen, ob ein potentielles Aufsichtsratsmitglied die persönlichen Anforderungen an die Tätigkeit in einem Aufsichtsrat und damit die Aufgabe des Aufsichtsrats, nämlich die Erreichung der Unternehmensziele und die Überwachung von Kernkompetenzen des Unternehmens, überhaupt erfüllen kann. Gleichzeitig muß ein potentielles Mitglied eines Aufsichtsrats für sich selbst prüfen, ob es über ausreichende Fähigkeiten verfügt, die Aufgaben des Mandats wahrzunehmen.

Eugen Schmalenbach führt in seinem Beitrag „Die Überwachungspflicht des Aufsichtsrats“ (vgl. *Schmalenbach* 1910, S. 275) überwiegend negative Beweggründe an, von denen die Aufsichtsratswahlen beherrscht werden, wie z.B.

- die Möglichkeit, mühelos Geld zu verdienen;
- die Eitelkeit potentieller Mitglieder des Aufsichtsrats;
- die Vertretung eigener Interessen und vornehmlich
- die wirtschaftliche Macht potentieller Mitglieder des Aufsichtsrats.

Fraglich ist, inwieweit diese Motive auch heute noch Gültigkeit haben. Allerdings wird die mangelnde Unabhängigkeit von Mitgliedern des Aufsichtsrats zweifelsfrei auch heute noch bemängelt. Die Ämter von Aufsichtsräten der größten europäischen Konzerne werden dominiert durch Vertreter der Großaktionäre, Abgesandte der kreditgebenden Banken und ehemalige Vorstände (vgl. *Hetzer / Papendick* 2001, S. 96). Darüber hinaus wird in der letzten Zeit bei zahlreichen und spektakulären Unternehmenskrisen immer mehr die Fähigkeit des Aufsichtsrats und einzelner Aufsichtsratsmitglieder angezweifelt.

Die persönlichen Anforderungen an Mitglieder des Aufsichtsrats sind bisher im betriebswirtschaftlichen und im juristischen Schrifttum nicht deutlich genug angesprochen worden (vgl. zu den persönlichen Anforderungen für Mitglieder des Beirats: *Lück* 2001a, S. 11-16). Horst Albach (*Albach* 1999, S. 42) hebt jedoch hervor, daß ein Aufsichtsrat mehrere Qualifikationen mitbringen muß: „In der Reihenfolge ihrer Bedeutung sind das vor allem Kompetenz, Verfügbarkeit, Erfahrung und Unabhängigkeit.“

Der weiteren Aussage ist ohne jede Einschränkung zuzustimmen: ein Aufsichtsgremium ist unabhängig, „... wenn ihm kein Vertreter der kreditgebenden Bank angehört und wenn Überkreuzverflechtungen von Aufsichtsratsmitgliedern ausgeschlossen sind.“

Es ist also zwingend notwendig, die persönlichen Anforderungen an Mitglieder eines Aufsichtsrats von Unternehmen zusammenzufassen, um die Kernkompetenzen des Aufsichtsrats zu sichern. Die vorläufigen Ergebnisse verschiedener Corporate Governance-Gremien, die z.Z. in Deutschland tätig sind, verdeutlichen, daß gerade die persönlichen Anforderungen nicht konkret genug formuliert worden sind; offensichtlich führen die Mitbestimmungs-Fragen nach wie vor zu Kompromissen, die international nicht verstanden werden.

Die nachfolgenden Punkte in der Aufzählung geben jedem Mitglied eines Aufsichtsrats und noch mehr potentiellen Kandidaten für einen Aufsichtsrat im Sinne einer Checkliste Gelegenheit, seine Eignung für dieses Amt zu überprüfen. Der Aufzählung der persönlichen Anforderungen wird eine sog. Präambel vorangestellt, in der das Fundament jeder Aufsichtsratstätigkeit zusammengefaßt ist.

Präambel

Jedes Mitglied eines Aufsichtsrats hat bei seiner Überwachungstätigkeit die Sorgfalt eines ordentlichen und gewissenhaften Überwachers anzuwenden.

Das Aufsichtsratsmitglied hat über vertrauliche Angaben und Geheimnisse der Gesellschaft, namentlich Betriebs- und Geschäftsgeheimnisse, die ihm durch seine Tätigkeit im Aufsichtsrat bekannt geworden sind, Stillschweigen zu bewahren.

Die Überwachungstätigkeit des Aufsichtsratsmitglieds muß sich am Interesse des Unternehmens sowie an den Erfordernissen der Legalität, Ordnungsmäßigkeit, Zweckmäßigkeit und Wirtschaftlichkeit ausrichten.

Das Aufsichtsratsmitglied muß seine Tätigkeit unabhängig und unbefangen, gewissenhaft, eigenverantwortlich sowie verschwiegen ausüben.

1. Grundsätzlich sind von jedem Aufsichtsratsmitglied allgemeine betriebswirtschaftliche, juristische und steuerliche sowie unternehmensspezifische bzw. branchenspezifische Kenntnisse zu fordern.

2. Jedes Mitglied des Aufsichtsrats muß bei der Annahme und Ausübung seiner Aufsichtsratstätigkeit prüfen, ob es über ausreichende Fähigkeiten verfügt, die Aufgaben des Mandats wahrzunehmen.

3. Das Aufsichtsratsmitglied hat seine Tätigkeit unabhängig auszuüben.

   Die persönliche und wirtschaftliche Unabhängigkeit und damit eine uneingeschränkte Entscheidungsfreiheit sind jederzeit zu bewahren.

   Ein Aufsichtsratsmitglied hat seine Tätigkeit zu versagen, wenn seine Unabhängigkeit gefährdet ist oder ein Grund gegeben ist, der zur Befangenheit führen könnte.

4. Es widerspricht dem Grundsatz der Unabhängigkeit, wenn der Vorstandsvorsitzende (Vorstandssprecher) unmittelbar nach seiner Vorstandstätigkeit Vorsitzender des Aufsichtsrats wird, weil er in diesem Falle seine eigenen früheren Strategien, Handlungen und Tätigkeiten überwachen müßte.

5. Aus dem Grundsatz der Unabhängigkeit folgt, daß die Vergabe von Krediten an Aufsichtsratsmitglieder und diesen eng verbundenen Personen und Unternehmen vermieden wird oder Kredite nur in eingeschränktem Umfang gegeben werden.

6. Die Unabhängigkeit bedingt gleichermaßen, daß Eigengeschäfte der Aufsichtsratsmitglieder und ihrer Angehörigen mit den Unternehmen ohne deren persönliche Beeinflussung und nur zu marktüblichen Bedingungen nach den Maßstäben eines ordentlichen Kaufmanns (Bonitätsprüfung; Konditionen) eingegangen werden dürfen.

7. Das Aufsichtsratsmitglied hat seine Tätigkeit gewissenhaft auszuüben.

   Aufsichtsratsmitglieder müssen bei der Erfüllung ihrer Aufgaben gesetzliche Vorschriften und fachliche Regeln beachten.

   Aufsichtsratsmitglieder müssen sich in einem Umfang fortbilden, der ihre fachliche Kompetenz sicherstellt und sie in die Lage versetzt, den gesetzlichen und fachlichen Aufgaben von Aufsichtsräten gerecht zu werden. Art und Umfang der Fortbildung liegen in der Eigenverantwortlichkeit des Aufsichtsratsmitglieds. In Anlehnung an die internationale Praxis des wirtschaftsprüfenden Berufsstands sollte das Aufsichtsratsmitglied innerhalb von drei Jahren 120 Fortbildungsstunden nachweisen, davon mindestens 20 Stunden pro Jahr.

   Treten nach Annahme eines Aufsichtsratsmandats Umstände ein, die zur Ablehnung eines Mandats geführt hätten, ist die Aufsichtsratstätigkeit zu beenden.

8. Aus dem Grundsatz der Gewissenhaftigkeit ergibt sich, daß das Aufsichtsratsmitglied bei der Annahme und Ausübung der Aufsichtsratstätigkeit prüfen muß, ob es zeitlich in der Lage ist, das Mandat nicht nur bei Aufsichtsratssitzungen persönlich wahrzunehmen, sondern insbesondere auch in der Lage ist, die gesetzlich vorgesehenen und zusätzlich angeforderten Berichte des Vorstands kritisch zu analysieren, im offenen Dialog fachlich zu diskutieren und den Vorstand gegebenenfalls zu beraten. Dabei ist zu berücksichtigen, daß die Anzahl der Aufsichtsratssitze generell auf höchstens 3 pro Person plus ggf. 2 Konzernmandate beschränkt werden sollte. Die Anzahl der Aufsichtsratsvorsitze sollte wegen der besonderen Arbeitsbelastung der Mandatsträger auf 2 pro Person beschränkt werden.

9. Die Intensität der Aufsichtsratstätigkeit und die Sitzungsfrequenz des Aufsichtsrats sind dem Einzelfall, insbesondere der wirtschaftlichen Lage des Unternehmens anzupassen. Eine Mindestanzahl von 6 Sitzungen im Jahr dürfen nicht unterschritten werden; 8 Regelsitzungen pro Jahr müssen angestrebt werden.

10. Das Aufsichtsratsmitglied hat seine Tätigkeit eigenverantwortlich auszuüben.

Aufsichtsratsmitglieder haben ihre Tätigkeit in eigener Verantwortung zu bestimmen, ihr Urteil selbst zu bilden und ihre Entscheidungen selbst zu treffen.

Aus dem Grundsatz der Eigenverantwortlichkeit ergibt sich weiter, daß das Aufsichtsratsmitglied frei von Aufträgen und Weisungen ist und sich nicht vertreten lassen darf.

Die Interessen des Unternehmens, bei dem ein Aufsichtsratsmitglied als Vorstand oder in sonstiger Funktion beschäftigt ist, dürfen bei der Aufsichtsratstätigkeit in einem anderen Unternehmen keine Rolle spielen. Dieses Erfordernis dürfte Vertretern von Kreditgebern (Banken, Kunden, Lieferanten, öffentliche Hand) Probleme bei der Annahme eines Aufsichtsratsmandats bereiten.

11. Die Wahrung der Unternehmensinteressen muß bei allen Aufsichtsratsmitgliedern im Vordergrund ihrer Tätigkeit als Aufsichtsrat stehen. Interessenkonflikte, z.B. bei Eigeninteresse oder bei Überkreuzverflechtungen, sind im Sinne des Unternehmens zu entscheiden, für das ein Aufsichtsratsmandat ausgeübt wird.

12. Das Aufsichtsratsmitglied muß im Einzelfall prüfen, ob der Aufsichtsrat zur ordnungsgemäßen Wahrnehmung seiner Tätigkeit Sachverständige / externe Beratungshilfe, jedoch grundsätzlich nur ausnahmsweise hinzuziehen sollte.

13. Jedes Aufsichtsratsmitglied hat im Rahmen seiner Aufsichtsratstätigkeit die gleichen Informationsrechte und Informationspflichten.

    Dazu gehört, daß ein Aufsichtsratsmitglied (z.B. ein Politiker) sein für das Unternehmen und für den Aufsichtsrat entscheidungsrelevantes Wissen dem Aufsichtsrat als Ganzes zur Kenntnis bringt.

    Jedes Aufsichtsratsmitglied ist verpflichtet, gegebenenfalls über die ihm vom Vorstand gegebenen Berichte hinaus weitere zeitnahe Informationen zu verlangen.

14. Für jedes Aufsichtsratsmitglied gilt der Grundsatz der Verschwiegenheit.

    Nach dem Grundsatz der Verschwiegenheit dürfen Kenntnisse, die dem Aufsichtsratsmitglied anvertraut oder bekannt werden, weder zum persönlichen Vorteil verwertet (Primärinsider) noch Dritten als Mandatsträger in anderen Gremien (Sekundärinsider) offenbart werden.

15. Die Verpflichtung zur Verschwiegenheit kann zu Interessenkonflikten führen; diese treten z.B. besonders dann auf, wenn ein Aufsichtsratsmitglied eines Unternehmens in einem schwierigen Umfeld gleichzeitig als Interessenvertreter eines anderen Gremiums agiert und Frühwarnindikatoren nicht verwerten darf. Das Aufsichtsratsmitglied darf in diesen Fällen an der Aufsichtsratssitzung bzw. an der Beschlußfassung zu einem entsprechenden Tagesordnungspunkt nicht teilnehmen.

16. Aufsichtsratsmitglieder dürfen bei einem Unternehmen nicht tätig werden, wenn sie ein anderes Unternehmen im widerstreitenden Interesse beraten oder beraten haben.

In zahlreichen Untersuchungen und Stellungnahmen zur internationalen Corporate Governance werden deutschen Unternehmen nicht zuletzt wegen der Thematik „Aufsichtsrat" nur Mittelmaß und schlechte Rankingplätze eingeräumt. Kritisiert wird hauptsächlich das „Old-Boys-Network" zwischen Vorständen und Aufsichtsräten sowie zwischen den Aufsichtsräten untereinander.

Die Bezeichnung „Old-Boys-Network" impliziert ein weiteres Problem von Aufsichtsräten deutscher Unternehmen. Während Vorstände in der Regel mit 62 Jahren aus dem aktiven Geschehen ausscheiden, gibt es für Aufsichtsratsmitglieder selten altersmäßige Grenzen. Altersgrenzen sorgen für einen langsamen, aber stetigen Wechsel der handelnden Personen im Aufsichtsrat, der in deutschen Unternehmen kaum anzutreffen ist (vgl. *Bernhardt* 1999, S. 19). Bei einem Experten-Treffen von Betriebswirtschafts-Professoren und Managern in Berlin wurde das zulässige Höchstalter von 65-70 Jahren gefordert (vgl. *Gillmann* 2000, S. 20). Ein Höchstalter von 65 Jahren muß der Regelfall sein, ein Höchstalter von 70 Jahren muß ein Ausnahmefall bleiben.

Werden die persönlichen Anforderungen an Mitglieder von Aufsichtsräten beachtet, wird sich die Überwachung von Unternehmen durch den Aufsichtsrat sprunghaft verbessern. Deutsche Unternehmen werden dann im internationalen Ranking zur Corporate Governance zwangsläufig viel bessere Listenplätze erreichen.

4 Allgemeine Grundsätze ordnungsmäßiger Überwachung für den Aufsichtsrat zur Überwachung von Kernkompetenzen im Unternehmen

Die persönlichen Anforderungen an den Aufsichtsrat wurden formuliert, um seine Kernkompetenzen zu verdeutlichen. Im Folgenden werden exemplarisch zehn allgemeine Grundsätze ordnungsmäßiger Überwachung für den Aufsichtsrat[1] aufgeführt. Die allgemeinen Grundsätze ordnungsmäßiger Überwachung sind über die persönlichen Anforderungen der Aufsichtsratsmitglieder hinaus notwendig, damit der Aufsichtsrat die Überwachung von Kernkompetenzen im Unternehmen bewerkstelligen kann:

1. Die zentralen Aufgaben des Aufsichtsrats bestehen in der personellen Besetzung, der laufenden Überwachung und der Beratung des Vorstands. Zu den zentralen Aufgaben der laufenden Überwachung des Aufsichtsrats gehören z.B. die Jahresabschlußprüfung sowie die Mitentscheidung bei Investitionen und strategischen Entscheidungen.

   Der Aufsichtsrat muß in der Lage sein, die Stärken und Schwächen sowie die Chancen und Risiken des Vorstands und des Unternehmens zu erkennen.

2. Aufsichtsratsmitglieder haben ihre Tätigkeit gewissenhaft, eigenverantwortlich, unabhängig und verschwiegen auszuüben. Sämtliche Maßnahmen des Aufsichtsrats müssen rechtlich zulässig und ökonomisch zweckmäßig sein.

3. Jedes Aufsichtsratsmitglied muß über ausreichende Fähigkeiten und branchenspezifische Kenntnisse verfügen.

4. Die Zahl der Aufsichtsratsmitglieder muß begrenzt werden (10 Mitglieder pro Aufsichtsrat).

   Eine Person kann insgesamt höchstens 3 Aufsichtsratsmandate plus ggf. 2 Konzernmandate wahrnehmen.

   Die Anzahl der Aufsichtsratssitzungen richtet sich nach der wirtschaftlichen Situation und Lage des Unternehmens, wobei eine Mindestanzahl von 6 Sitzungen im Jahr nicht unterschritten werden darf; 8 Regelsitzungen müssen angestrebt werden.

5. Der Aufsichtsrat hat für seine Tätigkeit geeignete organisatorische Regelungen festzulegen. Hierzu gehören beispielsweise die Verabschiedung einer Geschäftsordnung für den Aufsichtsrat, die Bildung von Ausschüssen, die Bestimmung zustimmungsbedürftiger Geschäfte und die Festlegung eines umfassenden Überwachungsprogramms.

6. Die Geschäftsführung ist verpflichtet, den Aufsichtsrat für dessen Überwachungstätigkeit aufgabengerecht und vollständig zu informieren. Der Aufsichtsrat muß bei Bedarf weitere aufklärende Berichte vom Vorstand anfordern.

7. Aufsichtsrat und Abschlußprüfer müssen, insbesondere nach Verabschiedung des Gesetzes zur Kontrolle und Transparenz im Unternehmensbereich (KonTraG), eng zusammenarbeiten.

8. Der Aufsichtsrat ist der Hauptversammlung gegenüber berichtspflichtig.

9. Die Vergütung der Aufsichtsratsmitglieder muß angemessen (Dotierung entsprechend vergleichbarer Tätigkeiten) und leistungsbezogen (z.B. Häufigkeit der Sitzungsteilnahme oder der Zahl der Ausschußmitgliedschaften) erfolgen.

10. Der Aufsichtsrat evaluiert seine Tätigkeit regelmäßig, um die Qualität der Aufsichtsratsarbeit insgesamt kontinuierlich zu verbessern.

5 Risikomanagement und Chancenmanagement als Instrumente des Aufsichtsrats zur Überwachung von Kernkompetenzen

Das am 1. Mai 1998 in Kraft getretene Gesetz zur Kontrolle und Transparenz im Unternehmensbereich (KonTraG) will Schwächen und Verhaltensfehlsteuerungen im System der deutschen Unternehmenskontrolle korrigieren (vgl. dazu *Lück* 1998).

Dieses Ziel soll durch umfangreiche Vorschriften im Bereich der Corporate Governance von Unternehmen erreicht werden.

Die vom Gesetzgeber vorgegebenen Stichworte Überwachungssystem und Risikomanagementsystem sind ebenso wie die Stichworte Internes Überwachungssystem, Interne Revision, Kontrolle, Organisatorische Sicherungsmaßnahmen, Controlling und Frühwarnsystem - inhaltlich in einer neuen Dimension – zu beachten.

Betroffen sind der Vorstand (die Geschäftsleitung, die Geschäftsführung) eines Unternehmens, die Interne Revision, das Controlling, der Aufsichtsrat (der Verwaltungsrat, der Beirat) und nicht zuletzt der wirtschaftsprüfende Berufsstand als Abschlußprüfer und als Berater.

Der Einfluß der Betriebswirtschaftslehre auf die gesetzgeberische Tätigkeit wird nicht zuletzt durch diese betriebswirtschaftlichen Termini verdeutlicht.

Der Gesetzgeber geht in seiner Begründung zum KonTraG davon aus, daß die Neuregelung des § 91 Abs. 2 AktG auch eine Ausstrahlungswirkung auf den Pflichtrahmen der Geschäftsführer anderer Gesellschaftsformen hat.

Unternehmerische Risiken sind immer mit unternehmerischen Chancen verbunden. Die Wahrnehmung unternehmerischer Chancen beeinflußt den wirtschaftlichen Erfolg eines Unternehmens wesentlich. Chancen sollten deshalb systematisch identifiziert und systematisch genutzt werden. Hierzu hat der Vorstand neben dem Risikomanagement auch ein effizientes Chancenmanagement im Unternehmen einzurichten.

Der Aufsichtsrat hat nach den Grundsätzen ordnungsmäßiger Überwachung die Schwächen und Stärken sowie die Risiken und Chancen des Unternehmens zu erkennen. Der Aufsichtsrat muß jedoch auch Risiken und Chancen, Schwächen und Stärken sowie Nachteile und Vorteile in der Besetzung des Vorstands, der Internen Revision, des Controllings und insbesondere des Abschlußprüfers erkennen und beurteilen.

Der Aufsichtsrat muß dabei überwachen, ob der Vorstand ein geeignetes Risikomanagement und Chancenmanagement eingerichtet hat und ob dieses System systematisch gepflegt und weiterentwickelt wird. Das Risikomanagementsystem und das Chancenmanagementsystem dienen dem Aufsichtsrat zugleich als Instrument seiner eigenen Überwachung von Risiken und Chancen des Unternehmens.

Kernkompetenzen können als Chance eines Unternehmens aufgefaßt werden. Auf der anderen Seite ist die Nichterkennung von Kernkompetenzen oder die Verfolgung veralteter Kernkompetenzen als Risiko mit weitreichender Bedeutung für das Unternehmen anzusehen.

Unternehmen können nur erfolgreich sein, wenn sie ihre Kernkompetenzen identifizieren, schützen und weiterentwickeln. Ein Unternehmen muß in der Lage sein, die Leistungen von anderen Unternehmen zu integrieren und neue Kernkompetenzen zu erkennen. Veraltete Kernkompetenzen müssen rechtzeitig erkannt und gegebenenfalls abgestoßen werden (vgl. *Thomsen* 2000, S. 186). Die systematische Weiterentwicklung der Kernkompetenzen ermöglicht innovative Problemlösungen, schnelle Befriedigung von Kundenwünschen und die Erzeugung neuer Nutzenarten (vgl. *Wildemann* 1995, S. 20).

Kernkompetenzen können als Chance bzw. Risiko betrachtet mit Hilfe des Regelkreislaufs eines Risikomanagement- und Chancenmanagementsystems gesteuert werden (vgl. Abbildung 3).

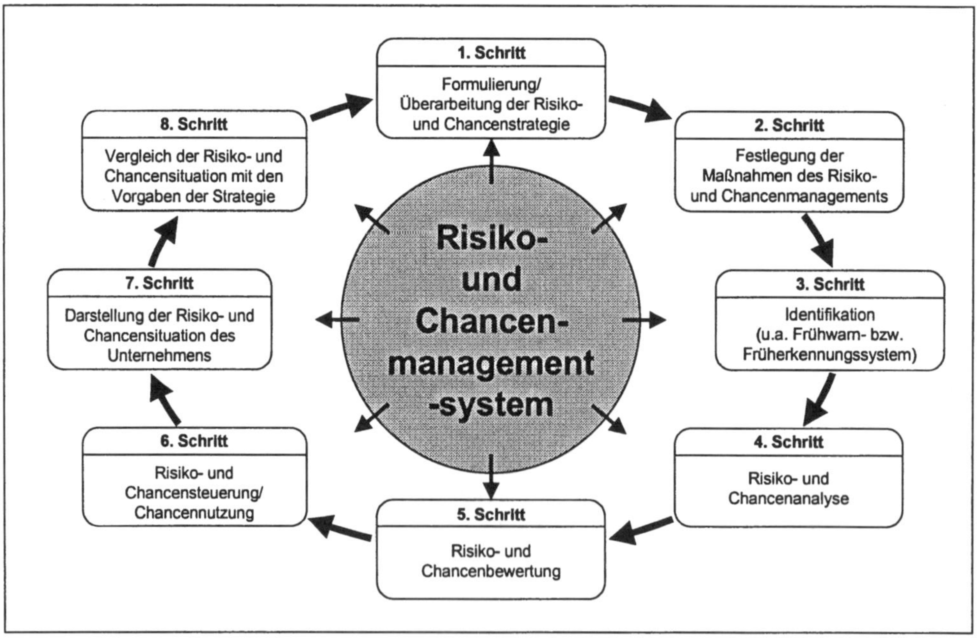

Abbildung 3: Regelkreislauf des Risikomanagements und Chancenmanagements

Der deutsche Gesetzgeber verfolgte mit dem am 1. Mai in Kraft getretenen Gesetz zur Kontrolle und Transparenz im Unternehmensbereich (KonTraG) insbesondere die Ziele, Schwächen und Verhaltensfehlsteuerungen im deutschen System der Unternehmenskontrolle zu korrigieren sowie die zunehmende Ausrichtung deutscher Publikumsgesellschaften auf die internationalen Kapitalmärkte in der Gesetzgebung stärker zu berücksichtigen.

Diese Ziele sollen durch umfangreiche Vorschriften im Bereich der Corporate Governance von Unternehmen erreicht werden. Das KonTraG sieht dabei wesentliche Änderungen für deutsche Unternehmen aller Rechtsformen vor.

Durch das KonTraG ergeben sich insbesondere Änderungen für die Tätigkeiten des Vorstands / der Geschäftsführung, für die Tätigkeiten des Aufsichtsrats / des Beirats, für die Tätigkeiten des Abschlußprüfers und für die Tätigkeiten der Internen Revisoren.

Erich Potthoff (*Potthoff* 1998, S. 140) hat mit seinem Beitrag „Aufsichtsrat in der Aktiengesellschaft als betriebswirtschaftliches Subsystem" verdeutlicht, „... daß die Fragen der durch Aufsichtsräte zu überwachenden Geschäftsführung überwiegend betriebswirtschaftlicher Natur sind."

Die lebhafte Diskussion in der Praxis und in der Wissenschaft zu dem Themenbereich Überwachungssystem und Risikomanagementsystem hat gezeigt, daß es letztlich darauf ankommt, eine Risikokultur in den Unternehmen zu entwickeln, zu pflegen und anzuwenden.

Die weitergehende Diskussion zur Corporate Governance mit den Überlegungen zu KonTraG II verdeutlicht, daß es für deutsche Unternehmen wegen der internationalen Entwicklungstendenzen darauf ankommt, eine Überwachungskultur zu entwickeln, zu pflegen und anzuwenden. Die Stichworte dafür sind Unabhängigkeit, Kompetenz, Internationalität, Transparenz, Effizienz und Effektivität sowie Qualität als Bestandteile der Überwachungskultur.

Nach Wildemann (*Wildemann* 2000, S. 13) lassen sich Kernkompetenzen „... als Fähigkeiten definieren, die durch eine hohe Wettbewerbswirksamkeit auf den Märkten und einen großen Wettbewerbsvorteil gegenüber der Konkurrenz gekennzeichnet sind."

Den Kernkompetenzen des Aufsichtsrats kommt im Gefüge der Corporate Governance eine besondere Bedeutung zu. Die Überwachungskultur in Deutschland wird als rückständig angesehen. Rating-Nachteile sind die Folge. Für die Überwachungskultur gilt ohne jede Einschränkung auch die Aussage von Horst Wildemann (Wildemann 2000, S. 13) zur Identifikation und dem Ausbau von Kernkompetenzen: es ist ein organisatorischer Lernprozeß. „Seine Steuerung darf weder dem Zufall überlassen, noch aus politischen Erwägungen heraus vollzogen werden."

Anmerkungen

[1] Die allgemeinen Grundsätze der Überwachung für den Aufsichtsrat (vgl. *Lück* 2001b, S. 130 und *Lück* 1995, S. 2364-2367) sind im Regelfall für den Aufsichtsrat von Aktiengesellschaften aufgestellt, können aber mit einigen Modifikationen auch für den Beirat mittelständischer Unternehmen vorgeschlagen werden (vgl. *Lück* 2001a, S. 10).

6 Literatur

Albach, H. (1999): *Bescheidene Ansprüche*, in: managermagazin, 29. Jg., Nr. 8, S. 42

Arthur Andersen (2001): *Corporate Governance. Stand der Umsetzung und Entwicklungsperspektiven*, Stand vom Juni 2001, Düsseldorf

Bernhardt, W. (1999): *Aufsichtsräte und Handwerkszeug. Im Fall Holzmann keine neuen Fragen und wenig neue Antworten*, in: Frankfurter Allgemeine Zeitung vom 28.12.1999, S. 19

Gillmann, Barbara (2000): *Kritik an der Größe der Aufsichtsgremien*, in: Handelsblatt vom 15.06.2000, S. 20

Gutenberg, E. (1962): *Unternehmensführung. Organisation und Entscheidung*, Wiesbaden

Hetzer, J.; Papendick, U. (2001): *Unter Freunden. Corporate Governance: Deutsche Unternehmen werden den Anforderungen internationaler Anleger kaum gerecht*, in: managermagazin, 31. Jg., Heft 8, S. 92-98

Kaplan, R.; Norton, D. (1996): *The Balanced Scorecard: Translating Strategy into Action*, Boston

Lück, W. (1995): *Grundsätze ordnungsmäßiger Aufsichtsratstätigkeit*, in: Brauwelt, 135. Jg., Heft 45, S. 2364-2367

Lück, W. (1998): *Risikomanagementsystem und Überwachungssystem. KonTraG: Anforderungen und Umsetzung in der betrieblichen Praxis*, Band 5 der Schriftenreihe des Universitäts-Forums für Rechnungslegung, Steuern und Prüfung e.V. – International Accounting Research Institute, hrsg. von W. Lück, Karlsruhe

Lück, W. (1998a): *Die Professionalisierung des Aufsichtsrats ist das Gebot der Stunde*, in: Frankfurter Allgemeine Zeitung vom 23.11.1998, S. 39

Lück, W. (2001): *Risikomanagementsystem und Überwachungssystem. KonTraG: Anforderungen und Umsetzung in der betrieblichen Praxis*, Band 5 der Schriftenreihe des Universitäts-Forums für Rechnungslegung, Steuern und Prüfung e.V. - International Accounting Research Institute, hrsg. von W. Lück, 2. Aufl., Karlsruhe

Lück, W. (2001a): *Betriebswirtschaftliche Orientierungshilfen für mittelständische Unternehmen*, Band 6 der Schriftenreihe des Universitäts-Forums für Rechnungslegung, Steuern und Prüfung e.V. – International Accounting Research Institute, hrsg. von W. Lück, Karlsruhe

Lück, W. (2001b): *Die 10 Grundsätze der Aufsichtsratstätigkeit*, in: BUSINESS 2.0, 1. Jg., Heft 2, S. 130

Lück, W. u.a. (1995) für den Arbeitskreis „Externe und Interne Überwachung der Unternehmung" der Schmalenbach-Gesellschaft für Betriebswirtschaft e.V.: *Grundsätze ordnungsmäßiger Aufsichtsratstätigkeit - ein Diskussionspapier*, in: Der Betrieb, 48. Jg., Heft Nr. 1, S. 1-4

Lück, W. u.a. (2000) für den Arbeitskreis „Externe und Interne Überwachung der Unternehmung" der Schmalenbach-Gesellschaft für Betriebswirtschaft e.V.: *Auswirkungen des KonTraG auf die Unternehmensüberwachung. KonTraG und Vorstand - KonTraG und Interne Revision - KonTraG und Aufsichtsrat - KonTraG und Wirtschaftsprüfer*, in: Der Betrieb, 53. Jg., Beilage Nr. 11/2000 zu Heft Nr. 37 vom 15.09.2000

Lück, W. u.a. (2000a) für den Arbeitskreis „Externe und Interne Überwachung der Unternehmung" der Schmalenbach-Gesellschaft für Betriebswirtschaft e.V.: *Prüfungsausschüsse in deutschen Aktien-gesellschaften*, in: Der Betrieb, 53. Jg., Heft 46, S. 2281-2285

Lück, W.; Kromschröder, B. (1998) für den Arbeitskreis „Externe und Interne Überwachung der Unternehmung" der Schmalenbach-Gesellschaft für Betriebswirtschaft e.V.: *Grundsätze risikoorientierter Unternehmensüberwachung*, in: Der Betrieb, 51. Jg., Sonderdruck aus Heft 32, S. 1573-1576

McKinsey & Company (2000): *Investor Opinion Survey*, London

O.V. (2001): *Risikomanagement in deutschen Unternehmen unzureichend*, in: Frankfurter Allgemeine Zeitung vom 16.07.2001, S. 24

Potthoff, E. (1961): *Prüfung und Überwachung der Geschäftsführung*, in: Zeitschrift für handelswissenschaftliche Forschung, S. 563-580

Potthoff, E. (1982): *Prüfung der Ordnungsmäßigkeit der Geschäftsführung*, Stuttgart u.a.

Potthoff, E. (1998): *Wandlungen der Aufsichtsratstätigkeit im Wandel der Weltwirtschaft*, in: Organisation im Wandel der Märkte. Erich Frese zum 60. Geburtstag, hrsg. von H. Glaser; F. Schröder; A. v. Werder, Wiesbaden, S. 317-342

Potthoff, E. (1998a): *Aufsichtsrat in der Aktiengesellschaft als betriebswirtschaftliches Subsystem*, in: Unternehmensberatung und Wirtschaftsprüfung, hrsg. von J. Matschke; T. Schildbach, Stuttgart, S. 127-142

Potthoff, E.; Trescher, K. (1993): *Das Aufsichtsratsmitglied. Ein Handbuch für seine Aufgaben, Rechte und Pflichten*, Stuttgart

Potthoff, E.; Trescher, K. (2001): *Das Aufsichtsratsmitglied. Ein Handbuch der Aufgaben, Rechte und Pflichten*, 5. Aufl., Stuttgart

Prahalad, C. K.; Hamel, G. (1990): *The Core Competence of the Corporation*, in: Harvard Business Review, Vol. 68, No. 4, May-June 1990, p. 79-91

Schmalenbach, E. (1910): *Die Überwachungspflicht des Aufsichtsrats*, in: Zeitschrift für handelswissenschaftliche Forschung, 5. Jg., Heft 2, S. 271-283

Schneider, U. H. (2000): *Kapitalmarktorientierte Corporate Governance-Grundsätze*, in: Der Betrieb, 53. Jg., Heft 48, S. 2413-2417

Thomsen, E.-H. (2000): *Management von Kernkompetenzen. Methodik zur Identifikation und Entwicklung von Kernkompetenzen für die erfolgreiche strategische Ausrichtung von Unternehmen*, Band 2 der Schriftenreihe Managementorientierte Betriebswirtschaftslehre - Konzepte, Strategien, Methoden, hrsg. von W. Lück, Sternenfels und Berlin

Wildemann, H. (1995): *Schnell lernende Unternehmen - Quantensprünge in der Wettbewerbsfähigkeit*, München

Wildemann, H. (2000): *Einkaufspotentialanalyse: Programme zur partnerschaftlichen Erschließung von Rationalisierungspotentialen*, München

Kompetenzorientierte Entlohnung

Rolf Bühner, Thomas Träger

1 Einleitung

Zu Beginn des 21. Jahrhunderts sieht sich die deutsche Wirtschaft mit einem Umbruch hin zu neuen Arbeitswelten konfrontiert: Wertschöpfungsketten werden aufgebrochen und je nach Bedarf zu neuen Geschäften, Projekten und Arbeitsgruppen zusammengesetzt (*Wildemann* 2000). Unternehmen fokussieren sich auf das, was sie besonders gut können (*Prahalad / Hamel* 1990). Der Erwerb und die Pflege von Kompetenzen stehen im Vordergrund. Verschaffen diese Kompetenzen einen strategischen Vorteil, spricht man auch von Kernkompetenzen. Diese basieren maßgeblich auf dem Wissen und den Fähigkeiten der Mitarbeiter. Das Humankapital eines Unternehmens wird zu einer zentralen Schlüsselgröße zur Umsetzung der Unternehmensstrategie.

In diesem Beitrag geht es darum, wie die strategische Kernkompetenz eines Unternehmens und die individuellen Mitarbeiterkompetenzen miteinander verbunden werden können. Dazu wird mit Hilfe einer modifizierten Ingenieurstechnik, der Quality Function Deployment, die Kernkompetenz in Beziehung zu den einzelnen Fähigkeiten des Mitarbeiters gesetzt. Darauf aufbauend werden die Mitarbeiterkompetenzen mit Schulungs- und Weiterbildungsmaßnahmen in Verbindung gebracht. Ein in Grundzügen entwickeltes kompetenzorientiertes Entgeltsystems soll helfen, den Mitarbeitern die strategische Relevanz ihrer Kompetenzen zu verdeutlichen und den Kompetenzerwerb zu fördern. Dies soll bestehende Entlohnungskonzepte ergänzen und als Teil der variablen Vergütung die Mitarbeiter auf die Umsetzung der Unternehmensstrategie (Teilbereichsstrategie) ausrichten.

2 Mitarbeiterkompetenz als strategische Ressource

2.1 Ressourcen als Wettbewerbsvorteile

Der marktorientierte Strategieansatz von Porter leitet den Erfolg des Unternehmens aus einer geschickten Positionierung in dem Spannungsfeld von Mitbewerbern, Kunden, Lieferanten etc. ab ("market-based view"; *Porter* 1980). Die Ressourcentheorie sieht dagegen das Unternehmen selbst mit seinen Ressourcen und den daraus resultierenden Kompetenzen als maßgeblichen Faktor für Erfolgs- und Leistungsunterschiede im Markt ("resource-based view"; *Wernerfelt* 1984; *Prahalad / Hamel* 1990; *Barney* 1991). Als Ressourcen eines Unternehmens werden alle materiellen und immateriellen Vermögensgegenstände, Fähigkeiten, Wissen, Informationen und Kenntnisse, die vom Unternehmen kontrolliert werden, aufgefaßt. Daran wird deutlich, daß der Begriff der Ressource sehr weit gefasst ist. Im Grunde können fast alle Güter, Prozesse und Systeme als Ressource begriffen werden.

Vier Merkmale begründen das Vorliegen einer strategischen Ressource (*Wernerfelt* 1984; *Barney* 1986; *Peteraf* 1993; *Bühner* 1993):

- Werthaltigkeit: Eine Ressource ist wertvoll, wenn sie Bedrohungen für den Unternehmenserfolg neutralisieren und / oder Marktchancen nutzen kann.
- Seltenheit: Nur wenn eine Ressource selten ist, kann sie Quelle nachhaltiger Wettbewerbsvorteile sein und Unterschiede zwischen den Unternehmen begründen.
- Fehlende Imitierbarkeit: Pfadabhängigkeit, kausale Ambiguität oder soziale Komplexität machen eine Ressource unimitierbar. Pfadabhängigkeit bedeutet, daß sich eine Ressource im Laufe der Zeit und auf Grund von Erfahrungen innerhalb eines Unternehmens entwickelt hat. Kausale Ambiguität besteht, wenn der Zusammenhang zwischen einer Ressource und einem Wettbewerbsvorteil für die Konkurrenten nicht nachvollziehbar ist. Soziale Komplexität entsteht aufgrund sozialer Prozesse, die nicht oder kaum bewußt beeinflußbar sind.
- Fehlende Substituierbarkeit: Darunter ist zu verstehen, daß keine andere Ressource vorhanden sein darf, mit der ein identisches Ergebnis erzielt werden kann. Dabei sind zwei verschiedene Wege der Substituierbarkeit denkbar: Ein Wettbewerber versucht, die Ressource auf exakt dem gleichen Weg aufzubauen; dies ist jedoch aufgrund der Nicht-Imitierbarkeit ausgeschlossen. Konkurrenten könnten aber versuchen, mit Hilfe alternativer Ressourcen zu demselben Ergebnis zu gelangen.

Die strategischen Eigenschaften einer Ressource schaffen dann Wettbewerbsvorteile, wenn das Unternehmen die (Kern-) Kompetenz oder Fähigkeit besitzt, sich diese Ressource nutzbar zu machen. Diese Kompetenz bezieht sich auf Geschäftsprozesse, die die Ressourcennutzung und die Interaktion zwischen den Ressourcen regeln (*Makadok* 2001; *Peteraf* 1993; *Amit / Shoemaker* 1993). In einem stark wechselhaften marktlichen Umfeld sind diese Fähigkeiten definiert als Geschäftsprozesse, die Ressourcen zur Akquisition, Freisetzung, Integration und Rekombination von Ressourcen benutzen, um sich so geänderten Umweltbedingungen anzupassen oder den Wandel der Umweltbedingungen selbst zu verursachen (*Teece / Pisano / Shuen* 1997; *Eisenhardt / Martin* 2000). Prahalad / Hamel (*Prahalad / Hamel* 1990) definieren entsprechend die Kernkompetenz als das kollektive Lernen der Organisation, insbesondere wie verschiedene Produktionsfähigkeiten und Technologien miteinander in Beziehung gesetzt werden können.

Typische mitarbeiterabhängige und personenbezogene Komponenten strategischer Kompetenzen und Fähigkeiten sind Reputation, das Wissen der Mitarbeiter, soziale Netzwerke und die Unternehmenskultur. Die Aufzählung ist nicht vollständig. Jedes Unternehmen muß für sich entscheiden, wo es seine strategischen Kompetenzen sieht.

- Reputation: Die Reputation ist das im Markt aufgebaute Ansehen und die Vertrauenswürdigkeit hinsichtlich des Unternehmens und / oder seiner Produkte (vgl. *Spremann* 1988; *Hall* 1991; *Frombrun / Shanley* 1990). Reputation ist verwandt mit dem Image eines Unternehmens oder der Unternehmensidentität (*Albert / Whetten* 1985; *Scott / Lane* 2000). Sie bildet sich auf unterschiedlichen Teilmärkten (Kapitalmarkt, Arbeitsmarkt, Absatzmarkt etc.) eines Unternehmens heraus.
  Die Reputation am Arbeitsmarkt ist beispielsweise für die Gewinnung neuer, kompetenter Mitarbeiter maßgeblich. Sie vermittelt ein positives Image des Unternehmens als Arbeitgeber und zieht so qualifizierte Führungs- und Nachwuchskräfte an. Damit erlangt die Reputation eine strategische Bedeutung für die Zukunftssicherung des Unternehmens.

- Wissen der Mitarbeiter: Hier ist zu trennen zwischen dem expliziten und dem impliziten Wissen. Nur das implizite Wissen, das in den Köpfen der Mitarbeiter steckt oder als unbewußte Routine genutzt wird, ist vorrangig als Strategiefaktor bedeutsam (*Barney* 1989; *Amit / Shoemaker* 1993).
  Das überlegene Wissen der Manager, wie man die richtigen Ressourcen auswählt und wie man Unsicherheiten reduziert, schafft direkte Vorteile: zum einen kann die Akquisition erfolgversprechender Ressourcen forciert, zum anderen der Erwerb wenig erfolgreicher Ressourcen vermieden werden. Kompetenz im Ressourcenerwerb schafft daher ökonomische Vorteile auch schon vor dem Kauf einer Ressource und bildet die Basis für einen nachhaltigen Wettbewerbsvorteil (*Makadok* 2001).

- Soziale Netzwerke: Netzwerke sind die persönlichen Beziehungen, die innerhalb oder zur Umwelt der Unternehmung bestehen. Auch die überlegene Beziehung zu Lieferanten, Vertriebspartnern oder Endkunden und die daraus resultierende Loyalität kann strategisch bedeutsam sein (*Hall* 1991; *Porter* 1998; *Prusak / Cohen* 2001).
  Netzwerke haben als "Relationship Capital" einen wesentlichen Einfluß auf die Erreichung des Unternehmensziels und die Sicherung des Unternehmenserfolges. Einzigartige Beziehungen zu Kunden und Lieferanten sind als Kernkompetenzen kaum imitierbar. Zudem können soziale Netzwerke über Lernprozesse eine Hebelwirkung entfalten, die zu einer weiteren Kompetenzerhöhung führt (*Krüger / Homp* 1997; *Osterloh / Frost* 2000).

- Unternehmenskultur: Die Unternehmenskultur konstituiert sich aus den Überzeugungen, Werten, Normen und Geisteshaltungen der Mitarbeiter. Sie prägt das Verhalten der Mitarbeiter und entscheidet mit darüber, ob die Mitarbeiter die Strategie unterstützen oder deren Umsetzung behindern (*Barney* 1986).
  Ein brillanter Nobelpreisträger stellt eine einzigartige, wertvolle Ressource für das Unternehmen dar. Die Kompetenz des Wissenschaftlers muß aber nicht für sich alleine bestehen. Es ist denkbar, daß erst die Zugehörigkeit zu einem Team anderer Wissenschaftler bzw. daß erst die spezielle Unternehmenskultur, die kreative Freiräume zuläßt, die Forschungserfolge ermöglicht und den Mitarbeiter strategisch wertvoll macht (*Peteraf* 1993). Aufgabe des Managements ist es, eine Kultur zu

schaffen, in der solche Verbindungen zwischen den Ressourcen als "cospecialized assets" (*Teece* 1987; *Milgrom / Roberts* 1992) ihre Kompetenzen entfalten können.

Die Kompetenzkomponenten gilt es von Unternehmensseite aufzubauen und weiterzuentwickeln. Das Management übernimmt dabei die Rolle eines Architekten oder Konstrukteurs, der intern Ressourcen weiterentwickelt und so ihre Fähigkeiten bzw. Kompetenzen ausbildet. Wesentliche Voraussetzung für eine erfolgreiche Entwicklung von Mitarbeiterressourcen ist die Fähigkeit des Managements, die zukünftigen Anforderungen der Unternehmensstrategie an die Kompetenzen der Mitarbeiter identifizieren und messen zu können.

2.2 Verbindung von Kern- und Mitarbeiterkompetenzen

Die Beiträge und Fähigkeiten eines individuellen Mitarbeiters zur Erreichung der Unternehmensziele werden nur sichtbar, wenn es gelingt, die strategisch wertvollen Kompetenzen des Unternehmens mit den Mitarbeiterkompetenzen zu verbinden. In der Literatur werden Mitarbeiterkompetenzen nach unterschiedlichen Kriterien geordnet. In Tabelle 1 sind gängige Klassifikationen zusammengestellt.

Der Ressourcentheorie wird oft vorgeworfen, daß sie kein methodisches Rüstzeug zur Ableitung von Kernkompetenzen bereitstellt. Für die Kernkompetenzen gibt es nur vage Definitionen und keine "Rezepte" zum Erkennen dieser Ressource. Lediglich einige Anhaltspunkte existieren in der Theorie.

Collis / Montgomery (*Collis / Montgomery* 1995) haben ein fünfstufiges Modell entwickelt, das mithelfen soll, zu erkennen, ob Ressourcen und die daraus resultierenden Kompetenzen einen strategisch dauerhaften Wettbewerbsvorteil verschaffen. Danach soll in einem ersten Schritt geklärt werden, ob eine Ressource einzigartig oder ob sie leicht zu imitieren ist. In einem zweiten Schritt ist die Dauer der Werthaltigkeit der Ressource festzustellen. In stabilen Branchen ist davon auszugehen, daß Ressourcen auch über einen längeren Zeitraum ihren Wert behalten können, wohingegen in dynamischen Branchen der Prozeß der "schöpferischen Zerstörung" Ressourcen –und damit Wettbewerbsvorteile– sehr schnell erodieren kann. In einem dritten und vierten Schritt ist die Höhe der Werthaltigkeit zu bestimmen und ein Test zur Substituierbarkeit der Ressource durchzuführen. Dieser vierte Schritt ist notwendig, da auch nicht-imitierbare Ressourcen der Gefahr der Substitution unterliegen. Beispielsweise hat ein Unternehmen eine Kernkompetenz in der Herstellung von Aluminiummotorteilen. Auch wenn ein Wettbewerber diese Kernkompetenz nicht imitieren kann, kommt es zu einer Bedrohung, wenn er alternativ seine Kompetenz in der Fertigung von Keramik-Motorteilen ausbildet. In einem fünften und letzten Schritt ist die Frage zu beantworten, ob die eigene Ressource und die sich daraus ergebende Kernkompetenz wirklich besser ist als die eines Wettbewerbers. Ein schwerwiegender Fehler in der Bestimmung der Kernkompetenzen ist nach Ansicht von Collis / Montgomery, daß diese oft nur von innen heraus betrachtet werden (*Hamel / Prahalad* 1994; *Collis / Montgomery* 1995). Dabei entdeckt jedes Unternehmen etwas, das man "gut" kann. Die Außensicht, wie man sich damit von Wettbewerbern abhebt, geht dabei verloren.

Die Literatur gibt seit McClelland (*McClelland* 1973) Ansätze für die Katalogisierung von Mitarbeiterkompetenzen. Gängig unterscheidet man:

- Fachkompetenz: Mit Fachkompetenz umschreiben wir das Wissen, das sich ein Mitarbeiter erworben hat und das er dem Unternehmen zur Verfügung stellen kann. Es zählen dazu das zeitgemäße Fachwissen und Fachkönnen, die Problemerkennungs- und -lösungsfähigkeit sowie weitere Bestandteile (*Meier / Schindler* 1992).

- Methodenkompetenz. Sie ist Umschreibung für alle Techniken, die dem Einsatz des über die Fachkompetenz erworbenen Wissens dienen (*Heeg / Hanuschik / Jäger* 1990). Hierzu zählen die kognitive Methodenkompetenz, also Techniken anspruchsvoller geistiger Art (analytische Kompetenz z.B. Sinn für das Wesentliche, konzeptionelle Kompetenz z.B. Innovationsoffenheit und Kreativität und die informatorische Kompetenz sowie organisatorische und planerische Kompetenz), die berufsspezifische Methodenkompetenz (problem-, aufgaben-, situationsspezifischer Einsatz des Fachwissens durch Moderatoren-Wissen, Projektmanagement-Wissen u.ä.), die anspruchsvollere Sprachkompetenz, (z.B. Formulierungsfähigkeit und rhetorische Eloquenz, die Artikulation der Aussprache sowie die Fremdsprachekompetenz) sowie weitere Unterkategorien.

- Sozialkompetenz. Unter Sozialkompetenz werden alle wertenden, nicht sachbezogenen Äußerungen anderen Personen gegenüber verstanden. Sozialkompetenz umfaßt damit nicht nur die Interaktion zwischen Führungskraft und Mitarbeiter, sondern auch Interaktionen zwischen Mitarbeitern oder zwischen Führungskräften. Sozialkompetenz schafft starke persönliche Beziehungen innerhalb und außerhalb der Organisation. Wer sozialkompetent ist, kann Menschen miteinander in Beziehung bringen, so daß ein vertrauensvoller Wissensaustausch über hierarchische oder funktionale Grenzen hinweg entstehen kann (*Goleman* 1999; *Prusak / Cohen* 2001; *Kauffeld / Grote* 2000).
- Sozialkompetenz ist intern wie extern eine Voraussetzung für die Nutzbarmachung der Kernkompetenzen. Überragende Verkaufstalente, "kompetenter" Kundenservice – dies sind Ressourcen, die für ein Unternehmen wertvoll, selten, nicht substituierbar und von Konkurrenten nicht oder nur schwer imitierbar sind.
- Persönlichkeitskompetenz (Selbstkompetenz). Die Persönlichkeitskompetenz umfaßt alle Merkmale und Eigenschaften, die von anderen an der eigenen Person wahrgenommen werden und so in den Unternehmensprozeß hinein wirken. Hierzu gehören Faktoren wie Selbstreflexion, Selbstkontrolle, Motivation und Empathie (*Goleman* 1999). Diese Elemente der "Emotionalen Intelligenz" sind für den wirtschaftlichen Erfolg mindestens ebenso wichtig wie fachliche oder methodische Kompetenzen. Neben den psychischen Faktoren können auch physische Bestandteile wie Streßresistenz und Belastbarkeit zur Selbstkompetenz gezählt werden.

Auf Zusammenfassung der Kompetenzkategorien basiert auch das "Hay-Stellenwert-Profil" (HAY Management Consultants, o.J.). Grundsätzliche Überlegung ist, daß jede Stelle – in den produzierenden ebenso wie in den dispositiven Unternehmensbereichen – dazu da ist, bestimmte Arbeitsergebnisse zu erzielen. Dies setzt Wissen in bestimmter Form, Art und Abstufung voraus (Fachkompetenz), welches im Umgang mit Menschen (Sozialkompetenz) in ergebnisorientiertes Handeln (Methodenkompetenz) umzusetzen ist. Erweitert wird die Stellenanalyse durch die zwei Kategorien "Denkleistung" und "Verantwortungswert". Jede Ausprägung wird mit Punktwerten belegt. Der Arbeitswert einer Stelle ergibt sich, indem man die Gesamtpunktesumme ermittelt.

Tabelle 1: Mitarbeiterkompetenzen

In vorliegendem Beitrag wird zur Bestimmung von mitarbeiterbezogenen Kernkompetenzen ein Ansatz in Analogie zur Quality Function Deployment (QFD) gewählt. Die QFD ist eine Qualitätstechnik, die ursprünglich entwickelt wurde, um Ingenieuren ein Instrument zu verschaffen, mit dessen Hilfe sie die "Stimme des Kunden" in konkrete technische Spezifikationen übertragen können (*Akao* 1992; *Hauser / Clausing* 1988; *Saatweber* 1994). Von ihrer Intention her ist die QFD darauf ausgelegt, die Fähigkeiten innerhalb eines Unternehmens zu koordinieren.

Kernstück einer QFD ist das "House of Quality". Es hilft, unstrukturierte Überlegungen zu systematisieren und bietet ein planvolles Vorgehen bei Durchführung der QFD an. Überträgt man die Grundgedanken und Vorgehensweisen im "House of Quality" auf die Zusammenhänge zwischen kernkompetenzbasierter Unternehmensstrategie und Mitarbeiterkompetenzen, gelangt man zum "House of Competence" (Abbildung 1).

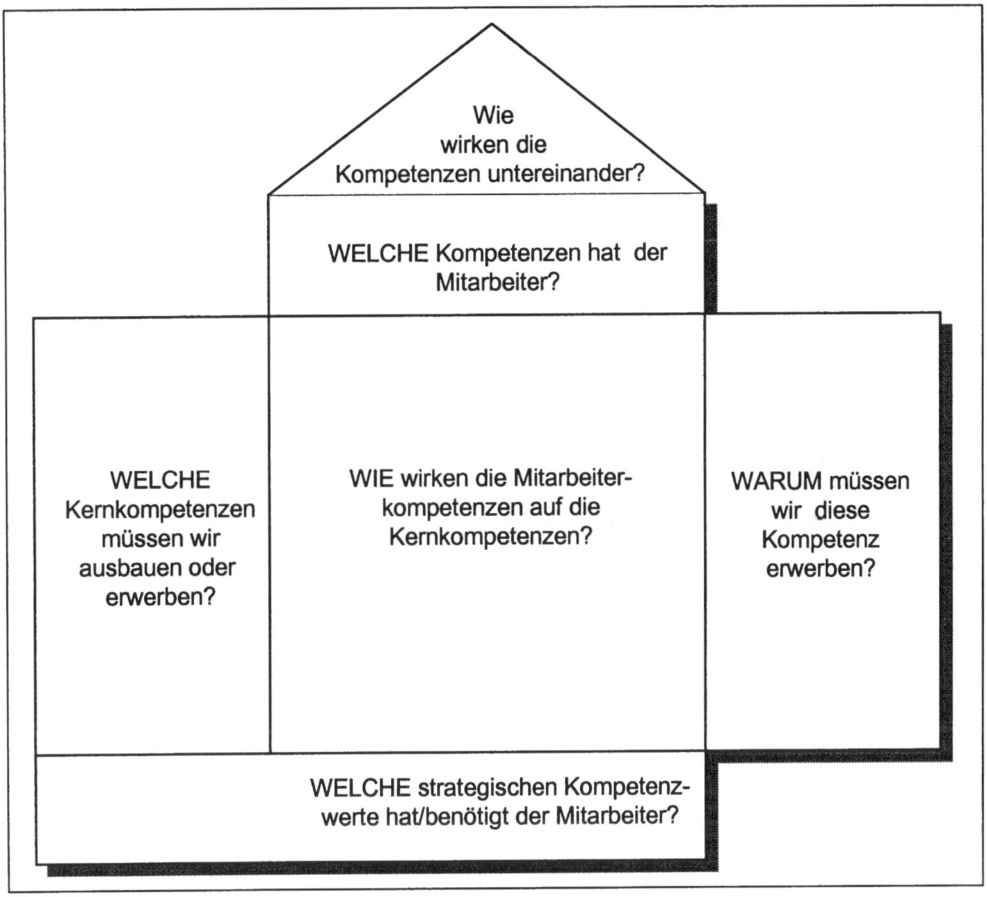

Abbildung 1: Das House of Competence

Das House of Competence wird in folgenden Schritten ermittelt:

- Schritt 1: Festlegung der Kernkompetenzen. Die Kernkompetenzen bilden die Grundlage der erfolgreichen Unternehmensstrategie. Sie zu identifizieren ist eine Kernaufgabe des Managements. In einer moderierten Führungskräfterunde mit Workshop-Charakter ist die Unternehmensstrategie auf die Kernkompetenz herunterzubrechen (*Hamel / Prahalad* 1994). Konkret sind folgende Fragen zu stellen:
  - WELCHE Kernkompetenzen müssen wir ausbauen oder erwerben? Die Beantwortung dieser Frage ist Ausdruck der aktuellen und zukünftigen Unternehmensstrategie. Implizit werden durch sie Marktein- und -austrittsentscheidungen getroffen und Ressourcen für die Zukunft verplant.
    Die identifizierten Kernkompetenzen können zuerst global und anschließend detailliert beschrieben werden. Stellt sich beispielsweise die Unternehmensreputa-

tion im Rahmen eines Workshops als eine wesentliche Kernkompetenz heraus, so gilt es diese auf Teilbereiche herunterzubrechen. Die Reputation als Arbeitgeber, Reputation bei den Kunden, Reputation auf dem Kapitalmarkt usw. sind dann einzeln aufzuführen und unternehmensbereichsspezifisch wie funktional zu konkretisieren.

Das House of Competence erlaubt es, relative Wichtigkeiten der identifizierten Kernkompetenzen, die auf den Erfahrungen des Management-Teams basieren, bei der Aufstellung zu berücksichtigen. Die Gewichtung kann mit Hilfe einer 100%-Skala erfolgen. Abbildung 2 zeigt eine beispielhafte Gewichtung.

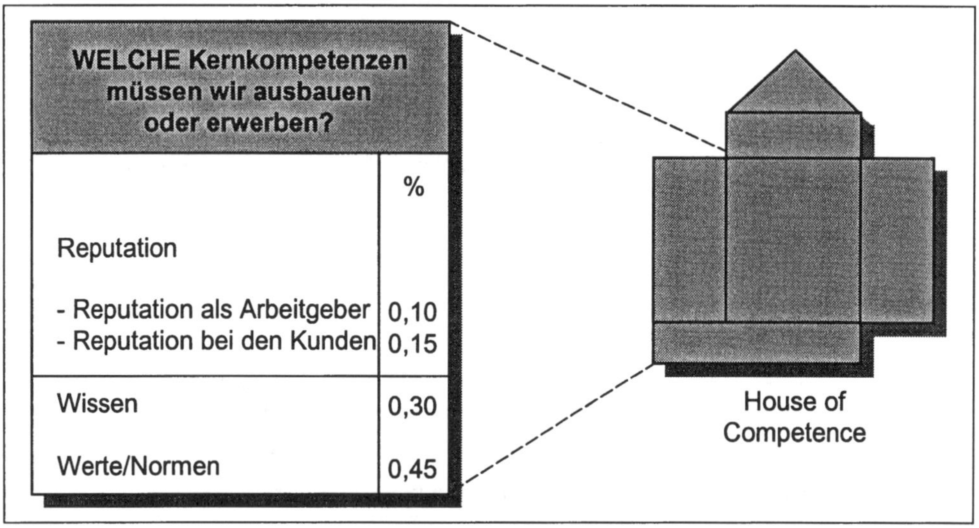

Abbildung 2: Welche Kernkompetenzen sind strategisch bedeutsam?

- WARUM müssen wir diese Kompetenzen erwerben? Damit keine Fehler bei der Festlegung der zukünftigen Strategie gemacht werden, zwingt das House of Competence den Anwender klar zu formulieren, warum diese Kernkompetenz wichtig für die Umsetzung einer Unternehmensstrategie ist.
  Begründungen können umgangssprachlich gegeben werden. Diese nicht-formalisierten Antworten sind auf Plausibilität und Konsistenz zu prüfen und werden spiegelbildlich zu den Kernkompetenzen eingetragen (Abbildung 3).

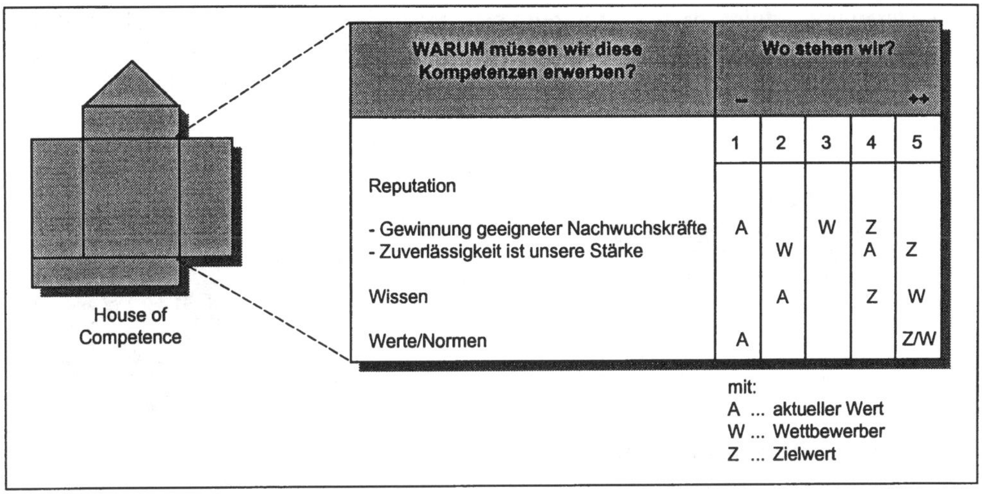

Abbildung 3: Warum müssen wir Kernkompetenzen erwerben?

- Wo stehen wir heute hinsichtlich der Kernkompetenz, wo steht unser größter Wettbewerber und was ist unser Ziel für diese Kompetenz? Mit Beantwortung dieser Fragen soll sichergestellt werden, daß die Festlegung der Kernkompetenzen nicht zu einer Vernachlässigung der Marktorientierung führt (*Collis / Montgomery* 1995). Daher wird der stärkste Wettbewerber als Maßstab gewählt, um die Stellung des eigenen Unternehmens abzuschätzen. Dieses Vorgehen beugt gleichzeitig einem allzu leichtfertigen Vorgehen vor, bei dem das eigene Unternehmen stets – mit aktuellem oder mit zukünftigem Wert – in der höchsten Kategorie eingetragen wird.

  Auf einer meist fünfstufigen Skala werden das eigene Unternehmen mit seiner aktuellen und angepeilten Position sowie der stärkste Wettbewerber eingetragen (*Hauser / Clausing* 1988). Sind Schwachstellen des eigenen strategischen Prozesses bekannt, sind sie hier mit aufzunehmen. Die Nennung von aktuellem Wert und Zielwert ermöglicht einen späteren Soll-Ist-Vergleich des Strategiebeitrages der Mitarbeiterkompetenzen. Der Vergleich ist notwendig, um Weiterbildungsbedarfe identifizieren zu können. Dieser Schritt schließt mit einer Identifikation kritischer strategischer Kernkompetenzen.

- Schritt 2: Mitarbeiterkompetenzen. Unterhalb des Dachs des House of Competence sind die Mitarbeiterkompetenzen, die zur Umsetzung der unternehmenseigenen Kernkompetenzen Bedeutung haben, einzutragen. Abbildung 4 zeigt die Mitarbeiterkompetenzen nach Fach-, Methoden- und sozialer Kompetenz usw. aufgelistet. Diese Kompetenzen sind weiter aufzugliedern. Die Fachkompetenz kann z.B. in Fachwissen, Problemanalyse und Problemlösungsfähigkeit unterteilt werden. Soziale Kompetenzen können in Überzeugungskraft, Durchsetzungsvermögen, Kooperationsbereitschaft und Konfliktfähigkeit untergliedert werden. Je detaillierter diese

Unterteilung erfolgt, desto klarer zeigt sich am Ende des Verfahrens, welche Mitarbeiterkompetenzen wie den strategischen Erfolg des Unternehmens beeinflussen. Allerdings ist auf die Überschneidungsfreiheit der Kompetenzen zu achten.

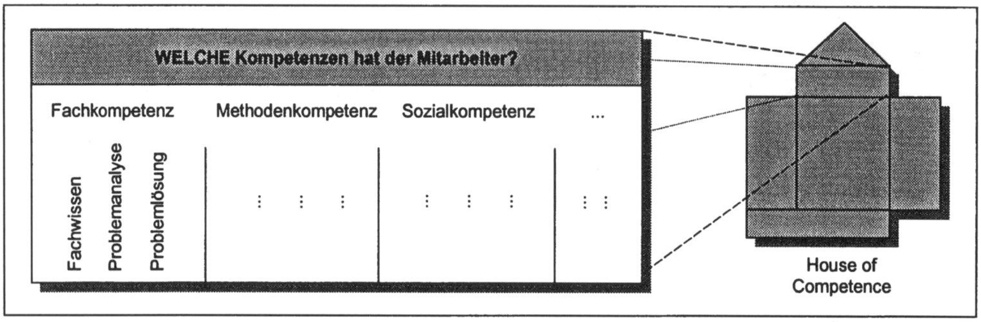

Abbildung 4: Mitarbeiterkompetenzen im House of Competence

- Schritt 3: Beziehungen schätzen. Es werden die Beziehungen zwischen den Kern- und den Mitarbeiterkompetenzen geschätzt. Die QFD bedient sich hierzu oftmals bestimmter Sonderzeichen, um eine starke, mittlere oder schwache Beziehung zwischen Zeile und Spalte zu signalisieren (*Mitsufuji* 1992). Ebenso lassen sich Zahlenwerte, wie etwa 9 (= starke Beziehung), 3 (= mittlere Beziehung) und 1 (= schwache Beziehung) verwenden (*Hauser / Clausing* 1988).

  Für jede unterhalb des Dachs in den Spalten eingetragene Mitarbeiterkompetenz ist der Bezug zu der in den Zeilen eingetragenen Kernkompetenz zu schätzen. Zur Durchführung der Wertermittlung bietet sich eine Bewertungskommission an, der neben einem Strategieverantwortlichen der direkte Fachvorgesetzte des betrachteten Mitarbeiters und ein Mitarbeiter aus dem Personalbereich angehören sollte. Die Bewertung liefert für jeden Mitarbeiter ein sogenanntes Strategie-Kompetenz-Profil, das über seinen individuellen Beitrag zur Strategieerreichung Auskunft gibt.

- Schritt 4: Ergebnisermittlung. Durch Multiplikation der Beziehungswerte mit der im ersten Schritt ermittelten relativen Wichtigkeit und dem Zahlenwert für den aktuellen Wert der Kernkompetenz im rechten Teil des House of Competence ergeben sich die gewichteten Beziehungswerte der Matrix. Über Aufsummierung erhält man als Endwert einer Spalte im House of Competence den aktuellen Strategiebeitrag einer Mitarbeiterkompetenz.

  Leistet eine Mitarbeiterkompetenz keinen Beitrag zu den strategischen Kompetenzen des Unternehmens, so resultiert der Spaltenendwert 0 (minimaler Endwert). Leistet der Mitarbeiter mit seinen Kompetenzen jeweils den höchsten Beitrag ("9") zu den strategischen Kernkompetenzen des Unternehmens, so resultiert unter Berücksichtigung der Merkmals- und Strategiegewichtung ein maximaler Endwert von 45. Je höher der für den Mitarbeiter ermittelte Wert ist, desto mehr trägt der betrachtete Mitarbeiter hinsichtlich dieser Kompetenzart zur Umsetzung der aktuellen Kernkompetenz des Unternehmens bei.

Neben den aktuellen sind auch die zukünftigen kompetenzorientierten Zielbeiträge der Mitarbeiter zu ermitteln. Dazu wird eine weitere Zeile am Boden des House of Competence angefügt (Abbildung 5). In ihr werden die spaltenweisen Aufsummierungen der mit den zukünftigen Kernkompetenzwerten multiplizierten und gewichteten Beziehungswerte der Matrix eingetragen. Auch hier liegen die Werte zwischen 0 und 45. Der Spaltenendwert gibt den Zielbeitrag eines Mitarbeiters hinsichtlich einer Kompetenzart zu den zukünftig anvisierten strategischen Unternehmenszielen an. Abbildung 5 zeigt beispielhaft für die Mitarbeiterkompetenz "Fachwissen" einen aktuellen bzw. zukünftigen Kompetenzwert von 11,55 bzw. 16,95.

Um die Wirkungen der Mitarbeiterkompetenzen untereinander zu untersuchen, kann noch das "Dach" des House of Competence entwickelt werden. Diese Dreiecksmatrix oberhalb der Mitarbeiterkompetenzen gibt an, wie eine Erhöhung oder Verminderung einer Kompetenz auf alle anderen Kompetenzen wirkt. In der Regel werden hier positive Beziehungen zwischen den Kompetenzen festzustellen sein. Negativ ist die Beziehung nur, wenn die Erhöhung einer Mitarbeiterkompetenz gleichzeitig zu einer Verminderung einer anderen Mitarbeiterkompetenz führt und so zu dieser zweiten Kompetenz in Konflikt steht.

- Schritt 5: Schlußfolgerungen. Das House of Competence ermöglicht die Ableitung des aktuellen und zukünftigen Zielbeitrags eines Mitarbeiters aus den strategischen Kernkompetenzen eines Unternehmens. Dies ermöglicht einen Soll-Ist-Kompetenzwertvergleich. Es werden dadurch Kompetenzlücken der Mitarbeiter offensichtlich. Die erkannten Schwachstellen sind durch geeignete Weiterbildungsmaßnahmen zu beseitigen. Welche Maßnahmen dies sein können, kann in einem zweiten Durchlauf dieser Technik überprüft werden.[1]

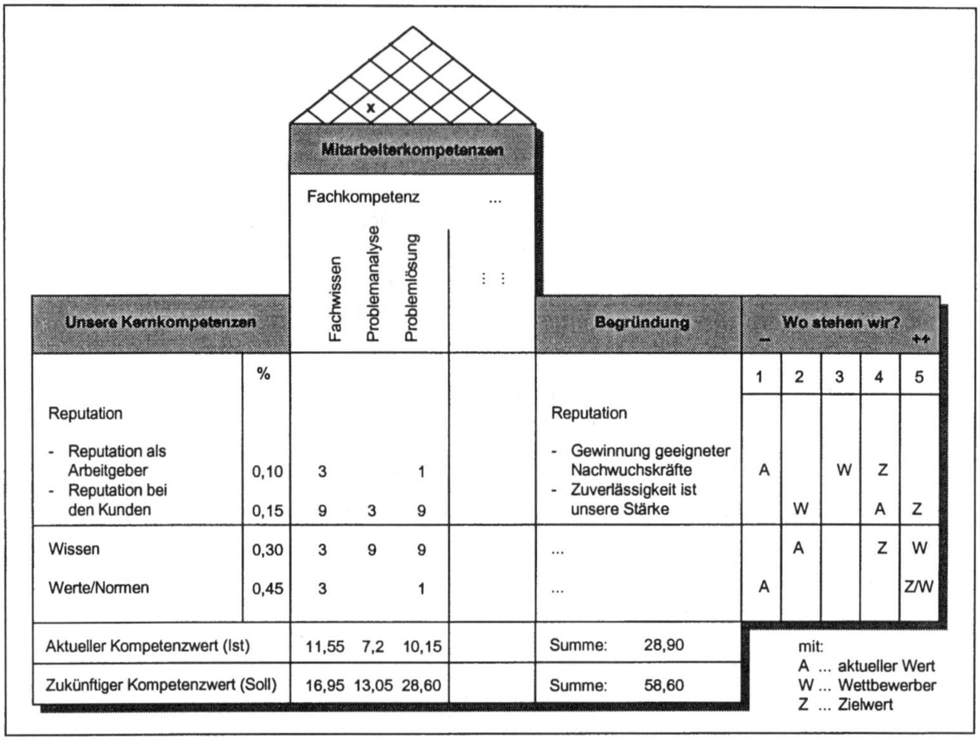

Abbildung 5: Beziehungen der Mitarbeiterkompetenzen untereinander im ersten House of Competence

Da der Aufbau von Kompetenzen gefördert werden soll, kann eine Koppelung der Zielbeiträge an die Entlohnung dem Mitarbeiter die Wichtigkeit strategischer Kompetenzen verdeutlichen und damit eine grundlegende Forderung strategischer Entlohnung erfüllen (*Hambrick / Snow* 1989).

- Schritt 6: Erweiterungen.

Ein Vorteil des House of Competence ist sein flexibler Aufbau. Je nach Bedarf können weitere Zeilen oder Spalten an den Rändern des Hauses angefügt werden. Denkbar ist daher eine zusätzliche Zeile am Boden des House of Competence, mit der das Management eine globale Gewichtung zwischen den Mitarbeiterkompetenzen einführt. Dies ist zum Beispiel dann sinnvoll, wenn der Aufbau einer bestimmten Mitarbeiterkompetenz als vordringlich erkannt wird.

Es können auch Sachverhalte wie der "Gebrauch der Kompetenzen" oder des "lebenslangen Lernens" berücksichtigt werden. Der flexible Aufbau des Hauses erlaubt es, Zeilen einzufügen. Ein in das Haus eingetragener Kompetenzwert, der die Höhe der Mitarbeiterkompetenz hinsichtlich einer bestimmten Fähigkeit angeben soll, kann beispielsweise mit einem Wert kleiner Eins multipliziert werden, um die "Abschreibung durch Veralterung" von Mitarbeiterkompetenzen zu simulieren.

3 Grundzüge einer kompetenzorientierten Entlohnung

3.1 Strategieorientierte Entlohnung

Das Entlohnungssystem eines Unternehmens soll über seine Anreize zur Strategieumsetzung beitragen (u.a. *Balkin / Gomez-Mejia* 1987; *Hambrick / Snow* 1989). Bisherige Versuche, diese Entgelt-Strategie-Übereinstimmung herbeizuführen, setzen überwiegend an der Führungsspitze an. Zur Harmonisierung von Zielinkongruenzen und Informationsasymmetrien werden Outputgrößen als Erfolgsmaßstäbe der Entlohnung vorgeschlagen (Abbildung 6). Zentrale Bezugsgrößen sind persönliche Zielvereinbarungen, absolute und relative Kennziffern wie Umsatz, Cash-flow, Eigen- oder Gesamtrentabilität usw. (*Pellens / Tomaszewski / Weber* 2000; *Eckardstein* 2001; *Murphy* 2001). Oft werden auch die Unternehmensgröße und -struktur, gemessen über Diversifikationsmaße, zugrunde gelegt (*Gomez-Meja* 1990; *Hoskisson / Hitt / Hill* 1993; *Napier / Smith* 1987; *Govindarajan / Gupta* 1985). Ebenfalls bei der Diversifikation setzen diejenigen Konzepte an, die eine strategiebezogene Entlohnung von dem Wachstumsgrad der beteiligten Branchen abhängig machen. Die Entlohnung ist dann davon abhängig, ob die Unternehmen beispielsweise als Pioniere eines Wachstumsmarktes oder als Verteidiger in einem reifen oder gar schrumpfenden Markt agieren (*Hambrick / Snow* 1989; *Balkin / Gomez-Mejia* 1990; *Rajagopalan / Finkelstein* 1992; *Boyd / Salamin* 2001).

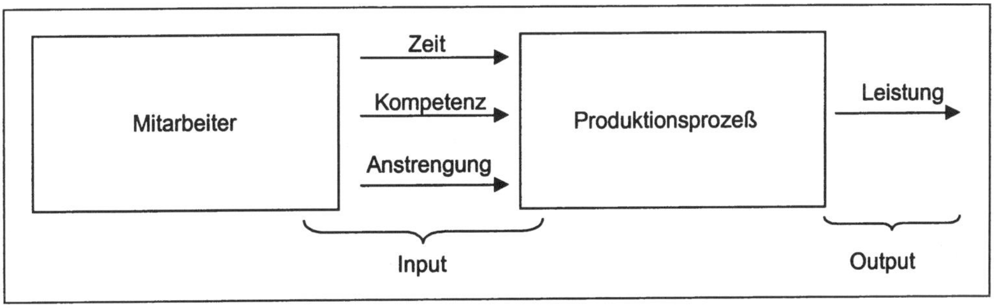

Abbildung 6: Input- und outputorientierte Entlohnung von Mitarbeitern

Die outputorientierte Leistungsentlohnung geht davon aus, daß wegen der Informations- bzw. Interessenunterschiede zwischen Managern und Eigentümern (u.a. *Jensen / Meckling* 1976; *Roth / O'Donnell* 1996) eine input- oder verhaltensorientierte Kontrolle und Entlohnung nicht möglich ist.[2] Mit der Festlegung von ergebnisorientierten Leistungskennziffern, an die variable Entgeltbestandteile (Boni, aktienbasierte Entlohnung) geknüpft sind, wird deshalb auf die Betrachtung und Messung von Inputgrößen verzichtet. Die Messung der Outputgrößen geschieht meist langfristig ("Long-Term Incentives"). Auf diese Weise wird die Selbstkontrolle der Führungskräfte betont und die Belohnung kurzfristiger Zielerreichung zu Lasten der Unternehmenszukunft vermieden.

Hoskisson u.a. (*Hoskisson u.a.* 1989) empfehlen in Abhängigkeit von der Diversifikationsstrategie der Unternehmen eine unterschiedliche Zusammensetzung der Entlohnung. Ihrer Meinung nach sollte bei dominanter Diversifikation, wenn über 70% des Umsatzes aus einer Branche resultieren, ein relativ hohes Fixgehalt bezahlt werden. Bei unverwandter, konglomerater Diversifikation schlagen sie dagegen eine aktienbasierte Entlohnung vor. Diese soll mithelfen, den bei konglomerater Diversifikation vorhandenen Entscheidungsspielraum einzudämmen und damit Agency-Probleme (Interessendivergenzen, Informationsasymmetrien) zu mildern. Bei dominanter Diversifikation gehen sie davon aus, daß über andere Governance-Mechanismen eine effiziente Kontrolle der Manager ausgeübt werden kann (Tabelle 2).

Diversifikationsstrategie	**Fixes Grundgehalt**	**Bonus**	**Aktienbasierte Entgeltkomponente**
dominante Diversifikation	hoch	gering	gering
stark verwandte Diversifikation	hoch bis mittel	gering bis mittel	gering bis mittel
wenig verwandte Diversifikation	mittel bis gering	mittel bis hoch	mittel bis hoch
unverwandte Diversifikation	gering	hoch	hoch

Tabelle 2: Führungskräfteentlohnung und Diversifikationsstrategie

Sanders (*Sanders* 2001) hat in einer neueren Arbeit gezeigt, daß eine aktienbasierte Entlohnung durch Aktien oder Aktienoptionen in Abhängigkeit von den damit verbundenen Risiken zu unterschiedlichen strategischen Konsequenzen führen kann. Da in der Regel Aktienoptionen mit keinem zusätzlichen Risiko für die beteiligten Manager verbunden sind (downside risk), steigern sie deren Bereitschaft zu risikoreichem Verhalten und fördern Akquisitionen. Im Gegensatz zum Besitz von Aktien nehmen folglich Manager, die Aktienoptionen halten, nicht am Risiko eines Kursverfalls teil. Ihre Optionen sind einfach "aus dem Geld" ohne direkte materielle Nachteile für die Optionshalter. Nach den Ergebnissen von Sanders fördert demgegenüber der Besitz von Aktien ein risikoreiches Verhalten, das Desinvestitionsentscheidungen (Spin off, Sell-off) begünstigt.

Die strategieorientierten Entlohnungskonzepte orientieren sich in der Regel an outputbezogenen Zielgrößen. Damit offenbaren sie auch ihre Schwachstellen:

- Wird die outputorientierte Entlohnung an Unternehmens- oder Bereichszielgrößen ausgerichtet, so wird damit implizit unterstellt, daß jeder Mitarbeiter gleichmäßig zum Gesamtergebnis beigetragen hat. Eine outputorientierte Entlohnung wirft die Frage nach der Zurechenbarkeit der Gesamt- auf die Einzelleistung und dem sog. Free-rider-Problem (Trittbrettfahrerproblem) auf: Die Leistungszurückhaltung einzelner auf Kosten der anderen schmälert die Aussicht der "Trittbrettfahrer" auf zusätzliche Entlohnung lediglich unterproportional (*Kräkel* 1999).
- Eine outputorientierte Entlohnung benötigt zur Leistungsmessung sog. Standards. Diese drücken die Leistungserwartungen aus, die der Bonizahlung zugrunde liegen. Die meisten Unternehmen wählen Standards, die auf ihren Geschäftsplänen, Budgets oder Vorjahreszahlen basieren (*Murphy* 2001). Diese Standards werden von den Führungskräften mitgestaltet, die durch Bonizahlungen davon profitieren. Sie werden sich demnach so verhalten, daß sie die Vorjahreszahlen übertreffen oder die Budgets einhalten, aber Handlungen unterlassen, die einen unerwünschten Einfluß auf die Standards des nächsten Jahres haben.
- Ein am Output der Führungskraft ansetzendes Entgeltsystem kann nur ex post den richtigen Umgang mit Ressourcen honorieren, nicht aber ex ante den Aufbau von Kernkompetenzen fördern (*Amit / Shoemaker* 1993). Dabei sichert der frühzeitige Erwerb von Kompetenzen das zukünftige Überleben des Unternehmens.
- Aufgaben, die zu ihrer Bewältigung oder zur Hebung synergetischer Potentiale ein Zusammenwirken mehrerer Unternehmensteile und deren Mitarbeiter erfordern, scheitern oft an Rivalitätskämpfen, die durch ein rein outputorientiertes Entlohnungssystem entfacht werden (*Salter* 1973; *Kandler / Lazear* 1992; *Tuschke* 2002). Es wird unter allen Umständen versucht, meßbare Ergebnisse dem eigenen Verhalten zuzuschreiben, selbst wenn dadurch das Teamspiel und damit auch die gemeinsame Aufgabenerfüllung leidet (*Zehnder* 2001). Auch in der Praxis werden Stimmen laut, die eine Trennung von Zielvereinbarung und Entlohnung fordern (*Kelders* 2001).

Ein kompetenzbasiertes Entgelt versucht bedingt, die Nachteile outputorientierter Entlohnung zu vermeiden. Im Unterschied zu den Agency-bezogenen Leistungsentlohnungssystemen ist es nicht auf die obersten Führungskräfte bezogen, sondern ist auf die für die Durchführung der Unternehmens-, Bereichsstrategie Verantwortlichen (mittlere und untere Führungskräfte) ausgerichtet. Das kompetenzorientierte Entgelt stellt eine Komponente der variablen Vergütung von Führungskräften dar. Weitere Bestandteile, die an die Zielerreichungsgrade von Unternehmens- oder Bereichszielen geknüpft sind, bleiben hiervon unberührt und wirken in gewohnter Weise auf das gesamte Entgelt eines Mitarbeiters. Schließlich ist es situativ auf die Durchsetzung der Strategie bezogen und damit zeitlich begrenzt.

3.2 Kompetenzorientiertes Entgelt

Die kompetenzorientierte Entlohnung lehnt sich an die qualifikationsorientierte Entlohnung an (*Eckardstein* 1986; *Eckardstein u.a.* 1988; *Luthans / Fox* 1989; *Bühner* 1997). Anders als bei der qualifikationsorientierten Entlohnung sollen aber nicht "zertifizierte" Qualifikationen, sondern auch unzertifizierte, spezifische Kompetenzen der Mitarbeiter entlohnt werden. Zertifizierte Qualifikationen sind die Fähigkeiten eines Mitarbeiters, die dieser über Zeugnisse und Teilnahmebestätigungen nachweisen kann. Unzertifizierte Kompetenzen betreffen darüber hinaus Qualifikationen, die in der Person des Mitarbeiters und seinem Verhalten begründet sind. Diese unzertifizierten, impliziten Qualifikationen sind für die Strategieumsetzung maßgeblich und machen einen Großteil der strategisch verwertbaren Mitarbeiterkompetenzen aus.

Die kompetenzorientierte Entlohnung soll den Kompetenzerwerb der Mitarbeiter durch zusätzliche Anreize beschleunigen. Sie hat den Status einer strategischen Investition, deren Wert sich aus der Schnelligkeit der Durchsetzung der strategischen Neuausrichtung ergibt. Gelingt zum Beispiel ein technologischer Durchbruch bei einer Grundlagenforschung und erkennen mehrere Unternehmen den strategischen Wert von "First-Mover-Advantages" auf diesem neuen technologischen Gebiet, so beginnt ein Rennen um den frühen Markteintritt. In diesem Fall lassen sich über Ertragsprognosen und Szenario-Technik die finanziellen Folgen eines verspäteten Markteintritts abschätzen. Verhilft der schnelle Kompetenzerwerb der Mitarbeiter zu einem frühen Markteintritt, sind die dadurch erzielten Zusatzgewinne des Unternehmens Maßstab für die Bonizahlungen an die Mitarbeiter. Ein verspäteter Markteintritt hätte die Realisation eines zusätzlichen Gewinnes verhindert.

Ein kompetenzorientierter Entgeltbestandteil ist unter Bezugnahme auf das House of Competence wie folgt zu ermitteln:

Bezugspunkte sind die im ersten House of Competence ausgewiesenen aktuellen und zukünftigen Kompetenzwerte. Die beispielhaft in Abbildung 5 ausgewiesenen Werte von 28,90 und 58,60 zeigen für die Fachkompetenz eine Lücke in Höhe von 29,70 Punkten. Diesem Wert sind die Wertdifferenzen für Methoden-, Sozial- und Selbstkompetenz hinzuzurechnen.

Hat der Mitarbeiter sich im Laufe des Betrachtungszeitraums verbessert, erhält er eine Entgeltzulage für den Aufbau strategisch bedeutsamer Kompetenzen. Zur Umrechnung der Kompetenzverbesserungen in Geldeinheiten ist eine Verteilungsfunktion zu benutzen. Diese ist von jedem Unternehmen individuell aufzustellen. Abbildung 7 zeigt mögliche Anreiz-Kompetenz-Verläufe:

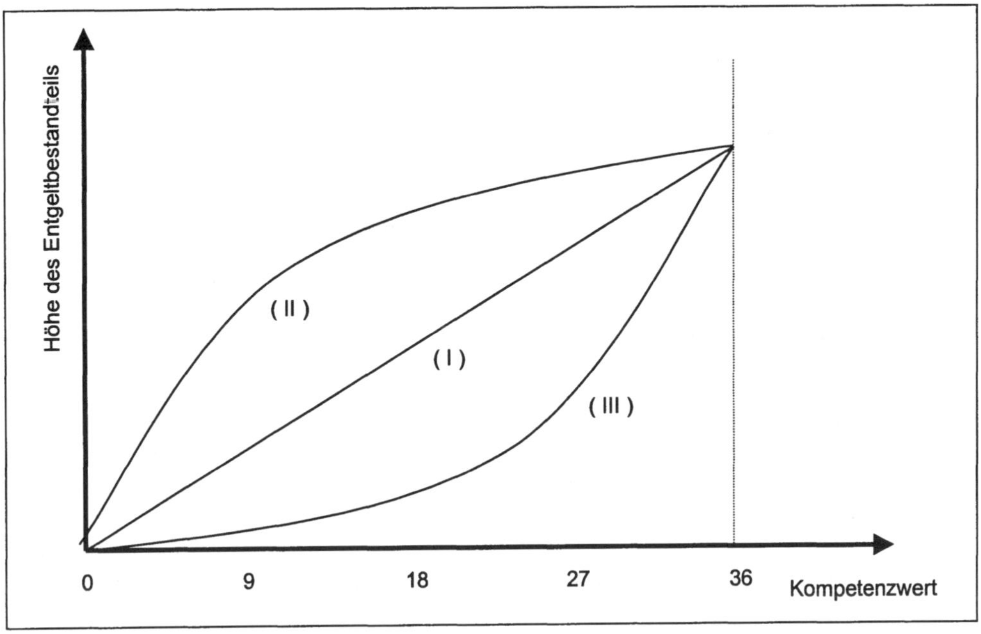

Abbildung 7: Verteilungsfunktion

Dabei zeigt die Kurve (I) einen linearen Zusammenhang zwischen Erhöhung des Kompetenzwertes und Entgeltsteigerung. Dies entspricht einem konstant gleichen Geldfaktor je zusätzlichem Kompetenzpunkt. Die konkave Kurve (II) belohnt dagegen den schnellen Kompetenzaufbau: Die ersten Verbesserungen einer Mitarbeiterkompetenz werden überproportional entlohnt, der "letzte Schliff" einer Kompetenz führt nur noch zu unterproportionalen Entgeltsteigerungen. Bei einer Konkretisierung gemäß des konvexen Verlaufs von Kurve (III) wird hingegen erst der Abschluß des Kompetenzerwerbs überproportional entlohnt. Aus der Darstellung wird auch ersichtlich, daß für eine Verschlechterung oder ein Gleichbleiben der aktuellen Mitarbeiterkompetenz keine kompetenzorientierte Entgeltkomponente gewährt wird.

Die Fortschrittskontrolle ist im Rahmen von Laufbahnentwicklungs- und Mitarbeiter-strategiegesprächen vorzunehmen. Dabei hat die Führungskraft oder die gebildete Bewertungskommission in bestimmten zeitlichen Abständen die Annäherung des aktuellen an den zukünftigen Kompetenzwert zu beurteilen. Die Bewertung kann mittels einer fünfstufigen Bewertungsskala geschehen: Für jede Mitarbeiterkompetenz ist festzustellen, ob der betrachtete Mitarbeiter sich im zurückliegenden Bewertungszeitraum hinsichtlich dieser Kompetenz (z.B. Fachkompetenz) "stark" oder "ein wenig" verschlechtert hat, ob seine Kompetenz unverändert ist oder ob sie sich "ein wenig" bzw. "stark" verbessert hat. Die Höhe der Boni-Zahlungen ist aus der zu Grunde gelegten Verteilungsfunktion zu ersehen.

Folgende Vor- und Nachteile sind mit einem kompetenzorientierten Entlohnungssystem verbunden:

- Strategisch relevante Mitarbeiterkompetenzen. Das zur kompetenzorientierten Entlohnung aufgestellte House of Competence gewährleistet durch seinen systematischen Ablauf, daß wirklich nur strategisch verwertbare Kompetenzen in die Betrachtung einfließen. Gleichzeitig ist es mit diesem Ansatz möglich, den individuellen Beitrag eines Mitarbeiters zur Strategieumsetzung zu entlohnen.
- Beschleunigter Strategiewechsel. Das Setzen von Anreizen verdeutlicht dem betroffenen Mitarbeiter unmittelbar seine Wichtigkeit für die Erreichung strategischer Ziele. Die Umsetzung einer Strategie wird so beschleunigt. Dies kann Pioniergewinne sichern.
- Schaffung der Kongruenz von Strategieumsetzung und Entlohnung. Aktienbasierte Entlohnungsformen werden allgemein als probates Mittel zur Schaffung einer Übereinstimmung von Strategieentwicklung, -umsetzung, Risikobeteiligung und Entlohnung auf oberster Führungsebene erachtet (*Jensen / Meckling* 1976). Die kompetenzorientierte Entlohnung setzt unterhalb dieser Führungsebene an und verfolgt die Übereinstimmung von Strategieumsetzung und Entlohnung auf der Ebene des mittleren und unteren Managements.
- Identifikation benötigter Kompetenzen. Eine Entlohnung, die sich an der Kompetenz der Mitarbeiter orientiert, kann nur dann erfolgreich sein, wenn der Mitarbeiter weiß, wie er über seine individuellen Kompetenzen zu den Kernkompetenzen des Unternehmens beiträgt (*Prahalad / Hamel* 1990). Die Führungsaufgabe des Managements erweitert sich somit dahingehend, daß Strategie und Zielbeitrag des einzelnen Mitarbeiters permanent kommuniziert und glaubhaft umgesetzt werden müssen.
- Messung der Kompetenzen. Die kompetenzorientierte Entlohnung stellt wesentlich auf die nicht zertifizierten, impliziten Kompetenzen des Mitarbeiters ab. Die Messung dieser Kompetenzen sollte interpersonell möglichst objektiv sein, um die innerbetriebliche Lohngerechtigkeit nicht zu gefährden.

4 Zusammenfassung

Der vorgestellte Bewertungsansatz versucht einen Brückenschlag von der strategischen Ebene der Kernkompetenzen hin zu den individuellen Kompetenzen des Mitarbeiters und seiner Entlohnung. Mit einer modifizierten Ingenieurstechnik, dem Quality Function Deployment, wird das House of Competence aufgestellt. Es zeigt die Wirkung individueller Mitarbeiterkompetenzen auf die Erreichung strategischer Kernkompetenzen des Unternehmens. Eine kompetenzorientierte Entlohnung soll zum beschleunigten Aufbau von Mitarbeiterkompetenzen beitragen, die für die Umsetzung der (Unternehmens-, Bereichs-) Strategie notwendig sind.

Anmerkungen

1 Die Ingenieurs-QFD besteht aus bis zu vier nacheinander aufgestellten Häusern. Erst an ihrem Ende erhält der Benutzer genaue Vorgaben für die Produktions- bzw. Entwicklungsprozesse (vgl. *Hauser / Clausing* 1988; *Saatweber* 1994).

2 Eisenhardt hat aber betont, daß zur Vermeidung von Agency-Problemen dann, wenn der Input der Mitarbeiter beobachtbar und meßbar ist, die Entlohnung sich an Inputgrößen orientieren sollte (vgl. *Eisenhardt* 1988).

5 Literatur

Akao, Y. (1992): *Eine Einführung in Quality Funktion Deployment (QFD)*, in: QFD – Quality Function Deployment, hrsg. von Y. Akao, Landsberg / Lech 1992, S. 15-35

Albert, S.; Whetten, D. A. (1985): *Organizational Identity*, in: Research in organizational Behaviour, Vol. 8, hrsg. von L.L. Cummings / B.M. Staw, Greenwich 1985, S. 263-295

Amit, R.; Shoemaker, P. J. H. (1993): *Strategic Assets and Organizational Rent*, in: Strategic Management Journal, Vol. 14, No. 1, 1993, S. 33-46

Balkin, D. B.; Gomez-Mejia, L. R. (1987): *Toward a Contingency Theory of Compensation Strategy*, in: Strategic Management Journal, Vol. 8, No. 2, 1990, S. 169-182

Balkin, D. B.; Gomez-Mejia, L. R. (1990): *Matching Compensation and Organizational Strategies*, in: Strategic Management Journal, Vol. 11, No. 2, 1990, S. 153-169

Barney, J. B. (1986): *Organizational Culture: Can It Be a Source of Sustained Competitive Advantage*, in: Academy of Management Review, Vol. 11, No. 3, S. 656-665

Barney, J. B. (1989): *Asset Stocks and Sustained Competitve Advantage: A Comment*, in: Management Science, Vol. 35, No. 12, 1989, S. 1511-1513

Barney, J. B. (1991): *Firm Resources and Sustained Competitive Advantage*, in: Journal of Management, Vol. 17, Nr. 1, 1991, S. 99-120

Boyd, B. K.; Salamin, A. (2001): *Strategic Reward Systems: A Contingency Model of Pay System Design*, in: Strategic Management Journal, Vol. 22, No. 8, 2001, S. 777-792

Bühner, R. (1993): *Strategie und Organisation*, 2. Auflage, Wiesbaden 1993

Bühner, R. (1997): *Personalmanagement*, 2., überarb. Auflage, Landsberg / Lech, 1997

Collis, D. J.; Montgomery, C. A. (1995): *Competing on Resources: Strategy in the 1990s*, in: Harvard Business Review, Vol. 73, No. 4, S. 118-128

Eckardstein, D. v. (1986): *Partizipative Aspekte einer Entlohnung nach Qualifikation*, in: BFuP, 38. Jg., Nr. 1, 1986, S. 55-67

Eckardstein, D. v. (2001): *Handbuch variable Vergütung für Führungskräfte*, München 2001

Eckardstein u. a. (1988): *Die Qualifikation der Arbeitnehmer in neuen Entlohnungsmodellen*, Frankfurt am Main, Bern, New York 1988

Eisenhardt, K. M. (1988): *Agency and Institutional Theory Explanations: The Case of Retail Sales Compensation*, in: Academy of Management Journal, Vol. 31, S. 488-511

Eisenhardt, K. M.; Martin, J. A.: *Dynamic Capabilities: What are they?*, in: Strategic Management Journal, Vol. 21, Nr. 10-11, S. 1105-1121

Goleman, D. (1999): *Emotionale Intelligenz – zum Führen unerläßlich*, in: Harvard Business Manager, 21. Jg., Nr. 3, 1999, S. 27-36

Govindarajan, V.; Gupta, A. (1985): *Linking Control Systems to Business Unit Strategy: Impact on Performance*, in: Accounting, Organizations and Society, Vol. 10, S. 51-66

Hall, R. (1991): *The Contribution of Intangible Resources to Business Success*, in: Journal of General Management, Vol. 16, Nr. 4, 1991, S. 41-52

Hambrick, D. C.; Snow, C. C. (1989): *Strategic Reward Systems*, in: Strategy, Organization Design and Human Resource Management, hrsg. von C.C. Snow, Greenwich 1989, S. 333-368

Hamel, G.; Prahalad, C. K. (1994): *Competing for the Future*, in: Harvard Business Review, Vol. 72, Nr. 4, 1994, S. 122-128

Hauser; J. R.; Clausing, D. (1988): *The House of Quality*, in: Harvard Business Review, Vol. 66, Nr. 3, 1988, S. 63-73

Hay Management Consultants (o.J.): *Handbuch der Stellenbewertung*, Frankfurt am Main

Heeg, F. J.; Hanuschik, H.; Jäger, C. (1990): *Integrierte Qualifikations- und Organisationsentwicklung – Aufgaben- und personenorientierte Aus- und Weiterbildung*, in: Innerbetriebliche Weiterbildung, hrsg. von Hoppenstedt Technik Tabellen Verlag, Darmstadt 1990, S. 137-176

Hoskisson u.a. (1989): *Balancing Corporate Strategy and Executive Compensation: Agency Theory and Corporate Governance*, in: Research in Personnel and Human Resource Management, Vol. 7, 1989, S. 25-57

Hoskisson, R. E.; Hitt, M. A.; Hill, C. W. L. (1993): *Managerial Incentives and Investment in R&D in Large Multiproduct Firms*, in: Organization Science, Vol. 4, 1993, S. 325-341

Javidan, M. (1998): *Core Competence: What Does it Mean in Practice?*, in: Long Range Planning, Vol. 31, No. 1, 1998, S. 60-71

Jensen M.; Meckling W. (1976): *Theory of the Firm: Managerial Behavior, Agency Costs and Ownership Structure*, in: Journal of Financial Economics, Vol. 3, S. 305-360

Kandler, E.; Lazear, E. P. (1992): *Peer Pressure and Partnerships*, in: Journal of Political Economy, Vol. 100, Nr. 4, 1992, S. 801-817

Kauffeld, S.; Grote, S. (2000): *Kompetenzdiagnose mit dem Kasseler-Kompetenz-Raster*, in: Personalführung, 33. Jg., Nr. 1, 2000, S. 30-37

Kelders, C. (2001): *Wenn Chefs bewerten müssen. Personalvorstand Norbert Bensel (DaimlerChrysler Services) über Zielvereinbarungen*, in: Süddeutsche Zeitung vom 4.6.2001

Krüger, W.; Homp, C. (1997): *Kernkompetenz-Management: Steigerung von Flexibilität und Schlagkraft im Wettbewerb*, Wiesbaden 1997

Luthans, F.; Fox, M. L. (1989): *Update on Skill-Based-Pay, in: Personnel*, Vol. 66, No. 3, 1989, S. 26-31

Makadok, R. (2001): *Toward a Synthesis of the Resource-Based and Dynamic-Capability Views of Rent Creation*, in: Strategic Management Journal, Vol. 22, May 2001, S. 387-401

McClelland, D. C. (1973): *Testing for Competence Rather than Intelligence*, in: The Psychologist, 1973

Meier, H.; Schindler, U. (1992): *Aus- und Fortbildung für Führungskräfte*, in: Handwörterbuch des Personalwesens, hrsg. von E. Gaugler / W. Weber, Stuttgart 1992, Sp. 510-524

Milgrom P.; Roberts J. (1992): *Economics, Organization and Management*, Englewood Cliffs (NJ), 1992

Mitsufuji, Y. (1992): *Die Einführung und der Gebrauch von Qualitätstabellen*, in: QFD – Quality Function Deployment, hrsg. von Y. Akao, Landsberg/Lech 1992, S. 57-85

Murphy, K. J. (2001): *Performance Standards in Incentive Contracts*, in: Journal of Accounting and Economics, Vol. 30, Nr. 3, 2001, S. 245-278

Napier, N. K.; Smith, M. (1987): *Product Diversification, Performance Criteria and Compensation at the Corporate Manager Level*, in: Strategic Management Journal, Vol. 9, No. 2, 1987, S. 195-201

Osterloh, M.; Frost, J. (2000): *Motivation und Wissen als strategische Ressource*, in: Managing Motivation – Wie Sie die neue Motivationsforschung für Ihr Unternehmen nutzen, hrsg. von B. S. Frey / M. Osterloh, Wiesbaden 2000, S. 43-68

Pellens, B.; Tomaszewski, C.; Weber, N. (2000): *Wertorientierte Unternehmensführung in Deutschland*, in: Der Betrieb, 53. Jg., 2000, S. 1825-1833

Peteraf, M. A. (1993): *The Cornerstones of Competitive Advantage: A Resource-Based View*, in: Strategic Management Journal, Vol. 14, No. 3, 1993, S. 179-191

Porter, M. E. (1980): *Competitive Strategy*, New York 1980

Porter, M. E. (1998): *Clusters and the New Economics of Competition*, in: Harvard Business Review, 76. Jg., Nr. 6, S. 77-90

Prahalad, C. K. ; Hamel, G. (1990): *The Core Competence of the Corporation*, in: Harvard Business Review, Vol. 68, May-June, 1990, S. 79-91

Prusak, L.; Cohen, D. (2001): How to Invest in Social Capital, in: Harvard Business Review, Vol. 79, June, 2001, S. 86-93

Rajagopalan, N.; Finkelstein, S. (1992): *Effects of Strategic Orientation and Environmental Change on Senior Management Reward Systems*, in: Strategic Management Journal, Vol. 13, Summer Special Issue 1992, S. 127-142

Roth, K.; O'Donnell, S. (1996): *Foreign Subsidiary Compensation Strategy: An Agency Theory Perspective*, in: Academy of Management Journal, Vol. 39, No. 3, S. 678-703

Saatweber, J. (1994): *Quality Function Deployment (QFD)*, in: Handbuch Qualitätsmanagement, 3., gründlich überarb. und erw. Auflage, hrsg. von W. Masing, München, Wien 1994, S. 445-468

Salter, M. S. (1973): *Tailor Incentive Compensation to Strategy*, in: Harvard Business Review, Vol. 51, S. 94-102

Sanders, W. G. (2001): *Behavioural Responses of CEOs to Stock Ownership and Stock Option Pay*, in: Academy of Management Journal, Vol. 44, No. 3, 2001, S. 477-492

Scott, S. G.; Lane, V. R. (2000): *A Stakeholder Approach to Organizational Identity*, in: Academy of Management Review, Vol. 25, No. 1, 2000, S. 43-62

Spremann, K. (1988): *Reputation, Garantie, Information*, in: Zeitschrift für Betriebswirtschaft, 58. Jg., Nr. 5/6, 1988, S. 613-629

Stewart, R. (1982): *Choices for the Manager - A Guide to Managerial Work and Behavior*, London 1982

Teece, D. J. (1987): *Profiting from Technological Innovation: Implications for Integration, Collaboration, Licensing and Public Policy*, in: The Comptetitive Challenge. Strategies for Industrial Innovation and Renewal, hrsg. von D.J. Teece, New York 1987, S. 185-219

Teece, D. J. ;Pisano, G.; Shuen, A. (1997): *Dynamic Capabilities and Strategic Management*, in: Strategic Management Journal, Vol. 18, Nr. 7, S. 509-533

Tuschke, A. (2002): *Aktienpläne zur Bewerberauswahl am Arbeitsmarkt für Führungskräfte*, erscheint in: Zeitschrift für betriebswirtschaftliche Forschung, Frühjahr 2002

Wernerfelt, B. (1984): *A Resource-based View of the Firm*, in: Strategic Management Journal, Vol. 5, Nr. 2, 1984, S. 171-180

Wildemann, H. (2000): *Kernkompetenz-Management: Mit intelligenten Technologien Kunden binden*, in: Kernkompetenzen und E-Technologien managen, hrsg. von H. Wildemann, München 2000

Zehnder, E. (2001): *A Simpler Way to Pay*, in: Harvard Business Review, Vol. 79, No. 4, April 2001, S. 53-61

Anwendung der Prozeßkostenrechnung im Dienstleistungsbereich - Fallbeispiel Logistik

Adolf G. Coenenberg, Udo Specht, Alexander Koch

Kurzfassung

Während Kostenrechnung und Kostenmanagement für das Produkt- und Systemgeschäft über lange Zeit intensiver betriebswirtschaftlicher Analyse unterzogen worden sind, ist die Frage der Kostentransparenz und des Kostenmanagements von Dienstleistungen erst in jüngster Zeit verstärkt aufgegriffen worden. In diesem Beitrag soll auf dem Hintergrund eines Fallbeispiels aus der Logistik die Anwendung der Prozeßkostenrechnung für das Dienstleistungsgeschäft dargestellt und diskutiert werden.

Zunächst werden die Charakteristika der Dienstleistung herausgearbeitet. Anschließend werden Besonderheiten der Kostenrechnung im Dienstleistungsgeschäft dargestellt. Anhand eines kurz beschriebenen Falls werden sodann die Schritte zur Realisierung einer Prozeßkostenrechnung in einem Unternehmen der Logistikbranche erörtert. Der Beitrag endet mit einer Diskussion der Anwendungsgrenzen der Prozeßkostenrechnung im Dienstleistungsbereich.

1 Charakterisierung von Dienstleistungen

Der Begriff der Dienstleistung läßt sich auf vier charakteristische Merkmale zurückführen (vgl. auch *Corsten* 1985a, S. 2 ff; *Hilke* 1989, S. 10; *Rosada* 1990, S. 11 ff): a) Immaterialität bzw. Intangibilität, b) Integration eines externen Faktors, c) Synchronität von Erstellung und Inanspruchnahme, d) Individualität.

Zu a) Immaterialität bzw. Intangibilität

Die Begriffsabgrenzung der Dienstleistung als „immaterielle Leistung" wurde bereits 1876 von Say (vgl. *Say* 1876, S. 130 ff, zitiert nach *Kleinaltenkamp* 1998, S. 35) vollzogen und ist sowohl im allgemeinen Sprachgebrauch als auch in der wirtschaftswissenschaftlichen Literatur sehr gebräuchlich (vgl. *Rosada* 1990, S.17 f). Diese Kennzeichnung trifft auch für die überwiegende Anzahl von Dienstleistungen zu, z.B. für Speditionen, Beratungsunternehmen oder Banken. Eine solche Abgrenzung ist jedoch aus mehreren Gründen problematisch. Zum einen können als Dienstleistungen eingeordnete Leistungen auch materiellen Output aufweisen, bspw. Reparaturdienste oder zahnärztliche Leistungen (vgl. *Corsten* 1997, S.141 ff; *Meyer* 1991, S.197 f). Zum anderen werden die Ergebnisse der Dienstleistung häufig auf Trägermedien gespeichert, wie z.B. auf Papier (Berichte von Unternehmensberatungen) oder auf CD-ROMs (Computer-Software). In diesen Fällen kommt es „zu einer Vermischung materieller und immaterieller Komponenten im Leistungsergebnis" (*Kleinaltenkamp* 1998, S. 35), die eine objektive Trennung zwischen Sach- und Dienstleistungen unmöglich machen.

Zu b) Integration eines externen Faktors

Zur Erstellung einer Dienstleistung ist entweder die aktive Kundenbeteiligung oder zumindest die passive Bereitstellung eines sogenannten externen Faktors notwendig. Anbieter und Nachfrager einer Dienstleistung müssen in unmittelbaren Kontakt treten, was zu einer Standortgebundenheit der Dienstleistung führen kann (vgl. *Meffert* 1998, S. 47 ff). Externe Faktoren können der Dienstleistungsnachfrager selbst (z.B. Haarschnitte oder Arztbehandlungen), Objekte (z.B. Computerreparaturen), Rechte (z.B. Klage wegen Diebstahls), Nominalgüter (z.B. Geld bei Kontoführung) und Informationen (z.B. Unternehmensberatung) sein (vgl. *Corsten* 1985b, S. 87 ff; *Rosada* 1990, S. 14 f). Für den Dienstleistungsanbieter bringen externe Faktoren Qualitätsunsicherheiten mit sich, da er auf die jeweiligen individuellen Eigenheiten des Kunden flexibel reagieren muß (vgl. *Woratschek* 1998a, S. 20). Der externe Faktor (d.h. der Dienstleistungsnachfrager) selbst hat einerseits die Unsicherheit bzgl. der Leistungsfähigkeit des Anbieters, andererseits den potentiellen Vorteil, auf den Erstellungsprozeß der Dienstleistung direkt Einfluß nehmen zu können (vgl. *Engelhardt / Kleinaltenkamp / Reckenfelderbäumer* 1993, S. 421). Die Notwendigkeit der Interaktion mit einem externen Faktor führt implizit zur Synchronität von Erstellung und Inanspruchnahme bei Dienstleistungen (vgl. *Hilke* 1989, S. 12).

Zu c) Synchronität von Erstellung und Inanspruchnahme

Dieser auch als „Uno-actu-Prinzip" in die Fachliteratur eingegangene Begriff bezeichnet die Notwendigkeit des zeitlichen Zusammenhangs zwischen Produktion und Verwertung einer Dienstleistung. Letztendlich ist die Konsequenz aus dieser Simultanität von Produktion und Konsum die prinzipielle Unmöglichkeit der Lagerung und Vorratsproduktion von Dienstleistungen (vgl. *Schneider* 1999, S. 16). Allerdings ist auch die Synchronität von Erstellung und Inanspruchnahme keine zwingende Voraussetzung für eine Zuordnung von Dienstleistungen. So wird z.B. Software durch Trägermedien wie CD-ROMs lagerfähig. „Technik macht immaterielle Güter lagerbar." (*Woratschek* 1998a, S. 19)

Zu d) Individualität

Durch die Interaktion mit dem externen Faktor handelt es sich bei Dienstleistungen vielfach um individuelle, auftragsorientierte Leistungen. Daher soll unter Individualität hier die Berücksichtigung der Wünsche des Dienstleistungsnachfragers durch den Dienstleistungsanbieter verstanden werden (vgl. *Meffert / Bruhn* 1997, S. 32 f).

Das Interesse des Dienstleistungsanbieters liegt darin, einerseits die Kundenwünsche so umfassend wie möglich zu berücksichtigen (Ziel: Individualität), andererseits aufgrund von Kostenaspekten so effizient wie möglich zu arbeiten (Ziel: Standardisierung). Er wird folglich bemüht sein, einzelne Dienstleistungsbestandteile bzw. -prozesse so weit wie möglich zu standardisieren, ohne dabei die individuellen Kundenwünsche zu vernachlässigen (vgl. *Meurer* 1992, S. 17 f).

Auf Basis dieser typischen Eigenschaften von Dienstleistungen entwickelten sich drei Gruppen von Definitionsansätzen, die sich jeweils nach ihrer Ausrichtung unterscheiden lassen. Während der potentialorientierte Ansatz auf die Leistungsbereitschaft der Dienstleistungserbringer abstellt, betont die prozeßorientierte Definition von Dienstleistungen den Prozeß der Leistungserstellung mit der zwingenden Einbindung des Dienstleistungsnachfragers. Beim ergebnisorientierten Definitionsansatz steht schließlich das Resultat der Dienstleistungsproduktion, d.h. der abschließende Zustand des externen Faktors, im Vordergrund (vgl. dazu *Bezold* 1996, S. 30; *Corsten* 1997, S. 22; *Hilke* 1989, S. 14).[1] Meffert / Bruhn versuchen aufbauend auf diesen Definitionsansätzen die drei Dimensionen in einer durchgängigen konstitutiven Dienstleistungsdefinition zu vereinen:

„Dienstleistungen sind selbständige, marktfähige Leistungen, die mit der Bereitstellung (...) und/oder dem Einsatz von Leistungsfähigkeiten (...) verbunden sind (Potentialorientierung). Interne (...) und externe Faktoren (...) werden im Rahmen des Erstellungsprozesses kombiniert (Prozeßorientierung). Die Faktorenkombination des Dienstleistungsanbieters wird mit dem Ziel eingesetzt, an den externen Faktoren, an Menschen (zum Beispiel Kunden) oder deren Objekten (zum Beispiel Auto des Kunden) nutzenstiftende Wirkungen (zum Beispiel Inspektion beim Auto) zu erzielen (Ergebnisorientierung).“ (*Meffert / Bruhn* 1997, S. 27)

Die oben dargestellten Eigenschaften von Dienstleistungen lassen sich verwenden, um unterschiedliche Kategorien von Dienstleistungen zu unterscheiden (vgl. *Corsten* 1985b, S. 185 f; *Meffert / Bruhn* 1997, S. 30 f).

So entwickelte Woratschek eine allgemein gültige und informationsökonomisch begründete Leistungstypologie, die auf den Komponenten Verhaltens-/Bewertungsunsicherheit, Integrativität und Individualisierungsgrad beruht (vgl. Abbildung 1; *Woratschek* 1996, S. 41.[2]

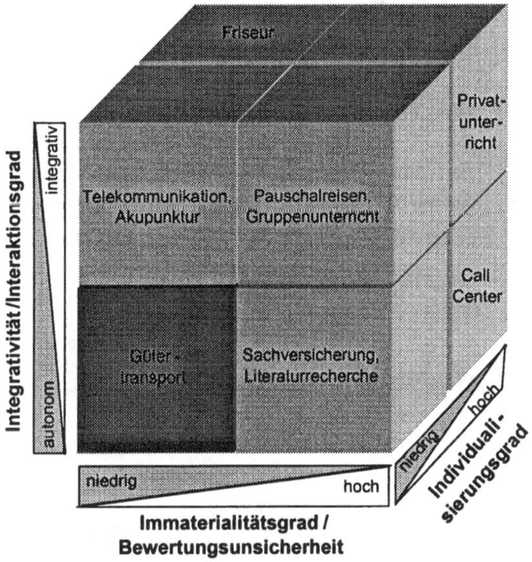

Abbildung 1: Systematisierung von Dienstleistungen (vgl. WORATSCHEK, H. (1998b), S. 616)

Die erste Dimension bildet der Immaterialitätsgrad, der sich auf das Ergebnis von Leistungen bezieht. Während Sachgüter körperlich faßbar sind, werden Dienstleistungen häufig als immateriell oder intangibel bezeichnet und stellen immaterielle Werte dar. Im Hinblick auf die Konsequenzen der Immaterialität von Dienstleistungen für die Abnehmer bedeutet dies, daß mit zunehmendem Immaterialitätsgrad eine wachsende Unsicherheit bezüglich der Beurteilung der Leistungswilligkeit und der Leistungsfähigkeit des Anbieters sowie letztendlich der gebotenen Dienstleistungsqualität entsteht (vgl. *Woratschek* 1996, S. 25 ff). So fällt es leicht, Kosten und Qualität einer Telefonauskunft zu beurteilen. Die Einschätzung eines komplexen Beratungsangebotes eines Unternehmensberaters ist hingegen wesentlich schwieriger. Aufgrund der besonderen Bedeutung dieses Aspektes für die jeweiligen Möglichkeiten der Marktforschung und der Preisbildung wird für den Begriff Immaterialität auch das Merkmal der Bewertungsunsicherheit herangezogen (vgl. *Böhler / Hempe* 1998, S. 216). Der Interaktionsgrad als weitere Dimension bezieht sich auf die Intensität des Kundenkontaktes, d.h. inwieweit der externe Faktor bei der Erstellung der Dienstleistung integriert wird. Die dritte Dimension schließlich umfaßt den Individualisierungsgrad, also inwieweit eine Dienstleistung auf Potential-, Prozeß- und Ergebnisebene kundenspezifisch zugeschnitten wird.

Speditionsdienstleistungen, die die Grundlage dieses Beitrages bilden, sind relativ leicht zu bewerten sowie von unabhängiger und eher standardisierter Natur. Sie weisen einen vergleichsweise niedrigen Immaterialitätsgrad auf, da die Leistungserstellung am konkreten physischen Produkt erfolgt und ohne dieses nicht durchführbar wäre. Unabhängigkeit besteht, da die Speditionsdienstleistung zwar nach den Anweisungen des Auftraggebers ausgeführt wird, jedoch der eigentliche Erstellungsprozeß ohne die Interaktion des Auftraggebers erfolgt. Die Eingriffsintensität des externen Faktors ist somit gering (vgl. *Woratschek* 1998a, S. 15). Des weiteren lassen sich im Gegensatz zu den Dienstleistungen von Ärzten oder Unternehmensberatungen die Leistungen von Speditionen eher sinnvoll gruppieren und standardisieren, da mehr gleichartige oder zumindest ähnliche Vorgänge bei der Leistungserstellung vorzufinden sind.

2 Kostenrechnerische Besonderheiten bei Dienstleistungen

Die Notwendigkeit einer Kostenrechnung, die die Besonderheiten von Dienstleistungen berücksichtigt, ist in der Theorie wie auch in der Praxis unbestritten (vgl. *Paul / Rekkenfelderbäumer* 1998, S. 637 ff). Es ist unter den dynamischen Wettbewerbsbedingungen für Unternehmen von zunehmender Bedeutung, Kostenrechnungssysteme zu implementieren, die nicht nur verschiedenste Auswertungsmöglichkeiten bieten, sondern vor allem auch der Informationsversorgung für die Realisierung von Unternehmenszielen und deren Erfolgskontrolle dienen.

Einige Dienstleistungsunternehmen versuchen daher inzwischen, zumindest für bestimmte Sachverhalte, etwa bei der Kalkulation einzelner Projekte, eine Kostenrechnung anzuwenden (vgl. *Paul* 1998, S. 168). Jedoch berücksichtigen diese Kostenrechnungen nicht bzw. nicht hinreichend die Besonderheiten von Dienstleistungen. Vielmehr werden Verfahren und Vorgehensweisen aus dem Sachgüterbereich ohne Hinterfragung oder Berücksichtigung potentieller Probleme übertragen. Somit entsteht die Gefahr von operativen und strategischen Fehlsteuerungen innerhalb eines Unternehmens, z.B. bei der Preisfestsetzung (vgl. *Sheridan* 1996, S. 44).

Aufgrund der Notwendigkeit der Einbeziehung des externen Faktors beim Leistungserstellungsprozeß und der dadurch bedingten Nicht-Lagerfähigkeit ist das Dienstleistungspotential in einer Weise vorzuhalten, daß ein Nachfrager in der Regel auf ein leistungsbereites Potential trifft. Die Kosten für die Bereitstellung bzw. Bereitschaft des Potentials sind somit an der angestrebten Kapazität ausgerichtet und bezogen auf die einzelne Dienstleistung als fix aufzufassen (vgl. *Paul* 1998, S. 163). Dabei ist die Kapazität am Spitzenbedarf auszurichten, was zu einer zusätzlichen Erhöhung der Fixkosten führt (vgl. *Woratschek* 1998b, S. 615). Bei Dienstleistungen spricht man deshalb in diesem Fall von sogenannten „Capacity Costs“. Die Auslastung der vorgehaltenen Dienstleistungspotentiale stellt somit eine sehr bedeutende Gewinndeterminante dar. Die variablen Kosten der Leistungserstellung nehmen im Vergleich zu den Fixkosten einen sehr geringen Anteil ein.[3]

Die Unterschiede hinsichtlich der Kostenstruktur zwischen Sachgütern und Dienstleistungen haben auch preispolitische Konsequenzen. Grundsätzlich gilt, je höher das Verhältnis von fixen zu variablen Kosten ist, desto größer ist die Elastizität des Gewinns bezüglich der Kapazitätsauslastung und desto wichtiger wird die Erreichung einer hohen Absatzmenge respektive Kapazitätsauslastung. Aus preispolitischer Sicht nähert man sich dabei aufgrund der niedrigen Grenzkosten bei Dienstleistungen dem Fall der Umsatzmaximierung, da bei Grenzkosten von Null umsatz- und gewinnmaximaler Preis zusammenfallen (vgl *Simon* 1993, S. 194). Dies ist z.B. bei der Bestimmung der optimalen Preis-/Mengen-Kombination im Rahmen des Target Costing von besonderer Relevanz, da die Ungenauigkeit bei der Preisfestsetzung (nämlich die Nutzung des umsatzmaximalen statt des gewinnmaximalen Preises zur Renditemaximierung) im Rahmen der Betrachtungen für Dienstleistungen kaum von Bedeutung ist (vgl. *Coenenberg / Specht / Koch* 2001).

Die hohe Fixkostenintensität wird auch am großen Anteil der Personalkosten im Dienstleistungsbereich deutlich.[2] Die hohen Personalkosten sind dadurch zu erklären, daß die Bedeutung qualifizierter geistiger menschlicher Arbeitskraft mit zunehmender Immaterialität und Integration des externen Faktors stetig ansteigt (vgl. *Paul* 1998, S. 163). Bei Beratungsleistungen z.B. besteht das Potential letztendlich ausschließlich aus menschlichem Know-how.

Gleichfalls ist für Dienstleistungen ein hoher Gemeinkostenanteil charakteristisch, was wiederum mit den beschriebenen Merkmalen der Immaterialität und der Integration des externen Faktors zusammenhängt. So stellen die oben beschriebenen Bereitstellungskosten Gemeinkosten bezogen auf die einzelne Leistung dar (vgl. *Bertsch* 1991, S. 17). Die Übertragung traditioneller Kostenstellen- und Kostenträgerrechnungen findet bei Dienstleistungen seine Grenzen, da eine Vielzahl von Kostenbestandteilen nur schwer einzelnen Kostenträgern zugerechnet werden kann (vgl. *Paul / Reckenfelderbäumer* 1998, S. 641). Der hohe Gemeinkostenanteil führt zu einer nicht verursachungsgerechten und damit unzutreffenden Verrechnung der Gemeinkosten, was Verzerrungen der Angebotskalkulation und Fehlsteuerungen zur Folge haben kann (vgl. *Coenenberg* 1999, S. 222).

Durch die Einbeziehung eines externen Faktors in den Dienstleistungsprozeß werden Integrationskosten verursacht, die bei autonomer Leistungserstellung nicht anfallen (vgl. *Paul* 1998, S. 140). Die Integration des externen Faktors beeinflußt folglich die Kostenrechnung und das Kostenmanagement von Dienstleistungen (vgl. *Reckenfelderbäumer* 1995, S. 44 ff). Die Wirkungsrichtung der Einbeziehung des externen Faktors kann dabei entweder kostenerhöhend oder kostensenkend sein. Der erste Fall tritt ein, wenn durch den Einbezug des externen Faktors zusätzliche Potentialkosten (z.B. Kosten von Call-Centern zur Beantwortung/Abstimmung von Kundenfragen oder -wünschen) entstehen. Allerdings kann durch die Integration des externen Faktors in Prozeßabläufe auch eine

Kostensenkung eintreten. Dies ist beispielsweise dann möglich, wenn ein Nachfrager einen Teil der im Prozeß notwendigen Aufgaben übernimmt bzw. den Prozeß vereinfacht (vgl. *Paul* 1998, S. 141 f). Zum Beispiel können Mitarbeiter eines Unternehmens für die Unternehmensberater wichtige Analysen durchführen oder zumindest die notwendigen Unterlagen geordnet zur Verfügung stellen, so daß etwaige Such- und Informationskosten verringert werden können.

Eine Bestimmung der Höhe der Integrationskosten ist in vielen Fällen nur schwer möglich, da die Aufteilung über die Einbringung des externen Faktors gänzlich in dessen Entscheidungsbereich und somit nicht im Dispositionsbereich des Anbieters liegt (vgl. zur Systematisierung der Integrationskosten auch *Paul* 1998, S. 143 ff). Aufgrund der Bedeutung der Integrationskosten wäre es jedoch nicht empfehlenswert, diesen Aspekt gänzlich zu vernachlässigen. Reckenfelderbäumer schlägt daher vor, eine Parallelrechnung zur sonstigen Kostenrechnung zu installieren, die die Wirkung des externen Faktors auf das Ergebnis der Kostenrechnung verdeutlicht, ohne unmittelbar in diese einzugreifen (vgl. *Reckenfelderbäumer* 1995, S. 46).

Insgesamt führen die Besonderheiten von Dienstleistungen (insbesondere die Immaterialität und die Integration eines externen Faktors) zu vielfältigen Problemen bei der Übertragung von traditionellen Kostenrechnungssystemen auf den Dienstleistungsbereich. Obwohl der Bedarf für solche Kostenrechnungen auch aufgrund der sich verschärfenden Wettbewerbssituation ständig zunimmt, wird der Stand der Kostenrechnung in diesem Bereich als unzureichend empfunden (vgl. die Ergebnisse bei *Paul* 1998, S. 168 ff). Neben der Schwierigkeit der Preiskalkulation wird insbesondere die Tatsache als unbefriedigend angesehen, daß dem Preis einer Dienstleistung keine oder nur eine sehr ungenaue Kostengröße gegenübergestellt werden kann. Durch diesen Umstand ist es „nicht klar, welche Angebote wirklich profitabel sind“ (*Paul* 1998, S. 170).

Die Prozeßkostenrechnung bietet durch ihre Prozeßorientierung, d.h. durch ihren direkten Bezug zum Ablauf der Leistungserstellung, und die dadurch erzielte verursachungsgerechtere Kostenzuteilung der indirekten Leistungsbereiche einen wichtigen Ansatzpunkt, um diesen Kritikpunkten zu begegnen. Somit nimmt sie eine herausragende Stellung im modernen Kostenmanagement ein.

3 Grundlagen und Ziele der Prozeßkostenrechnung

Die Prozeßkostenrechnung ist kein völlig neuer Ansatz, sondern bedient sich wie traditionelle Verfahren einer Kostenarten-, Kostenstellen- und Kostenträgerrechnung (vgl. *Fischer* 1996, S. 94; *Coenenberg / Fischer* 1991, S. 21 ff; *Coenenberg* 1999). Allerdings geht sie von dem Sachverhalt aus, daß für die Erstellung eines Produktes oder einer Dienstleistung innerhalb des Unternehmens eine Vielzahl von Prozessen erforderlich ist, durch die sich prinzipiell das gesamte betriebliche Geschehen abbilden läßt. Als Kostenträger wird anstelle eines Produktes ein Prozeß definiert. Dies erweist sich besonders vorteilhaft in Gemeinkostenbereichen, wo der direkte Bezug zum Kostenträger „Produkt" fehlt, was bei Dienstleistungen häufig der Fall ist. Dabei werden die in den Gemeinkostenbereichen anfallenden Kosten den aus Prozessen hervorgehenden Leistungen mittels prozeßspezifischer Kennzahlen verursachungsgerecht zugerechnet (vgl. die Ausführungen zum Controlling von Geschäftsprozessen bei *Wildemann* 1995, S. 305 ff; *Strecker* 1991, S. 31). Folgende Abbildung verdeutlicht das prinzipielle Vorgehen bei Einführung einer Prozeßkostenrechnung:

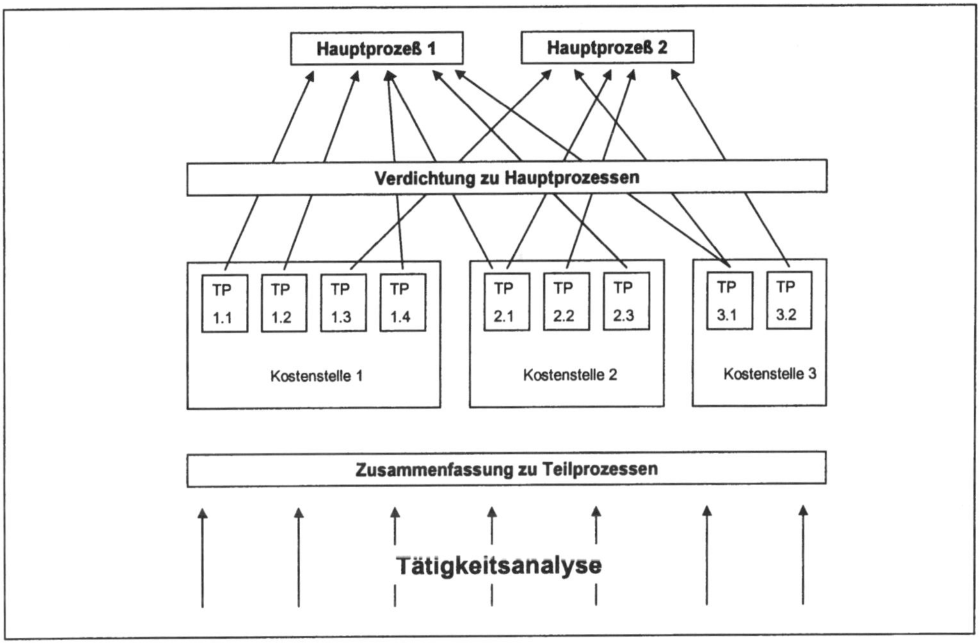

Abbildung 2: Vorgehensweise zur Analyse von Prozeßkosten (vgl. Mayer / Lingscheid 1993, S. 73)

Die Prozeßkostenrechnung bietet sich grundsätzlich für Unternehmen an, in denen viele repetitive Tätigkeiten, eine große Variantenvielfalt sowie hohe und wenig transparente Gemeinkosten anfallen (vgl. *Seiler* 1998, S. 37 f).

Bei der Anwendung der Prozeßkostenrechnung werden im wesentlichen folgende Zielsetzungen verfolgt (vgl. auch *Fröhling* 1994, S. 147):

- Erhöhung der Kostentransparenz in den innerbetrieblichen Prozessen zum Zwecke der Kostenplanung und Kontrolle,

- Vereinfachung und Verbesserung der Genauigkeit der Produktkalkulation,
- Hinweise zur optimalen Gestaltung der Leistungsbündel bzw. Dienstleistungsprodukte,
- Stärkere Ausrichtung der Kostenrechnung auf die Bereitstellung von Kosteninformationen besonders für strategische Entscheidungsprobleme,
- Abbildung der Kapazitätsauslastung in allen Unternehmensbereichen,
- Sicherstellung eines effizienten Ressourcenverbrauchs,
- sowie in Verbindung mit dem Target Costing die Einbeziehung der Gemeinkosten in die vom Markt erlaubten Kosten (allowable costs i.e.S.) und deren Zuordnung auf die einzelnen Produktkomponenten.[5]

Diese Ziele gelten selbstverständlich ebenso für die Anwendung im Dienstleistungsbereich.

4 Prozeßorientierte Betrachtung von Dienstleistungen

Um die Prozeßkostenrechnung auf den Dienstleistungsbereich zu übertragen, muß zunächst herausgearbeitet werden, inwieweit Dienstleistungen prozeßcharakteristische Züge aufweisen. Dazu wird nachfolgend auf die Definition des Prozeßbegriffes und dessen Charakteristika eingegangen. Anschließend wird die Prozeßstruktur von Dienstleistungen analysiert.

„Prozesse oder ‚Activities' sind repetitive Tätigkeiten, die in den verschiedenen Kostenstellen oder Abteilungen eines Unternehmens bei der Ausführung der übertragenen Aufgaben anfallen"(*Coenenberg* 1999, S. 225). Folglich handelt es sich nur dann um einen Prozeß, wenn dieser aus wiederholbaren Aktivitäten besteht, für die eine Messung des Inputs und Outputs erfolgen kann. Einmalige oder innovative Tätigkeiten fallen somit aus dieser Definition heraus (vgl. *Niemand* 1996, S. 71).

Damit eine betriebswirtschaftlich sinnvolle Steuerung von Prozessen gewährleistet werden kann, bedarf es einer Systematisierung der Prozeßauffassungen (vgl. im folgenden *Scholz / Vrohlings* 1994, S. 39 ff). Ein erster Systematisierungsansatz bezeichnet die vertikale Prozeßsegmentierung, worunter verschiedene Abläufe subsumiert werden, die i. d. R. bereichs- bzw. abteilungsbezogen abgeleitet werden. Die durchzuführenden Prozesse oder Teilprozesse werden somit aus rein funktionaler Sicht den verschiedenen Prozeßebenen zugeordnet.

Der zweite Systematisierungsansatz umfaßt die horizontale Prozeßsegmentierung, die mehr auf den Prozeßablauf fokussiert. Auf jeder Prozeßebene werden in sich abgeschlossene bereichs- bzw. abteilungsübergreifende Prozeßeinheiten abgebildet. Damit wird eine organisationsübergreifende Betrachtung einzelner Prozeßsegmente und deren Integration in einen Gesamtprozeß ermöglicht. Die Kostenstellenbildung sollte laut Definition auf Kostenstellenebene nach ablauforientierten Kriterien, also prozeßorientiert erfolgen. Diese Vorgehensweise wird hier im folgenden zugrunde gelegt.

Die konkrete Segmentierung erfolgt durch eine Unterteilung in Geschäftsprozesse auf der obersten Prozeßebene, die sich aus Hauptprozessen zusammensetzen. Ein Hauptprozeß ist dabei ein funktional abgeschlossener Aufgabenkomplex, der durch die Aggregation zusammenhängender Teilprozesse entsteht, die in verschiedenen Kostenstellen ablaufen. Um zu einem Hauptprozeß zu gelangen, bedarf es somit der Zusammenfassung aller sachlogisch verknüpfter Teilprozesse zu einer Prozeßkette (vgl. dazu auch Abbildung 5). Dieses Vorgehen wird auch als Prozeßhierarchie bezeichnet (vgl. *Strecker* 1991, S. 33; *Niemand* 1996, S. 74, *Schnellhaas / Beinhauer* 1992, S. 307).

Die Beantwortung der Frage, ob Dienstleistungen Prozeßcharakter haben, ist die entscheidende Voraussetzung, um Dienstleistungen überhaupt als Prozesse definieren zu können. Zur Überprüfung dient ein Phasenablaufschema (vgl. auch Kapitel 1), das die Dienstleistungserstellung in Potential-, Prozeß-, und Ergebnisphase unterteilt.

Die Phase der Ergebnisorientierung bedarf keiner weiteren Überprüfung, da die Leistung des Dienstleistungsanbieters in dieser Phase bereits abgeschlossen ist und die Dienstleistung beim Kunden bereits ihre Wirkung zeigt. Sie ist also lediglich das Resultat der zuvor durchgeführten Abläufe (Prozesse). Ebenso kann die Überprüfung der Phase der Prozeßorientierung unterbleiben, da sie die konkrete Erbringung der Dienstleistung am externen Faktor darstellt. Die Abfolge der dabei durchzuführenden Tätigkeiten läßt den Prozeßcharakter offensichtlich werden.

Es verbleibt die Überprüfung der Phase der Potentialbereitstellung, die in der Regel einen Großteil des gesamten Ressourcenverzehrs ausmacht. Die Tätigkeiten, die in dieser Phase ablaufen, lassen sich nach Niemand in drei Gruppen einteilen (vgl. *Niemand* 1996, S. 75 ff):

1. Planung des Dienstleistungsangebots: Das gesamte Leistungsspektrum an Dienstleistungen des Unternehmens wird geplant. Da es sich um eine kreative Planung mit hohem innovativen Anteil und sich selten wiederholenden Aktivitäten handelt, kann in diesem Zusammenhang nicht von einem Prozeß gesprochen werden.

2. Planung einzelner Dienstleistungen: Der sich ständig wiederholende Vorgang der Planung der einzelnen Dienstleistungen des Dienstleistungsangebots erfolgt in der Regel nach vorgeschriebenen Bestimmungen und wird von bestimmten Mitarbeitern durchgeführt. Die Planung einzelner Dienstleistungen stellt somit einen Prozeß dar.

3. Bereitstellung des Dienstleistungspotentials: Hierbei handelt es sich um die operative Umsetzung der Dienstleistungsplanung, da die Bereitstellung des Potentials die Dienstleistungserbringung am externen Faktor vorbereitet und dadurch erst ermög-

licht. Es werden ablauforientierte Aktivitäten durchgeführt, die eindeutig prozessuale Charakteristika aufweisen.

Zusammengefaßt bleibt festzuhalten, daß eine Dienstleistung als ein Gesamtprozeß, der sich aus vielen Teilprozessen zusammensetzt, aufgefaßt werden kann. Die folgende Abbildung 3 verdeutlicht nochmals diesen Sachverhalt. Aufgrund dieses Prozeßcharakters und des darüber hinaus hohen Gemeinkostenanteils erscheint die Prozeßkostenrechnung daher in besonderer Weise für den Einsatz im Dienstleistungsbereich geeignet.

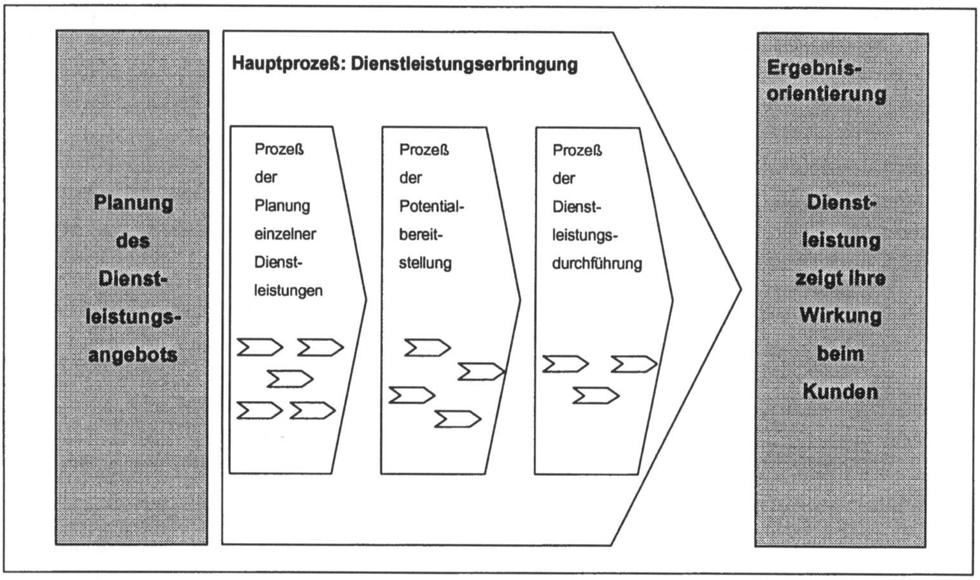

Abbildung 3: Dienstleistung als Prozeß (vgl. Niemand 1996, S. 77)

5 Fallbeispiel „Logistikdienstleistung"

Die „Europe-Logistics GmbH" ist ein mittelständiges Speditionsunternehmen. Das Unternehmen tritt europaweit als Anbieter von einfachen Transport- und Lagerdienstleistungen bis hin zu kompletten Werks-, Sammel- und Distributionslogistiklösungen auf. Aus einer Wettbewerbsanalyse vor allem mit süd- und osteuropäischen Wettbewerbern war sichtbar geworden, daß die mittels einer Zuschlagsrechnung kalkulierten Standardkosten einer seit längerem am Markt angebotenen Logistikdienstleistung von den zunehmend erodierenden Preisen nicht mehr gedeckt waren. Es wurde deshalb ein Target

Costing Projekt aufgesetzt, um die Prozeßabläufe und die dadurch getriebenen Kosten im Hinblick auf Wiedergewinnung einer wettbewerbsfähigen Position zu gestalten (vgl. *Coenenberg / Specht / Koch* 2001). Es stellte sich dabei schnell heraus, daß die pauschale Zuschlagskalkulation zur Schaffung von Kostentransparenz zunächst durch eine Prozeßkostenrechnung neu zu gestalten war.

Gegenstand des Target Costing Projektes sollte das Segment Distributionslogistik sein. Aufgabe der Distribution ist es, die Kunden eines Unternehmens, also den Markt, mit dessen hergestellten Produkten zu versorgen bzw. zu beliefern. Dies umfaßt sowohl die art- und mengenmäßige als auch die räumlich und zeitlich abgestimmte Bereitstellung der produzierten Güter. Der Dienstleistungsanbieter übernimmt hierbei weitestgehend nur Aufgaben der werksexternen Lagerhaltung und des Transports.

Um diese Aufgabe zu erfüllen, kommen grundsätzlich unterschiedliche Varianten von Distributionssystemen in Betracht, die sich hinsichtlich der geographischen und mengenmäßigen Ausgestaltung mit Werken, Zentral- und Auslieferungslagern unterscheiden. Die bei den Auftraggebern der Europe-Logistics GmbH am häufigsten anzutreffende Variante ist die Distribution über ein den Standorten der Werke des Auftraggebers naheliegendes Zentrallager des Dienstleisters. Der Distributionsablauf ist in Abbildung 4 dargestellt.

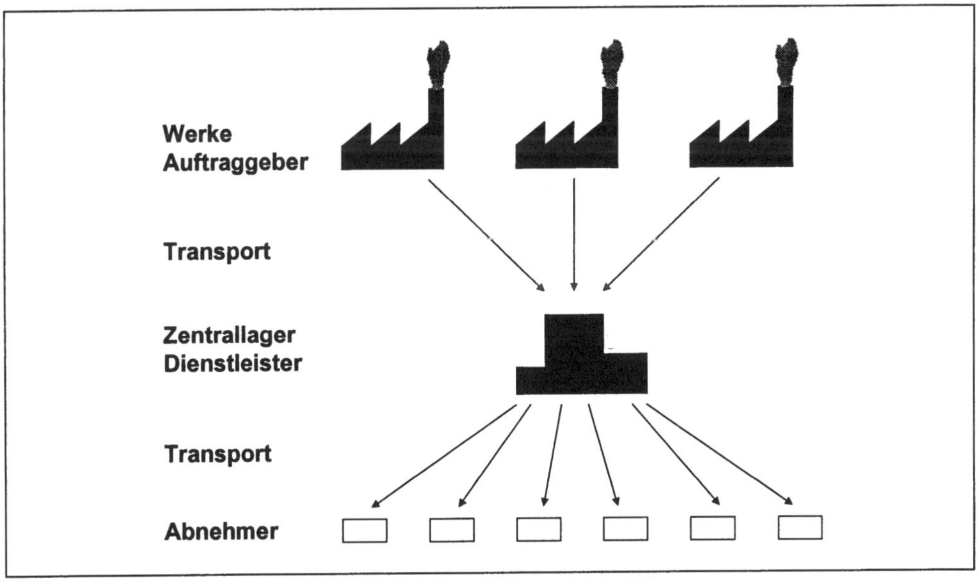

Abbildung 4: Distributionsablauf

Neben Transport und Lagerhaltung übernimmt der Logistikanbieter die Erstellung sämtlicher Versandpapiere, die für den Transport an die Kunden benötigt werden, wie Zollpapiere und Lieferschein. Des weiteren werden notwendige Warenkommissionierungen vorgenommen, die die Zusammenstellung von Gebinden (bspw. verschiedene Palettenarten, Gitterboxen etc.) aus Packstückeinheiten (bspw. Kartons, Kisten etc.) und/oder die Zusammenstellung von einzelnen Packstückeinheiten beinhaltet.

Bei dem zu untersuchenden Hauptprozeß wird eine komplette Lkw-Ladung bestehend aus 32 Gebinden bei einem Auftraggeberwerk abgeholt, die Ware wird gelagert und kommissioniert. Nachdem der Versandauftrag erfolgt ist, wird die Ware zu den Abnehmern transportiert (vgl. Abbildung 5).

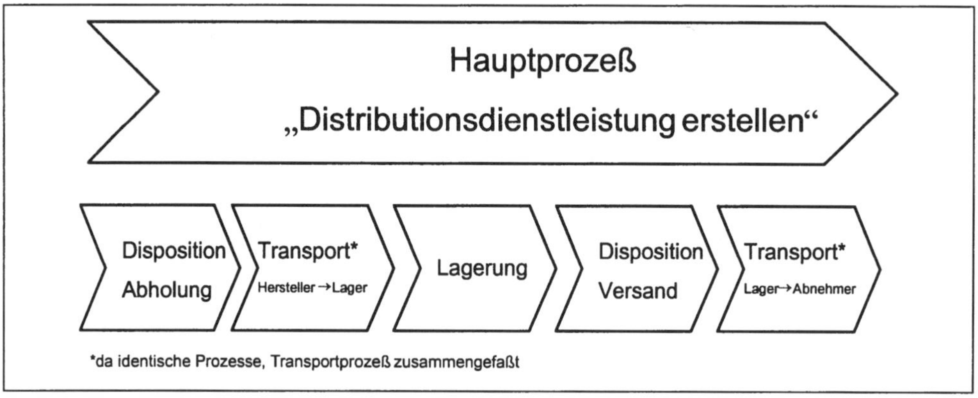

Abbildung 5: Prozeßstruktur der Logistikdienstleistung

6 Funktionsweise und Anwendung der Prozeßkostenrechnung

Die Preiskalkulation der Europe-Logistics GmbH beruhte in der Vergangenheit nahezu ausschließlich auf Schätz- und Erfahrungswerten, was aus Marktsicht zu überteuerten Angebotspreisen führte. Eine fundierte, nachvollziehbare, auf einer Kostenarten- und Kostenstellenrechnung aufbauende Prozeßkostenrechnung soll daher eine möglichst verursachungsgerechte Kalkulation, die Wirtschaftlichkeitskontrolle und die Ermittlung entscheidungsrelevanten Zahlenmaterials ermöglichen. Im Gegensatz zu Industrieunternehmen, die eine Prozeßkostenrechnung oft als Ergänzung zu bestehenden Kostenrechnungssystemen einsetzen, ist sie in Dienstleistungsunternehmen zum alleinigen Einsatz geeignet, da hier Kostenträger und Prozeß identisch sind (vgl. *Serfling / Jeiter* 1995, S.

322; *Paul / Reckenfelderbäumer* 1998, S. 652). Folgende Fragen sollen durch die Einführung der Prozeßkostenrechnung bei der Europe-Logistics GmbH beantwortet werden:

1. Welche Tätigkeiten/Aktivitäten umfaßt die Distributionsdienstleistung?
2. Wie hoch sind die verursachungsgerechten Kosten der Distributionsdienstleistung?
3. In welchen Unternehmensbereichen bzw. Teilprozessen bestehen Kostensenkungspotentiale?

Grundlage für das Rechnen mit Prozeßkosten ist die Analyse der Kostenstellen des jeweiligen Untersuchungsbereiches (hier der Distributionsdienstleistung). Die Implementierung einer Prozeßkostenstellenrechnung läßt sich systematisch in fünf Teilschritten abbilden (vgl. *Mayer* 1993, S. 82):

1. Bildung von Hypothesen über Hauptprozesse und Cost Driver
2. Tätigkeitsanalyse der Kostenstellen
3. Ableitung von Teilprozessen und Prozeßgrößen
4. Kapazitäts- und Kostenzuordnung
5. Verdichtung zu endgültigen Hauptprozessen und Ermittlung von Kostensätzen

Im folgenden wird auf Grundlage dieser Schritte eine prozeßorientierte Kostenrechnung bei Europe-Logistics aufgestellt.[6]

6.1 Hypothesenbildung

Die Hauptaufgabe bei der Bildung von Hypothesen über Hauptprozesse besteht darin, zunächst das Dienstleistungsangebot der Europe-Logistics GmbH zu strukturieren und danach die zu betrachtenden Hauptprozesse festzulegen.

Für die ermittelten Hauptprozesse müssen dann die Bezugsgrößen für die Verrechnung der angefallenen Gemeinkosten, die „Cost Driver" genannten Kostenantriebskräfte, bestimmt werden. Dabei ist die einfache Ableitbarkeit aus den verfügbaren Informationsquellen, die Proportionalität zur Beanspruchung der Ressourcen sowie die Verständlichkeit dieser Prozeßgrößen zu berücksichtigen (vgl. *Coenenberg* 1999, S. 228).

Da die Distributionsdienstleistung aufgrund ihrer elementaren Bedeutung für das Unternehmen als Objekt für die Durchführung des Target Costing Projektes und dementsprechend auch für die Prozeßkostenrechnung bestimmt wurde, heißt der zu betrachtende Hauptprozeß "Distributionsdienstleistung erstellen". Eine geeignete Prozeßgröße für diesen Hauptprozeß stellt die Anzahl der Gebinde, also die Auftragsgröße (ausgedrückt in Europaletten) dar.

6.2 Tätigkeitsanalyse

Für die Distributionsdienstleistung muß nun eine Tätigkeitsanalyse durchgeführt werden. Dabei sind alle an der Dienstleistung beteiligten relevanten Kostenstellen zu identifizieren. Aufgrund der heterogenen Leistungen indirekter Bereiche werden in der Regel mehrere Teilprozesse pro Kostenstelle benötigt. Darüber hinaus können die Kostenstellen auch Leistungen für andere als den zu erklärenden Hauptprozeß erbringen. Um schlüssige Aussagen über die Ressourceninanspruchnahme der ablaufenden Teilprozesse machen zu können, müssen alle in den Kostenstellen ablaufenden Tätigkeiten analysiert werden. Dies gilt auch für die Aktivitäten, die nicht direkt mit dem betrachteten Hauptprozeß in Verbindung stehen (vgl. *Niemand* 1996, S. 96 f; *Raster / Schmidt* 1994, S. 84 ff).

In der sogenannten Definitionsphase werden die einzelnen Tätigkeiten ermittelt, die zur Erstellung der Distributionsdienstleistung notwendig sind. Für den Hauptprozeß „Distributionsdienstleistung erstellen" wurden die in Abbildung 6 auszugsweise dargestellten „Prozeßbündel" ermittelt, die jeweils aus einer Vielzahl von Teilprozessen bestehen, die sich wiederum aus einzelnen Tätigkeiten zusammensetzen.[7] Diese Vorgehensweise erweist sich als vorteilhaft, um einen ersten groben Prozeßablaufplan erstellen zu können, anhand dessen die Ermittlung der an den Teilprozessen beteiligten Kostenstellen erleichtert wird.

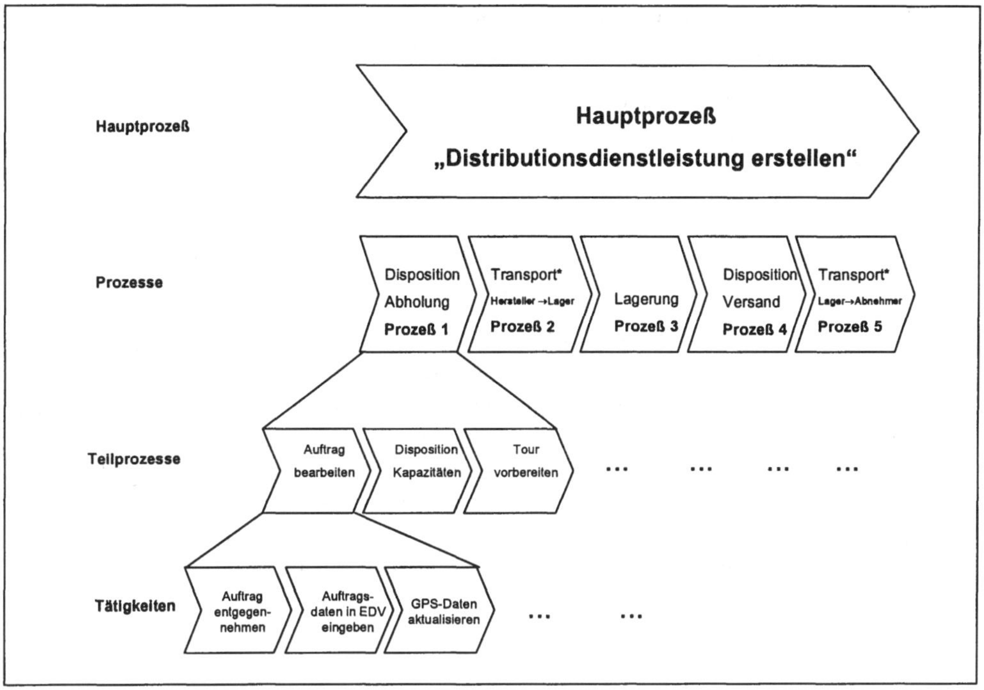

Abbildung 6: Prozeßablaufplan

Um den Ablauf der Erstellung der Distributionsdienstleistung bei der Europe-Logistics GmbH zu verdeutlichen, wird der obige Prozeßablaufplan im folgenden detailliert erläutert:

1. Disposition (Abholung): Ausgangspunkt der Dienstleistungserstellung ist eine Auftragserteilung des Auftraggebers. Die Auftragserteilung erfolgt dabei entweder per Telefon, Fax oder wie in den meisten Fällen Online per Datenfernübertragung bzw. Internet. Dabei übermittelt der Auftraggeber die benötigten Kapazitäten bezüglich Volumen und Gewicht, die Angabe des Werkes und das Zeitfenster, in dem die Abholung zu erfolgen hat. Diese Daten werden dann für die zeitliche und kapazitätsbezogene Disposition der Transportmittel sowie für die Disposition des benötigten Personals genutzt. Weiterhin erfolgt die Tourenplanung und die Erstellung der Rollkarten für die Abholung. Bei den Rollkarten handelt es sich um Anweisungen für die Kraftfahrzeugführer, auf denen die Reihenfolge für die Abholung oder Auslieferung der Waren mit Angabe der Gebindeanzahl, -art, -gewicht, Zeitfenster und Anfahranschriften angegeben wird.

2. Transport (Hersteller → Lager): Innerhalb des vereinbarten Zeitfensters wird die Ware geladen und zeitgleich durch den Kraftfahrzeugführer per Sichtprüfung hinsicht-

lich Unversehrtheit und korrekte Gebindemenge kontrolliert. Anschließend erfolgt der Transport zum Zentrallager des Dienstleisters.

3. Lagerung: Die Ware wird nach dem Eintreffen mit geeigneten Fördermitteln (bspw. Stapler, Elektro-Ameisen und Hubwagen) entladen. Nach der Entladung werden den einzelnen Gebinden Lagerplätze zugeteilt. Lagerscheine, die den Lagerplatz angeben, und Warenanhangscheine, die eine mit Barcode verschlüsselte Angabe der Teilemenge, Teileart und Gewichte der Gebindeeinheit beinhalten, werden angebracht. Der Barcode wird über einen Scanner in das DV-System aufgenommen. Anschließend erfolgt die Einlagerung der Gebinde.

4. Disposition (Versand): Wenn die Ware an die einzelnen Kunden verteilt werden soll, erfolgt ein Versandauftrag durch den Auftraggeber mit Angabe der Teileart, Teilemenge, Zeitfenster für die Anlieferung und Anlieferungsort. Daraufhin wird die Tourenplanung für die Auslieferung und die Planung der Kapazitäten veranlaßt. Es werden Auslager-, Kommissionier- und Ladeanweisungen für das Lagerpersonal, Rollkarten und Lieferscheine erstellt. Wenn notwendig, werden Zollpapiere für die Grenzabfertigung angefertigt. Die Ware wird ausgelagert, kommissioniert, wobei veränderte Gebindeeinheiten und Packstückeinheiten entsprechend abgeänderte Warenanhangscheine erhalten. Anschließend wird die Ware der Ladeliste entsprechend ausgescannt, um Versandfehler zu vermeiden. Gleichzeitig wird dem Global Positioning System (GPS) gemeldet, auf welchem Fahrzeug sich die Ware befindet, so daß dem Auftraggeber und dem Kunden über die aktuelle Position der Ware Auskunft gegeben werden kann. Danach erfolgt die Beladung auf die Fahrzeugeinheiten.

5. Transport (Lager → Abnehmer): Abschließend findet der Transport zu den Abnehmer statt, wo die Ware entladen und an den Kunden übergeben wird.

Nach Ermittlung der einzelnen Tätigkeiten findet eine Datenerhebung durch die Kostenstellenleiter sowie die zuständigen Mitarbeiter der Kostenstelle statt, bei der die Kapazitäten, die die einzelnen Tätigkeiten beanspruchen (z.B. für einen Zeitraum von einem Jahr - in Mannjahren), sowie die Prozeßgrößen mit den dazugehörigen Prozeßmengen ermittelt werden. Die Ermittlung und Berechnung der Transportkosten, die wichtiger Bestandteil der Prozeßkostenrechnung der Europe-Logistics sind, erfolgt gesondert. Dies ist mit der direkten Erfaßbarkeit dieser Kostenkomponente zu begründen.

Die Ergebnisse der Tätigkeitsanalyse sind in folgender Tabelle zusammengefaßt:

Kostenstelle (Mannjahre insgesamt für das Jahr 2001)	**Tätigkeiten** (Kapazitätsbeanspruchung pro Jahr in Mannjahren [MJ])	
K 1: Disposition (16)	a) Aufträge entgegennehmen (2,0) b) Auftragsdaten in DV-System eingeben (1,8) c) Disposition Transportmittel (2,2) d) Disposition Personal (2,1) e) Tourenplanung (1,5) f) Rollkarten erstellen (1,2) g) Auslagerlisten erstellen (0,9) h) Kommissionierlisten erstellen (0,5)	i) Zollpapiere erstellen (0,2) j) Lieferscheine erstellen (1,0) k) Ladelisten erstellen (0,9) l) GPS-Daten aktualisieren (0,4) m) Informationsaustausch mit Auftraggebern und Kunden (0,8) n) Notwendige Reparaturen melden (0,1) o) Abteilung leiten (0,4)
K 2: Lager (20)	a) Gebinde entladen (2,3) b) Gebinde laden (2,7) c) Lagerplätze zuweisen (1,5) d) Lagerscheine erstellen (1,0) e) Warenanhangsscheine erstellen (1,0) f) Barcode einscannen (0,3) g) Barcode ausscannen (0,3) h) Gebinde einlagern (3,0) i) Gebinde auslagern (3,0) j) Lagertechnik verwalten (0,4)	k) Kommissionierung vornehmen für Packstückeinheiten (0,7) l) Kommissionierung vornehmen für Gebinde (1,1) m) Lagertechnik pflegen (0,8) n) Notwendige Reparaturen melden (0,2) o) Abteilung leiten (0,5) p) Gebinde lagern (1,0) q) Warenanhangscheine ändern (0,2)
K 3: Abrechnung (5)	a) Rechnungsdaten erfassen (1,9) b) Konditionen erfassen (0,5) c) Konditionen aktualisieren (0,3) d) Rechnungen erstellen (1,3)	e) Rechnungen versenden (0,6) f) Notwendige Reparaturen melden (0,1) g) Abteilung leiten (0,3)
K 4: Buchhaltung (3)	a) Buchungen vornehmen (2,1) b) Stammdaten erfassen (0,2) c) Stammdaten aktualisieren (0,1) d) Mahnungen erstellen (0,2)	e) Mahnungen versenden (0,1) f) Notwendige Reparaturen melden (0,1) g) Abteilung leiten (0,2)
K 5: Gebäudetechnik (2)	a) Reparaturen koordinieren (0,3) b) Reparaturen durchführen (1,2)	c) Gebäudetechnik verwalten (0,4) d) Abteilung leiten (0,1)
K 6: DV-Management (4)	a) Software aktualisieren (0,2) b) Hardware aktualisieren (0,1) c) Softwareprobleme beheben (1,9) d) Hardwarereparaturen koordinieren (0,1)	e) Hardware reparieren (1,0) f) DV-Anlagen verwalten (0,3) g) Abteilung leiten (0,3) h) Softwareprobleme koordinieren (0,1)

Tabelle 1: Ergebnis der Tätigkeitsanalyse

Die in Tabelle 1 aufgeführten Kostenstellen erbringen die beschriebenen Tätigkeiten nicht nur für den zu untersuchenden Hauptprozeß, sondern für eine Vielzahl von Hauptprozessen des gesamten Dienstleistungsangebots der Europe-Logistics GmbH. Es wäre auch denkbar, daß eine Tätigkeit einer untersuchten Kostenstelle nicht in die Erstellung des untersuchten Hauptprozesses eingeht.

Die Kostenstellen K 3 bis K 6 stellen dabei sogenannte notwendige bzw. unterstützende, aber nicht direkt wertschöpfende Tätigkeiten im Erstellungsprozeß der Distributionsdienstleistung dar. Sie tragen zwar nicht zur Wertschöpfung der Europe-Logistics GmbH bei, sind aber zwingend notwendig, um die Dienstleistung für das Dienstleistungsunternehmen effektiv und effizient zu erstellen. Es wird daher vorgeschlagen, die Prozeßkosten dieser Kostenstellen entsprechend der Kapazitätsbeanspruchung durch die Kostenstellen, die sie unterstützen, weiter zu verrechnen (in den Plankosten der Kostenstellen K 1 und K 2). Die so ermittelten Prozeßkosten sind dann anschließend auf die Prozesse umzulegen.

6.3 Teilprozeßermittlung

Die zuvor herausgearbeiteten Tätigkeiten werden nun in eine sinnvolle, die Tätigkeitsabläufe in den Kostenstellen beschreibende Prozeßstruktur gebracht, indem einzelne zusammengehörige Tätigkeiten zu Teilprozessen zusammengeschlossen werden. Es erfolgt also eine Verdichtung der Tätigkeiten pro Kostenstelle zu sogenannten Teilprozessen. Des weiteren findet eine Unterscheidung in leistungsmengeninduzierte (lmi-) und leistungsmengenneutrale (lmn-)Prozesse statt. Es wird dabei unterschieden, ob die Teilprozesse als abhängig oder unabhängig (Bereitschaftskosten) von der in der Kostenstelle erbrachten Leistungsmenge aufzufassen sind (vgl. *Horvath / Mayer* 1989, S. 214 ff).

Die Zuordnung der Kosten auf die Prozesse erfolgt auf Basis der Kapazitätsbeanspruchung, die durch eine geeignete Bezugsgröße ausgedrückt wird. Da es sich bei Dienstleistungen i. d. R. um sehr personalintensive Tätigkeiten handelt, ist es sinnvoll, die pro Prozeß aufgewendeten Mannjahre als Bezugsgröße zu verwenden. Somit ist die Basis für eine Kostenzuordnung auf die Prozesse gegeben (vgl. *Niemand* 1996, S. 99 ff).

6.4 Kapazitäts- und Kostenzuordnung

Durch die Aggregation der in der Tätigkeitsanalyse ermittelten Kapazitätsbeanspruchung pro Tätigkeit (in Mannjahren) erhält man die Kapazitätsbeanspruchung der einzelnen Teilprozesse je Kostenstelle. Mit der Gesamtkapazität und den Gesamtkosten der Kostenstellen können die durchschnittlichen Kosten pro Mannjahr berechnet werden, die dann mit der jeweiligen Kapazitätsbeanspruchung der Teilprozesse zu multiplizieren sind. Es werden so die leistungsmengeninduzierten (lmi-)Prozeßkosten für die einzelnen Teilprozesse je Kostenstelle ermittelt. Die Prozeßgrößen und die entsprechenden Prozeßmengen für die einzelnen Tätigkeiten sind aus der Tätigkeitsanalyse bekannt. Nachfolgend findet die Verrechnung der leistungsmengenneutralen (lmn-)Kosten der Kostenstellen auf die lmi-Prozesse mittels prozentualer Zuschlagssätze statt. Dabei erfolgt die Umlage der lmn-Prozeßkosten proportional zur Höhe der lmi-Prozeßkosten (vgl. *Niemand* 1996, S. 101). Darauf aufbauend können die Gesamtprozeßkostensätze und die lmi-Prozeßkostensätze für die einzelnen Teilprozesse berechnet werden, indem für die erstgenannten die Summe aus lmi- und lmn-Prozeßkosten und für den anderen Fall nur die lmi-Prozeßkosten durch die Prozeßmenge geteilt werden (vgl. *Coenenberg* 1999, S. 232 ff).

Auf die Fallstudie bezogen werden die Kapazitätsbeanspruchungen der gebildeten Teilprozesse je Kostenstelle berechnet. Dazu werden die einzelnen Kapazitätsbeanspruchungen der Tätigkeiten, wie sie in Tabelle 1 (Ergebnisse der Tätigkeitsanalyse) ermittelt wurden, für jeden Teilprozeß addiert. Für die weiteren Berechnungen werden die Gesamtkosten der Kostenstellen für einen Untersuchungszeitraum benötigt. Dazu wurden die Plankosten der Kostenstellen der traditionellen Kostenrechnung für ein Jahr herangezogen. Am Beispiel der Kostenstelle K 1 wird die Zusammensetzung der gesamten Plankosten dieser Kostenstelle für das anstehende Planjahr in folgender Tabelle veranschaulicht.

Europe-Logistics GmbH **Kostenstelle 1:** **Disposition**			**Plan/Gesamtjahr 2001** **Kosten** (in EUR)		
Kostenart	**Einheiten**	**Preis** (in EUR)	**Variabel**	**Fix**	**Gesamt**
Gehälter	16 Pers.	39.000		624.000	624.000
Sozialkosten				92.000	92.000
Büromaterial			42.000		42.000
Porto, Telefon, Fax			76.000		76.000
Abschreibungen				105.000	105.000
Raumkosten	350 m²	160		56.000	56.000
Buchhaltungskosten			2.000		2.000
Abrechnungskosten			1.500		1.500
DV-Kosten			43.500		43.500
Summe			**165.000**	**877.000**	**1.042.000**

Tabelle 2: Plankosten der Kostenstelle 1 „Disposition"

Mit den Plankosten und den Gesamtkapazitäten der einzelnen Kostenstellen können nun die durchschnittlichen Kosten pro Mannjahr berechnet werden. Multipliziert man diese mit den jeweiligen Kapazitätsbeanspruchungen der Teilprozesse der Kostenstelle, so erhält man die lmi-Prozeßkosten der Teilprozesse. Die lmn-Prozeßkosten der Kostenstelle werden nachfolgend proportional zur Höhe der lmi-Prozeßkosten der Kostenstelle umgelegt. Die Prozeßgrößen und die entsprechenden Prozeßmengen sind aus den Gesprächen mit Kostenstellenmitarbeitern bekannt. Darauf aufbauend werden die lmi-Prozeßkostensätze und die Gesamtprozeßkostensätze berechnet.

6.5 Hauptprozeßverdichtung

In diesem letzten Schritt erfolgt die kapazitäts- und kostenmäßige Aggregation der Teilprozesse zum identifizierten Hauptprozeß, also der Distributionsdienstleistung. Dazu wird die Prozeßhierarchie ermittelt, aus der die Gesamtprozeßmenge für jeden beteiligten Teilprozeß sowie die Prozeßmenge, die in den Hauptprozeß eingeht, ersichtlich wird (vgl. *Niemand* 1996, S. 102 f).

Nach der Kapazitäts- und Kostenzuordnung kann die Verdichtung der Teilprozesse (über die jeweiligen Prozesse) zum Hauptprozeß erfolgen. Bei der Distributionsdienstleistung der Europe-Logistics GmbH sind den Anforderungen der Auftraggeber und deren Kunden entsprechend zahlreiche Varianten möglich, die sich hinsichtlich der Anzahl der Durchführung der einzelnen Tätigkeiten oder der grundsätzlichen Inanspruchnahme unterscheiden. Beispielsweise variieren die Lagerzeiten der einzelnen Gebinde oder die Wegstrecken, über die die Gebinde zu befördern sind. Bei einer Distributionsdienstleistung müssen Gebinde kommissioniert werden, während dies bei einer anderen nicht notwendig ist. Durch diese Beispiele wird deutlich, daß es wenig zweckdienlich wäre, einen einzigen, allgemein gültigen Hauptprozeß für die Distributionsdienstleistung zu definieren. Dieser hätte aufgrund der nahezu unendlichen Variationsmöglichkeiten der Dienstleistung keine Aussagekraft für die Europe-Logistics GmbH. Vielmehr sollte im Hinblick auf das übergeordnete Target Costing Projekt ein repräsentativer Hauptprozeß gebildet werden, der alle relevanten Tätigkeiten der Distributionsdienstleistung enthält.

Zudem erfolgt die Angebotsunterbreitung und die Abrechnung bei Logistikdienstleistungen differenziert nach einzelnen Teilprozessen. Beispielsweise werden bei Angeboten Preise für Kommissionierungen oder Lagertage pro Gebinde angegeben und nicht ein Preis für einen kompletten Hauptprozeß. Ebenso erfolgt die Rechnungsstellung. Es wird daher der Hauptprozeß einer standardisierten Distributionsdienstleistung gebildet (vgl. auch Kapitel 5).

Diese umfaßt konkret den Transport einer Komplettladung von 32 Europapaletten über 500 Kilometer, wobei bei der Abholung eine Anfahrstelle und beim Versand zwei Stellen angefahren werden. Die Paletten werden fünf Tage gelagert, zwei Paletten müssen neu zusammengestellt werden. Das Gesamtgewicht der Ladung beträgt 20.000 Kilogramm (vgl. Tabelle 3).

Distributionsdienstleistung	
Bezeichnung	**Einheiten**
Gebindeanzahl bei Abholung	32 Europapaletten
Anfahrstellen Abholung	1
Gebindeanzahl Versand	32 Europapaletten
Anfahrstellen Versand	2
Kommissionierung Gebinde	2 Europapaletten
Transportstrecke	500 km
Lagerzeit pro Gebinde	5 Tage
Gesamtgewicht	20.000 kg

Tabelle 3: Eckdaten der Distributionsdienstleistung

Mit diesen Eckdaten und den ermittelten Prozeßkostensätzen[8] ist es nun möglich, die Kosten der standardisierten Distributionsdienstleistung (ohne Transportkosten) zu berechnen. Dies zeigt Tabelle 4.

Hauptprozeß 1: Distributionsdienstleistung erstellen							
Teilprozeß							
Nr.	Bezeichnung Teilprozeß	Prozeß-zugehörigkeit	Prozeßgröße	An-zahl	Her-kunft[9]	Prozeß-kosten-satz[10] (in EUR)	Summe (in EUR)
1	Auftrag bearbeiten	Disp. Abholung	Aufträge	1	K 1 Nr.1	5,32	5,32
2	Disposition Kapazitäten	Disp. Abholung	Aufträge	1	K 1 Nr.2	5,44	5,44
3	Tour vorbereiten	Disp. Abholung	Touren	1	K 1 Nr.3	9,57	9,57
4	Gebinde einholen	Lagerung	Gebinde	32	K 2 Nr.1	7,27	232,64
5	Gebinde lagern	Lagerung	Gebindetage	5x32	K 2 Nr.7	0,14	22,40
6	Auftrag bearbeiten	Disp. Versand	Aufträge	1	K 1 Nr.1	5,32	5,32
7	Versand vorbereiten	Disp. Versand	Versandaufträge	2	K 1 Nr.4	13,23	26,46
8	Disposition Kapazitäten	Disp. Versand	Aufträge	1	K 1 Nr.2	5,44	5,44
9	Tour vorbereiten	Disp. Versand	Touren	1	K 1 Nr.3	9,57	9,57
10	Kommissionierlisten erst.	Disp. Versand	Kommissionier.	2	K 1 Nr.5	2,36	4,72
11	Warenanhangsscheine ändern	Lagerung	Änderungen	2	K 2 Nr.6	0,68	1,36
12	Gebinde auslagern	Lagerung	Gebinde	32	K 2 Nr.3	2,40	76,80
13	Kommissionierung Geb.	Lagerung	Kommissionier.	2	K 2 Nr.4	3,75	7,50
14	Gebinde ausrollen	Lagerung	Gebinde	32	K 2 Nr.2	2,05	65,60
	Summe Disposition Abholung						**20,33**
	Summe Disposition Versand						**51,51**
	Summe Lager						**406,30**

Tabelle 4: Hauptprozeßblatt "Distributionsdienstleistung erstellen"

Wie oben bereits angemerkt, sind die Kosten der Kostenstellen K 3 bis K 6, die nicht direkt an der Leistungserstellung beteiligt sind, über Kapazitätsbeanspruchungen auf die anderen Kostenstellen verrechnet worden, um den Gemeinkostenblock, der mit Zuschlagsätzen verrechnet wird, möglichst klein zu halten. So enthält z.B. der Prozeßkostensatz der Position Nr. 1 („Auftrag bearbeiten") bereits die verrechneten DV-Kosten der Kostenstelle K 6.

Weiterhin sind allerdings Kostenstellen wie etwa die Firmenleitung oder die Marketing-/ Vertriebsabteilung vorhanden, für die keine sinnvolle Verrechnung auf andere Kostenstellen möglich ist. Für diese Kostenstellen erfolgt die Verrechnung der Kosten auf die Produkte weiterhin über Zuschlagsätze (dieser beträgt im Fallbeispiel 10%).

6.6 Transportkosten

Nachdem der Bereich der ursprünglichen Gemeinkosten behandelt wurde (Prozesse 1, 3 und 4 des Prozeßablaufplans in Abbildung 6), sind nun noch die Kosten für den Transport der Waren zu ermitteln (Prozesse 2 und 5). Die Besonderheit bei der Bestimmung der Transportkosten ist, daß zu ihrer Berechnung zwei Bestandteile notwendig sind. Zum einen ist die Höhe der Transportkosten von der zurückgelegten Wegstrecke abhängig, was variable Kosten verursacht. Zum anderen werden die Transportkosten durch die Höhe der Inanspruchnahme der Transportkapazität beeinflußt, die Bereitstellungs- oder Potentialkosten, d.h. Fixkosten darstellen. Die Berücksichtigung der Wegstrecke ist eindeutig, da die für einen Transport zurückzulegende Kilometeranzahl leicht ermittelt werden kann. Um die Kapazitätsauslastung einfließen zu lassen, bestehen hingegen mehrere Möglichkeiten. Die Kapazitätsbeanspruchung von Transportfahrzeugen kann über das notwendige Volumen, die Anzahl der Palettenstellplätze (also die Bodenfläche) oder das zu befördernde Gewicht ermittelt werden, da in einem festgelegten Untersuchungszeitraum nur eine bestimmte Kapazität zur Verfügung steht. In der vorliegenden Fallstudie werden die Transportkosten in Abhängigkeit der benötigten Palettenstellplätze und der zurückzulegenden Transportstrecke bestimmt.

Um zu den wegstrecken- und palettenstellplatzabhängigen Kosten zu kommen, muß die Kostenermittlung aufgeteilt werden. Es werden die fixen Transportfahrzeug- und Fahrpersonalkosten zur Ermittlung des palettenstellplatzabhängigen Kostensatzes getrennt von den variablen Kosten für die Berechnung eines Kilometer abhängigen Kostensatzes betrachtet. Die Kostenermittlung kann dabei für einzelne Fahrzeuge, Fahrzeuggruppen oder über den gesamten Fuhrpark vorgenommen werden.

Im folgenden erfolgt die Transportkostenermittlung mittels der Plankosten für das Planjahr für einen Lastkraftwagen. Die Kostenstellenplanung und die Berechnung der Kostensätze sind nachfolgender Tabelle zu entnehmen.

Europe-Logistics GmbH **Kostenstelle 10/23** **Fahrzeugnummer: 23** **Einsatzart: Nahverkehr** **Fahrzeuggruppe: 3**			**Plan/Gesamtjahr: 2001** **Kosten (in EUR)**	
Kostenart	**Menge**	**Preis** (in EUR)	**Variabel**	**Fix**
Fahrerlohn	1 Fahrer	54.000		54.000
Sozialaufwand				8.000
Spesen				4.600
Entwertung Kraftfahrzeug				15.000
Kraftfahrzeugsteuer				3.100
Haftpflicht				10.000
Kasko				7.000
Autobahngebühr				2.400
Abnutzung Kraftfahrzeug			18.000	
Treibstoff	37.500 L	∅ 0,95	35.625	
Schmierstoff	520 L	∅ 12,00	6.240	
Reifenkosten	12 Stück	∅ 610,00	7.320	
Reparaturkosten			6.400	
Summe			**73.585**	**104.100**

Fahrzeugdaten	**Mengen**	**Kosten (in EUR)**	**Kostensätze**
Palettenstellplätze	32 Europaletten		
km-Leistung im Jahr	150.000 km	Variabel 73.585,00	0,49 EUR/km
Einsatztage im Jahr	240 Tage	Fix 104.100,00	433,75 EUR/Tag
Einsatzstunden pro Tag	12 Stunden	Fix 433,75	36,15 EUR/Stunde
Palettenstellplätze im Jahr	9600 Stück	Fix 104.100,00	10,84 EUR/Palette

Tabelle 5: Kostenstellenplanung und Kostensätze der Kostenstelle 10 „Transport“

Eine weitere Besonderheit bei der Transportkostenermittlung ist die Spaltung der Abschreibungen, die üblicherweise komplett als Fixkosten ausgewiesen werden. Im Zusammenhang mit der Ermittlung der Transportkosten ist es jedoch sinnvoll, sie in einen zeitbedingten und einen abnutzungsbedingten Teil aufzuspalten.

Die Berechnung der zeitabhängigen Kostensätze dient der Berechnung von Kosten für von den Kunden oder Auftraggebern verursachten Standzeiten, die weiterbelastet werden. Für die oben beschriebene standardisierte Distributionsdienstleistung lassen sich darauf aufbauend folgende Transportkosten berechnen:

Transportkosten = (km-Kostensatz x Wegstrecke) + (Paletten-Kostensatz x Palettenanzahl)

= (0,49 EUR/km x 500 km) + (10,84 EUR/Palette x 32 Paletten)

= 591,86 EUR

Die Transportkosten der Distributionsdienstleistung belaufen sich demnach pro ausgeführte Dienstleistung auf 591,86 EUR. Insgesamt ergeben sich für die Distributionsdienstleistung folgende Kosten, wobei der zweimalige Transport der Gebinde als ein Transportprozeß betrachtet wird:

Disposition Abholung:	20,33 EUR
+ Lagerung:	406,30 EUR
+ Disposition Versand:	51,51 EUR
+ Transport:	591,86 EUR
= Gesamtkosten der Distributionsdienstleistung	1.070,00 EUR

Die mittels der Prozeßkostenrechnung ermittelten Gesamtkosten der standardisierten Distributionsdienstleistung belaufen sich somit auf 1.070,00 EUR.

7 Kritische Würdigung der Prozeßkostenrechnung im Dienstleistungsbereich

Der Prozeßcharakter und der hohe Gemeinkostenanteil von Dienstleistungen verdeutlichen die Anwendungsvorzüge des Konzepts im Dienstleistungsbereich. Die durch die Prozeßkostenrechnung ermittelbaren Informationen über die Kosten betrieblicher Prozesse können weiterhin wertvolle Hinweise insbesondere hinsichtlich strategischer Entscheidungsalternativen, zur Optimierung der innerbetrieblichen Erstellungsverfahren sowie bei Entscheidungen über die optimale Gestaltung der Dienstleistungsprodukte liefern (vgl. *Fischer* 1996, S. 100). Die Kenntnis der kostenstellenübergreifenden Prozeßkosten versetzt die Kostenverantwortlichen darüber hinaus in die Lage, die Aus- und Wechselwirkungen (strategischer) Entscheidungsalternativen offen zu legen und besser abzuschätzen, wodurch eine verbesserte Kostenplanung und -kontrolle ermöglicht wird (vgl. *Freidank* 1994, S. 255).

Da der Output der einzelnen Prozesse wesentlicher Bestandteil der Distributionsdienstleistung ist, geben die Prozeßkosteninformationen wichtige Hinweise, inwieweit die Kosten für die Dienstleistung beispielsweise durch Wegfall, Reduzierung oder Vereinfachung bestimmter Tätigkeiten oder (Teil-)Prozesse gesenkt werden können. Dabei werden auch die Kosten solcher Aktivitäten erkennbar, die nicht zur Steigerung des Kundennutzens beitragen (non-value activites), beispielsweise die Bearbeitung von Kundenreklamationen (vgl. *Fischer* 1996, S. 100). Die Prozeßkostenrechnung bildet somit eine wichtige Grundlage zur Prozeßoptimierung.

Die Anwendung der Prozeßkostenrechnung im Dienstleistungsbereich verbessert außerdem die Möglichkeiten einer verursachungsgemäßen Kostenzurechnung auf die einzelnen Dienstleistungen (hier auf die Distributionsdienstleistung), soweit es sich um Prozesse handelt, deren Prozeßergebnisse in einer direkten Beziehung zu der Dienstleistung stehen (vgl. *Innes / Mitchell* 1997, S. 195 ff). Mit der Prozeßkostenrechnung lassen sich jedoch auch die Probleme von Prozessen nicht lösen, deren Kosten nicht (vollständig) durch die Kostenantriebskräfte erklärt werden. In diesen Fällen muß weiterhin eine Schlüsselung der Kosten erfolgen (vgl. *Fröhling*, S. 167 f).

Zusammenfassend bleibt festzuhalten, daß die Prozeßkostenrechnung ein zweckmäßiges Instrument für Dienstleistungsunternehmen ist, um ein genaueres und detaillierteres Bild der innerbetrieblichen Kostenstrukturen zu erhalten und die Kostentransparenz zu erhöhen (vgl. *Kock* 1995, S. 62). Sie bildet die Basis für eine Optimierung der Prozesse und ist im Hinblick auf die Einführung des Target Costing bei Dienstleistungen unabdingbar (vgl. *Leidig / Sommerfeldt* 1998, S. 45; *Coenenberg / Specht / Koch* 2001). Somit besitzt die Prozeßkostenrechnung den Charakter eines Analyse- und Steuerungsinstruments (vgl. *Freidank* 1994, S. 255). Allerdings bietet sie sich nur für weitgehend standardisierbare Dienstleistungen an, da nur bei ihnen eine hohe Prozeßstabilität (wenig Entscheidungsmöglichkeiten und viele repetitive Prozesse) gewährleistet ist (vgl. Abbildung 7).

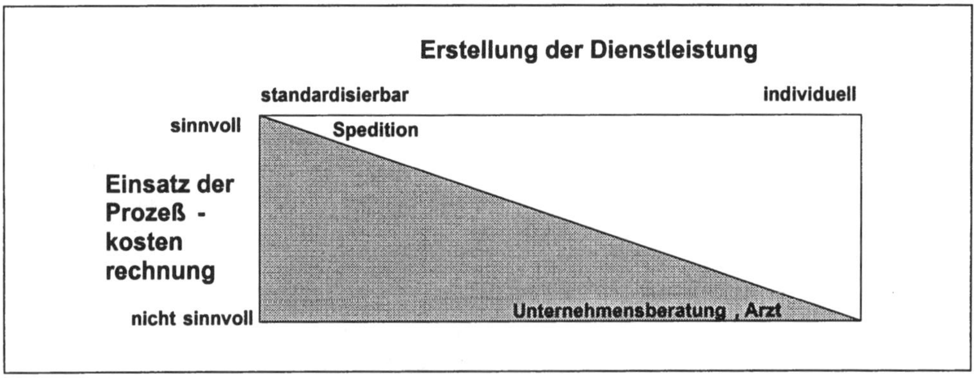

Abbildung 7: Anwendungsmöglichkeiten der Prozeßkostenrechnung bei Dienstleistungen

Anmerkungen

[1] Als jeweilige Vertreter des potential-, prozeß- und ergebnisorientierten Definitionsansatzes vgl. z.B. *Hentschel* 1992, S. 19 f; *Berekoven* 1983, S. 23; *Maleri* 1973, S. 5 f).

[2] Eine umfassende, allgemein gültige Leistungstypologie für Dienst- und Sachleistungen verfaßten Engelhardt et. al., die von Meffert / Bruhn weiterentwickelt wurde, vgl. *Engelhardt / Kleinaltenkamp / Reckenfelderbäumer* 1993, S. 395ff; *Meffert / Bruhn* 1997, S. 34).

[3] Dies ist bei kapitalintensiver Sachgüterproduktion zwar auch der Fall, jedoch können hier im Gegensatz zu Dienstleistungen Auftragsspitzen bzw. -schwankungen durch Lagervorhaltung ausgeglichen werden.

[4] Reckenfelderbäumer stellte bei einer Kostenanalyse von Dienstleistungsunternehmen einen Personalkostenanteil von über 50% bis 90% fest, (vgl. *Reckenfelderbäumer* 1995, S. 41 f.)

[5] Um eine verursachungsgerechtere Produktkalkulation (Zielkostenfindung) und Optimierung der Gemeinkostenbereiche (Zielkostenerreichung) zu ermöglichen, ist es daher sinnvoll, die Prozeßkostenrechnung in das Target Costing zu integrieren (vgl. *Cervellini* 1994, S. 70; *Mayer* 1993, S. 77; *Striening* 1996, S. 11 f; *Seidenschwarz* 1991, S. 64 f).

[6] Beim Aufbau der Prozeßkostenrechnung wird keine separate Prozeßanalyse durchgeführt, da sonst einige Teilschritte doppelt ausgeführt werden müßten.

[7] Die gesamte Prozeßhierarchie hat somit folgende Ebenen: Hauptprozeß, Prozesse, (kostenstellenbezogene) Teilprozesse, Tätigkeiten.

[8] Z.B. für Teilprozeß 1 "Auftrag bearbeiten" (Tätigkeiten a) b) l)): Kapazitätsbeanspruchung 4,2 MJ x 70.884,- EUR/MJ (inkl. leistungsmengenneutraler Kosten von 5759,- EUR), Prozeßmenge 56.000 Aufträge p.a., ergibt 5,32 EUR pro Auftragsbearbeitung.

[9] Die Numerierung bezieht sich auf die Teilprozesse, zu denen die Tätigkeiten zusammengefaßt werden.

[10] Inkl. leistungsmengenneutraler Kosten

8 Literatur

Berekoven, L. (1983): *Der Dienstleistungsmarkt in der Bundesrepublik Deutschland. Theoretische Fundierung und empirische Analyse*, Göttingen 1983

Bertsch, L. H. (1991): *Expertensystemgestützte Dienstleistungskostenrechnung*, Stuttgart 1991

Bezold, T. (1996): *Zur Messung der Dienstleistungsqualität*, Bayreuth 1996

Böhler, H.;Hempe, S. (1998): *Marktforschung für das Dienstleistungsmanagement*, in: Bruhn, M.; Meffert, H. (Hrsg.): Handbuch Dienstleistungsmanagement - von der strategischen Konzeption zur praktischen Umsetzung, Wiesbaden 1998, S. 213-227

Cervellini, U. (1994): *Marktorientiertes Gemeinkostenmanagement mit Hilfe der Prozeßkostenrechnung - Ein Erfahrungsbericht*, in: Controlling 1994, Heft 2, S. 64-72

Coenenberg, A. G. (1999): *Kostenrechnung und Kostenanalyse*, 4. Aufl., Landsberg am Lech 1999

Coenenberg, A. G.; Fischer, T. M. (1991): *Prozesskostenrechnung - Strategische Neuorientierung in der Kostenrechnung*, in: Die Betriebswirtschaft 1991, Heft 1, S. 21-38

Coenenberg, A. G.; Specht, U.; Koch, A. (2001): *Target Costing als Instrument des marktorientierten Kostenmanagements für Dienstleistungen*, in: Böhler, H. (Hrsg.): Unternehmensführung und Marketing-Management - Festschrift für Prof. Richard Köhler zum 65. Geburtstag, Stuttgart 2001, im Erscheinen

Corsten, H. (1985a): *Analyse der Dienstleistungsbesonderheiten und ihre ökonomischen Auswirkungen*, Arbeitspapier Nr. 4, TU Braunschweig 1985

Corsten, H. (1985b): *Die Produktion von Dienstleistungen: Grundzüge einer Produktionswirtschaftslehre des tertiären Sektors*, Berlin 1985

Corsten, H. (1997): *Dienstleistungsmanagement*, 3. Aufl., München 1997

Engelhardt, W. H.; Kleinaltenkamp, M.; Reckenfelderbäumer, M. (1993): *Leistungsbündel als Absatzobjekte: ein Ansatz zur Überwindung der Dichotomie von Sach- und Dienstleistungen*, in: Zeitschrift für betriebswirtschaftliche Forschung 1993, S. 395-426

Fischer, H. (1996): *Prozeßkostenrechnung und Prozeßoptimierung für Dienstleistungen. Das Beispiel eines Versicherungsunternehmens*, in: Controlling 1996, Heft 2, S. 90-101

Freidank, C.-C. (1994): *Unterstützung des Target Costing durch die Prozeßkostenrechnung*, in: Dellmann, K.; Franz, K. P. (Hrsg.): Neuere Entwicklungen im Kostenmanagement, Bern 1994, S. 223-259

Fröhling, O. (1994): *Dynamisches Kostenmanagement. Konzeptionelle Grundlagen und praktische Umsetzung im Rahmen eines strategischen Kosten- und Erfolgs-Controlling*, München 1994

Hentschel, B. (1992): *Dienstleistungsqualität aus Kundensicht: Vom merkmals- zum ergebnisorientierten Ansatz*, Wiesbaden 1992

Hilke, W. (1989): *Grundprobleme und Entwicklungstendenzen des Dienstleistungsmarketing*, in: Hilke, W. (Hrsg.): Dienstleistungs-Marketing, Wiesbaden 1989, S. 5-44

Horváth, P.; Mayer, R. (1989): *Prozeßkostenrechnung – Der neue Weg zu mehr Kostentransparenz und wirkungsvolleren Unternehmensstrategien*, in: Controlling 1989, S. 214-219

Innes, J.; Mitchell, F. (1997): *The Application of Activity-Based Costing in the United Kingdom's Largest Financial Institutions*, in: The Service Industries Journal 1997, Heft 1, S. 190-203

Kleinaltenkamp, M. (1998): *Begriffsabgrenzung und Erscheinungsformen von Dienstleistungen*, in: Bruhn, M.; Meffert, H. (Hrsg.): Handbuch Dienstleistungsmanagement - von der strategischen Konzeption zur praktischen Umsetzung, Wiesbaden 1998, S. 29-52

Kock, S. (1995): *Implementation Consideration for Activity-Based Cost Systems in Service Firms. The Unavoidable Challenge*, in: Management Decision 1995, Heft 6, S. 57-63

Leidig, G.; Sommerfeldt, R. (1998): *Prozeßkostenrechnung im Dienstleistungssektor*, in: io Management 1998, Heft 12, S. 40-45

Maleri, R. (1973): *Grundzüge der Dienstleistungsproduktion*, Berlin 1973

Mayer, R. (1993): *Target Costing und Prozeßkostenrechnung*, in: Horváth, P. (Hrsg.): Target Costing, Stuttgart 1993, S. 75-92

Meffert, H. (1998): *Marketing: Grundlagen marktorientierter Unternehmensführung*, 8. Aufl., Wiesbaden 1998

Meffert, H.; Bruhn, M. (1997): *Dienstleistungsmarketing. Grundlagen, Konzepte, Methoden*, 2. Aufl., Wiesbaden 1997

Meurer, C. (1992): *Strategisches internationales Marketing für Dienstleistungen: dargestellt am Beispiel des Management-Consulting*, Frankfurt am Main 1992

Meyer, A. (1996): *Dienstleistungsmarketing. Erkenntnisse und praktische Beispiele*, 7. Aufl., München 1996

Meyer, A. (1991): *Dienstleistungs-Marketing*, in: Die Betriebswirtschaft 1991, Heft 5, S. 195-209

Niemand, S. (1996): *Target Costing für industrielle Dienstleistungen*, München 1996

Paul, M. (1998): *Preis- und Kostenmanagement von Dienstleistungen im Business-to-Business-Bereich*, Wiesbaden 1998

Paul, M.; Reckenfelderbäumer, M. (1998): *Preisbildung und Kostenrechnung bei Dienstleistungen auf Basis neuerer Kostenrechnungsverfahren*, in: Bruhn, M. ; Meffert, H. (Hrsg.): Handbuch Dienstleistungsmanagement - von der strategischen Konzeption zur praktischen Umsetzung, Wiesbaden 1998, S. 634-664

Raster, M.; Schmidt, F. (1994): *Prozeßorientierte Kostenrechnung in der Materialwirtschaft - ein Anwendungsbeispiel*, in: Gaitanides, M. (Hrsg.): Prozeßmanagement: Konzepte, Umsetzungen und Erfahrungen des Reengineering, München 1994, S. 182-206

Reckenfelderbäumer, M. (1995): *Marketing-Accounting im Dienstleistungsbereich. Konzeption eines prozeßkostengestützten Instrumentariums*, Wiesbaden 1995

Rosada, M. (1990): *Kundendienststrategien im Automobilsektor*, Berlin 1990.

Say, J.-B. (1876): *Traité d'Économie politique ou simple Exposition de la Manière dont se forment, se distribuent et se consomment les Richesses*, Huitième édition, Paris 1876

Schneider, M. (1999): *Innovation von Dienstleistungen: Organisation von Innovationsprozessen in Universalbanken*, Wiesbaden 1999

Schnellhaas, K.-U.; Beinhauer, M. (1992): *Entscheidungsrelevanz in der Prozeßkostenrechnung*, in: Kostenrechnungspraxis 1992, Heft 6, S. 301-309

Scholz, R.; Vrohlings, A. (1994): *Prozeß - Struktur - Transparenz*, in: Gaitanides, M. (Hrsg.): Prozeßkostenmanagement: Konzepte, Umsetzungen und Erfahrungen des Reengineering, München 1994, S. 38 -56

Seidenschwarz, W. (1991): *Target Costing und Prozeßkostenmanagement*, in: IFUA Horváth & Partner GmbH (Hrsg.): Prozeßkostenmanagement, Stuttgart 1991, S. 47-70

Seiler, A. (1998): *Ziele und Vorteile der Prozeßkostenrechnung*, in: io Management 1998, Heft 12, S. 36-39

Serfling, K.; Jeiter, V. (1995): *Gemeinkostencontrolling in Dienstleistungsbetrieben auf Basis der Prozeßkostenrechnung*, in: Kostenrechnungspraxis 1995, Heft 6, S. 321-329

Sheridan, T. (1996): *Costing in the Service Sector*, in: Management Accounting 1996, Heft 5, S. 44-45

Simon, H. (1993): *Preispolitik für industrielle Dienstleistungen*, in: Simon, H. (Hrsg.): Industrielle Dienstleistungen, Stuttgart 1993, S. 187-218

Strecker, A. (1991): *Prozeßkostenrechnung in Forschung und Entwicklung*, München 1991

Striening, H. D. (1996): *Aufgaben und Instrumente des Gemeinkostenmanagements*, in: Kostenrechnungspraxis 1996, Heft 1, S. 9-15

Wildemann, H. (1995): *Controlling von Geschäftsprozessen reorganisierter Industrieunternehmen*, in: Kostenrechnungspraxis 1995, Heft 6, S. 305-312

Woratschek, H. (1996): *Preisforschung für Dienstleistungen*, Habilitationsschrift, Frankfurt am Main 1996

Woratschek, H. (1998a): *Preisbestimmung von Dienstleistungen*, Frankfurt am Main 1998

Woratschek, H. (1998b): *Preisbildung im Dienstleistungsbereich auf Basis von Marktinformationen*, in: Bruhn, M. ; Meffert, H. (Hrsg.): Handbuch Dienstleistungsmanagement - von der strategischen Konzeption zur praktischen Umsetzung, Wiesbaden 1998, S. 614-631

Praktische Probleme bei der Einführung und Nutzung von Balanced Scorecards

Dietger Hahn, Lutz Kaufmann

1 Einleitung

Das Konzept der Balanced Scorecard (BSC) hat sich in der Praxis bislang als sehr wertvoll für die Strategieumsetzung erwiesen. Allerdings haben nicht alle BSC-Einführungen zu dem gewünschten Erfolg geführt. Dies überrascht zunächst, da die BSC in ihrer tabellarischen Grundform – mit den vier Perspektiven für Finanzen, Kunden, Prozesse sowie Potentiale und Lernen in der Kopfspalte sowie den strategischen Zielen, Meßgrößen, Zielwerten und Aktionen in den weiteren Spalten – übersichtlich und gut verständlich aufgebaut ist. Ferner ist der Gedanke, neben monetären Ergebnisgrößen nicht-monetäre Ziele zu verfolgen, keineswegs neu, aber überzeugend. Auch die Basisforderung, in Summe nicht mehr als 20 bis 25 Kennzahlen auf der BSC aufzunehmen, erscheint einfach und plausibel. Warum also kommt es dazu, daß BSC-Projekte in der Unternehmenspraxis scheitern?

Dieser Frage wird in dem vorliegenden Beitrag nachgegangen. Dabei werden jeweils Hinweise dafür gegeben, wie den hier aufgezeigten Problemen begegnet werden kann. Die Kenntnis der BSC-Grundkonzeption wird vorausgesetzt; für Grundlagen sei der Leser hier auf die entsprechende Literatur verwiesen (*Kaplan / Norton* 1997 u. 2001, *Horváth / Kaufmann* 1998, *Weber / Schäffer* 2000). Betrachtet werden nachfolgend jedoch nicht ausschließlich BSC-Projekte, die gänzlich scheitern, sondern auch solche, die allgemein auf Widerstände stoßen, die nicht reibungslos verlaufen, die langwierig sind, nicht zu den gewünschten Ergebnissen führen und bei den Beteiligten in der Folge Frustrationen verursachen. Die Gründe hierfür können drei Problemkreisen zugeordnet werden. Diese sind:

- Problemkreis I: Motivationsprobleme
- Problemkreis II: Methodische Probleme bei der BSC-Erstellung
- Problemkreis III: Probleme beim BSC-Einsatz

Zum Problemkreis I gehören im wesentlichen falsche Einstellungen und Erwartungen der an einem BSC-Projekt Beteiligten. Problemkreis II umfaßt typische Entwicklungsfehler, die dazu führen, daß die Qualität der resultierenden BSC unzureichend ist. Dem Problemkreis III sind Aspekte zuzurechnen, die verhindern, daß sich das Leistungsvermögen der erstellten BSC im Tagesgeschäft voll entfalten kann. Bevor die Probleme im einzelnen diskutiert werden, sei noch angemerkt, daß sich die drei Problemkreise häufig überlappen und teilweise sogar wechselseitig verstärken.

2 Motivationsprobleme (Problemkreis I)

Eines der größten Probleme bei der BSC-Einführung resultiert aus ihrer scheinbaren Einfachheit. Richtig ist, daß das Endergebnis einfach und übersichtlich ist und auch sein soll. Allerdings kann die BSC ihr volles Leistungsvermögen nur entfalten, wenn sie zuvor mit großer Sorgfalt erarbeitet wurde. Der hierfür erforderliche Aufwand wird nach unseren Erfahrungen von etwa zwei Dritteln der Unternehmen deutlich unterschätzt – dabei zählen wir noch nicht einmal jene Unternehmen zur Grundgesamtheit, die sich ohnehin nur sehr oberflächlich mit der Thematik auseinandersetzen (nach dem Credo „Wir haben im Anschluß an unsere Geschäftsleitungssitzung vergangenen Donnerstag eine BSC aufgestellt").

Abbildung 1 zeigt in der linken Bildhälfte die Ausgangspunkte der BSC-Einführung, die Strategiepapiere und die Auffassungen der Führungskräfte zur Strategie. In der rechten Bildhälfte sind die drei Ergebnisse dargestellt, nämlich die BSC-Matrix, die BSC-Story (auch Story of the Strategy genannt (vgl. *Horváth & Partner* 2001)) und die BSC-Map.

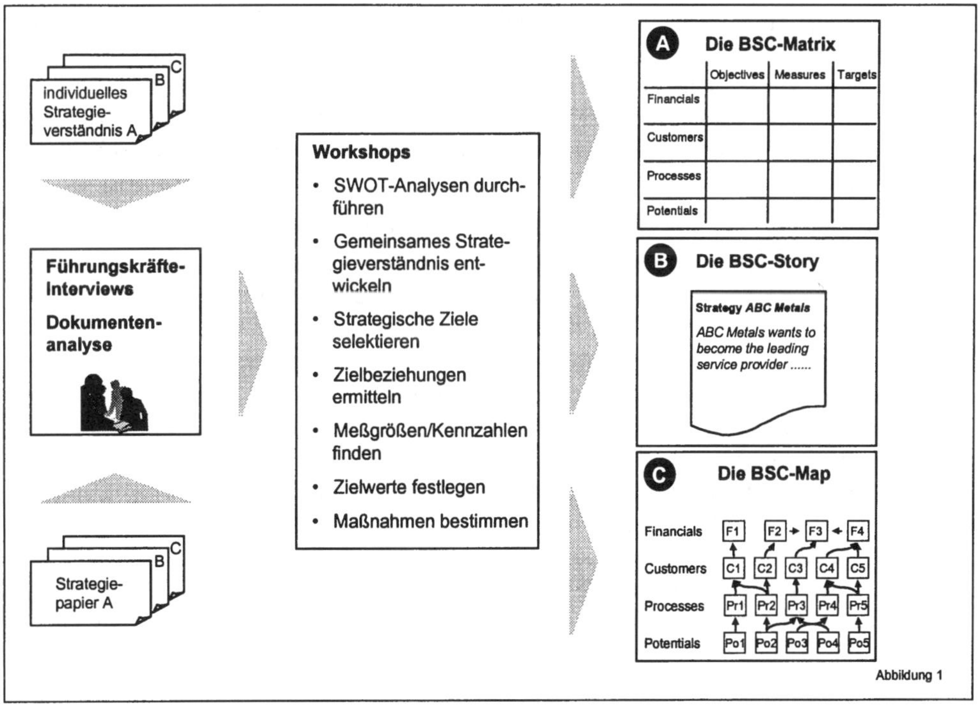

Abbildung 1: Input, Prozeßschritte und Ergebnisse von BSC-Projekten im Überblick

Je nach Unternehmenssituation stößt die Einführung von Balanced Scorecards auf sehr unterschiedliche Einstellungen:

- So wird manchen Turnaround-Kandidaten in Konzernen die Einführung einer BSC mit dem Argument abverlangt, daß eine langfristig tragfähige Strategie möglichst zügig umgesetzt werden müsse – gerade Kaplan und Norton berichten in ihren beiden Standardwerken von zahlreichen Turnarounds (vgl. *Kaplan / Norton* 1997 u. 2001). Den Führungskräften in diesen Einheiten mangelt es oft aber an der Bereitschaft, eine BSC sorgfältig zu erarbeiten. In den meisten Fällen haben solche Einheiten bereits diverse Kostensenkungsprogramme durchlaufen; die Führungskräfte haben im Verteilungskampf um knappe Ressourcen dann zumeist ein erhebliches Maß an Ressortegoismus aufgebaut und sind wenig bereit, Zeit in das Projekt zu investieren. Insbesondere in solchen Situationen sollte den Führungskräften vom Top Management ein hochprofessionelles Berater- und Moderatorenteam zur Seite gestellt werden.
- In rasch wachsenden Unternehmen und in Unternehmen, die in sehr turbulenten Umfeldern (z.B. durch neue Technologien, Deregulierungen) tätig sind, ist oft die Strategie selbst noch nicht klar, so daß eine Erarbeitung von BSCs deswegen mitunter ins Stocken kommt. Hier ist erst der Strategievorbau zu leisten. Oder aber es wird die Grundsatzfrage gestellt, ob eine BSC denn überhaupt sinnvoll sei, da sich doch die Gesamtsituation des Unternehmens und seine Strategien häufig, massiv und schwer vorhersehbar ändern (müssen). Hier ist darauf hinzuweisen, daß die Alternative nicht lauten kann, auf jegliche Strategieformulierung zu verzichten, sondern, daß es gerade dann darum geht, Strategien möglichst rasch zu implementieren – die Umsetzungsgeschwindigkeit ist für solche Unternehmen vielfach der wettbewerbsentscheidende Faktor.

In einer Reihe von Unternehmen treffen BSC-Projekte auch auf eine Alter-Wein-in-neuen-Schläuchen-Mentalität bei den Mitarbeitern. Nach Lean Management-, Business Process Reengineering-, TQM- und Shareholder Value-Initiativen herrscht meist Skepsis gegenüber dem neuen Ansatz vor, der rasch als die jüngste von verschiedenen Modewellen eingestuft wird. Analog ergeben sich Motivationsprobleme, wenn für die Konzeption und Einführung von Balanced Scorecards externe Beratungsgesellschaften oder die Inhouse-Consulting-Einheit eingesetzt werden, nachdem in den vergangenen Jahren zahlreiche Beratungsprojekte durchgeführt wurden. Hier liegt dann oft eine gewisse Beratungsmüdigkeit auf Seiten der Mitarbeiter vor. Diese resultiert zumeist daraus, daß die aus den Beratungsprojekten abgeleiteten Empfehlungen in der Vergangenheit nicht vollständig umgesetzt oder entsprechend variiert worden sind. Hier ergibt sich aber ein Ansatzpunkt, um zur Mitwirkung an BSC-Projekten zu motivieren, denn das Versanden der Beratungsprojekte ist häufig darauf zurückzuführen, daß der Umsetzungsgrad gerade nicht mit einem Performance Measurement-Konzept wie dem der BSC verfolgt wurde. Außerdem ist die BSC ein Projekt, bei dem sich die Mitarbeiter aktiv einbringen können, was bei weitem nicht bei allen Beratungsprojekten der Fall ist.

Zu Lasten der Qualität der BSC geht andererseits auch eine ausgeprägte Perfektionsmentalität im BSC-Team – oder bei den Initiatoren des Projekts. Es ist nämlich nicht zu erwarten, daß bereits die erste BSC komplett ist, d.h. keine fehlenden Daten aufweist und alle Meßgrößen verfügbar sind. In den meisten Fällen muß zunächst mit einem Rohling gearbeitet werden, der verändert wird und seinen Feinschliff bekommt, wenn das Führungsteam zunehmend Erfahrung in der Arbeit mit BSCs gewinnt. Auch sollte sich die Zusammensetzung der Messgrößen auf der BSC nicht primär danach richten, ob die erforderlichen Daten aus vorhandenen Systemen abgeleitet werden können. Standardargumente, wie „da müssen wir erst auf die Einführung von R/3 warten", können nicht akzeptiert werden. Ziel ist die Umsetzung der Strategie. Der Umsetzungsgrad ist anhand der Kennzahlen meßbar zu machen, und wenn dazu erforderliche Kennzahlen bislang nicht erstellt werden, müssen sie künftig neu erhoben werden – es sei denn, der Aufwand dafür ist wirklich außergewöhnlich hoch. Dem widerspricht nicht die Aussage, daß gerade beim anfänglichen Arbeiten mit der BSC dann auf vorhandene Proxi-Größen zurückgegriffen werden kann, wenn vermieden werden soll, daß es zu einzelnen Zielen (zunächst noch) gar keine Meßgrößen mit Istwerten gibt.

Unter die Kategorie Perfektionsmentalität fällt auch die falsche Erwartungshaltung, mit der BSC würde sich ein deterministisches Rechenmodell für das ganze Unternehmen schaffen lassen, so daß beispielsweise kalkulierbar sei, um wieviel Prozent sich der Return on Equity verbessert, wenn der Kundenzufriedenheitsindex um 1,8 Punkte steigt.

Der entscheidendste Faktor auf dem Gebiet der Motivation ist die Top Management-Unterstützung für das erstmalige Erarbeiten von und laufende Arbeiten mit Balanced Scorecards. Wenn die jeweilige oberste Führungskraft für den Bereich, für den eine BSC erstellt werden soll, nicht für alle Projektmitglieder deutlich erkennbar hinter dem BSC-Projekt steht, wird es nicht erfolgreich sein. Entweder wird schon die erste Scorecard, die erarbeitet wird, halbherzig und wenig sorgfältig erstellt, oder es wird nicht auf Dauer mit den Scorecards gearbeitet. In der Luftfahrtindustrie umschrieb ein Projektleiter dies mit den Worten: „Ohne unser Top Management wäre die BSC-Maschine entweder gar nicht erst vom Boden weggekommen oder auf ihrem Jungfernflug gleich wieder abgestürzt." Daher sollte sich eine möglichst hochrangige Führungskraft bei der Kick-off-Veranstaltung zu dem BSC-Projekt durch umfassende BSC-Sachkenntnis auszeichnen und bereits klare Wege für den späteren Roll-out der Konzeption im Unternehmen aufzeigen. Die Leiter von BSC-Piloteinheiten sollten zusätzlich im persönlichen Gespräch mit dem Top Management motiviert werden.

Die Ausführungen in dem vorangehenden Absatz implizieren noch ein weiteres Problem: Mit personellen Wechseln im Führungsteam ändern sich oft auch die Prioritäten für Management-Ansätze. Dies kann BSC-Projekte grundsätzlich gefährden. Andererseits bietet sich für die neue Führungsmannschaft aber gerade in Unternehmen, die noch keine Erfahrungen mit dem Konzept gemacht haben, die Möglichkeit, ihre strategischen Absichten rasch im Unternehmen zu kommunizieren und umzusetzen.

Im Anschluß an Pilotprojekte und vor einem unternehmensweiten Roll-out sollte das Konzept umfassend im Unternehmen vermarktet werden. Abbildung 2 zeigt verschiedene Möglichkeiten, dies zu tun. Exemplarisch wird das Titelbild des Newsletters der schweizerischen SIG gezeigt, die zu Beginn des Jahres 2001 die BSC-Initiative einer breiten Unternehmensöffentlichkeit erfolgreich vorgestellt hat.

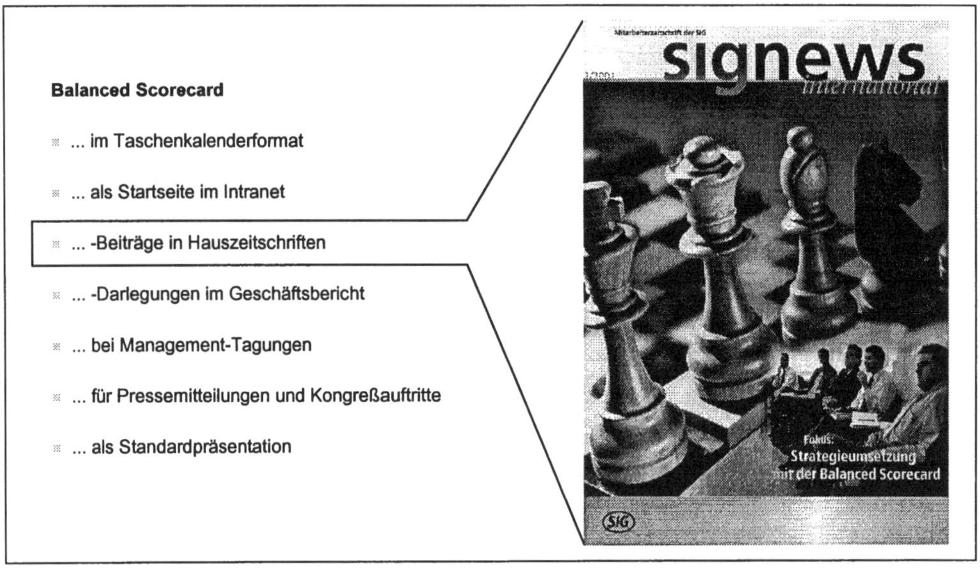

Abbildung 2: Beispielhafte Formen zur Verwendung von Balanced Scorecards

3 Methodische Probleme bei der BSC-Erstellung (Problemkreis II)

Die Entwicklung von Balanced Scorecards erweist sich mitunter als sehr langwierig, weil die beteiligten Führungskräfte von der Annahme ausgehen, daß die Strategie für alle Beteiligten klar sei (vgl. auch *Darragh / Campbell* 2001) und lediglich in das Format der BSC übertragen werden müsse. Die Interpretationsspielräume sind jedoch insbesondere bei lediglich verbal ausgedrückten Zielen sehr weit, wie sich sehr schnell an den Antworten auf die klassische Frage des Workshop-Moderators „Was bedeutet bei unserer Geschäftseinheit eigentlich Qualitätsführerschaft“ zeigt. Daß es ideal ist, wenn man besser, schneller und preisgünstiger als der Wettbewerb anbieten kann, ist meistens unstrittig. Doch wenn konkret angegeben werden muß, woran man bspw. Qualitätsführerschaft festmachen kann, welche strategische Priorität dies z.B. im Vergleich zur Preisführerschaft hat, und welches Qualitätsniveau bei welchen Sach- bzw. Dienstleistungskategorien anzustreben ist, wird rasch deutlich, daß die Führungskräfte kein gemeinsames Geschäftsmodell haben.

Ein solches gemeinsames Geschäftsmodell, d.h. eine abgestimmte Strategie mit klaren Konturen, ist demnach eine Voraussetzung für die BSC-Arbeit, die keineswegs immer erfüllt ist. Die meisten Teams springen dennoch direkt in die BSC-Workshop-Arbeit und versuchen, Metaplan-Technik-gestützt strategische Ziele abzuleiten und die erste Spalte der BSC zu füllen. Wenn dann die einzelnen strategischen Ziele kritisch auf ihren Inhalt hin hinterfragt werden, beginnt häufig erst eine sehr intensive Diskussion über die Strategie. Insofern hat die BSC, obwohl sie später der Strategieumsetzung dient, zunächst häufig den Charakter eines Strategie-Audits.

Vielfach ist auch die Selektion der 20 bis 25 Ziele („Twenty is plenty") für die BSC und damit einhergehend die Wahl des richtigen Detaillierungsgrades ein schwieriger Prozeß. Häufig werden hier zu pauschale und allgemeingültige Ziele, wie „Kundenzufriedenheit steigern" und „Weiterbildung intensivieren" genannt und ausgewählt: So macht es wenig Sinn, als Ziel beispielsweise eines Zulieferers zur Luftfahrtindustrie „Top Qualität liefern" zu formulieren. Das ist zu pauschal, nicht unternehmensbezogen und interpretierbar. Auf der anderen Seite ist auch ein extrem hoher Detaillierungsgrad, wie bei dem Ziel „Maximale Toleranz beim Zuschnitt von Alu-Rundstangen von 0,5 mm" im selben Unternehmen ebenfalls nicht angemessen, da hier der Bezug zur Unternehmensstrategie fehlt; das Ziel ist zu spezifisch. Um ein Unternehmen mit Hilfe der BSC wirklich strategisch voranzubringen, empfiehlt es sich, vor allem unternehmenssituativ zugeschnittene Vorsprungs- und Aufholungsziele in der BSC aufzunehmen. Beide sind relativ zum Wettbewerb definiert:

- Bei Vorsprungszielen geht es entweder darum, einen bestehenden Vorsprung zu erhalten oder diesen auszubauen – so hatte Intel in der Vergangenheit bei jeder Chipgeneration wettbewerbsentscheidende Time-to-market-Vorsprünge vor AMD.
- Aufholungsziele sind in den Fällen notwendig, in denen ein Unternehmen gegenwärtig nicht wettbewerbsfähig ist – so können z.B. zu hohe Betriebskosten bei einer Fluggesellschaft durch eine Strategie der Flottenstandardisierung nachhaltig reduziert werden.

Es kommt in diesem Zusammenhang vor, daß sich die Workshop-Teilnehmer überfordert fühlen, da ihnen ein hohes Maß an Disziplin beim Herausschälen der 20 bis 25 BSC-relevanten Ziele abgerungen wird. Ein erfahrener Moderator wird dann darauf verweisen, daß man es sich selbstverständlich im Workshop einfach machen kann, indem man auf abstrakter Ebene rasch Konsens findet, daß dies aber dazu führt, daß im weiteren Verlauf der Strategieumsetzung die fehlende Klarheit zu den altbekannten erheblichen Reibungsverlusten führen wird – vor allem auf den nachgelagerten Führungsebenen. Es ist also erforderlich, daß den Teilnehmern kommuniziert wird, daß BSC-Arbeit harte Arbeit ist. Weitsichtige Kreativität ist vorher gefragt, nämlich in der Phase der Entwicklung von Strategien (vgl. *Hungenberg* 2000). Die erforderliche Übersetzung in strategische Einzelziele und das Herausarbeiten von Ursache-Wirkungsbeziehungen erfordern hingegen strenge Disziplin – hier entscheiden sprachliche Präzision und Logik. Lediglich wenn im weiteren Verlauf des Scorecard-Projektes für die Einzelziele geeignete Kennzahlen / Meßgrößen gefunden bzw. entwickelt werden müssen, ist wieder Kreativität gefragt. Das präzise und konsistente Erheben der Kennzahlen- / Meßgrößenwerte bedarf jedoch erneut großer Sorgfalt.

Das wohl gravierendste methodische Problem bisheriger BSC-Anwendungen besteht darin, daß viele BSC-Anwender zwar letztlich 20 bis 25 monetäre und nicht-monetäre Ziele und Kennzahlen in Tabellenform zusammengestellt und den vier Perspektiven zugeordnet haben, sich aber nicht die Mühe einer intensiven Auseinandersetzung mit den Beziehungen zwischen den Zielen gemacht haben (vgl. u.a. die empirischen Ergebnisse bei *Speckbacher / Bischof* 2000, S. 807). Damit nehmen sie bestenfalls Strategieelemente bzw. -fragmente auf der BSC auf, stellen aber nicht explizit den Systemzusammenhang dar. Insofern wirkt der Name „Scorecard" sogar fehlleitend: Bei dieser limitierten Art der Anwendung steht nämlich ausschließlich der „Card"-Charakter im Vordergrund; es geht den Beteiligten nur darum, am Projektende eine ausgewogene Matrix erstellt zu haben.

Mindestens ebenso wichtig ist aber, mit der BSC die Beziehungen im Wertschaffungsprozeß abzubilden (vgl. *Gleich* 2001, S. 219 ff; *Wall* 2001) und zu zeigen, wie immaterielle Werte im Unternehmen in faßbare Kundenergebnisse und kapitalgeberrelevante finanzielle Ergebnisse transformiert werden (sollen). Ein Indiz für konzeptionelle Mißverständnisse ist daher übrigens auch die Schlußfolgerung, daß es bei der BSC offenbar um einen stakeholder-orientierten Ansatz ginge. Hier kommt oft auch der Hinweis, Kapitalgeber, Kunden und Mitarbeiter seien ja schon beteiligt – statt der Prozesse solle man daher lieber den weiteren Interessengruppen Scorecard-Perspektiven zuweisen. Dem liegt ein ganz grundlegendes Mißverständnis des BSC-Ansatzes zugrunde: Ohne die zentrale Perspektive der Prozesse ist es wohl unmöglich, die strategischen Zusammenhänge zwischen Mitarbeitern, Kunden und Kapitalgebern zu beschreiben (vgl. *Albach* 1988, S. 219; *Atkinson / Waterhouse / Wells* 1997).

Der Schritt der Erstellung von Ursache-Wirkungsdiagrammen oder sogenannter Strategy Maps, die zeigen, wie immaterielle Werte im Unternehmen in greifbare Kundenergebnisse und kapitalgeberrelevante finanzielle Ergebnisse transformiert werden (sollen), ist daher unverzichtbar. Doch obwohl Kaplan und Norton in ihrem ersten Werk bereits die Abfolge der vier Perspektiven als grundlegende Ursache-Wirkungskette beschrieben haben (finanzielle Ziele werden erreicht, indem Kundenziele erfüllt werden; diese hängen ab von Prozessen, die wiederum von Mitarbeitern ausgeführt werden) und pragmatische, konkrete Hinweise zur Ableitung von Ursache-Wirkungsketten vorliegen (vgl. *Horváth & Partner* (Hrsg.) 2001), werden Ursache-Wirkungsketten vielfach entweder gar nicht oder nicht sorgfältig erarbeitet. Es stellt sich somit die Frage, woran das liegt. Hier gibt es offenbar drei Gründe:

- Zum einen wird vielfach zu Projektbeginn nicht ausdrücklich genug auf die Bedeutung dieses Arbeitsschrittes hingewiesen, so daß er nur halbherzig abgearbeitet wird.
- Zum zweiten haben viele BSC-Teams große Schwierigkeiten, die Komplexität des tatsächlich existierenden Ursache-Wirkungs-Geflechts auf die wenigen, strategisch bedeutsamen Beziehungen zu fokussieren. Hier muss der Berater darauf hinweisen, daß es – bildlich gesprochen – nicht darum geht, das komplette Straßennetz eines Landes abzubilden, sondern lediglich die wichtigsten Verkehrsadern einzuzeichnen.
- Zum dritten sieht das Ergebnis oft nicht kommunizierbar aus. Bei Ursache-Wirkungsdiagrammen handelt es sich nämlich um eine graphische Repräsentation der strategischen Zusammenhänge wie bei Abbildungen zum vernetzten Denken oder bei Mind-Maps, bei denen es jenen, die nicht an der Erstellung beteiligt waren, schwer fällt, das Endergebnis rasch nachzuvollziehen und damit zu akzeptieren.

Folglich empfiehlt es sich, zusätzlich als verbale Repräsentation der strategischen Zusammenhänge eine Story of the Strategy zu formulieren. Zumeist wird man in einem der Workshops mit der graphischen Darstellung der Zielketten beginnen. Vor dem nächsten Workshop wird auf dieser Basis eine Story formuliert. Im Folgeworkshop werden dann Diagramm und Text simultan überarbeitet. Dabei ist streng darauf zu achten, daß Änderungen in der einen Darstellungsart stets sofort auch in der anderen vorgenommen werden, wie es in Abbildung 3 verdeutlicht wird. Methodisch gesehen ist hier das Arbeiten mit zwei Beamern oder Projektoren zu empfehlen.

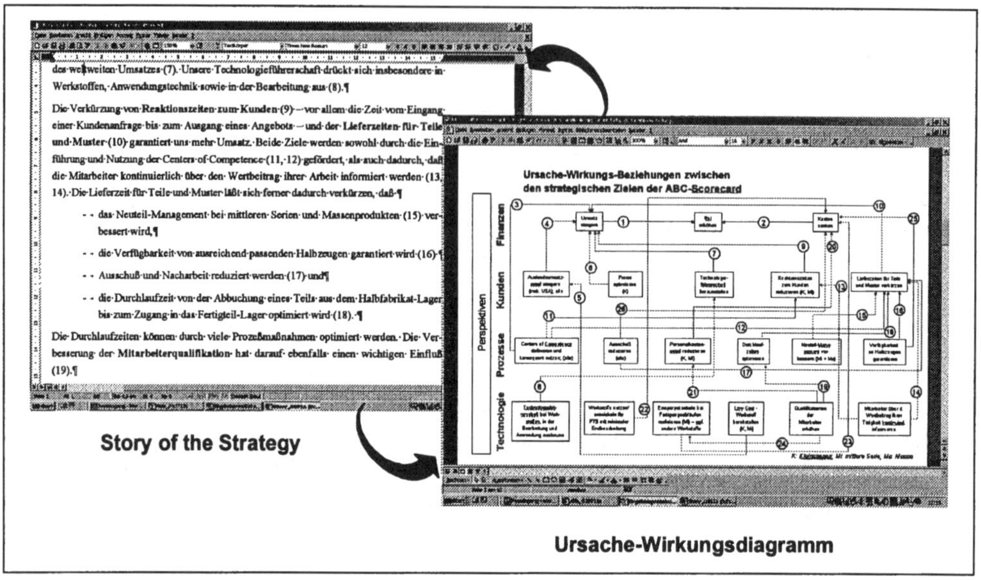

Abbildung 3: Simultane Erstellung von Story of the Strategy und Ursache-Wirkungsdiagramm

Letztlich, und mit dieser Erkenntnis lassen sich die wichtigsten Probleme bei der Einführung und Nutzung von Balanced Scorecards vermeiden, ist „die" BSC erst dann komplett, wenn sie in drei Formen vorliegt (vgl. erneut Abbildung 1):

- tabellarisch, d.h. als Matrix,
- verbal, d.h. als Story, und
- graphisch, d.h. als Map.

Auf die Bedeutung des Top Managements und der Projekt-Initiatoren wurde bereits oben hingewiesen. Bei der prinzipiellen Zusammensetzung der Scorecard-Teams werden in der Praxis selten gravierende Fehler begangen. In einigen Fällen jedoch ist das sog. Brüssel-Syndrom zu beobachten: Unter dem Deckmantel der Beteiligung aller möglichen später Betroffenen werden zu große und zu heterogene Teams zusammengestellt – die Folge sind oft ausufernde Diskussionen, langwierige Entscheidungsprozesse und nur recht pauschale, aber konsensfähige Ergebnisse. Ideal sind Teams von weniger als zehn Personen. In einer Piloteinheit sollten neben dem Bereichsleiter nicht mehr als sechs Führungskräfte der gleichen Hierarchiestufe, darunter eine Person aus dem Controlling-Bereich, beteiligt sein. Ferner ggf. ein Vollzeitprojektmitarbeiter und eine Person, die dem Betriebsrat angehört (vgl. *Wunder / Baur* 2000, S. 554).

Bei der Durchführung der Workshops ist es wichtig, daß alle Mitglieder durchgehend anwesend sind und weder für einzelne Workshop-Tage Stellvertreter schicken, noch stundenweise anderen Verpflichtungen nachgehen. Dies unterbleibt i.d.R. wenn das Top Management phasenweise an den Workshops teilnimmt und regelmäßig in Milestone-Meetings den Projektfortschritt verfolgt.

Größere Probleme können aus einer unzureichenden Moderatoren-Qualität resultieren. Oft werden unternehmensinterne oder -externe Berater eingesetzt, da sie über das notwendige methodische Know how verfügen und unabhängig sind und somit die Partikularinteressen im Führungsteam besser gleichrichten können. Allerdings ist zu konstatieren, daß inzwischen sehr viele Berater auf den BSC-Zug aufgesprungen sind, nicht zuletzt, weil das Konzept – wie eingangs erwähnt – oberflächlich einfach wirkt. Dementsprechend offerieren sie häufig BSC-Projekte, die dann mit zahlreichen der hier beschriebenen Probleme behaftet sind. Als erfahren können jene Beratungsgesellschaften gelten, die inzwischen mehr als einhundert BSC-Projekte unterstützt haben. Bei der Auswahl der internen oder externen Partner für ein BSC-Projekt ist darauf zu achten, daß es auch eine wichtige Aufgabe dieser Partner ist, das Top Management zu coachen und diesem in den Strategiediskussionen als kritisch herausfordernder Sparrings-Partner zur Verfügung zu stehen.

4 Probleme beim BSC-Einsatz (Problemkreis III)

Auch bei einer solide erstellten BSC drohen Probleme beim laufenden Einsatz. Zum einen kann die Begeisterung für die BSC abebben. Viele Manager begrüßen zunächst die BSC in der Hoffnung, daß sie dann nicht mehr alleine an finanziellen Größen gemessen werden, und der Stand der Dinge in ihrer Einheit gesamthaft dargestellt werden kann. Allerdings kann diese Erstellungseuphorie auch einem Gefühl der Bedrohung weichen, wenn die Manager merken, daß die BSC zur gläsernen Geschäftseinheit führt. Zum anderen ist vielfach beobachtbar, daß in Unternehmen mit ausgeprägtem Ressortegoismus und Beratungsmüdigkeit entweder ein stilles Boykottieren oder zumindest ein bewußtes Vernachlässigen der BSC einsetzt (nach dem Motto „Wenn ich lange genug warte, zieht auch die BSC-Welle an mir vorbei").

Klassische Einsatzprobleme ergeben sich, wenn die Arbeit in der Erstellungsphase nicht ausreichend nachvollziehbar dokumentiert wurde, wenn Informationssystem-bedingte Datenlücken dauerhaft nicht geschlossen werden können, oder die BSC als Konkurrent, und nicht als Ergänzung, zum laufenden Berichtswesen aufgefasst wird.

Dafür, daß das Projekt nicht versandet, sondern sein volles Leistungsvermögen entfaltet, sind letztlich ausschließlich die obersten Führungskräfte verantwortlich:

- Wenn die finanziellen Ergebnisse schlecht sind, geht oft die Aufmerksamkeit des Managements für die BSC verloren – in vielen Firmen wird dann nämlich wieder nur noch über die traditionellen Rechnungswesen-Größen gesprochen.

- Teilweise wird es versäumt, die BSC im Tagesgeschäft in verschiedenster Weise allgegenwärtig zu machen, z.B. indem sie auch nach ihrer unternehmensinternen „Erstvermarktung" immer wieder in Mitarbeiterzeitschriften angesprochen und in den Planungs- und Berichtsrunden zugrundegelegt wird.

- Vergleichsweise selten werden BSCs bei der Kommunikation mit Finanzanalysten sowie Beiräten oder Aufsichtsräten verwendet. Würde dies in größerem Umfang getan, so könnte das auch das Top Management entlasten, da es mit der BSC den Diskussionen eine Struktur geben kann, mit der es vertraut ist. Insbesondere für junge Firmen, die noch massiv in Mitarbeiter, Prozesse, Markenaufbau, Markterschließung und Kundenbeziehungen investieren müssen und noch keine überragenden Finanzergebnisse vorweisen, stellt die BSC eine ausgezeichnete Leitlinie bzw. Agenda für die Gespräche mit Kapitalgebern dar, denn sie hilft, auch innovative Geschäftsmodelle verständlich zu erklären.

- Ein weiterer Anwendungsmangel ist, daß es nicht in allen Unternehmen zur Routine wird, mit jeder Strategieänderung durch das Führungsteam auch die Scorecard anzupassen und zu verfeinern. Dies ist aber dringend zu empfehlen und wird erleichtert, wenn sich das Führungsteam z.B. der Muster-BSC bedient, mit der Kaplan und Norton in den vier Perspektiven noch weitere Subkategorien für strategische Ziele und Zielbeziehungen aufzeigen. Abbildung 4 gibt die Ausgangs-Muster-BSC wieder, wobei darauf hinzuweisen ist, daß nicht alle Subkategorien zwingend ausgefüllt werden müssen.

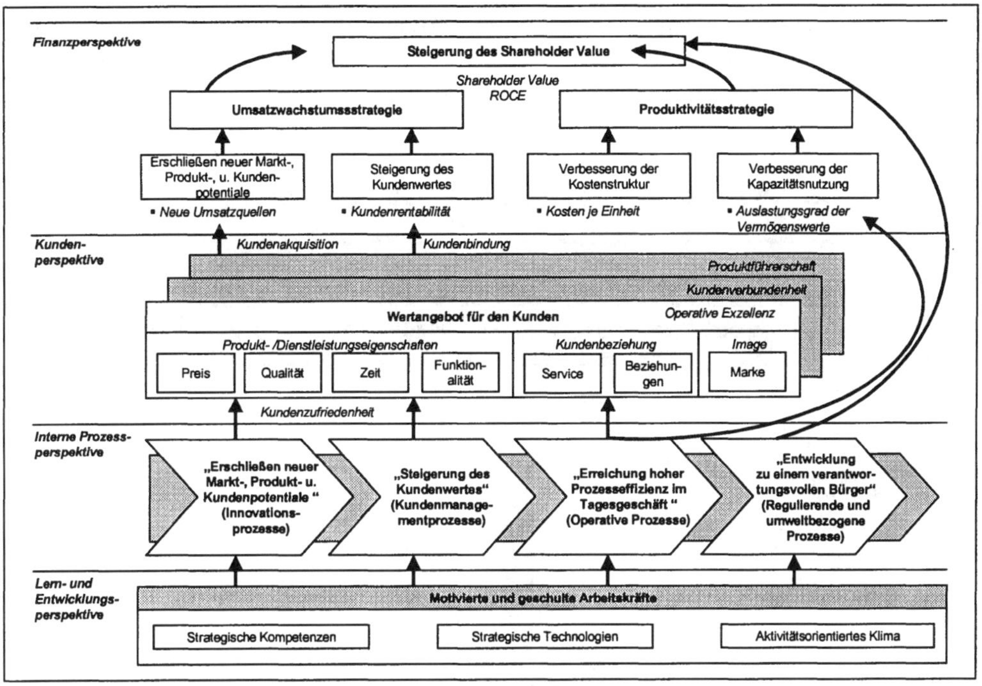

Abbildung 4: Muster-Strategy Map nach Kaplan / Norton 2001

- Vielfach wird die BSC längst noch nicht bei allen Managemententscheidungen angewendet, bei denen sie von großem Nutzen sein könnte. Bei extern wachsenden Unternehmen wurden beispielsweise hervorragende Erfahrungen damit gemacht, daß zur Beurteilung von Akquisitionsvorhaben eine hypothetische BSC „nach Erwerb und Integration" erstellt worden ist. Dies zwingt das Führungsteam i.d.R. zu einer wesentlich intensiveren Analyse der Übernahmekandidaten und zu solideren Prognosen für die Phasen nach der Akquisition. Gleiches gilt auch für Business Pläne für neue Geschäfte.

- Langfristig kann auch nicht eine spezifische Art von Führungskräfteverhalten verlangt, eine andere jedoch honoriert werden. Nach einer etwa ein- bis zweijährigen BSC-Testphase sollte das Top Management veranlassen, daß das Vergütungs- und Führungskräfteentwicklungssystem an der BSC und damit an der Unternehmensstrategie ausgerichtet wird (vgl. *Bühner / Akitürk* 2000; *Hahn / Hungenberg* 2001; *Pfaff / Kunz / Pfeiffer* 2000).

- Schließlich darf der Bereich der Software-Unterstützung nicht dauerhaft vernachlässigt werden. Kurzfristig kommt es zwar primär darauf an, BSCs zu erstellen und im Tagesgeschäft wirklich einzusetzen, während Systemfragen zunächst zweitrangig sind. Mit anderen Worten: Führungsintegration geht anfangs vor Systemintegration. Allerdings sollten mittelfristig gerade im herausragend wichtigen Bereich der Prozesse Investitionen in entsprechende Softwarelösungen priorisiert werden, mit denen Scorecards unterstützt werden können. Ein aktuelles Beispiel ist hier der Process Performance Manager (PPM) von der IDS-Scheer AG.

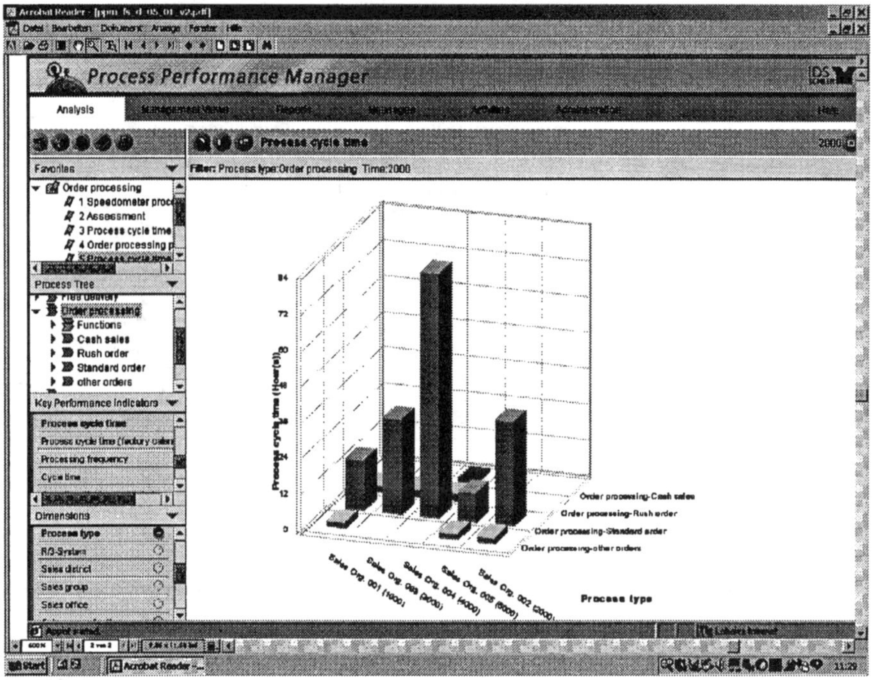

Abbildung 5

Abbildung 5: Process Performance Manager von der IDS-Scheer AG als Unterstützungs-Software für den Balanced Scorecard-Einsatz

5 Fazit

Durch die Balanced Scorecard kann die Umsetzung von Strategien vereinfacht und beschleunigt werden. Vereinfachung und Beschleunigung erfordern aber große Sorgfalt beim Erstellen und Nachhaltigkeit beim Einsatz der BSC!

Als erfolgreich kann der Ansatz bezeichnet werden, wenn

- Führungskräfte, in deren Verantwortungsbereich bislang noch keine BSC vorliegt, von sich aus eine BSC erstellen möchten und
- es kein Management-Meeting im Unternehmen mehr gibt, in dem nicht auch über die Auswirkungen anstehender Entscheidungen auf die BSC-Größen gesprochen wird.

Es stellt sich abschließend noch die Frage, ob die BSC dauerhaft im Wettbewerb der Management-Konzepte bestehen kann. In Unternehmen, in denen „wahre“ BSCs erstellt werden, werden sie sich wohl als ein reguläres Management-Konzept etablieren – komplementär zu bisherigen. Dort, wo aber „Mogelpackungen“ erstellt wurden, wird sich das Thema BSC rasch überleben und als eine von vielen Wellen abgestempelt werden – das liegt dann aber nicht am Ansatz selbst.

6 Literatur

Albach, H. (1988): *Management of Change in the Firm – Theoretical Analysis and Empirical Evidence*, in: Innovation and Management, hrsg. von K. Urabe, New York, S. 197-224

Atkinson, A. A.; Waterhouse, J. H.; Wells, R. B. (1997): *A Stakeholder Approach to Strategic Performance Measurement*, in: Sloan Management Review, 38. Jg., Heft 3, S. 25-37

Bühner, R.; Akitürk, D. (2000): *Die Mitarbeiter mit einer Scorecard führen*, in: Harvard Business Manager, 22. Jg., Heft 4, S. 44-53

Darragh, J.; Campbell, A. (2001): *Why Corporate Initiatives Get Stuck?*, in: Long Range Planning, 34. Jg., S. 33-52

Gleich, R. (2001): *Das System des Performance Measurement – Theoretisches Grundkonzept, Entwicklungs- und Anwendungsstand*, München

Hahn, D.; Hungenberg, H. (2001): *PuK – Wertorientierte Controllingkonzepte*, 6. Aufl., Wiesbaden

Horváth & Partner (Hrsg.) (2001): *Balanced Scorecard umsetzen*, 2. Aufl., Stuttgart

Horváth, P.; Kaufmann, L. (1998): *Balanced Scorecard – Ein Werkzeug zur Umsetzung von Strategien*, in: Harvard Business Manager, 20. Jg., Heft 5, S. 39-48

Hungenberg, H. (2000): *Strategisches Management in Unternehmen*, Wiesbaden

Kaplan, R. S.; Norton, D. P. (1997): *Balanced Scorecard – Strategien erfolgreich umsetzen*, Stuttgart

Kaplan, R. S.; Norton, D. P. (2001): *The Strategy-focussed Organization – How Balanced Scorecard Companies thrive in the new business environment*, Boston

Pfaff, D.; Kunz, A.; Pfeiffer, T. (2000): *Balanced Scorecard als Bemessungsgrundlage finanzieller Anreizsysteme – eine theorie- und empiriegeleitete Analyse der resultierenden Grundprobleme*, in: BFuP, 52. Jg., S. 36-55

Speckbacher, G.; Bischof, J. (2000): *Die Balanced Scorecard als innovatives Managementsystem – Konzeptionelle Grundlagen und Stand der Anwendung in deutschen Unternehmen*, in: DBW, 60. Jg., S. 795-810

Wall, F. (2001): *Ursache-Wirkungsketten als ein zentraler Bestandteil der Balanced Scorecard – Möglichkeiten und Grenzen ihrer Gewinnbarkeit*, in: Controlling, 13. Jg., S. 65-74

Weber, J.; Schäffer, U. (2000): *Balanced Scorecard & Controlling*, 3. Aufl., Wiesbaden.

Wunder, T.; Baur, M. (2000): *Die Balanced Scorecard unternehmensweit einführen*, in: Controlling, 12. Jg., S. 549-556

Controlling von e-Business-Projekten

Arno Müller, Lars von Thienen

1 Charakteristika von e-Business-Projekten

Unter e-Business versteht man den Einsatz von internetgestützten informationsverarbeitenden Technologien zur Optimierung der Geschäftsprozesse innerhalb des Unternehmens und zu seinen Kunden, Lieferanten und sonstigen externen Partnern. Der Übergang von traditionell strukturierten DV-verarbeitenden Strukturen, die primär auf die internen Unternehmensprozesse ausgerichtet wurden, hin zu internetbasierten Systemen eröffnet den Unternehmen eine neue Dimension zur Optimierung von Geschäftsprozessen.

Während bei DV-Systemen in der ersten Generation die Datenhaltung, Datenverarbeitung und Schnittstelle zum Anwender in einem einheitlichen System realisiert war und somit von System zu System gänzlich unterschiedlich strukturiert wurde, kennzeichneten sich die EDV-Systeme der zweiten Generation durch eine Trennung der Datenhaltung von den Verarbeitungs- und Eingabe-Ausgabe-Routinen. Hierdurch konnte die Effizienz bei der Datenhaltung und Datenpflege gesteigert werden. Ferner war eine Integration der Abläufe durch einheitliche Daten, auf die verschiedene Anwendungssysteme zugreifen konnten, möglich. Durch die Internet-Technologien entwickeln sich DV-Systeme in eine neue Generation. Weiterhin sind die Datenhaltungs- von den Datenverarbeitungsroutinen getrennt, aber für verschiedene Datenverarbeitungssysteme steht eine einheitliche Anwenderschnittstelle, nämlich der Internet-Browser zur Verfügung. Verbunden mit einer Netzwerktechnologie, die weltweit nutzbar ist, ergibt sich das Potential, allen betrieblichen und privaten Internet-Nutzern den Zugang zu den betrieblichen EDV-Systemen zu ermöglichen. Verbunden mit neuen Kommunikationstechnologien und multimedialer Aufbereitung von Dateninhalten revolutioniert das e-Business die Informationsverarbeitung.

1.1 Auswirkungen neuer Technologien auf den Unternehmenserfolg

Es wird technisch und organisatorisch möglich, ganzheitliche Prozesse vom Endverbraucher über die Supply-Chain bis zum Lieferanten des Rohmaterials in einer integrierten Anwendung über Internet gestützte Systeme zu verknüpfen (vgl. *Wildemann* 2001b, S. 3-14). Insofern entwickeln sich traditionelle EDV-Systeme hin zu integrierten Prozeßbearbeitungssystemen, die sowohl DV-Technologie als auch menschliche Kommunikation unterstützen und verbinden. Diese neuen Technologien ermöglichen es, neue Geschäftsmodelle aufzubauen, da plötzlich eine große Anzahl von Endverbrauchern über den Kommunikationsweg Internet mit DV-Systemen erreicht werden kann.

Analysen von führenden Unternehmen im e-Business weisen nach, daß die Prozeßkosten zur Abwicklung interner und externer Abläufe in diesen Unternehmen deutlich unter denen vergleichbarer traditioneller Unternehmen liegen (vgl. *OECD* 1999; *Loebbecke* 2001).

e-Business ist jedoch nicht eine reines Instrument zur Kostensenkung, sondern eröffnet neue Möglichkeiten zur Kundengewinnung und Kundenbindung. Es besteht das Potential, einen hochwertigen und aktuellen Inhalt bereitzustellen und dem Kunden eine hohe Transparenz in der Abwicklung der Geschäftsabläufe zu bieten. Gestützt durch die Potentiale zur individuellen Gestaltung der Seiten im Sinne eines One-to-One-Marketing eröffnet das Medium Internet hier eine Chance zur Erweiterung der Unternehmensumsätze (vgl. *Porter* 2001; *Hartmann / Sifonis / Kador* 2000).

Darüber hinaus bietet die Kommunikationsplattform im e-Business die Chance, eine große Komplexität zu beherrschen. Eine junge Organisation, wie Amazon, bietet mehrere Millionen Produkte einem Kundenkreis von ca. 10 Mio. Kunden an. Die Beherrschung dieser Komplexität im Distanzhandel ist mit klassischen Instrumenten nicht möglich. Da gerade die Komplexitätsbeherrschung mit sehr langen Erfahrungskurveneffekten verbunden war, ergeben sich hier für Unternehmen zum Teil völlig neue Herausforderungen. Dies gilt insbesondere für Handelsunternehmen im Produktionsverbindungshandel, die einen wesentlichen Service im Bereich der Komplexitätsreduktion für Hersteller und Abnehmer anbieten (vgl. *Voigt* 2001, S. 59-62).

Die Reduktion der Koordinations- und Kommunikationskosten zwischen Unternehmenseinheiten ermöglicht eine tiefgreifende Veränderung der Unternehmensstruktur. Unternehmen werden sich durch die e-Business-Technologien entlang der Wertschöpfungskette auflösen und als ein virtueller Verbund von spezialisierten Einzelunternehmen Leistungen für den Kunden erbringen (vgl. *Malone / Laubacher* 2000). Die Reduktion der Transaktionskosten eröffnet den Weg zu einer weiteren Spezialisierung im Wertschöpfungsprozeß. Gerade Großunternehmen müssen sich dieser Herausforderung stellen.

Die genannten Potentiale der e-Business-Technologien zur

- Kostenreduktion,
- Verbesserung der Kundengewinnung und Kundenbindung,
- Komplexitätsbeherrschung und
- Nutzung innovativer Organisationsstrukturen (virtuelle Unternehmen)

bieten den Unternehmen situativ unterschiedlich stark ausgeprägte Chancen zur Verbesserung der Unternehmensprozesse. Es bedarf deshalb einer strukturierten Methode zur Planung und Priorisierung von e-Business-Maßnahmen. Um die richtigen Technologien für das Unternehmen zu bestimmen, werden die Instrumente des strategischen Controlling eingesetzt (vgl. *Müller / von Thienen* 2001, S.19-38). Im weiteren Verlauf der Transformation eines Unternehmens zu einem e-Business wird eine Methodik benötigt, die gewährleistet, daß das e-Business Projekt richtig umgesetzt und der Betrieb effizient realisiert wird. Aspekte des eher operativen Controllings sind somit das Projektcontrolling in der Umsetzungsphase und das Erfolgscontrolling in der Betriebsphase (vgl. *Eisenhut* 2001, S. 90-93). Es ist zu fordern, daß das operative Controlling die Vorgaben des strategischen Controllings übernimmt.

Das Controlling-Konzept im e-Business muß von der Grunderkenntnis ausgehen, daß die genannten Optimierungspotentiale nicht im direkten Zusammenhang mit der e-Business-Implementierung stehen. Es gibt keinen direkten, kausalen Zusammenhang zwischen Investitionen in e-Business und dem daraus resultierenden unternehmerischen Erfolg. Der unternehmerische Erfolg eines Unternehmens im Wettbewerb resultiert aus einer strategischen Positionierung im Branchenumfeld und aus der Abwicklung der Unternehmensprozesse, die letztendlich den Kundenwert schaffen. Eine neue Technologie wie e-Business ist deshalb kein direktes Instrument zur Gewinnsteigerung, sondern lediglich ein Instrument zur Prozeßoptimierung und zur Unterstützung strategischer Zielsetzungen. Zur Steigerung des Unternehmenserfolges muß deshalb die e-Business-Technologie in die Unternehmensstruktur eingebettet werden und einen effizienten Beitrag zur Optimierung der Geschäftsprozesse leisten.

Dem Controlling-Konzept muß deshalb folgende Handlungsmaxime zugrunde liegen:

Nicht die e-Business-Technologie an sich steigert die Produktivität und den Unternehmenserfolg, sondern nur die Art und Weise, in der diese Technologie eingesetzt und verwaltet wird.

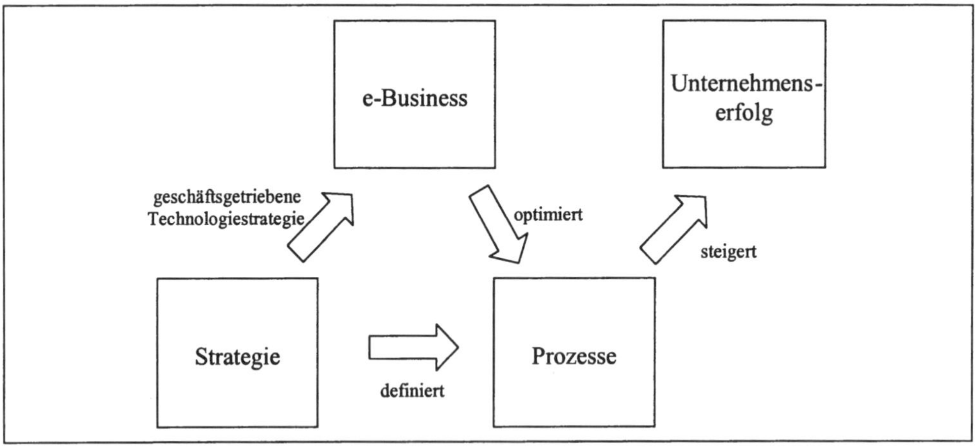

Abbildung 1: Die Auswirkungen des e-Business auf den Unternehmenserfolg

1.2 Wirkungskette der Implementierung von e-Business-Technologien

Für den Aufbau eines zielführenden e-Business-Controlling ist es nicht ausreichend, die potentiellen Wirkungen von e-Business-Technologien nach der Implementierung zu kennen und zu prognostizieren, sondern es muß auch die Wirkungskette dieser Maßnahmen erfaßt und abgebildet werden.

Als Analyserahmen für die Wirkungskette kann das Bild von Kaplan und Norton (vgl. *Kaplan / Norton* 2000) genutzt werden, in dem diese das Unternehmen im übertragenen Sinne als Kirschbaum darstellen.

Ein Kirschbaum wird mit dem Ziel gepflanzt, eine möglichst reichhaltige Ernte zu erzielen. Die Kirschen symbolisieren an dieser Stelle den finanziellen, unternehmerischen Erfolg, den es zu erzielen gilt. Der Kirschbaum stellt das Unternehmen dar. Leider gelingt es nicht, die Kirschen direkt im Eimer wachsen zu lassen. Die Kirschen gedeihen nur in einem sehr üppigen Blätterwerk, das die Nährstoffe produziert und die Kirschen zum Wachstum führt. Das Blätterwerk des Kirschbaumes repräsentiert die Kunden des Unternehmens. Diese Kunden liefern die Basis für den Gewinn. Das Blätterwerk wiederum ist auf stabile Stämme und Äste angewiesen, die aus dem Boden die Nährstoffe für diese verfügbar machen. Stamm und Äste repräsentieren in diesem Bild die Unternehmensprozesse, die auf die Kunden hin ausgerichtet sind und diese optimal versorgen sollen. Der Stamm und die Äste wiederum beziehen ihre Kraft aus dem Wurzelwerk, das die Nährstoffe des Bodens für den Kirschbaum nutzbar macht. Das Wurzelwerk repräsentiert das Know-how der Mitarbeiter, die Infrastruktur des Unternehmens, das technologische Wissen und stellt somit die langfristige Existenz sicher.

Nun stellt sich die Frage, wo die Implementierung von e-Business-Technologien in diesem Bild ansetzt? Es wird deutlich, daß e-Business nicht zu einem größeren Korb Kirschen führt, sondern zunächst das Wurzelwerk langfristig ausbaut und leistungsfähiger macht. e-Business stellt eine neue Infrastruktur und neues Know-how und Fähigkeiten des Unternehmens dar. Die e-Business-Maßnahmen werden jedoch nur dann zu einer Gewinnsteigerung führen, wenn nachweislich die Prozeßverbesserung sowie die Ausweitung und Verbesserung der Kundenbindung erfolgt.

Aus diesen Überlegungen lassen sich 4 Schwerpunktbereiche für das Controlling von e-Business-Themen ableiten:

- Finanzieller Bereich (Kosten, Umsatz und Gewinnsituation),
- Kundendimension (Anzahl und Zufriedenheit der Kunden),
- Prozeßdimension (Geschwindigkeit, Qualität und Kosten der Prozesse),
- Mitarbeiter-Know-how und e-Business-Reifegrad

1.3 Zielgerichtete Erfolgskontrolle von e-Business-Projekten

Ein zentrales Thema des Projektcontrollings ist die Sicherstellung der Zielerreichung und die Reduktion der Komplexität in steuerbare Teilschritte und Wirkungsdimensionen. Die Abläufe und Wechselbeziehungen im Projektcontrolling bei der Einführung neuer Technologien veranschaulicht die Abbildung 2.

Innerhalb des e-Business-Projektes muß die Zielerreichung kontinuierlich überwacht werden, um Planabweichungen erkennen zu können. Das Projektmanagement muß diese Informationen konsolidieren und im Rahmen der Kern- und Unterstützungsprozesse steuernd in das Projekt eingreifen. Die zuvor aufgeführten Zieldimensionen eines Projektes können in den Prozessen des Projektcontrollings erfaßt werden (Project Management Institute 2000).

Diese betriebswirtschaftlichen Elemente und die Kern- sowie Unterstützungsprozesse des Projektcontrollings im Wirkungsgefüge von e-Business-Projekten gilt es durch ein geeignetes Controllinginstrumentarium zu verknüpfen.

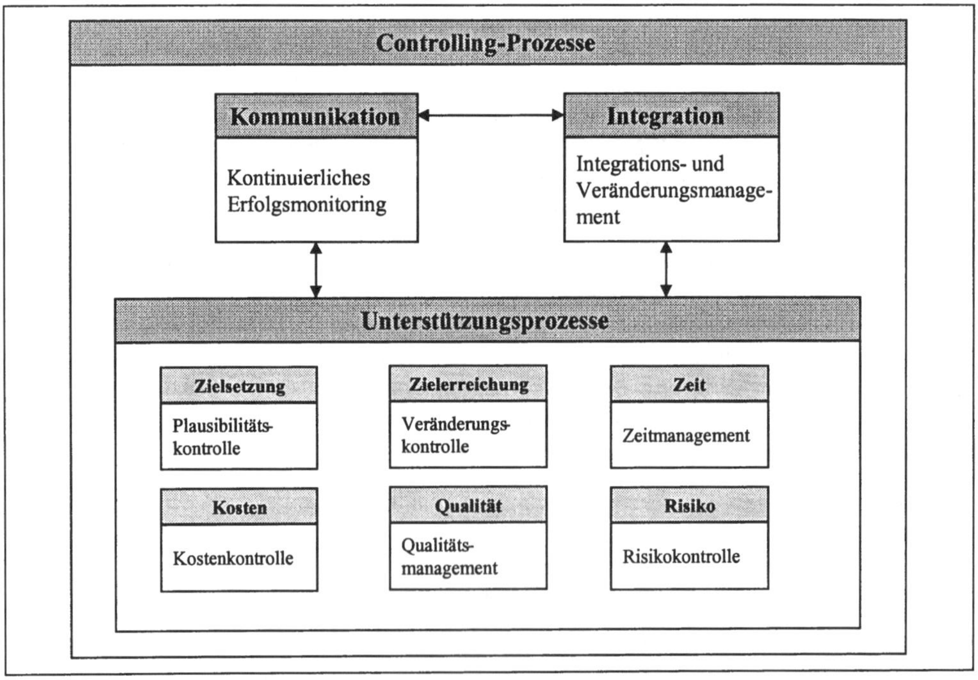

Abbildung 2: Controlling-Prozesse innerhalb des Projektmanagements (vgl. Project Management Institute 2000)

2 Entwicklung des Controllingkonzeptes

Controlling-Instrumente im e-Business-Umfeld müssen folgende 3 Ebenen berücksichtigen. Auf der 1. Ebene im strategischen e-Business-Controlling gilt es, die Frage zu beantworten, verfolgen wir die richtigen e-Business-Initiativen und verwenden die richtigen e-Business-Tools. Auf der 2. Ebene im e-Business-Controlling gilt es, zu prüfen, ob die e-Business-Projekte richtig durchgeführt werden. Die 3. Ebene beantwortet schließlich die Frage, ob durch die realisierten e-Business-Projekte die Ziele erreicht werden.

Ein Controlling von e-Business-Vorhaben muß somit die folgenden Steuerungsinstrumente bereitstellen (vgl. *Wildemann* 1986; *Wildemann* 1987; *Wildemann* 2001a):

- Strategische Bewertung und Selektion relevanter e-Business-Initiativen
- Projektcontrolling in der Umsetzungsphase von e-Business-Vorhaben
- Erfolgskontrolle der laufenden e-Business-Systeme im Betrieb

Der Schwerpunkt der folgenden Überlegung liegt auf dem Projektcontrolling und der Erfolgskontrolle in der Betriebsphase.

2.1 Anforderungen an das Controlling

Ein geeignetes Projekt-Controlling muß in der Lage sein, die zuvor genannten Wirkungsdimensionen ganzheitlich abzubilden. Ein nur monetär orientiertes Controlling greift im Bereich e-Business deutlich zu kurz.

Eine weitere Anforderung ist die dynamische Abbildung und Beurteilung der Weiterentwicklung der Kennzahlen im e-Business-Entwicklungsprozeß. Es ist nicht zu erwarten, daß innerhalb einer Periode ein e-Business-Projekt von der Idee bis zur Erfolgsmessung abgeschlossen werden kann. Gerade die aktuelle Skepsis bzgl. der erfolgreichen Umsetzung von e-Business-Maßnahmen erfordert es, daß der Projektleiter in der Lage ist, seinen Entwicklungsfortschritt jederzeit dokumentieren zu können.

Es ist derzeit zu beobachten, daß aufgrund mangelnder Controlling-Instrumente auch erfolgversprechende Projekte frühzeitig abgebrochen werden, da die gewünschten und geforderten monetären Zielsetzungen noch nicht erzielt werden konnten.

Fragen zur Kosten- und Erlösstruktur sowie der Erfolgsbeurteilung von Internetanwendungen fallen als neue Aufgabe in den Bereich des Controllings. Dies sind für das Controlling keine generell neuen Anforderungen. In bezug auf die Steuerung und Kontrolle von e-Business ergeben sich aber besondere Aspekte, die es im Rahmen der Controllingkonzeption abzudecken gilt.

Unternehmen mit einem sehr hohen Leistungsvermögen im Bereich e-Business und der Beherrschung von e-Business-Technologien weisen ein hohes Maß an Innovationskraft auf. Diese Unternehmen haben sehr gute Zukunftsaussichten im Vergleich zu traditionellen Unternehmen mit fehlendem e-Business-Know-how. Aufgrund dieser hohen Bedeutung muß das Controlling eine Antwort auf die Frage geben, inwiefern die e-Business-Technologien im Unternehmen beherrscht und erfolgreich eingesetzt werden.

e-Business ist ein wichtiges Instrument zur Optimierung von Geschäftsprozessen und zur Verbesserung der Wettbewerbsfähigkeit. Insofern müssen die Unternehmen heute ihre Investitionen in diese Technologie lenken, um zukünftig am Markt erfolgreich zu sein. Die Abschätzung dieser Investitionsvolumina ist im Rahmen von Projektanträgen mit Wirtschaftlichkeitsbetrachtungen aufzuzeigen. Das Projektcontrolling muß deshalb die Investitionsressourcen so steuern, daß ein ausreichender Anteil der Budgets für diese Zukunftstechnologie eingesetzt wird. Hier müssen entsprechende Kennzahlen und Bewertungsinstrumente erarbeitet werden, um Fehlentwicklungen im Projekt zu vermeiden.

Nachdem die zum Teil beträchtlichen Investitionen für die Implementierung von e-Business-Systemen getätigt worden sind, ist es Aufgabe des nachlaufenden Betriebscontrollings, den Erfolg dieser Investitionen zu messen. Da durch e-Business die Prozeßkosten zum Teil drastisch reduziert werden, müssen diese Wirkungen durch das Controllingkonzept erfaßbar gemacht werden. Ferner werden durch die Investitionen nicht nur bestehende Kosten reduziert, sondern auch neue Leistungsbereiche eröffnet.

Durch e-Commerce entstehen zusätzliche Umsatzpotentiale. Die Kundenbindung und Kundenzufriedenheit können durch die neuen Leistungsmerkmale verbessert werden. Bei der permanenten Erfolgsmessung muß die Wirkung auf den Kunden aber insbesondere auch die inhaltliche Verbesserung der Prozesse und die Durchdringung der Wertkette mit e-Business abgebildet werden. Da die heutigen Investitionen teilweise auf den Aufbau der Infrastruktur und die Weiterentwicklung der Fähigkeiten der eigenen Mitarbeiter ausgerichtet sind, muß auch die Lern- und Informationstechnologieperspektive im Rahmen des Controllingansatzes herangezogen werden.

2.2 Beurteilung von Controllingansätzen

Für das Controlling von e-Business-Projekten eignen sich im ersten Ansatz die traditionellen Instrumente aus dem Projekt-Controlling. Die Konzepte im Projekt-Controlling decken die Anforderungen hinsichtlich der zeitlichen und budgetmäßigen Überwachung des e-Business-Projektes ab. Gerade bei der Realisierung von e-Business-Projekten reicht jedoch diese Betrachtung nicht aus. Es ist zu beachten, daß der erfolgreiche Einsatz von e-Business-Systemen eine Weiterentwicklung der Mitarbeiter, der Prozesse, der Organisation und der IT-Anwendungen erforderlich macht (vgl. *Müller / von Thienen* 2001, S. 15-45). Einfache Instrumente zum Projekt Controlling können die ganzheitlichen Anforderungen an ein e-Business-Projekt-Controlling nicht erfüllen.

Controlling-Konzepte in der Betriebsphase von e-Business-Systemen setzen einerseits auf dem monetären Controlling auf, das wie oben gezeigt kein umfassendes Bild liefern kann. In der Praxis werden ergänzende Instrumente zum Web-Controlling eingesetzt, die primär für Unternehmen im Business to Consumer Bereich interessant sind und die Nutzerfrequenz von Seiten nach verschiedensten Kennzahlen beurteilen lassen. Dies ist ein möglicher Ansatz zur Überwachung der Kundendimension im e-Business-Umfeld.

Ein weiterer Ansatz zur Erfolgskontrolle läßt sich im Vertriebsbereich feststellen. So versuchen Betreiber von Shop-Lösungen verstärkt das Verhalten der Nutzer im Online-Shop zu erfassen und systematisch auszuwerten. Für diese Auswertungen liegt im Gegensatz zum stationären Shop eine umfassende Datenbasis vor. Durch die Verknüpfung der Besucherdaten der Webseiten-Nutzung mit den Informationen aus der elektronischen Shop-Umgebung können Controllingkennzahlen der Online-Präsenz ermittelt werden.

Diese beiden Hauptbereiche der Marketing- und Vertriebsanalyse stellen den derzeitigen Schwerpunkt zum Controlling in e-Business-Konzepten dar. Im Bereich des klassischen Controllings wird bei der Fragestellung zum Thema e-Business meist mit Methoden der Kostenrechnung versucht ein Ergebnis zur finanziellen Entwicklung abzubilden.

Die bisherigen Ansätze liefern damit lediglich verdichtete Basisinformationen aus einem umfassenden, elektronisch erzeugten Material. Für eine ganzheitliche betriebswirtschaftliche Erfolgskontrolle reichen die derzeitigen Instrumente sowohl im Projekt-Controlling als auch für das Erfolgscontrolling in der Betriebsphase nicht aus.

2.3 Einsatz der Balanced Scorecard im e-Business

Im Rahmen der Business Intelligence müssen betriebswirtschaftliche Informationen, Projektsteuerungsgrößen und technische Faktoren in einem effizienten Monitoring-System zur Projektsteuerung verdichtet werden. Aufgrund der Perspektiven bei der Steuerung und Kontrolle von e-Business-Lösungen erscheint es vorteilhaft, ein e-Business-Controlling auf dem System der Balanced Scorecard (BSC) aufzusetzen.

Im Mittelpunkt der Balanced Scorecard steht die Strategie des Unternehmens und ihre Zerlegung in unterschiedliche Perspektiven (vgl. *Kaplan / Norton* 1997; *Friedag / Schmidt* 1999).

Die vier wichtigsten Perspektiven sind:

- die finanzielle Perspektive,
- die Kundenperspektive,
- die Prozeßperspektive
- sowie die Innovations- und Wissensperspektive.

Ausgehend von den strategischen Zielen werden bei der Balanced Scorecard die operativen Meßgrößen und Kennzahlen zur Erfolgsüberwachung erarbeitet. Innovativ bei diesem Controllingansatz ist, daß im Gegensatz zur klassischen, reinen Betrachtung von monetären Effekten (Kostenrechnung) nun weiche Faktoren in ein Controllingsystem integriert werden. Diese Eigenschaft ermöglicht es, die im vorigen Kapitel aufgezeigten Anforderungen in einem Controllingansatz abbilden zu können.

Es hat sich gezeigt, daß bei der Umsetzung eines effizienten Controlling unter Anwendung der Balanced Scorecard im Bereich e-Business bisher zwei wesentliche Punkte erhebliche Schwierigkeiten bereiten.

- Zum einen sind strategische Zielsetzung im e-Business-Umfeld für die Unternehmen nicht klar erkennbar bzw. definierbar.
- Zum anderen bereitet die Ableitung von Meßgrößen zur Beurteilung der Zielerreichung beachtliche Probleme.

Mit der Betrachtung der strategischen Ziele im e-Business und der Ableitung spezieller Meßgrößen werden dem Unternehmen, und im speziellen dem für die Erfolgskontrolle zuständigen Controllingbereich, konkrete Ansätze zum Aufbau eines e-Business-Controllings gegeben. Unter der Einbeziehung der Balanced Scorecard kann damit eine unternehmensindividuelle Scorecard zum Controlling der e-Business-Projekte erfolgen. Die Rangfolge der strategischen Ziele und damit die individuelle Ableitung der Erfolgsfaktoren muß projekt- und unternehmensspezifisch erarbeitet werden.

Der Einsatz der Balanced-Scorecard-Methode macht es erforderlich, einen durchgängigen logischen Aufbau von der Formulierung strategischer Ziele und den relevanten Erfolgsfaktoren bis hin zum Kennzahlensystem aufzubauen. Durch e-Business werden dem Unternehmen neue Möglichkeiten eröffnet, die strategischen Ziele zu erreichen. Der effiziente Einsatz von e-Business kann dazu dienen, eine signifikant bessere Wettbewerbsposition im Markt einzunehmen.

3 Entwicklung des Controlling-Instruments für e-Business-Projekte

Die zeitige Identifizierung von Wettbewerbsvorteilen sowie das flexible Anpassen der Projektziele sind entscheidende Faktoren im Hinblick auf erfolgreiche e-Business Vorhaben. Das Verfolgen eines starren Controllingprozesses erscheint somit im dynamischen Umfeld des e-Business eher kontraproduktiv. Nicht nur die strategische Zielfindung und Anpassung von betriebswirtschaftlichen Zielen sowie technischen Möglichkeiten muß flexibel gestaltet sein, sondern auch deren zugrundeliegende Steuerungssysteme.

Die klassischen Instrumente des Projektcontrolling und deren dargestellte Prozesse erscheinen in diesem Umfeld nicht ausreichend. Der Übergang vom traditionellen Projektcontrolling in den Dimensionen Zeit, Kosten und Qualität zum e-Business-fähigen Controlling muß um die zentralen Erfolgsfaktoren ergänzt werden.

Das Instrument der Balanced Scorecard bietet hierzu die geeigneten Strukturierungsmerkmale. Durch die Berücksichtigung von weichen Faktoren und die Gliederung in unterschiedliche Perspektiven lassen sich die angeführten Anforderungen hinreichend realisieren.

3.1 Definition von Vision und Mission

Zu Beginn eines jeden Projektes müssen die Projektziele in Abstimmung mit der Unternehmensstrategie in einer Projektvision und -mission definiert werden. Während die Projektvision eine in der Außenkommunikation relevante Bedeutung besitzt, wird in der Projektmission der Inhalt des Vorhabens qualitativ umschrieben und quantitativ mit Maßstäben versehen.

In diesem Projektstadium ist der Abgleich mit den unternehmerischen Zielen und der Vision des e-Business-Vorhabens vorzunehmen. Dabei ist die eingangs formulierte Wirkungsstruktur von e-Business-Anwendungen zu beachten. Erst nachdem die Strategie des Unternehmens vorliegt, kann ein unterstützendes e-Business-Modell erarbeitet werden.

Die Formulierung der Projektvision und -mission bildet die strategische Ausgangslage zur späteren Ableitung controllingrelevanter Kennzahlen. Die Praxis zeigt, daß Themen zum Projektcontrolling bei e-Business-Vorhaben erst in späten Projektstadien, in allen betrachteten Fällen zumindest erst nach der Erstellung des Projektplans, berücksichtigt werden. In diesen Projektphasen sind die Projektleiter als auch Projektmitarbeiter bereits sehr detailliert mit der Projektstrukturierung und operativen Arbeit befaßt, so daß die Rückführung auf eine Visions- und Missionsdefinition durchaus Probleme bereitet. Die konsequente Einhaltung dieses Vorgehens bewirkt jedoch einerseits die strategische Rückführung des detaillierten Projektplans auf zentrale Kernziele sowie andererseits die Schaffung einer Ausgangsbasis für die Ableitung erforderlicher Kennzahlen im Rahmen des Projektcontrollings.

Das Scheitern zahlreicher e-Business-Projekte der vergangenen Jahre läßt sich vielfach auf unzureichend definierte Zielsetzungen, fehlende Verknüpfungen zur Unternehmensstrategie und ein übereiltes Ausarbeiten technischer Lösungen zurückführen. Insofern erhält diese Phase des Projektcontrollings eine wesentliche Bedeutung und muß hinreichend früh parallel im Projektverlauf angesetzt werden.

Aus der Projektvision und -mission können für das aufzusetzende Controllinginstrumentarium letztendlich die Steuerungsziele abgeleitet werden. Erst wenn eine allgemeinverständliche Formulierung von Projektvision und -mission durchgeführt wurde und deren Plausibilitätsüberprüfung hinsichtlich strategischer Unternehmensziele standhalten konnte, kann die Ausprägung der unterschiedlichen Perspektiven erfolgen.

3.2 Ausprägung der Perspektiven

Aus der in Abstimmung mit den Unternehmenszielen formulierten Projektmission werden die Steuerungsgrößen erarbeitet. Der Aufbau eines e-Business-Controllings kann nur dann zielführend sein, wenn die Antworten auf Vision und Mission hinreichend plausibel definiert wurden.

Bevor jedoch die Steuerungsgrößen in konkrete Kennzahlen in den einzelnen Perspektiven überführt werden, gilt es, zuvor die relevanten Erfolgsfaktoren zu erarbeiten. Dabei bilden die Erfolgsfaktoren eine Schnittstelle zwischen Projektmission und den Kennzahlen der Perspektiven. Die Identifizierung von Erfolgsfaktoren des e-Business-Projektes bricht die qualitativ formulierte Mission in die erforderlichen Perspektiven herunter und erhöht damit den Detaillierungsgrad in der Controllingphase.

Die Anwendung im Rahmen des Projekt- als auch Betriebscontrollings macht dabei neben den vier klassischen Perspektiven die Integration einer weiteren Perspektive, der Einführungsperspektive erforderlich.

Im Rahmen laufender e-Business-Vorhaben werden in der Einführungsperspektive die für die Umsetzung erfolgskritischen Kennzahlen gebündelt. Nach der Umsetzung des Vorhabens entfällt im Betriebscontrolling schließlich die Einführungsperspektive. Einige der in der Einführungsperspektive betrachteten Kennzahlen können jedoch auch in der laufenden Betriebsphase relevant bleiben. Dazu werden diese Kennzahlen für das Betriebscontrolling in eine der restlichen vier Perspektiven übernommen. Die für den Betrieb irrelevanten Kennzahlen des Projektverlaufs entfallen ansonsten gänzlich. Somit ist der Übergang vom Projekt- zum Betriebscontrolling durch eine neue Zuordnung oder Entfernung der Kennzahlen aus der Einführungsperspektive gekennzeichnet. Auch diese Eigenschaft der Methode zeigt die Dynamik des Instrumentariums auf.

Die Ausprägung der weiteren vier Perspektiven muß an den strategisch identifizierten Erfolgsfaktoren erfolgen (vgl. z.B. *Kanter* 2001; *Roland Berger & Partner* 1999; *Reichheld / Schefter* 2001). Im Rahmen der Kundenperspektive stehen folgende strategischen Ziele der e-Business-Projekte im Mittelpunkt:

- Optimierung der Kundenbindung
- Optimierung der Kundenzufriedenheit

- Sicherung und Ausweitung des Marktanteiles
- Erweiterung des Distributionsgrades
- Optimale Beratungs- und Servicequalität

Die signifikante Verbesserung der Zielerreichung bei den kundenrelevanten Zielen wird durch optimierte Prozesse ermöglicht. Die Prozeßperspektive stellt im Rahmen des e-Business-Controlling die zentrale Ansatzstelle dar. e-Business ist das zentrale System zur ganzheitlichen Optimierung von Geschäftsprozessen. Unternehmen können ihre Prozesse somit schnell, schlank und stark gestalten. Die e-Business-Geschäftsprozesse ermöglichen auch völlig neue Geschäftsmodelle, die traditionell nicht denkbar waren.

Die Prozeßbeherrschung und Prozeßintegration wird zu einem relevanten Erfolgsfaktor im Wettbewerb. Das Projektcontrolling muß deshalb Systeme aufbauen, mit denen die Unterstützung der relevanten Geschäftsprozesse durch e-Business sowohl in laufenden als auch abgeschlossenen Projekten messen können. Hierzu muß der Abdeckungsgrad der Wertkette durch e-Business-Tools sinnvoll abgebildet werden. Darüber hinaus muß der Integrationsgrad der einzelnen Tools untereinander und in die gesamten Abläufe im Unternehmen abgebildet werden. Das Controlling muß für die beiden relevanten Erfolgsfaktoren im Rahmen der Prozeßsicht eine einfach handhabbare Kennzahl zur Steuerung entwickeln.

Diese beiden Prozeßperspektiven sind:

- Integration der e-Business-Technologien
- Durchdringung der Wertkette des Unternehmens mit e-Business-Technologien

Unternehmen werden nur dann in der Lage sein, die beschriebenen Prozeßverbesserungen zu realisieren, wenn die Voraussetzungen im Mitarbeiterstamm und in der Informationstechnologie vorhanden sind. Insofern ist die Entwicklungs- und Lernperspektive als „Enabling Technology“ zur Erreichung der Prozeßoptimierung ein wichtiger Bestandteil des e-Business-Controllingsystems.

Der relevante Engpaß beim Aufbau von e-Business-Systemen ist nach Einschätzung der Unternehmen weniger die erforderliche Hard- und Software oder auch das erforderliche Finanzierungspotential, sondern das Know-how der Mitarbeiter. Nur die Unternehmen können die e-Business-Technologien sinnvoll und erfolgreich zur Optimierung eigener Geschäftsprozesse nutzen, die über geeignetes qualifiziertes Personal verfügen. Das Controllingsystem muß Antwort auf die Frage geben, wie sich die Personalqualifikation im Zeitablauf verändert und sich in Relation zum Wettbewerb verhält.

Ein weiterer Erfolgsfaktor in der Lernperspektive ist der Einsatz von e-Business zur Erweiterung des Unternehmenswissens. Durch gezielten Aufbau des Intranets und eine effiziente Zugangsmöglichkeit über eine Browseroberfläche zu den relevanten Wissensdatenbanken im Unternehmen wird es ermöglicht, den Know-how-Transfer insbesondere in großen Organisationen soweit zu verbessern, daß die Unternehmensleistung nicht nur im Hinblick auf e-Business, sondern ganzheitlich gesteigert wird. Diesem relevanten Aspekt der Anwendung der neuen Kommunikationstechnologien sollte auch im Controllingkonzept ein angemessener Stellenwert eingeräumt werden.

Wenn es gelingt, mit qualifizierten Mitarbeitern und effizientem IT-Einsatz die Prozesse hinsichtlich e-Business signifikant zu verbessern und damit den Kundennutzen zu steigern, wird sich dies in der Finanzperspektive des Unternehmens widerspiegeln. In folgenden Bereichen sollte e-Business einen signifikanten Beitrag in der Finanzperspektive bieten:

- im Umsatz
- in den Kosten
- in den Investitionsbudgets

Die Kosten für das e-Business-System sind in den Funktionskosten der einzelnen Abteilungen enthalten und können in der Regel nicht separat ausgewiesen werden. Um das Unternehmen strategisch auf e-Business neu auszurichten, ist es erforderlich, einen relevanten Anteil der Ressourcen für diese innovative Konzeption zu verwenden. Das Projektcontrolling sollte in der Lage sein, den Ressourcenverbrauch für die e-Business-Anwendungen im Unternehmen absolut und in Relation zu anderen Bereichen zu messen.

Durch e-Business treten bei den führenden Unternehmen signifikante Kostensenkungen ein. Das Controlling muß im Rahmen der Prozeßkostenrechnung nachprüfen, ob die erwarteten Kostenreduktionen tatsächlich eingetreten sind. Nach Einführung von e-Business-Komponenten müssen die damit in Verbindung stehenden Transaktionskosten im Zeitablauf abgebildet werden, um den Einsparungseffekt sichtbar zu machen.

Wenn das strategische Ziel verfolgt wird, durch den Einsatz von e-Business die Geschäftsprozesse signifikant zu verbessern und damit den Kundennutzen zu steigern, muß die Ernsthaftigkeit dieser strategischen Bemühungen im Investitionsbudget sichtbar sein. Es hat sich gezeigt, daß die im e-Business erfolgreichen Unternehmen einen deutlichen Schwerpunkt auf diesen Bereich gelegt haben und signifikante Budgetanteile für e-Business einsetzten.

Es müssen Investitionsbudgets reserviert werden und die einzelnen Fachabteilungen im geistigen Wettkampf um diese Budgets wetteifern. Die besten e-Business-Projekte werden schließlich mit ausreichend Finanzmitteln ausgestattet und kurzfristig umgesetzt. Das übergreifende Controlling muß prüfen, ob die eingesetzten Projektbudgets auch tatsächlich ausgeschöpft wurden und ob deren Anteile am Gesamtbudget der strategischen Zielsetzung angemessen ist.

Die angeführten Erfolgsfaktoren und deren Kennzahlen müssen nun in einem gesamtheitlichen Controllinginstrumentarium abgebildet und zusammengeführt werden.

Durch die schnellebigen Technologien und kontinuierlichen Veränderungen im e-Business können allerdings zusätzliche Erfolgsfaktoren und Anpassungen im Projektverlauf erforderlich werden. Ein erfolgreiches e-Business-Controlling ist dadurch gekennzeichnet, daß es durch eine Kombination von durchgehender Planung und strategischem Zielabgleich eine hohe Flexibilität hinsichtlich der Anpassung der Erfolgsfaktoren besitzt.

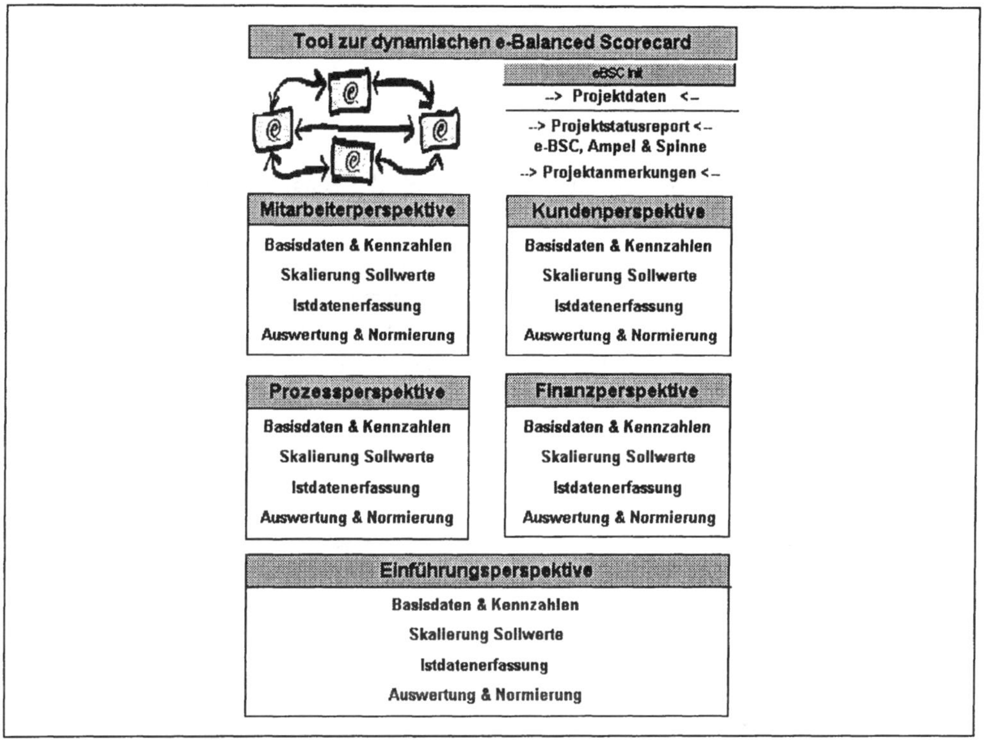

Abbildung 3: Controlling-Monitor des Projektleiters

Die e-Business-Scorecard darf nicht zu einem statischen Meßinstrument entarten. Insbesondere ein mögliche Anpassung von Erfolgsfaktoren sowie die Variation einzelner Sollwerte ist eine unabdingbare Anforderung an ein flexibles Steuerungsinstrument im Projektverlauf. Durch die Umsetzung dieser Bedingungen in einem handhabbaren Controlling-Tool entsteht die von uns eingesetzte dynamische e-Business-Balanced-Scorecard mit der für die Projektlaufzeit relevanten Einführungsperspektive. Die folgende Darstellung zeigt das von uns entwickelte Controlling-Instrumentarium zur Steuerung von e-Business-Projekten auf und veranschaulicht die in der Anwendung erforderlichen Aktivitäten. Dabei entspricht diese Darstellung dem Original-Eingangsbildschirm für das Projektcontrolling und ist mit interaktiven Links mit den entsprechenden Detailinformationen verknüpft. Der vollständige Controllingprozeß von e-Business-Projekten mit der Balanced Scorecard ist nach der Ableitung von Erfolgsfaktoren in jeder der erforderlichen fünf Perspektiven durch vier Prozeßschritte gekennzeichnet.

In jeder Perspektive gilt es für die Projektleitung die Aktivitäten

- Basisdaten und Kennzahlendefinition (vgl. *Müller / von Thienen / Moede* 2001),
- Skalierung und Aufsetzen der Sollwerte,
- Istdatenerfassung sowie
- Auswertung und Normierung

zu durchlaufen.

Im Rahmen eines e-Business-Projektcontrollings mit der Balanced Scorecard greift das folgende Vorgehen:

Nach der grundsätzlichen Festlegung der zur Überwachung von Erfolgsfaktoren notwendigen Kennzahlen sind diese einmalig als Basisdaten festzuhalten. Zur kontinuierlichen Überwachung und im Sinne einer späteren Vergleichbarkeit hinsichtlich der Zielerreichung müssen diese skaliert und mit Sollwerten versehen werden. Erst hierauf kann eine kontinuierliche Istdatenerfassung im Projektverlauf erfolgen. Hier werden in festen Zeitintervallen die aktuelle Zielerreichung aufgenommen. Die Bewertung und Interpretation der erfaßten Kennzahlen erfolgt schließlich über die zuvor festgelegte Auswertungsdarstellung.

Auch die Handhabung dieses Tools muß für den Projektleiter beherrschbar bleiben. Eine effiziente Bedienung, Übersichtlichkeit und klare Datenstrukturierung sind weitere Grundanforderungen an das entsprechende Instrumentarium. Denn die zentrale Aufgabe des Projektleiters muß in der effizienten Auswertung liegen.

Durch die aufbereitete Darstellung im Strukturierungsrahmen der Balanced Scorecard werden die Projektdaten zu auswertbaren Informationen. Die Projektleitung der e-Business-Vorhaben wird dadurch in die Lage versetzt sich auf die Projektsteuerung und Ergreifung von Maßnahmen zu konzentrieren.

Die Auswertung kann dabei über unterschiedliche Formen der Visualisierung und Aufbereitung der Daten erfolgen.

3.3 Visualisierung und Interpretation

Die Zusammenführung der erfaßten Daten muß in einer handhabbaren visualisierten Form erfolgen. Zielsetzung der Visualisierung ist die Konsolidierung der erfaßten Kennzahlen in einer übersichtlichen Darstellung zur effektiven Projektsteuerung.

Hierzu kann vor allem das klassische „Spinnendiagram" eingesetzt werden. Die folgende Abbildung veranschaulicht eine derartige Visualisierung.

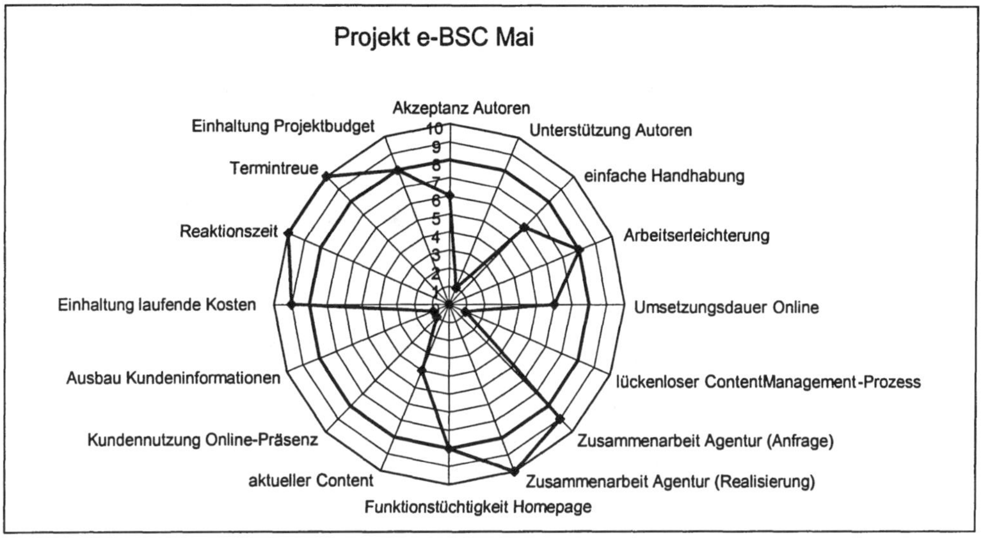

Abbildung 4: Zeitpunktdarstellung einer e-Business-Balanced-Scorecard

Während das Spinnendiagramm eine Zeitpunktvisualisierung darstellt und damit lediglich einen konkreten Projektzeitpunkt wiedergibt, sollte mit einer zusätzlichen Darstellung eine Zeitreihenvisualisierung umgesetzt werden. Die Entwicklung der einzelnen Kennzahlen über den Projektverlauf und deren Veränderung ist für das Projektmanagement und die Interpretation von entscheidender Bedeutung. Die folgende Abbildung zeigt eine mögliche Visualisierungsform zur Zeitreihendarstellung auf.

Durch die dynamische Visualisierung gelingt es, die in Kapitel 1 angeführten Anforderungen an ein Risikomanagement abzubilden. Dabei wird für jede Kennzahl neben dem eigentlichen Sollwert eine Differenzierung in drei Zielfelder vorgenommen. Eine Unterteilung der Zielfelder in „kritisch", „unzureichend" und „akzeptabel" bewirkt so eine für das Risikocontrolling hinreichende Trennschärfe. Die Visualisierung dieser drei Erfüllungskategorien in den Farben rot (kritisch), gelb (unzureichend) und grün (akzeptabel) ermöglicht dem Projektleiter die klare Interpretation des aktuellen Projektrisikos. Dabei kann die Anzahl roter und gelber Felder mit einem „Risikostatus" gleichgesetzt werden. Auch die zeitliche Veränderung einzelner Zielfelder einer Kennzahl läßt erkennen, in welchen Projektbereichen kritische Pfade entstanden sind und in welchen Zieldimensionen hingegen Hemmnisse aus dem Weg geräumt worden konnten.

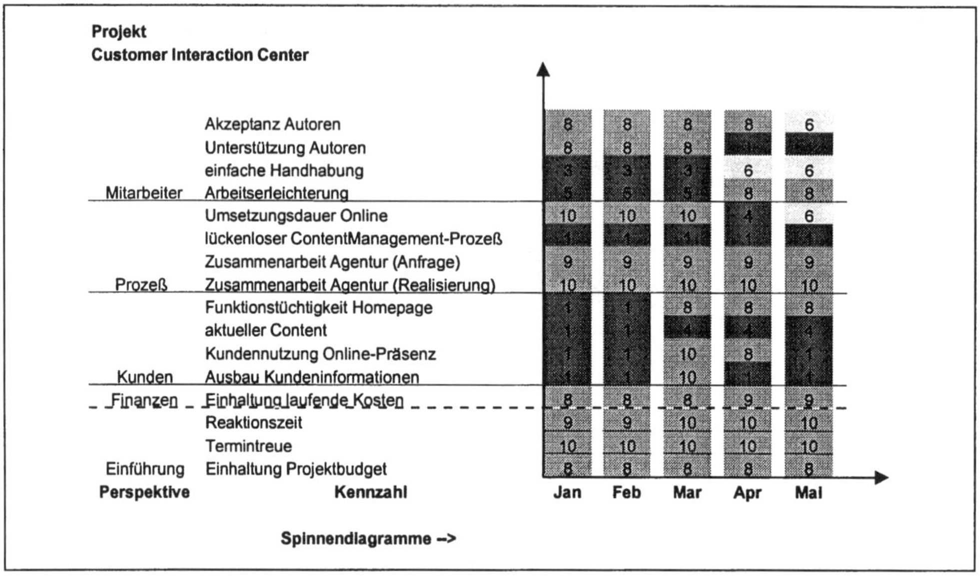

Abbildung 5: Zeitreihendarstellung einer e-Business-Balanced-Scorecard

4 Fazit

Der Aufbau einer effizienten e-Business-Erfolgsbeurteilung ist eine an Bedeutung zunehmende Herausforderung an ein Projektcontrolling. Neue Technologien, angepaßte interne Abläufe, wechselnde Kundenanforderungen und flexibel reagierende Unternehmen prägen das aktuelle Umfeld. Auch wenn die e-Business-Technologien noch nicht alle Unternehmensprozesse durchdrungen haben, ist diese Entwicklung klar abzusehen.

Das Projektcontrolling muß sich heute auf diese Anforderungen vorbereiten, indem es Konzepte zur Erfolgsmessung im e-Business erarbeitet. Der vorgestellte Ansatz zum Controlling von e-Business-Modellen über eine Balanced Scorecard bietet dazu eine effektive Möglichkeit.

Die Evaluierung des entwickelten Ansatzes in Projekten hat gezeigt, daß die dynamische e-Business-Balanced-Scorecard in Verbindung mit einem handhabbaren Tool in der Lage ist, die aufgezeigten Anforderungen an das Projekt- als auch Betriebscontrolling von e-Business-Vorhaben zu erfüllen (vgl. *Höge* 2001).

Die erfolgreichen Unternehmen der Zukunft werden dadurch geprägt sein, daß sie

- e-Business-Technologien in die bestehenden Prozesse integrieren,
- diese konsequent auf die Unternehmensstrategie abstimmen und
- deren Zielerreichung in betriebswirtschaftlichen Dimensionen kontinuierlich messen.

Das auf die angeführten Dimensionen ausgerichtete Projekt-Controlling wird eine für e-Business-Vorhaben erfolgskritische Anforderung. Das Scheitern bzw. die unzureichende Erfüllung monetärer Zielgrößen vieler Projekte der Vergangenheit hätte hierdurch frühzeitig im Projektverlauf erkannt werden können.

5 Literatur

Eisenhut, M.; Neukirchen, R. (2001): *Putting e-Business to Work*, in: Controlling Heft 2, S. 85-94

Friedag, H.; Schmidt, W. (1999): *Balanced Scorecard - mehr als ein Kennzahlensystem*, Freiburg 1999

Hartman, A.; Sifonis, J.; Kador, J. (2000): *Net Ready - Strategies for Success in the E-conomy*; New York 2000

Höge, T. (2001): *„Ein Budget? Das klärt sich.“, Erfahrungsbericht bei Philips Medizin Systeme*, in: netmanager, 1. Jg., Heft 3, S. 40-44

Horvath, P.; Knust, P.; Schindera, F. (2001): *Internet-Geschäfte erfordern ein wirksames E-Controlling*, in: Harvard Business Manager, 23. Jg., Heft 5, S. 44-54

Kalakota, R.; Robinson, M.: *e-Business – Roadmap for Success*, Reading/USA 1999

Kanter, R. M. (2001); *Wie Traditionsfirmen ihren Einstieg ins Internet sicher verpassen*, in: Harvard Business Manager, 23. Jg., Heft 4, S. 58-72

Kaplan, R.; Norton D. (1997): *Balanced Scorecard*, Stuttgart 1997

Kaplan, R.; Norton, D. (2000): *www.bscol.com*

Loebbecke, C. (2001): *eCommerce - Begriffsabgrenzung und Paradigmenwechsel*, in BfuP, Heft 2, S. 93-108

Malone, T.; Laubacher, R. (2000): *Vernetzt, klein und flexibel - die Firma des 21. Jahrhunderts*; in: Tapscott, D. (Hrsg.): Erfolg im e-Business; München, Wien; 2000

Müller, A.; von Thienen, L. (2001): *e-Profit: Controlling-Instrumente für erfolgreiches e-Business*, Freiburg 2001

Müller, A.; von Thienen, L.; Moede H. (2000): *Einsatz der Balanced Scorecard im e-business*, in: Controlling Berater, Haufe Verlag 2000

OECD (1999): *The Economic and Social Impact of Electronic Commerce – Preliminary Findings and Research Agenda*, Paris 1999

Project Management Institute (PMI) (2000): *Projekt Management - Body of Knowledge*, 2000 Edition

Porter, M. (2001): *Strategy and the Internet*, in: Harvard Business Review, March 2001, S. 63-78

Reichheld, F.; Schefter, P. (2001): *Kundentreue - warum sie auch im Internet zählt*; in: Harvard Business Manager, 1/2001, S.70-81

Roland Berger & Partner (1999): *Success Factors in electronic commerce, Study*, Frankfurt am Main, 2/1999

Scheer, A. W.; Breitling M. (2000): *Geschäftsprozeßcontrolling im Zeitalter des e-Business*, in Controlling Heft 8/9 2000, S. 397-402

Voigt, K.-I. (2001): *Desintermediation im B2B-Bereich*, in: Wildemann, H.; Albach, H.: eBusiness – Management mit e-Technologien, ZfB Ergänzungsheft 3/2001, S. 53-72

Wildemann, H. (1986): *Einführungsstrategien für neue Produktionstechnologien*, in: ZfB, Jg. 56, Heft 4/5 (1986), S. 337-369

Wildemann, H. (1987): *Strategische Investitionsplanung, Methoden zur Bewertung neuer Technologien*, Wiesbaden 1987

Wildemann, H. (2001a): *Produktionscontrolling – systemorientiertes Controlling schlanker Produktionssysteme*, 4. Aufl. München 2001

Wildemann H. (2001b): *Supply Chain Management mit e-Technologien*, in: Wildemann, H.; Albach, H. (2001): *eBusiness - Management mit e-Technologien*, ZfB Ergänzungsheft 3/2001, S. 1-20

Meßkonzepte und Managementinstrumente zur Steigerung von Unternehmenswerten

Ronald Heggmaier

Kurzfassung

Was sind Unternehmenswerte und wie können diese gesteigert werden? Dies sind die zentralen Fragen, die es bei einer Diskussion über die Erfolgssicherung von Unternehmen zu beantworten gilt. Der Unternehmenswert ist differenziert zu beurteilen und abhängig vom jeweiligen Betrachter. Der Kunde hat meist andere Wertvorstellungen als der Mitarbeiter, Unternehmer oder Aktionär.

1 Differenzierung des Unternehmenswertes

Für den Kunden ist ein Unternehmen wertvoll, wenn es ihm einen entsprechenden Nutzen bieten kann. Hierzu sind die richtigen Produkte oder Dienstleistungen in der richtigen Qualität, zum richtigen Zeitpunkt, am richtigen Ort und zu einem angemessenen Preis anzubieten und zu übergeben. Zudem erwartet der Kunde ein zuvorkommendes und freundliches Auftreten der Mitarbeiter des Unternehmens. Für den Mitarbeiter ist ein Unternehmen wertvoll, wenn es ihm einen, vor allem in der heutigen Zeit, sicheren Arbeitsplatz, adäquate Löhne und Gehälter, fundierte Perspektiven und persönliche Entfaltungsmöglichkeiten bietet. Das Unternehmen beurteilt ein Mitarbeiter nur auf den ersten Blick als ein homogenes Objekt und verwendet Marktstellung, Umsatz und Gewinn lediglich als Indikatoren zur Abschätzung der wirtschaftlichen Stabilität des Unternehmens. Auf den zweiten Blick, und dieser ist i.d.R. der entscheidende über die langfristige Perspektive des Mitarbeiters, wird ein Unternehmen in Bereiche, Abteilungen, Führungskräfte und Kollegen differenziert, die anhand von Regelungen und weiteren Einflußnahmen über den beruflichen Werdegang des Mitarbeiters entscheiden.

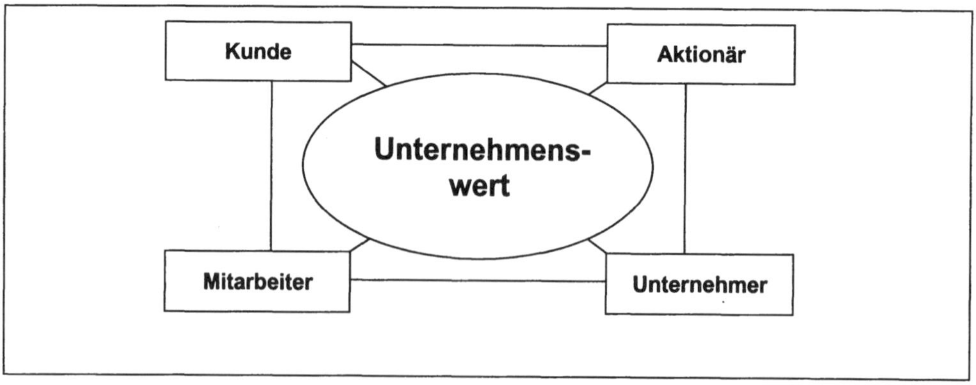

Abbildung 1: Unternehmenswert im Spannungsfeld?

Für den Unternehmer und die leitenden Führungskräfte ist das Unternehmen wertvoll, wenn es einen entsprechenden Gewinn erwirtschaftet und auch langfristig eine sichere Ertragslage verspricht. Die Werthaltungen von Aktionären unterscheiden sich hiervon oftmals lediglich in der zeitlichen Erwartungshaltung. Für einen Aktionär ist ein Unternehmen wertvoll, wenn es hohe Gewinne erwirtschaftet, über langfristige Überlebensstrategien verfügt und wenn vor allem auch weitere potentielle Anleger von diesem Sachverhalt überzeugt sind und entsprechend ihres Kaufverhaltens die Nachfrage nach den Wertanteilen erhöhen. Die letzten Entwicklungen an den internationalen Börsen verdeutlichen diese Tatsache. Die einstige hohe Erwartungshaltung der Anleger und der euphorische Glaube an die unbegrenzten Möglichkeiten der Internet-Firmen führte durch das "neue Kapital" der Kleinaktionäre zu einem immensen Schub nach vorne, der selbst äußerst erfahrene Börsenprofis in Erstaunen versetzte.

Die Werthaltungen der einzelnen Beteiligten zeigen im Grundsatz somit kein Spannungsfeld auf, sondern verdeutlichen das gemeinsame Interesse an Stabilität, Gewinn, Umsatz und Wachstum. Diese Werthaltungen sind nicht neu, aber dennoch für die Führungskräfte der Unternehmen oft schwer umzusetzen. Wesentlich ist für die Entscheidungsträger der Unternehmen die Identifizierung der Werttreiber im Unternehmen um somit Umsatz, Gewinn, Wachstum und Stabilität beeinflussen zu können.

2 Werttreiber

Im Rahmen der Diskussion über die Werttreiber sind zwei wesentliche Stoßrichtungen zur Erhöhung des Unternehmenswertes zu verzeichnen. Die erste orientiert sich an den internen Fähigkeiten des Unternehmens und findet ihren Niederschlag in den Wertsteigerungsstrategien:

1. Konzentration auf Kernkompetenzen und Netzwerkbildung,
2. Internationalisierung aus eigener Kraft und
3. Entwicklung von "Business Opportunities" mit Hilfe von Innovationen und neuen Technologien.

Die zweite Stoßrichtung umfaßt das externe Wertsteigerungspotential, das sich aus Akquisitionen, Kooperationen und Fusionen ergibt.

Für eine Analyse der internen Werttreiber wurde eine Untersuchung bei 89 deutschen Unternehmen vom Lehrstuhl für Betriebswirtschaftslehre mit Schwerpunkt für Logistik von Prof. Dr. Horst Wildemann an der Technischen Universität München durchgeführt. Befragt wurden Führungskräfte und Mitarbeiter von Unternehmen der metallverarbeitenden Branche und des Anlagenbaus.

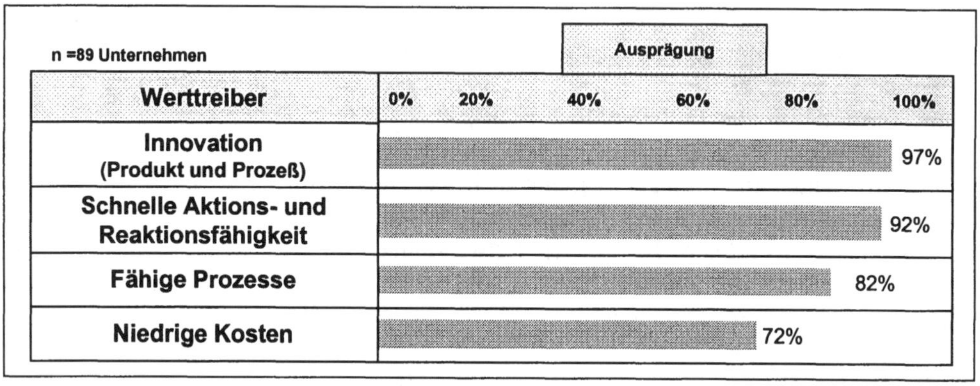

Abbildung 2: Innovation als Werttreiber Nr. 1

An erster Stelle als Werttreiber wurde von den Firmen Innovation sowohl bei den Produkten als auch bei den Prozessen genannt. An zweiter Stelle wurde eine schnelle Aktions- und Reaktionsfähigkeit des Unternehmens für eine rasche Erhöhung des Marktanteils oder für eine zügige Anpassung auf Veränderungen des Marktes und des Kundenverhaltens gesetzt. Auf Platz 3 befindet sich die Notwendigkeit von fähigen Prozessen, die die gesetzten Ziele in Form von Kosten, Qualität und Zeit präzise einhalten. An vierter Stelle findet sich der Aspekt der niedrigen Kosten. Die Positionierung des Kostenaspekts auf Platz 4 basiert auf der Aussage der Unternehmen, daß an erster Stelle eine Erhöhung des Kundennutzens über Innovation, schnelle Reaktion und sicheres Handeln notwendig ist. Günstige Produkte oder Dienstleistungen, die die Kundenanforderungen nicht adäquat erfüllen, werden sonst trotz der niedrigen Kosten sich nicht auf dem Markt durchsetzen können. Ist das neue Produkt oder die neue Dienstleistung definiert, so ist auf eine kostengünstige Produktion zu achten.

Wie Innovation, rasches Handeln, fähige Prozesse und niedrige Kosten ermöglicht werden, ist bekannt, die Umsetzung ist jedoch oft schwierig. Hierfür ein Instrument in Händen zu halten, ist eine Forderung der befragten Unternehmen. Eine Umsatzsteigerung ist vor allem durch Innovation und kurze Lieferzeiten zu realisieren.

3 Meßkonzepte und Instrumente zur Wertsteigerung

Umsatz und Gewinn reichen für eine optimale Steuerung von Unternehmen nicht mehr aus. Der Marktwert tritt als Orientierung zur Einflußnahme auf die unternehmerischen Aktivitäten in den Vordergrund. Eine sprunghafte Wertsteigerung wird über Faktoren wie Effizienz, Kompetenz und Wachstum erreicht, die nicht in der Bilanz offensichtlich sind. Entsprechend dieser Faktoren werden drei grundlegende Meßkonzepte und Phasen unterschieden. An erster Stelle steht die Steigerung der Cash-Flow-Marge. In dieser Phase befindet sich die Fokussierung auf die Kernkompetenzen und die Kostensenkungs- und Preisdifferenzierungsprogramme. Innerhalb dieser werden z.B. die Gemeinkostenwertanalyse, Make or Buy-Untersuchungen oder Programmselektionskonzepte angewendet.

An zweiter Stelle der Meßkonzepte und Phasen steht die Erhöhung der Kapitalproduktivität, die durch Vorrats- und Forderungsmanagement, Auslastung des Anlagevermögens, Outsourcing nicht strategisch wichtiger Unternehmensbereiche oder durch ein geschicktes Financial Engineering erreicht wird.

Profitables Wachstum kennzeichnet die dritte Phase. Kontinuierliches und nachhaltiges Wachstum ist die Grundlage für gute Zukunftsperspektiven und den Zugang zu attraktiven Märkten. Zur Sicherung eines positiven und für das Unternehmen verträglichen Wachstums muß nicht nur die mögliche Wachstumsalternative bewertet und ausgewählt werden, sondern auch die internen Voraussetzungen wie die Qualifikation der Mitarbeiter, die Ausrichtung des Managements und die Infrastruktur geschaffen werden.

Für eine Operationalisierung dieser drei Phasen bietet sich auch der Einsatz der EBIT-Betrachtung (Earn Before Interest and Tax) an. Den einzelnen EBIT-Einflußgrößen können konkrete Maßnahmen zugeordnet werden. Dies erleichtert den Entscheidungsträgern und Umsetzungsverantwortlichen in den Unternehmen die positive Beeinflussung von EBIT und Gewinn.

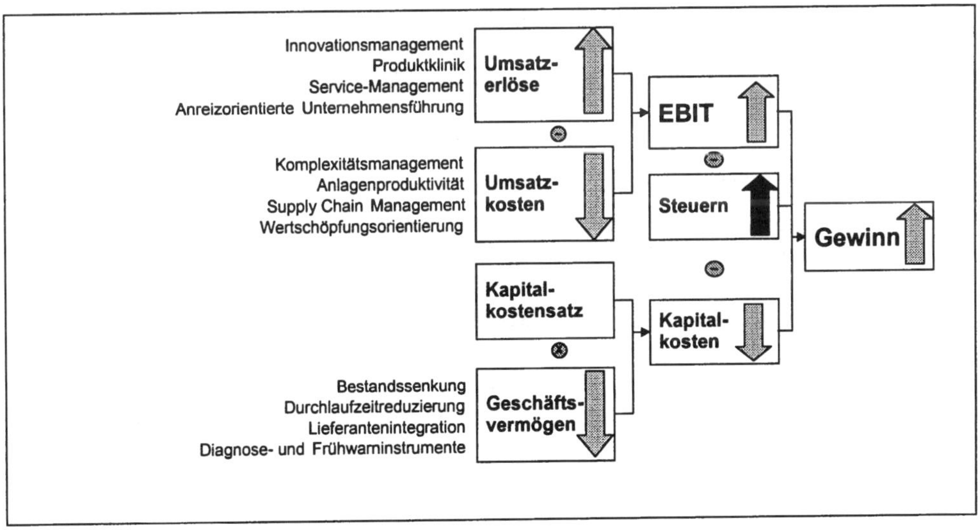

Abbildung 3: Mögliche Instrumente zur Erhöhung von EBIT und Gewinn

Eine Erhöhung der Umsatzerlöse wird z.B. auch durch die Vorgehensweise der Produktklinik erreicht. Dies ist eine Methode zur Verbesserung der kundenbezogenen Produktfunktionalitäten und zur Reduzierung der Produktkosten anhand einer strukturierten Analyse der eigenen Produkte mit denen der Konkurrenten. Zum Abbau von produktbezogenen Kostennachteilen wurde in der Vergangenheit primär der Versuch unternommen, standortbedingte Kostennachteile durch Wertanalysen und Verlagerungen in Niedriglohnländer zu beseitigen. Diese Vorgehensweise war nicht ausreichend zum Abbau der Defizite. Die vollständige Schließung der Lücken gelingt dagegen durch eine umfassende Wertgestaltung von Produkten und Prozessen unter Rückgriff auf das Kreativitätspotential der Mitarbeiter unter Verwendung der Systematik der Produktklinik.

Gesättigte Märkte, steigende kundenindividuelle Wünsche, Internationalisierung und Globalisierung der Absatz- und Beschaffungsmärkte erhöhen den Wettbewerbsdruck und zwingen Unternehmen zur gleichzeitigen Beherrschung von Kosten, Qualität und Zeit. Wie muß der Service gestaltet sein, den ein Unternehmen weltweit bei regional differenzierten Ansprüchen anbieten möchte? Führungskräfte, Organisations- und Personalentwickler, aber auch die einzelnen Servicemitarbeiter sind gefordert, diese Frage gemeinsam zu beantworten. Die Dynamik der Märkte und die individuellen Ansprüche des Kunden, insbesondere im Servicebereich, wo die Integration des Kunden in die Erstellung der Leistung den Individualcharakter noch verstärkt, zeigen die Notwendigkeit eines systematischen Managements von Serviceleistungen zur Erhöhung der Umsatzerlöse.

Eine Erhöhung der Umsatzerlöse kann auch durch eine anreizorientierte Unternehmensführung erreicht werden. Erfolgreiche Unternehmen tragen durch eine anreizorientierte Unternehmensführung zur Beherrschung der vorhandenen Dissonanz zwischen den Anteilseignern einerseits und den Arbeitnehmern andererseits bei. Durch eine langfristig angelegte Orientierung am Unternehmenswert und dessen nachhaltige Verbesserung anstelle von kurzfristiger Ergebnissteuerung bringen sie alle vorhandenen Kräfte und Ressourcen voll zur Entfaltung.

Eine Reduzierung der Umsatzkosten kann z.B. durch eine Verbesserung der Anlagenproduktivität oder durch Vorkehrungen zur Vermeidung von Fehlern erreicht werden. Durch eine Verminderung der Maschinenausfallzeiten kann oftmals eine Steigerung der Produktivität von über 10% verzeichnet werden. Auch ein bereichsübergreifendes Komplexitätsmanagement hilft durch eine Abstimmung oder Neugestaltung der Prozesse und Produkte die Kosten zu reduzieren. Ebenso hilfreich und effektiv ist eine Neuausrichtung der Supply Chain auf der Basis einer konsequenten Wertschöpfungsorientierung.

Eine Reduzierung des Geschäftsvermögens kann durch ein gezieltes Asset-Management erreicht werden. Das Vermögen spiegelt sich nicht nur in den Beständen der Produktion oder des Versandes wider, sondern auch in den Forderungen gegenüber anderen Unternehmen. Physische Bestände können auch durch gezielte Maßnahmen zur Reduzierung der Durchlaufzeit vermieden werden. Eine Halbierung der Durchlaufzeit und der Bestände ist keine Seltenheit. Lieferantenintegration hilft ebenfalls, durch eine kooperative

Zusammenarbeit das Geschäftsvermögen zu verkleinern. Diagnose- und Frühwarninstrumente sind als Kompaß auf dem Weg zu einem effizienten Unternehmen Grundausstattung.

Die Instrumente zur Steigerung des Unternehmenswertes wurden bereits vielfach und erfolgreich eingesetzt. Die Anforderungen der heutigen Märkte verlangen jedoch immer kürzere Anpassungszyklen der Unternehmen. Die sporadische Anwendung der einen oder anderen Methode ist somit nicht mehr ausreichend. Es stellt sich die Frage, wie die Methoden und Instrumente zielorientiert und zeitlich komprimiert zusammengefaßt werden können, um den kurzen Anpassungszyklen gerecht werden zu können. Der rasche Wandel am Markt läßt keinen schleichenden Fortschritt mehr zu.

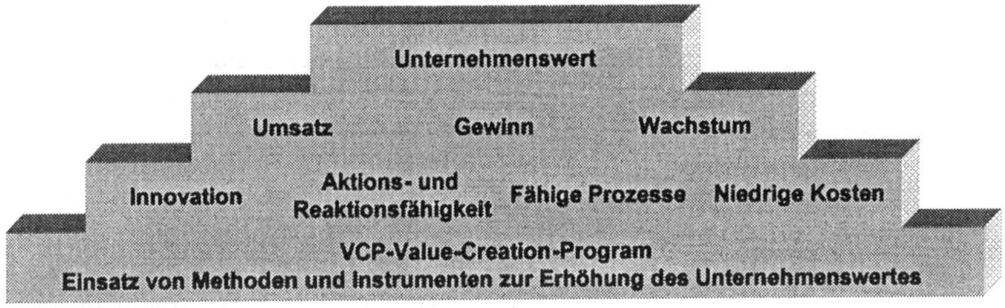

Abbildung 4: VCP als Basis zur Wertsteigerung

Im 21. Jahrhundert darf ein Unternehmen seine Strategien und Produkte nicht nur alle 5-10 Jahre auf Grund einer Unternehmenskrise grundlegend neu überdenken. Vielmehr muß es in der Lage sein, permanent Produkte, Dienstleistungen, Prozesse und Organisationen neu zu betrachten und adäquat zu verändern. Dies ist jedoch nicht möglich, wenn die Ausarbeitung einer neuen Strategie zur Wertsteigerung selbst bereits Jahre dauert. Diese Zeitspanne steht im immer härteren Wettbewerb nicht mehr zur Verfügung.

4 Das VCP-Value-Creation-Program

Als Antwort auf diese Entwicklung am Markt und zur Erhöhung der Innovationskraft wurde das VCP-Value-Creation-Program entwickelt. Das VCP ist eine Methodik für eine strukturierte Reduzierung von Kosten, Durchlaufzeiten und Verlustquellen und dient einer fundierten Verbesserung der Geschäftsprozesse und nachhaltigen Steigerung von Umsatz, Gewinn, Wachstum und Unternehmenswert.

4.1 Vorgehensweise

Das Neue am VCP ist die strukturierte Zusammenfassung der einzelnen Methoden zur Wertsteigerung in einer zeitlich gerafften Form. Erarbeitet werden die einzelnen Lösungen unter massiver Einbeziehung der Mitarbeiter. Hierdurch wird das Wissen der Mitarbeiter vor Ort gepaart mit Benchmark-Vergleichen zu anderen Firmen und Erfahrungswerten aus anderen Branchen. Die Einbeziehung der Mitarbeiter bereits in der Lösungsfindung ermöglicht auch eine rasche Umsetzung der Maßnahmen zur Wertsteigerung. Das VCP orientiert sich somit an den Werttreibern, sichert eine schnelle, fundierte und nachhaltige Wertsteigerung und ermöglicht durch die Einbeziehung der Mitarbeiter und den damit verbundenen Lerneffekten eine sofortige Umsetzung und kontinuierliche Erneuerung als Programm.

Das VCP-Value-Creation-Program ermöglicht eine Abarbeitung der notwendigen Themen in nur 3 Monaten und paßt sich somit der zeitlichen marktbedingten Aktions- und Reaktionsspanne an. Innerhalb von 10 Tagen werden beim VCP eine Analyse des Untersuchungsbereichs vorgenommen, die gewonnenen Daten ausgewertet, das Unternehmenspotential bestimmt und die möglichen Handlungsoptionen zur Potentialerschließung abgeleitet. Diese Ergebnisse stellen im nächsten Schritt die Basis für einen Strategie- und Maßnahmenworkshop dar. Innerhalb von 4 Tagen werden die Erkenntnisse des 5-Tage-Audits mit der Unternehmensstrategie abgeglichen und die Vorgehensweise zur Verbesserung der Wettbewerbsfähigkeit und zur Erhöhung des Unternehmenswertes mit den Führungskräften verabschiedet.

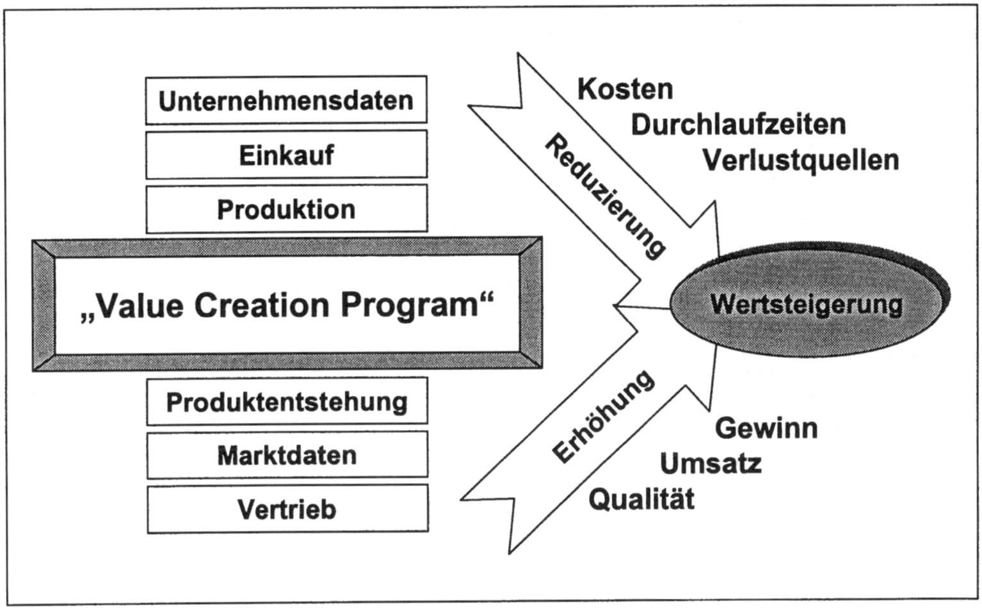

Abbildung 5: Analysefelder des VCP-Value-Creation-Program

Nach insgesamt 3 Wochen tritt das VCP in die Phase der Detaillösungen und Umsetzungen ein. Hierfür wird die bereits mehrfach bewährte GENESIS-Systematik verwendet. Externe und interne Schulungen zur Qualifizierung der Mitarbeiter und regelmäßige Präsentationen runden das VCP ab. Der straffe Zeitplan des VCP verlangt von allen Beteiligten großes Engagement und eine effiziente Arbeitsweise.

Während der Analyse wird auf das bestehende Wissen, die Erfahrungen der Mitarbeiter und auf Benchmarks sowie Erfahrungswerte aus anderen Unternehmen und Branchen zurückgegriffen. Das 5-Tage-Audit beinhaltet eine umfassende und auf das betrachtete Unternehmen zugeschnittene Untersuchung der unternehmerischen Prozesse und Strukturen und beinhaltet eine Analyse der Unternehmenskennzahlen, des Einkaufs, der Produktion, der Produktionsplanung und -steuerung, der Auftragsabwicklung, der Produktentstehung und des Vertriebs und Marketing.

Erfaßt werden die zentralen Daten mit den Mitarbeitern des Unternehmens anhand von Analysen, Interviews und Ortsbegehungen. Dies erhöht das Problembewußtsein und Problemlösungspotential der Mitarbeiter vor Ort. Jedes 5-Tage-Audit beginnt mit einem Workshop zur Zieldefinition und Abstimmung des weiteren Vorgehens und endet in einer Ergebnispräsentation. Im Rahmen des 5-Tage-Audits werden somit die relevanten Unternehmenskennzahlen und die unternehmerisch wichtigen Schnittstellen zu Kunden und Zulieferern aufgenommen und ausgewertet.

Durch eine Bewertung der Prozesse und Strukturen anhand von Erfahrungswerten und Benchmarks wird das Unternehmenspotential und der Handlungsbedarf aufgezeigt. Mit den Mitarbeitern und Führungskräften werden anschließend die Vorgehensweisen zur Potentialerschließung definiert. Das Audit sichert somit eine schnelle Informationsgewinnung, fundierte Entscheidungsgrundlagen und umfaßt konkrete Handlungsanweisungen, die von den Mitarbeitern mit entwickelt wurden. Dies ermöglicht dem Unternehmen auch den Einstieg in einen kontinuierlichen Lernprozeß. Die Schulungen des VCP erweitern den Horizont von Mitarbeitern und Führungskräften für eine permanente Reflexion über das eigene Unternehmen und fördern das unternehmerische Denken und Handeln.

Die Präsentation der Ergebnisse des 5-Tage-Audits vor betroffenen Mitarbeitern und Führungskräften verdeutlicht die offene Kommunikation, die mit dem VCP verbunden ist, und zeigt den entschlossenen Willen des Unternehmens zur Veränderung sowie zum Kampf im unternehmerischen Wettbewerb.

Innerhalb des Strategie- und Maßnahmen-Workshops werden die Ergebnisse des 5-Tage-Audits in Form der identifizierten Potentiale und abgeleiteten Handlungsfelder mit der bestehenden Unternehmensstrategie abgestimmt und die konkrete Vorgehensweise zur Potentialerschließung definiert. Der Strategie- und Maßnahmen-Workshop dauert 4 Tage und setzt sich aus der Geschäftsleitung und den Führungskräften des Unternehmens zusammen. Der Workshop ist geprägt durch eine klare Konfrontation der Teilnehmer des Workshops mit den Anforderungen des Marktes, den Unternehmenspotentialen und notwendigen Maßnahmen zur Sicherung des langfristigen Unternehmenserfolgs.

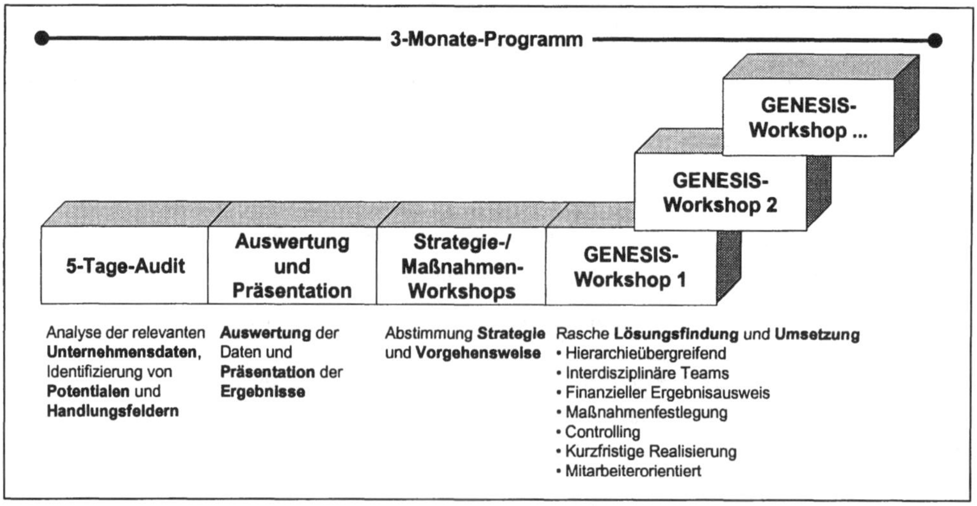

Abbildung 6: Vorgehensweise des VCP-Value-Creation-Program

Inhalte des Strategie- und Maßnahmenworkshops sind die Diskussion der Ergebnisse des Audits, der Unternehmenspotentiale, der Handlungsoptionen und der bisherigen Unternehmensstrategie. Das Ergebnis des Workshops mit den Führungskräften des Unternehmens ist ein detaillierter Themen- und Maßnahmenkatalog zur Erschließung des Unternehmenspotentials. Dies beinhaltet eine Definition der notwendigen Workshops und ihrer Themen, die Teamzusammensetzungen, die Reihenfolge der Abarbeitung und die Vorgehensweise beim Maßnahmen- und Ergebniscontrolling. Innerhalb des Strategie-Workshops werden die Vorgehensweise zur Potentialerschließung und die Verantwortlichkeiten verabschiedet.

Die im Strategie- und Maßnahmenworkshop definierten Mitarbeiter und Teams zur Erarbeitung der Detaillösungen bedienen sich der bereits mehrfach erfolgreich eingesetzten Methodik der GENESIS-Workshops. GENESIS (Grundlegende Effektivitätsverbesserung nach einer Schulung in schlanker Produktion, Organisation und Beschaffung) dient zur Beseitigung von Denkblockaden, Lernbarrieren und Verhaltenswiderständen im mittleren Führungskreis bis hin zu Machtbarrieren im Top-Management.

4.2 GENESIS

Das bereits in über 18 Unternehmen bewährte Konzept erhöht durch eine zielgerichtete Bündelung von Aktivitäten die Lerngeschwindigkeit der Organisation und basiert auf einem praxiserprobten Workshop, bei dem Lösungsansätze, Methoden und standardisierte Vorgehensweisen zur kurzfristigen Schaffung schlanker Strukturen vor Ort geboten werden. Es bewirkt innerhalb von vier Tagen sofortige Produktivitätssteigerungen und stellt eine kurzfristig wirksame Einführungsstrategie von Effizienzsteigerungsprinzipien in den direkten und indirekten Unternehmensbereichen sicher.

Die Durchführung eines GENESIS-Workshops erstreckt sich auf vier Tage, die von einer praxisorientierten Methodenschulung in jeder Phase der Problembearbeitung begleitet wird. Die Einbeziehung der Erfahrungen und der Problemlösungskapazitäten der Mitarbeiter vor Ort, selbständiges Denken und Handeln und Lern- und Leistungsbereitschaft sind wesentliche Voraussetzungen zur Verbesserung der Prozeßfähigkeit im Unternehmen.

Das Programm hilft durch interdisziplinäre Teams. Diese verpflichten sich zur Lösung einer gemeinsamen Aufgabe jenseits von Hierarchien und Schnittstellen. Genutzt werden hierbei die Erfahrungen der betrieblichen Zusammenhänge und die Problemkenntnisse der Teilnehmer. Ziel der Workshops sind kurzfristig realisierbare Verbesserungsvorschläge. Dies wird durch das Zusammenwirken aller Beteiligten in kleinen Gruppen und eine kommunikative Lern- und Arbeitsatmosphäre erreicht.

Der erste Tag des Workshops ist geprägt durch die Einführung in die Systematik, die Aufnahme der Ist-Situation des Untersuchungsbereichs, die Problemanalyse und Zieldefinition. Hierfür sind die zentralen Eckdaten (z.B. Kosten, Personal, Produkte und Dienstleistungen, Mengenverhältnisse und sonstige Kenngrößen) und die zu betrachtenden Prozesse aufzunehmen. Zu diesem Zwecke werden die Einzelschritte der Geschäftsprozesse erfaßt und anhand standardisierter Prozeßparameter bewertet. Wesentlich ist die gemeinsame Analyse durch die Mitarbeiter. Im Vorfeld können zwar bereits Daten erfaßt werden, aber die Gesamtanalyse sollte ebenso wie die Definition der Workshop-Ziele zur Schaffung einer gemeinsamen Wissensbasis und zur Identifikation mit der Problemstellung und Zielsetzung durch die Mitarbeiter selbst erfolgen. Weiterhin werden am ersten Tag die Problemfelder analysiert.

Der zweite und dritte Tag befaßt sich mit der Ermittlung von Verschwendungen und ihrer Beseitigung. Durch den Einsatz von Checklisten werden Ursachen für Verschwendungen aus den Bereichen Arbeitsorganisation, Arbeitsplatzgestaltung sowie Organisation und Führung identifiziert und im Anschluß daran im Team Lösungsansätze erarbeitet. Diese werden am dritten Tag detailliert, in Maßnahmenpläne überführt und wenn möglich sofort umgesetzt.

Am letzten Tag der GENESIS-Workshops werden die Maßnahmenkataloge vervollständigt und die Ergebnisse vor der Geschäftsleitung und interessierten Mitarbeitern des Unternehmens von den Workshop-Teilnehmern präsentiert. Durch die öffentliche Präsentation und die Selbstverpflichtung der Workshop-Teilnehmer kommt die hohe Gewichtung der Workshops zum Ausdruck und Aufgabe, Kompetenz und Verantwortung werden in die Hände der Mitarbeiter gelegt. Dies steigert die Identifikation der Mitarbeiter mit dem Unternehmen und fördert das unternehmerische Denken und Handeln.

Durch den Einsatz der GENESIS-Methodik werden die Geschäftsprozesse radikal in Frage gestellt und sprunghaft verbessert. Hierzu werden Schwachstellen im Prozeß identifiziert und beseitigt. Dies erhöht wesentlich die Prozeßfähigkeit der betrachteten Geschäftsprozesse und führt zu einer positiven Beeinflussung der marktrelevanten Erfolgsfaktoren und zu quantifizierbaren betriebswirtschaftlichen Wirkungen. Wichtige Effekte ergeben sich auch bei der sozialen Kompetenz der Mitarbeiter und der Überwindung der Betriebsblindheit. Dies steigert die Fähigkeit der Mitarbeiter zur Problemerkennung. Das Zusammenkommen unterschiedlicher Erfahrungen und Sichtweisen in der Gruppe erhöht den Reifegrad der ausgearbeiteten Problemlösungen und die damit verbundene Realisierungswahrscheinlichkeit.

Durch das Workshop-Konzept werden die methodische Kompetenz und die Motivation der Mitarbeiter erhöht. Zusätzlich umfaßt das VCP-Value-Creation-Program ein stufenweise aufgebautes Informations- und Kommunikationskonzept. Je nach der Zielgruppe im Unternehmen ist eine spezifische Qualifikation vorzunehmen. Die Basis für eine Schaffung von Verständnis und Bereitschaft zur Veränderung wird über ein Intensivseminar erreicht, das innerhalb von 5 Tagen den Mitarbeitern und Führungskräften die zugrundeliegenden Methoden und Instrumente des VCP erläutert und anhand von Praxis-Berichten die Chancen und notwendigen Schritte des VCP darstellt. Methoden zur Gestaltung von Produkten, die die Anforderungen der Kunden unter Kosten- und Produktionsgesichtspunkten erfüllen, werden den Mitarbeitern über ein spezielles Seminar zur Einrichtung von Produktkliniken erläutert. Konzepte für eine schlanke und effiziente Produktion werden über das Seminar Produktion live anhand von weiteren Fallbeispielen vermittelt. Wie eine kundenorientierte Steuerung von Wertschöpfungsketten vollzogen wird, behandelt das Seminar Supply Chain Management. Damit die Mitarbeiter selbständig in der Lage sind, Workshops eigenverantwortlich durchzuführen, findet eine Qualifizierung der Mitarbeiter über eine Moderatorenschulung statt. Das Qualifizierungsprogramm wird je nach Themenschwerpunkt um weitere Seminare und Schulungen erweitert und erstreckt sich auch auf Bereiche des Einkaufs und die Qualifizierung zur Durchführung von Online-Auktionen.

4.3 Ergebnisse des VCP

Das VCP-Value-Creation-Program zeichnet sich weiterhin durch ein fundiertes Maßnahmen- und Ergebnis-Controlling aus. Die erarbeiteten Lösungen werden permanent auf ihre Umsetzung hin überprüft und die Effekte kontinuierlich erfaßt. Dies geschieht über die Mitarbeiter vor Ort und anhand von regelmäßigen Statuspräsentationen. Jeder Workshop wird mit einer Präsentation durch die Teilnehmer beendet, und im Rhythmus von 4 Wochen werden die Verbesserungen der bisher durchgeführten Workshops und umgesetzten Maßnahmen von den Verantwortlichen dargestellt. Teilnehmer der Präsentationen sind die Mitarbeiter und Führungskräfte des Unternehmens. Diese Vorgehensweise sichert die Identifikation der Mitarbeiter mit den erarbeiteten Lösungen, reduziert Widerstände bei der Lösungsfindung und Umsetzung durch offene Kommunikation und beschleunigt den notwendigen Veränderungsprozeß. Nach den Aktivitäten des VCP-Value-Creation-Program sind die Workshops und das Maßnahmen- und Ergebnis-Controlling eine erlernte Methodik, die einen permanenten Erneuerungsprozeß sichert.

Ein straffer Zeitplan, eine strukturierte Vorgehensweise, die Einbeziehung der Mitarbeiter und Führungskräfte vor Ort und ein ergebnisorientiertes Controlling kennzeichnen das VCP-Value-Creation-Program. Rasche Umsetzungen und beachtliche meßbare Erfolge sind das Ergebnis, das Mitarbeiter und Führungskräfte für weitere Aktivitäten anspornt und den derzeitigen Status quo lediglich als Zwischenstufe auf einer neuen Lernkurve verstehen läßt.

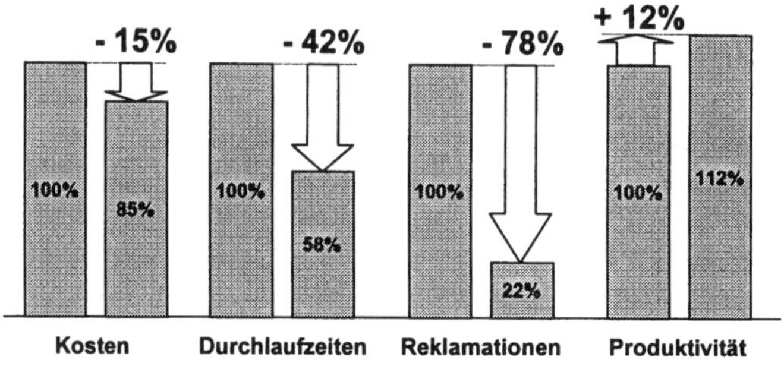

Abbildung 7: Erfolge des VCP-Value-Creation-Program

Die bisherigen Ergebnisse des VCP sprechen für sich. Über eine konsequente Neuausrichtung der Produktion konnten z.B. bei einem Unternehmen des Anlagenbaus durch das VCP die Kosten in der Produktion um 18% reduziert werden. Bei einem Unternehmen der Elektroindustrie wurde anhand einer durchgängigen Prozeßverantwortung und -organisation z.B. die Durchlaufzeit in der Auftragsabwicklung um 53% vermindert werden. Durch eine umfassende Ausrichtung der Geschäftsprozesse an den Anforderungen der Kunden und eine damit verbundene Erhöhung der Qualität in der Abwicklung und Produktion konnten 87% der Reklamationen bei einem Hersteller von Anlagen vermieden werden. Die Produktivität eines metallverarbeitenden Betriebes konnte durch eine Verbesserung der Produktionssteuerung und Arbeitsorganisation um 15% erhöht werden. Durchschnittlich konnten innerhalb von 3 Monaten die Kosten des jeweiligen Untersuchungsbereichs um 15% und die Durchlaufzeiten um 42% gesenkt sowie die Produktivität um 12% gesteigert werden. Die verbesserte Qualität von Produkten und Prozessen führte im Durchschnitt zu einer Reduzierung der Kundenreklamationen in einer Höhe von 78%. Diese Erfolge wirken sich maßgeblich durch die gestärkte Wettbewerbsposition auf den Unternehmenswert aus. Zudem ergeben sich durch das rasche und mitarbeiterorientierte Vorgehen erhebliche Motivationseffekte bei der Belegschaft. Dies fördert das unternehmerische Denken und Handeln auf allen Hierarchiestufen des Unternehmens.

Diese Erfolge des VCP beruhen auf einer durchgängigen Einbindung der Mitarbeiter und Führungskräfte sowohl bei der Analyse als auch bei der Definition der Vorgehensweise und Umsetzung. Durch diese konsequente Delegation von Aufgabe, Kompetenz und Verantwortung werden die Betroffenen automatisch zu Beteiligten, und Umsetzungshindernisse werden nahezu verhindert. Vielmehr werden durch die reichhaltigen Erfahrungen und Kenntnisse der Mitarbeiter bereits im Vorfeld mögliche Schwierigkeiten bei der Umsetzung identifiziert und beseitigt.

5 Fallstudie

5.1 Ausgangssituation

Die Vorgehensweise und Erfolge des VCP lassen sich auch am Beispiel eines Unternehmens der KFZ-Zulieferindustrie erläutern. Dieses Unternehmen mußte einen erheblichen Preisverfall in seinem Marktsegment verzeichnen, und die Kunden forderten zudem eine Reduzierung der Lieferzeiten um 25%. Die Konkurrenz erfüllte bereits die Kundenanforderungen und es bestand für das Unternehmen die ernsthafte Gefahr des Marktaustritts bei Nicht-Erfüllung der Kundenanforderungen. Das über Jahrzehnte gewachsene Unternehmen entschied sich, die Vorgehensweise des VCP anzuwenden.

5.2 Vorgehensweise

In einem Auftaktgespräch mit der Geschäftsleitung wurde die Ausgangssituation aufgenommen, die Ansprechpartner und der Zeitplan für das 5-Tage-Audit definiert. Innerhalb einer Woche wurde das mittelständische Unternehmen analysiert und Potentiale bei den Material-, Personal- und Bestandskosten identifiziert. Handlungsbedarfe wurden in der Entwicklung, dem Einkauf, der Produktion, der Logistik und Organisation aufgezeigt.

Nach insgesamt 10 Arbeitstagen wurde bereits der Strategie- und Maßnahmenworkshop durchgeführt. Die Unternehmensstrategie wurde mit den Erkenntnissen des 5-Tage-Audits abgeglichen und ergänzt. Die Maßnahmenschwerpunkte, die Verantwortlichen und die einzubeziehenden Mitarbeiter wurden definiert. Nach insgesamt drei Wochen wurde bereits der erste Workshop zum Thema "Auftragsabwicklung" durchgeführt. Innerhalb der folgenden zwei Monate wurden Produktions-, Entwicklungs-, Logistik- und Einkaufsthemen abgearbeitet und weitere 7 Workshops durchgeführt. Innerhalb der Produktion wurde z. B. eine neue Steuerungssystematik verwendet und eine neue Form der Arbeitsorganisation eingeführt. Hierdurch wurden Aufgabe, Kompetenz und Verantwortung durchgängig an die Mitarbeiter in der Produktion übertragen und kurze Regelungsschleifen zur Behebung von Störungen im Ablauf implementiert. Für eine Reduzierung der Materialkosten wurde u. a. eine Einkaufspotentialanalyse und eine Produktklinik durchgeführt. Für eine Verbesserung der Logistik wurde z. B. ein Supply Chain Management mit ausgewählten Zulieferern eingeführt. Dies ermöglichte eine Nutzung der Potentiale über die Unternehmensgrenzen hinaus und beugte Kostenerhöhungen der Zulieferer vor.

Zur nachhaltigen Sicherung der Erfolge wurde das im ersten Monat gestartete Maßnahmen- und Ergebniscontrolling weitere 4 Monate fortgeführt und später in das Tagesgeschäft der Werks- und Bereichsleiter überführt. Diese Form des Controllings beinhaltete neben der Aufnahme des Abarbeitungsgrades der personifizierten Maßnahmen auch permanente "öffentliche" Präsentationen der verantwortlichen Mitarbeiter über den Stand der Maßnahmen und weitere Lösungsansätze. Teilnehmerkreis der Präsentation waren Führungskräfte und Kollegen. Dies sicherte den Einstieg in eine dauerhafte Verbesserung der Unternehmenswerte und erhöhte durch die Chance der öffentlichen Anerkennung der persönlichen Leistungen das unternehmerische Denken und Handeln der beteiligten Mitarbeiter.

Parallel zu den Workshops wurden Schulungen zu den behandelten Themen durchgeführt. Insgesamt wurden 127 Mitarbeiter mobilisiert und 36 Mitarbeiter geschult. Sowohl bei der Analyse, der Lösungsfindung als auch bei der Konzepterstellung wurden die Mitarbeiter konsequent eingebunden. Durch diese Vorgehensweise des VCP wurden betroffene zu beteiligten Mitarbeiter und gleichzeitig die Widerstände gegen die angestrebten Veränderungen wesentlich reduziert.

5.3 Aufwand und Ergebnisse

Das VCP mobilisiert die Mitarbeiter vor Ort. Gepaart mit der Anleitung, den Instrumenten und den Benchmark- und Erfahrungswerten des externen Beraters ergibt sich eine gebündelte Innovationskraft im Unternehmen. Durch die eingeleiteten Maßnahmen konnten in dieser Fallstudie z. B. die Personalkosten um 8%, die Materialkosten um 15% und die Bestandskosten um 16% reduziert werden. Insgesamt wurde eine Kostenreduzierung von 12% und eine Durchlaufzeitreduzierung von 30% erreicht. Durch die jetzt möglichen niedrigeren Preise und Zusagen von kürzeren Lieferzeiten konnte der Umsatz um 18% erhöht werden. Durch die Fortführung des Maßnahmen- und Ergebniscontrollings konnten diese Effekte langfristig gehalten und teilweise noch verbessert werden. Den Aufwendungen für Mitarbeiter und Berater standen hohe Einsparungen gegenüber. Noch innerhalb der 3 Monate des VCP-Programms überstiegen die Einsparungen die Aufwendungen deutlich.

5.4 Fazit

Diese Erfolge des VCP wurden nicht durch die Maxime "schneller und härter", sondern durch "anders und intelligenter arbeiten und produzieren" erreicht. Innovationen am Produkt, in der Produktion und bei den Prozessen wurden zur Erreichung der Ziele gefordert und erreicht. Hierzu wurde eine Vielzahl an Instrumenten und Methoden im Rahmen des VCP von den Mitarbeitern angewendet und die erforderlichen Schritte zur Werterhöhung konsequent durchgeführt.

Für eine Durchführung des VCP ist eine Schulung zum Thema "Value Creation" hilfreich. Anhand der Schulung werden innerhalb von drei Tagen den Teilnehmern anhand von Fallstudien und Workshops die Methodik und die wesentlichen Inhalte des VCP vermittelt. Die Schulung verbindet theoretische Grundlagen, Erfahrungsberichte aus der Praxis und umfassende Planspiele zur fundierten Vermittlung der Methoden zur Wertsteigerung von Unternehmen. Die Teilnehmer werden in die Lage versetzt, Potentiale im Unternehmen zu erkennen, Handlungsalternativen zu erarbeiten und Lösungsschritte zur Umsetzung der Verbesserungsmaßnahmen einzuleiten.

Das VCP konzentriert sich auf die Werttreiber im Unternehmen. Unter Einbeziehung der Mitarbeiter sind hierbei schnelle und nachhaltige Erfolge zu verzeichnen. Diese Vorgehensweise ermöglicht Mitarbeitern, Führungskräften, Kapitalgebern und Kunden ein marktattraktives und wettbewerbsfähiges Unternehmen, das sich permanent über Vergleiche mit anderen Unternehmen auf den Prüfstand stellt und die notwendigen Schritte zur Steigerung der Unternehmenswerte durchführt.

6 Literatur

Heggmaier, R.: *Prozeßfähigkeit reengineerter Geschäftsprozesse*, München 2001

Wildemann, H.: *Value Creation*, TCW-Report, München 2001

Wildemann, H.: *Schnell lernende Unternehmen: Leitfaden zur Initiierung von Lernprozessen auf allen Ebenen im Unternehmen*, München 2001

Wildemann, H.: *Produktivitätsverbesserung: Leitfaden zur kurzfristigen Produktivitätssteigerung in kleinen und mittleren Unternehmen*, München 2001

Lebenslauf des Jubilars

Ausbildung

Geboren am 4. Januar 1942 in Lodz, Polen, 1958 bis 1961 Lehre als Werkzeugmacher, 1964 bis 1968 Studium des Maschinenbaus in Köln und Aachen, 1968 bis 1972 Studium der Betriebswirtschaftslehre in Köln, 1974 Promotion zum Dr. rer. pol. in Köln, Auslandsaufenthalte am Internationalen Management Institut in Brüssel und an amerikanischen Universitäten, 1980 Habilitation an der Universität zu Köln.

Berufliche Tätigkeit

Von 1961 bis 1971 mehrjährige Industrietätigkeit, 1972 bis 1980 Verwalter einer wissenschaftlichen Assistentenstelle am Seminar für Allgemeine und Industrielle Betriebswirtschaftslehre, wissenschaftlicher Assistent an der Universität zu Köln und Habilitationsstipendiat der Deutschen Forschungsgemeinschaft, 1980 bis 1981 Professurvertretung am Lehrstuhl für Betriebswirtschaftslehre und Industriebetriebslehre an der Universität Bayreuth. 1981 bis 1989 Professor für Betriebswirtschaftslehre mit Schwerpunkt Fertigungswirtschaft an der Universität Passau, seit 1990 Professor für Betriebswirtschaftslehre mit Schwerpunkt Logistik an der TU München. Rufe an die Universitäten Stuttgart-Hohenheim und Dortmund, an die Freie und die Technische Universität Berlin und an die Hochschule St. Gallen. Berater, Aufsichtsrats- und Beiratsmitglied für führende Industrieunternehmen.

Tätigkeiten in wissenschaftlichen Vereinigungen

Vorsitzender der Kommission Produktionswirtschaft im Verband der Hochschullehrer für Betriebswirtschaft, ordentliches Mitglied des Verbandes der Hochschullehrer für Betriebswirtschaft e.V., Mitglied der Schmalenbach-Gesellschaft für Betriebswirtschaft e.V., Mitglied der Gesellschaft für Wirtschafts- und Sozialwissenschaften e.V. – Verein für Socialpolitik, Mitglied der American Association of Cost Engineering, Inc., Mitglied der Gesellschaft für Operations Research e.V., Mitglied des Deutschen Hochschulverbandes, Mitglied der International Federation for Information Processing, Mitglied der Bundesvereinigung Logistik e.V., Mitglied der Wissenschaftlichen Gesellschaft für Arbeits- und Betriebsorganisation e.V. – Hochschulgruppe Arbeits- und Betriebsorganisation (HAB)

Ehrungen

1986 ZfB-Autor des Jahres

1998 Staatsmedaille für besondere Verdienste um die bayerische Wirtschaft

2001 Bundesverdienstkreuz

Schriftenverzeichnis des Jubilars

I. SELBSTÄNDIGE SCHRIFTEN

A) Monographien

1. Investitionsentscheidungsprozeß für numerisch gesteuerte Fertigungssysteme, 2. Aufl., München 1985
2. Planung und Steuerung der Produktion aus betriebswirtschaftlich-technologischer Sicht, zus. mit Th. Ellinger, Wiesbaden 1978 (2. Aufl., München 1985)
3. Kostenprognosen bei Großprojekten, Stuttgart 1982
4. Flexible Werkstattsteuerung durch Integration von KANBAN-Prinzipien, 2. Aufl., München 1989
5. Strategische Investitionsplanung für CAD/CAM-Systeme, Düsseldorf 1986
6. Investitionsplanung und Wirtschaftlichkeitsrechnung für flexible Fertigungssysteme (FFS), Stuttgart 1987
7. Strategische Investitionsplanung: Methoden zur Bewertung neuer Technologien, Wiesbaden 1987
8. Das Just-In-Time Konzept: Produktion und Zulieferung auf Abruf, 5. neubearbeitete Aufl., München 2002
9. Produktionssynchrone Beschaffung, 3. Aufl., München 1995
10. Die Modulare Fabrik: Kundennahe Produktion durch Fertigungssegmentierung, 5. neubearbeitete Aufl., München 1998
11. Einführungsstrategien für eine computerintegrierte Produktion (CIM), München 1990
12. Flexible Arbeits- und Betriebszeiten - wettbewerbs- und mitarbeiterorientiert, München 1991
13. Arbeitszeitmanagement, 2. Aufl., München 1995
14. Fertigungsstrategien: Einführungsstrategien für eine schlanke Produktion und Zulieferung, 3. neubearbeitete Aufl., München 1997
15. Unternehmensqualität: Einführung einer kontinuierlichen Qualitätsverbesserung, München 1993
16. Optimierung von Entwicklungszeiten: Just-In-Time in Forschung & Entwicklung und Konstruktion, München 1993
17. Produktionscontrolling: Controlling von Verbesserungsprozessen in Unternehmen, 4. neubearbeitete Aufl., München 2002

18. Entwicklungsstrategien für Zulieferunternehmen, 3. neubearbeitete Aufl., München 1996
19. Kosten- und Leistungsrechnung für präventive Qualitätssicherungssysteme, München 1995
20. Entstörmanagement: Realisierung störungsrobuster Wertschöpfungsprozesse, 2. Aufl., München 1995
21. Lean Management in Unternehmen: Methoden, Vorgehensweisen und Wirkungsanalysen, 3. Aufl., München 1996
22. Behältersysteme: Optimierung des Behälterkreislaufes zwischen Zulieferern und Industrieunternehmen, 2. Aufl., München 1995
23. Produktivitätsmanagement: Handbuch zur Einführung eines Produktivitätssteigerungsprogramms GENESIS, 2. Aufl., München 1997
24. Logistik-Prozeßmanagement, 2. neubearbeitete Aufl., München 2001
25. Produktklinik: Wertgestaltung von Produkten und Prozessen - Methoden und Fallbeispiele, München 1999
26. Einkaufspotentialanalyse: Programme zur partnerschaftlichen Erschließung von Rationalisierungspotentialen, München 2000
27. Wissensmanagement: Ein neuer Erfolgsfaktor für Unternehmen, München 2002

B) Delphi-Studien

1. Die deutsche Automobilindustrie - Ein Blick in die Zukunft, Frankfurt 1988
2. Die deutsche Zulieferindustrie im europäischen Markt - Ein Blick in die Zukunft, München 1993
3. Trends in der Distributions- und Entsorgungslogistik, München 1996
4. Entwicklungs-, Produktions- und Vertriebsnetzwerke in der Zulieferindustrie, München 1998
5. Service- und Wissensmanagement: Programme zur Leistungssteigerung von Unternehmen, München 2002

C) TCW-reports

1. Marktführerschaft - Wege für ein profitables Unternehmenswachstum, TCW-report Nr. 1, München 1997
2. Produktklinik - Wertgestaltung von Produkten und Prozessen, TCW-report Nr. 2, München 1998
3. Service-to-Success: Der Dienst am Kunden als neue Kernkompetenz, TCW-report Nr. 4, 2. Auflage, München 2001

4. Total Quality Management: Vorgehen und Fallstudien zur Steigerung der Unternehmensqualität, TCW-report Nr. 5, München 1998
5. Revitalisierung: Revitalisierung von Unternehmen: Vom Mitarbeiter zum Mitunternehmer, TCW-report Nr. 9, 2. Auflage, München 2001
6. Auftragsabwicklungssegmente: Kundenorientierung und Teambildung in der Auftragsabwicklung, TCW-report Nr. 11, München 1999
7. Globalisierung: Unternehmensführung und -steuerung in globalen Märkten, TCW-report Nr. 12, München 1999
8. Unternehmensfusion: Die Krupp-Hoesch-Thyssen-Fallstudie - Strategie & Portfolio & Perspektiven, TCW-report Nr. 15, München 2000
9. Komplexitätsmanagement: Vertrieb, Produkte, Beschaffung, F&E, Produktion und Administration, TCW-report Nr. 20, München 2000
10. E-Technologien: Wertsteigerung durch E-Technologien in Unternehmen, TCW-report Nr. 26, München 2001
11. Fähigkeitsmanagement: Die Profitabilität des verborgenen Kapitals - Fähigkeiten des Unternehmens nutzen und erweitern, TCW-report Nr. 28, München 2001
12. Value Creation: Ein Programm zur Wertsteigerung von Unternehmen, TCW-report Nr. 34, München 2002
13. Online-Auktionen: Neue Wege zur Erschließung von Einsparpotentialen im Einkauf, TCW-report Nr. 36, München 2002
14. Supply Chain Management: Optimierung der Wertschöpfungskette, TCW-report Nr. 37, München 2002

II. BEITRÄGE IN SAMMELWERKEN UND FACHZEITSCHRIFTEN (AUSWAHL)

Horst Wildemann hat bis heute mehr als 400 Beiträge in Sammelwerken und Fachzeitschriften veröffentlicht. Aus Platzgründen kann an dieser Stelle nur eine repräsentative Auswahl der Quellen wiedergegeben werden.

1. Zur Gestaltung betriebswirtschaftlich-technologischer Produktionsplanungs- und Produktionssteuerungssysteme (zus. mit Th. Ellinger), in: Rationalisierung, 26. Jg., 1975, Nr. 12, S. 291-294 und 1976, Nr. 1, S. 27-31
2. Planung und Steuerung der Produktion - wirkungsvoll und wirtschaftlich (zus. mit Th. Ellinger), in: RKW-Schriftenreihe: Produktionsplanung und -steuerung, Nr. 563, Frankfurt/M. 1977, 15 S., Merkblatt 1

3. Zielorientierte Produktionsplanung und Produktionssteuerung (zus. mit Th. Ellinger), in: RKW- Schriftenreihe: Produktionsplanung und -steuerung, Nr. 564, Frankfurt/M. 1977, 11 S., Merkblatt 2
4. Systemalternativen und Einflußgrößen in der Produktionsplanung und Produktionssteuerung (zus. mit Th. Ellinger), in: RKW- Schriftenreihe: Produktionsplanung und -steuerung, Nr. 565, Frankfurt/M. 1977, 15 S., Merkblatt 3
5. Investitionsentscheidungsprozeß für Produktionsplanungs- und Produktionssteuerung, in: RKW-Schriftenreihe: Produktionsplanung und -steuerung, Nr. 566, Frankfurt/M. 1977, 15 S., Merkblatt 4
6. Einführungsstrategien für Produktionsplanungs- und Produktionssteuerungssysteme (zus. mit Th. Ellinger), in: RKW-Schriftenreihe: Produktionsplanung und -steuerung, Nr. 267, Frankfurt/M. 1977, 15 S., Merkblatt 5
7. Eine adaptive, mehrphasige Planungsmethode zur Losgrößen- und Reihenfolgeplanung bei Sortenfertigung (zus. mit G. Liesegang), in: BFuP, 30. Jg., 1978, S. 164-175
8. Zur Anwendbarkeit des japanischen KANBAN-Produktionssteuerungssystems in deutschen Unternehmen, in: Internationalisierung der Unternehmung als Problem der Betriebswirtschaftslehre, hrsg. v. W. Lück und V. Trommsdorff, Berlin-Bielefeld-München 1982, S. 773-796
9. Strategien zur Qualitätssicherung - japanische Ansätze und ihre Übertragbarkeit auf deutsche Unternehmen, in: ZfB, 52. Jg. (1982), H. 11/12, S. 1043-1052
10. Produktivitätssteigerung durch Anwendung des japanischen KANBAN-Systems in deutschen Unternehmen, in: Werkstatt und Betrieb, 116 (1983) 3, S. 149-151
11. Einführungsstrategien zur Inegration japanischer KANBAN-Prinzipien in deutsche Unternehmen, in: RKW-Schriftenreihe: Produktionsplanung und -steuerung, Frankfurt/M. 1983, 15 S., Merkblatt 15
12. Flexible Werkstattsteuerung nach japanischem Vorbild, in: FAZ vom 16.05.1983
13. Implementation-Strategies for the Integration of Japanese KANBAN-Principles in German Companies, in: Engineering Costs and Production Economics, 9 (1985), S. 305-309
14. Produktionssynchrone Steuerung von Zulieferungen, in: Industriebetriebslehre in Wissenschaft und Praxis, Festschrift für Th. Ellinger, Berlin 1985, S. 179-195
15. Managemententscheidungen in China, in: Manager Magazin 7/85, S. 80-89

16. Just-In-Time-Lösungskonzepte in Deutschland, in: Harvard-Manager, 1/1986, S. 36-48
17. Strategische Investitionsplanung für neue Technologien in der Produktion, in: ZfB-Ergänzungsheft 1/86, S. 1-47
18. Einführungsstrategien für neue Technologien in der Produktion, in: ZfB, 56. Jg. (1986), H. 4/5, S. 42-74
19. Justification on Strategic Planning for New Technologies, in: Human Systems Management, 6 (1986), S. 253-263
20. Strategische Investitionsplanung, in: Handelsblatt - Neue Technologien trotz vieler Widerstände im Betrieb einführen, Nr. 59, vom 25.03.1986
21. Strategische Investitionsplanung bei diskontinuierlichen Entwicklungen in der Fertigungstechnik, in: Innovation und Wettbewerbsfähigkeit, hrsg. v. E. Dichtl u.a., Wiesbaden 1987, S. 449-474
22. Auftragsabwicklung in einer computergestützten Produktion (CIM), in: ZfB, 57. Jg. (1987) H. 1, S. 4-29
23. Betriebswirtschaftliche Wirkungen einer flexibel automatisierten Fertigung, in: BFuP 3/1987, S. 209-224
24. Produktionstechnologien als Wettbewerbsfaktor, in: Technologie, Wachstum und Beschäftigung, hrsg. v. R. Henn, Berlin-Heidelberg-New York 1987, S. 707-722
25. Fertigungssegmentierung: Prinzipien zur Reorganisation der Fertigung und ihre Konsequenzen für Personalentwicklung, Ablauf- und Aufbauorganisation, in: VDI-Z, Bd. 129 (1987), Nr. 11, S. 36-43
26. Erfolgspotentialaufbau durch neue Produktionstechnologien, in: Simon, H. (Hrsg.), Wettbewerbsvorteile und Wettbewerbsfähigkeit, Stuttgart 1988, S. 116-128
27. Fabrik in der Fabrik durch Fertigungssegmentierung, in: FAZ vom 14.06.1988, Nr. 112, S. 7
28. Fertigungssegmentierung - Eine empirische Erhebung, in: FAZ vom 28.06.1988, Nr. 121, S. 7
29. Methodenintegration in Modularprogrammen zur Realisierung von CIM und JIT, in: Wiendahl, H.-P., Mertens, P.; Wildemann, H., CIM-Komponenten zur Planung und Steuerung, München 1988, S. 39-96
30. Analysis and Evolution of Basic Strategies in Investment Planning for Modern Flexible Technologies, in: Annuals of Operations Research, 16 (1988), p. 447-464
31. Fabrikorganisation: Kundennahe Produktion durch Fertigungssegmentierung, in: ZfB, 59. Jg. (1989), H. 1, S. 27-54

32. Zeitaspekte bei der Einführung neuer Technologien in Produktion und Logistik, in: Hax, H.; Kern, W.; Schröder, H.-H. (Hrsg.): Zeitaspekte in betriebswirtschaftlicher Theorie und Praxis, Stuttgart 1989, S. 131-144

33. Personalaspekte bei der Einführung neuer Technologien in Produktion und Logistik, in: Bühner, R. (Hrsg.): Personalentwicklung für neue Technologien in Produktion und Büro, München 1989, S. A2 1-100

34. CIM-Strategien als Teil der Unternehmensstrategie, in: CIM-Technologietransfer, hrsg. v. A.-W. Scheer, Saarbrücken 1989, S. 8-65 und 87-114

35. PPS als Erfolgsfaktor für eine kundennahe Produktion, in: Belastungsorientierte Fertigungssteuerung, hrsg. v. H. P. Wiendahl, München 1989, S. 40-70

36. Die Fabrik als Labor: Simultaneität und Synchronisation von Entwicklung, Zulieferung und Produktion, in: Forschung, Entwicklung und Technologie, hrsg. v. H.-J. Bullinger, München 1989, S. 339-480

37. Reorganisation von Produktion und Zulieferung zur Einführung von Just-In-Time, in: Neue Konzepte der Produktionsplanung und -steuerung, hrsg. v. G. Zäpfel, Linz 1989, S. 139-179

38. Wettbewerbs- und mitarbeiterorientierte Arbeits- und Betriebszeiten - Zielsetzungen, Gestaltungsmöglichkeiten und Einsatzbereiche im empirischen Vergleich, in: Flexible Arbeits- und Betriebszeiten, hrsg. v. H. Wildemann, München 1990, S. 9-140

39. Die Fabrik als Labor, in: ZfB 60. Jg. (1990), H. 7, S. 7-26

40. Kundennahe Produktion und Zulieferung: Eine empirische Bestandsaufnahme, in: DBW 50 (1990) 3, S. 309-331

41. Höhere Variantenvielfalt ohne Kostenexplosion, in: FAZ vom 09.09.1990, S. 7

42. Zeit als Wettbewerbsfaktor durch Just-In-Time in Forschung und Entwicklung, Produktion und Zulieferung, in: Kundennahe Produktion und Zulieferung durch Just-In-Time, hrsg. v. H. Wildemann, München 1990, S. 5-84

43. Kosten sparen trotz Vielfalt der Varianten, in: Produktion vom 25.10.1990, S. 32 und vom 31.10.1990, S. 29

44. Kostengünstiges Variantenmanagement, in: io, H. 11, 1990, S. 37-41

45. Einführungsstrategien für eine Just-In-Time-Produktion und -Logistik, in: ZfB 61, Jg. (1991), H. 2, S. 149-169

46. Flexible Arbeits- und Betriebszeiten - eine empirische Bestandsaufnahme, in: Möglichkeiten und Grenzen flexibler Vertragsgestaltung, hrsg. v. W. Hromadka, Stuttgart 1991, S. 1-36

47. Qualitätsentwicklung in Forschung und Entwicklung, Produktion und Logistik, in: ZfB 62, Jg. (1992), H. 1, S. 17-41
48. Entwicklungsstrategien für Zulieferunternehmen, in: ZfB, 62. Jg. (1992), H. 4, S. 391-413
49. Steigerung der Zeiteffizienz in F&E-Prozessen durch Just-in-Time-Prinzipien, in: Simultane Produktentwicklung, hrsg. A.W. Scheer, München 1992, S. 391-427
50. Unter Herstellern und Zulieferern wird die Arbeit neu verteilt, in: harvard manager 2/1992, S. 82-93
51. Kosten- und Leistungsbeurteilung von Qualitätssicherungssystemen, in: ZfB 62. Jg. (1992), H. 7, S. 761-782
52. Simultaneous Engineering als Baustein für Just-In-Time in Forschung, Entwicklung und Konstruktion, in: VDI-Z 134 (1992), Nr. 12, S. 18-23
53. Gestaltungsaspekte indirekter Funktionen in Fertigungssegmenten: Die Bestimmung des Autonomiegrades, in: DBW 52 (1992) 6, S. 777-801
54. Qualitätssicherung logistischer Leistungen, in: Technica 5/93, S. 14-17
55. Qualität - Schlüsselwort für künftige Wettbewerbsfähigkeit, in: FAZ - Blick durch die Wirtschaft, 06.04.1993, S. 7
56. Innovations within the German Supplying Industrie for the European Market, in: Proceeding of the Workshop on Innovation in the Traditional Sectors and the Survival of Old Technologies (ed. Tattara, G.), University of Venice, May 28-29, 1993, Bd. 2, S. 1-18
57. Zukunftstrends in der Zulieferindustrie: vom Teilefertiger zum Entwicklungs- und Wertschöpfungspartner, in: FAZ - Blick durch die Wirtschaft, vom 01.06.1993, Nr. 103, S. 9
58. Die Luft wird rauher - wie Zulieferer überleben können, in: Harvard Business Manager 3/1993, S. 34-44
59. Komplexitätskostenrechnung durch Variantenmanagement, in: Produktion im Umbruch - Herausforderungen an das Management, hrsg. v. C. Nedeß, St. Gallen, S. 297-337
60. Qualität - Schlüsselwort für künftige Wettbewerbsfähigkeit. Wege zur kontinuierlichen Verbesserung in allen Unternehmensteilen, in: Strategie für magere Jahre - Unternehmensführung in der Krise, hrsg. v. A. Schnorbus, W. Glabus, Frankfurt 1993, S. 108-120
61. Hersteller und Lieferanten sitzen in einem Boot (I): Programme der Automobilindustrie zur Optimierung der Zuliefer-Abnehmer-Beziehungen, in: FAZ - Blick durch die Wirtschaft vom 13.10.1993, S. 7

62. Hersteller und Lieferanten sitzen in einem Boot (II): Programme der Automobilindustrie zur Optimierung der Zuliefer-Abnehmer-Beziehungen, in: FAZ - Blick durch die Wirtschaft vom 27.10.1993, S. 7

63. Just-In-Time in Forschung & Entwicklung und Konstruktion, in: ZfB 63. Jg. (1993), H. 12, S. 1251-1270

64. Organisation und Projektabwicklung für das Just-In-Time Konzept in F&E und Konstruktion (Teil 1), in: zfo, 1/1994, S. 27-33

65. Organisation und Projektabwicklung für das Just-In-Time Konzept in F&E und Konstruktion (Teil 2), in: zfo, 2/1994, S. 128-133

66. Software-Entwicklung und Qualitätsmanagement, in: QZ, 39 (1994) 3, S. 224-235

67. Productivity: A Key Factor for Market Success, in: Productivity, Vol. 34, No. 3, Oct.-Dec. 1993, S. 407-417

68. Weniger Verschwendung und Fehlleistungen: Wie eine lernende Organisation die Produktivität im Unternehmen erhöht, in: FAZ - Blick durch die Wirtschaft vom 23.03.1994, S. 7

69. Kooperationen und Allianzen: Strategien der Zulieferer (1), in: FAZ - Blick durch die Wirtschaft vom 26.04.1994, S. 7

70. Vom Teilefertiger zum Wertschöpfungspartner? Strategien der Zulieferer (2): in: FAZ - Blick durch die Wirtschaft vom 03.05.1994, S. 7

71. Lernende Organisation - Ein Ansatz zur Realisierung schlanker Geschäftsprozesse und Organisationsstrukturen, in: Humanismus und Technik, Jahrbuch 1993, hrsg. v. der Gesellschaft von Freunden der Technischen Universität Berlin, Berlin 1994, S. 57-69

72. Kosten- und Leistungsbeurteilung für präventive Qualitätssicherungssysteme, in: Die Hohe Schule des Total Quality Management, hrsg. v. G.F. Kamiske, Berlin 1994, S. 193-215

73. Produktionscontrolling durch Visualisierung, in: wt-Produktion und Management 84 (1994), S. 292-295

74. Auditierung als Führungs- und Controllinginstrument, in: Controlling, H. 4, Juli/August 1994, S. 204-215

75. Management technischer Änderungen, in: wt Produktion und Management 84 (1994), S. 543-547

76. Komplexität verringern statt beherrschen: Entstörung und Qualitätssicherung im Unternehmen, in: FAZ - Blick durch die Wirtschaft vom 08.02.1995, S. 7

77. Komplexitätsmanagement in der Fabrikorganisation, in: ZWF 90 (1995) 1-2, S. 21-26

78. Fertigungssegmentierung - ein Organisationskonzept zur Erweiterung der Eigenfertigung durch Reduzierung der Transaktionskosten, in: Organisation, hrsg. v. R. Bühner, München 1995, Nr. 1.6, S. 1-19

79. Der Bayerische Qualitätspreis, Zielsetzung, Aufbau, Vorgehensweise und Preisträger, in: QZ 40 (1995) 4, S. 408-412

80. Die Lernende Organisation: Anforderungen und Perspektiven für die Logistik, in: Organisationsgestaltung in der Logistik, hrsg. v. H. Ch. Pfohl, Darmstadt 1995, S. 17-35

81. Benchmarking von Geschäftsprozessen, in: Schnell lernende Unternehmen - Quantensprünge in der Wettbewerbsfähigkeit, hrsg. v. H. Wildemann, München 1995, S. 69-101

82. Restrukturierung und Mitarbeiterinvolvierung: Strategien zur Neupositionierung von Unternehmen, in: Kreative Unternehmen, hrsg. v. R. Reichwald und H. Wildemann, Stuttgart 1995, S. 13-34

83. Ein Ansatz zur Steigerung der Reorganisationsgeschwindigkeit von Unternehmen: Die lernende Organisation, in: ZfB-Ergänzungsheft 3/95, S. 1-23

84. Kostengünstiges Variantenmanagement, in: Gezielt Kosten senken, hrsg. v. H. Siegwart/R. Müller, Zürich 1995, S. 63-71

85. Qualitätskosten- und Leistungsmanagement, in: Controlling, H. 5., Sept. / Okt. 1995, S. 268-276

86. Transaktionskostenreduzierung durch Fertigungssegmentierung, in: DBW 55 (1995) 6, S. 783-795

87. Fertigungssegmentierung, in: HWProd, 2. Aufl., Stuttgart 1996, Sp. 474-489

88. Die Produktklinik - eine Keimzelle für Lernprozesse, in: Harvard Business Manager, 18. Jg., 1996, 1. Quartal, S. 39-48

89. Die Organisation von Lieferantentagen: Festlegen gemeinsamer Ziele und Verbesserung der Zusammenarbeit, in: FAZ - Blick durch die Wirtschaft, Nr. 87 vom 06.05.1996, S. 11

90. Logistikstrategien, in: Betriebshütte: Produktion und Management (hrsg. v. W. Eversheim und G. Schuh), Teil 2, 7. Aufl., Berlin Heidelberg 1996, S. 15-109

91. Entlohnungssysteme fördern Gruppenarbeit, in: QZ 41 (1996) 9, S. 1024-1028

92. Entsorgungsnetzwerke, in: Management von Unternehmensnetzwerken, hrsg. v. K. Bellmann, A. Hippe, Wiesbaden 1996, S. 306-348

93. Dezentralisierung von Kompetenz und Verantwortung, in: Neue Organisationsformen im Unternehmen, hrsg. v. H.-J. Bullinger, H.J. Warnecke, Berlin, Heidelberg 1996, S. 360-378

94. Visualisierung als Controlling-Instrument, in: Neue Organisationsformen im Unternehmen, hrsg. v. H.-J. Bullinger, H.J. Warnecke, Berlin, Heidelberg 1996, S. 946-952

95. Observations of Challenge Manufacturing in Europe, in: Proceedings IPICS, Systems Science Institute, Waseda University, Tokyo 1996, p. 44-60

96. Qualitätsorganisation neu gestalten, in: QZ 41(1996) 12, S. 1393-1400

97. Schlank, aber nicht erfolgreich: Nach defensiven Jahren brauchen viele Unternehmen eine neue Kultur der Expansion, in: FAZ - Blick durch die Wirtschaft,. 14.02.1997, S. 11

98. Koordination von Unternehmensnetzwerken, ZfB, 67. Jg. (1997), H. 4, S. 417-439

99. Unternehmensnetzwerke als Kooperationsform zwischen Markt und Hierarchie, in: Ganzheitliche Unternehmensführung, hrsg. v. H. D. Seghezzi, Stuttgart 1997, S. 343-372

100. Produktklinik: Getting It All Together In Germany, in: Target, Volume 13, Nr. 5, 1997, S. 22-29

101. Performance Analysis Through Benchmarking and Recognition of Patterns, in: Advances in Production Management Systems, hrsg. v. N. Ohino, H. Tamura, S. Fujii, Kyoto 1998, p. 129-135

102. Komplexitätsmanagement durch Prozeß- und Produktgestaltung, in: Adam, D. (Hrsg.): Komplexitätsmanagement, Wiesbaden 1998, S. 47-68

103. Kernkompetenz (Teil 1), in: FAZ - Blick durch die Wirtschaft, vom 17.04.1998, S. 5

104. Die Treue des Kunden beruht auf Berechnung (Teil 2), in: FAZ - Blick durch die Wirtschaft, vom 20.04.1998, S. 5

105. Kunden ein Leben lang binden (Teil 3), in: FAZ - Blick durch die Wirtschaft, vom 24.04.1998, S. 5

106. Zulieferer: Im Netzwerk erfolgreich, in: Harvard Business Manager 4/98, S. 93-104

107. Taking it Back: Is German waste reclamation the future elsewhere?, in: Target, Vol. 14, Nr. 1, 1998, p. 19-27

108. Lernen vom Wettbewerb als Instrument der betrieblichen Innovation, in: ZfB 68. Jg. (1998), H. 11, S. 1181-1199

109. Wissensmanagement in Unternehmensnetzwerken, in: Haubauer, G. u.a. (Hrsg.) Perspektiven im Strategischen Management, Berlin, New York 1998, S. 401-418

110. Aufbruch zur Serviceführerschaft, in: Absatzwirtschaft 11/98, S. 42-48

111. Entwicklungsnetzwerke als strategischer Erfolgsfaktor, in: Unternehmensführung, Ethik und Umwelt hrsg. v. G. R. Wagner, Wiesbaden 1999, S. 252-270

112. Wertgestaltung von Produkten und Prozessen mit Lieferanten, in: VDI-Z 141 (1999), Nr. 6, S. 32-34

113. Service-Strategie entwickeln und aufbauen, in: Industrieanzeiger 34 - 35/99, S. 26-28

114. Einkaufserfolgsmessung I: Wirkungsanalysen von Einkaufspotentialen, in: Beschaffung Aktuell, 9/99, S. 46-52

115. Einkaufserfolgsmessung II: Controllingkonzepte zur Einkaufspotentialanalyse, in: Beschaffung Aktuell, 9/99, S. 54-57

116. Der Handel als strategischer Systempartner, in: Industrie Management 15 (1999) 5, S. 32-35

117. Komplexität: Vermeiden oder beherrschen lernen, in: Harvard Business Manager, 6/99, S. 31-42

118. Simulationsbasiertes Entstörmanagement in der Produktionsplanung und -steuerung, in: Simulationsbasierte Planungssysteme für Organisation und Produktion, hrsg. v. K. Feldmann und G. Reinhart, Berlin u.a. 2000, S. 109-129

119. Der Bayerische Qualitätspreis 1993 - 2000, in: H. Wildemann (Hrsg.): Der Bayerische Qualitätspreis, München 2000, S. 11-19

120. Qualitätsbewußtsein und Reputationskapital von Unternehmen, in: H. Wildemann (Hrsg.): Der Bayerische Qualitätspreis, München 2000, S. 115-119

121. Wirtschaftsfreundliche Gemeinden als Basis für den Wirtschaftsstandort Baycrn, in: H. Wildemann (Hrsg.): Der Bayerische Qualitätspreis, München 2000, S. 131-136

122. Wissensmanagement - dargestellt am Beispiel von Entwicklungsnetzwerken, in: Wettbewerbsvorteile durch Wissensmanagement, hrsg. v. H. Krallmann, Stuttgart 2000, S. 53-69

123. Von Just-in-Time zu Supply Chain Management, in: Supply Chain Management, hrsg. v. H. Wildemann, München 2000, S. 49-85

124. Das Management intelligenter Technologien als Kernkompetenz, in: FAZ v. 28.02.2000, S. 35 und Nachdruck in: Distribution 3/2000, S. 13-15

125. Qualitätscontrolling in Industrieunternehmen, in: Krp-Sonderheft 1/2000, S. 1-7

126. Vernetzte Produktionsunternehmen, in ZWF, 95. Jg. (2000) 4, S. 141-145

127. Organisation der Gründungs- und Betriebsphase von Unternehmensnetzwerken, in: ZfB-Ergänzungsheft 2/2000, S. 223-242

128. Vom nationalen Qualitätsexporteur zum globalen Unternehmen, in: Globalisierung, hrsg. v. H. Wildemann, München 2000, S. 17-57

129. Chancen im Milliardenmarkt nutzen: Virtuelle Märkte bieten neue Einkaufsmöglichkeiten, in: Logistik Nr. 8, 2000, S. 10-12

130. Leistungssteigerung durch Service- und Wissensmanagement, in: ZWF Jg. 95(2000)9, S. 407-410

131. Konzepte und Steuerungsprinzipien für das Produktionsmanagement in Unternehmensnetzwerken, in: Produktions- und Logistikmanagement in virtuellen Unternehmen und Unternehmensnetzwerken, hrsg. v. B. Kaluza und T. Becker, Berlin u.a. 2000

132. E-Logistik: Veränderungen in der Unternehmensumwelt, wie Globalisierung und E-Commerce, erfordern von den Unternehmen neue Konzepte zur Differenzierung im Wettbewerb. In: Handelszeitung, 15.11.2000, S. 81-82

133. Führungskräfte-Audit: Systematisch Mitarbeiter qualifizieren, in: Industrie Anzeiger 47/2000, S. 52-55

134. Kundenorientiertes Management der Software-Entwicklung (zus. mit W. Kersten), in: ZfB, 2000, Heft 11, S. 1215-1239

135. E-Technologoien als Enabler der Globalisierung, in: Industrie-Management 16 (2000)6, S. 29-32

136. Supply Chain Management mit E-Technologien, in: ZfB-Sonderheft 3/2001, S. 1-20

137. Wertsteigerung im Unternehmen durch E-Tcchnologien, in: Logistik Spektrum 13(2001) Nr. 2, 255-257, Nachdruck, in: ZWF Jg. 96 (2001)3, S. 91-95

138. Online-Auktionen im industriellen Einkauf, in: ZWF Jahrg. 96 (2001) 4, S. 190-193

139. Supply Chain Management mit E-Technologien, in: Reihe BWL aktuell, Universität Klagenfurt, Nr. 7, 4/2001, S. 1-23

140. Electronic Logistics: Optimierung erst im „Extern-Net“, in: Logistik Heute 7-8/2001, S. 60-62

141. Verringern der Entwicklungszeit in der Elektronikindustrie: Ein Forschungsbericht, in: wt Werkstatttechnik 91(2001), H. 6, S. 375-378

142. Methoden zur Wertsteigerung von Unternehmen, in: Maschinenbau 7+8/2001, S. 14-19 und Abdruck in FB/IE 50 (2001)3, S. 139-141

143. Customer Relationsship Management, in: Automobilindustrie 7-8/2001, S. 22-24

144. Service Produktentwicklung durch Serviceengineering, in: Innovatives Produktions- und Technologiemanagement, hrsg. v. T. Blecker, H.G. Gemünden Heidelberg 2001, S. 87-112

145. Wandlungsfähige Netzwerkstrukturen als moderne Organisationsform, in: Industrie Management 17 (2001)5, S. 53-57

III. HERAUSGEBER

1. Praktische Fälle zur Produktionssteuerung (518 S.), hrsg. zus. mit Th. Ellinger, Wiesbaden 1978
2. Strategische Investitionsplanung für neue Technologien, ZfB Ergänzungsheft, 1/86 (Schriftleitung zus. mit H. Albach)
3. Fabrikplanung (351 S.), Frankfurt 1989
4. Gestaltung CIM-fähiger Unternehmen (286 S.), München 1989
5. Just-In-Time Produktion, 10. Aufl., München 1995
6. Zeitmanagement (348 S.), Frankfurt 1992
7. Lean Management (316 S.), Frankfurt 1993
8. Qualität und Produktivität - Erfolgsfaktoren im Wettbewerb (203 S.), Frankfurt 1994
9. Kreative Unternehmen - Spitzenleistungen durch Produkt- und Prozeßinnovationen, hrsg. zus. mit R. Reichwald, Stuttgart 1995
10. Lernende Unternehmen, ZfB Ergänzungsheft 3/95 (Schriftleitung zus. mit H. Albach)
11. Produktions- und Zuliefernetzwerke (313 S.), München 1996
12. Schnell lernende Unternehmen (237 S.), Frankfurt 1996
13. Controlling in TQM (218 S.), Berlin-Heidelberg-New York 1996
14. Qualität und Unternehmenserfolg (312 S.), München 1996
15. Geschäftsprozeßorganisation (198 S.), München 1997
16. Marktführerschaft: Reorganisation und Innovation (609 S.), München 1997
17. Das agile Unternehmen: Kostenführerschaft und Service (555 S.), München 1998
18. Strategien zur Marktführerschaft (260 S.), Frankfurt 1998
19. Innovationen in der Produktionswirtschaft - Produkte, Prozesse, Planung und Steuerung (442 S.), München 1998
20. Kostenführerschaft und Service (273 S.), München 1999
21. Produktion und Controlling (246 S.), München 1999
22. Der Bayerische Qualitätspreis 1993 - 2000, (143 S.), München 2000
23. Kernkompetenzen und E-Technologien managen, (592 S.), München 2000

24. Virtuelle Unternehmen, ZfB-Ergänzungsheft 2/2000 (zus. mit H. Albach, D. Specht), (260 S.), Wiesbaden 2000
25. Globalisierung (225 S.), München 2000
26. Wertsteigerung von Unternehmen (681 S.), München 2001
27. E-Business: Management mit E-Technologien, ZfB-Ergänzungsheft 3/2001 (zus. mit H. Albach), (211 S.), Wiesbaden 2001

Außerdem ist Horst Wildemann Herausgeber mehrerer Buch- und Dissertationsreihen.

Verzeichnis der Autoren und Herausgeber

Albach, Horst, Univ.-Prof. Dr. Dr. h.c. mult.

em. o. Professor der Betriebswirtschaftslehre an der Humboldt-Universität zu Berlin und Honorarprofessor an der Otto-Beisheim-School for Corporate Management, Waldstraße 49, 53177 Bonn, URL: www.whu-koblenz.de

Behrens, Stefan, Dipl.-Ing.

Wissenschaftlicher Mitarbeiter, Lehrstuhl für Produktionswirtschaft, Brandenburgische Technische Universität Cottbus, Universitätsplatz 3-4, 03044 Cottbus, URL: www.prodwi.tu-cottbus.de

Bellmann, Klaus, Univ.-Prof. Dipl.-Ing. Dr. rer. pol. habil.

Johannes Gutenberg-Universität Mainz, Lehrstuhl für Betriebswirtschaftslehre und Produktionswirtschaft, Jakob-Welder-Weg 9, 55099 Mainz,
URL: http://prod-org.bwl.uni-mainz.de/prowi

Broser, Welf, Dipl.-Ing.

Wissenschaftlicher Mitarbeiter, Technische Universität München, Institut für Werkzeugmaschinen und Betriebswissenschaften (iwb), Anwenderzentrum Augsburg, Otto-Lindenmeyer-Str. 30b, 86153 Augsburg, URL: www.iwb.tum.de

Broy, Manfred, Univ.-Prof. Dr.

Technische Universität München, Institut für Informatik, Arcisstraße 21, 80290 München, URL: http://www4.informatik.tu-muenchen.de/index.html

Brumberg, Claudia, Prof. Dr.

Fachhochschule Hamburg, Fachbereich Wirtschaft, Rainvilleterasse 4, 22765 Hamburg, URL: www.fh-hamburg.de/wiwi

Bühner, Rolf, Univ.-Prof. Dr.

Universität Passau, Wirtschaftswissenschaftliche Fakultät, Lehrstuhl für Organisation und Personalwesen, Innstraße 27, 94030 Passau, URL: www.uni-passau.de

Coenenberg, Adolf G., Univ.-Prof. Dr. Dr. h.c.

Universität Augsburg, Wirtschafts- und Sozialwissenschaftliche Fakultät, Lehrstuhl für Betriebswirtschaftslehre, Wirtschaftsprüfung und Controlling, Universitätsstr. 16, 86135 Augsburg, URL: www.wiso.uni-augsburg.de/bwl/coenenberg/welcome.html

Fandel, Günter, Univ.-Prof. Dr. rer. pol.

FernUniversität Hagen, Lehrstuhl für Betriebswirtschaft, insb. Produktions- und Investitionstheorie, Feithstr. 140, 58084 Hagen,
URL: www.fernuni-hagen.de/bwlpit/welcome.htm

Foschiani, Stefan, Dr.

Akademischer Rat, Universität Stuttgart, Lehrstuhl für ABWL und betriebswirtschaftliche Planung, Keplerstr. 17, 70174 Stuttgart,
URL: www.planung.bwi.uni-stuttgart.de

Friedewald, Axel, Dr.-Ing.

Oberingenieur, Technische Universität Hamburg-Harburg, Arbeitsbereich Fertigungstechnik I, Denickestr. 17, 21073 Hamburg, URL: www.ft1.tu-harburg.de

Frings, Stefan , Dr. rer. pol.

Senior Consultant bei Droege & Comp. Internationale Unternehmer-Beratung AG, Poststraße 56, David-Hansemann-Haus, Poststr. 5-6, 40213 Düsseldorf,
URL: www.droege.de

Frischke, Sören , Dipl.-Ing.

Wissenschaftlicher Mitarbeiter, Lehrstuhl für Produktionswirtschaft, Brandenburgische Technische Universität Cottbus, Universitätsplatz 3-4, 03044 Cottbus, URL: www.prodwi.tu-cottbus.de

Gaugler, Eduard, Univ.-Prof. (em.) Dr. Dres. h.c.

Universität Mannheim, Lehrstuhl für Allgemeine Betriebswirtschaftslehre, Personalwesen und Arbeitswissenschaften, Postfach 10 34 62, 68131 Mannheim

Hadamitzky, Michael C., Prof. Dr.

Fachhochschule Konstanz, Fachbereich Allgemeine Betriebswirtschaftslehre mit Schwerpunkt Logistik, Braunegger Str. 55, 78462 Konstanz, URL: www.fh-konstanz.de

Hahn, Dietger, Univ.-Prof. Dr. Dr. h.c.

Technische Universität Berlin, Fachgebiet Strategische Unternehmungsplanung, Hardenbergstr. 4-5, 10623 Berlin, URL: www.strategie.tu-berlin.de

Justus-Liebig-Universität Gießen, Professur für BWL IV, Industrielles Management und Controlling, Licher Straße 62, 35394 Gießen, URL: www.uni-giessen.de/fb02/bwl4/

Hall, Robert W., Professor Emeritus

Kelly School of Business, Indiana University, 801 West Michigan, Indianapolis, In 46202-5152, USA

Harms, Thomas, Dipl.-Ing.

Wissenschaftlicher Mitarbeiter, Universität Hannover, Institut für Fabrikanlagen (IFA), Callinstr. 36, 30167 Hannover, URL: www.ifa.uni-hannover.de

Heggmaier, Ronald, Dr. rer. pol.

Technische Universität München, Lehrstuhl für Betriebswirtschaftslehre, Partner der Unternehmensberatung TC Wildemann & Kollegen GmbH München, Leopoldstr. 145, 80804 München, URL: www.tcw.de

Hinterhuber, Andreas, Dr.

Leiter Strategische Projekte, Aventis CropScience, Frankfurt am Main, URL: www.aventis.com

Hinterhuber, Hans H., Univ.-Prof. Dr. Dipl.-Ing.

Universität Innsbruck, Vorstand des Instituts für Unternehmensführung, Tourismus und Dienstleistungswirtschaft, Universitätsstr. 15, A-6020 Innsbruck, URL:www.uibk.ac.at/c/c4/c436/u_fuehrung/index.html

Hüttemann, Anna, Dr.

Mitglied der Geschäftsleitung, Unternehmensgruppe Kandaouroff, Ahsenerstr. 131, 45711 Datteln, URL: www.kandaouroff.de

Kaluza, Bernd, Univ.-Prof. Dr. rer pol. habil.

Universität Klagenfurt, Institut für Wirtschaftswissenschaften, Lehrstuhl für Produktions-, Logistik- und Umweltmanagement, Universitätsstr. 65-67, A-9020 Klagenfurt, URL: www.uni-klu.ac.at

Kaufmann, Lutz, Univ.-Prof. Dr. rer. pol.

WHU Wissenschaftliche Hochschule für Unternehmensführung (Otto-Beisheim-Hochschule) Herbert-Quandt-Stiftungslehrstuhl für Internationales Management, Lehrstuhl für Betriebswirtschaftslehre, insbesondere Internationales Management, Burgplatz 2, 56179 Vallendar, URL: www.whu.edu/internat.html

Kern, Werner, Univ.-Prof. (em.) Dr. Dr. h.c.

Universität Köln, Wirtschafts- und Sozialwissenschaftliche Fakultät, SPW - Seminar für allgemeine Betriebswirtschaftslehre und Produktionswirtschaft, Albertus-Magnus-Platz, 50923 Köln

Kersten, Wolfgang, Univ.-Prof. Dr. rer. pol.

Technische Universität Hamburg-Harburg, Arbeitsbereich Produktionswirtschaft, Schwarzenbergstr. 95, 21073 Hamburg, URL: www.tu-harburg.de/apw

Koch, Alexander, MBA

Wissenschaftlicher Mitarbeiter, Universität Augsburg, Lehrstuhl für Betriebswirtschaftslehre, Wirtschaftsprüfung und Controlling, Universitätsstr. 16, 86135 Augsburg, URL: www.wiso.uni-augsburg.de/bwl/coenenberg/welcome.html

Koch, Jens Bodo, Dipl.-Ing.

Wissenschaftlicher Mitarbeiter, Technische Universität Hamburg-Harburg, Arbeitsbereich Fertigungstechnik I, Denickestr. 17, 21073 Hamburg,
URL: www.ft1.tu-harburg.de

Kreikebaum, Hartmut, Prof. Dr. rer. pol.

European Business School, Lehrstuhlinhaber Internationales Management II Schloß Reichartshausen a. Rh., 65375 Oestrich-Winkel, URL: www.ebs.de

Krubasik, Edward G., Prof. Dr. rer. nat.

Mitglied des Zentralvorstands der Siemens AG, Honorarprofessor und Lehrbeauftragter der Technischen Universität München, Wittelsbacherplatz 2, 80333 München, URL: www.siemens.de

Liesegang, Dietfried Günter, Univ.-Prof. Dr.

Universität Heidelberg, Lehrstuhl für Betriebswirtschaftslehre I, Alfred Weber - Institut für Sozial- und Staatswissenschaften, Grabengasse 14, 69117 Heidelberg, URL: www.uni-heidelberg.de/institute/fak18/

Loos, Uwe, Prof. Dr.-Ing.

Vorstandsvorsitzender der FAG Kugelfischer Georg Schäfer AG, Honorarprofessor und Lehrbeauftragter der Technischen Universität München, Georg-Schäfer-Str. 30, 97421 Schweinfurt, URL: www.fag.de

Lopitzsch, Jens, Dipl.-Ing.

Wissenschaftlicher Mitarbeiter, Universität Hannover, Institut für Fabrikanlagen (IFA), Callinstr. 36, 30167 Hannover, URL: www.ifa.uni-hannover.de

Lück, Wolfgang, Univ.-Prof. Dr. Dr. h.c.

Technische Universität München, Lehrstuhl für Betriebswirtschaftslehre, Accounting - Auditing - Consulting, Arcisstr. 21, 80333 München,
URL: www.abwl.wiso.tu-muenchen.de

Müller, Arno, Prof. Dr.

Fachhochschule Nordakademie, Hochschule der Wirtschaft, Köllner Chaussee 11, 25337 Elmshorn, URL: www.nordakademie.de

Nedeß, Christian, Univ.-Prof. Dr.

Präsident der Technischen Universität Hamburg-Harburg, Schwarzenbergstraße 95, 21073 Hamburg, URL: www.tuhh.de/service/verwaltung

Piller, Frank T., Dipl.-Kfm., Dr.

Wissenschaftlicher Mitarbeiter, Technische Universität München, Lehrstuhl für Allgemeine und Industrielle Betriebswirtschaftlehre, Leopoldstraße 139, 80804 München, URL: www.aib.ws.tum.de/piller

Reichwald, Ralf, Univ.-Prof. Dr. Dr. h.c.

Technische Universität München, Inhaber des Lehrstuhls für Allgemeine und Industrielle Betriebswirtschaftslehre, Leopoldstr. 139, 80804 München,
URL: www.aib.ws.tum.de,

Reinhart, Gunther, Univ.-Prof. Dr.-Ing.

Technische Universität München, Leiter des Instituts für Werkzeugmaschinen und Betriebswissenschaften (iwb), Boltzmannstraße 15, 85748 Garching ,
URL: www.iwb.tum.de

Schröder, Hans-Horst, Univ.-Prof. Dr. rer. pol.

RWTH Aachen, Lehrstuhlinhaber für Allgemeine Betriebswirtschaftslehre mit Schwerpunkt Technologie- und Innovationsmanagement, Templergraben 64, 52062 Aachen, URL: www.rwth-aachen.de/tim/

Schulte Herbrüggen, Helmut, Prof. Dr.

Hochschule für Technik und Wirtschaft des Saarlandes in Saarbrücken, Waldhausweg 14, 66123 Saarbrücken, URL: www.htw.uni-sb.de/

Specht, Udo, MBA

Wissenschaftlicher Mitarbeiter, Universität Augsburg, Lehrstuhl für Betriebswirtschaftslehre, Wirtschaftsprüfung und Controlling, Universitätsstraße 16, 86135 Augsburg, URL: www.wiso.uni-augsburg.de/bwl/coenenberg/welcome.html

Specht, Dieter, Univ.-Prof. Dr.-Ing. habil.

Brandenburgische Technischen Universität Cottbus, Lehrstuhl für Produktionswirtschaft, Universitätsplatz 3 - 4, 03044 Cottbus, URL: www.prodwi.tu-cottbus.de

Stammen, Markus, Dipl.-Wirt.-Ing. Dipl.-Ing.

Wissenschaftlicher Mitarbeiter, Institut für Automation, Informations- und Produktionsmanagement (AIP-Institut), Hochstr. 13, 58084 Hagen, URL: www.aip-institut.de

Suchanek, Siegfried, Dipl.-Kfm.

Wissenschaftlicher Mitarbeiter, Technische Universität München, Institut für Werkzeugmaschinen und Betriebswissenschaften (iwb), Anwenderzentrum Augsburg, Otto-Lindenmeyer-Str. 30b, 86153 Augsburg, URL: www.iwb.tum.de

Träger, Thomas, Dipl.-Kfm.

Wissenschaftlicher Mitarbeiter, Universität Passau, Lehrstuhl Organisation und Personalwesen, Innstr. 27, 94030 Passau,
URL: www.wiwi.uni-passau.de/lehrstuehle/buehner

von der Hagen, Florian, Dipl.-Ing.

Wissenschaftlicher Mitarbeiter, Technische Universität München, Institut für Werkzeugmaschinen und Betriebswissenschaften (iwb), Anwenderzentrum Augsburg, Otto-Lindenmeyer-Str. 30b, 86153 Augsburg, URL: www.iwb.tum.de

von Thienen, Lars, Dipl.-Wirt.-Ing. (FH)

Geschäftsführer bps business process solutions gmbh, Kleine Johannisstrasse 9, 20457 Hamburg, URL: www.e-roadmap.de

Wasner, Michael, Mag. Dipl.-Ing. Dr.

Wissenschaftlicher Mitarbeiter, Universität Linz, Institut für Industrie und Fertigungswirtschaft, Altenberger Str. 69, A-4040 Linz, URL: www.ifw.uni-linz.ac.at

Weber, Volker, Dipl.-Wirt.-Ing

Wissenschaftlicher Mitarbeiter, Technische Universität München, Institut für Werkzeugmaschinen und Betriebswissenschaften (iwb), Boltzmannstraße 15, 85748 Garching, URL: www.iwb.tum.de

Weissenberger-Eibl, Marion, Dr.

Technische Universität München, Habilitandin am Lehrstuhl für Betriebswirtschaftslehre, Leopoldstr. 145, 80804 München,
URL: www.bwl.wiso.tu-muenchen.de/madir/ma_index.htm

Wiendahl, Hans-Peter, Univ.-Prof. Dr.-Ing. E.h. Dr.-Ing.

Universität Hannover, Geschäftsführender Leiter des Instituts für Fabrikanlagen (IFA), Callinstr. 36, 30167 Hannover, URL: www.ifa.uni-hannover.de

Zahn, Erich, Univ.-Prof. Dr. rer. pol.

Universität Stuttgart, Lehrstuhl für Allgemeine Betriebswirtschaftslehre & Betriebswirtschaftliche Planung, Keplerstr. 17, 70174 Stuttgart,
URL: www.planung.bwi.uni-stuttgart.de

Zäpfel, Günther, Univ.-Prof. Dr. rer. pol.

Universität Linz, Fakultät für Sozial- und Wirtschaftswissenschaften, Vorstand des Instituts für Industrie und Fertigungswirtschaft, Altenberger Str. 69, A-4040 Linz-Auhof, URL: www.ifw.uni-linz.ac.at